厚道

厚道的智慧

厚道

庞博 编

中國華僑出版社

图书在版编目（CIP）数据

厚道的智慧 / 庞博编. — 北京：中国华侨出版社，2013.6 （2014.7重印）
ISBN 978-7-5113-3773-3

Ⅰ. ①厚… Ⅱ. ①庞… Ⅲ. ①人生哲学—通俗读物 Ⅳ. ①B821-49

中国版本图书馆CIP数据核字（2013）第145410号

厚道的智慧

编　　者：庞　博
出 版 人：方　鸣
责任编辑：文　志
封面设计：彼　岸
文字编辑：小　薇
美术编辑：玲　玲
经　　销：新华书店
开　　本：1020毫米×1200毫米　1/10　印张：36　字数：620千字
印　　刷：北京德富泰印务有限公司
版　　次：2013年10月第1版　2018年7月第3次印刷
书　　号：ISBN 978-7-5113-3773-3
定　　价：59.00 元

中国华侨出版社　北京市朝阳区静安里26号通成达大厦三层　邮编：100028
法律顾问：陈鹰律师事务所
发 行 部：（010）88866079　传　真：（010）88877396
网　　址：www.oveaschin.com
E-mail：oveaschin@sina.com

前 言

厚道，就是做人不要太精明，不要太刻薄，不要太计较，不要太决绝，不要太自私，不要太虚伪，不要太浮躁，不要太张扬，不要太贪心，不要太苛求……简而言之，就是要做个实在人，吃老实饭，干老实事，莫让自己的行为太乖张，莫让自己的想法太极端。中国传统中的“厚德载物”、“厚德载福”、“厚积薄发”就是对厚道很好的解读。

其实，“厚道”一词并无十分固定的含义，它是一种精神的体现，是一种朴实的生存智慧。厚道就如冬日的斜阳、夏日的和风，不论作为人品还是作为德行，都是能打动人的。对自己厚道，能让自己快乐，让自己幸福，让自己积极进取；对别人厚道，能让人信赖，让人踏实，让人熨帖，让人感动。厚道人作为朋友，可交；作为伙伴，可信；作为师长，可敬；作为领导，可从；作为下属，可亲。厚道人正直、诚实、讲信用、恪守原则、大肚能容、百事可忍、以和为贵、乐于助人、淡泊名利、有情有义，不会算计，不会欺骗，不会背叛，与厚道人打交道如沐春风，如三月里沉浸在春日的阳光之下。

厚道人心平气和，从来不会急功近利，总是脚踏实地、辛勤耕耘，所以才能一飞冲天；厚道人做事最踏实，从不计较付出，所以才能收获最多；厚道人能吃苦，能在逆境中昂扬，在寂寞中坚守，所以厚道人最不容易被打倒；厚道人最耐得住困苦平凡，也就最接近成功；厚道人能知足，从来不会有无穷无尽的欲望，总是能够知足常乐，所以最不容易被无法满足的欲望所折磨；厚道人心眼平，从来不苛求完美，他们的人生反而最圆满；厚道人有平常心，不会强求，他们的人生反而充满机缘。

生活中有些人喜好阴谋诡计，机关算尽，却不知心机越复杂，漏洞也就越多，反倒是厚道之人，不耍心机，自然也没有漏洞，仿佛庄子笔下的“混沌”一般，以无招胜有招；有些人斤斤计较，绞尽脑汁想着占小便宜，这样的人，看似便宜占尽，可总有吃大亏的一天，反观厚道之人，似乎总是在吃亏，而且也吃得心甘情愿，但他们总有吃亏吃出福来的一天。有些人一门心思钻研“成功的捷径”，总想着抄小路，走歪路，这样的做法固然可以取得一时的快意，但是，歪路之上，看似近道，实则危机四伏，反而不如正道好走。有些人喜欢用权术来驾驭他人，常常会用背叛、欺诈的方式为自己谋私利，乍一看，他们的生活比起傻乎乎的厚道人来似乎“潇洒”得多，收益也高得多，但实际上，这样的做法却是后患无穷，毕竟谁也不是傻的，你用权谋去对待别人，一旦被人看穿，你就再也得不到别人的信赖。而事实上，权谋总会有被看穿的一天。唯一不可能被看穿的，就是真情、诚信、忠诚，等等。只有真心诚意地对待他人，别人才能够感受到你的诚意、你的真心，而由此换的，则是别人的真心和诚意。

总体来看，厚道为人，是一种最保险也最长远的人生准则；厚道为人，是一种最简单，也最无害的处世方针。厚道人能够明哲保身，所以厚道是一种生存之道；厚道人懂得务实奋进，所以厚道是一种进取之道；厚道人懂得大道至简，所以厚道是一种心灵之道；厚道人能够得道多助，所以厚道是一种处世之道；厚道人生财有道，所以厚道是一种财富之道；厚道人能够厚德服人，所以厚道又是一种管理之道。

本书内容涉及自身修养、人际交往等诸多方面，将厚道的品质与大量富含哲理的故事相结合，联系当代人的生活困境，全方位地展示了厚道的智慧，并归纳了相关的人生哲理，以更贴近生活，更好地为读者指点迷津。厚德载物，大道至简。小赢靠智，大赢靠德。厚道为人，能让人生化繁为简，能让成功之路变成坦途。

目　录

一　不要心计，是大智若愚

二　要有本事，不要有脾气

三　宽厚善忍，方为龙象

四　务实不务虚，踏实不踏空

五　不越雷池，不堕深渊

六　付出真心，善待他人

七　给人留情，是给自己留路

八 利己先利人，双赢是长赢

九 唯利是图，则无利可图

十 利不独享，义不容辞

十一 知恩图报，助人者人助之

十二　诚实可启人之信我

十三　矫饰不如本色为真

十四　忠诚是生存的底牌

十五　正道直行，走得正才能行得远

十六　甘当配角，才能当主角

十七　通情达理，世态人情皆是道

十八　低人一等，高人一筹

十九　贫不可媚，富不可骄

二十　谦恭礼让，是以退为进

二十一　反躬自问，责人之前先责己

二十二　不宽恕别人，是苦自己

二十三　能包容多少，才能拥有多少

二十四　以和为贵，“和”能拉近天下人

二十五 以德报怨，化恩怨为真情

二十六 以不争为争，不争者常胜

二十七 以舍为得，肯舍弃才能有所得

二十八 知足的人最富足

二十九　不苛求完美的人生最圆满

三十　心厚道，也能活出自己的精彩

一
不要心计，是大智若愚

重剑无锋，大巧不工

“三十辐共一毂，当其无，有车之用”，老子用比喻的方式向人们讲述了“中空无用有大用”的道理。古代造车，车轮至关重要，车毂的中心支点是一个小圆孔，由此向外周延，共有30根支柱辐辏，外包一个大圆圈，便构成一个内外圆圈的大车轮。对这种以30辐辏合而构成的车轮来讲，没有哪一根支柱算是车轮载力的重点，因为30根平均使力，根根都发挥了特定的功能而完成转轮的使命，无所谓哪一根更重要。可是它的中心，却是空无一物，既不偏向支持任何一根支柱，也不做任何一根支柱的固定方向。正是因为圆孔中空无物，才能够承载多方力量，轮转无穷。这就是无用之用的大用，无为而无不为的要妙。

透过车轮的自然法则，人们便可以了解修身成就的要诀，即中空无物，任运于有无之间，虚怀无物，合众辅而成大力。“埏埴以为器，当其无，有器之用。”制作陶器，必须把泥土做成一个防范内外渗漏的周延外形，使它中间空空如也，才能使其在使用时，随意装载，达到效果。

人又何尝不是如此呢？看似无用，却是有大材，老子说：“良贾深藏若虚，君子盛德容貌若愚。”真正的大用看似无用，实则是抱愚藏拙。这种人常常能包容一切人的长处，而自己却以“无用”的面目示人，比如汉高祖刘邦，汉昭烈帝刘备，水泊梁山的宋江，无用之人揽有识之士，天下英雄尽入我囊中，皆是深谙此道。

《老子》中提到一个问题：“爱民治国，能无知乎？”这个问题，初看起来既矛盾且有趣。既然要爱民治国，肩挑天下大任，岂是无知无识的人所能做到的？历史中所记载的黄帝或者尧、舜，都是神武睿智，或生而能言，或知周万物，哪里有一个无知的人能完成爱民治国的重任？然而，老子此处并非明知故问、故弄玄虚，而是另有深意。

“知不知，上矣。不知知，病矣。圣人不病，以其病病，是以不病。”这是在说明真是天纵睿智的人，绝不轻用自己的智能来处理天下大事，而是集思广益、博采众议，然后有所取裁。“知不知”与老子思想学术中心的“为无为”异曲同工，所谓智者恰如不智者，大智若愚，才能领导多方，完成大业。而英明神武之人，能成永世而不朽的功业，恰恰也正因为他善于运用众智而成其大智。

平民皇帝汉高祖刘邦，表面看来，满不在乎、大而化之，当他统一天下、登上帝位后，他曾坦白地说：“夫运筹帷幄之中，决胜千里之外，吾不如子房；镇国家，抚百姓，给饷馈，不绝粮道，吾不如萧何；连百万之众，战必胜，攻必取，吾不如韩信。三者皆人杰，吾能用之，此吾所以取天下者也。项羽有一范增而不能用，此所以为吾擒也。”

所以，天纵睿智的最高境界便是大智若愚，大智若愚在《词源》里的解释是这样的：才智很高而不露锋芒，从表面上看好像愚笨。出自宋代苏轼《经进东坡文集事略二七·贺欧阳少帅致仕启》：“大勇若怯，大智若愚。”大巧若拙，大音希声，大象无形，均有此意，表现的是以无化有的智慧。

有一位纪先生，以训练斗鸡而闻名于世。齐王听说这个人以后，重金聘他到宫中训鸡。纪先生才养了10天，齐王就不耐烦地问：“养好了没有？”纪先生答道：“还没好，现在这些鸡还很骄傲，自大得不得了。”过了10天，齐王又来问，纪先生回答说：“还不行，一看到人影晃动，就惊动起来。”又过了10天，齐王又来了，当然还是关心他的斗鸡，纪先生说：“不成，它们还是目光犀利，盛气凌人。”10天后，齐王已经不抱希望了，但还是来看他的斗鸡。不料纪先生这回却说：“差不多可以了，它们虽然有时候会啼叫，可是不会惊慌了，看上去好像木头做的鸡，精神上完全准备好了。其他鸡都不敢来挑战，只能落荒而逃。”原来，呆若木鸡不是真呆，只是看着呆，而实际上已经成了英勇善战的斗鸡了。活蹦乱跳、骄态毕露的鸡，不是最厉害的。目光凝聚、纹丝不动、呆似木头的鸡，才是鸡中高手。

人的各类形态就像这斗鸡的各个阶段，将能力表露在外面是人的天性。但貌似强悍、威风凛凛的人并不是最有能力的，真正有本领的人懂得保护自己的实力，不会轻易将才艺外露，做到韬光养晦才是聪明人之所为。“大智若愚”，从某种意义上讲，是有智谋的人保护自己的一种处世计谋。因为任何有所图谋的人，都有可能从事情刚开始筹划时便被识破。所以一些真正有智慧的人，一般都采取“守拙”的方法，以保护自己。

好自夸其才者，必容易得罪于人；好批评他人之长短者，必容易招人之怨，此乃智者所不为也。故智者退藏其智，表面似愚，实则非愚，孔子也曾说过：“大智若愚，其智可及也，其愚不可及也。”锋芒毕露是容易的，但藏锋露拙却是不容易的；唯有真正洞悉世事、明察秋毫的人，才知大智若愚的深意。

厚道比诡道更有效

《孙子兵法》中说“兵者，诡道也”，说的是带兵打仗，是生死间的事情。在现实生活中，我们不必时时刻刻都想着走诡道，因为诡道艰险不要走，而且未必是捷径，很多时候，我们自以为机关算尽，其实反而不如不玩心计，老老实实来得更有效。因为诡道毕竟是一种复杂的把戏，越复杂，出错的概率就越大。而厚道为人，简单处世，该怎么样就怎么样，出问题的概率反而小。

因此，做人不能太“精明”了，不能老想着阴谋诡计算计别人，否则很有可能会得不偿失，聪明反被聪明误，弄巧成拙。

经常乘飞机的朋友会发现，由于托运的行李会不翼而飞或者里面有些易损的物品遭到损坏，向航空公司进行索赔，是一个很麻烦的事情。航空公司一般是根据实际价格给予赔付的，但有时某些物品的价值不容易估算，但物件又不大，那怎么办呢？

有两个出去旅行的女孩，叫黄铃和王佳，她们互不认识，各自在景德镇同一个瓷器店购买了一个一模一样的瓷器。当她们在上海浦东国际机场下来后，发现她们托运的行李中的瓷器可能由于运输途中的意外而遭到损坏，于是她们随即向航空公司提出索赔。因为物品没有发票等证明价格的凭证，于是航空公司内部评估人员约摸估算了价值应该在1000元以内。但是航空公司并无法确切地知道该瓷器的价格，于是，航空公司分别告诉这两位女孩，让她们把该瓷器当时购买的价格分别写下来，然后告诉航空公司。

航空公司认为，如果这两个小姐都是诚实可信的厚道人的话，那么她们写下来的价格应该是一样的，如果不一样的话，则必然有人说谎。而说谎的人总是为了能获得更多的赔偿，所以可以认为申报的瓷器价格较低的那个小姐相对更加可信，并会采用两个中较低的那个价格作为赔偿金额，同时会给予那个给出更低价格的诚实小姐以价值200元的奖励。

这时，两个小姐各自心里就要想了，航空公司认为这个瓷器价值在1000元以内，而且如果自己给出的损失价格比另一个人低的话，就可以额外再得到200元，而自己实际损失是888元。黄铃想，航空公司不知道具体价格，那么王佳肯定会认为多报损失多得益，只要不超过1000元即可，那么最有可能报的价格是900元到1000元之间的某一个价格。黄铃心想：就报890元，这样航空公司肯定认为我是诚实的好姑娘，奖励我200元，这样我实际就可以获得1090元。

而王佳也想，有句话说得好，人不犯我，我不犯人；人若犯我，我必犯人。她既然算计我，要写890元，我也要报复。所以，我就填888元原价。

而黄铃也不是吃素的，估计她会算到我要写890元，她可能就填真实价格了，我要来个更绝的，我来个以退为攻的战略，我填880元，低于真实价格，这下她肯定想不到了吧！

我们都知道，下棋、计谋之类的东西关键是要能算得比对手更远，于是这两个极其精明的人相互算计，最后，她们可能都会填689元。她们都认为，原价是888元，而自己填689元肯定是最低了，加上奖励的200元，就是889元，还能赚1元。

这两个人算计别人的本事是旗鼓相当的，她们都暗自为自己最终填了689元而感到兴奋不已。最后，航空公司收到她们的申报损失，发现两个人都填了689元，料想这两个人都是诚实守信的好姑娘，航空公司本来预算的2198元的赔偿金现在只要赔偿1378元。

而两个人各自只能拿到689元，还不足以弥补瓷器本来损失呢，亏大了吧！本来她们俩可以商量好都填1000元，这样她们各自都可以拿到1000元的赔偿金，而就是因为互相都要算计对方，要拿得比对方多，最后搞得大家都不得益。这个就是著名的“旅行者困境”博弈模型。

这个模型告诉我们一个简单的道理，诡道很多时候不如厚道来得有效，时时刻刻想着如何算计别人，很有可能把自己也算计进去。如果当时两个人都能够厚道些，不要想着算计别人，而是实话实说，有一说一，至少她们的损失不会这么惨重。

所以，做人还是要厚道，诡计有时候能得逞，但是诡计越复杂，失败的概率就越大。别人并不比你笨，你自以为自己很精明，别人却跟你一样精明，于是害人不成反而会害己。

确实，厚道做人很多时候收益不如玩诡计来得大，但是损失同样会少很多，而做人太精明，时刻想着玩诡计，固然有可能获得大收益，更有可能亏上血本，既然如此，何不放下精明，老老实实做人呢？从长远看，这样的收益反而会更大。

巧于心计，得不偿失

“天下有没有傻瓜？有的，但却不是被别人称作‘傻瓜’的人，而是认为别人是傻瓜的人，这样的人自己才是天下最大的傻瓜。”这是季羡林先生为“傻瓜”下的定义，这些傻瓜，却偏偏都是那些自以为聪明的人。

聪明是一种先天的东西，人们总是羡慕聪明人的智商，殊不知这种表面的光芒不一定能令聪明人成功，现实生活中也确实存在着众多一事无成的聪明人。“聪明”这种天赋犹如水一样，可以载舟，也可以覆舟。

世界上有一种人，确实拥有聪明的天赋，他们思维敏捷、逻辑清晰、知识渊博，因而也常常自以为了不起，甚至觉得天下没有人比自己聪明，便处处算计，自以为巧计无痕，占足了便宜，而最后常常被人揭穿面目，成为可笑之人，所有费尽心思的伎俩也都成为了他人茶余饭后的笑谈；还有一种人，总是自作聪明，甚至不懂装懂，自以为看穿了世间一切玄机，以为自己的巧妙算计定能如己所愿，然而不仅未能得到所期待的东西，反而失去了更多。

国学大师季羡林在《傻瓜》一文中讽刺了某些自作聪明的人。这些人往往以为自己最聪明，终日争名于朝，争利于世，锱铢必较，斤两必争。当正当的手段无法帮他们实现目的的时候，他们便会通过一些背地里的小动作实现自己的利益。然而，纵使机关算尽，虽然一时有所收获，最后却往往得而复失，甚至“赔了夫人又折兵”，这些人会从“春风得意马蹄疾，一日看遍长安花”的巅峰跌落深渊。把别人当傻瓜的人，最后一定会自食苦果。

然而，把别人当傻瓜的现象，自古亦然，于今尤烈。有这样一个故事，提醒着我们太工于心计却未必能得到理想的效果。

有一对夫妻开了家烧酒店。

丈夫是个老实人，为人真诚、热情，制作的酒也好。一传十，十传百，酒店生意兴隆，常常是供不应求。

看到生意如此之好，夫妻俩便决定把挣来的钱投进去，再添置一台烧酒设备，扩大生产规模，增加酒的产量。这样，一可满足顾客需求，二可增加收入，早日致富。

这天，丈夫外出购买设备，临行之前把酒店的事都交给了妻子，叮嘱妻子一定要善待每一位顾客，诚实经营，不要与顾客发生争吵……

一个月以后，丈夫外出归来。妻子一见丈夫，便按捺不住内心的激动，高兴地说：“这几天，我可知道了做生意的秘诀，像你那样永远发不了财。”丈夫一脸愕然，不解地说：“做生意靠的是信誉，咱家的酒好，卖的量足，价钱合理，所以大伙才愿意买咱家的酒，除此还能有什么秘诀？”

妻子听后，用手指着丈夫的头，自作聪明地说：“你这榆木脑袋，现在谁还像你这样做生意，你知道吗？这几天我赚的钱比过去一个月挣的还多。秘诀就是，我给酒里兑了水。”

丈夫一听，肺都要气炸了，他没想到，妻子竟然会往酒里兑水，他把剩下的酒全部都倒掉了。他知道妻子这种坑害顾客的行为，将他们苦心经营的酒店的牌子砸了，也知道这意味着什么。

从那以后，尽管丈夫想了许多办法，竭力挽回妻子给烧酒店信誉所带来的损害，可“酒里兑水”这件事还是让酒店的生意日渐冷清，后来烧酒店就不得不关门停业了。

故事中的妻子大骂丈夫是“榆木脑袋”，却没料想到自己的心计枉费，不仅未能如愿，反而毁了店铺的清誉，一旦丧失信誉，一切都会随之贬值并且难以弥补。老板娘自以为自己往酒里兑水的事情能够瞒天过海，正是犯了认为别人都是傻瓜的错误。

真正的聪明人并不会标榜自己无所不知无所不晓，也不会用一些卑劣的技巧来求取利益。只有那些自以为是、实则愚笨的人才会做出这样的行为。真正聪明的人永远不会将别人看低，他们的视角不是俯视而是平视甚至仰视，在他们心中，永远将别人抬高而将自己放低，这是高深的处世智慧。

苏东坡聪明一世，不过却因聪明而宦海沉浮，他曾经写诗云："人皆养子望聪明，我被聪明误一生。唯愿孩儿愚且鲁，无灾无难到公卿。"所谓"聪明误聪明"，与其自作聪明、作茧自缚，不如摒弃这些小聪明，才能赢得大智慧。

糊涂也是一种聪明

人生其实是不必精明，太过斤斤计较的人，人们往往对其敬而远之，自然他做事也不会有什么好结果。反而是那些难得糊涂的人，因为忠厚而受人欢迎，做事一般也比较容易成功。现实生活告诉我们，做事过于精明，只顾眼前利益，往往会因小失大，得不偿失；糊涂一下，也许会有另外一番景象。下面的这个事例就说明了这一点。

在某小区门口的菜市场，有两个豆腐摊，一个摊主是中年妇女，很精明的样子，斤斤计较，不肯吃一点亏，少一分钱也不卖；隔着不远，另一个是个20多岁的小伙子，一副憨厚、朴实的样子，他的豆腐不论斤，1元钱一块，用刀拉一块就得，而且保证比那位女摊主的1元2角一斤的豆腐分量还要足得多，既利索，又实在。于是人们都喜欢买小伙子的豆腐，一天能卖好多屉，而那位精明的女摊主一天最多卖一屉，有时还得剩下……

商务谈判有一句经典台词：会买卖的称赞对方，不会买卖的挑剔对方。小伙子憨厚朴实，正好符合了顾客不在乎那一两角钱，需要的是卖主的信任和亲切感心理，从而赢得了更多的回头客，其总体收益可想而知；而那位精明的女摊主，只顾眼前利益，不懂顾客心理，舍不得、也不会以情感人，如果她不改变方式方法的话，她的豆腐摊就可能很快从这个市场消失。

人活在世上，谁不愿意活得自然、自由、自在呢？谁不愿意过得潇洒、愉快、轻松呢？谁不愿意事业蓬勃、财运亨通呢？谁不愿意成为别人羡慕的人呢？这就需要我们学会培养自己的"糊涂"意识。

综观人类发展的全过程，可以用"返璞归真"一词来形容。从糊涂开始，又归于糊涂，只是中间经历了数字和精确。总之，从最终的意义上看，人类还是处于糊涂之中。

糊涂既是一种处世的哲学，更是一种做人的心态。

人生在世，有些事情必须是非清楚，泾渭分明，而有一些事情却不必过分较真，甚至还需装点糊涂。人生，就是在这样的摇摆中抉择。

因此，真正的聪明人都是懂得什么时候该糊涂的人。

据说柯立芝小时候比较木讷，镇上很多人都喜欢和他开玩笑，有时还会遭到嘲弄。一天，一人一手拿着一美元，一手拿着五美分，问小柯立芝选择拿哪一个。

柯立芝回答："我要五美分。"听到他的回答，人们都嘲笑他："哈哈……他放着一美元不要，却要五美分。"大家四处传说着这个笑话。

许多人不信小柯立芝竟有这么傻，纷纷拿着钱来试。然而屡试不爽，每次柯立芝都会选择要五美分。

整个学校都传遍了这个笑话，每天都有人用同样的方法愚弄他，然后笑呵呵地走开。他的老师有一天忍不住了，当面询问小柯立芝："难道你连一美元和五美分的价值都分不清吗？"可是，柯立芝却回答说："我当然知道。可是，我如果要了一美元的话，就没人愿意再来试了，我以后就连五美分也赚不到了。"

在生活中，糊涂使得人们降低对你的防备，使得你做人更有人缘，做事更有机缘，所以，糊里糊涂的人往往是笑到最后的人。小聪明只能带来一时的成功，总有机关算尽的时候，而糊涂智慧可以成就大事业，能经受时间考验。

因此，唯有懂得糊涂的人才是真正的聪明人，他们总会摆出一副什么都不知道、什么都不清楚的样子，遇事从不会自作聪明，高谈阔论，可事实上，他们却比任何人都看得透彻。

心知肚明，但是从来不会张扬自己的聪明，这样的人不管处在什么样的环境中都能够左右逢源，活得逍遥自在，活得游刃有余。所以，有时候糊涂不是昏庸，而是为人处世的一种态度，拿得起，放得下。糊涂是一种达观，一种洒脱，一份人生的成熟和豁达。只要懂得了这一点，只有做到大智若愚，难得糊涂，才能避开是非，抓住制胜的机遇。

人与人交往，难免磕磕碰碰，也肯定会遇到许多来自别人的竞争甚至挑衅，这时我们不妨装一下"糊涂"，不要过于斤斤计较，摆出一副退却的姿态。面对别人的挑衅，不要坚持"人若犯我，我必犯人"的原则，不要坚持一番唇枪舌战，拼个鱼死网破，这样只能伤人伤己。唯有难得糊涂，淡然视之，才可以放松自己心头的压力和重负，这样才有更多的经历去干那些对人生有益的事。

有的人生意失意，被竞争对手挤兑得无容身之地，心理就会失去平衡，发牢骚，悲观失落；有的人为一些蝇头小利，喋喋不休，弄得自己和家人都很烦躁；有的人在官场上互相利用、钩心斗角，终日想着怎么算计别人，同时防着被别人算计……在这样的状态下生活，就会被不良情绪影响自己的健康，享受不到生活的乐趣。

所谓的难得糊涂，并不是要懦弱，而是努力让自己保持一份淡泊的心灵，虚怀若谷的心境，这样才会潇洒自由，快乐长寿。在当今这个竞争激烈的社会，能够有一席之地实在不易，这时人生最难得的不是聪明而是装糊涂。有时候，很有必要揣着明白装糊涂，这种"糊涂"可以让你拥有更美好的生活。

其实，糊涂的人才是真正明白的人，他们知道，为人处世，在很多时候不能太较真。这是一种经历，只有饱经风霜的人才能深刻体会其中的真谛；这是一种境界，只有心中存有大志向的人，才不会对琐事浪费精力，只着眼大方向，为全局负责，做中流砥柱；这是一种心态，只有那些淡泊名利的人，内涵丰富、底蕴深厚，以平常之心、平静之心对待人生，遇人遇事泰然安详；这是一种气度，它能使人超凡脱俗、胸襟坦荡、气宇轩昂、包容万象；这更是一种智慧，在纷繁变幻的世道中，看得透事态，看得破人性，能知人间风云变幻，处事知道轻重缓急，举重若轻，能够以四两拨千斤。

学会糊涂，至少有如下三方面的好处：

1.可以减少不必要的烦恼

一个单位，少则十来人、几十人，多则几百人、几千人、几万人，不可避免地要发生许多不顺心的事情。对这些问题，单位领导如果都认真去处理，是怎么也处理不好的。而且，处理后又出现新的问题，怎么也处理不完。本来，这些问题无关大局，你不去处理，也会自然消失了，有的由于社会舆论的压力而被制止了。你若不插手，就可以减少许多烦恼，且又不影响你的工作，何乐而不为呢？

2.有利于运筹全局的大事

有不少人，整天忙于处理鸡毛蒜皮的小事。处理这些问题，费时费力，但对全局的工作并没有多大的好处。人的精力和时间是有限的，忙于处理这类问题，就没有多少精力和时间去运筹全局的大事了。这叫作“捡了芝麻，丢了西瓜”，有时甚至费力不讨好，连芝麻也没捡着。而那些有经验的人总是“大事抓透抓紧，小事不闻不问”。

3.有利于搞好与朋友之间的关系

某些人人缘不好，主要是因为他们处理一些小是小非的问题时有错或者不够全面。如果干脆不去处理，不就不存在这类问题了吗？当然，非追究不可的问题，应当认真追究，以挽回或者减少损失。能带过的就要带过，这样别人就会觉得你是一个能理解和容忍别人缺点、错误的人，你就会受到他人的尊重。

糊涂反而难得，似乎不可理解。其实，要做到糊涂还不容易呢！不仅要有一定的修养，还要有一定的雅量。对于人际关系中的小是小非问题，同样不要认真，糊糊涂涂让它过去就行了。

所以，糊涂不是犯傻，不是愚昧，而是一种聪明，更是一种大智慧，他能够让人避开世事的纷扰，能够让人躲开阴谋诡计的副作用，更能够看淡得失，积极努力地生活，心安神定，波澜不惊。

“愚”比“智”更难得

“愚”和“智”究竟哪个更容易一些？有人觉得，由“愚”入“智”比由“智”入“愚”难得多，毕竟，谁都想变聪明，但真正变聪明的有几个呢？但是实际上，当聪明到一定境界之后，你就会发现，“愚”比“智”更难得。

人生在世，需要能在对与错之间游刃有余，但是须知世上没有绝对的“对”与“错”。任何事物都不是一成不变的，好的事情可以引出坏的结果，坏的事情也可以引出正确结果。因此，绝对不变的是与非、对与错、好与坏的事情也是根本不存在的，只有懂得了这一点，才会知道，能够游走于“对错”之间的“愚”，比是非分明的“智”更难得了，因为它需要比明辨是非更加长远的眼光，还需要容忍糊涂的魄力。

然而，在生活中总是有过于聪明的人，因为太“善恶分明”，所以总是喜欢用对与错的标准来衡量事物。结果，常常弄得自己心情不悦。

小李每次深深地陷入了爱河，便总是希望能够把爱情中所有的事情都弄得清清楚楚。她怕受到爱情的伤害，害怕陷入感情的骗局，她总想弄清楚对方为什么要爱她，她有什么值得爱的地方。于是在和男朋友接触到一定程度之后，她就提出了这些问题，但是，对方的回答总是不能使她满意，因为爱情本来就是一件是很难说清楚的事情。

最后，小李不是因为没有弄清这些问题而主动提出分手，就是把对方烦得不胜其扰离她而去。小李就是做到的“智”，却不懂得“愚”的智慧。

爱情如此，婚姻也是如此，婚姻生活中的夫妻两人，往往因为彼此亲密无间，太过于了解，所以更容易产生矛盾。一般来讲，大可睁一只眼闭一只眼，彼此即可相安无事。然而，如果有一方是一个不懂得适时而“愚”的人，无论什么事情都要争个谁是谁非，那这日子就很难安宁了。比如说，丈夫在外面遇到不顺心的事情，回到家里对妻子没有好脸色，甚至乱发脾气。如果妻子肯睁一只眼闭一只眼，在了解了大概情况之后，就会原谅丈夫的言行，等丈夫慢慢平静下来后，自然就会意识到自己的错误，并主动道歉，这样就是个完美的结局。然而，如果妻子面对丈夫的言行，大发雷霆，硬要据理力争，非要弄出个孰是孰非，非要让丈夫当面认错不可，那么，结果无疑是火上浇油，一场越来越激烈的矛盾就会随之发生。

所以，生活中好多琐事是很难说出谁对谁错的，如果大家都是太执着于是非的聪明人，那么，他们在一起生活的日子就很难长久了。其实，很多人都知道难得糊涂的道理，但就是做不到让自己糊涂一把。

在处理朋友之间的关系时，也是如此。“是”与“非”、“你”和“我”这些对立面，在友情面前本来就是可以很模糊，可是，总有人对此分得太清楚，总是坚持自己是对的，对方是错的，总是希望让“我”为“你”做的事情能够有所回报，如果得不到回报，心里就怏怏不乐，这样，是很难交到知心朋友的。

在教育孩子的时候，也不能太聪明。不要以为自己什么都知道，规定孩子可以做什么不可以做什么，不停地灌输给孩子什么是对的，什么是错的，这样一来，往往会把孩子往逆反的道路上面逼。其实，只要孩子健康快乐，不走歪路，他自然能够在自己的人生经历中学到有用的东西，何必用自己的是非对错去限定孩子的生活呢?

面对父母的时候，更不能太聪明。就算是父母对你的要求有些苛刻，不也是为你好吗?他们的唠唠叨叨、喋喋不休，至少出发点都是对你的爱，所以，你大可不必烦恼，顺着点儿，依着点儿吧，你可以想一想，有人唠叨你，就意味着有人关心你，你难道不应该觉得幸福才对吗?

至于同事、邻居等就更没必要太聪明了。话若投机，可以海阔天空，彻夜长谈；话若不投机，点头微笑即可。

当然，尤其不要对自己太聪明。不要在乎别人说什么，做自己应该做的事情，按照适合自己的而不妨碍别人的方式去生活。只要活出自己就可以了，何必按照别人的是非观念去活?

除此之外，对于那些“诺言”和“背叛”，也没必要太聪明。有的时候，别人对你说的话，只是随口说说罢了。不管他是无心插柳，还是信口开河，甚至只是出于无聊透顶，也不用管它出于是好意还是恶意，你就当是一阵吹过的风吧。

背离誓言，本来是常常发生的事情。人的一生要面对很多的人，说很多话，做很多事情，那随口一说的话，谁还会记得那么真切，所以，也不必太过较真了。

诺言这种东西的约束力就很小，能够遵守一段时间就算了不起了，遵守一辈子就是天方夜谭了。生活那么琐碎，工作那么繁忙，压力那么沉重，谁还有精力围在你身边为你兑现诺言?所以，当面对有人背叛的时候，不要太聪明，不要费力去问他为什么不去履行自己的承诺，不要对那些诺言抱有太大的期望。

所以，生活中有很多时候，你不要太聪明。只要你糊涂一点，矛盾就将迎刃而解，气氛一下就完全缓和了。

无论遇到什么事情，我们都要大人大量，宽容通达，万不可针锋相对，太计较某句话或某个意思。其实很多情况下，说话的人说出的话并不是出于恶意，只是因为不够冷静，欠缺考虑，一时兴起心急，完全忽略了对方的感受，只想发泄自己的情绪，于是难免说错话。我们如果不把对方的话放在心里，对方冷静下来后，自然会体会到你的宽宏大量，并从心里对你肃然起敬，同时你也会更感到心安理得。

可见，聪明有时候总不是一件好事，它会让你纠结在生活的琐事中不能自拔，除了带给你毫无意义的烦恼和精神上的负担，还是我们生活不快乐的根源之一。因此，愚比智更加难得，它需要你付出更多的努力去让自己实现“愚”的境界，但同时，它也能够给你的生活和人生带来无穷的幸福。

才智总有困窘时

从前有一商贩养了两头毛驴，为的是帮助他驮货物。这天，住在山里的商贩要把两袋黄豆和两大口袋棉花运到镇上去卖，这沿途需要翻越几个山头。其中一头聪明毛驴听到以后便谎称自己身体不好，没有力气驮黄豆，只能驮棉花。主人虽然怀疑它在耍滑头，但想了想后还是同意了。

就这样，商贩赶着两头毛驴上了路。一路上，驮棉花的毛驴感觉很轻松，时不时还回头嘲笑另一头毛驴。它沿路不停地蹦蹦跳跳，当它看着驮黄豆的毛驴累得气喘吁吁的样子，自然心里好不得意。

谁知不一会儿，山上竟然起了风，看样子马上就要下雨了。此时驮黄豆的毛驴依然步步踏实，而驮棉花的毛驴被风吹得摇摇晃晃，东倒西歪，正当它抱怨时，天空下起了大雨，它开始感觉背上有了重量，脚下慢慢不听使唤了，它的心中不免暗暗着急。此时雨越下越大，驮棉花的毛驴渐渐感觉体力不支，最后在山顶的时候终于连棉花带自己滚下很深的山谷……

生活中，人们有时就像那只自以为聪明睿智的小毛驴，依仗自己所谓的“才智”让自己处于一个有利的形势下，但很多时候，当这种“才智”走到了一个极点，也就成为累赘。

宋元君晚上睡觉的时候梦见有人披散着头发在侧门旁窥视，看着他说：“我来自名叫宰路的深渊，我作为清江的使者出使河伯的居所，但渔夫畲且不知道其中的原因不慎捕捉了我……”宋元君早上醒来以后，就立刻派人占卜，占卜的人说：“这是一只神龟。”宋元君立刻问道：“渔夫中有名叫畲且的吗？”左右侍臣回答：“有。”宋元君说：“叫畲且来朝见我。”第二天，畲且就奉命来朝觐见宋元君。宋元君看着他问：“你昨日捕捞到了什么？”畲且回答：“我的网捕捉到一只白龟，周长大约五尺。”宋元君满意地点点头说：“献出你捕获的白龟。”畲且听命后退下。后来等到白龟送到的时候，宋元君一会儿想杀掉，一会儿又想养起来，心里犹豫。于是，他便卜问吉凶，卦上说：“杀掉白龟用来占卜，一定大吉。”于是宋元君命人把白龟剖开挖空，用龟板占卜数十次也没有一点失误，众人称奇。这件事让孔子知道后，孔子摇摇头说道：“神龟能显梦给宋元君，却不能避开畲且的渔网，也不能料到自己的结局。虽然神龟的才智能占卜数十次也没有一点失误，却不能为自己找到正确的逃命方法。”

如此说来，才智的确有困窘的时候，即使是神灵也会有考虑不到的地方。那么，普通人呢，即使有着最高超的智慧，也同样匹敌不了万人的谋算。就像鱼儿在水里，即使它们不畏惧渔网却也会害怕鹈鹕。所以人们要懂得适时摈弃自己的小聪明，这样才能显示大的智慧，去除自己矫饰的善行，这样才能使自己真正回到自然，回到自己的本性。

有人说，聪明是一种先天、自然、本质的东西，人们是无法改变的。所以，很多人总是羡慕那些聪明人的智商，但这种表面的光芒不一定能令聪明人成功，因为才智总有困窘的时候。众所周知，在音乐的世界中，拥有技巧、手法是非常重要的，但是这却不是最重要的，因为过多的花哨技巧只会减弱人们对于情感的真实表达。人生也是如此，如果人人都过度地玩弄聪明才智，那就只会让世界更加繁杂凌乱，糊涂一点，才能朴实安然地生活。

《道德经》中说：“绝圣弃智，民利百倍。”这充分表明老子是反对标榜圣人，反对卖弄世智辨聪的思想的。因为老子认为：人们如果不卖弄聪明才智，那就会有平静安宁的日子过了。本来这是极有可能的生活，但却被一些标榜圣人、标榜智能的“才智之士”搅乱了。所以现在才会这么复杂，这么杂乱。世人都渴望聪明，但是他们不知道。有太多的人为聪明所累、所误。

《庄子·天地》篇中有关于尧和他老师对话的一则寓言：尧的老师是许由，许由的老师是啮缺，啮缺的老师是王倪。有一天尧去请教许由说：“啮缺可以担任天子吗？我想通过王倪邀请他。”许由听完尧的问题后摇摇头，回答说：“这样恐怕会危害天下呀！啮缺这个人，为人聪明睿智、机警敏捷，天赋过人，又能以人力去成就天然。虽然他懂得去防堵过失，但他却不能知道这些过失是从哪里产生。如果要他担任天子，那么他就会凭借人力而摒弃自然。他将会以人为本体而区分人我，将会看中智巧而急着使用，这样，他也会被小事役使，被外物牵绊，最后四处张望而应接不暇，他虽然事事苛求完美，但是他却是随着外物的变幻而不能保持常态。所以他没有资格担任天子……”

毫无疑问，每个人都希望自己智力超群，能力出众，希望自己能揣摩出别人的意思，希望自己与众不同。但如果是自以为出众、聪明，总认为自己了不起，比所有的人都强，那么这种想法就是祸端了。要知道，才智总有穷困的时候，只有回归自然、本性的大智慧才是值得称道的。

别被聪明误一生

在现实生活中，很多人都藏着一颗所谓“聪明”的心。人们常说“聪明反被聪明误”，这反映出了所谓“聪明”的最终结果：反被聪明误。

例如，《红楼梦》里的王熙凤，人们一方面惊叹于她的无与伦比的治家才能和应付各色人等的技巧，也在一方面感慨于她悲惨的结局。大家感叹她简直就是人中之尖子，恐怕这世上有很多男人都不及她。她八面玲珑，九面处世，外柔内刚；她表面向你微笑，心里却在给你下套子。一个看上她美色的贾瑞被她的计策整得一缕孤魂上青天；一个看上她老公的尤二姐被她的两面三刀给逼得吞金自尽；而她的“偷梁换柱调包计”李代桃僵，则送掉了颦儿的性命。整个荣宁两府在她的整治下服服帖帖，秦可卿出殡这样的大事到了她手里简直是小菜一碟。她能说会道，贾府上下没有不知道她琏二奶奶的厉害的。

可王熙凤却是一个精明过头的女人，精明到处处好强、事事争胜，哪儿都落不下她，因而得罪了大太太，得罪了众人，加之贾母撒手人寰，她的靠山没了，终于落到“叫天天不应，叫地地不灵”的地步，最后悲惨收场。除了她之外，在三国时期的杨修也是因耍小聪明最终遭祸的典型。

东汉末年时杨修是曹操门下掌库的主簿。杨修此人长得是单眉细眼，貌白神清，他除了生的一副好面容外，为人更是博学能言，智识过人。但他也有一个缺点，那就是自恃其才，对天下的人都不屑一顾。一次，曹操令人建一座花园。等到快要竣工的时候，监造花园的官员就请曹操来验收察看。曹操参观花园之后，没说一句话，只是拿起笔来，在花园大门上写了一个“活”字，写完就扬长而去了。大家一见这情形，犹如丈二和尚，纷纷议论说：“主公是好是坏是褒是贬没说就走了，这让咱们也摸不着头脑，怎么也猜不透主公到底是什么的意思。”杨修此时正好路过，听大家说完后，他看了看门上的字，于是笑着对众人说道：“门内添‘活’字，是个‘阔’字，丞相是想让园门再阔些。”官员听了他的解释后都认为杨修说得有道理，于是立即返工重建园门，等到改造停当后，官员们又请曹操来观看。曹操一见重建后的园门，不禁大喜，问道：“谁知道了我的意思？”左右答道：“是杨修主簿。”曹操听完后虽然表面上称赞杨修的聪明，但其实内心已开始忌讳杨修了。又有一回，塞北送来一盒酥饼给曹操，曹操接到后并没有吃，只是在礼盒上亲笔写了“一合酥”三个字，就放在案头上，自己径直出去了。屋里其他人看到这个情况后有的没有理会这件事，还有的不明白曹丞相的意思，不敢妄动。

这时杨修正好进来看见了那盒酥饼，于是便堂而皇之地走向案头，打开礼盒，把酥饼一人一口地分吃了。这个时候曹操进来见大家正在吃他案头的酥饼，马上脸色一变，大声问众人：“为何吃掉了酥饼？”杨修主动上前答道：“丞相，我们是按您的吩咐吃的。”“此话怎讲？”曹操反问道。杨修看着他的表情从容地应道：“丞相在酥盒上写着‘一人一口酥’，这样分明是赏给大家吃的，难道我们敢违背丞相的命令吗？”曹操见杨修又一次识破了他的心意，心里非常不舒服，虽然内心已经对杨修产生极大的厌恶，但他表面上依然乐呵呵地说：“讲得好，吃得对，吃得对！”

杨修此时还以为曹操是真的夸奖他，所以，他以后越来越大胆，越来越放肆，把自己的小聪明运用在琢磨曹操的日常行为上，从而也不断地给自己埋下祸根，最终因“鸡肋”事件被曹操诛杀。

一个人如果总是以自己的小聪明去对待身边的人和事，那么，迟早会遭到别人的嫉妒和打击报复，最终只能自讨苦吃。

苏东坡在其《洗儿》一诗中这样写：“人皆养子望聪明，我被聪明误一生。唯愿孩儿愚且鲁，无灾无难到公卿。”苏东坡对自己一生因聪明而受的苦真是刻骨铭心，所以自己深知聪明之害，以至于希望自己的儿子愚蠢一点，才能躲避各种灾难。聪明是人们交际失败的根源，这正是聪明人苏学士对于后来人的忠告。而在日常生活中，我们经常可以看到一种看上去十分聪明的人，为人处世都是精明得很，与他们相处、交朋友，却也常常令人苦不堪言，唯有避而远之。

菲奥是个精明干练的人，说起话来滴水不漏，她很为此得意，常在众人面前自我表白说：“我这个人啊，别的不敢说，就是有个精明劲儿！什么事也瞒不了我！”菲奥这句话倒不是吹牛，至少办公室里的一切都逃不过她的眼睛：吉拉下午无精打采是因为和男朋友吵架了；索格昨天没跟领导请假又溜出去了；经理昨天找山姆谈话，准是山姆又打小报告了……大家都说菲奥的眼就跟探照灯似的，到处寻找目标。不仅如此，菲奥的精明还体现在从来都不肯吃亏上。

菲奥是事事都要争光的，小至电影票，过节分礼品，大至学习名额，升职、涨工资，总之，公司里干什么都别想亏待了她，公司里的领导同事都对她非常有成见，大家一看到菲奥就厌烦，背地里叫她为“多余的人”。今年4月，公司裁员，上面规定各部门自己选人，那些大家都不喜欢、都不想让留下的人就离职，结果菲奥真成了多余的人，灰头土脸地离职了。

菲奥看起来很聪明，但却在聪明上吃了亏，栽了跟头，过于聪明的人和同事、朋友等相处时总要出问题，就因为过于聪明，使得对方退避三舍。生活中过于聪明的人人缘通常不太好，而有些看起来，糊涂点的人往往给人感觉很厚道，人缘反而更好。

很多人都在自己的书房里、办公室里挂上郑板桥的名言：难得糊涂，这里的“糊涂”并非指头脑不清楚，不明白事理，而是说，一个人一生精明过人、从不犯迷糊不是好事，这类人最好犯几次糊涂，这对他更有好处。这是什么道理呢？

这是因为，人生在世，聪明过了头只会令自己过于斤斤计较，陷入追名逐利、痛苦的境地里，如果能够厚道一些，在有些问题上“糊涂”一些，宽容一些，少计较一些，那么，这个人生才是圆融的，才是可爱的！

敦厚老实，是劣势下的生存方针

聪明而不外露，才能蓄势待发，给对手一个措手不及，这就是所谓“重剑无锋，大巧不工”。人们不管本身是机巧奸猾还是忠直厚道，几乎都喜欢傻呵呵不会弄巧的厚道人，这并不以人的性情为转移，所以，厚道的人往往生存能力更强，尤其是在身处劣势的情况下，敦厚老实的是一种有效的生存方针。

从中国历史上来看，凭借“敦厚老实”而获得生存优势的不乏其人。

东汉明帝刘庄的侄子刘睦就是这样的人。他从小好学上进，读书很多，结交了许多有学问、有道德的儒者，与那些只知道吃喝玩乐的公子哥儿从不来往。有一年年底，他派一名官员去洛阳朝贺，临行前，他问前去朝贺的官员说：“皇帝如果问起我的情况，你怎样回答？”这位官员回答说：“您忠孝仁慈，礼贤下士，深得百姓爱戴。臣虽然不才，怎敢不把这些如实禀告？”

刘睦听后，连连摇头说：“你如果这样禀告，就把我给害了！”这位官员不解地问：“您为什么这样说呢？”刘睦说：“你所说的只是我以前的状况。我现在已经有了很大的变化。你见了皇帝后，就说我自从承袭王爵以来，意志衰退，行动懒散，每天除了在王宫与嫔妃饮酒作乐，就是外出狩猎游玩，对正业丝毫不感兴趣。”

刘睦之所以要这样说，是因为在当时宗室中凡是有些志向，或者广纳朋友的，都容易受到朝廷的猜忌，甚至会招来杀身之祸。所以，真正聪明的刘睦不得不故作糊涂人，教人说出那番话，实际上是一条假痴不癫、明哲保身之计。做人切忌恃才放旷，恃才自傲，不知饶人。俗话说：“枪打出头鸟。”锋芒太露容易遭人嫉恨，更容易树敌。功高震主不知给多少下属招来杀身大祸。这也是刘睦让人告诉皇上自己不思进取的原因。

刘睦在险恶的宫廷斗争中幸存下来，那么，一个真正的老实人，生存的筹码必然也就更厚重了。

自古以来，无知者无罪，很多时候，正是因为知道得太多，又不懂得藏拙，才招致祸患的。所以越有才华就越要敦厚老实，尤其是面对领导时，就更要小心翼翼，永远不要让领导觉得你处处威风占尽。当然，还有一点启示，无论在什么场合，只有你一个人看明白的事情，最好不要点破。有很多事情都是知道得越少越好。同样，要想在社会竞争日益激烈的今天获得成功，需要的正是敦厚老实的精神。

宁做傻中精，不做精中傻

古今中外，耍小聪明误事的，甚至丢掉性命的人比比皆是。

比如清代的和珅。和珅是有才，若无才，他何以由一名当差的升为户部侍郎兼军机大臣，官至文华殿大学士，封一等公？

固然，献媚逢迎是其才之“专长”，但诚如鲁迅所说：“帮闲也得有才。”他在狱中作的诗，即可作证。和珅为官，弄权耍奸，朝野骂声不绝。故而当他的靠山乾隆帝死后不久，他就被新皇帝嘉庆宣布22条罪状，且被令自裁。抄没家产约值八亿两，等于朝廷一年收入。这八亿两乃种种祸国殃民、巧言令色的诸般前事的积累和物化。机关算尽太聪明，反误了卿卿性命，到头来八亿两还不是入了国库？“百年原是梦，卅载枉劳神”，总结得何等正确！恋生惧死，人之常情，和珅伤感于前事，他身陷囹圄之际，终究还是明白了他的那种以权谋私的“才”，“误了自身，罪该应得，没啥冤枉”。

观古可以鉴今，到头来感伤嗟叹，恨“才”“误”身，那份欲说还休的复杂心绪，是何等地悲哀与无奈！

和珅聪明吗？聪明。但是为什么反被聪明误呢？

第一，自视高人一等。聪明人总是比一般人多知道些事情，因此很容易就以为自己无所不知。

第二，孤立无援。一个人如果特别聪明，那么他从小就容易离群孤立，因为他觉得自己和其他人格格不入，对思维比他们慢的人不耐烦，于是很自然地会物以类聚，只和别的聪明人交往。成年后如果继续保持这种习惯，“天马行空，独往独来”，不屑与人合作，并用自己的聪明排斥他人的经验，拒绝接受他人的意见，就大事不妙了。

第三，盲目自信，不计后果。聪明人总是在想：“我的下一个高招是……”他们因为总是觉得自己无所不知，所以都喜欢行险招，结果往往是聪明反被聪明害。

第四，过分的好胜心。许多聪明人都不了解一个简单的事实：强中更有强中手，那山更比这山高。即使你站在某一领域的顶点，你在这方面胜人一筹，也不等于在另一方面一定能成功。

天生聪明，固然就拥有了令人欣羡和成功的资本，但聪明也应审慎用之，机关算尽也必会有一失，有才是好事，但也别“身死因才误”。

所以，“宁做傻中精，不做精中傻”。有些人看上去很傻，因为他们从来都没有任何心计，但他们其实一点都不傻，他们只是把没有心计，当成真正的大智慧。

北宋太宗、真宗朝宰相吕端，就是傻中精的典型。他在无关紧要的事情上从来都不耍心机，糊里糊涂，但是，他不是真的傻，在国家大事面前，他也能显露出宰相应有的精细，所以曾有后人写诗赞曰：“诸葛一生惟谨慎，吕端大事不糊涂。”

当时，北宋的另一位名相寇准和吕端同朝为官，此人虽然办事果断、才能俱佳，但是性子有些刚烈，而且生活上出了名地奢侈无度。

吕端当丞相之后，担心位高权重，会让寇准心中不平，一旦因此两人失和，那么朝政一定会受到影响。于是就请太宗另下了一道圣旨，让正担任参知政事的寇准和他轮流掌印，领班奏事，并且两人一同到政事堂中议事。吕端的这一举动果然平息了寇准对他的不满。

宋太宗非常器重吕端，曾经要求把朝中大事要先交给吕端处理，然后再呈报给他自己。但是吕端处理国家重大事情的时候总是同寇准一起商量，从不独断专制。甚至于，吕端还主动把相位让给了寇准，自己去当参知政事，而他的这种主动让权的行为，在世人的眼中自然是傻透了。

还有一次，吕端因病在家休养，没有上朝，想不到就被御史中丞李惟清在太宗面前告了一个恶状。这件事情很快就传到了吕端耳中，吕端却傻乎乎地没有任何动作，没有跑去找皇帝哭诉表忠心，也没有怒气冲冲地去找李惟清算账，还是像什么事情也没发生过一样，他这种心态，也被世人说是“傻到家了”。

吕端的傻还表现在他平时处理个人利益的问题上。虽然吕端身居高位，又是皇帝面前的红人，但是他居然没给自己留下多少积蓄，以至于他百年之后，家中儿生活拮据到了只能把房产抵押给别人来凑齐结婚的钱：这样一贫如洗的宰相，在世人的眼中又怎么不傻呢？

别看吕端在这些方面傻气十足，但在面对国家大事时，他却比任何人都精明睿智，把问题看得比谁都透彻。

太宗时，党项族人李继迁屡次侵扰北宋边境，不过，在一次与宋军交战的过程中，他的老母亲被宋军俘虏了。当时寇准正担任掌管全国军事的枢密副使，皇帝单独跟他秘密商量此事，准备在西北边境上大张旗鼓地把李继迁的母亲杀掉，以此来惩戒李继迁。

商议结束之后，寇准在出宫门的路上正好遇到吕端，在两人的谈论中，寇准把之前的商议的事情原原本本地告诉了吕端。吕端一听就觉得不对劲，说：“这件事情如此处理恐怕有些不妥，请你暂缓处理，我马上去觐见皇上。”

吕端很快就到了皇帝面前，说：“陛下，当年楚汉相争时，项羽抓住了高祖刘邦的父母，并想要把他们在阵前用锅煮了，可刘邦却说如果你一定要煮，那么分我一杯肉汤喝吧。连刘邦尚且不会顾虑他的父母，更不用说李继迁这样没有接受过孔孟教诲的化外之人，陛下这样的做法，非但威慑不了李继迁，反而只能结下更深的仇怨，让他的反叛之心更坚定而已。请陛下三思！’

太宗皇帝深思后，觉得吕端说得很有道理，于是采纳了吕端的建议，把李继迁的老母安置在了延州（陕西延安），优待有加。

后来，李母在延州寿终正寝，而李继迁在一次战斗中中箭身亡，他的儿子李德明归顺了宋朝。

真正绝顶聪明的人，并不会刻意显露自己的聪明，处处用心计为自己争利，而是选择在无关紧要的小事面前，摒弃计谋，不计较得失，糊涂做人。但他们不是真的愚蠢。只是，他们会把经世济民的大智慧留到最需要的时候来使用。

二
要有本事，不要有脾气

真正有本事的人没脾气

《世说新语》中记载了这样一个脾气很大的人，叫王蓝田。

东晋王蓝田是一个很性急的人，脾气极为暴躁。有一次，王蓝田在自己家里吃鸡蛋，用筷子去扎鸡蛋想挑起来吃。结果鸡蛋圆滚滚、滑溜溜，一筷子下去居然没有扎中。王蓝田因此暴跳如雷，一把把鸡蛋扔到了地上，结果鸡蛋在地上还旋转不止，仿佛在挑衅一般，王蓝田更加愤怒了，一脚踩上去想把鸡蛋踩扁，结果居然又没踩中！王蓝田简直快要被鸡蛋气疯了，一把又捡起鸡蛋，放在嘴巴里，狠狠嚼碎之后又恶狠狠地吐了出来，这才感觉心里舒服了一些。

据说，同时代的王羲之听说了这件事情之后，摇着头说："就算是比王蓝田更加有才气的王安期，如果脾气这么坏那也简直一无是处了，更何况是王蓝田呢！"

可见，在王羲之的眼里，真正有本事的人，应该首先是没脾气的人，一个人脾气一大，便一无是处了。

一个控制不住情绪的人，很难给人沉稳、老道的印象。在所有的情绪当中，又以愤怒最为难以节制。北宋大儒程颢曾说过："夫人之情，易发而难制者，唯怒为甚。第能与怒时遽忘其怒，而观理之是非，亦可见外诱之不足恶，而于道亦思过半与。"说的就是人一定要恪守"中和"之道，抑制住自己的情绪，而在所有情绪当中，最容易过头并且难以抑制的，就是愤怒，如果一个人能够在愤怒的时候控制自己，想明白自己愤怒的缘由，那本身就算是一桩大本事了。

假如你发起脾气来，对人家大骂一阵，你固然非常痛快地发泄了你的情感，但你想过这样做的后果吗？你刺耳的声音、仇视的态度，能使人们同情你吗？除了让人们疏远你，你又能得到什么呢？

也许，有的人认为只要自己有才华就可以傲视天下了。要知道，这个世界上从来就不缺人才！缺少的是一份控制自我心态，一份属于成功和卓越的心态！一旦你拥有它，与它为伍，你将成为一名从容淡定、冷静的人。

小迟是一名学业优秀的大学生，从小到大没有受过大的挫折，总是一帆风顺，再加上由于学业优异父母以他为荣，他们的宠爱使小迟养成了刚愎自用的性格，容不得别人对他有任何的批评，还常常自我感觉良好。在上学期间，他没有收获什么知心的朋友。但是自以为是的他并没有反省自己，而是认为别人不对。

到了工作的时候，他出色的仪表使他做了经理助理，并负责对外联络。

一次工作时间，他接了个私人电话，由于兴奋，不时发笑，声音太大，一个同事忍不住说了他一句："说话声小点好吗？"他随即挂了电话，脸上的表情是360度大转弯，几乎是咆哮着喊："我接个电话犯得着如此吗？"谁知对方也不示弱："这是办公地方，要打到外边去！没人吃你那套！"一来二去，本来一点小事，但是却演变成一顿恶吵，最后只在大家的劝慰下才终止。

事后小迟也很后悔，无奈拉不下面子道歉，工作也开始分心，总觉得同事是否在背后议论他的不是，此事也成了他心中的一块巨石。

控制情绪是一种能力，如何运用，关键还是记住那句话：要有本事，不要有脾气！

火暴的脾气会让一个没有本事的人更加一无是处，让一个有本事的人能力打折扣，脾气火暴的人总是因一点小事就撕破脸皮，有的甚至大打出手，酿成悲剧。然而，事后想想为一点鸡毛蒜皮的小事值得大动肝火吗？

而一个真正有本事的人，是绝对不会随便发脾气的，更不会让脾气影响了自己的决策，可以这么说：非但有本事的人没脾气，而且没脾气，也是一种大本事。

公元221年，刘备为给关羽报仇，举全国之力，亲率数十万人进攻吴国。刘备出兵没几个月，就攻占了东吴的土地五六百里地。刘备的锋芒不可阻挡，吴国国内一片恐慌。那时，周瑜、鲁肃都已过世，谁能担当抵抗刘备的元帅？在众人的疑虑中，陆逊担任了大元帅。

东吴将士看到蜀军步步紧迫，都摩拳擦掌，想和蜀军大战一场，可是大都督陆逊却不同意。

陆逊说："这次刘备带领大军东征，士气旺盛，战斗力强。再说他们在上游，占领险要地方，我们不容易攻破他。要是跟他们硬拼，万一失利，丢了人马，这是非同小可的事。我们还是积蓄力量，考虑战略。等日子一久，他们疲劳了，我们再找机会出击。"

陆逊部下的将军，有的还是孙策手下的老将，有的是孙氏的贵族，对孙权派年轻的书生陆逊当都督本来已经不大服气，现在听到陆逊不同意他们出战，认为陆逊胆小怕打仗，更不满意，在背地里愤愤不平。蜀军从巫县到彝陵沿路扎下了几十个大营，又用树木编成栅栏，把大营连成一片，前前后后长达七百里地。刘备以为这样好比布下天罗地网，只等东吴人来攻，就能把他们消灭。

但是陆逊一直按兵不动。从222年1月到6月，双方相持了半年。刘备等得急了，派将军吴班带了几千人从山上下来，在平地上扎营，向吴兵挑战。东吴的将军，耐不住性子，要求马上出击。

陆逊笑笑说："我观察过地形。蜀兵在平地里扎营的兵士虽然少，可是周围山谷一定有伏兵。他们大声嚷嚷引我们打，我们可不能上他们的当。"

将士们还是不相信。过了几天，刘备看见东吴兵不肯交战，知道陆逊识破他的计策，就把原来埋伏的八千蜀军陆续从山谷中撤出来。东吴将士这才相信陆逊的判断。

一天，陆逊突然召集将士们，宣布要向蜀军进攻。将士们说："要打刘备，早该动手了。

现在让他进来了五六百里地，主要的关口要道，都让他占了。我们打过去，不会有好处。”

陆逊向他们解释说：“刘备刚来的时候，士气旺盛，我们是不能轻易取胜的。现在，他们在这儿待了这么长时间，一直占不到便宜，兵士们已经很疲劳了。我们要打胜仗，是时候了。”他派了一小部分兵力先去攻击蜀军的一个营，刚刚靠近蜀营的木栅栏，蜀兵从左右两旁冲出来厮杀；接着，附近的几个连营里的兵士也出来增援。东吴兵抵挡不住，赶快后退，已经损失不少人马。

将军们抱怨陆逊，陆逊说：“这是我试探一下他们的虚实。现在我已经有了破蜀营的办法了。”

当天晚上，陆逊命令将士每人各带一束茅草和火种，预先埋伏在南岸的密林里，只等三更时候，就直奔江边，火烧连营。

到了三更，东吴四员大将率领几万兵士，冲进蜀营，用茅草点起火把，在蜀营的木栅栏边放起火来。那天晚上，风刮得很大，蜀军的营寨都是连在一起的，点着了一个营，附近的营也就一起延烧起来。一下子就攻破了刘备的四十多个大营。

等到刘备发现火起，已经无法抵抗。在蜀兵将士的保护下，刘备总算冲出了火网，逃上了马鞍山。陆逊命令各路吴军，围住马鞍山发起猛攻，留在马鞍山上的上万名蜀军全部溃散，死伤不计其数。一直战斗到夜里，刘备才带着残兵败将，突围逃走。吴军发现了，紧紧在后面追赶。幸亏蜀军把丢下的辎重、盔甲堵塞在山口要道上，阻挡住了东吴的追兵，刘备才逃到了白帝城。

这一场大战，蜀军几乎全军覆没，船只、器械和军用物资，全部被吴军缴获。历史上把这场战争称为“猇亭之战”，也叫“彝陵之战”。

陆逊在刘备的盛气凌人之下依然保持着清醒的头脑，即使是手下将士都已经怒火攻心，急不可耐地要找刘备决一死战，陆逊却依然不发脾气，因为他知道，一发脾气，就可能影响正确的决策，从而在真正的战机到来之前，贸然出击，最后一败涂地。反观刘备，之所以失败很大的一个原因，就是在盛怒之下出兵，常言道哀兵必胜，愤兵必败，刘备这支愤兵，遇上了没脾气的陆逊，焉有不败之理。

事实是生活中几乎99%的事不用冲动发火，而剩下的1%是你发火也改变不了的状态。既然如此，我们何不冷静处理一切呢？众所周知，人在失控时容易作出错误的判断，只有保持冷静的头脑才能还你一个满意的结果。

与其把精力拿来发脾气，不如让自己变得更有本事些，记住：有本事的人没脾气，而没脾气，也是一种大本事。

生气不如争气，翻脸不如翻身

愤怒不能解决任何问题，很多时候，生气只能让人看上去更窝囊，翻脸只能让人更加众叛亲离，所以，当遇到你觉得让你愤怒的事情，不妨看开些，与其与人斗气，不如自己争气来压过对方，与其跟人翻脸，不如修炼自己，给自己打个翻身仗。

尤其是在力量不足、遭人欺压时，如果冲冠一怒，很可能惹祸上身，白白地葬送自己。在这种情况下，与其翻脸生气，不如努力翻身去争一口气。

己不如人时，当面翻脸、发泄怒火只会自取灭亡，懂得适时弯曲、暗中发力才是求胜之道。当遭遇别人的欺辱时，是生气对自己有利，还是争气对自己更有利？是翻脸对自己有利，还是想办法打个翻身仗对自己更有利？这是不言自明的。当然，不生气不能不争气，要在不翻脸的时候不忘积极翻身，最后一鸣惊人，显示出强者的实力时，才能赢得别人的尊重。

读过《三国演义》的人都记得“伏龙凤雏，得一可安天下”的凤雏庞统庞士元，赤壁之战后，庞统首先被引荐给了孙权，但是，孙权看庞统其貌不扬，又出言不逊，所以完全没有要重用他的意思，庞统没有因此生气，而是乐呵呵地回去了。之后，诸葛亮来柴桑为周瑜吊孝的时候，又遇到了庞统，诸葛亮就给了庞统一封引荐信，把他推荐给了刘备。

庞统于是带着信去见刘备，结果刘备也和孙权一样，看到庞统外形如此丑陋，也没有重用他的打算，只让他到耒阳县去当个县令。

面对这样的冷遇，庞统既没有立刻拿出诸葛亮的推荐信，也没有因此大发雷霆拂袖走人，而是一言不发地接受了县令的职务。

百余天后，刘备想起了庞统，就让张飞到耒阳县去视察庞统的工作，张飞发现庞统到任之后居然荒废政务每天饮酒作乐，于是大发雷霆，庞统却笑着说：“这等简单的政务如何难得倒我？”于是立刻升堂办理公务，只用了半天时间就把耒阳县积累了一百多天的公务办完了，一切都井井有条。张飞于是知道庞统是个人才，带着庞统回去见了刘备，庞统这时拿出了诸葛亮的推荐信。刘备这才发现自己差点埋没了人才，立刻向庞统谢罪，并且拜庞统为军师。

遇到别人的误解和小看是常有的事情，这个时候，那些恃才自傲的人往往会选择摆脸色，或者干脆拂袖而去，并且到处宣扬某某不能知人善任。可是，不管是古代的官场，还是现代的职场，用人的人都没有长一双火眼金睛，错失人才是很有可能的事情，作为人才，自然应该体谅到这一点，如果被人小看误解了，与其翻脸发火，不如安下心来，争一口气，证明自己的实力，麻袋里藏不住锋利的锥子，一旦你用自己的实力崭露头角，自然有被挖掘出来的一天。

别让暴脾气毁了你

跟心气平和的人比起来，那些暴脾气的人表面上看起来似乎更加雷厉风行，更加有压迫力，但是表象背后，暴脾气会让你做出冲动的行为，会让你的思维能力下降，最后很有可能毁了你。

1943年，第二次世界大战著名将领巴顿在去战后医院探访时，发现一名士兵蹲在帐篷附近的一个箱子上，显然没有受伤，巴顿问他为什么住院，他回答说：“我觉得受不了了。”医生解释说他得了“急躁型中度精神病”，这是第三次住院了。巴顿听罢大怒，多少天积累起来的火气一下子发泄出来，他痛骂了那个士兵，用手套打他的脸，并大吼道：“我绝不允许这样的胆小鬼躲藏在这里，他的行为已经损坏了我们的声誉！”气愤，离开……第二次来，又见一名未受伤的士兵住在医院里，顿时变脸，问：“什么病？”士兵哆嗦着答道：“我有精神病，能听到炮弹飞过，但听不到它爆炸。”巴顿勃然大怒，骂道：“你个胆小鬼！”接着打他耳光，“你是集团军的耻辱，你要马上回去参加战斗，但这太便宜你了，你应该被枪毙！”说着抽着手枪在他眼前晃动……巴顿的行为很快传到艾森豪威尔耳中，他说：“看来巴顿已经达到顶峰了……”

狂躁易怒的性格，使本有前途的巴顿无法再进一步，面对有心理障碍的士兵，不是认真了解情况，加以鼓励，而是大打出手，完全失去了一个指挥官应有的风度修养，破坏了自己在人们心目中的形象，因此失去了晋升的机会，“遗憾”之余，让人想起了一句话：性格决定命运。

所谓的性格，都是情商的表现。当我们生气的时候要冷静下来确实有点难度，但如果不控制怒气，只会损失过多。看过著名影片《勇敢的心》的人们一定记得片中的一段关于英格兰国王临终前的景象：由苏菲·玛索饰演的王妃因求情也未能救下华莱士，而对老国王心怀恼恨，在国王不能行动也不能说话之际，靠在他的身边，轻轻地说了一句话，就将老国王置于死地。那么王妃说的是什么呢？她只是平静地报复他，说了她怀的孩子是华莱士的，而非王子的。国王一命呜呼是由于愤怒的情绪。有人会以为这是影片，所以会夸张一点以突出戏剧效果。然而，现实生活中，古今中外皆有相似的例子，《三国演义》中的周瑜就是这么一位被活活气死的人。

东吴水军都督周瑜，有勇有谋，自从跟随孙策打天下，南征北战，为东吴立下汗马功劳。但周瑜心胸狭窄，嫉贤妒能，也因此毁了自己的一生。

孙刘联合抗曹时，周瑜想烧毁曹营，因为没有东风而急得病倒了。诸葛亮去看望周瑜，一句话就说中了他的心事：“万事俱备，只欠东风。”后来诸葛亮借东风，周瑜才火烧曹营。周瑜觉得诸葛亮的才能比自己高，下决心要除掉他，于是派人去杀诸葛亮，谁知诸葛亮早已洞悉了他的意图，已经安全地离开了。周瑜气得险些跌倒在地，此为一气。

周瑜为了将荆州夺回来，将刘备骗去娶亲，诸葛亮给赵云三条锦囊妙计。结果周瑜、孙权是“赔了夫人又折兵”，气得周瑜昏死过去。周瑜本来箭疮未愈，因气愤而复发，经众人抢救才醒过来，大叫道：“诸葛亮，我绝不罢休！”此为二气。

周瑜佯装替刘备攻打西川，要求刘备在其路过时准备粮草前去慰问，意在伺机杀了他。诸葛亮看穿了周瑜的计策，将计就计，布下四路大军，在吴军到来后将其团团围住。士兵们高喊：“活捉周瑜！”而探马来报，说刘备、孔明正在军营中饮酒，周瑜气得口吐鲜血，仰天长叹到：“既生瑜，何生亮！”说罢又连吐数口鲜血而死，年仅36岁。

愤怒是一种很难控制的情绪，正因为难以控制，所以很容易酿成大祸，甚至丢掉性命。正如培根所说：“愤怒，就像地雷，碰到任何东西都一同毁灭。”还是让我们以平和的心境来对待生活中繁杂的事情。莎士比亚说：“不要因为您的敌人燃起一把火，您就把自己烧死。”当你的感情掌握了理智时，你将成为感情的奴隶；只有当你战胜自己的感情时，才证明你是主宰命运的人。唯此，你才能真正获得自由。

如果你不注意培养自己忍耐、心平气和的性情，培养交往中必需的情商，遇到一丝火星就暴跳如雷，情绪失控，就会把你的人缘全都炸掉。

大凡脾气暴躁的人，都有一点心胸狭隘。因为真正“有容乃大”的气魄是不会随便动怒的。

人生需要“钝感力”

钝感力，是日本作家渡边淳一提出来的新概念，所谓“钝感”和“敏感”相对，“钝感力”可直译为“迟钝的力量”，就是淡定平和地面对生活中的各种挫折和伤痛，绝不会因为一件小事而勃然大怒或者深受打击。

渡边淳一说过："在各行各业中取得成功的人们，当然拥有才能，但在他们的才能背后，一定隐藏着有益的钝感力。"

毕业于札幌医科大学，并取得博士学位的渡边淳一，曾在一家医学院实习。当时，有位主任教授医术高明，但在手术中总是不断斥责协助他的学生，因此没有人愿意被安排做他的助手。

只有一位戴着厚重眼镜，长得一副没出息的样子的学长，对于教授手术中的喝叱，总是轻答"是、是"，低眉顺目地承接教授手术中琐碎的责骂，不仅缓和了现场气氛，而且他个人在手术后的心情也丝毫不受影响。多年后证明，这位保持钝感、经得住责骂的学长，当年只专注于掌握教授手术中的要点，对其余的"杂音"充耳不闻，日后他成了极为出色的外科医师，还担任了大医院的院长。

这就是钝感的力量，只有让自己迟钝些，少花时间发脾气，才能多花时间在更重要的事情上。

刘东与萧明都是某公司从外企招聘过来的营销副总监，公司引入这两人的主要目的，是为了解决公司当下面临的问题和挑战，尤其是公司营销体系和相应制度的改革。

在正式接过令箭牌之后，两个人就开始了对自己所负责的区域的人员、营销体制、激励体制等方面进行了大刀阔斧的改革，引入外资公司一套成熟的制度进行实践。

虽然所做的事情相似，但刘东与萧明两人的作风却大相径庭。刘东做事雷厉风行，说话直言不讳。他的洞察力与市场判断力，让许多下属都很是佩服。

而萧明像"许三多"一样，平时总是憨憨而笑，性格不温不火的。许多人都认为刘东比萧明更出色。

由于两人的大改革触及了公司中诸多人的利益，所以不少员工都产生了抵触情绪，各种各样的非议也随之纷至沓来，更不断有人写匿名信编造各种借口去举报他们，刘东和萧明都面临着上任以来的巨大压力。

刘东的性格如火，性格急躁，对于这些无中生有的指责表现极为激烈，同时对于公司管理层的询问又表现出极大的愤怒。在一次内部的营销会议上，李飞按捺不住怒火，对着所有营销经理吼叫："你们谁对我有意见都当面提，谁要是敢在背后放冷箭中伤我，别让我查出来，我让你好看！"

同时，刘东对属下也越来越火暴，一旦有人没完成任务，刘东就会表现怒急冲冠，并以降职、减薪、裁员等作为威胁。

而萧明的表现则平静得多，无论是任务布置还是工作推进，无论销售成绩如何，他都能够心平气和地与团队共同研讨。对于各种各样的非议和职责，萧明也是充耳不闻，他似乎并不太在意别人的评头论足，只是一心走自己的路。

他的从容不迫给整个团队以极大的信心和动力，一年之后，刘东和萧明都完成了之前制定的目标。公司管理层决定提拔两个人中的一个出任营销总经理，在经过许多方面的考察，多数员工支持萧明升级营销总经理，原因很简单，虽然刘东的能干让人佩服，但萧明的"钝感"却让人感觉更有亲和力，更有凝聚力。

刘东是个将才，但萧明更像是帅才，能够敏于心，钝于外，从容不迫地应对各种压力和中伤，这才是一个大气的人该有的气度。

任何时候，我们都需要钝感力，不管是在职场上、家庭中还是在男女的恋爱里，如果因为一点错事便大发雷霆，甚至无法原谅对方，一味考虑自己的感受，恋爱或婚姻就无法长久持续下去。而钝感力能够使人具有平和的心胸，更适合应用于人的所有交往关系上。

缺少钝感力的人往往易动肝火，遇事急躁。这样的人心浮气躁，办事之前总是忽视事物的客观规律、步骤。这样的人往往能难成功，因为很多事情都是这样：你越着急，你就越不会成功，因为着急会使你失去清醒的头脑，无法认清事物的本质，办事不稳，差错自然也就多。

唐朝人皇甫嵩，字持正，是一个出了名的脾气急躁的人。有一天，他命儿子抄诗，儿子抄错了一个字，他就边骂边喊，叫人拿棍子来要打儿子。棍子还没送来，他就急不可待地狠咬儿子的胳膊，以至于咬出血来。

如此急躁，正是因为缺少了钝感力，只有迟钝一些，才能心情平和一些，少发点脾气，才能多花点精力在有用的事情上。

敏感的神经割伤的是自己

在这个压力重重的现代社会，谁没有深深的感慨一句“生活太累”？然而，一位86岁的老人却为我们提供了一种让生活轻松快乐的方法。这种方法其实很简单，第一，对自己的错误不要太敏感。第二，对别人的错误不要太敏感，因为，神经太敏感了只能割伤自己。

在春秋时期有一个性情十分暴躁的人。他射箭若是射不中靶心，就怒火中烧，上前把靶子的中心捣碎；下棋的时候若是下输了，就把一口把棋子咬碎。有人劝告他说：“你自己射箭射不中、下棋下不赢，这难道是靶心和棋子的过错？你为什么不认真地想一想，问题到底出在哪里呢？”他听不进去，最后，因为脾气急躁得病而亡。

这个人就是属于典型地对自己的错误太过于敏感，最终，害了自己。

“不要对自己的错误太敏感。”其实，人世间很多烦恼都是由自己难为自己、自己同自己过不去造成的！孔子说：人非圣贤，孰能无过？如果一有过错？就将自己终日囚禁在无尽的自责、哀怨、痛悔之中，那么其人生的境况就会像泰戈尔所说的那样：不仅失去了正午的太阳，而且将失去夜晚的星星。

确实，人生在世不可能事事都称心如意，别说一辈子，就算是在普通的一天中，也难免会遇到很多令你生气的事情。比如：坐地铁被人踩了一脚，对方却不肯道歉，无缘无故地被老板骂了一顿，老板却连解释的机会都没有给你。再例如，小夫妻之间为了一些鸡毛蒜皮的事情怄气，甚至吵嘴、打架，最后出走的出走，回娘家的回娘家，不欢而散。而这一切，都是来源于对别人的错误太过于敏感，别人不小心犯了错，就算是别人没有道一声歉，也没必要太过于敏感，你想：本来就是别人的不对，结果却让你自己装了一肚子气，这是何苦呢？

在生活中总是有各种不同的烦恼，有的来自工作的压力，有的来自于自身的身心健康问题，但更多的时候，人们的烦恼来自于外界，来自于他人。遇到一个不厚道的老板，遇到一个无情无义的朋友，遇到一个朝三暮四的恋人，遇到一个不讲理的路人……这个时候，我们总是在抱怨自己工作不称意，遇人不淑，倒霉透顶，总而言之，我们会在愤怒和抱怨中度过一段时间才能够平复心中的怨气。

这个时候，你其实就已经被你敏锐的神经绑架、割伤了。你用自己的敏感做刀，用别人的错误当墨，在自己身上嵌下了深深的烙印，终日活在抱怨、苦恼、咒骂中。

生活如此美好，我们却把宝贵的生命浪费在对别人的埋怨和痛恨里，与其如此，倒不如认识到人与人之间因为个体差异，难免会产生不同的人生态度和生活方式。我们无法改变别人，但是我们可以改变自己，改变自己的心态、自己的观点，从而经营自己的生活。

章浩良是一个高中生，有一段时间，班主任发现他的化学成绩退步了，问他原因，章浩良说是因为讨厌化学老师，不想听化学课了。班主任就对她说："你是不是因为老师长得丑，脾气又不好，就不愿听她的课，就不学了？"章浩良："是的，我觉得她不配当老师。"

班主任点点头。她要知道，这种情绪对中学生孩子来讲是非常有害的，于是班主任对章浩良说："章浩良啊，咱不能对别人的错误太敏感了，因为化学老师的一点错误，你就把你的学业都丢了，你觉得值得吗？但反过来讲，脾气差的人太多了，你总要学会慢慢适应啊，如果对每个脾气不好的人都大生闷气，以后你可要在愤懑中度过了，况且，长得丑根本就不是化学老师的错。人无完人，你爸爸妈妈的缺点可能还要多得多，那你就看不起父母吗？"

通过班主任的讲解，章浩良对自己进行了反省，很快调整了情绪，化学成绩随即提升上去了。

能够控制住自己，让自己不那么敏锐的人，才是真正聪明的人。如果实在做不到这一点的人，下面这个方法倒还是挺管用的。

明朝宣德和正统年间，松江知府赵豫对老百姓问寒问暖，关怀备至，深得松江老百姓的爱戴，但是，他却有个绰号，叫作"明日来"。

原来，赵豫处理日常事务有他自己的一套工作方式。每次见到来打官司的，如果不是很急的事，他总是慢条斯理地说："各位消消气，明日再来吧。"大家对他的这套工作方法不以为然，甚至还暗地里编了一句"松江知府明日来"的顺口溜来讽刺他。这句顺口溜慢慢地在老百姓中间流传开来，"明日来"也就成了他的绰号了。

然而，赵豫对于这个绰号却总是笑笑，从不责备叫他绰号的人。

因为赵豫知道，"明日再来"的好处其实很多，最重要的是，很多人打官司都是出于一时的忿激情绪，而经过冷静思考后，或者别人对他们加以劝解之后，对于许多事情就没有那么敏感了，气也就消了。

"明日再来"这种处理一般官司的做法，是合乎人的心理规律的。以"冷处理"缓和情绪，不急不躁，才能理智地对待所发生的一切，避免不必要的争执。

带着情绪生活，最终影响的是我们的生活，这是多么大的损失啊！如果我们能够对别人不那么敏感，我们的人生中会少许多烦扰。

憨厚待人，不伤人也不伤己

人经常不能控制自己的怒气，为了生活中大大小小的事情勃然大怒或愤愤不平，愤怒就是由于人们对客观现实某些方面不满而生成，比如，遭到失败、遇到不平、个人自由受限制、言论遭人反对、无端受人侮辱、隐私被人揭穿、上当受骗等多种情形下人都会产生愤怒情绪。表面看起来这是由于自己的利益受到侵害或者被人攻击和排斥而激发的自尊行为，其实，用愤怒的情绪困扰灵魂，乃是一种自我伤害。

对身体健康的伤害只是其中一个方面，愤怒对于灵魂的摧残尤为严重。由灵魂而生的愤怒情绪，又回过头来伤害灵魂本身，让灵魂变得躁动不安，失去原有的宁静和提升自己的精力和时间，这是灵魂的一种自戕。

皮索恩是一个品德高尚、受人尊敬的军事领袖。一次，一个士兵侦察回来，没能说清楚跟他一起去的另一个士兵的下落。皮索恩愤怒极了，当即决定处死这个士兵。就在这个士兵被带到绞刑架前时，失踪的士兵回来了。但结果出人意料：皮索恩由于羞愧更加暴怒，处死了3个人。

在这位军事领袖的身上，令人遗憾和痛心地表现出了愤怒摧毁理智的现象。而理智正是灵魂的高贵所在，如果人们任由灵魂自我伤害而不进行干预，这种无动于衷该有多么的悲哀。

正如思想家蒲柏所说："愤怒是由于别人的过错而惩罚自己。"文学家托尔斯泰也说："愤怒对别人有害，但愤怒时受害最深者乃是本人。"

我们愤怒于别人的言行，让愤怒占据了大部分的灵魂空间，灵魂负载着重担，再无法关照自身，更不能得到任何形式的提升，反而在愤怒情绪的支配下更加容易丧失理智，甚至于越来越远离人的高贵，接近于动物的蒙昧和愚蠢。

结果，导致我们愤怒的人与事依然故我，他们继续做着错的事，享受着愉悦的心情；

结果，因为愤怒，我们无法专注于眼前的工作，没能很好地履行自己的职责；

结果，我们只顾着愤怒，而无暇体验生命中原本存在的其他美和善。

折磨我们的是自己的愤怒情绪，而非别人的一些令人愤怒的行为。控制自己的愤怒情绪，从而避免让灵魂受到伤害，是完全在我们的力量范围之内的。

有一位得道高人曾在山中生活三十年之久，他平静淡泊，兴趣高雅，不但喜欢参禅悟道，而且也喜爱花草树木，尤其喜爱兰花。他的家中前庭后院栽满了各种各样的兰花，这些兰花来自四面八方，全是年复一年地积聚所得。大家都说，兰花就是高人的命根子。

这天高人有事要下山去，临行前当然忘不了嘱托弟子照看他的兰花。弟子也乐得其事，上午他一盆一盆地认认真真浇水，等到最后轮到那盆兰花中的珍品——君子兰了，弟子更加小心翼翼了，这可是师父的最爱啊！他也许浇了一上午有些累了，越是小心翼翼，手就越不听使唤，水壶滑下来砸在了花盆上，连花盆架也碰倒了，整盆兰花都摔在了地上。这回可把弟子给吓坏了，愣在那里不知该怎么办才好，心想：师父回来看到这番景象，肯定会大发雷霆！他越想越害怕。

下午师父回来了，他知道了这件事后一点儿也没生气，而是平心静气地对弟子说了一句话："我并不是为了生气才种兰花的。"

弟子听了这句话，不仅放心了，也明白了很多。

不管经历什么事情，我们都要制怒，在脉搏加快跳动之前，凭借理智的伟力平静自己。

想一想，如果惹你生气的人犯了错误，是由于某种他们不可控的原因，我们为什么还要愤怒呢?

如果不是这样，那么他们犯错一定是由于善恶观的错误。我们看到了这一点，说明在善恶观的问题上，我们的灵魂比他们优越，比他们更理性，更能辨明是非黑白。对于他们，我们只有怜悯，不应有一丝愤怒。

对于犯了错误的人，尽己所能平静地劝诫他们，把他们当成理智生病的人一样医治，没有必要生气，心平气和地向他们展示他们的错误，然后继续做你该做的事，完成自己的职责。

小事不较劲，才有精力成大事

为小事抓狂，是很多人都有的情绪，结果往往因小失大。学会控制好自己的情绪，你才能成功。

在非洲草原上，有一种不起眼的动物叫吸血蝙蝠，它的身体极小，却是野马的天敌。这种蝙蝠靠吸取动物的血生存。在攻击野马时，它常附在野马腿上，用锋利的牙齿迅速、敏捷地刺入野马腿，然后用尖尖的嘴吸食血液。无论野马怎么狂奔、暴跳，都无法驱逐这种蝙蝠，而蝙蝠从容地吸附在野马身上，直到吸饱才满意而去。野马往往是在暴怒、狂奔、流血中无奈地死去。

动物学家们百思不得其解，小小的吸血蝙蝠怎么会让庞大的野马毙命呢？于是，他们进行了一次实验，观察野马死亡的整个过程。结果发现，吸血蝙蝠所吸的血量是微不足道的，远远不会使野马毙命。动物学家们在分析这一问题时，一致认为野马的死亡是它暴躁的习性和狂奔所致，而不是因为蝙蝠吸血致死。

一个成大事的人，必定能控制住自己所有的情绪与行为，不会像野马那样为一点小事抓狂。当你在镜子前仔细地审视自己时，你会发现自己既是你的最好朋友，也是你的最大敌人。

美国研究应激反应的专家理查德·卡尔森说："我们的恼怒有80%是自己造成的。"卡尔森归结防止激动的方法时说："请冷静下来！要承认生活是不公正的。任何人都不是完美的，任何事情都不会按计划进行。"应激反应这个词从20世纪50年代起被医务人员用来说明身体和精神对极端刺激（噪音、时间压力和冲突）的防卫反应。

现在研究人员知道，应激反应是在头脑中产生的。在即使是非常轻微的恼怒情绪中，人体也会分泌出更多的应激激素。这时呼吸道扩张，使大脑、心脏和肌肉系统吸入更多的氧气，血管扩大，心脏加快跳动，血糖水平升高。

埃森医学心理学研究所所长曼弗雷德·舍德洛夫斯基说："短时间的应激反应是无害的。"他说："使人受到压力是长时间的应激反应。"他的研究所的调查结果表明：61%的人感到在工作中不能胜任，30%的人因为觉得不能处理好工作和家庭的关系而有压力，20%的人抱怨同上级关系紧张，16%的人说在路途中精神紧张。

理查德·卡尔森的一条黄金规则是："不要被小事情牵着鼻子走。"他说："要冷静，要理解别人。"他的建议是：表现出感激之情，别人会感觉到高兴，你的自我感觉会更好。

想要不为小事较劲，就要学会不在意。

毕竟对于每个人来说，烦恼、痛苦都是难免的，如果凡事都太在意，太过于计较，总是认为这是自己的不幸，生活就没有快乐可言。其实只要不去在意，将这些小事忽略过去，人生的境界就会从此不同。

有一对朋友，吃饭闲谈。其中一人兴致所至，一不小心就说了一句戳到另一人痛楚的话。本来这也没什么，毕竟只是开玩笑，但是那人却细细地品味起了这番话，越想心中越是不快，与朋友争吵起来，最后甚至到了动手绝交的地步。

在我们的生活中，这样的例子并不少见，细细想来，问题就在于太在意小事，最后当然是因小失大，得不偿失。其实，许多人的烦恼，并非是由多么大的事情引起的，而恰恰是来自对身边一些琐事的过分在意、计较和较真。

比如，有些人之所以爱生气，是由于他们总是喜欢句句琢磨别人的每一句话，对别人的过错更是加倍抱怨；对自己的得失喜欢耿耿于怀，对于周围的一切都易于敏感，而且总是用夸张的心态来处理外来信息。这种人其实是在用一种狭隘、幼稚的认知方式，为自己营造着自己的心灵监狱，这是十足的自寻烦恼。他们不仅使自己活得很累，而且也使周围的人活得很无奈，于是他们的“在意”让别人也不得不步步为营。

人生中这种过于在意和计较的毛病一旦养成，就等于是创造了一个积累烦恼的水缸，天长日久，许多小烦恼就会铸成大烦恼。所以早在两千多年前，雅典的政治家伯里克利斯就曾经说过：“注意啊，先生们，我们太多地纠缠于各种小事了。”法国作家莫鲁瓦更是一针见血地指出：“我们常常为一些应当迅速忘掉的微不足道的小事所干扰，而失去理智，我们活在这个世界上只有几十个年头，然而我们却为纠缠无聊琐事而白白浪费了许多宝贵时光。”这话实在发人深省。

显然，过于在意琐的事是一种最愚蠢的生活态度。从台湾归来定居的111岁老人陈椿就很明智，他曾说：“一件事，想通了是天堂，想不通就是地狱。既然活着，就要活好。”其实，有些事是否能引来麻烦和烦恼，完全取决于我们自己如何看待和处理它。美国的心理学家戴维·伯恩斯正是基于此而提出了消除烦恼的“认知疗法”——通过改变人们对于事物的认识方式和反应方式来避免烦恼和疾病。事实上，除了改变认识方法之外，更重要的是，学会根本就别去在意某些事情。

不在意，就是别总拿什么都当回事，别去钻牛角尖，别太要面子，别事事“较真”、“小心眼”，别为一点小事而着急上火，别过于看重名利得失；别把那些微不足道的鸡毛蒜皮的小事放在心上；别太多疑敏感，总是猜测别人的“言外之意”；别夸大事实，制造假想敌；别像林黛玉那样见花落泪、听曲仁心、多愁善感，总是顾影自怜。

人生有的时候不能够太小家子气了，需要活得大气一点。小事不较劲，就是在给自己设一道心理保护障，不仅不去主动制造烦恼的信息来自我刺激，而且即使面对一些真正的负面信息或不愉快的事情，也要处之泰然，置若罔闻，不屑一顾，做到“身稳如山岳，心静如止水”，“任凭风浪起，稳坐钓鱼台”。这既是一种自我保护的妙法，也是一种坚守目标、排除干扰的妙策。我们的精力是有限的，假如处处纠缠琐事，被小事所累，那么我们将都没有精力去做大事，一生必将一事无成。

人生可以失意，心灵不可失控

“月有阴晴圆缺，人有旦夕祸福”，谁都不能保证自己的人生能够一帆风顺。关键是跌倒了之后还有没有勇气、有没有能力爬起来。

而比勇气和能力更重要的，是人的心态。在失意面前，最害怕的不是身上一无所有，而是心灵失控，在颓废、愤怒中把自己推向了更深的深渊。

彦彦在收拾房间的时候，不小心摔碎了丈夫小陆最心爱的茶杯。这套茶杯是小陆的朋友从英国买来送给他的，平时小陆几乎都舍不得用，生怕一不小心打碎了。最近由于小陆事业挫折心情不好，才把它拿出来使用，为的是给自己的心情添点彩头，没想到却被彦彦打碎了。

小陆回来之后，看到杯子不见了，一问之下，当时脸就沉了下来，压制不住心里的火。一看到他这个样子，彦彦也一下子火了，大声说："不就是个破杯子，至于把你心疼成这副样子吗？难道我连个杯子都不如？不要在外面受了气，整天回家给我脸色看。拿老婆出气算什么英雄好汉，再威风也是个窝里横的窝囊废。你要是真有本事，至于把个破杯子看得比老婆还宝贵吗！"

彦彦这么一说，可算捅了马蜂窝，把小陆心里强压的怒火一下子勾了出来。在小陆眼里，彦彦非但不安慰她，迁就他，反而对他冷嘲热讽，说出这样刺人的话。本来工作中的挫折已经使他心头火大盛，彦彦这一番嘲讽挖苦更使他觉得这个家也没有什么值得珍惜的了，头脑一热，说话也不再顾及，气话全部冲口而出："嫌我没本事，我就是没本事，你看着办吧。外面有本事的男人多的是，可惜你没那享福的命，只好找我这个没本事的男人做丈夫。"

彦彦一听也愤怒了："那也说不准，说不定哪天我就找一个有本事的男人给你看看。"

随着情绪的失控，双方偏离了夫妻之间交谈的正常轨迹，也偏离了就事论事的原则。

小陆抄起茶几上的水瓶奋力一摔，彦彦觉得心都快碎了，她绝望地哭骂道："摔吧！有种的把东西都摔完！"

此时，小陆已经彻底失去了控制，顺手抄起一只哑铃击碎了刚买不到一年的电视机：日本进口的大屏幕，将近一万元。

在这个案例中，彦彦不体谅小陆的辛苦，动辄冷眼嘲讽固然也要付一定的责任，但是主要责任还是小陆由于自己的事业挫折就把全部的怒气都发在彦彦身上，茶杯只是一个迁怒的由头而已。所以，最主要的还是小陆的心灵失控。如果在事业的挫折面前他能够保持一个良好的心态，以乐观的态度去面对，那么，当看到彦彦打碎杯子的时候也不至于发那么大的火，更不可能被彦彦三两句话就激怒失去了理智。

其实，这场夫妻之间的吵架完全可以避免，只要有一方肯吃点儿"眼前亏"，主动退让——当丈夫责怪彦彦的时候，彦彦如果能主动退让的话，丈夫就会觉得这样对待妻子是不公平的，会觉得内疚和后悔，必然会就自己对妻子的态度问题进行检讨。同样，当妻子埋怨"你说话别那么难听好不好，我又不是故意的"时，如果丈夫能主动退让的话，妻子就会体谅到：丈夫的心情不太好，我应该理解他，甚至为自己不小心打烂了杯子、增添了丈夫的烦恼而感到自责。

因此，无论在什么时候，我们最需要控制好的是自己的心灵，尤其是当人生失意的时候，往往会产生浓浓的挫败感，这个时候，一点小小的火星就能在人心里燃起一股无名火，这把无名火如果不能控制好的话，既烧伤了别人，也烧伤了自己。所以，最重要的是，即使在人生最失意的时候，也要控制住自己的心灵，压制住心头的那股无名火。

其实，控制住自己的心灵并不是一件很难的事情，惠能禅师就曾给弟子们讲过这样一个故事：

一个囚犯被关在一间非常狭小、连腿脚都伸展不开的监牢里，他觉得住在里面很难受，简直就是人间炼狱。于是，这个囚犯的心中充满了愤恨与不平，备感委屈和难过，每天都在唉声叹气和抱怨中度过。

一天，一只苍蝇从窗外突然飞进了，嗡嗡地绕着囚犯乱飞乱撞，让人无比心烦。

囚犯心想：我已经够烦的了，这个讨厌的家伙又来烦我，实在气死人了，我非捉到你，把你的肠子扯出来，绕着你的脖子打个死结，世界就清净了！这样想着，他开始动手捕捉，但苍蝇却机灵得很，每次都跟逗他玩似的，眼看快抓住了，它却又飞走了。那囚犯手脚并用，折腾了老半天，累得他气喘吁吁，还是没能抓住这只苍蝇。

于是他感慨地说，这囚牢也太大了，要是能再小一点，我看你能往哪里跑！就在这句话出口的瞬间，他悟出一个道理："原来我的牢房并不小，小的是我的心，所谓心中有事世间小，心中无事一床宽啊。"

所以，当一个人身在一个自己无能为力改变的环境中时，愁眉苦脸或者大发雷霆，更会增加心中的不快。不如将心胸放开，不去在意那些小事，这样解脱的不仅仅是精神，还有心灵。只要心灵不失控，人生总有挽回败局的时候。

心外世界的大小并不重要，重要的是我们的内心世界。一个胸襟宽阔的人，纵然住在一个小小的囚房里，亦能转境，把小囚房变成大千世界；而一个气量狭小、不满现实的人，即使住在摩天大楼里，也会感到事事不能称心如意。所以，最可怕的不是人生失意，而是心灵失控，只有让我们的心放宽，控制住自己的脾气，才能掌控住自己的人生。

为坏情绪找一个"出口"

有一个富人脾气很暴躁，常常得罪人，而事后又懊恼不已，所以一直想将这暴躁的坏脾气改掉。后来，他决定好好修行，改变自己，于是花了许多钱，盖了一座庙，并且特地找人在庙门口写上"百忍寺"三个大字。这个人为了显示自己修行的诚心，每天都站在庙门口，一一向前来参拜的香客说明自己改过向善的心意。香客们听了他的说明，都十分钦佩他的用心良苦，也纷纷称赞他改变自己的决心。

这一天，他一如往常站在庙门口，向香客解释他建造百忍寺的意义时，其中一位年纪大的香客因为不认识字，向这个修行者询问牌匾上到底写了些什么。修行者回答香客，牌匾上写的三个字是"百忍寺"。香客没听清楚，于是又问了一次。这次，修行者有些不耐烦地又回答了一遍。等到香客问第三次时，修行者已经按捺不住，很生气地回答："你是聋子啊？跟你说上面写的是'百忍寺'，你难道听不懂吗？"

香客听了，笑着说："你才不过说了三遍就忍受不了了，还建什么'百忍寺'呢？"

修行者无语。

安禅何须山与水，灭却心头火自凉。修行何必去寺庙，生活才是修炼场。当然，尽管自控是控制情绪的最佳方式，但在实际生活中，始终以积极、乐观的心态去面对不顺心的外部刺激，是非常难做到的。所以，人们在控制情绪时常常综合应用忍耐和自控的方法，而且，为了顾全大局，暂时忍耐的方法用得更多。所以，尽管在面对不愉快时会努力做到自控，但真正能做到的，还需要检验个人的忍耐力。然而，每个人的忍耐力都是有极限的，当情绪上的烦躁、内心的痛苦累积到一定程度，最终会非理性地爆发出来。所以，在实际生活中，不能一味地操之在我，还要懂得适当地宣泄，为自己的坏情绪找一个"出口"，将内心的痛苦有意识地释放出来，而不是非理性的爆发。

一个中年男人开车进山，结果不小心车陷在了路边的泥坑里，等了很久，才等到一个来山里自驾游的人，中年男人连忙向他挥挥手，要求搭车。于是，这个人请中年人上车。

上了车之后，这位中年人对他解释说，他住在山下的一个小镇上，周末想打点野味，但运气很不好：去的路上，轮胎爆了，换备用轮胎耽误了一个小时；打猎的时候却发现带来的子弹不知怎么受潮了，怎么都扣不响，布置了陷阱，却总也等不到猎物上钩，返程时的时候车又陷在了泥坑里，怎么也挣扎不出来，总之，所有能让人心情不好的倒霉事他今天全遇上了。

讲述完自己的故事后，中年人领着那人把车开到了小镇上。作为答谢，中年男人邀请这个人去他家里坐坐。走到家门口，这个垂头丧气的中年男人并没有马上走进去，而是站到门口，对着门前的一个突出的栅栏一阵拳打脚踢。大约过了一两分钟，中年男人才敲门。门开后，他笑逐颜开地和孩子紧紧拥抱，又给了妻子一个热吻。然后，中年男人高兴地向家人介绍这个人，并留这个人吃了一顿饭。

这个人离开的时候，中年男人送他出来。他问中年男人："刚才你在门口是怎么回事，为什么要对着栅栏拳打脚踢呢？"中年男人说："这是我解决烦恼的方法。我在外面时总会遇到心情不好的事情，可是无论怎样，我都不能将坏心情带进门，不能带给妻子和孩子，所以，我就在门口宣泄。"

一个人不管遇到多少苦恼事，总会有快乐相伴，就看你会不会品味和寻找。生活本来就平淡如水，放一点糖，它就是甜的，放一点盐，它就是咸的。而想调制成什么味道，全在于自己的心境。所以，无论你面临什么问题，遭遇什么烦恼，都不要因此让坏情绪串了好心情的味道。

聪明的人懂得人生道路上充满了阻碍和坎坷，有时即使做了百分之百的准备，或许也没有丝毫的收获，关键是要用乐观的心态，积极、从容地面对一切。

对于情绪的宣泄，可采用如下几种方法：

一是直接对刺激源发怒。如果发怒有利于澄清问题，具有积极性、有益性和合理性，就要当怒则怒。这不但可以释放自己的情绪，而且是一个人坚持原则的集中体现。

二是借助他物出气。把心中的悲痛、忧伤、郁闷、遗憾痛快淋漓地发泄出来，这不但能够充分地释放情绪，而且还可以避免误解和冲突。

三是学会倾诉。当遇到不愉快的事时，不要自己生闷气，把不良情绪压抑在内心，而应当学会倾诉。

四是高歌释放压力。对治疗心理疾病具有特殊的作用，而音乐疗法主要是通过听不同的乐曲把人们从不同的不良情绪中解脱出来。除了听以外，自己唱也能起同样的作用。尤其高声歌唱，是排除紧张、激动情绪的有效手段。

五是以静制动。当人的心情不好，产生不良情绪时，内心都十分激动、烦躁、坐立不安，此时，可默默地侍花弄草，观赏鸟语花香，或挥毫泼墨或垂钓河边。这种看似与排除不良情绪无关的行为恰是一种以静制动的独特的宣泄方式，它是以清静雅致的态度平息心头怒气，从而排除沉重的压抑。

六是哭泣。哭泣可以释放人心中的压力，往往当一个人哭过之后，发现心情会舒畅很多。

网球巨星桑普拉斯一次在争夺大满贯杯冠军比赛时，与对手陷入苦战。不料中场休息时，他却在众目睽睽下，手抱浴巾，失声痛哭。原来，他的启蒙教练兼好友因病亡故，他的心情已受影响，现在又在比赛中承受如此巨大的压力，因而百感交集地哭泣。有人可能会觉得怎么一个大男人竟会在这种公共场合中落泪，然而桑普拉斯之所以能称霸网坛，除了他的球技外，在情绪调节能力上也高人一等，因此他能每每在紧要关头化险为夷，赢得胜利，包括那场他落泪的比赛。

当然，宣泄也应采取适当的正确的方式，一些诸如借助他人出气、将工作中的不顺心带回家中、让自己的不得意牵连朋友等的做法是不可取的，这于己于人都是不利的。

敦厚可亲不是软弱可欺

人与人之间的机会是平等的，即使竞争也是如此。所以，要想和别人一样平等，就不能太过憨厚，像个软柿子一样，否则，你就会成为别人欺辱的对象。随着社会的发展，竞争日趋激烈，如果你以一个“憨厚过头”的姿态立身处世，虽然能够获得一些人的好感，但是也会使得每个人都想在你头上踩上一脚。所以，过度地憨厚不是办法，真正的生存法则是给自己划一条发脾气的底线，把握原则，坚持真理，杜绝邪恶，别让对方的无理越演越烈，直到无法收拾的地步。

在日常交际中如此，在职场上更是如此，办公室里，时常会出现“欺软怕硬”的现象。如果过于老实，你的前程将会出现很大的危机。在上司眼里，一个连自我都保护不好的人，肯定是无法胜任重要职位的。所以，怎样才能不致因老实而成为受人欺负的对象是一门重要的学问。要改变被人欺负的现状，就必须适当强硬，与欺负你的人抗争，那些原来欺负你的人才会有所收敛。

其实，与人抗争也并不一定要针锋相对，你有很多方法可以在不发怒的情况下让对方知道，你也是不好欺负的。

麦金莱做美国总统的时候，在某次可以发怒的情况下，就制止了自己的愤怒，这就很足以证明他是一个能够自制的人，但他同时也用极为巧妙的方法，制服了那个向他挑衅的对手。

有一次，麦金莱总统指派某人出任部长一职，但遭到了几位代表的联名抗议。其中领头的是一个议员，性情很粗暴。他用愤怒的口气指责总统，用的近乎是一些侮辱的词汇。但是总统毫不作声，任他去宣泄怒气。过后，总统很平和地说：“现在你感觉好些了吗？”继而接着说，“照你所说的这种言词，你实在是无权知道我何以要指派某人，不过我还是告诉你。”

听了总统的这番话，那位议员的脸马上红了，急忙道歉，但是总统又用一副笑脸，谅解了他，说：“无论什么人如果不了解事实，总是容易被弄得发狂的。”然后，耐心地跟他解释其中的原委。

正是麦金莱总统的冷静让议员意识到了自己的错误，同时，总统的讥讽又让议员明显感觉到了总统心中的不满，随后，他又用宽容谅解了无礼的议员。正是这一记组合拳，既展现了自己敦厚可亲的一面，又让议员认识到了，总统并不是软弱可欺的，可以算得上是一箭双雕。所以，最后这位议员回去报告他交涉的结果时，只能说：“伙计们，我忘了总统所说的是些什么，不过他是对的。”

某些人无法忍受一些琐碎的烦恼，他们错过火车时雷霆大发，饭菜不合口味时恼怒万分，洗衣店交活不及时便对整个服务业万般指责，这种人在日常的生活中浪费大量的精力，但也有一些人不管怎么对他他都不发火，这种人在日常生活当中也极有可能被欺负。

毕竟，“吃柿子专拣软的捏”，这也是人的劣根性之一。因此，做人应当憨厚老实，应当少发脾气，但是当忍无可忍的时候，发脾气也能收到很好的效果。总而言之，做人要厚道，但是别当软柿子。

三

宽厚善忍，方为龙象

忍耐是一种精神力

2000多年前，孟子就曾说过："天将降大任于斯人也，必先苦其心志，劳其筋骨，饿其体肤，空乏其身，行拂乱其所为，所以动心忍性，增益其所不能。"

在美国阿拉斯加寒冷的大地上生存着一种叫作"林蛙"的生物。对于这种生物来说，最大的挑战是如何熬过阿拉斯加异常寒冷的冬天，那里的气温常会降至摄氏零下20度以下。

林蛙熬过寒冬的方法是把自己冷藏起来。这种方法听上去恐怖，真正实施起来更需要无比的付出——林蛙要忍耐常人所无法想象的代价和痛苦。

首先，它要跳入一片即将封冻的冰冷河水中，然后，一动不动地浸泡在其中，一直等到严寒下降到足以把它连同河水一起冻僵、冻结起来。在林蛙被冻僵的过程中，它的体内会不断地分泌出一种糖液物质，随着体温下降分泌会越来越多，等到这种物质慢慢覆盖住林蛙的全身，就形成一层厚厚的保护膜。

这层保护膜以保证它自身体内所有的重要器官，在即将到来的更严酷的低温下不被冻破裂。只要重要器官完好无损，即使是表皮被冻伤，林蛙也能在下一个春天活过来。

整个"冰冻"的过程中，最难以忍受的，当属跳入河水中一瞬间的痛苦，以及浮在水面上忍耐着河水的冰凉。每年都有不少林蛙因为忍受不了水中刺骨的寒冷，迫不及待地重新跳回到河边，因此不能分泌出保护液，很快就在严寒到来之时，活活被冻死。

跳进冰冷河水，忍耐被冻僵的煎熬，唯有这样，林蛙才能免于被冻死，这其中，需要多大的精神力量啊。在自然界，有些动物只有具备了这种精神力量，才能够抵抗阿拉斯加极端的冷酷。而在人类社会，也是一样的道理，只有具备了强大的精神力量，忍常人所不能忍受的苦难、挫折、屈辱，等等，才能成就成功的人生。

荀子认为："君子贤而能容罢，知而能容愚，博而能容浅，碎而能容杂。"在生活中，我们随时都会遇到一些人说对不起自己的话或做对不起自己的事，当别人对不起我们时，我们应当怎么办呢？是针锋相对、以怨报怨呢，还是宽容为怀、原谅别人呢？最好的回答应当说容之，理解之，原谅之，并以实际行动感化之。

罗明下岗后，从事销售工作。

有一个朋友问过罗明关于销售中“扫楼”的事情。那个朋友阴阳怪气地问他：“‘扫楼’是不是很威风，一层一层，挨门逐户，就像鬼子进村扫荡一样？”罗明听完这番话，内心真是酸甜苦辣什么滋味都有。往事不堪回首，他至今还清楚地记得“扫楼”之初的那种狼狈和艰辛。他曾经精确地统计过，他“扫楼”的最高纪录是一天内跑了10栋写字楼，“扫”了72家公司，感觉身体像散了架一样，腿和脚都不是自己的了，别说走路，挪动一下都很困难。那天晚上，他坐电梯从楼上下来，在电梯间里，他感到自己的胃正在一阵阵痉挛，唯一的想法就是找个清静的地方大吐一场。

但是他坚持住了，并且积极从中寻找到诀窍。2004年初，他开了一家属于自己的销售公司。如果没有当年的“低人一等”，哪里会有后来的“高人一筹”呢？

我们也知道忍让并不是件容易的事。别人冤枉了你，你感到深受伤害，那你如何去忍让这个人呢？

首先，你应该从对方的立场看问题。这么做，也许会使你看到自己的观点不完全是客观的。其次，不要愤怒，不要嫉妒。你受到愤怒的折磨，你用敌视坑害自己，而你恨之入骨的人甚至根本不知道你在恨他。

所以，忍让他人不仅是为了你的尊严和价值，也是为了保护自己不受伤害，更是为了以后办起事来更加顺利。

难行能行，难忍能忍

自从人生下来的那一刹那起，就注定要回去。这中间的曲折磨难、顺畅欢乐便是人的命运。不要因为命运的怪诞而俯首听命于它，任凭它的摆布。等你年老的时候，回首往事，就会发觉，命运有一半在你手里，只有另一半才在上天的手里。你一生的全部就在于：运用你手里所拥有的去获取上天所掌握的。佛祖明知修行苦，也要修行。玄奘明知取经难，仍不远千里到印度取经。修佛如同生活，世路难行仍要行。

难行要行，难忍要忍，从某种程度上说，忍耐是成就一项事业的必需，忍耐能让你在清净沉寂中体会生命的幸福。人要获得某方面的成就，必须学会忍耐。正如一位西方学者曾经说过：“忍耐和坚持是痛苦的，但它会逐渐给你带来幸福。”

“忍”，是修行佛道必须具备的心理姿态。这其中的忍是智慧，是力量，是认识、担当、负责、化解的意思。佛教讲“忍”有三个层次：即生忍、法忍、无生法忍。所谓“生忍”，即是一个人要维持生命，必须能忍。所谓“法忍”，就是除了维持基本的生存条件之外，还要活得自在，所以心理上的贪嗔痴成见，都要能自我克制，自我疏通。对于时间上的生老病死、忧悲苦恼、功名利禄、人情冷暖等，不但不为所动，而且要能真正地认知、处理、化解、消除。

以平常的话来说，佛教所谓的“忍”，即是能够克制各种欲望，使自己心态平和，继而得到心灵上的自在。忍之于追求佛道的人来说，是一种修行的方法，看似不适合普通人，但其实常人如能领会“忍”的意旨，对日常生活将会大有裨益。

佛陀住世时，舍卫城中住着一位名叫须赖的赤贫佛弟子。虽然他生活贫穷但丝毫不把贫苦放在心上，寡欲知足。

须赖艰苦卓绝、一心向道的愿行，使他善名远播。忉利天主释提桓因忌妒他的修行，恐怕他取代天主的位子，于是释提桓因以其神通力，化作一群人，向须赖住处走去。须赖在家突然听到门外有人谩骂嘲笑他，丝毫不为所动，不发一语地继续禅修着。于是，这群化人改以刀杖瓦石破坏须赖的住处，危害他的身体，但须赖仍然安忍于他们迫害与侮辱，甚至对他们心怀悲悯。

两次试验都没办法动摇须赖的心志，于是释提桓因化身成另外一个人威胁须赖："倘若他们要来杀害你了，看你怎么办！"

须赖平稳的口气回答："善有善报，恶有恶报。假若有人想要将我杀了，我对他既不愤恨，也不会想报复，反而十分同情他们。因为将来他们会自作自受，得到堕落恶道的果报。"

再次失败的释提桓因决定采用利诱的方式，他变化成许多人与一座金光闪闪的七层宝塔，诱惑须赖收下金塔。

"谢谢你的好意，但我自知今生的贫困乃是过去生所种下的因。假若现在轻易接受了这座金塔，来世恐怕会更加困苦了。"显然，财宝无法迷惑须赖的心。于是释提桓因又现另一个化人，试图以人情说服他收下价值连城的珍珠，无奈又被拒绝了；再派遣娇艳无比的天女下凡，以美貌来诱惑须赖放弃修行，同样是无功而返！

最后，释提桓因终于按捺不住了，亲自来到人间问须赖："请问大德，究竟你所追求的目标是什么？是怎样的愿心，让你对修行如此坚定呢？忉利天主之位是大家所渴望的，莫非你也想追求？"

须赖摇摇头说："我所衷心企求的，就只是令世间所有苦难的众生出离苦海而已，再没有别的了。"

忉利天主听到须赖的答复，深受感动，欢喜赞叹他能以无比的悲心愿力，难行能行，难忍能忍，即发愿带领诸天护持须赖的愿力及修行。

须赖因其修持忍辱的因心是为了众生，而不是为自己，因此不论遭遇威逼杀害，或是名利财色，种种的顺逆境考验都无法动摇他的心志。佛家修行中十分看中因心。只要因心正确，不论遇到何种境界，都能够圆满忍辱波罗蜜，成就佛果。

我们平时所说的忍，通常即是忍耐。忍耐是一种很高的智慧，缺少忍耐常常使事情难以圆满解决，甚至会因一时愤怒酿成大错或大祸，这在现实生活中绝非少见。古希腊哲学家毕达哥拉斯认为人在盛怒下常常会做出不理智的行为，他说："愤怒从愚蠢开始，以后悔告终。"培根则告诫道："无论你怎么表示愤怒，都不要做出任何无法挽回的事来。"

从某种意义上说，忍耐是一种保全谋略，因为小不忍则乱大谋，因为风物长宜放眼量。忍耐是一种弹性前进策略，它是生活的延长线，就像战争中的防御和后退有时恰恰是赢得胜利的一种必要准备。

生活中我们要有忍耐精神，因为生活中纷扰不断，若总以"得理不饶人"的心态去面对，自然会让自己处于一种孤立的境地，因此，应该学会忍耐。

每一位优秀人物的身旁总会萦绕着各种纷扰，对它们保持沉默要比寻根究底明智得多。生活中有些事情或许你永远不会习惯，但这样的日子你还得一天一天地过下去，所以你必须学会忍耐。没有能力改变现状，你就必须忍耐、适应，等一切都过去了，剩下的就是美好了。

当然，忍耐不是单纯的品格个性，它是一种谋略。善于利用忍耐有助于事态向好的方面发展，反之就会恶化，所以说忍耐并不是逆来顺受，屈服于命运。生活的艰辛在人们的心中埋下了太多的隐痛，忍耐却可使人相信，风雨过后必见彩虹。忍耐虽然仅仅是佛家的"忍"

中智慧之一，但若能融会贯通，足以叫人受用一生。

能够拥有“生忍”，就具足面对生活的勇气；能够拥有“法忍”，就具备斩除烦恼的力量；能够拥有“无生法忍”，则到达了处处桃源净土自由自在的世界。

能忍小事，方能立大业

咸丰二年，咸丰帝钦点曾国藩为湖南帮办团练大臣。当时，曾国藩正在为母亲守孝，接到圣旨，不敢怠慢，赶紧收拾行李去了长沙。

在长沙城里，驻扎的不仅有湘军，还有清廷的正规军，被称为绿营兵。自从清军入关，到咸丰时期已经有200多年的历史了，绿营兵早已没了当年的英勇，战斗力极差。可是，清廷一向娇惯绿营兵，平日里他们不是喝酒就是吸大烟，根本就不参加正规的训练。这让曾国藩颇感为难。

他将绿营兵和湘军放在一起训练，可是平日里被惯坏了的绿营兵，让他们在烈日里训练，简直像要了他们的命一样。为此，曾国藩特意让湘军将领塔齐布做总指挥，负责两支军队的训练。这样的安排引发了绿营兵将领的不满，在他们的教唆之下，绿营兵更加憎恨曾国藩和塔齐布。

平日里，因为湘军的军饷比绿营兵的高出三倍，所以绿营兵总是喜欢找湘军的麻烦，军营里也常常发生两军的械斗事件。本着息事宁人的态度，每一次曾国藩都会对参加械斗的湘军进行严惩，但是绿营兵的将领对其部将犯下的错误不闻不问。这样，绿营兵更加有恃无恐地对湘军进行挑衅。

一天，塔齐布带着几个关系比较好的湘军去吃饭，恰好遇上了几个绿营兵在街上酒后闹事。他们几个人看到了塔齐布，就冲上来一顿拳打脚踢。血气方刚的湘军看不下去了，冲上去教训了那几个绿营兵。绿营兵的战斗力不强，再加上人少，只有挨打的份，他们很快就招架不住逃跑了。

待塔齐布等人吃过饭后回到营地，突然从四面冲出100多名绿营兵，将他们团团围住。塔齐布一看大事不妙，掉头就跑。绿营兵在后面一路追到了塔齐布落脚的参将府，依然没有找到他的影子，愤怒之下，一把火烧了参将府。

绿营兵的将领眼见众怒难平，就趁机点火，说了很多曾国藩的不是，结果愤怒的士兵又冲向了曾国藩的府邸，想要杀了他。曾国藩听闻消息后，躲进了巡抚衙门，才逃过这一劫。

经过这么一闹，曾国藩心里明白，在长沙自己算是待不下去了。有人劝他上奏圣上，说绿营兵的将领不听从指挥，可是曾国藩没有那么做，他忍下了这口气，率领湘军移师衡州。在以后的几个月时间里，很快训练出了一支颇具实力的军队。

被朝廷委以重任的大臣，却屡屡受到排挤，甚至险些丢掉性命，换成一般人也许无论如何也是咽不下这口气的，但是曾国藩忍了下来，他把与别人争风吃醋、钩心斗角的精力都用在了团练上，终于以一支相对强大的正规军证明了自己的实力。

曾国藩认为，不仅要“跳得了龙门”，享受生命的辉煌，还要能够“钻得了狗洞”，忍受生活中所受的委屈。其实不仅是曾国藩，凡是有大志向的人，都能忍受命运的不公，不会一味地跟别人逞强斗狠，而是从大局出发，从大处着眼，宽厚待人。为了实现更大的目标，他们会忍辱负重，以曲求伸，等待时机，寻找获胜的机会。其实，现在的低头只是为了以后把头抬得更高。只有把拳头缩回来，再打出去，才是最强劲有力的。

西汉初年，随着刘邦“龙驭上宾”，吕后当政，独揽朝廷大权，并要强夺刘氏家族的皇位，危及刘氏江山。右丞相陈平对于吕后之乱忧心忡忡，可是又无能为力，又怕殃及自身，便长时间深居简出。

有一天，陈平的知交好友陆贾前来拜访陈平，看到陈平忧愁的面容，陆贾说：“你现在官拜宰相，一人之下万人之上，也算是富贵到顶了，如果说还有什么值得你忧虑的事情，恐怕就是担心吕后和少主吧？”陈平说：“正是，不知阁下有何良策呢？”

陆贾说：“要天下安定，就看丞相的本事；要救天下于危难，就看将军的能耐。国家安危主要掌握在将相手中。我想找个机会与周勃谈谈，可他总是和我开玩笑，不理解我的苦衷。你为什么不和太尉多多交往呢？”接着，陆贾为陈平献了几条对策应付吕后。陈平按照陆贾的建议，送给周勃五百两黄金以祝寿，还送去了大量的舞姬和寿酒，周勃如此还报。这样将相深交，达成默契。

就在陈平为剿灭吕后一族努力的时候，另一位宰相王陵坚决反对吕后给几个吕姓子弟封王这件事，因为开国初年，刘邦就订立了“非刘姓不得封王”的盟约。但陈平和周勃却不置可否，于是，王陵就指责他们不据理力争，陈平却说：“据理力争，我们二人不如你；可是保卫刘氏天下，你不如我们。”果然，王陵因激怒了吕后而被迫告老还乡，而陈平等人因为暂时的忍让和妥协，幸免于难。他韬光养晦等待时机，最后终于一举歼灭了吕家势力，保卫了刘氏天下。

陈平的成功就在于能忍。试想，如果他也像王陵一样小处不能忍，又怎么有机会能成大事呢?

我们总是向往成功，可是那些成功人士也并非一开始就“高人一筹”、风光无限的，他们也曾有过艰难曲折的经历，但他们能够端正心态，不妄自菲薄，不怨天尤人。他们能够忍受“低微卑贱”的经历，也能够忍住暂时的屈辱，并在低微中养精蓄锐、奋发图强，然后他们才攀上成功的巅峰。所以，处于人生低潮的人，不要因为现在的生活就放弃了自己，只要你肯努力，就一定会有一个美好的明天。

肯受气才能飞得起来

《周易》说：“天行健，君子以自强不息。”就是说天道运行强健不息，君子也应该积极奋发向上，永不停止进步才对。

人的一生中，总会遇到各种各样不尽如人意的事情，无论是来自自身的，还是来自外界的，都会令你烦闷不堪。

能不能忍受一时的不顺利，这就要看你是否具有百折不挠的雄心与意志。

一个真正想成就一番事业的人，面对挫折，必然会忍辱负重，坚忍不拔地克服重重障碍，直至梦想成真。

西汉时期，北方匈奴冒顿单于执政时，匈奴势弱。东胡国王想趁机灭掉匈奴，便故意找碴儿。他听说匈奴有一匹千里马，便派使者来索要。冒顿单于知道东胡国的阴谋，对愤愤不平的群臣说：“东胡跟我国十分友好，所以才向我们索要宝马。我们怎么能因为一匹马而影响与邻国的关系呢？”于是，他将宝马拱手送给东胡。

东胡国王一计不成，又生一计，派使者索要冒顿的妻子为妃。

这个要求太过分了，就算一个普通男人，也不能忍受这般蛮横无理的羞辱！

匈奴的文臣武将忍无可忍，表示要好好教训一下东胡。冒顿却十分冷静，对那些喊打喊杀的臣子们说："天下女子多的是，东胡却只有一个。为了与东胡国睦邻友好，我愿意献出我的妻子。"

东胡国王得到宝马与美妻后，暂时没找冒顿的麻烦。趁此时机，冒顿励精图治，国力渐强。东胡国王深感不安，又来挑衅，派使者求见冒顿，说："你我两国边境之间有块空地，有一千多里，你匈奴也到不了那里，把这块地送给我吧。"

冒顿又问左右大臣该如何。

左右大臣们见冒顿从前事事懦弱忍让，全无斗志，便说："这本来就是块无用的土地，给他也可以，不给也可以。"

冒顿闻言大怒，说道："土地是国家的根本，怎么能把土地送给别人？"

凡是说可以把地给东胡的大臣都被冒顿斩首，然后冒顿传令集中兵马，有敢迟到者一律斩首，亲率大军袭击东胡。东胡素来轻视匈奴，全然不加防备，冒顿一举消灭了东胡。

"忍"有时候会被认为是屈服、软弱，但若从长远来看，"忍"其实是非常务实、通权达变的智慧。凡是智者，都懂得在恰当时机忍耐，毕竟获取胜利靠的是理性，而不是意气。忍耐常有附带条件，如果你是弱者，并且主动提出忍耐，虽然可能要付出相当大的代价，但却可以换得"存在"的空间和余地。"存在"是一切的根本，没有"存在"，就没有明天，没有未来。也许这种附带条件的忍耐对你不公平，让你感到屈辱，但用屈辱换得存在，换得希望，显然也是值得的。

《劝人百箴》中这样说道：能顾全大局的人，不会拘泥于区区小节；能做大事的人，不会追究一些细碎的小事；观赏大玉圭的人，不细考察它的小疵；得巨材的人，不为其上面有蠹蛀而怏怏不乐。因为一点瑕疵就扔掉玉圭，就永远也得不到完美的美玉；因为一点蠹蛀就扔掉木材，天下就没有完美的良材。

古往今来，凡能成大事的，大都是能纵观全局，能够为了全局的利益而忍一时小气的人。而那些喜欢斤斤计较，忍不得一点小气的人，轻则不能成功，重则可能会毁坏自己的一生。

十六国时期，前秦苻坚手下的重臣王猛曾率大军前去与前燕作战。开战前，王猛军队中的大将徐成违背了军令，依法当斩。因徐成是邓羌的部下，所以邓羌出来说情，遭到王猛拒绝，邓羌一怒兴兵谋反，要杀掉王猛。事情败露后，王猛问他为什么要谋反，邓羌说："我们一起出来与前燕作战，有人在内部自相残杀，所以我要除掉这个奸贼。"

但是，王猛还是容忍了邓羌的反叛行为，因为考虑到大敌当前，应当以大局为重，王猛不仅释放了徐成，而且为了团结邓羌，还好言安抚了他一番，说："将军对自己的部下如此讲义气，何况对国家呢！"这样的软化，终于平息了邓羌的怒火。

后来，当两方开战的时候，王猛要调动邓羌的军队前去应敌。这个时候，邓羌却趁机开价，要求打败燕军后要让他出任司隶校尉。王猛回答说："这不是我可以决定得了的。"王猛说的是实情，可是邓羌竟然私自按兵不动，再次要挟。王猛只得再次从全局出发容忍了邓羌，答应了他的无理要求。邓羌这才带着人马出战，一举歼灭了前燕的军队。

假如王猛不能忍受邓羌的气，一怒之下杀了邓羌，当然在道理上讲也是讲得通的，但是如果从全局利弊短长的角度来考虑，就不如"姑且容忍"更高明。在大敌当前的严峻时刻，王猛能够为了维护自己内部的团结、统一而忍受邓羌的要挟，才能彻底消灭前燕、俘虏前燕君主的大业。

忍是一种强者才具有的精神品质。那些表面上气势汹汹、不可一世的人，其实是色厉内荏、不堪一击的。忍，有时看似是吃了亏，其实一个人敢于吃亏，不去占眼前的便宜，大多是因为有更高的境界和更高的追求；而那种事事处处都想占别人便宜、不愿吃亏的人，到头来往往只能收获蝇头小利，从大处看则反而吃了大亏。

“忍”是一种做人的智慧，即使是强者，在问题无法通过积极的方式解决时，也应该采取暂时忍耐的方式处理，这可以避免时间、精力等“资源”的继续投入。在胜利不可得而资源消耗殆尽时，忍耐可以停止消耗，使自己有喘息、休整的机会。也许你会认为强者不需要忍耐，因为他资源丰富而不怕消耗。理论上是这样，但实际上问题是，当弱者以破釜沉舟之心咬住你时，强者纵然得胜，也是损失不小的“惨胜”。所以，强者在某些状况下也需要忍耐，借忍耐的和平时期，来改变对你不利的因素。总而言之，无论是谁，在局势不利的情况下都要善于忍耐，正所谓“识时务者为俊杰”，与其作无谓牺牲，不如在逆境中养精蓄锐，发展壮大自己。这样一旦时机来临，你就能拥有足够的力量，扭转“颓势”，改写人生。

忍得一时，风光一世

一个人能“忍”的程度也是他可“负”的程度，成大事者莫不是从危机四伏的人性丛林中杀开一条生路，其间所受之辱超乎想象。但正是如此，这般屈辱使他们百忍成金，磨砺似钢，挑起常人挑不起的重担，走上成功之路。

范雎是战国时期一位十分著名的政治家、外交家，而他走上政治舞台却历经了坎坷。

他原是魏国人，早年有意效力于魏王，由于出身贫贱，无缘直达魏王，便投靠在中大夫须贾的门下。

有一年，他随须贾出使齐国，齐襄王知范雎之贤，馈以重金及牛、酒等物，范雎辞谢没有接受。须贾得知此事后，以为范雎一定向齐国泄露了魏国的秘密，便将此事报告了魏的相国魏齐。魏齐不问青红皂白，令人将范雎一阵毒打，直打得范雎肋断齿落。范雎装死，被用破席卷裹，丢弃在茅厕中。须贾目睹了这一幕，不置一词，还往范雎的身上撒尿。

范雎强忍着一时之气。他待众人走后，从破席中伸出头对看守茅厕的人说：“公公若能将我救出，以后定当重谢。”守厕人便去请求魏齐，允许让他将厕中的“尸体”运出。

范雎历经千辛万苦来到了秦国都城咸阳，并改名换姓为张禄。此时的秦国正是秦昭王当政，而实际上控制大权的却是秦昭王之母宣太后以及宣太后之弟穰侯、华阳君和她的另外两个儿子泾阳君、高陵君。这些人以权谋私，秦昭王完全被蒙在鼓里，形同傀儡。

但范雎看出秦国是最具实力的国家，秦昭王也不是一个无所作为的国君。几经周折，范雎终于见到了秦昭王。他以其出色的辩才向秦昭王指出秦国政策的失误，并提出了自己内政外交等一系列主张。

秦昭王立即采取果断措施，废太后，驱逐穰侯、高陵、华阳、泾阳四人于关外，将大权收归己有，并拜范雎为相。

范雎所提出的外交政策，便是闻名于后世的“远交近攻”，而他所要进攻的第一个目标，便是他的故国魏国。

魏国大恐，派使臣须贾来向秦国求和。不过，须贾只知道秦的相国叫张禄，而不知他就是范雎。

范雎得知须贾到来，便换了一身破旧衣服，也不带随从，独自一人来到须贾的住处。须贾一见大惊，问道："范叔别后还好吗？"范雎道："勉强活着吧！"须贾又问："范叔想游说于秦国吗？"范雎道："没有。我自得罪魏的相国以后，逃亡至此，哪里还敢游说。"须贾问："你现在干什么呢？"范雎道："给别人帮工。"须贾不由得起了一丝怜悯之情，便留范雎吃饭，说道："没想到范叔贫寒至此！"同时送给他一件丝袍。

席间，须贾问："秦的相国张禄，你认识吗？我听说如今天下之事，皆取决于这位张相国，我此行的成败也取决于他，你有什么朋友与这位相国认识吗？"范雎道："我的主人同他很熟，我倒也见过他，我可以设法让你见到相国。"

第二天，范雎赶来一辆驷马大车，并亲自当驭手，将须贾送往相国府。进入相府时，所有的人都避开，须贾觉得十分奇怪。到了相府大堂前，范雎说："你等一下，我先进去替你通报一声。"

须贾在门外等了好久，也不见有人出来，便向守门人问道："这位范先生怎么这么半天也不出来？"后来才明白刚才拉他进来的"范先生"就是他要找的相国。

须贾大惊失色，于是脱衣袒背，一副罪人的打扮，请守门人带他进去请罪。范雎雄踞堂上，身旁侍从如云。须贾膝行至范雎座前，叩头道："小人有必死之罪，请将我放逐到荒远之地，是死是活都由大人安排！"范雎问："你有几罪？"须贾说："小人之罪多于小人之发。"范雎道："你有三大罪：我生于魏，长于魏，至今祖先坟茔还在魏，我心向魏国，而你却诬我心向齐国，并诬告于魏齐，这是你的第一大罪。当魏齐在厕中羞辱我时，你不加阻止，这是你的第二大罪。不止如此，你还乘醉向我身上撒尿，这是你的第三大罪。我今天之所以不处死你，是因为你昨天送了我一件丝袍，看来你还没忘旧情，我可以放你回去，不过你替我转告魏王，赶快将魏齐的脑袋送来！要不然，我就要发兵血洗魏都大梁城！"

魏齐吓得仓皇出逃，可赵、楚等国畏于秦国的兵威，谁也不敢收留他，魏齐终于被迫自杀。

忍人之不能忍，方能成别人所不能成之事。人生难免会遇到困难和挫折，只要你能忍受挫折中的屈辱和痛苦，将挫折当成成功来临前的磨砺，并以此自勉，一旦东山再起，就会爆发出巨大的力量。

在忍耐中执着地追求

失败从来都是成功的前奏，无数成功者在成功之前都是默默忍受了无数次的失败。英国小说家约翰·克里西总计被退稿734次；法国著名作家莫泊桑到30岁时，写出的稿纸已有一人多高，依然默默无闻；德国医学家欧立希和他的助手成功研制"砷凡纳明"之前经过606次失败的实验，历时整整10年才研制成功了……

对厚道人来说，他们能够忍耐住失败的寂寞，能够坚持执着地追求，把失败当成是成功的阶梯。英国化学家戴维曾经说过："我的那些重要的发现是受到失败的启发而获得的。"可见失败并不可怕，可怕的是朝三暮四的浮躁。能够忍得住失败时的落寞，不放弃执着地追求的人，才能真正成功。

克莱斯勒总裁李·亚科卡的一生充满着挫折与坎坷。

亚科卡年轻的时候在福特公司谋了一份差事。可是，好日子没过多久，20世纪50年代初期美国经济的不景气便影响到了福特公司。公司大批减员，亚科卡虽然留在了福特公司，却只能去当销售员。

后来，亚科卡凭着自己的努力，当上了费城地区的助理销售经理。与公司共患难度过了几年后，亚科卡发起了把重心放在汽车安全设备上的改革。但是，这次亚科卡失败了，他遭受了沉重的打击。

失败并没有影响到亚科卡积极创新的精神，他愈挫愈勇，又组织开发“野马”车，创造了汽车销售史上的奇迹，亚科卡也因此被称为“野马”之父。

正当亚科卡在福特的业绩越来越辉煌时，他却在不经意间得罪了亨利·福特二世，从而被解聘了，这位汽车奇才和他的全家陷入了极大的痛苦之中。

但亚科卡在困境中忍耐了下来，他决心再次寻找施展才华的机会，接受了濒临破产的克莱斯勒公司的聘请，担任总裁。经过几年的拼搏，，亚科卡终于带领克莱斯勒公司走出了困境，一年便盈利几十亿美元，一度风头盖过了杰克·韦尔奇。

亚科卡懂得忍耐，懂得执着，在各种挫折面前勇敢面对，想办法克服。正是他的这种品质，造就了他人生的辉煌。

在生活中，总会面临各种各样的困境，这种时候，我们只需要坚强地忍耐，执着地追求，先像牛马一样低头劳作，才能够像龙一样腾飞，像大象一样高贵。

做人少一些急躁，多一些忍耐，能够忍常人所不能忍的失败与挫折，才能够不放弃，不抛弃。只有坚持忍耐，才可能取得成功。说起来，一个人要克服一点儿困难也许并不难，难的是能够能耐得住失败所带来的挫败感，直到最后成功。能够做到这一点，你就不同凡响了。

世界上只有坚忍不拔的勇者，而没有常胜将军。优秀的成功者善于在挫折中忍耐，在逆境中执着。只有耐得住落寞的人，才能在不断的实践中成为优胜者。

汉初张良原本是一个落魄贵族，后来作为汉高祖刘邦的重要谋士，运筹帷幄之中，辅佐高祖平定天下，因功被封为留侯，与萧何、韩信一起共为汉初“三杰”。张良年少时因谋刺秦始皇未遂，被迫流落到下邳。一日，他到沂水桥上散步，遇一穿着短袍的老翁，近前故意把鞋扔到桥下，然后傲慢地差使张良说：“小子，下去给我捡鞋！”面对那人的侮辱，张良愕然，心中不禁有些不平，但碍于长者之故，只好违心地下去取鞋。老人又命其给穿上。饱经沧桑、心怀大志的张良，对此带有侮辱性的举动，居然强忍不满，膝跪于前，小心翼翼地帮老人穿好鞋。老人非但不谢，反而仰面长笑而去。张良呆视良久，惊讶无语，不久老人又折返回来，赞叹说：“孺子可教也！”遂约其5天后凌晨在此再次相会。张良迷惑不解，但反应仍然相当迅捷，跪地应诺。

5天后，鸡鸣之时，张良便急匆匆赶到桥上。不料老人已先到，并斥责他：“为什么迟到，再过5天早点来。”第二次，张良半夜就去桥上等候。他的真诚和隐忍博得了老人的赞赏，这才送给他一本书，说：“读此书则可为王者师，10年后天下大乱，你用此书兴邦立国；13年后再来见我。我是济北毂城山下的黄石公。”说罢扬长而去。

张良惊喜异常，天亮看书，乃《太公兵法》。从此，张良日夜诵读，刻苦钻研兵法，俯仰天下大事，终于成为一个深明韬略、文武兼备、足智多谋的“智囊”。

古往今来，“忍”字堪称众多有志之士的人生哲学。越王勾践也罢、韩信也罢，都曾忍受过常人难忍之辱，最终渡过了难关，成就了大业。清代金兰生《格言联璧·存养》中说：

“必能忍人不能忍之触忤，斯能为人不能为之事功。”

忍，是一种韧性的战斗，是一种永不败北的战斗策略，是战胜人生危难和险恶的有力武器。忍，是医治磨难的良方。忍人一时之疑、一时之辱，一方面可脱离被动的局面，同时也是一种对意志、毅力的磨炼。

《菜根谭》中有一句话：“处世让一步为高，退步即进步的根本；待人宽一分是福，利人实利己的根基。”忍住自己的私欲、怒火，实际上是帮助你自己成就大业。

现实生活中，很多人都会碰到不尽如人意的事情。残酷的现实需要你对人俯首听命，这时候，你一定要谨慎面对。要知道，敢于碰硬，不失为一种壮举。可是，当敌人足够强大时你的强硬无异于以卵击石。一定要拿着鸡蛋去与石头斗狠，只能算是无谓的牺牲。这时候，就需要用另一种方法来迎接生活。

古人说：“小不忍则乱大谋。”坚韧的忍耐精神是一个人意志坚定的表现，更是一个人处世谋略的体现。尤其在生活中难得事事如意，丢失面子是常有的事，学会忍耐，婉转退却，才可以获得无穷的益处。人际交往中，如果我们能舍弃某些蝇头微利，也将有助于塑造良好的自我形象，获得他人的好感，为自己赢得更多的利益和影响力。凡事有所失必有所得，若欲取之，必先予之。有识之士不妨谨记：百忍成金，遇事“忍”字当先，必能给自己意想不到的收获。

四
务实不务虚，踏实不踏空

要巧干，更要实干

一步一个脚印现在大多用在形容人们踏实肯干，不怕吃苦。只有踏踏实实地做事，讲求厚道，不弄虚作假，一步一个脚印，人们才能逐步走向成功，品尝到成功的甜蜜滋味，否则只能是欲速不达。

从前，有一对以拾破烂为生的兄弟，天天都盼着能够发大财。他俩甚至做的每一个梦都与发财有关。最终，上天终于被他们的行为所感动，决定给他们一次发财的机会。

一天，兄弟俩和平常一样从家里出发，沿着街道一起向前走去。但是这条偌大的街道仿佛被人来了一次大扫除，连平日里最微小的破破烂烂都不见了踪影，这让靠收破烂为生的兄弟很懊恼。现在大街上仅剩的就是地上东一个西一个的小铁钉，这些小铁钉杂乱无章地躺在那里，每一个约有一寸长。

老大看到路上的铁钉，便把它们一个一个地捡了起来，放在自己的破袋里。老二却对老大的行为不屑一顾，并且说："两三个小铁钉能值几个钱？捡的再多撑死也就是一顿饭钱。"等兄弟两人走到了街尾的时候，老大差不多捡到了满满一袋子的铁钉。看到老大的成绩，老二似乎若有所悟，他也打算学老大那样捡一些铁钉，不管多少，最起码也能卖点钱。于是他便回头再去找，可等他回头看的时候，来时路上的小铁钉却一个都没有了，地面上变得光秃秃的，看来小铁钉全被老大捡光了。

老二心想：没关系，反正几个铁钉也卖不了多少钱，老大的那一袋，可能就只能换几个馒头，所以他也就不觉得可惜。于是，兄弟两个继续再向前走，没过多久，兄弟俩几乎同时发现街尾新开了一家收购店，这家店门口挂着的一块牌子写道："本店急收一寸长的旧铁钉，一元一枚。"

老二看到这牌子后，后悔得捶胸顿足。老大则欣喜地将小铁钉换回了一大笔钱。老大接到钱后打算用这钱经营一家小店，让自己的生活越来越好。

店主兑换完老大的铁钉后看着发呆中的老二，慈祥地问道："孩子，你们走在同一条路上，难道你就一个铁钉也没看到？"老二很沮丧地说："我看到了啊。可那小铁钉并不起眼，我更没想到它竟然这么值钱，等我知道它很有用时，却连一根也找不到了。"

过去有人说，路是人走出来的；人生就是要靠“一步一个脚印”，才能把成功之路走出来。故事中的老大勤勤恳恳，踏实地走好自己的每一步路，所以他最终获得了财富。而不注重细节的老二，在小事上不上心，为人浮躁，最后自己什么也没有得到。所以人在向前走路的时候，一定要不怕麻烦，不怕吃苦，踏实地走每一步。如果人们不肯将自己的脚步提起，不肯细致慎重地跨出，那怎么会有前途呢？俗语说“不怕慢，只怕站”，很多人因为固执，因为保守，因为浮躁，没有“一步一脚印”，而最终一事无成。

人生的道路漫长而悠远。在回首人生时，每一个不会磨灭的脚印都深深记录着自己曾经走过的风风雨雨，每一个不能忘却的足迹都铭刻着你自己当年深深的记忆，每一个不可抹去的脚步都镌刻着自己当时种种的情感。因为有了这些珍贵的脚印，我们能体会到从前的酸甜苦辣和现在的苦尽甘来；因为有了这些让人难以忘怀的脚印，我们能联想到往昔的峥嵘岁月和如今的幸福生活。

在人的一生中，印有轻快的脚印、沉重的脚印以及凌乱的脚印。轻快的印证了我们的快乐、幸福；沉重的印证了我们的忧愁、悲愤；凌乱的印证了我们的苦痛与仇恨，正是因为有了这样一个个、一串串、一片片不同的脚印，我们的人生之路才会值得去细细回味，也正因为这样才能够让人永远地铭记在心里。

脚印来源于人们踏实的心，只要一步一个脚印，不怕吃苦，慢慢积累，那么，迟早有一天会迈向成功，走向幸福。

弗兰克·伍尔沃斯是美国著名的商品零售高手。1879年，他开办了美国第一家商品零售店。但是在此之前，他的生活却是非常贫困潦倒的，常常是处于饥饿的状态。

这天，他沿着镇里的店铺挨家访问，想要谋求一份店员的工作，但是人们都拒绝了他。到后来，他到了一家布料店，老板认为他一点经验都没有，不能接待客人，于是令他大清早到店里去升炉火，然后擦地板、擦窗子，给客户送货，而且要求他在半年内不能领薪水，伍尔沃斯听了以后表示同意，但是他同时也提出了自己的要求，他说自己在农场工作了十年，存了五十美元，现在只能维持三个月的生活，那么至少从第四个月开始，付他日薪五十美分吧！老板答应了他的请求，但是老板提出的条件是每天必须要工作十五小时以上。伍尔沃斯同意了。

一年后，伍尔沃斯用自己所积存的钱还有借来的三百美元开设了自己的商品零售店，店里销售的全是五分钱的货物。就这样，他一步一步地走，一步一步地发展壮大，十几年后，他建造了当时世界第一高楼——伍尔沃斯大厦。

伍尔沃斯的成功不是偶然，他是一步一个脚印走出来的，正因为有这样脚踏实地、苦干实干的性格，他才能一步一步地走向成功。

的确，若想攀上巅峰，必须“一步一脚印”地拾级而上。巧干是需要的，但是大多数时候，成功离不开埋头的实干。只有这样踏实而行，才能一步一步地接近成功。

侥幸一阵子，受害一辈子

曾国藩刚刚兼任刑部左侍郎，曾经遇到了一件麻烦事。

一天，有一位同乡来他的府上拜访。这位同乡在某地任知府，平日里很少往来，此时突然来访，还带着一箱金子，曾国藩马上感觉到有什么事情要发生了。

果然，话没有说几句，对方就讲出了他此行的目的。原来，知府的侄子自持生在官宦世家，平日里被宠坏了，总是做一些打架斗殴的勾当，如今他与别人为了争夺一个头牌歌姬，不小心失手杀了人。死者的家属得知此事，将知府的侄子告到了官府，被知府压了下来。但是知府能够控制一时，却不能在此事上有更进一步的定夺，想来想去，也只有曾国藩能够帮他这个忙，保住他侄子的性命。

曾国藩听闻此事，就安慰知府说："你先回去。既然是误杀，官府一定会给你侄子一个说法的，不会有事的。"知府见状，忙给曾国藩递上金子，说："只要曾大人一句话，我侄子的性命就能够保住了。"曾国藩无论如何也不肯收他的金子，可是知府哪里肯将送来的金子再拿回去？留下了箱子，自己迅速离开了。

曾国藩看知府这番举动，心里顿时犯了嘀咕：按说，如果是误杀，知府不应该这么紧张，况且也用不着送上这箱金子啊。这其中一定还有什么不可告人的秘密。想到此处，曾国藩赶紧派人去调查。

果真不出曾国藩所料。这个知府的侄子仗着有叔父撑腰，平日里横行乡里，鱼肉百姓，欺男霸女，无恶不作，老百姓都恨透了他。曾国藩知道后非常气愤，下令一定要严惩那个恶贼，还要弹劾知府。

从这件事情中，曾国藩想到了自己在家乡的兄弟侄子。官宦人家的孩子总是存有一种侥幸心理，觉得有人给自己撑腰，就可以随意妄为，想做什么就做什么。可是，这样想的结果常常是害了自己。于是，他写信叮嘱自己的亲属，做事情一定要脚踏实地，不能因为存在侥幸心理，就放任自己的行为。

不仅在对待生活方面，曾国藩提倡远离侥幸心理。在军事上，他也十分注重实力的修炼。为此，他一直强调说："至军事之成败利钝，此关乎国家之福，吾惟力尽人事，不敢存丝毫侥幸之心，诸弟禀告堂上大人，不必悬念。"正是因为远离侥幸心理，曾国藩以文人的心态自修，以武将的心态战斗。

远离侥幸心理，只有脚踏实地才能一步一步走向成功。很多人把事情的成功与否寄托在运气上，如果没有达成自己的心愿，就责怪自己时运不佳，这其实是没有道理的。俗话说，一分辛苦一分收获，只有全身心地投入到对自己实力的修炼当中，我们才能逐渐完善自己，最终战胜种种困难，到达成功的彼岸。相反，侥幸一时，有可能耽误我们一生的发展。因为获得过于容易，就不知道努力，也就不懂得珍惜了。

提到侥幸，有的人以为孙武的智慧就是从别人的身上找破绽，而不赞成强大自己。这是对《孙子兵法》的一种误解，孙武的"慎战"思想中，最重要的部分就是强调如何强大自己，也就是"内修"。

让自己变得强大起来，而不要存在侥幸心理，期望不幸和困难不来进犯，这也是我们应该学习的一种生活态度。曾经有一位作家在自己的传记中写道："我不祈求上帝让我平安无事，我只祈求上帝在考验我的同时，赐予我战胜困难的勇气和力量。"真金不怕火炼，只要我们准备充分，拥有战胜苦难的实力，无论何时都能够经受住考验。

怎样让自己实力雄厚呢？首先，我们的第一步就是要战胜侥幸心理。生活中处处都是侥幸心理的影子，考试之前猜题、押题，考试时作弊；在口头表达上，经常使用"可能、也许、万一、大概"之类的词汇；总是期待着"意外收获"；不肯脚踏实地地努力，反而将成功的希望寄托在"好运"上。

提高实力的第二步就是要看到实力的积累是一个长期的过程，需要耐心和恒心。我们来看这样一组数据：左思写《三都赋》、曹雪芹写《红楼梦》用了10年；司马迁写《史记》用了15年；达尔文写《物种起源》用了20年；歌德写《浮士德》用了60年……几乎所有的伟大作品和伟大发明都不是几天之内完成的，需要长久的积累和准备。

侥幸有时候会带给我们惊喜，更多时候是一种始料未及的失败。面对事物时不做好准备工作，却希望能够幸免，无疑是对自己的不负责任。将人生大厦建立在侥幸上，犹如空中楼阁、水中花月，只有远离侥幸，我们才能处世稳妥，也才能逐步实现自己的目标，把握自己的命运。

唯有埋头，才能出头

生活中，很多时候你越是想远离痛苦就越觉得痛苦，越是想要放弃或逃避越是逃脱不了：父母生活在社会的底层，不能做你强有力的靠山，还要你赚钱贴补家用；你没有过人的才华，不懂得为人处世的技巧，在办公室里，你要小心翼翼地做人，唯恐一时失言把别人得罪了；你没有漂亮的脸蛋、魔鬼的身材，走在人群当中，你不知道该用怎样的资本去高昂头颅，展露属于自己的那份自信……

但是，这并不是妨碍我们成功的因素，既然无法高昂着头颅，那就低下头来，埋头看路，只有低头走路，才有出头的一天。

有一位老教授说起自己曾经的经历：“在我多年来的教学实践中，发现有许多在校时资质平平的学生，他们的成绩大多在中等或中等偏下，没有特殊的天分，有的只是安分守己的诚实性格。这些孩子走上社会参加工作，不爱出风头，只是默默地奉献。他们平凡无奇，毕业分手后，老师、同学都不太记得他们的名字和长相。但毕业后几年、十几年，他们却带着成功的事业回来看老师。而那些原本看起来会有美好前程的孩子却一事无成。这是怎么回事？

“我常与同事一起琢磨，认为成功与在校成绩并没有什么必然的联系，但和踏实的性格密切相关。平凡的人比较务实，比较能自律，所以许多机会都落在这种人身上。平凡的人如果加上勤奋这个特质，成功之门必定会向他大方地敞开。”

只有埋头苦干的人，才是真正的聪明者，才能成就一番事业。

在职场上，也是一样的道理。在工作中，谁都希望能得到上司的信任与重用，都希望上司能把最重要的工作交给自己完成，但并不是所有人都能成为上司眼中的“红人”。一般来说，那些脚踏实地、埋头苦干的人更容易得到上司的重用。因为上司在委任工作时，除了考虑个人处理业务的能力以外，还要考虑这个人的人品和德行。德才兼备的人是承担重要工作的最佳人选，而脚踏实地工作的人又恰好占据了良好的品德和雄厚的实力。而那些眼高手低、不能踏踏实实工作的人很难得到上司的重用，公司一方面担心他们不具备过硬的业务处理能力，另一方面又担心他们会泄露公司秘密。

埋头苦干，除了需要脚踏实地的精神之外，也需要抹去一颗急功近利的心，专心致志，走好脚下的路，不去管路边那些和自己无关的名和利。

18世纪瑞典化学家舍勒在化学领域作出了杰出的贡献，可是瑞典国王毫不知情。有一次去欧洲旅行的旅途中，国王才了解到自己的国家有这么一位优秀的科学家，于是国王决定授予舍勒一枚勋章。可是负责发奖的官员孤陋寡闻，又敷衍了事，他竟然没有找到那位全欧洲知名的舍勒，而把勋章发给了一个与舍勒同姓的人。

其实，舍勒就在瑞典一个小镇上当药剂师，他知道要给自己发一枚勋章，也知道发错了人。但他只是付诸一笑，只当没有那么一回事，仍然埋头于化学研究之中。

舍勒在业余时间里用极其简陋的自制设置，首先发现了氧，还发现了氯、氨、氯化氢，以及几十种新元素和化合物。他从酒石中提取酒石酸，并根据实验写成两篇论文，送到斯德哥尔摩科学院。科学院竟以“格式不合”为理由，拒绝发表他的论文。但是舍勒并不灰心，在他获得了大量研究成果以后，根据这个实验写成的著作终于与读者见面了。舍勒在32岁那年当选为瑞典科学院院士。

如果你有舍勒这种埋头苦干的精神，有在平凡中求伟大的品性，那么成功也就离你不远了。要知道在整个社会系统中，除了一些特殊的人从事特定工作之外，一般人的工作都是很平凡的。虽然是平凡的工作，但只要努力去做，和周围的人配合好，依然可以做出不平凡的成绩。

厚道的人，通常待人诚恳，不刻意矫饰自己的缺点。其实有缺点并不可怕，平凡也不是闪光的坟墓。人生之中，无论我们处于何种在他人看来卑微的境地，我们都不必自暴自弃，只要渴望崛起的信念尚存，只要我们能坚定不移地笑对生活，那么，我们一定能为自己开创一个辉煌美好的未来！

少说空话，多办实事

《庄子》上曾记载了这样一则笑话：

庄子生活很清寒，常以编草鞋换取些微钱财来维持生活，这种生活也有难以维持的时候。一次，他的草鞋好久没卖出去，家中断炊了。没办法，只好向监河侯借粮。监河侯说：“行，我将要得到封地上的赋税。那时，我借给您300镒黄金，好吗？”

庄子愤愤地说：“我昨天在路上听见大呼救命的声音，一看，原来东辙里有一条快要干死的鲋鱼，便问：‘你叫什么呀？’

“鲋鱼答道：‘我是东海里的臣民，您能给我一升水救救我吗？’

“我便说：‘行。我将到南边去拜访吴越的大王，请他发西江的大水来救您，好吗？’

“鲋鱼气愤地说：‘我失去了经常相伴的水，以至落到这样的险境。我只要得到一升水就可活命，可您却说这样不着边际的话，还不如早些到干鱼市场上去找我！’”

这则故事本来是庄子编出来讽刺意味只说不做的朋友的。光说不做，或者说得多、做得少，不注重落实和结果，这确实是现实中很多人的通病。大多数人都是知之多于行之，没有主动去实现自己目标的勇气或者动力，没有把想法转变为实际的做法。正如彼得·德鲁克所说的那样：“我们大多数人都只关注把我们知道的东西划分到不同的专业领域去，而非竭尽全力去运用知识的力量来应付各种不同的问题。”

想法再完美，如果不去执行，就只是一点价值也没有的空谈。很多时候，有些人在行动，而有些人在空谈，这就是踏实的人和轻浮的人之间的区别，同样，这也是成功的人和平庸的人之间的区别。

CNN的总经理汤姆·约翰逊说，他总是尽量在24小时内回复所有的信件和电话。

那些轻浮的人之所以失败，最重要的一个原因就是只设定了一个远大的目标，却很少关心如何实现这一目标。仅仅是滔滔不绝的空谈还远远不够，更重要的是要行动，是马上实施解决问题的方案和措施。然而在现实中，“说”代替了“做”的现象存在于很多不够踏实的人身上。

有两个朋友，结伴去遥远的地方寻找人生的幸福和快乐。他们一路上风餐露宿，在即将到达目的地的时候，遇到了一条风急浪高的河流，而河的彼岸就是幸福和快乐的天堂。

关于如何渡过这条河，两个人产生了不同的意见。一个建议采伐附近的树木造成一条木船渡过河去；另一个则认为无论哪种办法都不可能渡过这条河，与其自寻烦恼和死路，不如等河干了，再轻轻松松地走过去。

于是，建议造船的人每天砍伐树木，辛苦而积极地制造船只，并学会了游泳；而另一个人则每天躺下休息睡觉，然后到河边观察河干了没有。

直到有一天，已经造好船的朋友准备过河的时候，另一个朋友还在讥笑他很愚蠢。

不过，造船的朋友并不生气，临走前只对他的朋友说了一句话：“去做每一件事不一定都能成功，但不去做则一定没有机会获得成功！”

是的，躺着空谈，不如站起来行动！停留在分析和规划阶段，不拿出行动，就永远达不到目标。相反，若是能够拿出行动来，你根本不需要通过空谈的方式来表达自己。

因此，一个踏实厚道的人必定是言出必行、不高谈阔论的人。少说些漂亮话，多做些实际事，是厚道人恪守的生活准则。

须菩提尊者正在山中准备说法，还没有开始说，忽然从天空中飘洒下来无数的五彩鲜花，还传来由衷的赞叹声。

尊者就问：“谁在空中散花赞叹啊？为什么赞叹呢？”

空中传来浑厚的声音：“我是梵天天神。尊者的《般若经》说得实在太好了！我情不自禁地散花赞叹。”

尊者反问道：“可是，我还没有说《般若经》中的一个字呢！你怎么知道好呢？赞叹又从何说起呢？”

梵天意味深长地回答道：“是的，尊者没有说，我也没有听到。但正是像这样的不说，才是真正的解说智慧；正是像这样的无闻，才是真正的理解智慧。”

有时候，不需要用嘴去说，只因为，行动已经作出了真正的解说。

光说不做，是轻浮，是虚伪。一个吐口唾沫就是钉的人，才是真正踏实可信的人。他的言语不是空自绚烂的谎话，必能结出丰硕的果实。因此，管好我们的耳朵，不因诱惑的言辞而动摇；擦亮我们的眼睛，让说到做到的行动来证明。

把小事当成大事来做

孔子说：“君子无众寡，无大小，无敢慢，斯不亦泰而不骄乎？”翻译过来是无论报酬多寡，无论事情大小，都不敢怠慢，这样不是安泰而不轻狂吗？

任何一件事情，无论它有多么的艰难，只要认真去做，全力以赴去做，就能化难为易。在职场上也是如此，现在许多人总是抱着“扫天下者何以扫一屋”的心态，只想着做大事，对于工作中的细节问题却不肯认真去对待，能马虎过去的就马虎过去。殊不知，“一屋不扫何以扫天下？”小事不肯做，小事做不好的人，怎么可能做大事？

李娟是原北京广播学院的一名毕业生，1990年，她从播音系毕业。作为播音系的学生，能够到中央电视台工作，是很多人的梦想。李娟在中央电视台实习，而且希望到这儿工作，可到中央电视台实习的不只她一个人。

北京广播学院到中央电视台20多公里，每天早晨，她5点多起床，6点多第一拨离开学校。在赶着往城里上班的人群中，她是其中一个。顶着星星最晚回去的，也是李娟。

很快，台里便安排李娟播体育新闻了。那是4月份的一天，风挺大。录了像，晚上6点多就可以走了，回到学院已经晚上8点多了。忽然，李娟想起一个字：镐。那个时候韩国下棋的小伙子李昌镐还不是很有名。“镐”有两个读音，一是“gǎo”，一是“hào”。李娟想，这个字有两个读音，就问老同志，这个字怎么读？老同志很果断地说：“李昌镐（gǎo），李昌镐（gǎo）！”实习生就跟着来吧，李娟就念：“李昌镐（gǎo）……”

回到学院，李娟还在琢磨这事儿。买饭的时候，跟同学磋商，同学说，应该念“hào”！李娟说，我也觉得应该念“hào”！回到宿舍查字典，地名的时候应该念“hào”，但没有注明人名的时候应该念什么。她还是拿不准，又给一个老师打电话，老师说：念“hào”，没错！

坏了，念“gǎo”了，这怎么办？播音嘛，白字、别字、错字，一定要杜绝！上学的时候，都把一些播音员念白字、错字的经历当笑话讲呀。李娟想，念错字让人当笑话讲也就罢了，正实习呢，出这么大一个错，这还得了！

李娟饭也不吃了，往回赶。外面的风很大，她赶到电视台时，已经是晚上9点50分了。李娟顾不上休息就来到三层的播音室，把录像带取出来，找到播音员，把“gǎo”改成了“hào”，还不放心，一直看着播完，才放心地走了。

在电梯间，李娟碰到了杨台长。

电梯间里就两个人。李娟知道这是杨台长，就主动打了招呼：“杨台长，您好！”

“啊，小姑娘，怎么这么晚才走？”

李娟有点不好意思了，她低声回答：“有一个字念错了，我回来改一下。”

杨台长说：“你住哪儿啊？”

“住广院。”

“啊，很辛苦啊。”

“没办法，念错了字，就要回来改。”

“好好好，小姑娘工作很认真。”

到了大门口，杨台长上了专车，李娟挤上了公共汽车。

最后，在中央电视台实习的五个学生中，只留下了李娟一个。

实习生的待遇并不高，但不能因为待遇不高就产生了怠慢之心，一个字的读音是一件极小的事情，但不能因为小事就产生怠慢之心。

“无众寡，无大小，无敢慢。”这不仅是个人修养的问题，也是工作态度的问题。任何上级都喜欢这样的员工，表面上看，李娟最后能够留在央视是因为碰巧在电梯里遇见了领导。但是，偶然是蕴藏在必然之中的，就算这一次没有遇见领导，她认真的工作态度迟早也会被领导发现，反之，如果工作不认真，时常错误百出的工作成果一样也会被领导看在眼里。

那些成功的人，往往都是乐于做最普通的事情的人。这样的人才不浮躁，不张扬，不惹人厌恶。其实只要把一件小事做好了，效果不一定比浮夸地做大事差。

曾有一个信徒这样问晴一法师：“法师，请问你参禅的时候有什么法门没有？”

晴一法师回答说：“有。”

信徒赶紧问他：“是什么呢？”

晴一法师说：“我吃饭的时候吃饭，睡觉的时候就睡觉。”

信徒不解地说：“大师，这算什么与众不同的地方，世人皆是如此，有什么区别呢？”

晴一法师回答说：“当然是不一样的！”

信徒又问：“不一样在哪里呢？”

晴一法师微微一笑，说：“一般人吃饭的时候心中总是想着别的事情，不专心吃饭；他们睡觉时也总是做梦，睡不安稳。而我吃饭就是吃饭，什么也不去想；我睡觉时也从不做梦，所以睡得很安稳，这就是我与众不同的地方。世人很难做到专心、专一，他们在利害中穿梭，囿于浮华的宠辱，产生了‘千般妄想’和‘种种思量’。很多时候，他们选择在生命的表层停留不前，这就是他们生命中最大的障碍。”

因此，世人只要把生命中的每一件小事都当作大事来做，就能够找到生命的真谛。

比失败更可怕的是轻浮

孔子的学生子夏一度在莒父做地方首长，他来向孔子问政，孔子告诉他为政的原则：“无欲速，无见小利，欲速则不达，见小利则大事不成。”要有远大的眼光，百年大计，不要急功好利，不要想很快就能拿成果来表现，也不要为一些小利益花费太多心力，要顾全到整体大局。

没耐心是轻浮者的一个共同特点。因为没耐心，所以不肯等慢工来出细活，满脑子只想着：速度！速度！速度！做事追求速度当然没错，多快好省嘛，但是浮躁的人抹掉了好和省，只记得多与快。所以才会老想着三个月赚到五百万，或者三年五年成就大事。

因为没耐心，才热中于占小便宜，也不管会不会吃大亏，满脑子只想着眼前的小鱼小虾米，殊不知放长线才能钓大鱼。所以才会有人涸泽而渔——把池子抽干了，把鱼都捞走。只求今年吃个肚儿圆，不管明年饿不饿肚子。

一味主观地求急图快，违背了客观规律，造成的后果只能是欲速则不达。一个人只有摆脱了速成心理，一步步地积极努力，步步为营，才能达成自己的目的。

有一个小朋友很喜欢研究生物，很想知道蛹是如何破茧成蝶的。有一次，他在草丛中玩耍时看见一只蛹，便取了回家，日日观察。几天以后，蛹出现了一条裂痕，里面的蝴蝶开始挣扎，想抓破蛹壳飞出。艰辛的过程达数小时之久，蝴蝶在蛹里辛苦地拼命挣扎，却无济于事。小孩看着有些不忍，想要帮帮它，便随手拿起剪刀将蛹剪开，蝴蝶破蛹而出。但没想到，蝴蝶挣脱以后，因为翅膀不够有力，变得很臃肿，根本飞不起来，之后痛苦地死去。

破茧成蝶的过程原本就非常痛苦与艰辛，但只有付出这种辛劳才能换来日后的翩翩起舞。外力的帮助，反而让爱变成了害，违背了自然的过程，最终让蝴蝶悲惨地死去。自然界中这一微小的现象放大至人生，意义深远。

欲速则不达，急于求成只会导致最终的失败，所以做人做事都应放远眼光，注重自身知识的积累，厚积薄发，自然会水到渠成，达成自己的目标。今时今日许多事业，都必须有一个痛苦挣扎、奋斗的过程，而这个过程本身就是将你锻炼得坚强，使你成长、使你有力的过程。

急于求成，恨不能一日千里，“一万年太久，只争朝夕”的人时常会“欲速则不达”，放眼社会，大多数人知道这个道理，却总是背道而驰。事实上，很多历史上的名人是在犯过此类错误之后才懂得成功的真谛。宋朝的朱夫子是个绝顶聪明之人，他十五六岁就开始研究禅学，然而到了中年之时，才感觉到，速成不是创作良方，之后经过一番苦功，方有所成。他有一句十六字真言将“欲速则不达”作了一番精彩的诠释：“宁详毋略，宁近毋远，宁下毋高，宁拙毋巧。”

急于求成的人往往性格浮躁，做一件事情总恨不能马上做好。追求效率原本没错，然而，一旦过分追求便会丧失做事的目的性，最终一无所成。

刚从农村来到城市的时候，他身体单薄，而且只有初中学历，在大城市根本找不到像样的工作，于是，他只能找些比较轻的体力活干。

终于，小伙子在一家保洁公司找到了一份擦玻璃的工作，虽然工资只有800元，但是公司包食宿，在大城市里也足够生活了。

所以他很满足，干起活来十分卖力。

他在这家保洁公司一直擦玻璃。由于待遇低，这家公司的流动性非常大，他的同事换了一批又一批，只有他一直坚持着，而且一干就是5年，这5年来，他把这座城市的写字楼、宾馆、商场等地方都去了个遍。他总是很卖力地工作，好多顾客点名让公司派他过去，他几乎成了这家保洁公司的代言人。

于是，几年下来，他和他的服务对象都成了熟人和朋友。有一天，有个朋友问他：“听说你擦了5年的玻璃，而每月只挣800块钱，你为什么不换个工作呢？”他笑笑说：“会换的。”

有一天，这个擦玻璃的保洁工突然消失了。几天后，一家快餐店开业了，而老板就是擦了5年玻璃的小伙子。在快节奏的城市里，快餐店的竞争非常激烈，但是他很快就打开了局面。

因为在他擦玻璃的五年间，他几乎走遍了每个写字楼、宾馆、商场，同时也结识了里面的人。大家都愿意买他的盒饭。当他的快餐店发展到整个城市的各个角落，他的资产已经过了千万。认识他的人无不感慨地说：“这位老板曾擦了5年的玻璃。”

学会脚踏实地才能创造幸福。上天不会平白无故地把一份成功送给任何人，轻浮的人无法获得真正的幸福。每一个拥有舒适安逸生活的人都经历过生活的磨炼，都是一步步从磨难中走过来的。只有脚踏实地地奋斗，才是人们战胜困难取得成功的必备素质。

五
不越雷池，不堕深渊

做事到位不可越位

“礼”是中国传统文化的精髓之一，在儒家思想中，“礼”不仅仅是“礼节”那么简单。礼本是封建时代维持社会、政治秩序，巩固等级制度，调整人与人之间的各种社会关系和权利义务的规范和准则。所以，《礼记》里说：“礼者所以定亲疏，决嫌疑，别同异，明是非也。”又说：“亲亲之杀，尊贤之等，礼所生也。”也就是说，礼的主要作用，是“辨异”。是区别人与人之间亲疏、尊卑关系的重要手段。

荀子也说：“人道莫不有辨，辨莫大于分，分莫大于礼。”又说：“故先王案为之制礼义以分之，使贵贱之等、长幼之差、知贤愚能不能之分，皆使人载其事而各得其宜。”按荀子的意思，礼的主要作用，就是使不同身份的人都知道自己应该做什么，怎么做，应该怎么和其他身份的人打交道。

由此可见，“礼”其实是社会地位差异的产物。当今社会，虽然特权阶层已经消失，人与人之间从法律上和人格上来讲都是平等的，但是，不可否认，人与人之间的身份差异依然存在，父亲始终是父亲，老师始终是老师，领导始终是领导，朋友始终是朋友。只要这些身份差异依然存在，礼就有它存在的价值，因为不同身份的人始终需要端正自己的态度，做符合自己身份的事情。如果一个儿子像父亲一样训斥自己的父亲，一个下属像上级一样指使自己的上级，那社会岂不是乱了套?

所以，不管在哪一个时代，每个人都应在自己的位置上，守住自己的本分，扮演好所扮演的角色，懂得自己在什么时候应该做些什么，做事情到位就可以，但绝对不能够越位。

在唐朝的皇帝中，唐顺宗是比较特别的一位。尤其是表现在位居储君的时间上，唐顺宗做了整整26年的皇太子。做皇太子是一件需要非常小心谨慎的工作，一不留神就会被废。唐顺宗少年时，在众多皇子中表现得出类拔萃，后来被立为太子，年轻气盛的顺宗锋芒未改，还常常口出豪言壮语，慨然以天下为己任，他曾对他的下属说：“我要尽我所能，帮助父皇制订革除弊政的计划！”——还没当上皇帝，就把自己先当皇帝了。

他这样的做法自然会遭到父亲唐德宗的不满，这时，他的幕僚便劝他，不要对敏感问题多加干涉，一旦被其他皇子、大臣视为收买人心，遭到皇帝的猜忌，就很难澄清了。做太子的当务之急就是做好太子该做的事情，平日里应多关心皇上龙体，问起居、饮食、冷暖之事，至于国家大事，心里想想就行了，别公开发表言论，毕竟，这是皇帝做的事情，岂容太子越俎代庖？

太子听了点点头，采纳了幕僚的意见，从此以后就再也没有提起过改革的事情了，而是每天必到德宗前请安。尽管德宗晚年专制、荒淫，但太子始终不多干涉朝政，使他终于熬过了26年的皇储生涯，当上了皇帝。

顺宗能够登上皇帝之位，表面上看来是理所当然，可事实上，还是由于他在当皇储的时间里能够安守自己的本分，不越位，才没有招致皇帝的猜忌，更没有被其他兄弟抓住把柄。毕竟，历史上因为越俎代庖而身败名裂的太子实在有太多太多。

守住本分，严守本位，是做人的底线，也是做人的基本原则。守住本位，看似简单，实则不易，每个人的品性中都跳跃着一丝不安分守己的欲望，经常在各种诱惑面前偏离自己的位置。火车一旦离开了轨道，就是车毁人亡的重大事故，人一旦偏离了自己所属的地位，也会给自己带来不好的后果。

16世纪末期的日本，茶道风靡贵族阶层，统治者丰臣秀吉非常宠爱首屈一指的茶艺家千利体，他是丰臣秀吉最信任的人之一。千利体不但在皇宫里有自己的寓所，其为人也获得全日本的尊崇。

然而1591年，丰臣秀吉下令逮捕他，并且判处死刑。千利体命运骤变的缘由，是这位成为朝廷新贵的人为自己制作了一座穿着木屐（贵族身份的象征）、态度傲慢的木头雕像，并将这座雕像放置在宫内最重要的寺院里，让经常经过的王族清楚地看见。对丰田秀吉而言，这件事意味着千利体做事没有分寸，以为自己和最上层的贵族享有同样的权力；他已经忘记他的地位的获得完全仰赖幕府将军，反而以为自己是凭一己之力赢得荣宠。这是千利体对自己的重要性的误判，为此他付出了生命的代价。

千万不要以为自己的地位是理所当然的，也千万不要让任何荣宠冲昏了头。永远不要异想天开，以为上司喜爱你，你就可以为所欲为。受宠的下属自以为地位稳固，胆敢抢领导的风头终致失宠的事例简直是不胜枚举。

长期以来，人们把孔子反对逾礼逾规的言论，看作是维护等级制的迂腐之谈。然而，这恰恰是不懂“礼”文化的可贵内涵的表现。不逾越必要的尺度，不仅是做人该拥有的庄敬态度，也是一种生存的技巧。

做该做的事，说该说的话

韩非子曾经讲过这样一则故事：

有一次，韩昭侯和朋友在家里喝酒，喝得有点多，朋友一走，他就坐在椅子上不知不觉地睡着了。韩昭侯身边有一个专门为他管帽子的人，还有一个为他管衣服的人。为他管帽子的人看见他衣服单薄，怕他受寒，于是，就轻手轻脚地帮他披上了斗篷。韩昭侯醒来时，发现身上披了斗篷，高兴地问道：“是谁给我披的衣服？”侍卫答道：“管帽子的。”韩昭侯听后，立刻变了脸色，下令卫士把管帽子的人和管衣服的人一起抓起来关押到了牢房里。

有人对韩昭侯的做法表示很费解，韩非子十分理解，解释说：“这管衣服的该做的事情就是管衣服，他没做好，自然要受罚，管帽子的该做的事情就是管帽子，他却去管衣服的事情，岂止该罚，简直该杀。”

韩非子这个例子体现的是法家的权术思想，所以有些过于极端了，但也说明了一定的问题：一个人应该知道自己该做什么，不该做什么，时时刻刻提醒自己，做该做的事，不要无意或者刻意地去做些不该自己来做的事情，否则，轻则自讨苦吃，重则自取祸患。

一只猫爱上了自己的主人，便请求爱神把自己变成一个女孩。爱神同意了它的请求，将猫变成了一位美丽的少女。主人与之一见钟情，爱上了她。后来，他们便结婚了。

一天，爱神想看看猫变成人后，是否也把习惯改变了。于是，爱神趁他们休息时，在卧室里放了一只老鼠。没想到少女一见到老鼠，就完全忘了自己现在的身份，她立即跳下床，去追赶老鼠，并想把它吃掉。

爱神见后，很是失望，便将她重新变回一只猫。

“为什么？”那只猫被变回原形，十分不满地问。

“做人最重要的是守本分，而你却忘了做人的本分。所以，你只能永远做一只猫。”

讲厚道的人一般十分本分。本分做人的另一个要求是，不该说的话也别说，俗话说病从口入，祸从口出，本分做人，就是做该做的事情，同时，说该说的话。

徐世勣是唐朝的开国功臣，参加过瓦岗军，失败后投奔唐军，任右武侯大将军，封曹国公。因为开国后他被赐姓为李，同时为避唐太宗李世民之讳而改名李勣。

李勣为人处世十分地谨慎。曾有一次，李治向大臣们征求意见，想要废掉王皇后另立武则天为后。这件事遭到了一些重臣的反对，尚书右仆射褚遂良说：“王皇后是先帝为陛下娶的，在临终之前，先帝还拉住陛下的手把王皇后托付给了我们了。陛下听到过这话，至今如在耳畔，王皇后并没有什么过错，怎么能轻易将她废除呢？陛下如果一定要废除皇后，那也轮不到武氏，武氏曾经跟随过先帝。这是众所周知的。”

高宗没办法，又来征询李勣的看法。李勣却想，自己只是一个外臣，怎么可以干预皇帝的家事？弄不好招来杀身之祸，废立皇后成功与否，都与性命有关。同意废除王皇后，要是不成功，就将得罪王皇后；不同意废除王皇后，如果武氏被选中，那就更没他好果子吃。

李勣左思右想，怎么想怎么都觉得这个问题不是他能够随便插嘴的，只好含糊其辞地对高宗说：“这是陛下的家事，有什么必要问外人呢？”

高宗听了这话便下定决心，将褚遂良降职为潭州都督，马上废除王皇后和肖淑妃，将武则天立为了皇后。

武则天当上皇后之后，立即动手打击不同意拥立她为皇后的大臣，相继诛杀、贬谪了长孙无忌、褚遂良、韩瑗等一批人。李勣却因为当时没说话而避免了祸及自身，并且受到重用，负责审理长孙无忌等人的案子。

李勣不该说的话不说，才没有因越权说话的行为给自己招惹不必要的麻烦，

人必须要意识到这一点，做好自己的本职工作，说自己该说的话就够了，说得太多，做得太多，有时不一定是好事。

规矩比天大

说到规规矩矩的做人之道，不由得让人联想到一个“聪慧”的杂耍艺人的故事。

他出生于意大利，在青年时期来到英国学习杂耍，并成为世界知名的艺人。在他年老的时候，他决定退休，返回自己的家乡定居。打定主意后，他变卖了自己所有的财产，买了一颗大钻石和一张返回意大利的船票，那颗钻石就藏在他的舱房里。等待大家都登船后，他向一位小男孩表演如何能同时抛耍六个苹果。他的技术让小男孩发出阵阵惊叹，过了不久，就有一批观众聚拢过来，此刻的成就使他洋洋自得，他开始觉得扔苹果太不过瘾，对他而言没有挑战性。于是他跑到舱房拿出那颗珍贵的钻石，并向观众解释说这是他毕生的积蓄，随后便开始抛耍那颗钻石。众人的心都提到了嗓子眼，不久，他的表演愈来愈惊险，钻石越抛越高，观众皆屏息以待。这一次抛的时候，由于众人都知道钻石的价值，都劝他不要再继续了，但他对自己和自己的能力充满信心，所以他把钻石抛得更高。观众再次屏息，然后在他接住钻石的那一刻松一口气。

艺人看着大家的表情很有成就感，他这次夸下海口，告诉观众他将再抛一次，这次他将把钻石抛到一个前所未有的新高度，甚至它将暂时从众人眼中消失。他不顾旁人的劝告，凭借多年经验产生的自信，毫不犹豫地将钻石高高抛向空中。钻石真的消失了片刻，然后又在阳光照耀下发出了耀眼的光芒。大家正要惊叹和喝彩的时候，就在这一刹那，船倾斜了一下，于是那颗钻石就在人们惊讶的目光里掉入了海中，消失得无影无踪……

如同故事中的人物一样，人们有时也在把玩着自己的所有、自己的生命，有的时候人们过于相信自己和自己的能力，也过于相信过去成功的经验，所以很容易产生骄傲自满和自高自大的情绪，在炫耀着自己的技巧的同时，却不知道人生之船将在何时倾斜，使得自己永远失去了机会。

做人难，难做人，学会规规矩矩、认认真真做人，在人生的舞台上不要像那个杂耍艺人一样，故意过分张扬、炫耀自己。没有规矩，就不成方圆。从古至今，关于做人的道理有很多，而且人们都能拿得出理由和根据，但褪尽浮华，你会发现，做人之道其实只有四个字：规规矩矩。但是现实生活中，能够真正做到规规矩矩的又有几个人呢?

有些人总是喜欢自以为是，他们心怀梦想，却过分高估了自己的智慧和能力；坚信只有自己才是正确的，从来不肯接受别人的意见和劝告，认为采纳了别人的意见就等于是对自己的否定、侮辱和贬低。这些人其实是典型外强中干型的人，他们的固执恰恰证明了他们并不是真正的强者，正因为心虚、自卑、虚荣，所以他们不愿服输。

那些深谙做人之道的规矩人，都是能够摆正自己位置的人；而把自己看成比别人略高一等的人，则真的是世界上最愚蠢的人。有时，我们的烦恼就来自于我们有颗狂妄自大的心。一个人如果妄自尊大，把谁都不放在眼里，一切皆以自我为中心，那么他一定会一天到晚被烦恼重重包围。

的确，如果一个人太自负了，就很容易陷入一种莫名其妙的自我陶醉中，变得自高自大起来。他会无视所有人对他的不满和提醒，终日沉浸在自我满足与张扬当中，对一切功名利禄都要捷足先登，殊不知，这样的人只能最终迷失自我，丢掉生命的规矩与安稳，也永远得不到人们的理解和尊重。

自傲者对自我失去了客观评价，觉得在这个世界上，唯我最大，舍我其谁，一副不知天高地厚的架势，以显示自己伟大的魄力和气度。可是靠说空话解决不了任何问题，人们尊敬的是那些脚踏实地干实事的人，而不是自吹自擂的谎话专家。其实，越伟大的人越会谦卑待人，规规矩矩，品行方正，有素质、有修养，人们也越会敬重他。

在美国纽约的一个既脏又乱的候车室里，靠近门的座位上坐着一个满脸疲惫的老人，身上的尘土及鞋子上的污泥表明他走了很长的路。列车进站，开始检票了，老人不紧不慢地站起来，准备往检票口走。

忽然，从候车室外走进来一个胖太太，她提着一个很大的箱子，显然也要赶这趟列车，可箱子太重，累得她气喘吁吁的。胖太太看到了那个老人，冲他大喊："喂，老头，你给我提一下箱子，我一会儿给你小费。"那个老人想都没想，拎起箱子就和胖太太朝检票口走去。

他们刚刚检票上车，火车就开动了。胖太太抹了一把汗，庆幸地说："多亏有你，不然我非误车不可。"说着，她掏出1美元递给那个老人，老人微笑着接过。

这时，列车长走了过来："洛克菲勒先生，请问我能为您做点什么吗？"

"谢谢，不用了，我只是刚刚做了一个为期三天的徒步旅行，现在我要回纽约总部。"老人客气地回答。

"什么？洛克菲勒？"胖太太惊叫了起来，"上帝，我竟让著名的石油大王洛克菲勒先生给我提箱子，居然还给了他1美元小费，我这是在干什么啊？"她连忙向洛克菲勒道歉，并诚惶诚恐地请洛克菲勒把那1美元小费退给她。

"太太，你不必道歉，你根本没有做错什么。"洛克菲勒微笑着说道，"这1美元是我挣的，所以我收下了。"说着，洛克菲勒把那1美元郑重地放进了口袋里。

真正的大人物是那种成就了不平凡的事业却仍然像平凡人一样规规矩矩、认认真真、踏踏实实生活的人。他们不会因为自己腰缠万贯而盛气凌人，他们从来不会见人就喋喋不休地诉说自己是如何成功和发迹的，他们也从不太计较别人对自己的冒犯，而是宽厚待人，平和地、规矩地做着自己该做的事情。

唯有规矩的人才能走得更远，才能走得更好！这是亘古不变的真理。

刀尖血，不可舔

"刀头上的血"是用来形容那些来得容易但风险也极为巨大的利益，有时候，这些利益甚至会让舔食者付出生命的代价。

据说，爱斯基摩人捕猎狼的办法世代相传，非常特别，也极甚有效。严冬季节，他们在锋利的刀刃上涂上一层新鲜的动物血，等血冻住后，他们再往上涂第二层血；再让血冻住，然后再涂……

就这样，很快刀刃就被冻血掩藏得严严实实了。

然后，爱斯基摩人把血包裹住的尖刀反插在地上，刀把结实地扎在地上，刀尖朝上。当狼顺着血腥味找到这样的尖刀时，它们会兴奋地舔食刀上新鲜的冻血。融化的血液散发出强烈的气味，在血腥的刺激下，它们会越舔越快，越舔越用力，不知不觉所有的血被舔干净，锋利的刀刃暴露出来。

但此时，狼已经嗜血如狂，它们猛舔刀锋，在血腥味的诱惑下，根本感觉不到舌头被刀锋划开的疼痛。

在北极寒冷的夜晚里，狼完全不知道它舔食的其实是自己的鲜血。它只是变得更加贪婪，舌头抽动得更快，血流得也更多，直到最后精疲力竭地倒在雪地上。

对于北极的狼来说，狩猎是辛苦的，但是刀头上的血却会让它们付出生命的代价，这样的赌博到底划不划算？

在人类社会，虽然我们不用像北极的狼一样用生命做赌注去掠食，但是，刀尖舔血的代价对于普通人来说依然是沉重的。有一句俗话，叫“富贵险中求”很多人都相信冒险是出人头地的捷径，很多冒险家功成名就的故事也在激励着许多人跃跃欲试，但事实上，在这些成功的冒险家背后，是无数刀头下的失败者。冒险之所以称之为冒险，就在于它的成功率极低，而失败率极高。

美国拉斯维加斯或大西洋城等地的赌城，在装潢豪华的赌厅里，你将发现赌厅内看不到钟，室内灯火通明，而且也看不到任何窗户。“山中无甲子，赌场无时间。”为什么赌场内不摆钟，也不设窗户？因为赌场要利用大数法则赢你的钱。没有钟也没有窗户的目的，是想让你分不清昼夜，也就是希望赌徒能够尽兴玩乐，玩到忘了时间。因为人们玩得越久，玩的次数越多，赌场赢钱的概率就越大。玩的次数渐增，会使期望值逐渐现身。赌之所以必输，原因无他，主要是赌博的期望值为负值。少数几次看不出来，但经过越长的时间后，期望值逐渐显现出来，因此赌久了，必输无疑。这就是何以“十赌九输”，“久赌必输”的原因所在，其与大数法则的原理不谋而合。所谓的大数法则，系指游戏的次数越多，报酬率越接近该游戏的期望值。

赌博是如此，人生也是同样的道理。

有些人是天生的冒险家，但即使是这些人，他们在冒风险的时候也会作全面的分析，去冒值得冒的险，然后再设法降低风险，至于刀口上舔血的事情，实在是得不偿失的冒险，凡事还要三思，不怕一万，只怕万一。厚道的人，不会很贪婪，只会秉承适度原则，不去做过分冒险的事。

因此，在做任何冒险前，无论多么有把握，都应思考一下，“未来最坏的情况可能是什么？”如果最坏的情况是我们所无法承担的，那么不管报酬多么迷人，都应断然拒绝冒险，毕竟等待下一次机会比栽了跟头重新爬起来要容易得多。

不要轻易给自己树敌

不要轻易得罪人，这是一种自保的智慧。事实上，能不得罪人就不要去得罪，与其多树敌人，不如多交朋友，这才是成功人生应遵守的法则之一。

刘铭是一家合资公司的职员，在业务上是公认的尖子，可是在处理人际关系时往往意气用事，得罪了不少人。所以，他在公司干了好几年，总是得不到升迁。

有一段时间，刘铭新搬来的一位女邻居进出时总是把门碰得很响，而且常常在房间里大声哼唱，甚至在周末带来一群“狐朋狗友”折腾到天明方休，吵得刘铭睡不好觉。一天夜里，刘铭被邻居家里传来的震耳欲聋的摇滚乐吓醒了，他怒不可遏，披上衣服出门，用力猛踢邻居的门。女邻居闻声而出，刘铭大吼道：“几点了！让不让人睡觉？”女邻居竟毫无歉意，瞪圆双眼回敬道：“喊什么！我爱怎么吵是我的事，你管不着！”说完就摔上门进去了。刘铭差点气晕了。

第二天，刘铭回家时，女邻居也正好回了家。刘铭故意把门碰得很响，并在房间里大声吼叫，想让她也尝尝吵闹的滋味。

可是接下来的几天，邻居的吵闹更厉害了，令刘铭连连叫苦。

“老这样下去能行吗？该怎么办呢？”不久刘铭有了一个好主意。

几天后的一个早晨，女邻居一开门就发现地上放着一个信封，她抽出信纸一看，只见上面写着：“如果说那天我的态度很恶劣，现在我向您道歉。不过请您晚上稍微安静一些。周围的人都已经受不了了。”

紧接着一个早晨，当刘铭走出房门时，一眼就发现了地上的信封，他迫不及待地抽出信纸：

“你的意见我接受。对不起，我最近心情不太好。”

当天夜里，邻居家里一直悄无声息，刘铭睡了个难得的好觉。

从那以后，每当他们再相见时，都会愉快地微笑着打招呼。

后来女邻居当上了一家大公司的董事长，经过一段时间的交往考察以后，她聘请刘铭担任了公司一个部门的经理。刘铭改掉了得罪人的脾气，抱着与人为善的心态面对生活，最终使自己强大起来，由普通职员升迁为公司高层管理人员。

刘铭的例子告诉我们，得罪人并不能解决问题，只会让矛盾更加激化，问题更加棘手，让自己陷入尴尬的境地。

厚道做人，可以避免一些不必要的人际摩擦，少得罪人。得罪一个人，就为自己堵住了一条去路。当然，你也许会想，还不至于得罪了几个人就无法生存下去。但你要知道，世界虽然很大，但有时却显得很小，连走在路上都会仇人相见，更何况同行？同行有同行的交往圈子，得罪同行，彼此碰面的机会更大，那多尴尬！而且多么不利！本来你可以和他合作获利，却因得罪他而失去机会，这多么可惜！

如果仅仅如此还不算严重，万一不留神得罪一个邪恶的人，就为自己埋下了一颗不定时的炸弹。得罪君子只不过大家不讲话，各干各的，但要是得罪恶人就会没完没了，他不采取报复行动，也要在背后对你造谣中伤，你有理也会变成无理，多不值得。

当然，“不轻易”得罪人，也是有一定分寸的。当事情不可忍时，当正义公理不能伸张时，还是要有雷霆之怒的，否则就是是非不分、黑白不明了。这种雷霆之怒有时会得罪人，固然有可能为自己堵住一条去路，但也有可能开出更多的康庄大道。但你必须谨慎，除了这一点，都应当少得罪人，不得罪人。

所以，当你感到自己的利益被侵害时，得不到他人的尊重时，请冷静地想想，勿轻易动气。此外，也切记不要气焰嚣张，盛气凌人，这种只有自己而没有别人的态度也很容易得罪人，而且常不自知。

最重要的一点是，得罪人会形成一种习惯，老是压不下怒气，改不了个性，便会说“反正我就是这样”，那就会条条是死路。这不能不引起你的警惕。

恪守原则，能不乱方寸

原则，是代表一个人的信用；原则，是代表一个人的人格；原则，是代表一个人的道德。做人要坚持原则，这是非常要紧的。很多原则都是早就制定好了的，需要每个人都去遵守，如果有一个人没有遵守，那么就可能会引起别人的效仿。如果大家都不去遵守，那么就会引起混乱。

所以，即使是有再大的困难，也要遵守共同的原则，而不能因为自己的情况特殊就随意改变已经制定好的原则。厚道的人，一般十分讲原则，待人诚恳，不轻易冒犯他人。

美国前总统乔治·布什是个原则性很强的人，他坚持“一就是一，二就是二”的原则。他认为空军1号就是空军1号，空军2号就是空军2号。“只有总统才能在南草坪上着陆。”

1981年春，当时身为副总统的布什正在一次飞往外地的例行公务旅行的飞机“空军2号”上，突然接到国务卿黑格从华盛顿打来的电话：“出事了，请你尽快返回华盛顿。”几分钟后的一封密电中告知总统里根已中弹，正在华盛顿大学医院的手术室里接受紧急抢救，飞机调头飞向首都华盛顿。

飞机在安德鲁斯着陆前45分钟，布什的空军副官约翰·马西尼中校来到前舱为结束整个行程做准备。飞机缓缓下滑时，马西尼突然想出了个主意，他说：“如果按常规在安德鲁斯降落后，再换乘海军陆战队一架直升机，飞抵副总统住所附近的停机坪着陆，再驾车驶往白宫，要浪费许多宝贵时间。不如直接飞往白宫。”

布什考虑了一下，决定放弃这个紧急到达的计划，仍按常规行事。

“我们到达时，市区交通正处高峰时期，”马西尼提醒道，“街道上的交通很拥挤，坐车到白宫要多花10~15分钟的时间。”

“也许是这样，但是我们必须这样做。”

马西尼点点头：“是的，先生。”说着走向舱门。

看到马西尼中校显得疑惑不解，布什解释道：“约翰中校，只有总统才能在南草坪上着陆。”布什坚持着这条原则：美国只能有一个总统，副总统不是总统。

尽管有特殊的情况，可是因为规定了“只有总统才能在南草坪上着陆”，所以布什放弃了那个紧急到达的计划，这种做法，是非常值得人们去学习的。

我们在生活中，经常会遇到这样或者那样的事情。学生要按时上课，工人要按时上班……这些原则也一直会成为突发事件的障碍。可是，原则就是原则，如果你因为自己的私事，没有请假就离开了自己的岗位，那么如果大家都像你一样，可能办公室就大乱了；作为学生，你不想去上课，如果其他人也跟你一样想，没有人去上课，那么教学的秩序就会大乱。

所以一定要恪守原则，才能规避可能造成的混乱。

无论是生活还是工作当中，在关键的时候一个人是否能够坚持，常常是判断他的道德水准的重要依据。只有那些肯于坚持原则的人，才能赢得他人的信任和支持。

我们做事讲究原则，做人也要讲究原则；一个人如果没有原则，见异思迁，经常变来变去，则朋友不愿与你共处，同事不愿与你共事。尤其居上位的人，如果没有原则，朝令夕改，则百姓无所适从；师长如果没有原则，是非不明，则令学生无所依循；父母如果没有原则，赏罚不分，则令儿女无以学习。因此，我们要怎样坚持原则呢？如何将所坚持的原则发挥到最高的价值呢？有四点意见：

（1）不因利害而放弃原则：有一些人，刚开始的时候很讲究原则，不过到了利害当头，他就只顾利益，不顾道义。这种因利害而放弃原则的人，往往无义、无信，别人自然也不会愿意和他交往。

（2）不因得失而放弃原则：有的人，成功有所得时，他就讲究原则，失败有所失，他就放弃原则。人，不能以成败来论英雄，也不是以得失来讲人格。因此无论得失，一定要坚持原则，这样的人才能受人尊重。

（3）不因亲疏而放弃原则：有的人，因为你和我是至亲好友，我就不和你坚持原则，一切都很好说话，都很容易过关；假如你和我的关系疏远，没有交情，我就对你百般刁难，不跟你合作。这种人私心太重，不容易有成就，所以真正成功的人，不因亲疏而改变原则。

（4）不因有无而放弃原则：有的人，身在其位时，这个也讲原则，那个也讲原则；一旦卸任，身份改变了，他便放弃原则，不再坚持原则。其实不在其位，不谋其政，这是自然的道理，但是人生有许多做人做事的原则，这是不变的，所以不应以有无而改变做人的原则，这才是做人应该坚持的最大原则。

有所恐惧才能无所畏惧

《诗经·小雅·小旻》中有这样几句诗：“不敢暴虎，不敢冯河。人知其一，莫知其他。战战兢兢，如临深渊，如履薄冰。”暴虎冯河，说的是徒手打老虎，游泳过黄河，都是很需要勇气的行为，但是诗中称赞的对象，却是一个不敢暴虎冯河，而且时刻战战兢兢的一个胆小鬼。

难道儒家思想推崇胆小鬼吗？当然不是这样的。

一天，孔子又和往常一样，夸奖着颜回，子路听了，有点羡慕嫉妒，于是就问孔子：“老师，如果让你跟着军队去打仗，你会带着谁去？”然后得意洋洋地等着孔子回答。子路心想以自己的勇猛，老师不带我带谁？谁知孔子却回了一句：“暴虎冯河，死而无悔者，吾不与也。必也临事而惧，好谋而成者也。”孔子说，敢上山打老虎，敢下河打蛟龙的人，我是不喜欢和他在一起的，我喜欢的人，第一要有谋略，第二要懂得害怕。因为懂得害怕的人才知道小心谨慎，懂得害怕的人才知道有所为有所不为的道理。

人活着应该有所畏惧，这个世界上有许多不可抗拒的力量，有许多不可侵犯的原则。我们应该学会做个厚道的人，遵守基本的原则，老老实实做好自己的事。如果无所畏惧，什么都不怕，那就会无所不为，若是这个无所畏惧的人又恰好勇力绝伦的话，那绝对不会是一件好事！

所以孔子教我们要寻求畏惧，孔子说：“君子有三畏：畏天命，畏大人，畏圣人之言。”“畏天命”，也就是要对大自然有所畏惧，在自然规律面前懂得遵从。曾经我们不懂得“畏天命”，一味讲究“人定胜天”，如今面对的，就只有大自然的报复。“畏大人”，这个大人并不是一定指高官权贵，只有对父母、长辈、有道德学问的人持有高山仰止的畏惧之心，才能有所成就；“畏圣人之言”，像我们读《论语》，看四书五经，基督教徒看圣经，佛教徒看佛经，都是读圣人之言，怕违背了圣人的教诲。

正是因为这种敬畏之心，使我们能够时刻勉励约束自己，在各方面止于至善。一个有思想信仰的人，他的成就绝对不同，相反，若一个人无所畏惧，肆无忌惮，那么就很容易失败了。

曾有一家世界知名企业要招聘一个重要的职位，应征之人非常多，该企业让每个人都仔细填写了一份履历表，其中一栏为信仰，其实这一项是该公司一项重要的衡量标准。

这家企业第一轮筛选出局的人便是在信仰一栏明确标注着“我信仰自己”和“绝无”的应聘者。许多人感觉不公平，企业的总经理说：“信仰，并不是要求你一定要笃信某个宗教，而是说你必须有所畏惧。当一个人信仰自己，或者坚信自己没有任何信仰时，表明此人对人生、对生活缺乏应有的畏惧之心。这种‘无畏’是很危险的，它会让人很容易陷入名利场中无法自拔。即便他写上一个人的名字，也表明在他心中除了自己还有其他的行为准则在约束他，如果完全没有，那么这种人不是我们想要的。”

不懂得畏惧的无所不为，很有可能变成对他人的危害，非但如此，不懂得畏惧的人，最终也会伤害到自己。

有一个寺院，清规戒律很严，即便如此，还是会有些和尚胆敢以身试法，屡屡犯戒。这天，刚刚做完日常佛事，僧侣们正要走出禅房时，方丈守心法师扬手碰落了供台上的一个瓷瓶，摔了个粉碎。众弟子一下愣在那里，不知方丈的这一举动是有意为之，还是无意所致。守心法师见学僧都以探询的眼光看着自己，便语气凝重地说：“一抔泥土，不知经历了多少工序，经过了多长时间的煅烧，才超脱成珍贵的瓷瓶，被我们摆上了神圣的供桌，成为一件高贵圣洁的法器。如果保存好了，千百年都不会损坏，可以万世流传。可是，扬手之间，它就坠落于地，一文不值了。同理，一个人，尤其是敛德修行的僧人，取得了法号，悟出个境界，不是件易事！若是不懂得畏惧，迟早瓷瓶无异！”僧侣都默默无语，有些人忽然有所顿悟，合掌跪地，深表忏悔。

厚道的人，时常心存敬畏，不做损人利已的事。当心中有所畏惧的时候，才会战战兢兢，如履薄冰，才会约束自己的勇力，才会把自己的勇力用到需要的地方。从内心规范、克制自己的鲁莽，把“勇”导向义的方向。

不知天命，不畏大人，不听圣人之言，一个如此无知无畏的人不论在何种游戏中，都是最容易犯规出局的。这样的人，越是勇力绝伦就越危险。

《周易·乾卦》有言：君子终日乾乾，夕惕若。一个人的内心深处总得有所敬畏，有敬畏，才会谨慎行事。那种对任何事物、任何规则都“无知无畏”乃至“大无畏”的固执心态，只会把人引向万劫不复的境地。

六
付出真心，善待他人

存善念，行善行

“人之初，性本善”是人所共知的《三字经》的开篇语，但是长大的我们心中是否还留有这一份善呢？也许我们有，也许我们的心里早就被不良诱惑挤满了，不再有善的踪迹。而且在这个世界上，贪欲与邪恶、自私与狡诈正以前所未有的程度存在着。然而，善良依然是这个世界最感人的力量，它使我们充满力量与勇气，使我们赢得尊重和支持，帮助我们一步步走向成功。

善良仁爱具有强大的力量，它能使人敞开心扉。人的一生应该是施与爱的一生，只有这样，我们才能活出真正的自我，获得一个充实而美丽的人生。

善待社会、善待他人，并不是一件复杂、困难的事，只要心中常怀善念，生活中的小小善行，不过是举手之劳，却能给予别人很大帮助，何乐而不为呢？

一个强盗拜访一位得道的禅师，他跪在禅师面前说：“禅师，我的罪过太大了，很多年以来我一直寝食难安，难以摆脱心魔的困扰，所以我才来找您，请您为我澄清心灵。”

禅师对他说：“你找我可能找错人了，我的罪孽可能比你的更深重。”

强盗说：“我做过很多坏事。”

禅师说：“我曾经做过的坏事肯定比你做的还要多。”

强盗又说：“我杀过很多人，只要闭上眼睛我就能看见他们的鲜血。”

禅师也说：“我也杀过很多人，我不用闭上眼睛就能看见他们的鲜血。”

强盗说：“我做的一些事简直没有人性。”

禅师回答：“我都不敢去想那些我以前做过的没人性的事。”

强盗听禅师这么说，便用一种鄙夷的眼神看了禅师一眼，说：“既然你是这么一个人，为什么自称为禅师，还在这里骗人呢？”

于是他起身，一脸轻松地下山去了。

等到那个强盗离去以后，禅师的弟子满脸疑惑地问禅师：“师傅，您为什么要这样说啊？您一生中从未杀过生。您为什么要把自己说成是个十恶不赦的坏人呢？”

禅师说道：“你难道没有从他的眼睛中看到他如释重负的感觉吗？还有什么比让他弃恶从善更好的呢？”

因为心存善念，而标榜自己是一个善良的人，是浅薄的。真正的善良是有善念，还能行善行。知易行难，然而，只要心存菩提，又何必在乎外在的毁誉、表面的得失呢？行善行，内心世界里便已种下了快乐的种子。

香港工商业巨子何鸿章于20世纪20年代中期出生于香港。日本侵华战争爆发时，还是少年的何鸿章，自愿到香港东华医院的紧急病房值勤。后来，何家被日军强迫遣返上海，遭到软禁。那段日子，何鸿章总也不能忘记，年少的他与日军有过数次斗智斗勇的惊险接触。今日回想起来，童年的这段经历可以称得上是他人生中的一笔宝贵财富。正是战争苦难激发了少年何鸿章对动乱的切齿痛恨以及对和平、安宁生活的无限憧憬。从那个时候起，何鸿章就立下志向：此生，要做一名“驱散黑暗的火炬手”，要尽自己的全力让人们过上安宁的生活。同时，有一个声音在他心中回响：“活着，就要给予！”这句话也成为何鸿章一生秉持的信念。

何鸿章的父亲是位杰出的银行家和慈善家，也是香港金银交易所的创办人。他在一次日军对香港的轰炸中受伤，痛失双腿。战争的磨难使他对人生有了更深层次的认识，虽然何家拥有万贯家财，但他始终告诫子女要凭个人本事创造财富，并要坚持行善。

童年经历、家人教诲以及身体力行的榜样力量深深影响着何鸿章，他继承家业后，始终牢记家族行善的传统，在守业和开拓事业的过程中都坚持着慈悲为怀、兼济天下的立场。

20世纪五六十年代，成千上万的难民涌入香港，当时香港的房价在难民们看来高不可攀，他们中的很多人居无定所。何鸿章被难民们的苦难生活深深刺痛了，他构思了廉价住屋方案，率先在香港为难民们建造房屋，给了他们一个家。

20世纪，随着香港人口的急剧增加，一大批孩子到了入学的年龄，却因为贫穷的家庭根本负担不起孩子接受教育的费用而上不起学，何鸿章看到这些，急在心里。他深知，教育对改变人生，特别是对出身贫寒的人的重要作用。1965年，他创建了“何鸿章信托基金会”，旨在给香港学生创造出去受教育的机会，以发展香港及其他地区的教育。数十年过去了，这项基金资助了无数的香港青年学子出去深造。这些香港青年学成之后，大多数回到香港效力，为香港的发展作出了巨大贡献。

“活着，就要给予”，这是何鸿章的诺言，也是他的座右铭。他说：“人的善心、善念常与富裕同在，乐善好施、好行其德是快乐之本，更是大富的源泉。”

无论我们做什么工作，如果能秉持多付出一点爱心的原则，成功就是必然的。

世界就整体而言是美丽的，人生就整体而言是美好的，不要让局部的消极现象遮住我们的双眼。

除此之外，善行还要从一点一滴做起，其实，善就在我们身边的每一个角落。

老僧人在打坐的时候总是不停地动来动去，不停地换地方。原来，每次就在他盘起双腿、调好坐姿的时候，他就会瞥见有昆虫在水里无助地挣扎。于是他只好一次又一次地撑起他那年迈的躯体，将那些微小的生物送到安全的地方，然后再坐回他的岩石座上……日复一日，似乎这便是他的禅修。他的师兄弟们——一些虔诚的修行者每天也都会到那个水潭附近，在峡谷和山洞内独自打坐，他们发现老僧坐禅的时间都花在捞昆虫上面了。当然，无论昆虫的大小，都是一个生命，对其施予援手是理所当然的，但是，将时间都花在这些事上面，何来时间参禅？于是，其中一个僧人劝老僧道：“你在打坐的时候不断地站起、坐下，怎能安心参悟佛理？又如何能获得深如金刚般的定力？既然你不忍心看到小虫子淹死在水里，为什么不干脆换一个地方打坐？”

老僧却回答说：“各位师兄师弟，诚如你们所说的，如果我整日坐着不动，我的禅定功夫一定会更深。但是我佛的最高教义就是普度众生，我曾一再地发愿，此生此世用来普度众生，我又怎么能够任那些无助的小生命溺死在我眼前而不顾，反而闭上眼睛、硬起心肠来祈祷并吟诵大悲观世音菩萨心咒呢？”

何谓善行？善行就是存在于一念之间，存在于细微之中。一屋不扫，何以扫天下？欲行善救众生脱离苦海，怎么能不救小昆虫脱离深渊？与其总是把攀登珠峰挂在嘴上，还不如从攀登屋后那座小山开始行动。善念与善行往往是从小事上体现出来的。

一言之善，善莫大焉

佛家有言：一言之善，善莫大焉。语言是人类表达思想、体现信仰的重要工具，也是沟通人际关系的重要桥梁，所以生活中人们都是通过语言来交流和联络情感、加深友谊的。因此，人们语言表达的善与恶则直接影响到了交流及人际交往。

善意的语言往往能使人看到别人的优点，消除他人的不是；一句善意的话还能把大事化小、小事化了；善意的语言还能平息怨恨、和睦邻里、团结众人。所谓“一言之善，善莫大焉”，一句善意的话语则能点燃他人的自信，给他人以无穷的力量，所以我们在生活中需要用善意的语言来引导别人，使其受感化，从此走上正道。

从前有一位禅师很受人们尊崇。有一次，他的一个学生因为行窃被人抓住，这让众人气愤不已，大家纷纷要求将这个学生逐出师门，但是禅师并没有那样做，他用自己的宽厚仁慈之心原谅了那个学生。

可是没过多久，那个学生竟然又因为偷窃而被抓住，众人认为他旧习难改，认为他的行为有辱佛门，于是大家要求禅师将他重罚，但禅师仍然没有处罚他。禅师的行为让有些学生不服，于是大家联合上书，表示如果再不处罚这个人，他们就集体离开。

禅师看了他们的联合上书，然后把他的学生都叫到跟前说：“你们都能够明辨是非，这是我感到欣慰的。你们是我的学生，如果你们认为我教得不对，那么我也不阻止你们离开，毕竟你们离开后到其他地方都能有人接纳你们，但是我不能不管那个行窃的学生，因为他还不能明辨是非，如果我不来教他，那么谁还来教他呢？他被赶出寺庙后还能怎么让人接受呢？所以，不管怎样，即使你们都离开我了，我也不能让他离开，因为他需要我的教诲。”

那位偷窃者听了禅师的话，感动得热泪盈眶，同时也痛悔自己的过错给老师带来的麻烦，下定决心从此以后再也不偷别人的东西了。

禅师的一言之善，换来的是真心的悔改，这不得不让人敬佩。

由此可见，善言、善行就是我们在生活中不可缺少的基本准则。在当今这样一个合作的社会中，人与人之间更是有着一种密切的互动关系。只有我们先去用善意的语言打动别人，用善心去帮助别人，才能处理人与人之间的关系，从而获得他人的尊重。

佛陀在祇园精舍的时候，六群比丘吵起架来，并且举出十点，嘲骂那些正直的比丘。佛陀知道此事后，便召集六群比丘来开示道："过去，健驮逻王在得叉尸罗城治国的时候，有一头母牛生下一只小牛。有一婆罗门就从养牛人家讨回那只小牛，并为它取名叫欢喜满。

"婆罗门把小牛放在儿女的住处，每天拿乳粥饭食等喂养它，很爱护它。

"过了几个月，小牛长大了。它想：'这婆罗门曾费了许多心血来养我，现在我是全阎浮提力气最大的牛，正好让我来显一次本领，报答他养育我的恩惠吧！'

"有一天，欢喜满对婆罗门说道：'婆罗门！请你到养牛的长者家，告诉他说：我所养的雄牛能拖一百辆货车。你就以千金跟他打赌吧！'婆罗门就到那长者的家里，问长者道：'这城中谁养的牛最有力气？'

"长者先举别家的牛来回答，最后说：'全城中没有一头牛能及得上我所养的。

"'我也有一头牛，能拖一百辆货车。'婆罗门道。

"'哪里有这样的牛？'长者不相信。

"'我家里就有。'婆罗门得意地说。

"长者不服气，便以千金和他打赌。

"婆罗门回去后，便在百辆的车中装满沙石，为欢喜满洗浴，喂它香饭，把它驾在第一辆车的车轭上，举起皮鞭叱道：'走呀！欺瞒者！拉呀！欺瞒者！'

"这时，牛听到这话，觉得自己并非欺瞒者，为何今天受这种称呼？它不知所以，四只脚就如柱子般立着不动。长者看到这情形，就叫婆罗门交出千金。

"婆罗门损失了千金，解下牛，回到家里忧郁地卧着。欢喜满牛走回来，看见婆罗门忧郁地卧在那里，便走上前去问他：'婆罗门啊！你为什么躺在这里呢？'

"婆罗门很不高兴地回答道：'千金输去了，还能睡觉吗？

"'婆罗门！我在你家这么久，曾经打碎过碗没有？曾经在别处撒过粪尿没有？'

"'都没有。'婆罗门连忙否认道。

"那么，你为什么要叫我欺瞒者呢？'欢喜满问道：'你这样称呼我，是你自己的错而不是我的错。现在你可以再去和那长者赌两千金，但这次你可不要再叫我欺瞒者呀！'

"婆罗门听了欢喜满牛的话，再去和长者相约打赌两千金。

"依照上回的方法，把百辆货车前后联系起来，并将装饰好的欢喜满牛驾系在第一辆车子的前面。婆罗门坐在车上，用手轻轻地拍着牛背说道：'贤者啊！前进呀！贤者啊！往前拉吧！'果然，欢喜满把联系着的百辆货车拉着前行，很快就到达了目的地。

"专门养牛的那位长者终于拿出两千金来，其他的人看到这种情形也都拿出很多钱来赏赐欢喜满牛。婆罗门因为欢喜满牛的帮助，终于得到了许多财物。

"比丘们啊！恶语是谁也不喜欢的，就是畜生也不喜欢。"

佛陀叱责六群比丘以后，就制定学处，指示弟子们应该说柔软语、真实语、慈悲语、爱语，不可说恶语，因为恶语不仅伤害别人，更伤害自己。

正如佛陀的教诲一样，我们一辈子的大事便是"好好说话"。人的话语就如同一把利刃，可以伐木，也可以伤人，就看操持者怎么用了。有时，一句污辱的话会促使一个善良的人行恶，一句宽慰的话可以化干戈为玉帛；一句言真意切的表白可以获得一生的爱情和幸福，一句恶语相向的派头可以摧毁多年的夫妻之情……

孟子说："君子莫大乎与人为善。"生活中那些与人为善、慷慨付出、不求回报的人，往往容易获得成功，而那些恶语相向、自私吝啬、斤斤计较的人不仅找不到朋友，甚至可能被孤立起来。

只有当一个人言语善良的时候，别人对他才会有好感，他的人际关系才会和谐友好、充满温情。对于他人，假如你遇事往好处想，对别人真心相待，多感念别人的恩德，即使别人冒犯了你，也不计较，不介意，这样，别人自然会被你的诚意所感动，进而对你回报以真诚；假如你遇事往坏处想，以一种敌视或者仇恨的眼光看待别人，即使别人无意中冒犯了你，你也会破口大骂或者耿耿于怀，甚至伺机进行报复。那么，即使别人本无敌意，也会最终被你推到敌对的立场上去。这样只会让双方的关系越来越紧张。

一言之善，就能营造出和谐、融洽的人际关系，行善的人也会如沐春风。所以说生活中的人们要常怀一颗善良的心，播下一颗善良的种子，那么周围的人也都可以享用丰硕的果实；受到福泽或恩惠的人也会留下仁爱的语言，这个时候人们就能感受到生活处处充满温暖。生活中，拥有一颗善心，那些不如意的羁绊就会自然消解，那些牢牢桎梏的枷锁也就自动解除，你的敌人也会变成你的朋友，你的对手也会成为你的帮手。因为你的善心，一切将会变得更加美好。

虽为良医，愿人无病

孔子说："听讼，吾犹人也。必也使无讼乎！"审理诉讼案件，我同别人一样能做好。但内心总是希望这些事情不再发生啊！孔子这里的感慨是希望通过教化，提升人们的修养，减少案件的发生。这无疑是以天下人为念的崇高博大的情怀。

过去在药铺里经常会看到这样一副对联：但求世上人无病，何妨架上药生尘。这句话包含的悲天悯人、宽厚无私的情怀是很让人感动的。自己虽然是良医，却祈求别人不生病，这是何等高尚的境界啊！

过去山东潍县（今潍坊）是个多灾多难的地方，经常发生水灾、旱灾。扬州八怪之一的郑燮（即郑板桥）在当地任县令七年，就有五年发生灾情。在他刚到任那一年，潍县发生水灾，十室九空，饿殍满地，其景象惨不忍睹。郑板桥据实上报，请求朝廷开仓赈灾，可朝廷迟迟不准。在危急时刻，郑板桥毅然开仓放粮，他说："不能等了，救命要紧。朝廷若有怪罪，就惩办我一个人好了。"这样灾民很快得救了。

郑板桥心中总想着人民。他深知"民为邦本，本固邦宁"的古训，做任何事，他首先想到的是人民。他招民工修整水淹后的道路城池，采取以工代赈的办法救济灾区壮男；同时责令大户在城乡施粥救济老弱饥民，不准商人囤积居奇；他自己带头捐出官俸，并刻下"恨不得填满了普天饥债"的图章。他开仓借粮时有秋后还粮的借条，到秋粮收获时，灾民歉收，他当众将借条烧掉，劝人们放心，努力生产，来年交足田赋。由于他的这些举措，使无数灾民解决倒悬之危。

为了老百姓，他得罪了一些富户，特别在整顿盐务时，更是触动了富商大贾的私利。潍县濒临莱州湾，盛产海盐，长期以来，官商勾结，欺行霸市，哄抬盐价，贱进贵卖，缺斤少两，以次充好。郑板桥针对这些弊端，严令禁止。因此，一些富人对他造谣毁谤，匿名上告。1752年，潍县又发大灾，郑板桥申报朝廷赈灾，上司怒其多次冒犯，又加上听信谗言，于是不但不准，反给他记大过处分，钦命罢官，削职为民。

离开潍县时，百姓倾城相送。郑板桥为官十多年，并无私藏，只是雇三头毛驴，一头自骑，两头分托图书行李，由一个差丁引路，凄凉地向老家走去。临别他为当地人民画竹题诗："乌纱掷去不为官，囊囊萧萧两袖寒。撷取一枝清瘦竹，秋风江上作鱼竿。"

郑板桥为官，不以自己的才情作为晋升的手段，也不以此卖弄，而是用在为民谋福上。这种宽厚无私的精神才是人格的最高境界。

传说著名高僧一灯大师藏有一盏“人生之灯”，这盏灯在当时非常有名，有很多人一直想得到这件宝物。这可不是一盏普通的灯。这盏灯，灯芯镶有一颗500年之久的硕大夜明珠，这颗夜明珠晶莹剔透，光彩照人。

据说，得此灯者，经珠光普照，便可超凡脱俗、超越自我、品性高洁，得世人尊重。有三个弟子跪拜求教怎样才能得到这个稀世珍宝。

一灯大师听后哈哈大笑，他对三个弟子讲：“世人无数，可分三品：时常损人利己者，心灵落满灰尘，眼中多有丑恶，此乃人中下品；偶尔损人利己，心灵稍有微尘，恰似白璧微瑕，不掩其辉，此乃人中中品；终生不损人利己者，心如明镜，纯净洁白，为世人所敬，此乃人中上品。人心本是水晶之体，容不得半点尘埃。所谓‘人生之灯’就是一颗干净的心灵。”人世间最宝贵的不是珍宝，而是一颗宽厚无私、品行高尚的心灵，那是纵有千金也不能买到的稀世珍品。

积善利身，积恶引祸

人类在任何时代都需要一颗清净的心。清净心，即无垢无染、无贪无嗔、无痴无恼、无怨无忧、无系无缚的空灵自在、湛寂明澈、圆融无住的纯净妙心。也就是离烦恼之迷惘，即般若之明净，止暗昧之沉沦，登菩提之逍遥。有了清净心，则失意事来能治之以忍，快心事来能视之以淡，荣宠事来能置之以让，怨恨事来能安之以忍，烦乱事来能处之以静，忧悲事来能平之以稳……如能清除妄心，回归真心，静坐一日，所得也能胜于千年忙之所得。

清净心能够提高人的境界，有一则关于佛陀的故事向我们讲述了这个道理。

佛陀带领阿难及众多弟子周游列国时，一日，朝着一座城市前进。而那城主早已耳闻佛的事迹，并担心佛到城里后，所有的人民都皈依了佛，将来自己就无法受人敬重了，想到这里，城主心里不免担忧，于是下令：“若有人敢供养佛陀的话，就要交五百钱税金。”

佛陀进城后，就带着阿难去托钵，城里的居民因担心交沉重的税金而不敢出来供养佛陀。当佛陀托着空钵要出城时，一位老佣人正端着一碗腐烂的食物出门，准备将之丢弃，然而，当她看到佛陀庄严的姿态、大放光明的金身及眉宇间散发的慈悲与安详时，心里非常感动。待她仔细一瞧，却发现佛陀的钵里空无一物。此时，老佣人心想：“如此相好庄严的人，吃的一定不是一般的食物。而他现在却委身在此托钵行化，这正是他的大慈悲啊！”

顿时，这位老佣人生起了景仰的清净心，想要供养佛陀一些美味佳肴。但她因一贫如洗而无法如愿，心中既难过又惭愧，只好告诉佛说：“我实在很想设斋供养您，但是，我却什么也没有，仅有的只剩手上这碗粗糙的食物，若佛陀您不嫌弃，就请收下吧！”佛陀看出了她的虔敬以及供养的那份清净心，就毫不犹豫地收下了她供养的食物。

就在此刻，佛陀微笑着，并放出五色光芒，照遍天地，不久，再从眉间收回这道光芒。佛陀是已经开悟的圣者，其一言一行皆有深刻的含义，是不会无故而笑、无故而说的，而佛陀方才的举动令阿难不解。于是，他便恭敬地请示佛陀：是何因缘而微笑呢？

佛陀问阿难：“你可看见刚才老佣人满怀诚心布施的情形？”

阿难回答：“看见了！”

佛陀接着说：“这位老佣人因为刚才的布施，往后的十五劫中，她将会到天上享福，不堕入恶道中。之后，她会投生为男子，并且出家修行，成为辟支佛，证到无上涅槃，受大快乐。”

这时，有个人看到这样的情形，就对佛陀说：“你虽贵为婆罗门，是净饭王的太子，却在得到布施后，撒了一个大谎。用这样不净的食物布施，竟可得到如此的果报，怎么可能呢？”待此人语毕，佛陀伸出他又长又宽的舌头，覆盖过脸直到发际。接着就问：“如果你看过经典的话，有这样舌头的人，你想他会说谎吗？”这个人回答：“根据经典记载，舌头可以盖过鼻子的人，所说的话就不会有错。何况是能长到发际，则此人的话，绝对无所怀疑。但是，我仍然无法理解，就凭这么一点儿布施，为何能获得如此大的果报？”

佛陀接着问：“你可看过世间有什么稀有罕见的情形？”那人答：“有啊！我曾经在路上亲眼目睹一棵大树，居然能遮蔽住五百辆的车队，那树荫大得简直没有尽处。这可说是稀有难得的吧！”佛陀说：“这棵树的种子有多大呢？”那人回答：“大概就只有一般种子的三分之一大而已。”佛陀即说：“谁会相信你说的话呢？那样宽大的树木，竟然是由如此微小的种子所孕育出来的。”那人紧张地反驳说：“是真的呀！我没有撒谎骗人，因为那是我亲眼所见的。”

佛陀告诉这个人：“刚才的情形不也是这样吗？那位充满诚心布施的老佣人，最后得到大福报，这和你遇到的情形不是一样吗？即使树的种子如此微小，却有极大的果报。更何况，如来已证到最圆满的果位，福田是如此丰盈，这样的事不是不可能的。”这个人听了当下豁然开朗，赶紧顶礼佛陀，忏悔自己的愚痴过失。佛陀欢喜地接受此人的忏悔，并慈悲地为他开示法要，由于一心听法的缘故，此人即证得初果罗汉。证果的他欢喜地举起双手，向大家呼喊道：“各位，甘露的门大开了。为何大家不赶快出来啊？”

城里的居民纷纷缴纳了五百钱税金后，蜂拥至佛前，表示欢迎与供养，并异口同声地说：“若能得到甘露法语，那五百钱又算得了什么！”

当所有的居民全都出来供养佛陀后，那道命令显然也就无效了。后来，城主也忏悔自己的过失，和大众一起皈依佛陀，同获清净的信心。

读罢佛陀故事，也许人们还不能对佛法有深刻的体会，但是当你明白这个道理后，重新走入社会时，就会忽然发现，自己的心已清净了许多许多，周围的一切已明澈了许多许多，生活已充实了许多许多。

在紧张忙碌的日子里，拿出许多小小的空闲为自己净心，片刻的净心会带来片刻的安宁，无数个片刻积累起来，人就获得了一份悠然自得的心情，整个身心也能达到和谐的状态，从片刻安宁到身心和谐，这又何尝不是一粒种子长成参天大树的过程？

一位居士说：心与佛土，非为二事，因山河大地，尽是心中一点微尘。更应知此心非指身中之心脏，乃指无形之心性。此心性自多劫以来，为一切烦恼，密密染污，所以不净，故有种种之污秽现相。如水腐孑孓生，木腐菌霉生，水木不腐，方是好水好木，自无出孑孓菌霉，心断烦恼，便是净心，自无污秽现相。确实如此，人心就是一副有色眼镜，心是什么颜色，眼中看到的东西是什么颜色，物体本身都只是大千世界中的自然存在，因为人的心不净，所以才会对外在事物作出所谓净与秽的评断。如果在一个人的心里，看待各种事物时还有净秽的分别，那么此人必定没有真正的觉悟。

心净的人能做到视而不见，听而不闻，只因专注于自己心内的世界，哪有时间来理会外界的纷繁杂绕？能以一颗清静之心淡然静坐，世俗之人，也能除去烦恼，自在逍遥。

勿强求，施予莫存回报心

人们常说“济人须济急是无，救人急难等于救己”，这句话讲的是一个人活在这个世界上，不可能不有求于人，也不可能没有助人之时，在别人困难的时候我们帮助了别人，其实也是在帮助自己。

在动乱的年代，有一个军人回家省亲时经过一家食品店，他在店的门口看到一个人在那哭泣。于是军人便走过去询问原因。

那个人看着军人说：“我家里穷得只剩下了这一个铜钱，我想用他给孩子们买些食物，因为他们已经几天没吃东西了，但是店里的人却告诉我这枚铜钱是假的，我该怎么办啊！”说着说着那人又哭了起来。

军人想了想，于是就从自己的衣服口袋里摸出一枚铜钱递给穷人，让他拿去买食物给孩子们吃，然后拿走他手里的假钱放回自己的衣袋。穷人看到后连声道谢，赶忙买了食物回家去了。没过多长时间，军人就回到了营地，不久军人就随部队一起上了战场。

战斗中，一颗子弹射向军人的胸膛，军人身体一震，绝望地想：“今天恐怕要丧命了！”但是他突然意识到自己好像并没有流血，于是他用手往胸前一摸，顿时便愣住了，原来竟然是那枚铜钱为他挡了子弹！

军人不过是给了穷人一枚铜钱，这个救济真的似乎算不得大，但是军人得到的回报竟是一条性命。在我们的生活中，也会有许多的人需要帮助，有的时候只要你付出一点点的爱心，说不定就会有很宝贵的收获。像故事中的那种利人又利己的事，我们真应当多做一些。要知道，当别人遇到危难和困窘时，也正是他们心灵最脆弱的时候，人们常说“雪中送炭好过锦上添花”，你若此时能够急人所急，给人所需，那么对方一定能够铭记这份恩情。虽然我们帮助别人的本意不一定是寻求报答，但是说不定在将来的某一天，滴水恩情会得到涌泉相报呢。

很多年前一个感恩节的早上，别的家庭都在喜气洋洋地准备丰富的早餐，却有对年轻夫妇的一家人却极不愿醒来，因为他们不知道如何庆祝这么重要的一天，虽然他们有感恩的心，但是他们实在穷得可怜，这一天连吃顿饱饭都是一个问题，大餐更是想都别想，如果早点和当地的慈善团体联络，或许就能分得一只火鸡及烹烤的佐料，只要有点简单的食物吃就不错了。可是他们没这么做，这是为什么呢？原因是他们有骨气，不愿意这样做，所以造成了现在的局面。

所谓贫贱夫妻百事哀，一旦生存有了问题，那么矛盾就无可避免了，没多久这对夫妇就争吵起来，为的也是关于食物领取的事情。随着双方越来越烈的火气和咆哮，孩子们都捂紧了耳朵，在最大的孩子的眼里，此时也只有深深的无奈和无助。

然而，这个时候命运开始改观了…

沉重的敲门声在耳边响起，男孩前去应门，眼前出现一个满脸的笑容的男人，他的手中提着一个大篮子，里面满是各种所能想到的应节东西：一只火鸡、配料、厚饼、甜薯以及各式罐头，这些全是感恩节大餐所不可少的。孩子看着口水直流，他的父母也听着声音出来了，眼前的场景让大家一时都愣住了，不知道是怎么一回事，男人随之开口道：“这份礼物是一位好心人要我送来的，他希望你们知道还是有人在关怀和爱你们的。”开始的时候，这个家庭中做父亲的还极力推辞，后来，那人却这么说：“不要难为我了，我也只不过是个跑腿的。”然后，他说了一句“感恩节快乐”后就离开了。

就在那一瞬间，小男孩的生命从此就不一样了。虽然这只是一个小小的关怀，却让他对人生始终存在着希望，在他内心深处有了一股对生活的感恩之情，他发誓日后也要以同样方式去帮助其他有需要的人。

男孩到了十八岁的时候，他终于有能力来兑现当年自己的誓言。虽然此时他的收入还很微薄，但是在感恩节里他还是买了不少食物，他打算去送给两户极为需要的家庭。那一天，他穿着一条老旧的牛仔裤和一件T恤，假装是个送货员。当他到达第一户破落的住所时，前来开门的是位妇女，女人带着提防的眼神望着他。她的六个孩子，也都在背后。这位年轻人看后开口说道：“我是来送货的，女士。”

说完他便回转身子，从车里拿出装满了食物的袋子及盒子，里面全是感恩节的必需品。见此，那个女人当场傻了眼，而孩子们也爆出了高兴的欢呼声。女人的眼眶湿润了，她抓住年轻人的手，操着生硬的英语激动地喊着：“感谢伟大的主！你一定是上帝派来的！”

年轻人有些腼腆地说道：“噢，不，不，我只是个送货的，是一位朋友要我送来这些东西的。”随之，他便交给这位妇女一张字条，上头这么写着：“我是你们的一位朋友，愿你一家都能过个快乐的感恩节，也希望你们永远幸福！今后你们若是有能力，就请同样把这样的礼物转送给其他有需要的人。”

年轻人把一袋袋的食物不停地搬进屋子，使得兴奋、快乐和温馨之情达到最高点。当他离去时，那种人与人之间的亲密感和相助之情，让他不觉热泪盈眶。回首瞥见那个家庭的张张笑脸，他对自己有余力帮助他们，内生一股感恩之心。

这个年轻人的人生竟是一个圆满的轮回，年少时的“悲惨时光”原来都是上帝的考验与祝福，人间的真情关爱指引他一生以帮助他人来丰富自己的人生。就从那一次的行动开始，他展开了不懈的追求，直到今日。以行动回报当年他及家人所得到的帮助，提醒那些受苦的人们天无绝人之路，总是有人在关怀他们，不管所面对的是多大困难，即便是自己所知有限、能力不足，但只要肯拿出实际行动，就能从其中学得宝贵的功课，寻着自我成长的机会，以至最终获得长远的幸福。

帮助别人是一种精神的传递，只要你真心地帮助别人，那么你自己也同样能得到帮助，因为爱心是无限循环的，帮别人也是等于帮自己，生活中哪怕一个小小的恩惠，一声简单的问候，哪怕平时都是施于微不足道的小事，都是对人以爱的鼓舞，我们是不是在别人需要“牛奶”的时候也做到“施以爱心”了呢?

佛教常说“救人一命，胜造七级浮屠”，浮屠本是佛塔，在佛教中七层的佛塔是最高等级的，一个人只有具备了非常大的功德才可能得此供养，而救他人的性命所建立的功德却比建宝塔礼佛还要伟大。这说明，帮助别人是一件很伟大的事情。其实，何止救人性命能造功德，生活中我们给予别人的每一分帮助、每一份关怀都是功德，在别人需要帮助的时候只要真诚地伸出自己的援手，那么，这就是功德一件。

生活中，在我们看来，给予别人的或许只是一点小小的帮助，但是在得到帮助的人眼里，这种帮助却无异于天降甘露，甜美万分。被帮助的人会将这份恩惠牢牢铭记于心，也许在未来的某一个时间，在我们需要别人帮助的时候，他人会以数倍甚至数百倍的回报回馈给我们。

付出一颗善心，收获一片果林

佛家有言：善行结善果。虽然助人绝对不是为了获得回报，但是付出善心却像是在无意中种下的种子一样，总有一天会发芽壮大，最终结出一片善良的果林，让主人品尝到自己的善果。毕竟人生难料，在漫长的人生岁月里谁也想不到自己会遇到什么样的事情，也许会喜从天降，也许会有飞来横祸。正是由于人生的不确定性，我们更应该坚持助人为乐的精神。不能吝啬自己的爱心，在别人陷入困境的时候伸出援手，试想，如果人人互相帮助，那么当我们自己陷入困难的时候，怎么可能得不到帮助呢?

而且，佛家还有“现世报”的说法，说的是很多时候，善心的报答往往是可以看得见摸得着的。

第二次世界大战期间，盟军的欧洲战区最高司令长官德怀特·艾森豪威尔乘上黑色小车从住处来到盟军的总部去开会，将军正襟危坐，微合双眼，面色凝重。

从艾森豪威尔的驻地到司令部还要经过一片荒野，在坎坷不平的泥路上，窗外是冰天雪地，荒无人烟，突然，前方的路旁停着一辆破旧的小轿车，一对年迈的夫妇站在车旁瑟瑟发抖，似乎已经冻僵。将军马上下令停车，让身边的军人下车探问情况，得知两位老人是因为战争摧毁了家园，这时要去投靠远在巴黎的儿子，但很不幸，车却在半路上抛锚了，他们不得不停在了这个冰天雪地的地方。

将军很想帮助老人一把，但是司机却提醒他，他要去开会的地方与老人要去的巴黎方向正好相反，一旦这么做了很有可能耽误重要的会议。但是在这冰天雪地里，艾森豪威尔实在不忍心让这对老夫妻无依无靠地冻着。沉思片刻，将军不再犹豫，连忙下车搀扶老人上了自己的车，并绕道前往巴黎，将老夫妻送到了家里。就是因为这件事，艾森豪威尔耽误了他的会议。

但是幸运的是，艾森豪威尔的善举很快就让他品尝到了善果。原来，德军早已得到了将军将要到总部开会的情报，并在将军的车途经的一个路段埋设炸弹，还布置了一队特工，只等着半途截杀艾森豪威尔。对此，盟军的情报机构完全一无所知，所以只要他路过那里，就会必死无疑。正因为将军帮助老人这一善举，使他躲过了这一劫，否则，他很可能被炸死。

“天道无亲，常与善人”，好心自然有好报，这是我们都知道并坚信的道理。当我们帮助别人时，也许正在以一种看不到的形式帮助自己．正因为看不到，就好像是在做一件只有付出没有收获的傻事，而事后才有可能看清做好事与得好报之间的内在逻辑。

善良的人在做善事的时候绝对不是为了一个功利的目的，很多时候他们自己都不知道做这件事情能够给他们带来什么样的好处，但事实上，他们确实总是会获得令人意想不到的回报。有人说成功靠机遇，靠运气。当我们感叹别人命好的时候，或许我们不知道那些促成好事的机遇都是别人自己造就的。行善的人走的是一条宽广的大道，秉着乐于助人的精神一路走来，看似只是在付出自己的爱心，没有回报，说不定下一站陷入困境的就是自己，而这个时候，你的善行很有可能救你一命。

旅行家西格与一位友人在攀登阿尔卑斯山布朗峰的时候突然遭遇了罕见的暴风雪和由此引发的雪崩，虽然幸运躲过一劫，但是却被困在了山里，经过三个多小时的艰难跋涉，两人已经筋疲力尽。

在走到山腰时，西格发现有一个人躺在雪堆里，半个身子已经被厚厚的雪层覆盖，西格上前一摸他的动脉，发现那个人还活着，只是被冻晕了。于是他就跟友人商量要救那个人，友人极力反对说："我们自身都难保，如果再救他就多了负累，我们都会丧命的。"但是西格不忍心见死不救，决定救这个半死不活的人，他叫友人将此人扶到自己的背上带着一起走，友人很生气，不想共同负担那个人，于是，两个人就在这里分道扬镳了。

西格背着这个人走得非常吃力，因为这个人特别重，所以他只能慢慢地一步一步往外挪。尽管在冰天雪地里，但西格由于负重前行，不久身体就开始发热，背上的人也因辛格的体温而暖起来。过了不久，那人就醒了过来，于是两人并肩往山口走。当他们差不多走出山口时，发现那个独自一人成行的友人由于体温过低休克，现在已经躺在地上，在休克中被冻死了。

在你付出善心的时候，你可能认识不到，其实你也在帮助自己。这个世界是一个相互关联的整体，只要我们在这个社会生活，就离不开与人的交往，谁也不会孤立地存在。所以，当你帮助了一个人的时候，你就种下了一颗善果，当这颗善果长成的时候，你也能够分享到其中的几枚果实。

行善不必刻意，有心者自然留意

如果说世界上还有什么比刀枪武器、权位势力更有力量和震撼力的话，那就是至善。佛教的始祖释迦牟尼佛放弃了世间的荣华富贵、王位威势，他手上没有武器，人也没有权力，但他凭着一颗至善的心，却降服了当时的全印度人民。连当时最顽逆的提婆达多，在见到了佛陀后，也终于收敛了气焰，乖乖对其俯首忏悔；被人们称为最凶恶残暴的狂像见到了佛陀的样子，也驯服地跪在佛陀的面前；以丧智好杀而闻名的盎掘魔罗见到了佛陀后，自己甘愿放下屠刀，皈依在佛陀的座下。

可见慈悲的至善力量是多么伟大，它远胜于一般有形的武器。因为人们手中那有形的武器仅能威吓人于一时，而不能从内心处征服别人。武器只能制伏人的行为，无法改变人思想的邪恶，但是至善的力量却可以做到。

的确，至善无痕，但是足以撼动人的生活、人的心灵。至善不仅是抚慰人心的良方，更是指引人们前行的明灯，也最终决定了人们的生存以及心灵的境界。

从前有一个梦窗禅师，他是一个国家的国师。有一次他搭船渡河去信徒家里做佛事。这个时候有一个身带佩刀、拿着鞭子的将军，站在岸边大声喊道："喂！回来！

全船的人看到后都说："船已经开了，不可以再回头。"

而梦窗国师听见后说："船家，船还没有走多远，给他方便，回头载他吧！"

撑船的人看到是一位出家人说情，于是就回头让那位将军上了船。哪里知道将军一上船，看到船里坐着一位出家人，就拿起鞭子抽打梦窗国师说："和尚！闪开一边去，把座位让出来！"这一鞭重重地打在梦窗国师的头上，当时血汩汩地流了下来，国师一言不发把位子让了出来。大家看到这种情况后都愤愤不已，但将军有佩刀在手，所以没有人敢出来斥责他。过来一会将军听到人们小声地议论，知道自己能上船是因为有和尚的帮忙，自己不知道感激反而恩将仇报，将军看到和尚被自己打的样子后有些后悔，想向和尚道歉，但碍于一船人的面子，所以就没有做声。

等到船开到对岸，梦窗国师跟着大家下了船后，自己走到江边，默默地把凝结的血块洗掉。此时这位蛮横的将军觉得自己太对不起梦窗国师了，于是上前跪在国师面前忏悔，国师平气和地说："不要紧，出门在外人心情总是急躁些。"

那究竟是什么力量降服了这位骄蛮粗鲁的将军呢？是梦窗国师的至善之心，梦窗国师用自己的至善之心包容了将军的所作所为。能够让众生获得快乐，使所有众生脱离痛苦，这样的境界就是至善。

至善其实可以分为两种，一个是智能型的，也就是对人心理上的帮助，另一个是福德型的，也就是生理上的帮助。对于一个心里空虚的有钱人，你给再多的钱他也不会快乐，这类型的人需要心灵的安慰及治疗。而对于一个食不果腹的穷苦人，能起到实际帮助的是物质上的给予。当然，这也不是绝对的，这一切都需要在了解对方想法和情况后才能下定论。

唐代诗人白居易喜欢佛法，有一次，他听说有一位禅师的修行相当高，于是专程去那位禅师的住处请教。白居易问禅师："佛法的大意是什么？"禅师答："诸恶莫做，众善奉行。"白居易听完后，不以为然，说："这个，三岁的小孩也知道这样说。"禅师淡然地说："虽然三岁的小孩也说得出，但未必八十的老翁能够做到。"白居易心中服膺，便施礼退下了。

禅师的答案虽然简单，但却发人深省，至善真的就人们想象的那么简单吗？当然不是，生活中，看似简单的道理有几个人能够真正奉行呢？我们做人也是如此，在生活中要有至善的心，以一颗爱心惠及他人，不仅可以温暖他人，也能实现自己心灵的从容宁静，实现自己的生命价值。

在小镇的一头，有一家菜摊，这家菜摊平时的顾客不多，因为住在小镇里的人都比较贫穷，很多户人家都买不起菜。不过，这里经常会有些穷人家的孩子来转悠。虽然他们只是来这里玩，可店主还是像对待大人一样与他们打招呼。

"孩子们，你们今天还好吧？"

"我很好，谢谢。老板，你家这些马铃薯看起来真不错。"

"可不是嘛。你妈妈身体怎么样？还咳嗽吗？"

"还好，现在有些好转了。"

"那就好。你想要点什么吗？"

"不，先生。我只是觉得你的马铃薯很新鲜！一看就知道是今天新到的货。"

"你要带点儿回家吗？"

"不，先生。我没钱买。"

"没有关系，用东西交换也可以呀！"

"哦……我只有几颗赢来的玻璃球。"

"真的吗？让我看看。"

"给，你看。这是最好的。"

"看得出来。嗯，只不过这是个蓝色的，我想要个红色的。你家里有红色的吗？"

"差不多，应该有吧！"

"这样，你先把这袋马铃薯带回家，下次来的时候让我看看那个红色玻璃球。记住哦！"

"一定。谢谢你，老板。"

每次店主和这些小顾客交谈时，店主太太就会默默地站在一旁，面带微笑地看着他们。她熟悉这种游戏，也理解丈夫所做的一切。像这样贫困的人家是没有钱买菜的，店主心里很明白，而且他们也没有任何值钱的东西可以交换。但是店主为了帮助他们，就愿意这样假装着和孩子们为一个玻璃球讨价还价。就像刚才的这个孩子，这次他有一个蓝色的玻璃球，可是店主想要红色的；下次他定会带着红玻璃球来，到时候店主又会让他再换个绿的或橘红的来。这样如此一来，店主就不会伤到他的自尊心，而且店主打发他回家的时候，一定会让他捎上一袋子上好的蔬菜。

就这样许多年过去了，店主因病去世。镇上所有的人都去向他的遗体告别，包括以前那些和他交换东西的孩子们，而今他们都已经成了社会上的成功人士。店主太太在大家的帮助下，已经过上了富裕的日子，因为后来自己的店里从来不缺少顾客。

店主太太站在丈夫的灵柩前。小伙子们走上前去，逐一拥抱她，亲吻她的面颊，和她小声地说几句话。然后，她泪眼蒙蒙地目视他们在灵柩前停留，看着他们把自己温暖的手放在店主冰冷苍白的手上，就这样一直不愿离去。

至善无痕，大美不言。的确，做善事对一个人生命价值会有很大的影响，但我们做善事并不是为了引起别人的关注，而是为了让更多的人能得到帮助。成功的定义，不一定是用地位和财富来界定，应该是坚持良善的真心，利益他人的信念。的确，比起那些有形的物质，至善足以震撼人的心灵，净化人的身心，能绵延至远，达到无穷无尽。

为别人付出，为生命增加厚度

有位名人说：人活着应该让别人因为你活着而得到益处。的确，学会给予和付出，你会感受到舍己为人、不求任何回报的快乐和满足。学会付出是人类光辉灿烂人性的体现，同时也是一种处世智慧和快乐之道。厚道的人，通常懂得真诚地付出，给予他人快乐。

即使你拥有金钱、爱情、荣誉、成功和刺激，也许你还不会有快乐。快乐是人生的至高追求，只有给予和付出，你才能实现这一追求。

生活就是这样，当你为别人付出的时候，你的人生也会因你的付出而快乐、升华，你得到的是生命的延长和增值。

裴度是唐朝人，年轻时一贫如洗，在乡下的私塾中以教书糊口。他的学问虽然渊博，无奈时运不济，屡试不中。

有一天，他走到街上，经过一座寺院，看见一行禅师正在替人相面。他等大家都走了以后，才去请教自己的面相。一行禅师熟视良久，说：“你天生薄相，今生不但没有希望考取功名，而且眼光外浮，纵纹入口，是一种乞食街头、饥饿而死的相！我看你甭考了！”

裴度听了心里非常伤心，整天垂头丧气，连教书都无精打采。

数天后，裴度到香山寺去散步，看见寺里有一位妇人跪在佛前，喃喃祈祷，祷告完毕，匆匆离去。裴度看见案桌上有一个包袱，解开一看，是非常贵重的物品：一个翠玉带。他想，这一定是刚才那妇女所有，于是坐着等待失主。

到了下午四点钟，那位妇女满头大汗，气喘吁吁，匆匆地进门，扫视案桌一遍，不禁放声大哭。裴度上前问她，妇人哭着说：“家父病重，家产当尽，昨日我请到名医，略有起色，所以今天早晨，我赶去亲戚家，借到一条玉带，准备典押借款，做医药费。我行经此寺，顺便入寺祈祷，不料心急匆忙，忘记携走玉带，等我到了典铺，才发现遗失玉带。我没有钱，家父一定无法活命，尚有家母和弟妹待养，我不知道怎么办才好！”说完，又大哭起来。裴度于是完璧归赵。

裴度回家途中，又遇到一行禅师，才走离数步，一行禅师呼唤裴度转身，对他说：“你必定做了一件很大的功德，我看你的容貌，蛇纹入口变为玉带纹，不但不会饿死，而且将来有无量的福报，可能会出将入相！”

裴度怕一行禅师讽刺自己，回答说：“大师说话怎么前后矛盾呢？”

一行禅师回答：“七尺长的身体不如一尺长的脸，一尺长的脸不如三寸长的鼻子，三寸长的鼻子不如一点心！”

裴度笑着说：“人心怎么相呢？”

一行禅师回答：“要知天上意，须在云中取，要知心内事，须辨眼中神。你积了阴德，目光不浮，紫气贯睛，而且胡子均匀变美。做了阴德，脸上的相便会有所改变，你必定享受极贵的福禄无疑！”

那一年，裴度便考取了进士，由于官运亨通，过了十多年，他升任“博办大学士”，不久，又升为相，平定淮西的内乱后，被封为“晋国公”。裴度有五个儿子，也都被赐封爵位。

佛陀说：“欲知过去因，现在受者是；欲知未来果，现在作者是。”人的命运掌握在自己手里，此言不虚。

清朝光绪年间，杭州有一位非常出名的算命先生，名叫陈七，人送雅号“鬼眼七”。

当时杭州有一位富商名叫张三，他邀了两位朋友去看相。

“鬼眼七”判张三的第一位朋友说：“你一个月后会得财！”判第二位朋友说：“你秋季后会升官！”相师看了张三一眼，大吃一惊，说：“你面有灰泥的颜色，恐怕不出五十日会毙命，可能活不过中秋节啊！”

张三的第一位朋友是一位秀才，他的祖父病危，通知在外的子孙回来送终，并且吩咐家人：谁先回家，就把后花园所埋的五千两黄金送给他。由于这位秀才的孝思很浓，所以连夜赶回故乡；他到了家门，祖父尚未断气，立即赠送他五千两金子。

张三的第二位朋友是衙门的文书。有一天，他行走山路时，听说巡抚大人到山中打猎，就驻足观赏。不久，看见一只大灰熊追赶一个人。他为了救人，在路旁捡起木棍，直扑上前，与大灰熊搏斗起来。过了一会儿，又来了好几位士兵，才合力把大熊打死。事后才发现：大灰熊所追的人就是巡抚大人，巡抚大人为了感谢他的救命之恩，便保他升为一个小县的知县。

张三眼看跟他一齐相面的两位朋友都已应验，认为自己大概难逃厄运了，于是拿出钱财，广行善事，造桥路，施饭施药。

有一天，张三到钱塘江去散步，看见一个人要投江，张三立即上前，把对方抱住，问他轻生的原因。

原来此人来自扬州，做生意亏损严重，无颜回家，所以才投江自尽。张三听了，好言相劝，并且捐助他二千五百两银子。

中秋节过后半个月，张三在街头漫步，又遇到相师鬼眼七。鬼眼七惊讶地说：“张先生！你脸上灰泥色不见了！你应死不死，必定做了大善事，将来还会得长寿呢！”

这时候张三心里才明白“相从心转，为善保寿”的道理。他对相师笑笑，说明原委，并且感谢他指点。后来，张三一心向善，活到九十岁，无疾而终。

人活着就要做一个对别人有用的人，这才是人生的真正价值，因为只有对别人有用，才会感受到快乐。这里所说的有用，不是说我们能力的大小、才华的高低，贫穷还是富有，只要有一颗爱心，一颗能够给予人温暖的心，哪怕能给别人、给自然界的生灵一丁点的帮助和温暖，也能体现出我们自身的价值。帮助别人使我们的心灵感到快乐，因为当我们对别人有用的时候，就是我们自身价值实现的时候。

在这个社会，你可以找到很多才华横溢的人，但有爱心的人就相对少了很多。有些人对待别人过于冷漠，心思只是停留在自己的小世界里，生活单调而没有生气。倘若我们都能把爱与快乐给予别人，生活就会更加美好。与人方便，与己方便。与人快乐，与己快乐。如果你能够把你自己的快乐分享给别人，你的生命就会因此变得更加有价值。

试想，一个心里只想着自己的人，他的世界肯定是非常小的，他的生命必然是没有厚度的，因为他的存在对于其他人来说是没有价值的。只有心怀别人，把整个世界装在心中的人，才能真正拥有这个世界。想要被爱，首先要去爱别人。人与人之间的交往是一种平等互惠的关系，你想让别人怎么对你，你就要怎样对待别人。你帮助我，我也会帮助你。正所谓“投之以桃，报之以李”，只有这样，才能实现人生的价值和意义。

珍惜生命中所遇到的每一个人、每一件事，凡事多替别人着想，给别人一个机会也就是给自己一个机会。帮别人一把也是在间接地帮助自己。在帮助他人的同时，你也会得到相应的回报和享受到生活的馈赠。

好人不寂寞，善人最快乐

我们常说“助人为乐”，可见助人也是一种乐趣。善良的人无私地给予别人帮助，在别人困难的时候伸出援手，那么被帮助的人自然会心存感激之心，怀有报答之意。这个时候，助人者的心中自然就充满了快乐。而如果他真的能够得到别人的报答，那么这种快乐更是常人所无法感受到的。

20世纪50年代有一个叫迈克的年轻律师，在西部一座中等城市成立了一个律师事务所，专门替人受理外来移民的各种事务和案件。在创业之初，尽管他每天都很勤奋地工作，但他依然很拮据，甚至穷得连一台复印机都买不起。他整天开着一辆破车，来往于移民之间，尽自己的所能，真诚地帮助需要帮助的移民。经过他的努力，他终于走过了最困难的时期，他的名气越来越大，赚的钱越来越多，总之，他的事业终于走上了正轨。

正当迈克的事业蒸蒸日上的时候，他开始把富余的现金投资到了股票上，结果，他亏得血本无归。祸不单行，正好碰上美国修改移民法，移民的限制被增多，于是，他的生意也受到了极大的影响，他的律师事务所顿时门庭冷落，很不幸他破产了。当迈克正在为自己的下半生将如何度过发愁、感叹人生无常时，他收到了一位公司总裁寄来的信。信中说他愿意把公司30%的股份无偿赠送给迈克先生，并且随时都欢迎他做旗下两家公司的终身法人代表。

这天上掉下来的惊喜让迈克简直不敢相信自己的眼睛，他以为这是哪个人在寻他开心，跟他玩的恶作剧。于是，为了搞清楚状况，迈克按着寄信的地址决定亲自去拜访这位总裁。

很快迈克就找到了这位总裁，他是一位四十开外的斯洛文尼亚裔中年人。中年人对迈克十分礼遇，但迈克却怎么也记不起来这个中年人了。

那位总裁从办公抽屉中，拿出一张皱巴巴的5美元钱汇票和一个写有迈克名字和地址的名片。这下，迈克记起来了。原来，20年前，这位中年人刚到美国时，拿身上仅有的5美元去办理工卡，但当时他不知道工卡已经涨到了10美元，当排到他的时候，办事处都快下班了，如果当天他没办上工，那么他在公司的位置将会被别人顶替。就在那时迈克从身后递过来5美元，当时他让迈克留下姓名、地址，以便日后把钱还给迈克，于是迈克就留下了这张名片……

记起这件事后，迈克欷歔不已，那个中年人又开始介绍自己的发家史。原来，过了没多久他在这家公司连续申请了两个专利，事业渐渐发展起来，本打算把这笔钱以两三倍的倍数奉还给迈克，但是一想，5美元的三倍也不过15美元，这是改变它人生观、世界观的5美元，怎么能够15美元就了账了呢？于是，他想到了现在的酬谢方式。

一个人如果心怀善念，慈悲为怀，他的心中就没有敌人，必然会无私地去帮助别人。恶念招厄运，善心结善缘。也许就是自己一个无心的善举，会成为日后自己的救命草。

由此可见，愿意帮助别人的人总能够收获到自己的快乐，迈克通过被帮助人的回报收获到了喜悦，虽然不是每一个人都能像迈克那么幸运地“恰好”帮助到一个将来能够成为百万富翁的“潜力股”，但是，即使没有任何来自受助者的实质的感谢，一声“谢谢”、一个感激的眼神就足以让他们很快乐了，甚至于单纯的行善所带来的满足感，就已经能够让人足够幸福。

人的思想、行为，是可以影响到人的情绪的。先进的思想、高尚的行为、良好的情绪，会对他人产生积极的影响，让人的情绪良好，而良好的情绪又会促使人去行善，从而形成良性循环。所以当一个人为他人奉献爱心，做出善举，那么这样的行为也会影响到他自己的情感，让他更快乐。

送人玫瑰，手留余香。乔治·艾略特说：“如果我们想要更多的玫瑰花，就必须种植更多的玫瑰树。”生活从来都是公平的，这在于你如何看待它，如何对待它。理智而达观的人对别人不会期许太多，因为他明白：你如何对待别人，别人也会如何对待你，要走进别人的心灵，自己就要首先敞开心扉。

助人是一种高尚的行为，就像阳光一样，无私地普照着大地，让每一个热爱生活的人都能感受到阳光的温暖。在我们的生活中，总会有地方需要别人的帮助。同样，我们身边的人也需要我们的帮助。只有互相帮助，我们才能生活得更美好、更快乐。与此同时，拥有一颗善心，多行善行，也能够让我们得到许多人的尊敬和爱戴，让我们拥有许多朋友，再也不寂寞。

大草原上，血蹄氏族的首领有一个独生子，在父亲去世后，他承担起了领导部落的任务。但是这是一个纨绔子弟，整天饮酒寻欢、游手好闲，氏族的势力很快衰退下来。在一次与暗矛部族的战役中，他被仇家在的部落擒获。暗矛部族的首领决定第二天将他处死，但是作为对血蹄氏族老首领的尊重，暗矛部族的首领给了他一天的时间自由活动，而活动的范围只能在一个指定的草原上。

经过这一起一落，他感觉到自己这个时候已经完全被整个世界抛弃了，地狱将很快成为自己的最终归宿。他回忆起曾经锦衣玉食的日子，想起了自己部落里辛苦劳作的牧民，想起了那些英勇的为部落效力的武士……他追悔莫及，坐在草地上痛哭起来。他想，如果上天能够再给我一次机会，让我重来一次，绝对不会是这样一个结果。痛哭了一阵后，他决定，虽然生命只剩下24个小时了，但他一定要做一些有意义的事情，让这24个小时成为他人生中最充实的24个小时。

于是，他开始慢慢地行走在草原上，做自己力所能及的事情：他看见很多贫苦而又可怜的牧民在烤火，就把自己头顶上的珍珠摘下来送给他们；他看见有一只山羊跑得太远以致迷失了方向，就帮助牧民把它追了回来；他看见有孩子摔倒了，就主动把孩子扶起来，并安慰孩子不要哭泣；最后，他还把自己一件珍贵的大衣送给了看守他的士兵……

他觉得这一天过得很充实，他在全心全意做这些事情的时候，忘记了对昨日的后悔，也忘记了生命即将终结。这天晚上，他躺在草原上，睡了一个最安稳的觉，他觉得自己内心还是善良的，可以比较安心地等待生命的结束了。

第二天，行刑的时候到了，他很轻松地步入刑场，闭上眼睛，等待刽子手结束自己的生命。可是等了很久，刽子手的刀都没有落下，他觉得很奇怪。当他慢慢把眼睛睁开的时候，看见那个仇家首领捧着一碗酒微笑着站在他面前。

那个首领说："兄弟，你昨天的所作所为让我很感动，也让我重新认识了你。我们两个部落的牧民本来可以和睦相处，却总是因为一些私利互相仇视、彼此杀戮，结果谁都没有过上太平的日子。今天，我要敬你一杯酒，冰释前嫌，以后我们就是兄弟，如何？"

之后，他回到了部落，发誓要做一个优秀的部族首领，他再也没有纸醉金迷地生活，而是勤政爱民。从此以后，这两个部落的牧民再也没发生过战争。

好人不寂寞，善人最快乐。一个愿意为别人付出善心的人，一定会得到别人的爱戴和友谊。

七
给人留情，是给自己留路

有福不可享尽，有势不可使尽

有一天，狼发现山脚下有个洞，各种动物都由此通过。狼非常高兴，它想，守住山洞就可以捕获各种猎物，于是它堵上洞的另一端，单等动物们来送死。

第一天，来了一只羊，狼追上前去，羊拼命地逃。突然，羊找到一个可以逃生的小偏洞，从小洞仓皇逃走。狼气急败坏地堵上这个小洞，心想，再也不会功败垂成了吧！

第二天，来了一只兔子，狼奋力追捕，结果，兔子从洞侧面的更小一点的洞里逃走了。于是，狼把类似大小的洞全堵上了。狼心想，这下万无一失了，别说羊，与兔子大小接近的狐狸、鸡、鸭等小动物也都跑不了了。

第三天，来了一只松鼠，狼飞奔过去，追得松鼠上蹿下跳。最终，松鼠从洞顶上的一个通道跑掉了。狼非常气愤，于是，它堵塞了山洞里的所有窟窿，把整个山洞堵得水泄不通。狼对自己的措施非常得意。

第四天，来了一只老虎，狼吓坏了，拔腿就跑。老虎穷追不舍，狼在山洞里跑来跑去，由于没有出口，无法逃脱，最终，这只狼被老虎吃掉了。

如果我们把某件事做得太绝了，不仅伤害了别人，也会害了自己。当我们自认为把对手所有的机会都切断的时候，却可能使自己也失去机会。故事中的狼做事做得太绝了，把所有的窟窿都堵上了，结果没有逮到猎物不说，还因没有退路而赔上性命。

生活中，总有一些始料未及的事，狗急了也会跳墙，所以，凡事不能做得太绝了，有时候给别人留条退路，也是给自己一条退路。

《韩非子·林下篇》说："刻削之道，鼻莫如大，目莫如小。鼻大可小，小不可大也；目小可大，大不可小也。举事亦然，为其不可复也，则事寡败也。"这就是说一些为人处世的道理：如果鼻子刻得大了，我们还可以修得小一点，如果鼻子本来就刻得很小，那根本没有办法补救了；如果眼睛刻得小，还可以再加大，如果把眼睛刻得太大，就没法再缩小。做事也是这样，我们在任何时候都应该留余地，这样才不会招致失败。

留余地，其实包含两方面的意思，一方面，给别人留余地，无论在什么情况下，也不要把别人推向绝路，迫使对方做出极端的反抗，这样一来，对彼此都没有好处；另一方面，给自己留余地，让自己行不至绝处，言不至极端，有进有退，以便日后更能机动灵活地处理事务，解决复杂多变的问题。把事情做得太绝，不给别人留余地，就等于伸手打别人耳光的同时，也在打自己的耳光。人生就是这样，不让别人为难，就不让自己为难，让别人活得轻松，就让自己活得自在，这就是留余地的妙处。给别人留有余地，他一定会感激你、协助你，这也就等于给了自己一次成功的机会。所以，你要培养自己的这种美德，切记如下“四绝”：权力不可使绝；金钱不可用绝；言语不可说绝；事情不可做绝。

放别人一条生路，让他有个台阶下，为他留点面子和立足之地。人海茫茫，常常“后会有期”，你今天势强不留任何余地，焉知他日二人不会狭路相逢？若届时他势旺你势弱，你就有可能吃亏。所以，任何时候做任何事情都不能做得太绝，要留有余地，给自己留条退路。

做人不能太较真，凡事都要留有余地，给别人一个台阶，也给自己争取多一些的空间。

做人固然不能玩世不恭、游戏人生，但也不能太较真、太认死理。

做人做事千万要记住，善留余地，并且要做到尺度适宜。留多了是一种浪费，留少了，就可能回旋不开。总之，千万不能有“气盛”、“挑战”、“蔑视”之类的行为。

大画家在作画的时候往往会“留白”，给观赏者留有想象的余地，建筑师造楼要留出一些空地用来绿化采光。人说的“狡兔三窟”，就是兔子要给自己留下的逃生的余地。得势不忘失势，强盛不忘衰败，富有不忘破落，做什么事都得留有余地。

树与树之间要留有间隙才能长得茂盛粗壮；人与人之间只有保持相应的距离，才能避免不断地摩擦和纠纷。保护森林，是给人与自然留一份和谐的余地，退耕还林，是给人类留一份苍翠的余地；保护森林，是给人与自然留一份和谐的余地；保护隐私，是给心灵留一份隐秘的余地。得势也要留有余地，要给人留下继续进取的余地，以防势穷的那一天。

待人处世，也需要留有余地。有句谚语说得好：“人情留一线，日后好见面。”

留有余地，是进退自如，是收放从容，是处世的艺术，是人生的哲学。不留余地，好比下棋时的僵局，即使没有输，也无法再走下去了。

做人是如此，做事也是如此。不要轻易打保证。对别人的请托可以答应接受，但不要“保证”，应代以“我尽量、我试试看”的字眼。别人交办的事当然接受，但不要说“保证没问题”，应代以“应该没问题，我全力以赴”的字眼。这是为万一自己做不到留条后路，而这样回答事实上也无损你的诚意，反而更显示你的谨慎，别人会因此更信赖你。即使事情没做好，也不会怪罪你。

气球留有空间，就不会爆炸；杯子留有空间，就不会因为加进其他液体而溢。所以，人活一世，无论是做人还是做事，都要学会留有余地。话不能说满，事不可做绝。留有余地，才会有回旋的空间。所谓天无绝人之路，连上天都会给人留有转机，留有选择的余地，何况是人呢？流水有回旋的余地，才会减少灾害，江河有涨落的余地，才不致泛滥成灾。凡事只有留有余地，才能做到平衡与和谐。只有留有余地，才能做到进退从容，伸缩自如。

留有余地，才能从容转身

我们都知道，由于每个人的智慧、经验、价值观、生活背景都不相同，因此与人相处，争斗是难免的，不管是利益上的争斗，或是是非的争斗。

万事都不可做得太绝，应该给自己留些可以回旋的余地。如果万事都要做得近乎完美，功劳都达到圆满，那么即使不应该发生的内乱，也会招致外来的忌恨。

在我们周围，有时会遭遇这样那样的争斗和竞争，即使你无意“过招”，但在别人的不断逼迫下，你还是容易不由自主地陷入争斗的旋涡，而大部分的人一陷身于争斗的旋涡，便

“一发不可收拾”，一方面为了面子，一方面为了利益，因此一得了“理”，便不会饶人，非逼得对方鸣金收兵或竖白旗投降不可。然而“得理不饶人”虽然让你暂时吹着胜利的号角凯旋，但这也是下次争斗的前奏；“战败”的对方失去的面子和利益，他当然要“讨”回来。如此“你来我往”，其结果只能是纠纷不断，两败俱伤。

其实，在面对别人无理的触犯时，你最好以容纳百川的胸怀对待对方的反对。虽然“得理不饶人”是你的权利，但何妨“得理且饶人”。放对方一条生路，让对方有个台阶可下，为他（她）留点面子和立足之地，对自己则好处多多。

一次，胡雪岩到苏州的永兴盛钱庄兑换二十个元宝急用，这家钱庄不仅不给他及时兑换，还凭白诬指阜康银票没有信用，使他受了一点气。

这永兴盛钱庄本来就来路不正。原来的老板节俭起家，干了半辈子才创下这份家业，但四十出头就病死了，留下一妻一女。现在钱庄的档手是实际上的老板，他在东家死后骗取那寡妇孤女的信任，人财两得，实际上已经霸占了这家钱庄。永兴盛的经营也有问题，他们贪图重利，只有十万银子的本钱，却放出二十几万的银票，已经岌岌可危了。

胡雪岩在永兴盛钱庄无端受气，心中有不满，起先他想借用京中“四大恒”排挤永兴盛钱庄。京中票号，最大的有四家，招牌都有一个“恒”字，称为“四大恒”。行大欺客，也欺同行。胡雪岩要想排挤永兴盛钱庄，其实是一件很简单的事情。浙江与江苏有公款往来，胡雪岩可以凭自己的影响，将海运局分摊的公款、湖州联防的军需款项、浙江解缴江苏的协饷等几笔款子合起来，换成永兴盛的银票，直接交江苏藩司和粮台，由官府直接找永兴盛兑现，这样一来，永兴盛不倒也得倒了，而且这一招借刀杀人，一点痕迹都不留。

不过，胡雪岩最终还是放了永兴盛一马，没有去实施他的报复计划。他放弃计划，有两个考虑，一个考虑是这一手实在太辣太狠，一招既出，永兴盛绝对没有一点生路。另一个考虑则是这样做只是徒然搞垮永兴盛，自己却劳而无功。这样一种损人不利己的事情，胡雪岩也不愿意做。

其实，这永兴盛既来路不正又经营不善，实际是一个强撑住门面唬人的烂摊子，即使胡雪岩将它一击倒地，也不会有多少人同情，可能还为钱庄同业清除了害群之马。但胡雪岩还是下不去手，足见他所说的“将来总有见面的日子，要留下余地，为人不可太绝”，并不是口头上说说而已，而是确确实实是这样去做的，这其实可以看作是胡雪岩的一条为人准则。

其间自然有胡雪岩对于自我利益的考虑在起作用，所谓将来总有见面的机会，事情做得留有余地，也就为将来见面留有了余地。事实上，对于人生来说，这样考虑也是十分必要的。

没有永远的朋友，也没有永远的敌人，无论竞争多么激烈的对手，竞争过后都会有联合的可能，因此，竞争总是存在，而“见面”的机会也总是存在的。生意场上有一句话“给人一活路，给己一财路”，做人也应该把目光放远一些，人生之路才会越来越宽。

有时候给他人留点余地，其实也就是在给自己留一点空间。谁都不可能一辈子不会犯一次错。那么，我们今日的大度、宽容的处事态度，就会给自己留下后路，也就等同于在给自己今后的漫漫人生路披荆斩棘，提前预支别人给我们留余地的机会，降低人生路上的风险。与人方便就是与己方便，善待别人就是善待自己，给别人留余地就是给自己留余地。

善留余地，就是不要把事情做绝，不要把话说死。于情不偏激，于理不过头，这样才能既保全别人也保全自己。凡事让三分，给双方都留有余地，使自己行不至于绝处，言不至于极端，有进有退，才能保证日后灵活地处理事务。给别人留余地，无论在什么情况下，也不要把别人推向绝路，万不可逼人于死地。人在绝境都会殊死一搏，做出极端的反抗，这样一来，对彼此都没有好处。断别人的路，也是间接地断自己的路。

在生活中，我们每个人都有自下而上求发展的本能。如果有百条生存之路可走，在竞争中断掉别人的99条路，只留有一条给他，他也不会跟你拼命。倘若把他最后一条路也给断了，那么，他一定会拼命反抗，到时候很可能会两败俱伤，这样又是何苦呢?

人与人之间，发生争执和碰撞都在所难免。一旦有了纷争，即使是道理在自己的一方，也应避免过分的数落、指责。俗话说：“杀人不过头点地，得饶人处且饶人。”我们每个人做事不要做得太绝，须给自己和别人留有余地，这也是给自己留一条退路。相反，如果你把事情做绝了，那最终吃亏的还是自己。

当我们对事情无法全面预料时，给自己留一条后路，还是较为妥当的做法。有一句俗话，叫长木匠，短铁匠，说的是铁匠打铁的时候总会把铁橛子留短些，之后不够可以加，木匠打木器的时候，都会留长点，之后多了就可以锯断。所以，任何时候，都要给自己留有余地。留有余地，才能从容转身。

施以援手，赢得好人缘

俗话说：常用的钥匙最有光泽。人缘重在积累，“临时抱佛脚”的做法，会让人觉得急功近利。而在自己的人生路走得顺时，举手之劳帮人一把，别人可能会长记于心。而人总是有感恩之心的，到了你需帮助时，无论道义上还是本性上，别人都是会回帮一次，还那份欠下的人情。

赢得好人缘，还要有长远眼光，要在别人遇到困难时，主动帮助，在别人有事时，不计回报，“该出手时就出手”，日积月累，留下来的都是人缘。

人之知遇与不知遇，要靠时机，时机的迟早，要靠命运。你的相识之中，有没有怀才不遇的人？如果有，一定要伸出援手。

即使他仍在坎坷中，请求他帮助你，他一定会尽力去完成，且不惜乞援于人，以达到你的目的，而实现还人情的心愿。

钱锺书先生困居上海写《围城》的时候，曾经窘迫过一阵。到后来不得不辞退保姆，由夫人杨绛操持家务，所谓“卷袖围裙为口忙”。那时他的学术文稿没人买，于是他写小说的动机里就多少掺进了挣钱养家的成分。一天500字的精工细作，却又绝对不是商业性的写作速度。恰巧这时黄佐临导演排演了杨绛的四幕喜剧《称心如意》和五幕喜剧《弄假成真》，并及时支付了酬金，才使钱家渡过了难关。时隔多年，黄佐临导演之女黄蜀芹之所以独得钱锺书亲允，开拍电视连续剧《围城》，实因她怀揣老爸一封亲笔信的缘故。钱锺书是个别人为他做了事他一辈子都记着的人，黄佐临40多年前的义助，钱锺书多年后还报。

这真是“多一个朋友多一条路”，没有40年前的人情，也就难有40年后的路子。

在这个世界上，若想活得滋润，活得风光，就必须有一些能使自己成才、成器或成事的路子，包括生存的路子、发财的路子或者成就某一事业的路子。

这些路子都不是能靠自己单枪匹马的力量硬闯出来的，必须借助他人指引、引荐、支持或帮助才能找到方向，踏上征程。从某种意义上说，这些路子都是别人给的，或者说是别人帮助开拓的。那么，天下之大，人事之繁，别人为什么要单给你路子？为什么乐意帮你开拓路子？答曰：人情使然，有了人情也便有了路子，人情大，路子宽。

人情是一种爱心，是一种义气，是一种恩德，这是很难用价值来衡量的。人情对每个人来说都是沉甸甸的，它压在人的心里，让人经久难忘，让人既有一种欣慰感，又有一种负债感。而且对这笔人情债，没有人会抵赖的。一旦有了偿还的机会，人们便毫不犹豫地回报给对方，好像除了讲义气，还了却了一桩心愿似的。

战国时有个名叫中山的小国。有一次，中山的国君设宴款待国内的名士。当时正巧羊肉羹不够了，无法让在场的人全都喝到。有一个没有喝到羊肉羹的人叫司马子期，此人怀恨在心，到楚国劝楚王攻打中山国。楚国是个强国，攻打中山国易如反掌。中山国被攻破，国王逃到国外。他逃走时发现有两个人手拿武器跟随他，便问："你们来干什么？"两个人回答："从前有一个人曾因获得您赐予的一壶食物而免于饿死，我们就是他的儿子。父亲临死前嘱咐过，如果中山国有任何事变，我们必须竭尽全力，甚至不惜以死报效国王。"

中山国国君听后，感叹地说："怨不期深浅，其于伤心。吾以一杯羊羹而失国矣。"即施怨不在乎深浅，而在于是否伤了别人的心。我因为一杯羊羹而亡国，却由于一壶食物而得到两位勇士。

若想人爱己，先须己爱人。处世之道也是为人之道，平时多长一点乐善好施、成人之美的心思，才能为自己多储存一些人情的债权。这就如同一个人为防不测，须养成"储蓄"的好习惯，这甚至会让子孙后代也得到好处，正所谓"前世修来的福分"。黄佐临导演在当时不会想得那么远、那么功利，但后世之事却给了他作为好施之人一个不小的回报。

同样，力所能及之时伸手拉人一把，日后遇到事情之时别人定会相助，千万不可事到临头了才想起和人建立联系，那样别人非但不愿施以援手，而且还会瞧不起你。

厚道是人生博弈最厚的筹码

一个小渔村，由于地处偏僻，沿途人少，所以通往外界的公交只有两辆——101和102。开101的是一对夫妇，开102的也是一对夫妇。坐车的大多是一些船民，由于他们长期在水上生活，因此往往是一家老小一起进城。

101号的女主人为人很厚道，她很少让船民给孩子买票，即使是一对夫妇带几个孩子，她只要求船民买两张成人票。有的船民过意不去，执意要给大点的孩子买票，她就笑着对船民的孩子说："下次给带个小河蚌来，好吗？这次让你免费坐车。"

而102号的女主人恰恰相反，只要有带孩子的，大一点的要全票，小一点的也得买半票。她总是说，这车是承包的，每月要向客运公司交多少多少钱，哪个月不交足，马上就干不下去了。船民们也理解，几个人就掏几张票的钱，因此，每次也都相安无事。

不过，三个月后，门口的102号不见了。听说停开了，因为搭她车的人少，真应验了她之前的那句话：马上就干不下去了。

故事中，当101号和102号车的主人开始承包同一线路的车时，双方的斗鸡博弈就已成定局。在这场博弈中，人情成了101号最有效的筹码，利用感情投资在这场斗鸡博弈中笑到最后。

感情投资可能是投入产出比最高的一种博弈策略，其实在我们生活的每个细节都能做到，做事要细心，便要在细节之中把握好。

当然，感情投资是一种长远的投资，所以不必急于收获这种投资所得的产出，你所要做的就是不断投资和耐心等待。终有一天，你会得到数倍的回报。

山不转水转，厚道人最赚

俗话说："三十年河东，三十年河西。"人们自然喜欢结交现在看来就很有价值的朋友，但是，谁知道明天的变化呢？我们为人处世，还需要长远眼光。

可是现实中的不少人总是可以敏感地觉察到自己的苦处，却对别人的痛处缺乏了解。他们不了解别人的需要，更不会花工夫去了解；有的甚至知道了佯装不知，大概是没有切身之苦、切肤之痛吧！

虽然很少有人能做到"人饥己饥，人溺己溺"的境界，但我们至少可以随时体察一下暂时不得势的人的需要，时刻关心他们，帮助他们脱离困境，当他们遭到挫折而沮丧时，你应该给予鼓励。这样不但维系了友情，而且一旦那位落魄朋友时来运转的话，你当初的那份温情就会显得弥足珍贵，如果日后你需要帮助的话，定然会得到转势之友的大力相助。

从一定意义上说，对待落魄、失势者的态度不仅是对一个人交际品质的考验，而且也是建立良好人际关系的契机。世事沧桑，复杂多变，起起伏伏，实难预料。昨天的权贵，今天可能成为平民；路边乞丐，一夜之间也可能平步青云……

从人生的角度来看，人们不可能一帆风顺，挫折、背运是难免的。当人们落难的时候，正是对周围的人们，特别是对朋友的考验。远离而去的人可能从此成为路人，同情、帮助他渡过难关的人，他可能铭记一辈子。所谓莫逆之交、患难朋友，往往就是在困难时期产生的，这时形成的友谊是最有价值，最令人珍视的。

相反，若是对炙手可热的权势趋之若鹜，而对落魄的朋友置之不理，这种势利的行为，很有可能会让自己两头落空。

夏天来临，小蝌蚪的尾巴逐渐消失，变成了一只青蛙。青蛙向癞蛤蟆请教上天的办法。癞蛤蟆说："你要想上天，办法只有一个：巴结天上的仙鸟——天鹅或者凤凰，让它们助你一臂之力。"青蛙牢牢记住这句话，只是苦于一直没有机会。

这天，青蛙突然发现一只天鹅落到池塘边，真是喜出望外，连忙提上早已准备好的小虾小鱼，上前搭话："这些礼品，微不足道，还望……"青蛙像臣民见了皇上，不敢正视尊严，说话也卑微起来。

天鹅大受感动："难得你这片孝心，自打我受伤以来，你还是第一个来看我的哩。"

"受伤？"青蛙抬眼看去，这才发现天鹅一只翅膀耷拉着，翅膀根鲜血淋漓。看样子，再想飞起来只是妄想了。

"哼！"青蛙马上变了颜色，"看望你？孝敬你？我图个啥哟！"说完，它带上小鱼虾，三蹦两跳就不见了。

青蛙回去后，越想越窝囊，几天后，它又来到天鹅跟前，打算奚落它几句，以泄心头之气。不料它还没有开口，只见天鹅展开翅膀，凌空飞去了。

青蛙后悔莫及，不住地埋怨自己："我真糊涂，我真糊涂，怎么没想到它还有再上青云的这一天呢？"

青蛙似乎都有短视的毛病，这只青蛙继承了喜欢坐井观天的祖先的传统，只看到天鹅暂时翅膀受伤，不能飞上天，而看不到它还会伤好后再次一飞冲天。

受马太效应的影响，在现实生活中，多数人都喜欢去巴结那些得势之人，而对那些失势之人嗤之以鼻、敬而远之，但是，要知道“风水轮流转，明年到我家”，失势之人有一些是受了伤的“天鹅”，他们总有一天会养好伤冲上云霄的。并且，正是因为天鹅受了伤，青蛙才可能接触到它；同样正是因为人家失势了，才更容易博得对方的信赖。只有在这个时候，向对方表达你的诚意，才能够让对方记住你的恩德，等到他翻身之后，必然会给你相应的回报。反之，如果你在这个时候落井下石，等到人家东山再起，如果对方是一个有肚量的人，可能会对你置之不理；而如果他是一个心胸狭窄的人，必然会从你身上找回当初的羞辱。也就是说，天鹅可能不会自己飞走，它可能一口把青蛙给吞掉。

这就是为什么厚道人总是人缘最好，因为他们绝对不会带着势利的眼睛去看待朋友，不管身边的人是否得势，他都会用一颗真诚的心去相待，一旦山水转了，朋友翻身了，最先感谢的，自然是一直在身边不弃不离的厚道朋友。

给人留面子，是给自己留里子

爱面子是人的天性，视尊严为珍宝。而稍有点地位的人更加爱面子。若不慎作了错误的决定或说错了什么话，如果别人直接指出或揭露他的错误，无疑是向他的权威挑战，会让他很没有面子，会损害他的尊严，刺伤他的自尊心。这样的人不用说是办好事了，连立身就会有问题。

有一家公司召开年终总结大会，董事长讲话时将一个数字说错了。

一个下属站起来，冲着台上正讲得眉飞色舞的董事长高声纠正道：“讲错了！那是年初的数字，现在的数字应该是……”结果全场哗然，董事长羞得面红耳赤。事后，这名员工因为一点小错被解聘了。

当然也有人做得很好。

有一家公司新招了一批员工，在董事长与大家的见面会上，董事长逐一点名。

“黄烨（华）。”

全场一片静寂，没有人应答。

一个员工站起来，怯生生地说：“董事长，我叫黄烨（叶），不叫黄烨（华）。”人群中发出一阵低低的笑声，董事长的脸色有些不自然。

“报告董事长，是我把字打错了。”一个精干的小伙子站了起来，说道。

“太马虎了，下次注意。”董事长挥挥手，接着念了下去。

没多久，那个小伙子被提升为公关部经理，叫黄烨的那个员工则被解雇了。

表面看来，这个董事长没有什么水平，那个小伙子在拍马屁。实则每个人都有自己的知识欠缺，犯错误出洋相难以避免。作为下属，有什么必要当众纠正呢？如果这个叫黄烨的员工当时应答，事后再巧妙地纠正就不会伤害董事长的面子。他人有错时，要注意纠正的艺术，护好别人的面子。

有句话叫作“人活一张脸，树活一张皮”，别人错了的时候，也要维护他的尊严。要选择合适的时候或场合，采取合适的方式，以免伤害别人的面子。

因为每个人都需要面子，而且也都希望自己有面子，有面子就能被别人看得起，表明他在人群中间有优越感。懂得这个道理，为人处世就方便了许多，只要你能放下自己的面子，给别人一个面子，相信你会获益匪浅。

古代有位大侠叫郭解。有一次，洛阳某人因与他人结怨而心烦，多次央求地方上有名望的人士出来调停，对方就是不给面子。后来他找到郭解，请他来化解这段恩怨。

郭解接受了这个请求，亲自上门拜访委托人的对手，做了大量的说服工作，好不容易使这个人同意了和解。照常理，郭解此时不负人托，完成这一化解恩怨的任务，可以走人了。可郭解还有高人一着的棋，有更技巧的处理方法。

一切讲清楚后，他对那人说："这个事，听说过去有许多当地有名望的人调解过，但因不能得到双方的共同认可而没能达成协议。这次我很幸运，他也很给我面子，我了结了这件事。我在感谢你的同时，也为自己担心，我毕竟是外乡人，在本地人出面不能解决问题的情况下，由我这个外地人来完成和解，未免使本地那些有名望的人感到丢面子。"他进一步说，"这件事这么办，请你再帮我一次，从表面上要做到让人以为我出面也解决不了问题。等我明天离开此地，本地几位绅士、侠客还会上门，你把面子给他们，算做他们完成此一美举吧，拜托了。"

确实，人人都爱面子。往别人脸上贴金，别人只会高兴，只会感激你。就比方说，你有喜事临门，有人来向你道贺，你要说："沾你的光，托你的福。"这样一说，就使你自己的光彩暗些，对方的面上则光些。

此外，假如你在交际的过程中，不仅没能让别人欠你个情，反而伤了人家的面子，如果你立即去补偿，一般都能化解矛盾，不致酿成大祸。怎么补呢？一是赶紧说对不起，赶紧降下身份，将自己的面子甩到地上踩几下，这样，一损对一损，算是扯平。二是如果对方的面子本来就大，便只好自己打耳光，骂自己有眼不识泰山。总之，是以贬损自己，来相应地抬高对方，补偿他的面子。

无论如何，实实在在的"里子"都比虚无缥缈的"面子"更重要。如果你能够把面子留给别人，你就能够得到对方的喜爱、帮助、重视等，这些都比面子要来得更实在。

别把人情做成一锤子买卖

在人际交往的过程中，有许多人抱着"有事有人，无事无人"的态度，有事时就想起朋友来了，办完事后就过河拆桥，把朋友抛在了脑后。此类人大多会被抛弃，没人愿意再给他帮忙。

王璐便有一个这样的朋友，那朋友是她高中三年的同学，而且十分要好。她们进入了同一所大学，刚开学，她就主动当了班级干部。有人说：地位高了，人就会变。自从她上任后，见到王璐，有时干脆装作没看见，日子久了，王璐就疏远她了。但她有时也会突然向王璐寻求帮助。出于朋友一场，王璐总是尽自己所能。可事后，她老毛病又犯了，王璐有种被利用的感觉，却无奈于心太软。就这样她大事小事都找王璐，其他朋友劝王璐放弃这份友情，因为这种人不值得交往。当王璐下决心与她分开时，她伤心地流下了泪：她除了王璐竟没有一个朋友。

像例子中王璐的那位朋友只会用“互相利用，互相抛弃，彼此心照不宣”来交际，而不去深思人情世故的奥秘之处，这种人很少会得到朋友，更不用说朋友的无私帮助了，他们更加无法达到人情操纵自如的境界。

值得注意的是，在某些“实用型”人物的眼中，所谓的“人情”便是你送我一包烟，我给你几块钱，就像借债还钱，概不赊欠。这种一次性的交际行为看似洒脱，实则包含了太多的困惑与无奈。诚然，受助者也许在短时间内不愿再次开口求助，而实施援助行为的一方其实也没有必要固守“事不过三”的古训，当人家确实有困难而无能为力的时候，尽管你已经帮助过他，尽管他不好向你开口，但作为知情者，你不应无动于衷，不妨再次主动伸出援助之手。事实上这种“后继”的交际行为能够赢得更大的“人情效应”。但是，无论何种情况下你都应该将人情做好，尤其是办完事情后千万不要过河拆桥，而应该时时铭记着别人的好处，经常保持必要的联系。唯有这样，你的关系网才会牢不可破。

这样的人固然是比较极端的，但是生活中也不乏这样的人：他们从来不知道储存自己的人情账户，常常会把自己的人情用尽，甚至透支，在和这样的人打过一次交道之后，恐怕很少有人愿意和他打第二次交道了，人情被他做成了现炒现卖的一锤子买卖。

当医生的刘女士早在两年前曾因自己孩子转学一事求过教委的一个同学，而且也送了些人情钱，可对方没要。这下可好，在接下来的两年内，那位同学便多次带着亲人、朋友来医院找刘女士帮忙，有些事根本不能办，像半价CT、婴儿性别鉴定、高价病房算低价，等等，着实给刘女士出了不少难题。还了人情的刘女士，后来就想办法渐渐疏远了这位同学，再后来俩人就索性不再交往了。

人和人相处总是会有情分的，这情分就是人情。有些人便喜欢用人情办事，但人情是有限量的，好像银行存款那般，你存得越多，可领出来的钱就越多。存得越少，可领出来的就越少。你若和别人只是泛泛之交，你能要他帮的忙就很有限，因为他没有义务和责任帮你大忙，你也不可能一次又一次要他帮你的忙，这是因为你的人情存款只有那么一点点。如果你要求的多，那就是透支了。人情一旦透支，那么你们的情感就会转淡，甚至对你避之唯恐不及，于是，用过几次人情之后，你们的人情也就断了。

然而人做事也不可能不用搞人情，有时还是要用到亲戚朋友，换句话说，要动用到人情存款簿。那么要如何动用才不至于透支呢？其实方法也不难，只要能够把握住一个度就行了。

首先，要弄清楚你和对方的情分如何，是否厚到了能找他帮这个忙的地步。

其次，如果能不找人帮忙尽量不找人帮忙，好钢要用在刀刃上，把这人情用在急需的地方。

再次，就算对方曾欠你情，你也不可抱着讨人情的心态去要求对方帮忙，因为这有可能引起对方的不快

最后，适度地回馈，“有提有存，再提还有”，不要把人家帮你当作是人家在还你人情而坦然接受，主动感谢对方，帮助对方，或者至少请吃一顿饭，送一点礼物，这是必须的。

如果你不了解这些，动辄找同学、朋友帮你的忙，那么就会发现，你慢慢变成了不受欢迎的人，你再也没有人情了，因为你的所有人情，都被你一次性透支光了。

手下留情，善恶只在一念间

佛法对人是十分讲究慈悲的，甚至延及所有的生灵，所以佛法中才会有不杀生、众生平

等的观念，不论是怎样的教义，需要体现的都是对世间万物生灵的尊重与关怀。释迦牟尼佛曰：“一滴水中有四万八千虫。”的确，一滴小小的水珠，折射出一种硕大的慈悲之心。

慈悲是梵语的意译。“慈”是慈爱众生，给予快乐，“悲”是悲悯众生，拔除痛苦，二者合称为慈悲。慈悲一词来源于佛家，大慈大悲的观世音菩萨，即是慈悲的象征。

《华严经》上讲：“众生欢喜，诸佛欢喜。”人们都知道菩萨是以慈悲心为根本，而大慈悲心则发自于菩提心，菩提心来自于正觉（正之觉悟）。那究竟什么是慈悲心呢？佛教认为，慈从悲来，悲必为慈。“悲”原意为痛苦，由痛苦而生悲情。如果一个人深刻感受到自身的痛苦，也就能对他人的痛苦感同身受，从而产生悲情，那么就能自然地由衷地衍生出对他人的友情，并扩展为对一切众生的普遍的平等的慈爱。

这就如孟子所说：“见其生，不忍见其死；闻其声，不忍食其肉。”当我们看到动物临死前发出号啕哀叫时，我们的心里觉得很悲惨，于是有一念慈悲，所以佛家要戒荤吃素。佛家认为每一个生灵皆有佛性，不管人或动物都有贪生怕死的心，而这就是觉性。同样，不杀生的理念也完全是基于慈悲心以及众生皆有佛性的道理。

人类从来都是希望自己与周围的事物和自然融于一体的。对别人进行关怀，实际上也是在关怀我们自身。万事万物在自然界之中都有权利来享有自由。因此，常怀一颗悯物的心，不仅能体现人们博大的情怀，而且能体现一种人生与自然的理解和顿悟。

佛家视众生为平等，也望众生彼此平等以待，互尊互敬，佛家的慈悲之心不言而喻。佛法是十分注重慈善之心的，而且一直都教导人们一心向善。人们对慈悲的理解往往是建立在拥有一颗善良的心上，佛家对慈悲要比我们在世俗中的理解深刻得多。他们认为真正的善良应该是建立在彼此平等的基础上的。如果人与人之间没有平等和相互尊重，便谈不上善良。例如一个高高在上并且腰缠万贯的人施舍一点残羹冷炙给一个贫苦的乞丐，那么他的行为不是善良，而是怜悯。佛法中的慈悲与善良之所以伟大，原因就是佛是站在与众生平等的位置上来展示自己的慈悲与善良的，所以能很快地被人接受，受人敬重。但凡在修习佛法上得道的高僧，都会有大慈大悲的佛心。

弘一法师是现代著名的高僧，一次，他到弟子丰子恺家做客，丰子恺请他坐藤椅。他在坐下之前把藤椅轻轻摇动，过了一会儿后才慢慢地坐下去。丰子恺开始的时候觉得奇怪，但他不敢问，后来看他每次都如此，于是就忍不住问他为何这样谨小慎微。

弘一法师听完弟子的问题后温和而自然地回答说：“这椅子里头，两根藤之间，也许有小虫伏着。突然坐下去，可能会把它们压死，所以我坐下之前先摇动一下，好让它们走避，然后再这样慢慢地坐下去就没有什么问题了。”

即使是一只毫不起眼的小蚂蚁在高僧眼中也是一条生命，动物的生命与我们人类的生命是一样的，在本质上并没有什么区别，他们也应该享有生命的权利和尊严。

有个小和尚19岁时就上了曹源寺，拜仪山和尚为师。刚开始时，他只被派去替和尚们烧水洗澡。有一天仪山和尚在洗澡的时候因为水太热，就呼叫弟子提桶冷水来加，于是小和尚便去提了凉水来，把热水调凉了，他先把部分热水泼在地上，又把多余的冷水也泼在地上。

禅师不悦地说道：“你怎么如此浪费？像你这么冒冒失失的，不知地下有多少蝼蚁、草根会被烫坏。要知道，世间不管任何事物都有它的用处，只是大小价值不同而已。你那么轻易地将剩下的水倒掉，那么水的本身也失去它的价值。就是一滴水，也可以用来浇灌，可活草、树。你为什么要白白地浪费呢？你若无慈悲之心，出家又为了什么呢？”虽然是一滴水，但是价值无限的大。佛祖也曾说：“一滴水中有四万八千虫。”小和尚于是开悟了，并以“滴水”为号。他就是后来非常受人尊重的“滴水和尚”。

一滴小小的水滴是一个大的慈悲，即使它们再小、再卑微，只要我们珍惜不废弃，那么就会有享不尽的福报。

一滴水尚且如此，何况是一个生命！所以，无论我们多么卑微，在这个世界上都应该有属于自己的一席之地。即便是一个犯了很大过错的人，他一样有权利得到别人的尊重。世间的生命原本是没有任何所谓的“高、低、贵、贱”之分的，每一个生命都有着它所存在的意义与价值。任何一个有生命的人我们都应该去尊重它。我们在关爱其他人的同时，其实也是对我们自身的关怀与尊重。

在这偌大的一个世界里，人们共生于同一个空间，我们与身边的人、事、物都会有这样那样或密切或曲折的关系，既然这样，那人与人之间为什么不能互尊互敬呢？为什么一定要钩心斗角、挑起是非呢？我们的生命中存在着一个又一个的蝴蝶效应，有的时候会因为我们的某一件错事，而引发了一连串的反应，这样发展下去最后遭殃的还是我们。所以对别人应该抱有慈悲之心，对生命应抱有感恩之心，对生活应抱有平和之心。

八
利己先利人，双赢是长赢

助人如助己

人生漫漫长河中，谁都会遇到各种各样的困难，生活中某人现在的遭遇，极可能就是你以后某个遭遇的提前彩排。前进的路上，搬开别人脚下的绊脚石，有时恰恰就是在为自己铺路。从某种意义上讲，替别人着想，就是在替自己打算。

宋真宗时，一次皇宫发生火灾，宰相王旦马上向宋真宗请罪说："臣身居宰相之职未能尽责，应该被罢免。"宋真宗为此下了罪己诏书，并没有解除王旦的职务。

后来，经查证这次火灾是荣王的宫中火蔓延所致，并不是天灾，为此还抓捕了一百多人，准备处以死刑。王旦独自请求宋真宗说："火灾发生后，陛下已下了罪己诏公布天下，臣等也都上书请求问罪受罚，倘若归罪给别人，就显不出朝廷的信义了。虽然火灾已有了线索，难道就知道那不是天降的灾祸吗？"

宋真宗十分生气，说道："这场大火损失甚巨，两朝积下的财物差不多烧光了，那些人一定要处死。"

"陛下拥有天下这样的财富，财货布帛不必忧虑，所忧虑的应该是政令上赏罚不当，陛下没有仁恕之心。如果陛下宽大为怀，世人一定会感念陛下大恩。"

王旦的努力没有白费，他终于让宋真宗改变了主意，使那些本当论罪处死的人都被赦免了。

寇准为王旦下属官吏，他却常常指责王旦，言行十分不敬。王旦深爱其才，并不记恨。王旦的好友劝他找个办法好好地惩罚一下寇准，王旦笑着说道："寇准若不是大才之人，自不敢无礼犯上。他的缺点虽多，却也只是针对我个人的一些小事，我为国家选人用人，岂能因私怨而无端降罪于他呢？"

宋真宗一次对王旦说："你常常称赞寇准的优点，而他却总是说你的坏话，你真的不生气吗？"

王旦诚恳答道："臣身居宰相之位时间很长了，在处理政事上难免有疏忽和错误的地方。寇准才高眼锐，对陛下没什么隐瞒，足见他忠直的品格。何况为官者若无宽恕之心，必陷入钩心斗角之中，永无宁日，这便于国不利了，臣不想这样。"

寇准知道此事后，十分羞愧，他向王旦谢罪，王旦却不接受，只劝他为国尽力，切不要以此为意。

后来，寇准被罢免枢密使，他派人私下到王旦那里谋求使相的职位，不料王旦却一口回绝说："国家官职，岂可私授予人？我深爱寇准其才，却也不能做这种有违国法的事。"

寇准心中不满，对手下人说："王旦假仁假义，我险些让他骗了。"

时间不长，便有诏命任用寇准为武胜军节度使、同中书门下平章事。寇准喜不自禁，拜见宋真宗时连道："若不是陛下施恩垂怜，臣哪里会有今日之荣呢？还是陛下了解臣啊！"

宋真宗摇头说："非朕施恩于你，乃是王旦极力推荐，他力言你才堪大用，这或许是你万万想不到的吧？"

寇准为此悔恨难当，从此自认不如王旦，对他十分恭敬了。王旦也因做事处处从大局出发，为他人着想，而赢得了众人的尊重和信服，自己身居宰相处理国务也能人人为其效力，真心卖命。

有一句名言叫作"凡真心帮助别人的，没有不帮助到自己的"。自己成功了，且处处帮人一把。这样因为不断地施予，所以也能不断地获得。成功因此而恒久。

英国思想家培根也说过："仅热爱自己的人，实质就是公众的敌人。"然而，在现实生活中，有些人做事总是先替自己打算，自私自利，他们理所当然地容易受到社会的痛斥。而对于不怕吃亏，为他人着想的人，他们的行为实际上具有一种道德示范作用，最终会得到意想不到的帮助和回报。

善行结善缘，怀好心做好事的人总会受到上天的眷顾。帮助别人只是举手之劳，简简单单，但是，爱的链条却会因此越来越长，让更多的人得到帮助。帮助别人就是帮助自己，生活中当你为别人付出的时候，不仅给别人带来了温暖，自身也会感觉到快乐。为别人付出你的爱心，就种下一片希望，就会有硕果累累的一天，就能品尝到丰收的喜悦。

一个人帮助别人并不难，难的是将这种乐于助人的行为坚持下去。

想想我们自己，谁没有做过好事？甚至是大量的好事？但是，再深刻地想一下自己，有没有在可以帮助别人的时候也有过漠然？每个人都会遇到困难，都希望得到别人的帮助，虽然有时只是一句温暖的话语而已。

可是，有时候我们得到了，我们感动了，有时候我们却漠然地走开了。当别人帮助我们的时候，我们想到不让爱的链条终结；当我们帮助别人的时候，我们也要想到，要让爱的链条延伸。因为，帮助别人，也就是帮助了自己。

有一个胆小怕事的中年人，他有一个正处在豆蔻年华十分漂亮的女儿。

有一天晚上，中年人在经过一座公园的小树林时，听到小树林里传出有坏人在欺侮女孩儿的声音。

这位胆小怕事的知识分子本来不敢出手相助，他害怕歹徒的报复，毕竟他弱不禁风的身体根本就不是身强力壮的歹徒的对手。自己万一有个三长两短，家里的女儿怎么办；不出手吧，自己的良心实在过不去。

眼看着受害者的声音越来越弱，树林里的歹徒马上就要得手了。

这时知识分子顾不得了，不知哪来的勇气，他奋不顾身地冲上去同歹徒搏斗。也许是邪不压正，歹徒最后将知识分子击倒在地后，仓皇逃窜。这个时候，知识分子听到那个女孩喊了一声："爸！"原来，那是他的女儿。

在漫漫人生的长河中，难免会遇到许许多多的困难。面对困难和挫折，我们都希望获得别人的帮助。所以，我们希望别人怎么对待自己就应怎样对待别人。当别人需要帮助的时候伸出援助之手，广结善缘，那么在自己遭受挫折的时候才会得到八方救援。

在现实生活中，总有少数人对“助人如助己”这个道理认识不深，理解不清。无论在工作上，还是在生活中，奉行“事不关己，高高挂起”的行事方式。有的人助人只是做表面文章，要么“蜻蜓点水”，要么“走马观花”；有的人自恃有权势、有财力、有能耐，对别人不屑一顾，漠不关心，目空一切。这些人的想法和做法无疑是把自己从群体中孤立起来，于人于己都是很不利的。

有时候人们因为自私不肯主动帮助别人，不肯为别人而牺牲自己的一丁点儿利益，结果却是害人不利己，自己失去的更多。其实，帮助别人也是为自己铺好后路，为别人付出的同时，快乐和富裕便会进入你的心中，相反，如果困守在自设的真空中，不肯接受也不愿意付出，那就很有可能让自己陷入孤立无援的地步。

谁敢说自己一辈子不求人？不管是工作上还是生活中，不管是年轻人还是年长者，不管是领导干部还是普通群众，都会有碰到难题的时候，都需要别人的帮助，都渴望社会的理解和支持。既然每个人都会有求于别人，那么就要先付出爱心，给自己建立一个爱心网络。

助人为乐是我们中华民族的传统美德，我们每个人都应该继承和发扬这种精神。要想别人所想，帮别人所需，看到别人有难，不能抱着“各人自扫门前雪，莫管他人瓦上霜”的态度，而是主动伸出双手，尽自己所能，拉别人一把。要知道，日后总有用得着别人的时候，帮别人，也是间接地帮自己。

帮别人成功，给自己铺路

帮助别人成功，就是在给自己的成功铺路。如果一个人顶尖的成就中让你感到有自己的一份，你能够说：“是我让他有今天。”这将是你最值得骄傲的事情。而在你的帮助下成功的人，一定会反过来以涌泉相报，最后，实现利人利己的双赢局面。

帮助别人不仅利人，同时也提升本身生命的价值，同时为自己铺了路。因此所有无私人都有一个共同的特性：他们都愿意帮助别人去成功，而不是嫉贤妒能。而最后，他得到的回报也是丰厚的。

任何人际关系，无论是私人交往，还是业务关系，如果它是以成年人的那种互利的观念来支配的话，对双方来说只会有益。你为别人提供急需的东西，人家也会满足你的需求。

格蕾丝是一位年轻的演员，刚刚在电视上崭露头角。她美丽漂亮，气质优雅，很有天赋，演技也很好，事业正在走上正轨，开始从演一些主要的角色。

想要更进一步扩大知名度，她需要一个经纪人来为她包装和宣传。因此她需要一个公关公司为她在各种报刊杂志上刊登她的照片和有关她的文章，提升她的知名度。不过，要建立这样的公司，格蕾丝拿不出那么多钱来。偶然的一次机会，她遇上了保罗。保罗曾经在洛杉矶一家最大的公关公司工作了好多年，人际关系广，业务也熟练，几个月前他刚自己开办了一家公关公司，并希望最终能够打入公共娱乐领域。到目前为止，一些比较出名的演员、歌手、夜总会的表演者都不愿同他合作，他的生意主要还只是靠一些小买卖和零售商店。听说了格蕾丝的困难后，他立刻找到格蕾丝声明愿意无偿帮助她，于是，两个人联合干了起来。保罗成了格蕾丝的经纪人，为她提供出头露面所需要的经费。他们的合作立刻达到了最佳境界，格蕾丝正在时下的电视剧中出演，保罗便让一些较有影响的报纸和杂志把眼睛盯在她身上。这样一来，他自己也变得出名了，并很快为一些有名望的人提供了社交娱乐服务，他们付给他很高的报酬。而格蕾丝，不仅不必为自己的知名度花大笔的钱，而且随着名声的提升，也使自己在业务活动中处于一种更有利的地位。

通过保罗和格蕾丝的相互合作，我们可以看到这样一种格局：格蕾丝需要求助于保罗，获得为自己做宣传的开支；保罗为了在他的业务中吸引名人，需要格蕾丝做自己的代理人。他们相互都帮助了对方，也同时帮助了自己。

每个人都渴望实现自己的人生目标，但是如果不善于借助别人的帮助开始起跳人生，不善于给需要帮助的人送去帮助，是难以成功的。因此最智慧的做人之道是“助人亦助己”。这是一个很简单的道理，却是很多人都无法做到的事情。

由此，我们还可以得出一个结论就是：得到你想要的东西的最好方法是帮他人得到他们想要的东西。

无论在生活中或是工作中，我们常会遇到这样的问题：目前的困境急需某位朋友的帮助，虽然我们都知道“将欲取之，必先与之”，可是如何“与之”才能“取之”呢？这里的“与之”是有学问的，不是随随便便给予某些东西就能促成这次合作。最好的方法莫过于给予对方他所需要的东西，正如钓鱼，一定要用鱼儿最喜欢的鱼饵，鱼儿才可能上钩。中医素来提倡对症下药才能药到病除，说的也是这个道理。

还记得语文课本上《狐狸与乌鸦》的故事吗？狐狸想要乌鸦口中的肉，于是便想尽方法，最后，它知道一身漆黑的乌鸦最喜欢别人赞美它，于是便说了一大堆赞美和夸奖乌鸦的话……最后，乌鸦一高兴，嘴巴一松，嘴里的肉就掉到了狐狸的嘴里。这里，狐狸为什么能够获得成功呢？究其根本原因，是因为狐狸给了乌鸦它想要听到的东西——赞美的话。且不管这则寓言故事的本意是什么，这个故事却实实在在地告诉了我们：想要得到自己想要的东西，最好的办法就是帮助别人得到他们想要的东西。

有人会反驳说：“这个方法真的是最好的吗，我也可以用其他的方法啊！”难道把单方的被动变为合作双赢不是最好的求人办事的方法吗？如果一直让自己处于被动的请求状态那才是最没有希望和把握的吧！

就像古时候的一些小国，为了得到生活的必需用品，成为一个大国的附属国，而汉时的匈奴，却用马匹来换取了汉朝的丝织品和茶、盐等用品。前者就处于一个被动的位置，而后者，只是一个合作的关系。互通有无以达到政治和生活的和平，减少战争的爆发。如果一直处于被动的请求帮助的位置，是很容易被忽略掉的，对方可能很快就会忘记你的请求，或者认为反正也没有利益在里面，便开始怠慢你。但是如果是一种合作的关系，那大家都是“一条船”上的人，所以他会尽心尽力地帮助你。

更多的时候，互相交换的关系远比给予与被给予的关系更为牢固可靠，也更能够帮助我们实现愿望，得到自己想要的结果。当然，在与人交往时，一定要讲求厚道，诚恳待人，这样双方关系才会更融洽。

让别人得意，让自己满意

每一个人都有自认为得意的地方，不管别人怎样看，在他自己看来，都是一件有意义的事情。从对方得意的地方说起，这是得到别人好感的一条捷径。你如果了解并把握住对方得意的地方，交谈的时候有意无意地提到，这会在无形之中成为一种有效的武器。

一所偏僻小学破烂不堪，校长多次按规矩层层请示拨款事项，却始终没有结果，不得已之下，决定向本市木材厂的厂长求援。校长之所以打算找该厂长，是因为这位厂长重视教育，曾捐款一万元发起成立“奖教基金会”。

遗憾的是，该厂经营有了一定的困难，校长深感希望渺茫，但也只好“背水一战”了。于是，校长敲开了厂长办公室的门。

校长进门就夸：“厂长，我近日在省城开会听到教育界同仁对您的称赞，实是钦佩！今日途经贵公司，特来拜访。”

厂长：“不敢当！过奖了。”

校长又说：“厂长您真是一位有远见卓识的人，首创‘奖教基金会’。不但在本市能实实在在地支持教育事业，更重要的是，您的思想影响很大。‘奖教基金会’由您始创，如今已由点到面，由本市到外市，甚至发展到全国许多地区，真可谓香飘万里……”

校长紧紧围绕厂长颇感得意之处，从各个方面予以充分肯定，谈得厂长满心欢喜。

此时，校长诉说了自己的“无能”和悔恨：“身为校长，明知校舍摇摇欲坠，危及着师生的生命安全，却毫无良策排忧解难。要是教育界领导都能像厂长这样，支援教育，只要拨一万元钱就能卸下我心头的重石，可是至今申报十几次，仍不见分文。”

这时，厂长的脸上立刻起了微妙的变化，沉默了一会儿，然后说：“校长，既然如此，你就不必再打报告求三拜四了，一万元钱我捐献给你们。”校长听完后，紧紧握住厂长的手，满意地笑了。

这位校长可谓十分精明，他在了解对方的情况下，用美誉推崇的方式获得了募捐的成功。首先，他对厂长远见卓识、首创“奖教基金会”的行为，给了充分的肯定和恰当的赞扬；其次，悲诉自己的“无能”和悔恨，让对方给予同情，从而深深地打动了对方，达到了预期的目的。

称赞对方得意的地方，实际上就是对对方人生价值的肯定。厚道的人，懂得诚恳地赞美他人，这样自然能够赢得他人的信赖和帮助。

请求别人的帮助，很多时候必须在他人身上细思量、狠下工夫，最好不要把你所要办的事情直接说出来，而是要从对方感兴趣的侧面入手。这是说服的要害所在，切中了要害，事情一定会大功告成。

某集团公司承包了一项建筑工程，在纽约建造一幢办公大厦，一切都照原定计划进行得很顺利。大厦接近完工阶段的时候，突然，负责供应大厦内部装饰的承包商宣称，由于情况变化，他无法如期交货。这样的话，整幢大厦都不能如期交工，公司将承受巨额罚金。

长途电话、争执、不愉快的会谈，全都没效果。于是集团公司公关部经理奉命前往华盛顿，当面说服承包商。

“你知道吗？在你们那个区，用你这个姓名的，只有你一个人。”经理先生走进承包商的办公室之后，立刻就这么说。

承包商有点吃惊：“不，我并不知道。”

“哦，”经理先生说，“今天早上，我下了火车之后，就查阅电话簿找你的地址，在市区的电话簿上，有你这个姓的，只有你一人。”

他很有兴趣地查阅着电话簿。“嗯，这是一个很不平常的姓，”他骄傲地说，“我的家族是从荷兰移居华盛顿的，几乎有二百年了。”

几分钟过去了，他继续说他的家族及祖先。

当他说完之后，经理就赞美他拥有一家很大的工厂："我从未见过这么庞大的工厂。""我花了一生的心血建立了这个事业，"承包商说，"你愿不愿意到工厂各处去参观一下？"

经理爽快地答应了。

在参观过程中，经理赞美他的组织制度健全。经理还对一些不寻常的机器表示赞赏，这位承包商就宣称是他发明的。他花了不少时间，向经理说明那些机器如何操作，以及它们的工作效率多么良好。中午到了，他坚持请经理吃中饭。

到这时为止，经理一句话也没有提到此次访问的真正目的。

吃完中饭后，承包商说："现在，我们谈谈正事吧。我知道你这次来的目的。我没有想到我们的相会竟是如此愉快。你可以带着我的保证回到纽约去，我保证你们所有的材料都将如期运到。"

经理甚至未开口要求，就得到了他想要得到的东西。只要让别人得意了，离自己的满意也就不远了。

急人所急，获己所需

这世上常有急公好义之人，能够急人所急，把别人的问题当作自己的问题来解决。这样的人，往往最能够获得别人的信任和好感。

求别人帮助你的时候，让对方知道你也能够帮助他，或者你已替对方办了什么事，只要你开口，你就能得到你想要的帮助。

事实上，很少有人情愿为你白忙活——这也是人之常情。他希望你也能帮他做些事情，有的甚至希望在帮助你之前，能够先得到你的帮助。因此，如果能主动地急人所急，他就会很痛快地帮助你。

相反，若是不能急人所急，在别人困难的时候落井下石自不必说，就算是看到别人困难袖手旁观，也很有可能给人留下极为不好的印象，最后自己需要帮助的时候，自然也会换来别人的落井下石或者袖手旁观。

某药品经销商的业务员和司机一起去一家大药房送货，送完货后车却抛锚了，这让司机和业务员十分着急。药房的经理在店内看得清清楚楚，但是却一直没有派人出来问问发生了什么情况。一会儿竟然下起雨来了，药房里也没有人给送一把伞出来。他们都觉得只是一个送货员而已，何必如此费心呢。

没过多久，药店缺货了，药店经理给供应商打电话问情况，得知库存里有货，但是过了好几天也不见有货送来。很多顾客来买东西结果没货，大为光火，但是药店就是进不到这批需要的药。为什么此经销商送货如此反复无常，平时不是一直都合作得很愉快吗？

直到这个时候，药店经理才想起来那天他置送货司机和业务员在雨中抛锚而不顾的场景来。

所以，能够急人所急，才能获己所需，一个在别人最需要帮助的时候却袖手旁观的人怎么可能获得别人的好感和认同？若是相反，在别人最需要帮助的时候伸出援手，那么对方必将感激不尽。

急人所急，才能获己所需。因为只有当别人知道你关心他的时候，他才关心你想要的东西，毕竟谁不希望自己的付出能得到回报呢？

很多人在遇到难题时会很迷茫：之前关系一直很好的朋友，有事求他帮忙一下，他会找出很多推托的理由。是啊，或许你们见面会点头微笑，在QQ上会聊得火热，还会一起喝酒，一起出游。但是你敢说你真正地关心过他吗，如果有，我想他不会在关键时候对你置之不理的。

在我们生活的世界里，日常与人交往中，有太多的人需要关心，每个人在生活中都不可能是一帆风顺的，总有这样那样的矛盾出现，会让人感到孤独和寂寞，会有压力，会遇到很多的困难。这样，我们对别人的关心就很重要，能给他们带来心灵上的慰藉，让人感受到生活的温暖。也许关心别人不是为了回报，但一份关爱的种子种下去，总会开放出美丽的花朵。

有一位离婚母亲，带着自己7岁的女儿在一座城市打工，饭店服务员、清洁工、保姆……她做了很多工作，只为维持自己和女儿的生活，女儿要入学了，她开始发愁：自己低微的收入承受不了女儿的学费。很多学校进校费就要两万块，而她手上只有几千块钱。这时候，她发现一家小学的副校长家要请个保姆，这位副校长家有一位卧病在床的老母亲要照顾，还有位任性的小女儿。很多人都不愿意去这位副校长家做保姆，但她主动去了。她像亲生女儿一样照顾躺在床上的老人，把家中的一切都打扫得井井有条，连那位刁蛮的女儿也因为她无微不至的照顾被她感动了。这位副校长很庆幸自己能遇到一位好的保姆，有一天和她闲谈时就问起她的情况，得知她女儿没钱进学校时，马上帮她想办法让她女儿进了他们学校，而且免了入校费。后来，这位副校长在很多事上都帮助了这位离婚妈妈，还介绍她认识了一位合适的男子，让她重新走上了婚姻之路。

厚道的人，会以真心对人，在适当的时候关心他人。只有学会去关心他人，他人才会来关心我们，只有把他人的事情当作自己的事情来操心，别人才会把我们的事情放在心上，无论在什么时候，什么地方，这都是不变的真理。

找到双方的共同需求

俗话说："天下熙熙，皆为利来；天下攘攘，皆为利往。"每个人都是一个相对独立的利益实体，即便是朋友之间或者家庭成员之间也会有着各自不同的利益。当然，能够找到双方的共同利益，双方自然都会有好结果。

1987年6月法国巴黎网球公开赛期间，GE公司的韦尔奇邀请汤姆逊电子公司的董事长阿兰·戈麦斯进行商业会谈。

汤姆逊公司拥有的医疗造影设备公司是韦尔奇想要的。这家公司叫CGR，实力并不是很强，在行内排名也只占第4或第5名。

而韦尔奇的GE公司在美国医疗设备行业则拥有一家首屈一指的子公司，这家子公司几乎垄断了美国医疗设备的全部业务。但在欧洲市场却明显处于劣势，其主要原因是汤姆逊公司是由法国政府控股，换言之就是将韦尔奇的公司关在了法国市场之外。

会谈过程中，因为戈麦斯不想把他的医疗业务卖给韦尔奇。所以韦尔奇决定用自己的其他业务与他们的医疗业务进行交换，看看他是否对此感兴趣。

韦尔奇很清楚戈麦斯的需要，于是他走到汤姆逊公司会议室的讲解板前，拿起水笔，在上面列出了他可以与戈麦斯交换的一些业务。

他首先列出的是半导体业务，但对方不感兴趣，他又列出了电视机制造业务。

戈麦斯立即对这个业务产生了兴趣。因为从他的利益角度看，目前他的电视业务规模还不算很大，而且局限在欧洲范围之内，这样一交换不但可以甩掉那些不赚钱的医疗业务，而且又能使他一夜之间成为第一大电视机制造商。

这样两人找到了思想中的共识，无形地进行了一次利益上的沟通、交流。于是谈判马上开始了，并且双方很快达成了一致。

谈判结束后，戈麦斯把韦尔奇送到了办公楼外面的轿车旁边。当车疾驰而去时，韦尔奇激动地对他身边的秘书说："天啊，是上帝让我与戈麦斯有了这次思想上的沟通，致使我做成了这笔交易，这就是寻找共同点的好处，权衡利弊，换位思考，我一定要把它运用得更好。"

而阿兰·戈麦斯回到办公室后也有同样的感触。他也同样清楚，这笔交易使他获得一个相对稳定的规模经济和市场地位，使他可以应对一场巨大的挑战。

通过这次谈判，韦尔奇更有实力来对付GE的最大竞争者——西门子公司。同时，汤姆逊公司也实现了成为世界上最大的电视机生产商的梦想。

韦尔奇、戈麦斯成功的原因就在于他们能够有效沟通，找到彼此之间利益的共识，最终各取所需，各有所得。

相反，若是丝毫不去关心对方的需求，只是一味扮演"索取者"，只会造成对方的反感。相信没有人愿意与这样的人合作。

其实，当你在扮演"索取者"的角色的时候，你已经失去了更多的宝贵的东西。你的每一次的索取，其实就是自己利益的进一步的损失。也就是俗话说的：得了芝麻，丢了西瓜。因为你失去了别人的好感。

小雷性格非常开朗，无论和谁都能聊得来，所以他也结交了很多的朋友。而在这些朋友的帮助下，他很出色地完成了不少项目。但是，小雷却是一个只懂得所需、根本没有想过别人需求的人。当他向朋友们寻求帮助的时候，他的朋友们都义不容辞，可是当他的朋友们需要他的时候，他却总找理由推托。最后，他的朋友们一致认为，像他这种人只知道向别人索取的人根本就不值得相交。

有一次，小雷得到了一个大项目，而这个项目能否完成直接关系到他晋升的问题。但是就在这个关键时刻，他却找不到人帮忙，连所谓的兄弟都不搭理他。而没有了朋友们的帮助，他发现麻烦越来越多，最终，他失去了这个难得的晋升机会。

如果你有一个朋友，只知道让你帮忙，只会从你那里捞好处，只知道向你索取，你还会和他有更多的联系吗？绝对不会！你必须找到对方的需求，满足对方的需求，然后，再来提出你的需求。这样的一来一往，你们双方都享受了想要得到的利益，而你们的人际关系就会更加稳固。厚道的人深深懂得这样的道理，在自己得益的同时，也为他人创造福利。

巴金曾说，生命的意义不在于接受，不在于索取，而在于给予，在于付出。也就是说你一味地索取，你的人生也就没有什么意义了。同样，你一味地索取，你所建立的人际关系也将没有意义，你们之间的友谊也将会无疾而终。没有了朋友的支持，你的事业举步维艰，而你的生活又怎么会美好呢？所以，千万要记得，我们不要一味扮演"索取者"的角色，要懂得感恩，否则，你只会落个"事多故人离"的下场。

不要相信“零和游戏”

零和游戏又称零和博弈，本来是博弈论的一个概念，指参与博弈的各方当中，如果有一方收益，那么意味着另一方必然损失，博弈双方收益和损失相加总和永远为“零”。换一种说法可以这么说：博弈双方永远都需要把自己的幸福建立在他人的痛苦之上。因而双方都想尽一切办法以实现“损人利己”。正如古语云“一将功成万骨枯”，一位名将的诞生，都有不计其数的无名牺牲者。这样有得有失，双方的总成绩永远为零。

在现实生活中，我们常常面临各种“零和游戏”，两人下棋，在大多数情况下，总会有一个赢，一个输，赢的人开心了，输的人自然就不开心了。

有一只狐狸不小心被困在井下了。井里只有一只吊篮能通往地面，遗憾的是，这只吊篮设计得非常独特，它连着地面上的另一只吊篮，也就是说，想把这井里的吊篮拉上去，必须有另外一个人跳进上面的吊篮掉进井里，用自己的重量把另一只吊篮拉上去。

正在狐狸苦恼的时候，一条狼经过，看见了狐狸，狼嘲笑着问狐狸，你在井下干什么呀？狐狸眼珠一转，计上心来，说：“没什么没什么，就是享受井下的皇宫般的生活。”狼笑了，说井下就是一片烂泥巴，有什么皇宫般的生活。

狐狸忙说，这你就不懂了，你在上面根本看不到井下的全貌，下面有一座金碧辉煌的宫殿，吃不完的鲜肉和美酒，还有各种美貌的女狐狸和女狼呢，简直太逍遥了。说着，狐狸开心地打起滚来。

狼被狐狸说动了，说：“这有这么好的事情？那我也要下来瞧一瞧。”狐狸心中暗喜，却欲擒故纵，说：“别别，你千万别下来，让我一个人享受吧。”

狼哼哼一声，想得挺美，立刻转身找到了地面上的吊篮，跳进吊篮，把自己放进了井里。就在狼坐着吊篮下来的时候，他的重量拉起了井下的吊篮，把狐狸拉上了井口。

狐狸在井口哈哈大笑说：“狼啊狼，你好好地在井下享受鲜肉和美女狼吧，我呼吸新鲜空气去了。”说完，就走了。

狐狸的所作所为实在是极为不厚道，是典型的“零和游戏”，狐狸上来了，狼下去了。其实，狐狸完全可以把这场游戏变成双方都不吃亏：他可以请求狼找一块石头放在吊篮里把他拉上去，或者如果狐狸不相信狼的话，他也可以先把狼骗下井，把自己拉上来，然后，狐狸再想办法把狼拉上井，岂不是谁都不吃亏？

所以，自20世纪以来，人们渐渐认识到了零和游戏的片面性，“零和游戏”观念正逐渐被“正和游戏”观念所取代。“正和游戏”指的是赢家所得比输家所失多，或者根本就没有输家，便被称为“正和博弈”，这便是今天我们大力提倡的“双赢策略”。

正和博弈的例子有很多，比如投资股票和债券，投资者可以在价格涨落中赚取差价，也可以每年分得红利；而上市公司则可以通过获得投资者的投在来创造利润等，这便是正和。

在我们的现实生活中也是如此，在这个竞争为主的社会，我们也可以追求合法利益，但是绝不能损人利己。

所以，千万不要相信所谓的“零和游戏”，如果你认为自己的利益必须建立在别人的痛苦之上，那么最后的结果是没有人愿意和你玩游戏，因为没有任何一个人喜欢被别人制造出痛苦来。

唯有双赢才能长赢

一般情况下双方的合作也好，求人办事也好，势必会使双方的利益或多或少有些不均衡。在这种情况下，如果你不给予对方一定的好处，或让其从中得到一定的利益，那么很难取得你想要的结果。所以，你要记住：想办成事，只有双赢，才能长赢。

“双赢共胜”在利益的争夺上有时会表现出一定的妥协性，一方面是失去了一些本不想失的东西，但反过来从另一方面考虑，这种妥协也不失为一种求利的方式，双方讲和以求另一所得，一是可以有效地中止双方的竞争，避免以后在愈演愈烈中遭受损失，二是可以利用这次机会争取到一些合作伙伴，减少你的生存危机，特别是在你首先主动让步的情况下，对方可能会认为你值得信赖，会与你成为好搭档。

做人做事，只有双赢才能长赢，所谓与人方便即是与己方便。当你心中只愿意自己赢的时候，你其实把麻烦也留给了自己；当你心中想着别人的时候，别人自然也把方便留给了你。最终，实现了长久的双赢关系。

有一年夏天，雨下得特别大，冲坏了一条公路，路面塌陷下去两个大坑。而公路的两旁，刚好是老王的菜圃。由于从那段公路经过的车辆和行人都从老王的菜圃里绕过，这样一来毁了不少的菜。老王看着特别心疼，在地里竖起了一个木牌，写着：严禁从菜圃绕路。但是木牌没有起到丝毫的作用。公路上的大坑使得过往的车辆和行人无路可走，只能经过菜圃绕行。老王非常生气，又在木牌上加了一句：违者罚款五十元。但是这样还是止不住菜圃被践踏的命运，反而让人起了叛逆的心思，故意多弄坏点菜。老王感到很无奈，想了许久后，便拿起铁锹，推着手推车，从菜圃的空地上挖了些泥土，运到公路上填满那两个大坑。路面变得平整后，过路车辆终于又可以在马路上行驶了，于是，就再也没有行人和车辆从菜圃里绕行了。

老王这种做法，就是和路人达成了双赢的局面，这当然也是一种长赢的局面：从此之后他再也不会怕有人践踏菜圃了。

当你心中只有自己的时候，你可能把麻烦留给了自己；当你心中想着和别人一起共赢的时候，其实他人也在不知不觉中帮助了你。这可不止是一条哲理，也是一盏明灯，更是通往幸福的路径，打开成功大门的钥匙。当你主动去帮助别人达到共赢境界的时候，你也就为自己开辟了一条光明的大道。越是共赢，就越是长赢。

别把同行当冤家

商场上有句俗话这样说：“同行是冤家。”不错，你的同行的确就是你的竞争对手。在抢占市场时，你们的确是冤家。但是，不可否认的是，如果没有竞争对手，只有个人垄断，那将会导致不思发展的后果。有时候，要想使自己变得更强更好，你必须要善待自己的对手。那你要怎样接近自己的对手呢？这就要求你抛弃虚荣心理，主动和对方接触，你才能接近对手，并了解对手，学习对手，最终达到双赢的效果。

有个人在马路街道一边开了一间小杂货店，本来生意非常红火，可后来街道对面新开了一家大型的连锁超市，每天门庭若市，小杂货店却无人问津了。眼看着自家的生意即将被超市挤垮，杂货商非常苦恼。于是，他忧愁地找牧师诉苦。

牧师知道了他的来意后，说道："如果你对这家连锁超市打价格战硬拼的话，你没有竞争力，迟早会被打倒，你也将一无所有。"

杂货商慌乱地问："可是我该怎么办啊？"

牧师微微一笑，说道："每天早上站在商店门前祝福你的商店生意兴隆，然后转过身去，也同样地祝福那家连锁超市，并且当众拥抱你自己的对手。"

杂货商气愤地说："为什么要拥抱我的对手？"

牧师解释道："你的宽容可以化解你们之间僵持的竞争关系，而且你的任何祝福都会变成福气回归于你。你的对手会因此把你当成朋友，这难道不有利于你吗？"

杂货商按照牧师说的做了。一段日子后，果然，超市老板对他和颜悦色，两家店之间的关系也缓和了。顾客看到杂货商这么和气，也经常光顾他的小店了。后来，小杂货店还是因为规模过小而关门了，但杂货商却被聘请成了连锁超市的经理人，而且收入比以前更高。

面对强大的对手，在我们的实力没有优势的情况下，硬拼只会让自己受损，这时候，采取和谐共处的方法才能更好地保存自己的实力。当众拥抱对手的确是很难做到的事情，也可能会让对手产生嗤之以鼻的感觉，但是，拥抱对手能够获得更大的回旋空间。能当众拥抱对手的人是站在主动的位置，制人而不受制于人。你采取主动，能够迷惑对手，让他消除对你的敌意，对你产生好感，而且你的行动也能够迷惑别人，认为你们已经化敌为友。拥抱对手可以弱化竞争，给自己留一条退路，人生何处不相逢啊！

牧师没有让杂货商加剧竞争，这样只是以卵击石，他让杂货商宽容地祝福对手，不但缓和了竞争关系，也最终使杂货商受益，一举两得。大部分竞争对手吃软不吃硬，你硬他也硬，你若是能包容他，他反而把你当成了朋友。所以，拥抱你的对手，无论从哪个角度来看，你都是赢家。

而且，在某一些时候，如果能够放弃你死我活的竞争，拥抱对手，你还可以和几家同行一起，构建出一个更广阔的市场空间。

有个地方以南瓜闻名，因而这里每年都要举办南瓜品种大赛。有一个农夫成绩非常优异，几乎每年都是冠军得主。然而奇怪的是，他每次得奖之后都会在街坊邻居之间分送得奖的种子，毫不吝惜。

有一位邻居很惊讶，就问他："你的奖项得来不易，每季都看你投入大量的时间精力做品种改良，为什么还这么慷慨地将种子送给我们呢？难道你不怕我们的南瓜品种因此而越超你吗？"

这位农夫微微一笑，说道："我将种子分送给大家，其实也是帮助自己！"原来，在农夫的家乡，家家户户的田地都比邻相连。如果农夫将得奖的种子分送给邻居，邻居们就能改良他们的南瓜品种，也可以避免蜜蜂在传递花粉的过程中，用邻近的较差的品种的花粉污染了自己的品种，这样农夫才能够专心致力于品种的改良。相反，如果农夫将得奖的种子私藏，就必须在防范外来花粉方面大费周折。

在商场上，自古就有"同行是冤家"的说法，之所以会这样，主要还是因为同行之间往往会进行市场争夺，一旦你生意好了，必然会影响到我的生意，因此如果我想让自己的生意更好，就得想方设法搞坏你的生意。

事实上，我们说“同行是冤家”的思想是错误的，不仅仅是针对不正当竞争本身而言的。在则寓言就告诉我们，在商业活动中，实际上是一种“你好，我也好”的双赢关系，只有邻居的种子优良了，才不会有劣等的花粉污染自己的品种，也就不用费尽心机去防范邻居的花粉了。这样的经营思路才是最聪明。试想，反过来会怎么样呢？我们用一个现实生活中的例子来告诉大家。

在一条街上，有好几家餐馆，生意都非常红火。然而，其中一家的老板却不甘心，他总觉得别人抢了自己的生意，如果把其他几家都挤走，自己的生意必然会更好。于是，他就想尽方法来排挤对方。因为这家人在本地非常有势力，几经努力，终于整条街上只剩下他一家餐馆了。然而，让人奇怪的是，这家餐馆的生意不仅没有更好，反而越来越差，最后也关张了。为什么会这样呢？原来，其他几家餐馆都在的时候，这里形成了一条颇有名气的小吃街，很多人都是慕名而来，因而客流量非常大，各家的生意因此也都好。然而，只剩下这一家之后，人们觉得没什么意思，也就不会再来了，于是客流量就越来越少。

所以，同行不一定就是冤家，如果一个人只讲竞争，不讲合作的话，就会陷入孤军奋战的困窘之境。反之，如果别的同行参与竞争，不仅会在压力的推动下使自己更加强大，还可以几家一起开拓出一片更广阔的市场。一个能够和竞争对手互利互惠、共同合作的人，不但是一个胸襟宽广的人，还是一个具有远见的人。

九
唯利是图，则无利可图

先做朋友，后做生意

俗话说得好，在家要靠父母，在外靠朋友。在外经商就得会做“人情生意”。先做朋友，后做生意，这样才能把事情办好，把生意做大。

李先生是杭州一家笔庄的老板。1989年在杭州创业时，他十分窘迫。那个时候是他人生中的最低谷。即使如此，他也没有放弃，而是经常出没于杭州的各个画廊、美术院校，只要有机会就给别人看他的笔。

一天，李先生在一个画廊里遇见了一家画院的院长。李先生看院长气度不凡，就拿出一支上好的鸡毛笔要送给院长，院长看后感到很惊讶。这次巧遇使院长对他的笔产生了浓厚的兴趣，以笔会友，两个人在研究笔的过程中结下了深厚的友谊。为了让更多的人了解他的笔，院长决定帮他开一个笔会，并免费提供场地。通过笔会，李先生认识了画院的更多的朋友，他们帮助他解决了欠了多年的债务问题。时间长了，李先生的笔庄在杭州渐渐闯出了名气。

不久后，李先生将他的笔庄开在一个冷清的文化用品市场二楼的拐角里，气氛虽然冷清，但李先生却有他的目的。喜欢毛笔的人都是一些文人，不喜欢很热闹的地方，书法家、画家来这一看就会觉得比较高雅，地方也比较宽敞。

如今，李先生已经拥有两个笔庄、一家工厂，每年制作销售毛笔四五万支，李先生正走在成功的创业路上。

其实，做生意投资人情，谈的就是一个“缘”字，彼此能够一拍即合，要保持长期的相互信任、互相关照的关系也不那么容易，要办好事，我们就要牢记人情准则，先做朋友，后做生意。在做人的时候对朋友忠厚坦诚，在做生意的时候多为客户着想，这样人缘与事业自然会比较好。

某企业董事长的家里，每到年底时都会收到堆积如山的礼品。由于太多，而且礼物和送礼的人不一致的情形也不少。所以听说这位董事长只留下合意的礼物，其余的都退回百货公司。有一年岁末，这位董事长收到了非常令他满意的礼物！那是在美国流行的“高丽菜田娃娃”，不知是怎样寄来的，总之是送给董事长的小女儿的。把这么别致的礼物不送给董事长而送给他的女儿，这点令人深感其诚意。

情感是人们沟通、交流的桥梁。饱含真情的语言则是唤起情感的一种最具感召力的武器。运用真情流露的策略，可以顺利地使双方产生情感共鸣，关系融洽，形成良好的交际氛围，可以有力地推动人们将某种行为动机付诸实施，并作出积极的反应。

人是感性动物，当然都难逃脱“人情债”。尽管在商场上素来有“认钱不认人”之说，但是成功人士都善于投资“人情生意”，人情投资，的确能够让你在人情世故上收获多一分关心，多一分相助。

散财可以聚人心

无可否认，财具有无可比拟的魅力，人们追求财富，是为了更好地生活。然而，对于一些贪财之人来说，他们的眼中只有财的诱惑，甚至重视财胜于重视性命。爱财达到如此境界的人，便如同走火入魔，不可救药了。爱财太过，是取祸之道。一个为财迷失了自我的人，不仅得不到生活的幸福，反而会跌进不幸的深渊。那些追求钱财的人因钱财积累不多而忧愁，而贪心者永不满足。生活自有其乐趣，并不需要一味依靠物质，将财富看得过于重要，不停止地追逐，即使财富到手，也会失去生活的幸福，所以人应该时时关注自己的心灵，唯有保持宁静的心灵，才不眼热权势显赫，不奢望金银成堆，不乞求声名鹊起，不羡慕美宅华第，因为所有的眼热、奢望、乞求和羡慕，都是一相情愿，只能加重生命的负荷，加速心灵的浮躁，而与豁达康乐无缘。

一位学僧问禅师：“师父，以我的资质多久可以开悟？”

禅师说：“十年。”

学僧又问：“要十年吗？师父，如果我加倍苦修的话，又需要多久开悟呢？”

禅师说：“得要二十年。”

学僧很是疑惑，于是又问：“如果我夜以继日，不休不眠，只为禅修，又需要多久开悟呢？”

禅师说：“那样你永无开悟之日。”

学僧惊讶道：“为什么？”

禅师说：“因为你只在意禅修的结果，又如何有时间来关注自己呢？”

功利心如此强的学僧只关注禅修的结果，却不知道修禅注重的其实是可以让人得到平静之乐的过程，若人按照学僧的初衷与心态修禅，则永不能证得真正的佛理，只因修禅，修的是一颗清定之心，不可用时间的长短去衡量，所以文中的学僧“永无开悟之日”。

现实中的人，又何尝不像上面案例中的学僧呢？终日苦苦追寻身外之物，以至于最后众叛亲离，除了钱财，一无所有，而一旦人心散了，钱财最后也会散光。

所以，才有人提出了“散财聚人心”的说法。正如一位企业家曾说过的：“这世界上挣了钱的有两种人，一种是‘精明人’，一种是‘聪明人’。精明人竭泽而渔，企业第一次挣了100万元，80%归自己，然后他的手下受到沉重打击，结果第二次挣回来的只有80万。聪明人放水养鱼，他第一次挣了100万，分出80%给手下人，结果，大家一起努力，第二次挣回来就是1000万。即使他这次把90%分给大家，自己也能拿到100万。等到第三次的时候，大家打下的江山可能就是1个亿，再往后就是10个亿，这就叫多赢。独赢使所有的人越赢越少，多赢使所有的人越赢越多，所以，‘精明人’挣小钱，‘聪明人’赚大钱。”

人生有高潮也有低谷。所谓“胜不骄，败不馁”。当自己拥有优势时，学会自我保护没有错，但要想继续扩大自己的优势，还必须学会共享。不管是企业还是个人在社会上生存，每个人都是价值链的某个环节，大家共处一个系统。所以一荣俱荣，一损俱损，不可能有世外桃源而独立。因而，想要聚人心，最好的手段就是散财——让别人分享你的财富与成功，人心聚拢了，财富自然也就有了，而一旦人心散了，财富的保持也不会太长久。

不贪小利，才能成大事

一个青年向一位大商人请教成功之道，商人却拿了三块大小不一的西瓜放在青年面前，“如果每块西瓜代表一定程度的利益，你选哪块？”

“当然是最大的那块！”青年毫不犹豫地回答。

商人一笑：“那好，请吧！”他把那块最大的西瓜递给青年，而自己却吃起了最小的那块。

不一会，商人就吃完了，随后拿起桌上的最后一块西瓜得意地在青年面前晃了晃，大口吃起来。

青年恍然大悟：商人吃的瓜虽无青年的瓜大，却比自己吃得多。如果每块西瓜代表一定程度的利益，那么商人占有的利益自然比自己年多。

吃完西瓜，商人对青年说：“要想成功，就要学会放弃，只有放弃眼前利益，才能获取长远大利，这就是我的成功之道。”

生活中，一些人目光只会停留在眼前利益，无论做什么都不舍一分一厘，只求自己独吞利益。常常因一时赚得小利，而失去了长远之大利。可谓捡了芝麻，丢了西瓜。

明智的人总会在放弃微小利益的同时，获得更大的利益。

青春宝集团董事长冯根生在胡庆余堂当学徒的时候，就认识到规规矩矩做人的重要性。他说起一件奇怪的事：

“我在扫地的时候，经常捡到钱。捡到钱，我就放在抽屉里。每次我捡到的钱，大约相当于现在的二三十块钱，我就暂时把它放在抽屉里，第二天一早交给师傅。大概一年多以后，好像就没有了。十几年以后，我师傅80岁，快去世的时候，我去看他，最后一次去看他，那时候已经是1960年了。我的师傅把我叫到床边，他说根生啊，你还记得吗？今天我该告诉你。我问什么事，他说你在当学徒的时候，扫地时捡到钱，你都交给我了，今天我告诉你，这是老板要考你，一共试了你15次，你每次都交。15次以后，老板就说了，这个小孩是诚实的，他捡来的钱都不要，还会去偷吗？”

“这时，我才知道原来是在考我。我14岁的时候，我祖母70岁了，当我离开祖母身边，去当学徒的时候，路上我祖母告诉我一句话，一定要规规矩矩做人、认认真真工作。规规矩矩做人，老板给你的钱你拿，老板不给你的钱，你一分钱都不能去碰它，现在这句话叫廉政。认认真真工作，就是勤劳，这就像现在对干部的要求，廉政勤劳就是好干部。旧社会教育的语言不同，性质一模一样。因此我记住了，给我的钱我要，不给我的钱我从来不会去拿，一分钱都不要，这教会了我做人的道理。”

有人认为，做人和工作是两回事，这种观念的潜台词是：一个人的品质不佳并不影响他的成功。其实，这是一种极其糟糕和错误的认识。

见小利，思大害

有兄弟二人一同外出经商，赚到了一大笔钱。

在一同回家的路上，哥哥心里贪念忽生：现在这荒郊旷野，四处荒无人烟。我如果将弟弟杀死，那么所有的钱都是我的了，此生便无后顾之忧，再也不用为生计奔波了。

其实，这个时候弟弟心里也是同样的想法：我离家千里出外经商，其中的辛苦实在难与人道，这里异常偏僻，空旷无人，我何不将哥哥杀死，取了全部的钱财，从此坐享其成，此生无忧了。

兄弟二人各怀恶意，因此言语和眼神，均现暴戾之色。

正值此千钧一发之际，兄弟二人忽然想起了平日里的手足之情，那一瞬间，两人心中生出了深深的悔意，几乎不约而同地，二人挽手共至河边，将钱财全部投入水中。两人相视而笑。

过了一会儿，两人互问："咱们将辛辛苦苦赚来的钱财弃于水中，为什么还如此欢喜雀跃呢？"随即两人各自答言，"我们因为钱财而生了歹心，今天把这害人的钱财和贪欲一并丢弃，从此兄弟和睦！"

现代社会交际应酬十分频繁，朋友、熟人之间请客送礼也如家常便饭。这中间除了友情之外，也免不了夹杂个人利害。所以在接受别人厚礼的时候，要三思而行，因为"拿人家手短，吃人家嘴软"，随意地接受别人的赠礼是种不动脑子的无知之举，会因贪利而使自己陷于被动的处境之中。

从前，鲁国的宰相公仪休非常喜欢鱼，赏鱼、食鱼、钓鱼，爱鱼成癖。

一天，府外有一人要求见宰相。从打扮上看，像是一个渔人，手中拎着一个瓦罐，急步来到公仪休面前，伏身拜见。公仪休抬手命他免礼，看了看，不认识，便问他是谁。

那人赶忙回答："小人子男，家处城外河边，以打鱼为业糊口度日。"

公仪休又问："噢，那你找我所为何事，莫非有人欺你抢了你的鱼了？"

子男赶紧说："不不不，大人，小人并不曾受人欺侮，只因小人昨夜出去打鱼，捕到一条黑色的小鱼，身体黑如墨染，连鱼鳞也是黑色，几乎难以辨出。而且黑得透亮，仿佛一块黑纱罩住了灯笼，黑得泛光。鱼眼也大得出奇，直出眶外。小人素闻大人喜爱赏鱼，便冒昧前来，将鱼献于大人，还望大人笑纳。"

公仪休听完，心中好奇，公仪休的夫人也觉纳闷。那子男将手中拎的瓦罐打开，果然见里面有一条小黑鱼，在罐中来回游动，碰得罐壁乒乓作响。公仪休看着这鱼，忍不住用手轻轻敲击罐底，那鱼便更加欢快地游起来。

公仪休笑起来，口中连连说："有意思，有意思。的确很有趣。"

公仪休的夫人也觉得别有情趣，那子男见状将瓦罐向前一递，道："大人既然喜欢，就请大人笑纳吧，小人告辞……"公仪休却急声说："慢着，这鱼你拿回去，本大人虽说喜欢，但这是你辛苦得来之物，我岂能平白无故收下。你拿回去！"子男一愣，赶紧跪下道："莫非是大人怪罪小人，嫌小人言过其实，这鱼不好吗？"

公仪休笑了，让子男起身，说："哈哈哈，你不必害怕，这鱼也确如你所说奇异喜人，我并无怪罪之意，只是这鱼我不能收。"

子男惶惑不解，拎着鱼，愣在那里，公仪休夫人在旁边插了一句话："既是大人喜欢，倒不如我们买下，大人以为如何？"

公仪休说好，当即命人取出钱来，付给子男，将鱼买下。子男不肯收钱，公仪休故意将脸一绷，子男只得谢恩离去。又有好多人给公仪休送鱼，却都被公仪休婉言拒绝了。

公仪休身边的人很是纳闷，忍不住问："大人素来喜爱鱼，连做梦都为鱼担心，可为何别人送鱼大人却一概不收呢？"

公仪休一笑，道："正因为喜欢鱼，所以更不能接受别人的馈赠，我现在身居宰相之位，拿了人家的东西又要受人牵制，万一因此触犯刑律，必将难逃丢官之厄运，甚至会有性命之忧。我喜欢鱼现在还有钱去买，若因此失去官位，纵是爱鱼如命怕也不会有人送鱼，也更不会有钱去买。所以，虽然我拒绝了，却没有免官丢命之虞，又可以自由购买我喜欢的鱼。这不比那样更好吗？"

众人不禁暗暗敬佩。

公仪休身为鲁国宰相，喜欢鱼，却能保持清醒，头脑冷静，不肯轻易接受别人的馈赠，这实在很难得。由此可见，有些事，表面看来能获得暂时的利益，但从长远来看，自己却会因这点小利受到束缚，身陷被动，遭别有用心之人控制，从而"因小失大"，损失惨重。所以，做事有远见的人绝不会被眼前的利益所迷惑，能够考虑到长远的得失利害，在当下果断地自我克制，作出明智的选择。

由此可见，"近利"当前，更需"远虑"，汉代的董仲舒曾说过："仁人者正其道不谋其利，修其理不急其功。"这句话告诉我们做人不能鼠目寸光、急功近利，而要高瞻远瞩，深谋远虑。尤其是在即将得手的"近利"面前，更要保持清醒的思维和敏锐的洞察力，参透得失，宠辱不惊。

自古能真正做到深谋远虑的人，必有宽阔的胸襟和高超的智慧。他们不为一时的荣辱所左右，因此其行为才不会失常失态，凡事才能作出正确的判断和应对之策。其实，荣辱不仅是暂时的，也是相对的，若是一味好荣厌辱，将之完全对立起来，则会把理智拒之门外，让情绪取代了清醒的判断，难以冷静从事，其结果难免出现偏差。因此，在荣辱得失面前，尤其是在"接近成功"的时候，更应放下过于强烈的急功近利的思想，用"远虑"的谨慎冷静来淡化心中的浮躁，从而实现进退有度，生命旷达自如。

为小钱失德，是饮鸩止渴

一个真正有德行的人从不蝇营狗苟，从不为谋求一己之私利而昧着良心做事，而是坚持做到时时处处为他人着想。下面例子中的刘广东便是这样一个人。

刘广东是成都一家私营空调厂的普通工人，老板以那些代销风扇的商场拖欠了他们的货款为由，一个夏天都没有给员工发工资。中秋节的时候，总算领回了一半的工资，但工厂也停产了。夏天过去了，空调也进入了淡季，况且，仓库里还积压了一大堆的货。

有一天，儿时伙伴欧阳富找上门来，刘广东这才知道欧阳富已经发财了。欧阳富高中毕业后到深圳打工，在那里经过几番周折后开了酒楼，赚了不少钱，好多年都没有回家乡了。离家越久，就越思念家乡和儿时的伙伴。这一次来成都，他一打听到刘广东的地址就来了。欧阳富说这次回来他发现家乡变化很大，他想在成都开一个分店，正好刘广东没有工作，又很熟悉这里的环境，就让刘广东带他四处走走，查看一下行情。欧阳富看中了繁华地段的一个门面，那里原来是个粮油店，面积有200多平方米，一个月的房租是8000元。欧阳富说这在深圳起码要30000元，他打算把它装修成酒楼，成都人都爱吃辣的，就搞个重庆火锅。欧阳富画了一张装修的设计图，规定了材料，留下了15万元的现金存折给刘广东搞装修和买设备，就赶回深圳去了，他在深圳有两个分店需要照看。欧阳富投资，刘广东负责操办，一个出钱一个出力，利润对半分。

欧阳富走后，刘广东就开始到处联系装修队，比较质量，讨价还价。几个装修队都想抓住这个业务。那天，刘广东一回到家里，妻子就很高兴地告诉他，有个装修队姓刘的经理下午来放了1万块钱，还留下了一张名片和一句“多多关照”。

刘广东说：“这个钱不能收。”而妻子劝他说：“没关系，没有人会知道的，即使知道了也不是贪污公家的钱，不会犯法的。”刘广东坚持说：“欧阳富对我这么信任，我绝不能做对不起人家的事，我要对得起自己的良心。”妻子说：“无商不奸，奸商奸商，不奸赚不了钱的。”

刘广东把钱去退给刘经理，并很快敲定了一个报价比刘经理低3万多、施工质量也更好的装修队。装修完毕，他又忙着买厨房用具、桌子、凳子和火锅，每一次写发票的时候，他也总是实事求是，从不弄虚作假。

人品是立身之本，一个人品欠佳的人，轻则损害合作双方利益，重则身败名裂，最重要的是其内心必然充满矛盾和不安。老老实实做人、踏踏实实做事，努力使自己成为一个有道德的人、一个纯粹的人。这是一个人立身处世的法宝。如此行事，你就能成为一个举足轻重、魅力与实力并存的人物。

为一点小钱，耍了一点小聪明、小智慧，表面上看是尝到了一点甜头，实际上却丢了人格，且背负恶名，让自己臭名昭著，最后身败名裂。

义中取利，仁中取财

《孟子》一书的开篇就是梁惠王与孟子的一番对话。梁惠王开场就是一句：“老头，大老远跑过来，是有什么利益要给我吗？”孟子一听，撇撇嘴：“王何必曰利？亦有仁义而已矣。”我没带什么利益，我只带了仁义过来了。“王亦曰仁义而已矣，何必曰利！”大王你干吗开口闭口就是利益，利益是个好东西吗？利益不是个好东西，你干吗不去追求仁义呢？只要有了仁义，难道还会没有利益吗？

中国人向来讲究“君子爱财，取之以道”，财物利益自然是好的，但是要在仁义的范围中去求取，否则，就宁可不要。李白有诗曰：“安能摧眉折腰事权贵，使我不得开心颜。”正是这些舍利而取义的人，在中国历史上画下了浓墨重彩的一笔。

最著名的，莫过于“采菊东篱下”的陶渊明。

在晋安帝即位的那年夏天，陶渊明被任命为彭泽县县令。他上任不到3个月的时候，有一天，接到上级官员送来的一份公函。公函上说，郡里有个官员要来彭泽县检查公务，文中暗示陶渊明放聪明些，小心谨慎地伺候。

陶渊明一向正直，办事公道，从不阿谀奉承。接到公函后，他感到很纳闷，猜不透文中的深层含义，于是叫县衙里的师爷来给他解释一下。

这位师爷看完之后，心领神会，他说：“历任的县太爷为迎接上级每一位官员，都要好生准备，恭恭敬敬地到路边迎候，安排欢迎仪式，为的是讨得他们的欢心。”

“讨得他们的欢心又如何？”陶渊明问。

“啊，这您还不懂？要是讨得这些官老爷的欢心，那升官发财之路就光明了。否则的话，恐怕连您头上的这顶乌纱帽也保不住了。大人，您可千万别马虎啊！”陶渊明听到这里，拍案而起，愤怒地说：“岂有此理，怎能为这五斗米官俸向乡里小人折腰！这官，我不做了！”

说完，陶渊明脱下官服，交出官印，毅然回家耕田去了。

陶渊明自然是义中取利的践行者。其实，义中取利的关键不在于不要利益，而是在于不要违背“义”和“仁”，也就是说当不违背二者的时候，取利取财是没有问题的。

义，固然是需要的，难道就不能提利了吗？讲得明白些，就是人生在世，怎能不讲利？人类文化思想包含了政治、经济、军事，乃至人生的艺术、生活，等等，都是以求利为目的。人类第一次爬下大树，第一次直立行走，第一次使用工具不都是为了求利吗？

陶渊明和普通人一样，为了生计难免都要逐利。但陶渊明和普通人最大的区别在于，当义和利发生冲突的时候，他毅然选择了“义”，陶渊明的晚年十分贫穷，连酒都喝不上了，但他再也没有提过当官的事情，因为这和他“不为五斗米折腰”的义是相冲突的。

这才是义和利真正的关系。

所以，义中取利，仁中取财，如果当利益和仁义不冲突的时候，取利取财无可厚非，但是当两者冲突时，必定毫不犹豫地选择仁义，这样做，也能够为自己带来很大的声誉。

一位义乌商人带着他的团队正在大规模拓展海外市场，一次，一位非洲客户从他的企业进了一批小商品，但是在运输途中出现了意外，货物全部被损坏，造成了很大的损失。本来，这样的意外和这位商人是没有关系的，但是商人在得知这个消息后愿意主动承担一半损失。他是这么跟客户说的：“我们中国人先做朋友，后做生意，既然你是我的生意伙伴，那你就是我的朋友，朋友之间自然要有福同享，有难同当。”客户被这位义乌商人的义气感动，后来一直都从这位商人的公司进货，成为了长久合作的客户。

所以，我们应该要记住，仁义和利益之间一定要懂得取舍。而且，仁义和利益很多时候并不是相互冲突的，而是相辅相成的，利益不忘仁义，而仁义成就利益，尤其是在“口碑”占据了越来越重要地位的今天，一次见利忘义，可能带来麻烦不尽的副作用。

到口的未必都是肥肉

到口的真的都是肥肉吗？在张嘴之前还是应该慎重考察一番，免得日后吃不下又吐不出，为这“免费的午餐”饱受折磨。

韩健在一家著名的外企工作，虽然职位不高，只是一个技术工程师，但工资绝对不能算低。本来日子过得平平稳稳，直到有一天，他接到了一个神秘的电话，是一家猎头公司打来的，问他愿不愿意去某公司，并且开出了比他当时收入高出两倍的薪水。

他们公司绝对不可能给出这个价钱，他心动了。一个星期之后，韩健果断地向部门经理递上了辞呈，附上不菲的违约金，那些钱当时在他看来也就是跳槽后一个月的工资罢了，因而他毫不在意。去了新公司，他才发现这家公司在国内只有一个办事处，所谓的员工都是以租借的形式给其他大公司干活，而公司的盈利来源就是他们这些人力资源，不过看在钱的分上，他也没在意。

开始几个月公司很爽快地发薪，他暗暗为自己明智的选择高兴。可是后来慢慢不对劲了，工资常常晚到账，而且越来越晚。那时，他又恰好接了一个外地的项目，查询不方便，等到他回到上海发现公司欠他3个月的工资时，才意识到事情的严重性。他打电话到办事处问，没人；亲自去了一趟，才发现已经人去楼空。

他心一横，决定查个究竟，毕竟3个月的工资对他来说不是小数目，再说也咽不下这口气。于是，他找到了位于香港的总公司，没想到依旧是"铁将军"把门，他只好灰溜溜地回到了上海。这次跳槽让他可谓是赔了夫人又折兵，不仅拖欠的工资要不回来，而且由于公司驻上海的办事处就此撤销，投诉无门，原先的好工作也没了。面对无法挽回的损失，他后悔不已。

韩健之所以会失败，是因为他在利益面前没能把握住自己，看不到小利背后的大害，仓促离职，自断退路。等到发现不对时，早已来不及补救了。须知世上没有免费的午餐，这两倍的薪水背后隐藏着什么？假如他记得问问自己这个问题，又何至于落到如此窘迫的地步。

凡事有利必有害，而"免费的午餐"背后更可能隐藏着大害。有本书中讲到利害时认为："利是人们喜爱的，害是人们都畏惧的。利就像害的影子，形影不离，怎可以不躲避。贪求小利而忘了大害，如同染上绝症难以治愈。毒酒装满酒杯，好饮酒的人喝下去会立刻丧命，这是因为只知道喝酒的痛快而不知其对肠胃的毒害。遗失在路上的金钱自有失主，爱钱的人夺取而被抓进监牢，这是因为只知道看重金钱的取得而不知将受到关进监牢的羞辱。用羊引诱老虎，老虎贪求羊而落进猎人设下的陷阱；把诱饵扔给鱼，鱼贪饵食而忘了性命。"

趋利避害是人的共同心理，无论什么人，在这一点上其实都是一样的，只不过追求利益、逃避灾害的方式不同罢了。愚蠢不知事理的人总是被眼前微小的利益所迷惑而忘记了其中可能隐藏的大灾祸，只见利而不见害。而君子常能够正身直行，讲求厚道，不贪非己之财，不做亏心之事。

司马迁在《报任安书》中说："老虎在深山的时候，野兽们都很怕他，可是一旦等坠落在陷阱里的时候，就只能摇着尾巴求取食物了。"老虎只看到了陷阱上面的诱惑物，而忽视了陷阱对自己的危害。禽兽的智力远不如人，但是人类之中这种情况也完全存在。古人蔡泽对此曾说过："那些大鹏、犀牛、大象所住的地方可以说远离死亡之地，但最终还是被杀，这是因为受到诱饵的引诱。"苏秦的智慧并非不能避免侮辱与死亡，而最终死于非命，这在于贪求名利，不知满足，不知道忍耐住自己贪图小利、名誉、金钱、地位这些表面的东西的欲望，因而身死。

所以《列子》中说："利害是得失的根本，得失是成败的根源。靠近利益而避开灾害，只盼望得到而讨厌失去，这是人之常情，因为迷恋名利而忘记灾害，就像鱼因为贪吃诱饵而丧命，鸟雀看见食物而忘了保命。因此，聪明智慧的人看到利益，就考虑到灾害。愚蠢的人看到利益，就忘记了灾害，考虑到了灾害，灾害就不会发生；忘记了灾害，灾害就会出现。"

人不能过于贪图眼前的利益，更不能因为被眼前的利益所迷惑而忘记了做人的根本，这其实是使利益遭受到更大的损失。这一点必须写入我们为人处世的准则之中。

谁都知道即使一个人再口渴，有毒的酒他也不会去喝，这并不是因为他不渴，而是明白解得一时之渴，马上就会把性命丧掉，为了眼前利益而死于非命的人就好像是那些用毒物来充饥，用毒酒来止渴的人一样，而因为贪图一点小利，使自己国家灭亡的人，比这还甚。如果不能忍耐住自己贪图眼前利益的欲望，随之而来的损失则更加严重。

因利忘害是不足取的。自古至今只有能明是非，辨利害，才能忍耐住自己的本性，才能见利思害。让自己多一些忍耐的精神，不要把那些“免费的午餐”放在眼里，才不会深受其害。

便宜好占，麻烦难收

人们常说“严于律己，宽以待人”，就是要求人们在为人处世中自律，不是你的，你绝不能要；不能做的，你绝不能做。要时刻做到“立中不倚”，不能为贪图一点蝇头小利就丢弃了做人的原则。《孟子》说“仰不愧于天，俯不怍于人”，只有能“正道直行”的人才配得上这句话吧。

一个人所有的成功都是要靠自己的争取，依靠自己的实力去努力，去奋斗，而不是以自己的人格、尊严为代价换来的一点点便宜积攒下来的。但是，在人际交往中，总会有一些爱占人便宜的人，殊不知他们的一言一行、一举一动都被对方看得一清二楚，别以为对方默不作声，其实他已经作出了准确的判断，他之所以没有当面指出，或者是碍于情面，或者是不想小题大做，或者有其他的什么原因，但不管怎么说，在他心里已经告诫自己：“这个人不值得结交。”我们来看看古人是怎么看待自己努力和占人便宜这个问题。

明代有一个叫杨继盛的人，在临终前对他儿子这样说道：“宁让人，勿使人让；吾宁容人，勿使人容；吾宁吃人亏，勿使人吃吾之亏；宁受人气，勿使人恩于吾，则终身不忘；人有仇于吾，是即时丢过。”这是一个老人对人生、人性的彻悟，蕴含着丰富的人生意义。

而曾国藩对此的理解更加通俗一点。他认为，从前那些施恩于我的人，都是另有所图，少则数百，多则数千，不过都是钓饵而已。将来万一我做了总督或者学政，不理他们，又说明我为人刻薄；而理会他们，即使施一报十，也不能满足他们的欲望。正是因为曾国藩对此有如此高深的理解，在京城为官的几年时间里，他从来不肯轻易接受他人的恩惠。他在给弟弟曾国荃的信中这样写道：“情愿人占我的便宜，断不肯我占人的便宜。”并一再嘱托：“凡事不可占人半点便宜，不可轻取人财。”

曾国藩不愧为精明之人，或许身处官场中的人，没有不赞同他的话的。而在普通的人际交往中固然没有官场中那样可怕，但占便宜，无论是怎样的形式，是怎样的性质，是怎样的目的，用一句作家的话来说，那就是：便宜好占，或者难堪，或者麻烦。

而不占他人便宜就要讲究双方互利。现在人都在讲究如何实现双赢，如何实现互利，那只有合作。如果不存在互利互惠的共同目的，一方总是从另一方那儿得到过多的好处，在利益上并没有实现对等，合作的各方也不可能走到一起。而对于结交别人时，也应该做到这一点。孔子说“道不同，不相为谋”，如果彼此没有共同的语言、志向、爱好等，那两个人的关系也不会太好。而当两个人建立起合作关系时，就应该处处为自己和对方着想，而不能只为了得到自己的目的就毫不在意别人，只为一己之利就侵占别人的利益，这是与人交往中一个大忌。

柳生被集团公司派到下属分公司去出公差，出差期间，下属公司送了一大堆礼物及土产给他“聊表心意”。柳生也不客气，想到不过是些小东西而已，就照单全收了。

虽然不是什么了不起的大贿赂，但是“拿人家手短，吃人家嘴软”，柳生回到公司后，在出差报告中还是对下属公司的很多问题手下留情了。

公司派柳生出差的本意是要依据他的报告来评估分公司所在地的战略计划的。但柳生的报告中有很多不翔实之处，使得公司的计划在当地出现了偏差。

本来倒也没出多大的事情，毕竟柳生也没做太大手脚，谁知道这事不知怎么被老板听说了，老板很生气，经过调查，发现柳生在出差期间不仅没有认真工作，而且还收受“贿赂”，数额达万元。柳生很迷惑，自己仅是拿了些礼品和土特产，哪里曾收受过什么万元的贿赂？原来下属公司见到出了问题，干脆倒打一耙，把屎盆子都扣在了柳生的头上。这样，柳生有口难辩，终于在公司里待不下去，辞职走人了。

柳生贪图小便宜，最终毁了自己。这样的例子在现实生活中并不少见。所以，贪图小利别不以为然，这关系到你的人格以及别人对你的看法，这会让人感觉你是一个没有节操的人，甚至认为你不是一个可以信任的人。

而且，天下没有免费的午餐，有白送的小便宜，小便宜的背后自然会有无穷的麻烦。小便宜好沾，麻烦可不一定好收拾。

十
利不独享，义不容辞

只道名利是平常

世人极少有不爱名利的，为什么呢？或许名利是世俗价值的象征，抑或是自我内心虚荣的表现。名利，带来的是敬仰夹杂羡慕的目光，是镁光灯追随的目标，也是志得意满和踌躇满志的依仗物。

获得名和利的李叔同并未从其中得到精神上的寄托。因为自始至终，名利都非他所求，心中本无名利，名利自来扰之。为了寻求自己心灵深处不可解的困惑的答案，他抛开了红尘中的一切，跳到红尘之外。红尘之外亦沾染名利，他不喜，便极力挣脱这人人欲求而不得的黄金枷锁。对于别人冠以的“法师”、“老法师”、“律师”等尊敬带恭敬的称呼他十分反感，总是要求别人在写书或称呼他时去掉。在他看来，无论是作为一名真正的学者或是得道的高僧，都应该是外物不萦于怀、踏踏实实的。蝇营狗苟、追名逐利之事，他是不屑一顾的，也是极力摆脱的。或许，摆脱随身而来的名利是所有得道高僧的共同心愿吧！

洞山禅师感觉自己即将离开人世了，这个消息传出以后，人们从四面八方赶来，甚至连朝廷也派人急忙赶来。

洞山禅师走了出来，脸上洋溢着净莲般的微笑。他看着满院的僧众，大声说：“我在世间沾了一点闲名，如今躯壳即将散坏，闲名也该去除。你们之中有谁能够替我除去闲名呢？”

殿前一片寂静，没有人知道该怎么办，院子里一片沉静。

忽然，一个前几日才上山的小和尚走到禅师面前，恭敬地行礼之后，高声说道：“请问和尚法号是什么呢？”

话刚一出口，所有的人都投来埋怨的目光，有的人低声斥责小和尚目无尊长，对禅师不敬，有的人埋怨小和尚无知，院子里闹哄哄的。

洞山禅师听了小和尚的问话，笑着说：“好啊！现在我没有闲名了，还是小和尚聪明呀！”于是坐下闭目合十，就此离去。

小和尚眼中的泪水再也忍不住，流了下来。他看着师父的身体，庆幸在师父圆寂之前，自己还能替师父除去闲名。

过了一会儿，小和尚被周围的人围了起来，他们责问道：“真是岂有此理！连洞山禅师的法号都不知道，你到这里来干什么啊？”

小和尚看着周围的人，无可奈何地说：“他是我的师父，他的法号我岂能不知？”

“那你为什么要那样问呢？”

小和尚答道：“我那样做就是为了除去师父的闲名！”

名是缰，利是锁，尘世的诱惑如绳索一般牵绊着众人，一切狂傲、自大皆由此来。若想真正成就声名，必须有真名士的淡然与洒脱，虽不能视名利如粪土，起码能视名利于平常。

在一列长途旅行车上坐着两位女士，由于旅途时间较长，她们便开始攀谈起来。说着说着，话题就转到了职业上来，其中一位女士非常自豪地告诉另一位比较沉默的女士，说自己是一名作家。

“我是一位很有名的作家，全美国的人都知道我！”

“那你都写过一些什么书呢？”

“太多了，算起来大概有几十本了吧！”她自豪地回答道。

那位沉默的女士只是微微一笑，便不再说话了。

“那么，你呢？你的职业是什么？”她反问那位沉默的女士。

“我也是一名作家，但我只写过一本书。”沉默的女士很平静地回答道。

“是吗？才一本啊！什么书名呢？”她很不屑地问道。

“《飘》。”沉默的女士依旧平静地回答道。

不求名来名自扬，这才是真正的名士。不爱名利的，名利往往如影随形。原来，真正的名利是道德成就的附赠品。这附赠品却成了真名士的困扰，使他们极力摆脱。出家后的李叔同，曾有一段时间不停地受到朋友或社会的邀请，讲禅、参加宴会，后来一位施主劝诫：“不要成为应酬和尚。”如醍醐灌顶，让他豁然想通，自此以后，他远离所有邀请，寻了一处少有人认识的地方去钻研，弘扬佛法。在生活中，我们应视名利于平常。这样，我们才能享受淡然与洒脱。

把功劳多分几块送人

春秋时期，齐国侵占鲁国和卫国，鲁、卫两国求救于晋国，晋景公于是任郤克为中军元帅，士燮为佐上军，栾书统领下军，让他们率军出战。在战斗中，晋军将领与士兵们同仇敌忾，一起冲锋陷阵，郤克身受箭伤，仍在战场奋勇杀敌。结果晋军获得大胜，齐国献宝求和，归还了侵占鲁、卫的土地。

晋军凯旋回国时，许多人都前来迎接晋国将士。佐上军士燮却走在军队的最后面，他的父亲问他原因，他回答说：“军队立大功，国人欢喜的在这里欢迎，我如果先进去，必将成为众人瞩目的焦点，这是代帅受名，所以我不能走在前面。”他的父亲见儿子能够如此谦逊，非常高兴。

郤克晋见晋景公，景公高兴地对他说：“这次取胜，这是你的功劳啊！”郤克谦虚地答道：“这是君主平日的训导，其他将领们的努力，我哪有什么功劳呢？”佐上军将军士燮晋见景公，景公对他说：“打了胜仗，这是你的功劳！”士燮也谦虚地说：“这是荀庚的运筹帷幄，郤克的指挥有方，我哪有什么功劳呢？”下军将领栾书也去晋见景公，景公同样称赞他立了功。栾书说：“这是士燮指挥有方，士兵们拼命杀敌，我哪有什么功劳呢？”

立了大功，却不居功自傲，有了荣誉，却谦虚谨慎，克己让功。“三将让功”的故事被人们传为佳话。

某一民族视富有者施惠于贫穷者乃天经地义之事。不仅如此，据说施惠的富有者还必须感谢受惠的贫困者：“因为你们才使我有机会做善事。我之所以能够施惠是托您的福。谢谢！”他们深信此“施惠”的行为可以得到神的庇佑，因此，施惠者必须对给予自己机会的人——贫困者，抱持感谢之心。施惠者有时亦会被对方要求道谢：“因为我，你才能获得幸运，所以你必须谢谢我。”此民族的想法不太容易被我们接受，不过，仔细思考之后，你会发现并非毫无道理。

当你将功劳让给别人时，切勿要求对方报恩，或者摆出威风凛凛的态度。因为他们可能会因此而闹别扭、发脾气，甚至感到自尊心受损，进而采取反抗的行动。如此一来，反而得不偿失。

你应该心甘情愿地把功劳让给他们，并且对其表达感谢之意。换言之，你该换个角度想，由于你身在一个可以使你“施惠”的公司，并且拥有值得你“相让”的人选，才能让你尝到了满足的滋味，这一切都是值得感恩的。

如果你能持有这种心态，相信你所得到的喜悦将是不可限量的。而在如此充满和谐气氛的公司，上司与下属之间，同事与同事之间绝不会发生摩擦。即使仅有一次类似经验的人，也必定会将此恩惠牢记在心，在你遇到困难时即可发挥作用，而在平时，他们也一定会体谅你的难处。

把功劳让给他人不过是小恩小惠，但就是这点滴水之恩，却可以令他人涌泉相报。孰得孰失，人人自明。

有个人很有才气，编的杂志很受欢迎，有一年更得到大奖。一开始他还很快乐，但过了一个月，却失去了笑容。因为社里的同事，包括他的上司和下属，都在有意无意间和他作对。

原因是这样的：他得了奖，上司除了新闻局颁发的奖金之外，另外给了他一个红包，并且当众表扬他的工作成绩。但是他并没有现场感谢上司和下属们的协助，更没有把奖金拿出一部分请客。大家虽然表面上不便说什么，但心里却感到不舒服。

其实就事论事，这份杂志之所以能得奖，他的贡献最大。但是当有好处时，别人并不会认为谁才是唯一的功臣，总是认为自己没有功劳也有苦劳，所以他独享功劳，当然就引起别人的不快了。尤其是他的上司，更因此而产生了不安全感，害怕失去权力，他自然就没有好日子过了。结果两个月后，他就因为待不下去而辞职了。

当你在工作上有特别表现而受到肯定时，千万记得要厚道，别独享功劳，否则这份功劳会为你带来人际关系上的危机。

其实不要独享功劳，说穿了就是不要威胁到别人的生存空间，因为你的荣耀会让别人变得暗淡，使别人的地位发生动摇，产生一种不安全感。而你的感谢、分享、谦卑，正好让旁人吃下一颗定心丸，人性就是这么奇妙。

如果你习惯独享功劳，那么有一天就会独吞苦果！

与人分享功劳，让你少树敌人，进一步与人分享你的经历，才能让你赢得友谊。

争夺利益只会失去利益

刘墉先生曾说："合作失败的人常拆伙，因为彼此责难。合作成功的人，也常拆伙，因为各自居功。直到拆伙之后，发现势单力薄，再回头合作，那关系才变得比较稳固。"期望得到赞许和尊重，期望自己成为最闪亮的恒星，这种心理根深蒂固地存在于人的本性中，它就像一种充满野性的激励，没有这种精神刺激，人类进步就完全不可能，但也正因为这是一种非理智的激情，一旦膨胀起来，就会成为个人和团体生存的阻力。

在风景如画的美国加利福尼亚，年轻的海洋生物学家布兰姆做了一个十分重要的观察实验。这天，他潜入深水以后，看到了一个奇异的场面：一条银灰色的大鱼离开鱼群，向一条金黄色的小鱼快速游去。布兰姆以为，这条小鱼已在劫难逃了。然而，大鱼并没有恶狠狠地向小鱼扑去，而是停在小鱼面前，平静地张开了鱼鳍，一动也不动。那小鱼见了，便毫不犹豫地迎上前去，紧贴着大鱼的身体，用尖嘴东啄啄西啄啄，好像在吮吸什么似的。

最后，它竟将半截身子钻入大鱼的鳃盖中。几分钟以后，它们分手了，小鱼潜入海草丛中，那大鱼轻松地追赶自己的同伴了。在这以后的数月里布兰姆进行了一系列的跟踪观察研究，他多次见到这种情景。看来，现象并不是偶然的。经过一番仔细的观察，布兰姆认为，小鱼是"水晶宫"里的"大夫"，它是在为大鱼治病。

鱼"大夫"身长只有三四厘米，这种小鱼色彩艳丽，游动时就像条飘动的彩带，因而当地人称它"彩女鱼"。鱼"大夫"喜欢在珊瑚礁或海草丛生的地方游来游去，那是它们开设的"流动医院"。栖息在珊瑚礁中的各种鱼，一见到彩女鱼就会游过去，把它团团围住。有一次，布兰姆发现，几百条鱼围住了一条彩女鱼。这条彩女鱼时而拱向这一条，时而拱向另一条，用尖嘴在它们身上啄食着什么东西。而这些大鱼怡然自得地摆出了各种姿势，有的头朝上，有的头向下，也有的侧身横躺，甚至腹部朝天。这多像个大病房啊！

布兰姆把这条彩女鱼捉住，剖开它的胃，发现里面装满了各种寄生虫、小鱼以及腐蚀的鱼虫。为大鱼清除伤口的坏死组织，啄掉鱼鳞、鱼鳍和鱼鳃上的寄生虫，这些脏东西又成了鱼"大夫"的美味佳肴。这种合作对双方都很有好处，生物学上将这种现象称为"共生"。

在大海中，类似彩女鱼那样的鱼"大夫"很多，它们都有尖而长的嘴巴和鲜艳的色彩。这些鱼"大夫"的工作效率十分惊人。有人在巴哈马群岛附近发现，那儿的一个鱼"大夫"，在6小时里竟接待了300多条病鱼。前来"求医"的大多是雄鱼，这是因为雄鱼好斗，受伤的机会较多；同时雄鱼比雌鱼爱清洁，除去脏东西后，它们便容光焕发，容易得到雌鱼的垂青。

有趣的是，小小的彩女鱼在与凶猛的大鱼打交道时，不但没受到欺侮，还会得到保护呢。布兰姆对几百条凶猛的鱼进行了观察，在它们的胃里都没有发现彩女鱼。然而，他却多次看到，这些小鱼进入大鲈鱼张开的口中，去啄食里面的寄生虫。一旦敌害来临，大鲈鱼自身难保时，它便先吐出彩女鱼，不让自己的朋友遭殃，然后逃之夭夭，或前去对付敌害。

生物都知彼此依靠、共栖共生，而有些人却待人不够诚恳，总想着算计他人，为了一时的名利争斗不休。其实，合作是维持秩序、克服混乱的重要法则，一旦要各自居功、互不相让，这个法则必然遭到破坏，世间的秩序将无从谈起。

不必揽功，因为功劳推不掉

孔子很欣赏一个叫孟子反的人，夸他从来都不夸耀自己的功劳，有一次打了败仗要撤退，他亲自殿后，掩护大部队，一直撤到城门下面。别人都特别佩服他的勇气，他这时候却一拍马屁股跑到了队伍前面，说，哪里是我胆子大，敢亲自殿后？实在是我这匹马跑得慢啊！

按理说，如果从“谦虚”的角度上来讲，这个孟子反做得有点过头了，即便是低调，也没孟子反这种低调法，完全不符合儒家的中庸之道。但是仔细想想，我们才能看到孟子反所展现出来的，并不是谦虚，而是极为高明的智慧：不揽功。

古代的朝廷就是一个大职场，而且比现在的职场凶险百倍——那时候的老板，是要砍员工脑袋的。在无数颗脑袋落地之后，痛定思痛，官员们得出了一个结论：“功高盖主要不得。”并且举一反三，不光不能揽功，而且要把功劳让给老板。

西晋名将王濬于公元280年巧用火烧铁索之计，灭掉了东吴，三国分裂的局面至此方告结束，国家又重新归于统一，王濬的历史功勋是不可埋没的。岂料王濬克敌制胜之日，竟是受谗言遭诬陷之时，安东将军王浑以不服从指挥为由，要求将他交司法部门论罪，又诬陷王濬攻入建康之后，大量抢劫吴宫的珍宝。

这不能不令功勋卓著的王濬感到畏惧。当年消灭蜀国，收降后主刘禅的大功臣邓艾，就是在获胜之日被谗言构陷而死，他害怕重蹈邓艾的覆辙，便一再上书，陈述战场的实际状况，辩白自己的无辜，晋武帝司马炎倒是没有治他的罪，而且力排众议，对他论功行赏。

可王濬每当想到自己立了大功，反而被豪强大臣所压制，一再被弹劾，便愤愤不平，每次晋见皇帝，都一再陈述自己伐吴之战中的种种辛苦以及被人冤枉的悲情，说到激动之处，也不向皇帝辞别，便愤愤离开朝廷。他的亲戚范通对他说：“足下的功劳可谓大了，可惜足下居功自傲，未能做到尽善尽美！”

王濬问：“这话什么意思？”范通说：“当足下凯旋之日，应当退居家中，再也不要提伐吴之事，如果有人问起来，你就说：‘是皇上的圣明，诸位将帅的努力，我有什么功劳可夸的！’这样，王浑能不惭愧吗？”王濬按照他的话去做了，谗言果然不止自息。

立了功，其实是很危险的事情。一个“居功自傲”的罪名就能把人给灭了，还不提那些羡慕嫉妒恨的同事。若是不了解这种孤立无援的后果是不能自保的。把功劳让给上司，是明智的捧场，稳妥的自保。

因为大多数上司是闻功则喜，在评功论赏时，上司总是喜欢冲在前面。而犯了错误或有了过失，许多上司都有后退的心理。这个道理古今一般，因为是人的本性。

所以，在工作中，假如我们努力完成了一项对公司非常有利的业务，照理说应该受到公司的嘉奖和上司的表扬，在众人面前也能露脸，但是如果能够将功劳让给上司，那将是另一番情景。能得的嘉奖一点都不会少，还能得到上司的青睐，何乐而不为呢？

不过，当代社会已经没有了古代朝廷的残酷，上级和下属之间的权利和义务也相对更平等了。这当然不是说我们可以大胆揽功了，而是说，如果我们也成了手下管着几号人的主管，那么作为上级，下属可以主动把功劳让给我们，但上级却不应该主动去抢下级的功劳。

某公司的营销主管李卫很民主，常会听取下属的意见：“这看法不错，你将它写下来，这星期内提出来给我。”下属们听了这话会很高兴，踊跃地做各种企划，大家争着提供意见，当然，其中的大部分也都为李卫所采用了。然而，每一次发表考绩，这一切却都归功于李卫一人。一年后，李卫就完全为下属所讨厌了。

李卫感到很迷惑，不了解下属讨厌他的原因，心想：“是他们的构想枯竭了吗？那么再换些新人进来吧！”于是和其他部门交涉，调换了几个新人。

一进来，李卫就向他们提出一个要求：“我们营销部，传统上是要发挥分工合作的精神，希望大家能够同心协力，提高营销部的业绩。”然而，并无人加以理会，他们心想：“营销部的功绩，最后都归于你一个人，你老是抢别人的功劳，一个人讨好上司。”

将自己部门内的成绩完全归功于自己，是作为一个领导者很容易犯的毛病。任何工作，绝不可能始终靠一个人去完成，即使是一些微不足道的协助，你也要表现由衷的感激，绝不可抹杀下属的努力。作为一个领导者，这是绝对要牢记的。

一个让下属放心追随的领导者既不会独占功劳，也不会诿过于下属，他们在下属的心里就像一棵可以乘凉的大树，是他们真正可以依靠的靠山。

总之，功劳这东西是虚的，你揽或者不揽，它都在那里，即使你推掉了功劳，绝口不提自己的贡献，人们也是看在眼里的。不揽功，非但收获了功劳，而且收获了别人的尊重、上司的青睐，何乐而不为呢？

文过饰非是怯懦的表现

孔子的学生子夏在《论语·子张》中曾这样说：“小人之过也必文。”意思是一个小人如果犯了错误必定不敢承担责任，反而会为自己寻找各种借口开脱。后来我们的文学作品中的“文过饰非”出处就在此。

著名的文化学者余秋雨先生在南京某大学的一次讲座中被人问到“一个男人的最佳魅力是什么”时，他这样回答学生：“责任。”“比责任更高的是什么？”“是社会责任。”“比社会责任更高的是什么？”“是人文责任。”这是一个男人对魅力的定义，也是对“人”的一种宣言。因此从这个角度来讲，一个逃避自己责任的人是怯懦的，不论他逃避的是哪一种责任都是如此。

责任，从本质上来说，是一种与生俱来的使命，它伴随着每一个生命的始终。现代社会所需要的正是这种深深的责任感。我们生活在一个由责任构建的社会中，亲情缔造的责任让我们感动，友情链接的责任让我们幸福，爱情构筑的责任让我们忠诚。所以我们不能推卸责任，推卸责任就意味着伤害了我们的至亲至爱。

企业作为社会组成的一部分，它的兴衰成败也建立在责任的基础之上。企业里的每一个人都负载着企业生死存亡、兴衰成败的责任。这种责任是不可推卸的，无论你的职位是高还是低。

梁启超说：“人生须知负责任的苦处，才能知道尽责任的乐趣。”责任是每个人的事，无论是初入社会的新人，还是职场上职位卑微的小职员，都应当时刻保持强烈的责任感，为自己的工作承担起责任，不能因为自己的工作无足轻重而轻率对待。一个逃避责任、没有责任意识的员工，不仅会在工作中为企业带来损失，而且还会为自己的职业生涯带来损害。相反，一个有较强责任感的员工，不仅能够得到老板的信任，同时也会为自己的事业奠定坚实的人格基础。

李森和彭宇是速递公司的两名职员。他们俩是工作搭档，工作一直都很认真，也很卖力。领导对这两名员工很满意，而一件事却改变了两个人的命运。

一次，李森和彭宇负责把一件很贵重的瓷器送到码头。老板反复叮嘱他们要小心。

没想到，送货车开到半路却坏了。

彭宇说："我出门之前怎么不把车检查一下？如果不按规定时间送到，我们要被扣奖金的。"

可李森却什么也没说，只是凭着自己的力气大背起邮件，一路小跑，终于在规定的时间赶到了码头。这时，彭宇说："我来背吧，你去叫货主。"他心里暗想，如果客户能把这件事告诉老板，说不定还会给我加奖金呢。他只顾想，当李森把邮件递给他的时候，他却没接住，邮包掉在了地上，"哗啦"一声，瓷器碎了。

"你怎么搞的，我没接你就放手。"彭宇大喊。

"你明明伸出手了，我递给你，是你没接住。"李森辩解道。

他俩都知道，瓷器打碎了意味着什么。没了工作不说，可能还要背上沉重的债务。果然，老板对他俩进行了严厉的批评。

"老板，不是我的错，是李森不小心弄坏的。"彭宇趁着李森不注意，偷偷来到老板的办公室，对老板说。老板平静地说："谢谢你，彭宇，我知道了。"

于是，老板把李森叫到了办公室。李森就把事情的原委告诉了老板，最后李森说："这件事情是我们的失职，我愿意承担责任。另外，彭宇的家境不太好，如果可能的话，他的责任我也来承担。我一定会弥补上我们造成的损失的。"

李森和彭宇一直等待处理的结果，一天老板把他俩叫到了办公室。老板对他俩说："公司一直对你们俩很器重，想从你们俩当中选择一个担任客户部经理，没想到却出了这样一件事，不过也好，这会让我们更清楚哪一个人是合适的人选。我们决定请李森担任公司的客户部经理，因为，一个能够勇于承担责任的人是值得信任的。彭宇，你明天不用来上班了。"

"老板，为什么？"彭宇问。

"其实，瓷器的主人已经看见了你俩在递送瓷器时的动作，他跟我说了他看见的事实。还有，我也看到了问题出现后你们两个人的反应。"老板最后说。

也许逃避责罚是人类的一种强烈本能。多数人在"有利"与"不利"两种形势的抉择中都会选择趋吉避凶。通过各种"免罪"行为，人们可以暂时逃脱责罚，保护自身利益。

人生中的事情没有尽善尽美的。很多时候你没办法做到无所不知，因而有时会在常识方面有所欠缺。诚然，有许多在所难免的错误可以澄清、解释并改正，大可不必逃避。在世界上，没有什么缺失比责任缺失更可怕。

责任缺失把人世间所有本该美好的关系统统汇集到担忧与提心吊胆般的焦虑中；责任缺失没有赢家，即使暂时的赢也必将以更大的损失去填充，这是一种高利贷式的报复，以链式反应让社会的每个成员被迫埋单。这是一个令人诅咒的黑色人文生态，我们为逃避责任的付出已经触目惊心，但还有很多的人没有责任意识！他们的迷失需要有人带头登高呼唤，呼唤责任，唤醒人们心中沉睡的责任意识。

挑得起重担，走得了远路

世界上很少有报酬丰厚却不需要承担任何责任的便宜事，想要一时不负责任当然有可能，但要免除世间所有的责任却要付出巨大的代价。当责任从前门进来，你却从后门溜走，你失去的是伴随责任而来的一切回报！对大部分的职位而言，回报和所承担的责任有直接的关系。

一个公司有三个大分厂，一分厂历来管理基础较好，但规模较其他两个分厂小一些。一分厂的厂长姓林，正是在他的一手经营下，一分厂才有了良好的业绩。后来，董事长决定调林厂长到三分厂当厂长。三分厂是公司规模最大、设备最先进、管理却是最混乱的一个分厂。之前已经有好几个厂长去那里，都无功而返。因此，得知调动消息时，林厂长很矛盾：不去吧，董事长可能不高兴。去吧，一旦搞砸了，想再回一分厂都不行了。而且，由于多年管理一分厂，一切工作运作程序早就规范化了，管理起来很轻松。

思量再三，林厂长还是答应去三分厂，因为他有责任把这个管理混乱的分厂搞好。半年多的时间过去了，原来最混乱、生产能力最低的三分厂，一跃成为整个公司的生产管理标杆厂，各项指标均居首位。

后来，董事长把三分厂的经营管理权下放给了林厂长，并给他80万的年薪，而林厂长原来的工资，每月只有5000元！

有多大能力，担当多大责任，林厂长勇于担当责任，由此不仅带动了公司的发展，也让自己在担当责任中得到了发展。责任来自于良心，而不是来自于薪水。坚守住了责任，在某种程度上说，也就坚守住了自己的前途。

有一位在一家公司担任人力资源总监的先生讲述了这样一件事情：

2002年10月，我们公司的营销部经理带领一支队伍参加某国际产品展示会。在开展会之前，有很多事情要做，包括展位设计和布置、产品组装、资料整理和分装等，需要加班加点地工作。可营销部经理带去的那一帮安装工人中的大多数人，却和平日在公司时一样，不肯多干一分钟，一到下班时间，就溜回宾馆去了，或者逛大街去了。经理要求他们干活，他们竟然说：“没加班工资，凭什么干啊？”更有甚者还说：“你也是打工仔，不过职位比我们高一点而已，何必那么卖命呢？”

在开展会的前一天晚上，公司老板亲自来到展场，检查展场的准备情况。

到达展场，已经是凌晨一点，让老板感动的是，营销部经理和一个安装工人正挥汗如雨地趴在地上，细心地擦着装修时粘在地板上的涂料。而让老板吃惊的是，其他人一个也见不到。见到老板，营销部经理站起来对老总说：“我失职了，我没能让所有人都来参加工作。”老板拍拍他的肩膀，没有责怪他，而指着那个工人问：“他是在你的要求下才留下来工作的吗？”

经理把情况说了一遍。这个工人是主动留下来工作的，在他留下来时，其他工人还一个劲儿地嘲笑他是傻瓜：“你卖什么命啊，老板不在这里，你累死老板也不会看到啊！还不如回宾馆美美地睡上一觉！”

老板听了经理反映的情况，没有任何表示，只是招呼他的秘书和其他几名随行人员加入工作中去。但参展结束，一回到公司，老板就开除了那天晚上没有参加工作的所有工人和工作人员，同时，将与营销部经理一同打扫卫生的那名普通工人提拔为安装分厂的厂长。

我是人力资源总监，那一帮被开除的人很不服气，来找我理论：“我们不就是多睡了几个小时的觉吗，凭什么处罚这么重？而他不过是多干了几个小时的活，凭什么当厂长？”他们说的“他”就是那个被提拔的工人。

我对他们说："用前途去换取几个小时的懒觉，是你们自己的行为，没有人逼迫你们那么做，怪不得谁。而且，我可以这件事情推断，你们在平时的工作中偷了很多懒。他虽然只是多干了几个小时的活，但据我们考察，他一直都是一个认真负责的人。他在平日里默默地奉献了许多，比你们多干了许多活。提拔他，是对他过去默默工作的回报。"

这个生动的例子让人深深地感觉到了责任的重要性。对公司负责，就是履行你作为员工对公司、对老板的责任。任何一名员工，都不能忘记对公司的责任和使命。无论一个人担任何种职务，从事什么样的工作，他都对企业负有责任，这是社会法则，这是道德法则，这还是心灵法则，更是生存法则。

一家人力资源管理机构曾经做过一次这样的试验：试验的参加者们都被告知连续跑完五个四百米接力赛是他们这次行动的使命。参加试验的人被分成两个团队，每个团队又按照四人一组的方式分成若干小组，其中一个团队的各小组成员均被告知："在规定时间内跑完全部赛程，这是你们必须尽到的责任，不能尽到自己职责的人将被淘汰。"而另一个团队则没有接到任何有关责任的提示。

试验的结果表明，第一团队90%的小组都在规定时间内跑完了全程，另外的10%虽然超过了规定时间，但他们仍然尽全力跑完了全程。而在第二团队中，只有20%的小组在规定时间之内跑完了全程，另外还有20%的小组跑完了全程，但是所用的时间却远远超过了规定时间。

一个伟大使命之所以伟大，是因为完成它需要付出艰难的努力和不懈的奋斗。要想完成一个伟大的使命，必须依靠高度责任心的有力推动。但是如果失去了责任心，任何使命都无从谈起。

推卸责任只能让错误翻倍

当我们犯了错误的时候，不要去想如何隐瞒错误或推卸责任，要勇敢地承认错误并采取一切可能的措施去弥补自己的过失，将错误造成的负面影响降到最低点。厚道的人，一般不会隐瞒错误或推卸责任，而是敢于承担责任。其实任何事情都有它的两面性，我们应该以积极的态度对待错误与责任，从中不断地学习和成长。

下班的时间已经到了，商场的经理查姆斯收拾好东西正准备回家，这时传来了敲门声。"请进。"查姆斯回答道。一个小伙子走了进来。"哈恩，你有事吗？"哈恩是商场笔记本电脑销售员，做这份工作时间还不久，业务不是很熟练。但他为人诚恳、热情，对工作也很认真，大家都很喜欢他。

哈恩一脸严肃，手里还拿了一个信封："对不起，经理。今天我犯了一个很严重的错误。"原来，哈恩一时大意，把一台价值2万美元的笔记本电脑，以1万美元卖给了一位顾客。他是特意向经理承认错误的。

"我为我的错误感到羞耻。这1万美元是我这几年工作攒下的，请您收下，作为我对公司的赔偿。如果您要开除我，我不会有任何怨言的。"说完哈恩将手中的信封递给了查姆斯。查姆斯接过信封放到了桌子上，然后问道："你知道那位顾客的联系方式吗？你去找过他吗？""我知道的，他付钱时留下了联系方式。我没有去找他。为什么要去找他呢？是我把两种笔记本电脑弄混了，是我工作的失误，我不想给您带来太多的麻烦。"

“所以，你就用自己的存款填补那1万美元的损失？”查姆斯问。

“是的，经理。这是我的错，我希望能够弥补它。”哈恩诚恳地答道。

你是不是觉得哈恩很傻？哈恩完全可以向那位顾客追回1万美元的。如果他不希望因为追款引起太多的事，他完全可以把自己的1万美元存款悄悄地入账来了结这件事。他完全不需要冒着被解雇的风险跑到经理那里去承认错误，那似乎是多此一举。如果你真是这样想，那就错了。

“这是我的错！”看似简单的一句话，说出来却需要莫大的勇气。很多人认为，犯错表示一个人不成熟，会显得一个人没能力，会被人抓住把柄，从而影响到加薪和晋升，甚至还会受到惩罚，所以一般人在承认错误这个问题上会很犹豫。其实，这样做只显得一个人不负责任，对自己和自己的工作没一点好处。相反，勇敢承认错误，往往会获得老板的谅解，即使他嘴上责骂你几句，其实心里已原谅了你。当他了解了你的人品，你的机遇也就来了。

无论男女老幼、尊卑贵贱，只要你活在这个世界上，你就不可避免地会犯错误。犯错并不可怕，可怕的是掩盖错误，推卸责任。不要有侥幸心理，勇敢地承认：“这是我的错！”这是弥补过失的唯一出路，也是赢得尊重、提升人格的唯一选择。

能力有限时，责任就是保障

电视剧《潜伏》中，秋掌柜是余则成在天津站的联络人，身份暴露后，他被严刑逼供。面对敌人的拷打折磨，秋掌柜没有屈服，而是努力坚守着属于自己的那份责任，并用“咬舌自尽”来消除同伴的顾虑，保护自己的同事不受威胁与牵连。正是他对工作的这种责任、这种精神，感动了余则成，让一向不露头、不出面的余则成作出了“冒险营救秋掌柜”的大胆决定。而被顺利营救的秋掌柜，回到根据地后仍被授以重任。与之相反，和他一同工作的报务员汤四毛，被敌人稍加吓唬拷问便投敌叛变，亵渎责任的人是不会有好结果的，对汤四毛而言，死就是他的下场，李涯给他的那一枪是从他叛变时就注定要承受的。

责任可以说是安身立命的根本，一个负责任的人会受到别人的尊重与敬畏，而一个不负责任的人会受到别人的鄙夷和唾弃，秋掌柜和汤四毛就是两个鲜活的例子。尤其是对职场人士来说，责任是能力的承载，是最强的能力。所以，如果你的业务水平还不是很高，没有竞争优势时，就试着用责任来支撑自己吧。

一位大公司的老板讲了一个这样的故事：有个人来公司应聘，经过交谈，他觉得那个人能力有限，不适合他们公司的工作，因此，他很客气地和那个人道别。那个人从椅子上站起来的时候，手指不小心被椅子上凸出来的钉子划了一下。那人顺手拿起老板桌子上的镇纸，把凸出来的钉子砸了进去，然后和老板道别。就在这一刻，老板突然改变了主意，他留下了这个人。

事后，这位老板说：“我知道在业务上他也许未必适合本公司，但他的责任心的确令我欣赏。我相信他工作我会很放心。”

也许你也和这个应聘者一样，能力不是很突出，不过没关系，你可以像他一样，发挥负责任这个“长处”，用责任来弥补你能力的不足。而且，能力是可以培养的，只要你有责任心，还愁培养不出能力吗？故事中的老板就深知这一点，所以他会把能力有限，而责任心较强的应聘者留了下来。

相反，如果你有足够的能力，但你缺乏责任心，对什么事情都不屑一顾，把公司的照顾当作福利，缺乏应有的责任感，那么即使你再有能力，公司也会忍痛割爱。

晓青现在是一家软件公司的程序员。学计算机专业的晓青毕业后非常幸运地进入了这家大的软件公司工作。上班的第一个月，由于她刚毕业，在学校还有一些事情要处理，所以经常请假，加上她住的地方离公司比较远，经常不能按时上下班。好在她专业技术过硬，和同事一起解决了不少程序上的问题，很明显，公司也很看重她的工作能力。

学校的事情处理完了，晓青上班仍像第一个月那样，有工作就来，没有工作就走，迟到早退，甚至还在上班时间拉同事去逛街。有一次，公司来了紧急任务，上司安排工作时怎么也找不着她。事后，同事悄悄地提醒她，而她却以一句“没有什么大不了的”，让同事无言以对。

她认为自己工作能力够了就行，其他的不必放在心上了。结果可想而知：在试用期结束后的考评中，晓青的业务考核通过了，但在公司管理规章和制度的考核上给卡住了，她只能被淘汰。

晓青由于对工作不负责任，不但危害了公司的利益，还让自己失去了工作。由此看来，工作时不负责任虽然会给你的老板带来损失，但损失更大的是你自己。所以，我们与其花费很多精力来逃避工作，倒不如花相同的精力来努力完成工作，这样，最大的受益者反而还是自己。

在一些人看来，只有那些有权力的人才有责任，而自己只是一名普通员工，没什么责任可言，一旦出现错误，有权力的人应当承担责任。这种想法是大错大错的，生活总是会给每个人回报的，无论是荣誉还是财富，条件是你必须转变自己的思想和认识，努力培养自己尽职尽责的工作精神。一个人只有具备了尽职尽责的精神之后，才会产生改变一切的力量。当你尝试着对自己的工作负责的时候，你的生活会因此改变很多，你的工作也会因此而改变。其实，改变的不是生活和工作，而是一个人的工作态度。正是工作态度，把你和其他人区别开来。这样一种敬业、主动、负责的工作态度和精神让你的思路更开阔，工作更积极。

重视自己的工作，从小事做起，一点一滴地积累，你会发现自己离成功不远了。工作是你衣食住行的保障，工作为你带来乐趣，消除烦忧。所以，对工作负责，你会发现自己是最大的赢家。

十一
知恩图报，助人者人助之

投桃报李，为人也为己

俗话说“滴水之恩，当涌泉相报”，说的就是一种“知恩图报”的行为。

一个猎人上山打猎，看见一只狼卧在山坳里，当他举起猎枪瞄向狼的时候，狼没跑，仍卧在那里。猎人不明，近前一看，发现是只怀孕的母狼，而且它的一条腿折了。狼看着猎人，像是在乞求猎人饶它不死，猎人心软了，不但没有杀它，还将它的伤腿进行了敷药包扎。

冬天到了，一场大雪封住了猎人的家门，他一连好几天都无法上山打猎。一天夜里，猎人听到自家靠山根的后院里，“扑通扑通”的，像是有人在往院里扔东西。第二天，猎人开门一看，院里扔了几只野兔和山鸡。以后每逢下大雪不能上山的时候，都是这样，原来是狼在报恩。

动物尚且知道“知恩图报”，人在接受别人的帮助以后更应该懂得去知恩图报。

知恩图报既是一种厚道的行为，又是一种奉献的精神，如果不懂知恩图报，你就会马上陷入一种糟糕的境地，对许多客观存在的现象日益挑剔甚至不满。如果你的头脑被那些令你不满的现象所占据，你就会失去平和、宁静的心态，并开始习惯注意并指责那些琐碎、消极、猥琐、肮脏甚至卑鄙的事情。放任自己的思想去关注阴暗的事情，你自己也就变得阴暗，并且，从心理上，你会感觉到你身边阴暗的事情越来越多，让你难以摆脱。但是如果你能让自己保持一颗感恩的心，把自己的注意力全部集中在光明的事情上，你将会变成一个积极向上的人，一个大有作为的人。

唐功红，一个地道的农村姑娘，硬是通过自己的顽强毅力和拼搏奋斗，赢得了雅典奥运会女子举重最高级别的金牌。她的精神不仅使每一个中国人感动，也让世界各国的人敬佩。当记者采访她的时候，她却发自内心地感谢她的父母、她的教练和启蒙教练，还有她的队医和领队。在她看来，没有他们那么多默默无闻的辛苦付出，就不会有自己今天的辉煌成就。

我们可以看出，唐功红是一个非常实在、非常本分的人，她没有某些体育明星动辄“感谢党和人民的培养”那种“秀”态，也没有某些影视明星们拿了奖杯后的逢场作戏，她的感恩是发自内心的，是真挚的。正因为此，她也在个人的精神品格上赢得了人们的尊重。

隐机禅师得了一种奇怪的病，很多郎中试了很多方法都没治好他的病。后来，寺里的和尚们听来一个方子，说可以用萨荑红来试一试。

萨荑红是一种名贵的药材，往往开在深山老林里的悬崖上，这种药材往往一株就价值十多两银子。

隐机禅师的寺所在的大山里就有这种药材，数量不多，而且极难采摘。

听说了这件事之后，山下村子里一位信佛的药农无偿送给了禅师一枝药材。禅师服用后，病居然真的奇迹般地好了。

禅师病好之后，就开始让寺里的徒弟上山采萨荑红。寺里的徒弟们年轻力壮，很多出家前也是大山里来的子弟，悬崖峭壁不在话下，所以每年总能采到几株萨荑红。于是，禅师就每年挑选一株最好的送给药农，如此，持续了九年。

时间久了，很多徒弟对住持的做法有些不解：药农送给我们一枝，我们还一枝就可以了，为什么每年都要给他一枝？

听到徒弟们的质疑，禅师把徒弟们召集到一起，问："我们已经赠送给了几株药材给送药的施主？'

众徒弟异口同声："九枝。"

只有一个徒弟不说话，禅师笑了笑，问他："说说你的答案吧。"

那个徒弟回答说："一枝。"

禅师又问："为什么说是一枝呢？"

那个徒弟回答说："没有最早施主送的那一株萨荑红，哪来之后我们的九株呢？"

老禅师听罢微笑着点了点头，其他徒弟恍然大悟。

是啊，如果没有药农之前的一株药，哪里还会有老禅师报恩的那一天，老禅师送给药农的不是一味药，而是一份感激。这并不是能用"以一换一"的交易能够衡量的。

俗语云："知恩图报，善莫大焉。"常怀感恩之心也就拥有了人类最微小也最不能丢失的美德，也就拥有了成功的基础。

古人云："施人慎勿念，受施慎勿忘。"知恩图报是一个人不可磨灭的良知。一个懂得知恩图报的人，就拥有了人生最重要的美德，生活最重要的智慧。

懂得感恩，发达不忘旧情

名誉是一个人最珍视的东西，名誉可以让人舍身忘利，可以让人视死如归。这一点是圆融的处理人际关系最关键的要素之一，掌握了这一法则可以无往而不胜。因此善待自己多年的挚友和多年的伙伴，让人觉得你非常"念旧"，就可以得到意想不到的效果。不仅可以真正实现"士为知己者死"，而且还可以"好事传千里"，名利双收。

李嘉诚拥有的第一幢工业大厦、地产大业的基石，让他赢得"塑胶花大王"盛誉的老根据地是北角的长江大厦。20世纪70年代后期，香江才女林燕妮为她的广告公司租场地，跑到长江大厦看楼，发现长江大厦仍在生产塑胶花。此时，塑胶花早过了黄金时代，根本无钱可赚。当时长江地产业已创出自己的名号，盈利已十分可观，就算塑胶花有微薄小利，对长江实业的利润实在是九牛一毛，为什么仍在维持小额的塑胶花生产？林燕妮甚感惊奇。李嘉诚说是为了给以前的老员工留下一些生计，为了让他们衣食富足。

曾经有一位在李嘉诚公司工作了十年的会计，因为不幸患上青光眼，无法继续在公司上班，而且他早已花尽了额度之内的医疗费，生活面临着极大的困难。李嘉诚关心地询问会计：太太是否具有稳定的工作可以维持家庭生活？他支持他去看病，而且说，如果他的生活不够稳定，他可以担保他的太太在他的公司工作，使这家人不必再为生活奔波。

这位患病的会计经过医生的诊治，退休后定居在新西兰。本来这件事就应该这样结束，但更值得一提的是，每次李嘉诚从媒体上获知治疗青光眼的方法，都会叫人把文章寄给那个会计，希望对他有所帮助。他的行为使会计的全家都十分感动，那个会计的孩子尚处幼年，大概还没到十岁，为了表达全家对李嘉诚的感激之情，孩子自己动手画了一张薄薄的卡片，寄给李嘉诚，礼轻情谊重。由此也可见李嘉诚优秀的人品和对员工的关爱之情。

有人看到李嘉诚如此善待员工，不由得感叹道："终于明白老员工对你感恩戴德的原因了。"李嘉诚认为：一家企业就像一个家庭，他们是企业的功臣，理应得到这样的待遇。现在他们老了，作为晚一辈，就该负起照顾他们的义务。别人夸奖李嘉诚精神难能可贵，不少老板等员工老了一脚踢开，他却没有。这批员工过去靠他的厂养活，现在厂没有了，他仍把员工包下来。李嘉诚急忙否定别人的称赞，解释说：老板养活员工，是旧式老板的观点，应该是员工养活老板，养活公司。相比较而言，日本的企业，在新员工报到的第一天，通常要做"埋骨公司"的宣誓。李嘉诚却从不勉求员工作终身效力的保证，他总是通过一些小事，让员工认为值得效力终身。他自豪地说，他的公司不是没有跳槽，但是公司行政人员流失率极低，可说是微乎其微。

在商战中，利益高于一切，商人不会从事没有收获的事业，毕竟企业不是慈善机构。所以工厂没有效益，关闭也无可厚非，李嘉诚却继续生产，坚持"员工养活企业，企业应该回报他们"的朴素观点，他把冷漠商场化无情为有情。

李嘉诚认为，他自己尽最大的努力，为企业赚钱是应该的，所以其他股东相信他，虽然管理者受到的压力很大，但是因为他们的收入很多，所以他们应该多为员工来考虑，应该努力为他们做些事，保证他们的利益。为了增强下属对集团的归属感，他往往会给他们以低价购入长实系股票的机会，从而使集团形成了更强的凝聚力。

李嘉诚也很善于为他人谋利，做到仁至义尽。杜辉廉是曾为李嘉诚的事业鼎力相助的一位"客卿"。他是英国人，出身伦敦证券经纪行，是证券专家。李嘉诚最辉煌的战绩在股市，最能显示其超人智慧的场所也是在股市，而被称为"李嘉诚的股票经纪"的杜辉廉，在其中起了不容低估的作用。他是长江多次股市收购战的高参，并实际操办了长实及李嘉诚家族的股票买卖。但杜辉廉并不是李嘉诚属下公司的董事，他多次谢绝李嘉诚要他担任长实董事的邀请，是众"客卿"中唯一不支干薪者。但他却不因为未支干薪，而拒绝参与长实系股权结构、股市集资、股票投资的决策，这令重情重义的李嘉诚一直觉得欠他一份重情，总想着寻机报答他。

1988年底，杜辉廉与他的好友梁伯韬共创百富勤融资公司，李嘉诚当即决定帮助百富勤公司，以报杜辉廉相助之恩。杜梁二人各占百富勤公司35%的股份，其余股份，由李嘉诚邀请包括他在内的18路商界巨头参股。他们都和李嘉诚一样不入局，不参政，目的仅在于助其实力，壮其声威。在李嘉诚和其他商界巨头的大力协助下，百富勤发展势头迅猛，先后收购了广生行与泰盛，也分拆出另一家公司百富勤证券，杜辉廉任这两家公司主席。当百富勤集团成为商界小巨人后，李嘉诚等巨商主动摊薄自己所持的股份。其目的是再明显不过了，就是好让杜梁两人的持股量达到绝对的“安全”线。

李嘉诚对百富勤的投资，完全出于非盈利目的，他之所以这样做，完全是为了报杜辉廉之恩。尽管李嘉诚并不想从百富勤赚得分毫，但他持有5.1%的百富勤股份，仍为他带来了大笔红利。因为百富勤发展迅速，是市场备受宠爱的热门股，他不想赚钱，也得赚钱。

唐太宗李世民用水和舟来深刻阐述民与君的关系，他说：水能载舟，亦能覆舟。其实李嘉诚的做法与他很相像，不同的是前者用在企业管理中。李嘉诚说，一支同心同德的军队，身体力行的军队，有凝聚力的军队，才是无坚不摧的军队，才能够出奇制胜，一个光杆司令打不了天下，孤掌难鸣，就像舟和水的关系一样。而且他也是这样做的。他说如果要员工全心全意地工作，就要将心比心，让员工得到他们应该得到的，保证他们的利益。

所以，懂得感谢员工，回报部下，不计利益和索取，是李嘉诚对人生的领悟，也是商战之中不可忽略的一种战术。这种战术以柔软的内心作为根本，尽管付出很多，可是收获的将是比金钱要多出很多倍的名声。

很多人在获得了名誉和地位以后，就容易忘本，别说是下属，就连亲人和朋友也难以靠近了。这样的人，往往会众叛亲离。即使是眼前获得了成功，也不会长久。所以，成功之后，更要懂得珍惜，懂得感恩，不忘旧情。

知恩图报是多赢的处世哲学

如果说这个世界上还有什么比婆媳关系更难相处的，那一定是老板与员工的关系。背叛、怨恨、猜忌、冷漠……这些经常在莎士比亚作品中出现的场景几乎每天都会在办公室里上演，其中有相当一部分都是因为员工与老板的关系出现了危机：在职场中，有超过50%的人认为老板是靠不住的；在职业测评公司接受的咨询案例中，80%的人对老板很有看法。

人们都普遍认为，老板和员工是一对矛盾的统一体。从表面上看起来，彼此之间存在着对立性——老板希望减少人员开支，而员工希望获得更多的报酬。事实上，从更高的层面来看，老板和员工之间并不是对立的，两者之间是一种互惠双赢的合作关系：我们在为老板打工的同时，也在享受老板和公司提供的个人发展平台。因此，我们应当学会知恩图报，学会了知恩图报，结果一定是多赢的。

在公司中，我们要懂得知恩图报，不要将拥有的一切都视为理所当然。我们要感谢我们的工作，它不仅给了我们生存的物质，还为我们提供了展现人生价值的舞台，让我们的人生阅历得以丰富，让我们的人格得以锤炼，让我们的聪明才智找到萌芽的乐土。懂得知恩图报的员工才能够成为优秀的员工，因为他知道感恩，知道如何去感谢一个组织，知道如何去感谢帮助过他的人，这是其做好工作的一个起码的基础。如果一个员工连起码的感恩都不知道，又怎么能珍惜工作、热爱生活呢？

李洁毕业于哈佛大学商学院，曾就职于美国西南航空公司。与她相处过的同事都对她的微笑、善良和勤劳留有深刻的印象，几乎每一个和她相处过的人都成了她的朋友。

有人不解，问李洁有什么和人相处的秘诀。

李洁微笑着说：“一切应该归功于我的父亲。在我很小的时候他就教导我，对周围任何人的赋予，都应该抱有感恩的心态，而且要永远铭记，要使自己尽快忘记那些不快。

“我幸运地获得了这份工作，有很多友善的同事，虽然上司对我的要求很严格，但在生活方面对我很照顾。所有的这一切，我都铭记在心，对他们心存感激。

“我一直带着这种感激的态度去工作，很快我就发现，一切都美好起来，一些微不足道的不快也很快过去。我总是工作得很顺利，大家都很乐意帮助我。”

每家企业都是一样，所有同事都更愿意帮助那些知恩图报的人，老板也更愿意提携那些一直对公司抱有感恩心态的员工。因为这些员工更容易相处，对工作更富有热情，对公司更显忠诚！

知恩图报是一种积极的心态，同时也是一种随时准备奉献的精神体现，它更是一种力量。当你以一种知恩图报的心情去工作时，你会工作得更愉快，也会更有效率！

张国辉是美国奥美广告公司的一名设计师，有一次被公司总部安排前往日本工作。与美国轻松、自由的工作氛围相比，日本的工作环境显得更紧张、严肃和有紧迫感，这让张国辉很不适应。

“这边简直糟透了，我就像一条放在死海里的鱼，连呼吸都困难！”张国辉向上司抱怨。上司是一位在日本工作多年的美国人，他完全能理解张国辉的感受。

“我教你一个简单的方法，每天至少说40遍‘我很感激’或者‘谢谢你’，记住，要面带微笑，发自内心。”

张国辉抱着试试看的态度，一开始还觉得很别扭，要知道“刻意地发自内心”可不是件容易的事情。

可是几天下来，张国辉觉得周围的同事似乎友善了许多，而且自己在说“谢谢你”的时候也越来越自然，因为感激已经像种子一样在他心里悄悄发芽。

逐渐地，张国辉发现周围的事情并不像自己原来想象的那么糟糕。

到最后，张国辉发现在日本工作简直是一件让人愉快的事情！

是感恩的态度改变了这一切！

“谢谢你！”“我很感激！”当你微笑而真诚地把这些话说出去之后，在你自己和别人的心里就已经埋下了快乐的种子，而快乐是比任何物质奖励都宝贵的礼物！

当你带着知恩图报的心情去工作时，你的态度无疑会是快乐而积极的！

作为企业的一分子，无论是才华出众的“领导人物”，还是默默无闻的小职员，都应当对自己的工作、对企业、对老板抱有感恩的态度。始终抱有感恩的态度，你就很容易成为一个品德高尚的人，也就会更有亲和力和影响力，这会为你的工作带来很大的益处。

宽厚的人，常怀着感恩之心，诚恳地对待他人，也可以获得他人的好感。就像每一粒种子都不会把春天遗忘一样，每一个员工也不会把自己的公司遗忘。每一颗知恩图报的心，就是一个爱的种子，承载着责任，承载着能力，承载着希望和发展。感恩和责任作为职业精神的源头，是现代企业和员工实现和谐多赢发展的核心动力。

来不及报答，是无法弥补的遗憾

《韩诗外传》中记载了这样一则故事：

有一次，孔子外出，路上遇见了皋鱼在大声地哭泣，于是孔子停下车来问道："你为什么哭得这么悲戚？难道是家里有丧事吗？"皋鱼说："不是这样的。我哭泣，是因为我一生做错了三件事情。我年少的时候周游列国，怠慢了我的双亲，游学归来的时候，父母已经死了。这是第一件。我志向高远，结果忽视了侍奉国君，这是第二件。因为常常不跟朋友联系，所以我和朋友的交情越来越浅，这是第三件。"

皋鱼总结说："树欲静而风不止，子欲养而亲不待。往而不可追者，年也；去而不可见者，亲也。吾请从此辞！"父母养我这么久，现在我想要报答父母的时候，他们却已经不在了，逝去的年华再也追不回来，逝世的父母再也见不了面。请让我从此告别人世吧！

于是，皋鱼站立着不动，最后被太阳暴晒枯槁而死。

孔子见了只得摇摇头，说："学生们，你们应该引以为戒，经历了这件事情，足以让人知道该怎么做了。"于是，有十分之三的学生辞别孔子回家赡养双亲去了。

"子欲养而亲不待"，只是这短短的一句话，却总是让人鼻子发酸，父母的爱，是这个世界上最伟大、最无私的爱。父母含辛茹苦把孩子拉扯大，当孩子终于能够报答父母的时候，他们却已经不在了，这世上没有比这更令人断肠的事情了。

有一个朋友，四年前的一天，他的母亲出门倒垃圾，被一辆急驶摩托车猛然撞击，就此倒地不起。这位伯母原本有心脏宿疾，家里随时准备着氧气筒。然而万万没有料到，她是用这种方式离开。子女完全不能接受，哭着说："妈妈一句交代都没就走了！"他们以为，妈妈即使心脏病发作，也总还有时间跟他们说说话，交代几句，怎么可以一声不响就走呢？

其实，他们忘了，妈妈每天都在交代。就跟天下的母亲一样，无非是"注意身体，小心着凉"、"不要太累，少熬夜，少喝酒"、"好好念书，别整天贪玩"……只不过我们听得太多，听得我们烦腻、麻木。直到母亲闭口的那刻，我们才发现，还有很多话来不及听，来不及问，来不及跟妈妈说。

为什么要等到失去了才后悔？为什么父母在世的时候不去体贴，不去报答？父母在世的时候我们总是在为工作奔忙，一年到头都回不了几趟家，尽孝其实很简单，不需要"卧冰求鲤"，更不用学郭讵去埋儿，只需要多陪陪父母，多陪他们吃吃饭、聊聊天就行了，就像歌里唱的："常回家看看，回家看看，哪怕帮妈妈刷刷筷子洗洗碗，老人不图儿女为家做多大贡献，一辈子不容易就图个团团圆圆。"

曾经在书里读到过这样一个故事，不知为什么，却打动了很多人的心灵。

凯文是一位华尔街事业有成的投资经理，在他为工作埋头苦干一个冬季之后，终于获得了两个礼拜的休假。他早就计划好要利用这个难得的机会到一个风景秀丽的观光胜地去随心所欲地休憩一番。临行前一天下班回家，他十分兴奋地整理行装，把大箱子放进轿车的车厢里，第二天早晨出发前，他打电话给母亲，告诉她去度假的计划。

母亲说："你会不会顺路经过我这里？我想看看你，和你聊聊天，我们很久没有团聚了。"他急忙向母亲解释："妈妈，我也很想去看你，可是我和朋友已经约好见面时间了，恐怕没有时间过去。"当他开车正要上高速公路时，忽然记起今天是母亲的生日。于是他绕回一段路，停在一个花店门口，打算订些鲜花，叫花店给母亲送去，母亲喜欢鲜花。店里有个愁容满面的小男孩，挑好了一束康乃馨后，却发现所带的钱不够，少了10元钱。

凯文问小男孩："这些花是做什么用的？"

小男孩说："送给我妈妈，今天是她的生日。"

他拿出钞票为小男孩凑足了买花的钱，小男孩很快乐地说："谢谢你，先生。我妈妈会感激你的慷慨。"

凯文笑了笑："很愿意帮助你，其实，今天也是我母亲的生日。"

看着小男孩满心欢喜地抱着花束离开，凯文若有所思，他选好一束玫瑰、一束康乃馨和一束黄菊花。付了钱，给花店老板写下他母亲的地址，然后发动车子，继续上路。

车子开出一小段，转过一个小山坡时，他看见刚才遇到的那个小男孩跪在一个小墓碑前，把鲜花摊放在墓碑前。小男孩也看见他，挥手说："先生，我妈妈喜欢我给她的花。谢谢你，先生。"

凯文立即将车开回花店，找到老板，问道："那几束花是不是已经送走了？"老板告诉他还没有。

"不必麻烦你了，"他说，"我自己去送。"

看到这则故事后，不由想起来孔子的一句话：父母之年，不可不知也，一则以喜，一则以惧。做子女的，不能不知道父母的年龄。为什么呢？一来为父母的高寿欣喜，与此同时又为父母担心，因为父母年岁越高，距离人生的终点越近，儿女与父母相处行孝的时间也越短。

子欲养而亲不待，当父母已不在人世，再想尽孝，恐怕也不能如愿了。这就是为什么孔子说"父母之年，不可不知"。记住父母的年龄，在父母生日那天，一句问候，一句叮咛，一个拥抱，都会让他们幸福万分，而最好的礼物，便是将自己带到年迈的父母面前，千万不要等到来不及报答的那一天，那将是无法弥补的遗憾。

最该报答的是那些寻常小事

在生活当中，我们总是对寻常不过的小细节熟视无睹，其实，那些看似平常的小事才更值得我们去报答，因为这些小细节，往往是爱不经意间的流露。

在朋友家吃晚饭，一盘色香味俱全的红烧鱼刚上桌，朋友已不声不响地一伸筷，把鱼头夹到了自己碗里。

回去路上，灯火淡淡的小径上，我不禁有点疑惑："一起吃过那么多次饭，我怎么都不知道你爱吃鱼头呢？"

他答："我不爱吃鱼头。"

"从小到大，鱼头一直归我妈，她总说：一个鱼头七种味，我跟爸就心安理得地吃鱼身上的好肉。直到有一天我看到一本书，那上面说，所有的女人都是在做了母亲之后才喜欢吃鱼头的，原来，妈骗了我二十年。"朋友微笑着说，声音淡如远方的灯火，却藏了整个家的温暖，"也该我骗骗她了吧，不然，要儿子干什么？"

我一下子怔住了，夜色里这个平日熟悉的大男孩，仿佛突然长大了很多，呈现出我完全陌生的轮廓。

不久后的一天，我去朋友母亲的单位办事，时值中午，很自然地便一起吃午饭，没想到她第一个菜就点了砂锅鱼头。

朋友的话在我心中如林中飞鸟般惊起，我不禁向她转述了朋友那天说的话。

"是吗？"朋友母亲笑起来嘴角有小小的酒窝，"我是真的喜欢吃鱼头，一直都喜欢。我儿子弄错了。"

“那您为什么不告诉他呢？”我问。

她慌忙摆手：“千万不要。孩子大了，和父母家人，也像隔着一层，彼此的爱，搁在心里，像玻璃杯里的水，满满的，看得见，可是流不出来，体会不到。”她的声音低下去，“要不是他每天跟我抢鱼头，我怎么会知道，他已经长得这么大了，大得学会体贴妈妈、心疼妈妈了呢？”

砂锅来了，在四溢的香气里，我看见她眼中有星光闪烁。

她微笑着夹了一个鱼头放在我碗里，招呼我：“尝一尝，一个鱼头七种味呢。”

小时候，妈妈总爱把最鲜美的鱼肉或者鸡肉让给小孩吃，而自己只吃肉最少的头部和尾部，长大以后，我们常常被这种沉甸甸的母爱所震撼和感动，就像文中所说：“所有的女人都是在做了母亲之后才喜欢吃鱼头的。”而本文另辟蹊径，结尾出乎我们意料之外，原来鱼头不仅仅是一种食物，也是母子两人的桥梁与枢纽。

家人之间如此，爱人之间也是如此，幸福往往体现在各种寻常的小细节中，这些来自于小细节的爱，才更值得我们去感恩。懂得感恩，珍惜别人对我们的关爱，宽恕别人的一些小过错，这样才能更好地相处。

以下，是一位幸福的女孩儿的自述。

他向我求婚的时候，尚处于一穷二白的阶段。他能给我的，事实上都属于纸上画饼。不过，男人向女人求婚的时候，都是极其豪迈的，他雄赳赳气昂昂地问我：“说吧，你想要什么？”

我想要什么呢，钻戒、房子、车子、票子……我什么都想要。可是我更知道，这些东西他能许我的都是空头支票。既然是空头支票，我要来干什么呢，不如要一点实际的东西好了。我对他说，爱情可以风花雪月，婚姻却是柴米油盐，没有物质做基础，再璀璨的爱情也会凋谢的。我问他，琐碎拮据的生活里，他拿什么来给我坚定不移和他走下去的信心。

纸老虎就是纸老虎，他一看我没有被他描绘的海市蜃楼套进去，马上就有点儿底气不足地说，爱情啊。

我摇头，谈婚论嫁的当口，我不要虚的，我要实的。

他看我的表情，就好像那煮熟的鸭子即将要飞了似的：“你想要什么，只要我能办到的，我绝不会皱一下眉头。”

“我要你每天给我一个幸福的理由！”我说。

“就这么简单？”他有点儿不相信自己的耳朵。

“是，就这么简单，我只要你每天给我一个幸福的理由就够了。”

他的脸立刻笑得像一朵花儿一样：“老婆，保证完成任务。”

婚后的日子，他信守着他的承诺，每天给我一个幸福的理由。我告诉他，本人幸福的底线很低，只要他每天做的事情中有一件事情是他特意为我而做的就好。比如说，他给我倒了一杯水，比如说，回家路上顺手为我掐的一朵花，只要那件事是他特意为我做的就行，大小不论。

我喜欢喝绿豆粥，他会在某个早晨早早地起床，熬好绿豆粥晾在桌上，然后对我说：“老婆，我给你熬了粥。”我点头，表示已经收到这一天里他给我的幸福的理由。他炒了我喜欢吃的菜，会对我说：“老婆，你尝尝这个，是为你炒的哦！”

虽然每天心里都有小小的感动，不过琐碎拮据的日子总是艰难的，免不了心气郁结。

我们第一次吵架，起因是我母亲生日。我想封一个大大的红包给母亲，一来是感谢母亲的养育之恩，二来不想在姐妹们面前失了面子。只是封完这个红包后，那一个月剩下的日子我们会很难过。他试探地说把红包减半，里子比面子更重要。我一下子心头火起，气他不理解我也就罢了，竟然还说出什么把红包减半的混账话来。那次我说了很多伤他自尊的话，什么没本事啊，窝囊废啊。他也生气了，骂我虚荣。他气呼呼地摔门而去后，我才惊觉自己说了那么多刻薄入骨的话，想打电话叫他回家，他却关了机。那天在家里等他的时候，一会儿想起他的好，心里暖意一片，一会儿又想起他的绝情，心里哇凉哇凉的。很晚了他才回家，拿了枕头睡到床的另一头去。我很想开口问他今天给了我什么幸福的理由，骄傲却让我保持着沉默。静谧中，脚底传来暖意，他把我冰冷的脚捂进了他的怀里。他没有忘记每天给我一个幸福的理由的承诺。

凡俗夫妻，隔三差五便会吵架怄气。只是，无论我们吵得多凶，他还是会给我一个幸福的理由，有时候正吵着呢，他会突然停下来跑去倒一杯牛奶递给我，让我润润嗓子。我哭笑不得地看着他，他却眉毛一扬，说："为这一杯牛奶幸福吧，有哪个丈夫会给正骂人的妻子倒牛奶啊，我啊，是被你那句话套牢了，被你气得双脚乱跳的时候还要找一个让你幸福的理由。"

日子慢慢地好起来，他升了职，一天天地忙起来。只是再忙，他依然坚持着每天给我一个幸福的理由，讲一个令人喷饭的笑话给我听，或者一个拥抱，或者是额头的轻轻一吻。他对我说："老婆，我现在很忙，能够给你的不是太多，但是我绝对不是在敷衍你。"我知道他不是在敷衍我，我更明白人到中年的他是多么的忙，可是他再忙，一天里总有一个时间是想着我的，想着要给我一个幸福的理由，虽然有时仅仅是一个拥抱，一个温馨的短信，但那已经足够了，不是吗?

一个男人，愿意每天花时间想着你，想着要做一件什么事情让你感到幸福，也许这件事情很小很小，小到仅仅是把电视机的遥控器递给你，但是一天一天这样的小事串起来，那不是幸福又是什么呢?

我们对于生活，孜孜以求的不过就是"幸福"这两个字。但是这个词有时候太飘太远，所以我只能把它细化，每天拥有一个小小的幸福就够了。一天一点细小的幸福，时间长了，回过头去看，哇，留在我身后的不是满满的幸福是什么呢?

两个相爱的人在一起是最幸福的。幸福就是每天都能看到他阳光般的笑容，幸福就是自己伤心时有他的陪伴，幸福就是当别人都不相信都不支持自己的时候他默默地站在你身后……两个人携手创造的小幸福，慢慢就会变成大大的幸福，让家庭永远弥漫着快乐和开心。

即使是交易，也该有感恩的心

很多人觉得生意、买卖、雇佣与被雇佣，这些都是一笔简单的交易，你出钱，我出力，或者我出钱，你给我商品，完全是等价交易，难道还要感恩吗?

如果单从纯经济的角度来看，这样的观点确实没问题，人与人之间的很多关系归根结底都是一笔交易，无论别人给了你多少好处，归根结底都是你自己赚来的，何必感恩呢?

但是，如果大家都这么想的话，这个世界将会变得多么缺乏人情味啊。其实，任何时候，不妨都相互感激，把一笔交易变成充满温情的相互馈赠，不是更好吗？在公司，老板感恩员工，因为是员工为公司创造了财富，员工感恩公司，因为公司给了他们舞台。顾客感恩商家，因为商家为顾客提供了商品和服务。商家当然也要感恩顾客，因为顾客是商家的衣食父母。

有位父亲曾经这样告诫他刚步入社会的儿子："遇到一位好领导，要忠心为他工作；假如第一份工作就有很好的薪水，那算你的运气好，要努力工作以感恩惜福；万一薪水不理想，就要懂得在工作中磨炼自己的技艺。"

这位父亲无疑是睿智的。好工作当然是用自己的工作能力换来的，可是，换一个角度讲，把这笔人力资源与薪水之间的交易转换成温情脉脉的相互感恩关系，不也很温馨吗？

程序员刘威在一家IT公司干了五年，正当事业顺风顺水的时候，公司却倒闭了。这时，又恰逢他的父亲生病住院，他必须马上找到一份新工作。

有一家软件公司招聘软件工程师，待遇很不错，刘威抱着试试看的心情去应聘了。凭着扎实的专业知识，他过了笔试关。可惜在面试的时候却被淘汰了。

尽管如此，这家公司对软件产业的理解还是让他感觉耳目一新。于是，他给公司发了一封电子邮件表达自己的感激之情："贵公司花费人力物力，为我提供笔试、面试的机会，我虽然落败了，但长了很多见识。感谢你们的劳动，谢谢！"这封邮件先是到了人力资源主管手里，又经过层层传阅，后来被转发到了董事长的邮箱里。

一个月后，刘威却意外地收到了该公司的电话，通知他去上班。原来这家公司看到了他知道感恩的品德，在有职位空缺的时候立刻就想到了他。

在任何地方，知道感恩的人都会更受到欢迎。因为他们让原本冷冰冰的交易行为变得温情脉脉。

可是，现在有很多人可以为一个陌路人点滴的帮助而感激不已，却无视朝夕相处的上级、下级，还有每天都可以碰到的服务生和商家的种种帮助。他们将这一切视为理所当然，视为纯粹的商业交换关系。

石油大王洛克菲勒在给儿子的信中曾这样写道：

现在，每当我想起我曾供职的公司，想起我当年的老板休伊特和塔特尔两位先生，内心就涌起感激之情，那段工作生涯是我一生奋斗的开端，为我打下了成功的基础，我永远对那三年半的经历感激不已。

所以，我从未像有些人那样抱怨老板说："我们只不过是奴隶，我们被雇主压在尘土上，他们却在美丽的别墅里享乐，高高在上。他们的保险柜里装满了黄金，他们所拥有的每一块钱都是压榨我们这些诚实的工人得来的。"我不知道这些抱怨的人是否想过，是谁给了他们就业的机会？是谁给了他们建设家庭的可能？是谁让他们得到了发展自己的可能？如果他们已经意识到别人对他的压榨，那为何不一走了之，结束压榨？工作是一种态度，决定了我们快乐与否。

诚然，雇用与被雇用，买与卖都是一种契约关系，可在这种契约关系的背后，就不能有温情的成分吗？正是因为我们有了这次工作机会，才有了生存的物质和实现人生价值的舞台；我们的人生阅历才得以丰富；我们的能力和才华才有得以施展的机会和空间。所以，为什么不感谢你的领导、你的下级、为你服务的商家和服务生呢。

成功学家安东尼说："成功的第一步就是先存有一颗感恩之心，时时对自己的现状心存感激，同时也要对别人为你所做的一切怀有敬意和感恩之情。"有了一颗感恩心，人与人之间的关系就会变得温情脉脉一些。

对工作感恩，用敬业回报

有个年轻人遇到了他多年未见的大学同学，年轻人吞吞吐吐地诉说着自己的遭遇，说自己服务了三年的公司倒闭了，现在工作迟迟没有着落。他的同学是一家贸易公司的总经理，听完年轻人的一番诉说，二话没说，就让年轻人到他的公司工作。

老同学给他安排了一份行政秘书的工作，直接对老同学负责。从上班的第一天起，年轻人就成了来得最早、走得最晚的一个人。有的时候甚至睡在公司，为的是不把工作拖到明天。

在他的努力下，公司原本混乱的行政事务大为改观，办事效率也提高了许多。当有人问起为什么要这么拼命地干时，年轻人笑着说："因为品尝过失去工作的痛苦和找工作的艰辛，我格外珍惜现在这份工作。我的老板是看在同学的面子上才给了我这个机会，我不仅要对他感恩，更要对工作感恩。我只有刻苦工作，一丝不苟地把工作做到最好，才是对我老同学最好的报答。"

这个年轻人对工作的看法是很透彻和智慧的。不错，我们从工作中所获得的一切、所享受到的一切，不是平白无故的，而是许多人所创造、所奉献的，这其中也包括你的老板、你的公司以及他们提供给你的工作。老板和公司给了你一个机会，给了你一个发展的平台，给你提供工作环境、办公设备、各种福利等，工作成就了你的事业，体现了你的价值，成就了你的人生。这不是恩典又是什么呢?

然而，现实生活中有很多人心浮气躁，好高骛远，这山望着那山高，认为凭着自己的本事，老板给一份工作干是应该的，没有立足本职埋头苦干，当然他们也不会有建功立业的成就感。这种人一见到别人作出了成绩，就会因羡慕而嫉妒，大发"英雄无用武之地"的牢骚，似乎自己没有成就，不是主观不努力，而是工作不好、环境不好、同事不好，甚至领导也不好。

当领导将他们放到某个重要岗位上，他们又会得意忘形，以为自己本来就应该坐这个位子，整天消磨时光。至于人生的理想、奋斗的激情、进取的潜能、创造的才智，都在这种舒适安逸中慢慢泯灭殆尽，到头来，难免平平庸庸、无所作为。

把工作看作是一种恩典，实际上体现出的就是一种感恩精神。在那些人看来，一切的给予似乎都是天经地义的，他们不知感恩，当然不会珍惜工作，更不会尽职尽责地做好工作。只有对老板、对公司、对工作心存感激的人才会珍惜工作，并真心地想为公司、为老板、为工作做点什么，这种想法一旦付诸行动，表现出来的就是敬业精神——这就是他们对所有恩典的报答。

微软总部的办公楼里有一位临时雇用的女清洁工，在整个办公楼几百个雇员里，她是唯一没有任何学历的人、拿薪水最少的人。可她却是整个办公楼里最敬业的人。

她对任何一个人都面带微笑，对任何人的要求，只要是力所能及的，哪怕不是自己工作范围之内的，也都愉快地跑去帮忙。

她的敬业精神就像一团火焰，慢慢地，整个办公楼的人都被她影响了。

比尔·盖茨知道她的事情后很惊异，就忍不住问她："能告诉我，是什么让您如此敬业地面对每一天的工作吗?"女清洁工说："我没有什么知识，我是感激公司能给我这份工作，可以让我有不菲的收入，足够支持我的女儿读完大学。而我对这美好的现实唯一可以回报的，就是尽一切可能把工作做好，一想到这些我就拼命干活。”

因为感恩而产生报答之情，因为报答之情而衍生出敬业精神，感恩做人与敬业做事在此得到了完美的结合。说到底，感恩也可以说是一种厚道的表现。厚道的人，更懂得感激他人，感恩做人，敬业做事。工作是生命中最珍贵的礼物，是一种神圣的恩典，无论你取得了多大的成就，都是在这个恩典的基础上实现的。只要你怀着感恩之情去工作，自然会激起敬业之心，你的职业生涯也会因此变得更加绚丽多彩。

不要吝啬一句“谢谢”

有两个人在去往西天极乐世界朝佛的路上迷路了。于是，他们便去问佛祖。佛祖感怀他们的诚心，便来见这两个人。

等佛祖到来的时候，两个人正好已经饿了。于是，佛祖就给了他们各一碗饭，先让他们吃饱了肚子，才有力气去西天。

其中一个人无动于衷地接过食物，仿佛那些食物就是他应该得到的一样。而另一个人接过食物后，感激连连，连声向佛祖致谢。

等两人都吃完饭后，佛祖拉起那个道谢的人便要带他去极乐世界。这时，无动于衷的人见了，很不服气，大声嚷嚷道：“你为什么厚此薄彼，实在太不公平了！”

听了他的话，佛祖微微一笑说：“不公平吗，我觉得很公平，因为你根本就没有资格去那里。”

“为什么？”那个人气鼓鼓地问。

“因为你连一句‘谢谢’都不会说。”

“我不就是忘了说声‘谢谢’吗，至于有这么大的差别吗！”

佛祖垂下了脸，正声说道：“你不是忘了说‘谢谢’，而是你根本就没有一颗知恩图报的心。一个连口头道谢都会的人，怎么指望他心里感恩？对不起，我不能带你上西天。”

说完，佛祖就带着道谢的那个人腾云走了。

著名心理学家美国人威廉·詹姆斯，在著书期间生病住院。那个时候，有位朋友送给他一束花和写着感谢的卡片，詹姆斯博士在回函中写道：“人性最深处——渴望被人感谢。”

你真诚地感激别人，就会拉近心与心的距离，形成良好的人际关系，但是，往往有许多人存在这样的心理：对方帮助自己，如果帮到忙了，理所当然要感谢对方。如果没帮到忙，甚至帮了倒忙，就认为不必感谢对方了，更有甚者还埋怨对方。其实，这是不对的。即使对方没有帮你把事情办好，他也可能已经尽了自己的最大努力，没有帮到忙，可能是其他原因所致，而不是他的原因。因此，这种情况下你仍然要感谢对方。

常言道：“没有功劳，也有苦劳。”有人帮你，纯粹是出于一片好心，所以，不管对方是不是最后真的帮到了你，你都要感谢他们。这既是你感恩图报心的体现，同时，也为了以后能够继续得到对方的帮助，毕竟人际关系不是一锤子买卖，可能这次由于种种原因对方没有真正帮到你，但说不定下次他能在其他事情上帮你。如果你认为反正对方这次没帮到你，那就没有必要去感谢他了，好像无功就不应当受禄，不值得去感谢，对方就会认为你这个人没有人情味，以后就不太可能帮助你了。

有一个在外地工作的年轻人，春节时准备回老家过年，但他临时有任务必须加班，抽不出时间提前去买火车票，于是把此事托付给一个好朋友。

朋友听后马上跑到火车站，辛辛苦苦排了几个小时的队，由于春节期间车票紧张，轮到他时，火车票已经卖完了，于是朋友无功而返。年轻人听说后心里很不高兴，不但连一句感谢的话都没有，还给了朋友一个难看的脸色。

朋友排了几个小时的队，虽然没买到车票，但没有功劳也有苦劳，他却连一句感谢的话都没听到，相反还被人埋怨，于是非常生气，一句话也没说就走了。

遭受年轻人的如此待遇，那位朋友难以忍受。从此以后，年轻人就失去了这位朋友，他永远不可能再期待这位朋友为自己办事了。

生活中这样的例子很多。但是对于一个善于处理好人际关系的高手来说，即便朋友没把自己的事情办好，也要感谢对方。这样不仅维系了友谊，也为以后的交往打下了坚实的基础。

福特是美国石油大王洛克菲勒的好友，也是帮助他创建标准石油公司的伙伴之一。但有一次，洛克菲勒与福特合资经商，因福特投资失误而惨遭失败，损失巨大，于是，福特心中很不安。

有一天，福特走在路上，正巧发现洛克菲勒与其他两位先生走在他后面，他觉得没脸回头，假装没有看见他们，一直低头往前走。可就在这个时候，洛克菲勒叫住了他，走上前拍了拍他的肩，微笑着说："我们刚才正在谈有关你的事情。"福特脸一红，以为洛克菲勒要责怪他，于是他说："太对不起了，那实在是一次极大的损失，我们损失了……"想不到洛克菲勒若无其事地回答道："啊，我们能做到那样已经难能可贵了。这全靠你处理得当，让我们保存了剩余的60%，这完全出乎我的意料，谢谢你！"洛克菲勒没有因为福特没把事情办好而去埋怨他，相反，还找出一堆赞美和感谢的理由，这真是出乎福特的意料。此后，福特努力做事，不仅为洛克菲勒挽回了损失，还为公司赚了不少钱。

由这个例子我们可以看出：为人不要太苛求，而要懂得宽容。只要对方为帮助你，无论最后是否真的帮上了忙，你都应向对方表示一定的感谢，这无疑会给帮助你的人以信心和鼓励，使得两人的感情更为融洽，也为对方下一次为帮助你预留了感情资本。

不要以为"谢谢你"只是一句客套话，日常生活中一旦少了它，你在他人心目中的形象就会大打折扣，与他人的良好关系也会大受影响。所以，无论事大事小，你一定要时时刻刻把"谢谢你"挂在嘴边。

十二
诚实可启人之信我

欺诈是饮鸩止渴

现实生活中，许多人把说谎、欺骗视为获取成功的一种手段，相信说谎、欺骗会给自己带来好处。

确实，欺诈能够带来短暂的好处，尤其是当一个人的信誉还没有被透支的时候。但是个人信誉的透支速度是极快的，经不起几次消费，一旦信用破产，就只能自食其果。

所以，即从利害上打算，诚实也是一种最好的政策。

有一次，曾子的妻子到市场上去，他的儿子哭闹着要跟着去。曾子的妻子说："你先回去，等回来时，宰只小猪给你吃。"妻子从集市上回来后，曾子要捉小猪杀给儿子吃，妻子不让他杀，说："这不过是和孩儿说着玩的。"曾子说："小孩子不可以和他说着玩，他们不懂事，全靠学父母的样子，听父母的言语，现在你欺骗他，不是教他欺骗吗？母亲欺骗儿子，儿子不相信母亲，这不是教养之道。"于是杀了小猪给孩子吃。

如果当时曾子选择了欺诈，那么他可以保住一头猪，可是代价呢？从此以后他作为父亲的信誉就丧志殆尽了，他的孩子不会再相信他，甚至于他的儿子会因此学会撒谎，这岂不是得不偿失吗？

戴尔·卡耐基曾经说过："任何人的信用，如果要把它断送了都不需要多长时间。就算你是一个极谨慎的人，仅须偶尔忽略，偶尔因循，那么好的名誉，便可立刻毁损。"

所以，千万不要用欺诈的方式来为自己谋取利益，这样的作为无异于饮鸩止渴。

在春秋时期，中国的北方有一个让中原诸侯颇为头痛的政权中山国，公元前408年，中山国国君姬窟发兵犯魏，魏文侯拜乐羊为大将，率领五万人去攻打中山国。

当时乐羊的儿子乐舒在中山国做官，中山国国君利用此一父子关系，让乐舒去请求乐羊宽延攻城期限，答应一个月后就投降，乐羊答应了中山国君的要求，结果，一个月之后，中山国却没有履约投降，反而趁着这段时间加固了城防。于是，乐羊再度攻城。

在魏军强大的攻势面前，中山国又抵挡不住了，于是故伎重演，又派乐舒要求乐羊宽延攻城时间。乐羊为了减少中山国百姓的灾难，再一次同意了。结果，中山国再次失信。这种伪投降的把戏一而再、再而三地一共玩了三次，三个月过去了，依然没有投降。这时，乐羊手下一名叫西门豹的人沉不住气了，询问乐羊为何再三被中山国这种小把戏欺骗，言下之意是你莫非看在自己儿子的面上在徇私情吗？乐羊却回答说："我再三答应他们的诈降，不是为了顾及父子之情，而是为了取得民心，让老百姓知道他们的国君是怎样三番两次地失信于人。"

果然，由于中山国国君一再失信，失去了百姓的支持，最终战败，身死国灭。

中山国国君就是饮鸩止渴的典型，用欺骗的方式换来了短暂的喘息，结果却断送了老百姓的支持，加速了自己的灭亡。

以诚信为筹码，守信者长赢

诚实守信不仅是一种美德，而且是成功的一个基本要求。试想，如果一个人经常出尔反尔，那么你愿意帮助这样的人吗？

言而无信的人历来都受到人们的指责，没有人愿意帮助他们做事。言而有信、受人尊敬的人，自然会有好的人缘，也会有很多人愿意帮助他们做事。

中国从古至今都把信用看得相当重要，并且在长期的生活和实践中，总结出了许多关于守信的名言佳句，来激励后人。与人交往信守诺言，什么事情说到办到，才可以赢得他人的尊重和信赖，以便于日后更好地交往、合作、办事，达成一种固定而又默契的合作关系。美国IBM公司发展迅速，正是靠公司服务人员在产品的售后服务中，具有高度的责任心和持之以恒的辛勤工作以及他们信守诺言的美德。

一天，菲尼克斯城的一个用户急需重建多功能数据库的计算机配件。公司得知后，立刻派一位女职员送去，途中遇倾盆大雨，河水猛涨，封闭了沿途的14座桥，交通阻塞，汽车已无法行驶。按常理遇到这种特殊情况，女职员完全有充分的理由返回去，但她并没有被饥饿和中途的艰险吓倒，仍勇往直前，巧妙地利用原来存放在汽车里的一双旱冰鞋，滑向目的地，平时只用二十几分钟的汽车路程，今天却变成了4个小时的跋涉。女职员到达用户所在地后，又不顾疲劳，及时解决了用户的困难。IBM公司以工作人员认真负责的工作态度和感人的行动，赢得了广大用户的赞誉。其计算机产品顿时成了用户争相购买的俏货，很快，这个公司的用户就遍布世界。

可见，诚实守信的影响是多么巨大，它对一个公司的发展起到了至关重要的作用。

在我们的日常生活中，与人交往也应该保持诚实守信的原则。守信，是一个人立于世的金字招牌。没有人会愿意和一个没有任何信誉的人交往，相反，谁都愿意和信誉好的人交往合作。因为信誉是一种保障，和有信誉的人交往办事，可避免自己遭受损失，这会让人心里感到踏实、可靠。

很多人把信誉看得非常重要，视它为自己成功必不可少的一个因素，这是正确的。不讲求信誉，不仅仅会对别人造成损失，同时也会使自己失去很多东西，而且它还会影响与他人更进一步的交往办事，使人们都逐渐地远离你。

也可能有人能凭借一两次蒙骗而使自己的阴谋得逞，但这种人的成功绝对不可能长远。俗话说，"群众的眼睛是雪亮的"，这种蒙骗一时的行为迟早会被人们发现。如果你是一个不讲信誉的人，只要有一个人知道，用不了多长时间，所有的人就都会知道，那时候，你就会陷入一个非常难堪的境地中，没有谁会主动来和你交往，甚至还会故意冷落你、躲避你。这样，无论你办什么事情，走到哪里，四面八方都会是厚厚的一堵墙，更别希望别人帮你了。

有一个小牧童正在山坡上放羊，周围有很多农民在田里劳作。小牧童看着山坡上正津津有味吃着青草的山羊，再看看山下田里辛勤劳动的农民，决定搞一个恶作剧。他突然对着山下的农民大声喊：“狼来了！狼来了！”山下的农民听到小牧童的呼叫声，一个个都扛着锄头，拿着铁锹跑上山来。等他们气喘吁吁地爬上山坡之后，却连狼的影子都没看到，而那个小牧童却坐在树下哈哈大笑。

过了几天，农民们又听到山坡上有呼救声：“狼来了！狼来了……”有了上次被骗的经历，村民们稍微迟疑了一下，但最终还是扛着锄头再次来到了山坡上。让他们感到不可思议的是：山坡上仍然没有狼的影子，小牧童又在捉弄他们。他们十分气愤地离开了。

又过了几天，村民们忽然又听见山坡上传来了呼救声：“狼来了！狼来了……”可是此时，人们已经不再相信那个调皮的小牧童了。

可是让他们万万没有想到的是，这次狼真的来了，它吃掉了那个小牧童，还有他的小羊。

从这则故事中，我们可以看出小牧童之死不能怪别人，而是他自己那些一而再再而三的谎言葬送了他的性命。

任何事情都是一样的道理，你必须诚实守信，厚道做人，否则你拿别人的时间和精力开玩笑，最终吃亏的反而会是你自己。

总之，无论办什么事情都应该恪守诚实守信的原则。只有这样，你与他人的交往才能长久。

骗到的是芝麻，丢失的会是西瓜

信，是儒家传统伦理准则之一。在孔子看来，信是一个人立身处世的基点。一个人如果没有诚信，就等于失去了做人的基本条件。孔子把“信”列为对学生进行教育的“四大科目”（言、行、忠、信）和“五大规范”（恭、宽、信、敏、惠）之一，强调要“言而有信”，认为只有“信”，才能得到他人的“信任”（“信则人任焉”）。大车无（大车辕端与衡相接处的关键），小车无（小车辕端与衡相接处的关键），一个人，如果失去“信”，就像车子没有轮中的关键一样，是一步也不能行走的。

唐朝元和年间，东都留守名叫吕元应。他酷爱下棋，养有一批下棋的食客。吕元应与食客下棋，谁如果赢了他一盘，出入可配备车马；如赢两盘，可携儿带女来门下投宿就食。

有一日，吕元应在亭院的石桌旁与食客下棋。正在激战犹酣之际，卫士送来一摞公文，要吕元应立即处理。吕元应便拿起笔准备批复。下棋的食客见他低头批文，认为他不会注意棋局，迅速地偷换了一子。哪知，食客的这个小动作，吕元应看得一清二楚。他批复完公文后，不动声色地继续与食客下棋，食客最后胜了这盘棋。食客回房后，心里一阵欢喜，企望着吕元应提高自己的待遇。

第二天，吕元应带来许多礼品，请这位食客另投门第。其他食客不明其中缘由，很是诧异。十几年后，吕元应处于弥留之际，他把儿子、侄子叫到身边，谈起这次下棋的事，说：“他偷换了一个棋子，我倒不介意，但由此可见他心迹卑下，不可深交。你们一定要记住这些，交朋友要慎重。”

吕元应多年的人生经验，深觉棋品与人品密不可分，棋品即人品。我们在日常生活中一些不守信用的行为，看似小事，却会为我们的品格印上很大的污点，成为我们人生发展的隐患。

诚信是一种智慧，不论组织或个人，信用一旦建立起来，就会形成一种无形的力量，成为一种无形的财富。一个诚信不欺、一诺千金的人往往易于得到认可，获得帮助。从某种意义上说，诚信就是一个人的生存资本，正如哲学家康德所说："诚实比一切智谋更好，而且它是智谋的基本条件。"

1950年，李嘉诚凑了5万元港币，开办"长江塑胶厂"，主要生产玩具和家庭用品。创业初期，条件非常艰苦，但是李嘉诚的职员却很少有人跳槽。这是因为李嘉诚一直把诚实作为自己的人生准则："只有你以诚待人，别人才会以诚相报。"

后来，精明的李嘉诚看准了塑胶花市场的巨大潜力，就集中所有的人力、物力，全部投入到塑胶花的生产中。当时，有位外商觉得李嘉诚经营有方，生产的产品价廉物美，就找到李嘉诚，希望大量订货。但是，为了供货有保障，这位外商提出，长江工业有限公司必须寻找有实力的厂家做担保。

这是一笔大生意，为此，李嘉诚欣喜不已，可是找谁做担保呢？李嘉诚接连跑了几天，都没有什么结果，最后只好如实相告："先生，我非常想长期和您合作，但是很遗憾，我实在无法找到厂家为我担保。如果您因此而重新作出决定，我将尊重您的决定。"

那位外商沉默了一会儿，说："从你刚才的谈话中可以看出，你是一位诚实的人。我想，相互间的诚实才是互相合作的基础。我已经决定了，你不必再找人担保了，我们现在就签合同。"

李嘉诚听了十分高兴，但是他还有一个难处，就是资金有限，一下子完不成那么多订单，李嘉诚不得不把这一实情告诉外商。李嘉诚以为，只要自己说出了实话，对方就会取消和自己的合作，可事实恰恰相反，那位外商听了李嘉诚的话后，不但没有取消订单的意思，反而非常开心地说："李先生，现在我更能肯定你是一位值得信赖的人了。我愿意提前付款，为你解决资金难题！"

就这样，李嘉诚非常顺利地签下了合同，赚到了一笔数目可观的钱。从这件事中，李嘉诚领悟到，只有"信誉第一，以诚待人"这八个字，才是今后经营中应当遵守的金科玉律。从那以后，李嘉诚的公司如同他的名字一样，都挂上了一块"诚"字招牌，恰恰是"诚实"二字，为李嘉诚今后闯荡商界打下了坚实的根基。

李嘉诚的成功得益于很多因素，但是他的诚实，无疑是他可以赢得诸多合作伙伴的重要原因之一。诚实好比人的名片，无论走到哪里，都会为其赢得信赖。在一个人的成功道路上，诚信的品格比能力更重要。

一家大企业组织的录用标准和晋升标尺是应征者是否诚实与守信。企业组织老板这样解释道："一般来说，如果一个人在金钱的使用上有了什么不良的记录，或者因为不诚实有过惩罚的记录，我们就不会录用他。"

接着他还列举了四点理由：

第一，我们需要有责任心的职员。以前的种种不良记录都表示那个人在人格上有缺陷。

第二，如果一个人在金钱上不能信守承诺，你能相信他会在其他事情上守信用吗？

第三，我们需要的是兢兢业业为组织效力的人，很难想象一个没有诚意、投机取巧的人能在他的工作岗位上尽职尽责。

第四，我们不想自掘墙脚，因为财务问题会导致很高的犯罪率。如果一个人无法妥善解决自身的财务问题，我们无法保证他不会挪用公款，甚至偷窃财物。

一个人不诚实，不足以否定他的全部，但是无论何时何地，都可以用来检验一个人。

也许谈到诚实与守信，你会认为“老实吃亏”。的确，在我们的人生旅途中，也许我们会由于诚实而暂时错过一些东西，但是，从长远来看，这些都算不了什么。因为我们树立了诚实守信的形象与名声，从而被人信赖，这是无法用金钱衡量的。有时，凭借欺诈、奇迹和暴力，可以获得一时的成功，但是只有凭借诚实与守信，我们才能获得永久性的成功。

诚实守信乃安身立命之本，在工作中保持诚实与守信的品格并不是一件容易的事。你所从事的职业会严格地考验你能否诚实守信、自我控制、公正坦诚。因为难为，所以可贵，那些经受了考验、没有被玷污并且能保持诚实与守信品格的人才会得到人们的信任，并将被赋予更重大的责任，而且有机会取得更辉煌的成就。

言而无信，再言便再无人信

中国人历来把守信作为为人处世、齐家治国的基本品质，言必行，行必果。自古以来，讲信用的人受到人们的欢迎和赞颂，不讲信用的人则受到人们的斥责和唾骂。在人与人的交往中，把信用、信义看得非常重要。孔子说：“与朋友交而不信乎？”墨子说：“志不强者智不达，言不信者行不果。”还有“一诺千金，一言九鼎”、“一言既出，驷马难追”等都是强调一个“信”字。

“君子而诈善，无异小人之肆恶；君子而改节，不若小人之自新。”源自《菜根谭》，说的是，伪装的君子，和任意作恶的小人是没有什么区别的；正人君子如果改变自己的操行志向，他的品质还不如一个痛改前非重新做人的小人。人要坚持操行志向，做有诚信之心的人，这样才能立足于天下而不败。

生活里，才华出众的人并不少见，甚至时常会有天才出现。但是，才华和智慧就是让人拥有信赖的资本么？真正值得信赖的是人品格中的忠诚和诚实，这种品质会赢得人们的尊重。忠诚是一个人美德中的基础，它会通过人的行动体现出来，即正直、诚实的行为。如果人们把他看作一个可信的人，他一定做到了诚信，言必行，行必果。因此，值得信赖是赢得人类尊重和信任的前提。

东汉时，汝南郡的张劭和山阳郡的范式同在京城洛阳读书，学业结束，他们分别的时候，张劭站在路口，望着长空的大雁说：“今日一别，不知何年才能见面……”说着，流下泪来。

范式拉着张劭的手，劝解道：“兄弟，不要伤悲。两年后的秋天，我一定去你家拜望老人，同你聚会。”

两年后的秋天，张劭突然听见长空一声雁叫，牵动了情思，不由自言自语地说：“他快来了。”说完赶紧回到屋里，对母亲说：“妈妈，刚才我听见长空雁叫，范式快来了，我们准备准备吧！”“傻孩子，山阳郡离这里一千多里，范式怎么来呢？”他妈妈不相信，摇头叹息，“一千多里路啊！”张劭说：“范式为人正直、诚恳，极守信用，不会不来。”老妈妈只好说：“好好，他会来，我去打点酒。”

约定的日期到了，范式果然风尘仆仆地赶来了。旧友重逢，亲热异常。老妈妈激动得站在一旁直抹眼泪，感叹地说："天下真有这么讲信用的朋友！"范式重信守诺的故事一直被后人传为佳话。

信誉许诺是非常严肃的事情，对不应办的事情或办不到的事，千万不能轻率应允。一旦许诺，就要千方百计去兑现。否则，就会像老子所说的那样："轻诺必寡信，多易必多难。"一个人如果经常失信，一方面会破坏他本人的形象，另一方面还将影响他本人的事业。

明代《郁离子》一书中有如下一则故事：

济阳某商人过河船沉，他拼命呼救，渔人划船相救。商人许诺："你如救我，我付你100两金子。"渔人把商人救到岸上。商人只给了渔人80两金子，渔人责斥商人言而无信，商人反责渔人贪婪。渔人无言走了。后来，这商人又乘船遇险，再次遇上渔人。渔人对旁人说："他就是那个言而无信的人。"众渔人停船不救，商人淹死河中。

这就是言而无信的后果，人不会上当第二次，当你第一次言而无信时，第二次再言，便再无人信。

古人崇尚仁、义、礼、智、信。信是立人之本。凡事应该以信誉为基础，只有具备了信誉这一良好的资本，你才能被人信赖，才能在做事时游刃有余，有更大的发挥空间。

不轻易许诺，尽全力守诺

孔子说："言而无信，不知其可也。"言而有信，是做人的最基本的道德要求，诺言一旦许出，就绝不可以反悔。

《世说新语》还有一个故事，是关于华歆的。

有一次，华歆和王朗一起坐船躲避强盗，有一个人跑过来也想躲进他们船里跟他们一起走，华歆死活不同意，王朗却说："你这人咋这样，船上空得很，凭什么不让人上船呢？见死不救啊你！"华歆只好同意了。

没过多久，强盗追上来了，船上多了一个人开不快，王朗就想把之前救上来的人丢下去。这个时候，华歆说话了，我之前为什么不同意救助这个人，就是担心这种情况啊！但现在既然已经收容了他，怎么可以因为事情急迫又把他丢下船呢！于是，华歆继续带着这个人往前逃跑。

世间由此分辨出了华歆和王朗的优劣。

王朗选择了救人的承诺，但是却没有把承诺履行到底。华歆虽然一开始没敢轻易许诺，但他不许诺的重要原因就是害怕自己不能履行诺言，因为他知道，一旦许诺，就要尽全力去完成诺言。

一个信守承诺的人，是一个有人格魅力的人；而一个视承诺为儿戏的人，自然不会得到别人的信赖。

有时，如果别人对我们提出了请求，而我们自己不能确信是否有能力做好，那就一定要量力而行，千万不要过于自信，更不可吹牛。否则，非但不能得到别人的赞赏，反倒得罪了人。

李教授学识渊博，气质儒雅，可谓桃李满天下。

有一天，某报纸的主编来到教授家，想请教授出面帮忙参与一项文化活动，尤其是需要募集一些资金。

教授一听，没多想就点头答应了，说："现在有许多企业和部门的领导都是我之前的学生，他们一向很尊重我，如果我去请他们搞点赞助、广告什么的，估计不会有问题的。"

教授信心十足的承诺使主编大喜过望，同时也信心大增，连忙动用各种关系，请来了许多有头有脸的人物，把活动的规模档次搞得非常大。

可是，就在活动开始的前夕，教授却突然不接电话不回短信了。曾经许诺过能拉来的赞助款一笔也没弄到，而这边活动方案已经定好，话都已经放给了媒体，期间花了不少公关费用，到头来报社不但白白劳神费力搭钱，而且失了信用又丢了人。

后来，李教授也曾唉声叹气地提起这件事，当时为拉赞助，他也是费了无数口舌，跑断了腿，说破了嘴，结果那些人说得好好的，又拍胸脯又发誓，说什么愿意给文化事业投点资，可事到临头，该往外掏钱了，却都一个个地变卦了，最终弄得老教授没有了台阶可下，只有玩消失。

李教授最大的问题就是之前太轻易地许下诺言，完全没有考虑过自己是否真的能够兑现。结果，既害了报社主编，还毁了自己名声。

诚信是一个人的做人之本，我们应该将诚信贯穿在自己的所有行为中，用诚信要求自己，让诚信成为自己的习惯。中国有一句俗话：一言既出，驷马难追。所以，如果办不到，就不要轻易承诺，如果承诺了，就一定要全心全力信守诺言。

守住诺言，赢得人心

之所以总是有人不守信用，是因为守信的代价不小，很多时候会失去许多实实在在的好处。而相反，若是选择出尔反尔，则能够有机会获取更大的利益。但这样的做法却是短视的。孟子曾说过，天时地利不如人和，得人心者得天下，只要能够赢得人心，即使付出一些物质上的代价，又能够如何呢?

在美国南卡罗莱纳州的一个小镇，有个小学校长叫法克。为了激励全校师生的读书热情，法克在开学之前就作出了公开承诺："如果你们在期末之前读完两本十万字的书，那么期末的那天我就爬行着来上班。"校长的这一言论立刻轰动全校。出于想看看"校长爬着来上班"的目的，所有的师生都开始刻苦读书，连刚入学的孩子也参加了读书活动，终于，期末考核的时候，发现所有师生都读完了两本以上十万字的书。当时，就有人劝法克："你当时只不过是为了激励学生读书，不用真的爬了，校长爬着上班，像什么样子，以后谁还会尊重你？"可法克说："一诺千金，我一定要爬着去上班。"于是，期末的最后一天，法克7点钟离开家门，一路爬着去上班。

一路上，他一直在路边草地上爬，为的是不影响交通。过往的汽车向他鸣笛致敬，甚至于有的学生还跟着一起爬。期间，他磨破了4副手套，经过了整整三个小时的爬行，他终于爬到了学校。

全校师生并没有任何人因此而看轻校长，相反，全校师生夹道欢迎，孩子们蜂拥而上，和他拥抱、亲吻，法克校长俨然是一位得胜归来的英雄。

法克校长虽然因为守诺丧失了一点面子，还整整爬了三个小时，但是，他这样的举动换来的却是全校师生的尊重。

可见，信守诺言并不仅仅是道德上的问题，它也有切切实实的好处。虽然从表面上看，信守诺言会让人失去眼前的利益，但是，它让人赢得的却是人心。

先取信，后立命

有一次，孔子的学生子贡问孔子关于为政的道理，孔子说："足食，足兵，民信之矣。"储备足够的粮食、足够的军事力量，然后获得人民的信任，就足够了。子贡又问，如果逼不得已要去掉一个，去掉哪一个好呢？孔子说，那就裁军吧。子贡又问，如果还要去掉一样呢？孔子继续说："去食。自古皆有死，民无信不立。"那就减少粮食储备吧，如果失去了百姓的信任，那社会就彻底垮了。

孔子在这里提出了一个领导的原则："君子信而后劳其民。"想要顺利领导下属，首先要取得下属的信任，也就是我们现在所说的"公信力"。

公信力是使公众信任的力量。它是一种无形资产，是领导者在长期的工作中日积月累而形成的。一个领导一旦失去了下属的信任，那么他所面临的结果必然是离心离德。所以，一个明智的领导，会把自己的信用看作最宝贵的财产。

《左传》记载，晋文公时，晋军围攻原这个地方，在围攻之前，晋文公让军队准备三天的粮食，并宣布："如果三天攻城不下，就要退兵。"

三天过去了，原的守军仍不投降，晋文公便命令撤退。这时，从城中逃出来的人说："城里的人再过一天就要投降了。"

晋文公旁边的人也劝说道："我们再坚持一天吧！"

晋文公说："信义，是国家的财富，是保护百姓的法宝。得到了原而失去了信，我们以后还能向百姓承诺什么呢？我可不愿做这种得不偿失的蠢事。"

晋军退兵后，原的守军和百姓便纷纷议论道："文公是这样讲究信义的人，我们为什么不投降呢？"于是大开城门，向晋军投降。

晋文公凭着信义，获得了不战而胜的战果。这里晋文公宁可放弃几乎已经到手的城池也不愿失信于自己的部下，因为他知道，城池失去了还可以再打回来，但是如果失去了作为一个领导的信用，那就很难再挽回了。

这就是取信于民的作用，一个毫无信用可言的领导，如何让他的下属信任他，对他死心塌地呢？孟子说："上有所好，下必甚焉。"连领导都毫无信誉，又如何指望下属与他同心同德呢？

古代为政如此，当代经商也是一样的道理。一个企业，只有取信于人，才能够真正做大做强。所以，许多当今一流的企业都把"信"作为企业核心价值观的重要内容。

比如，惠普公司所大力颂扬的"惠普之道"包括：信任员工，提供最高质量的产品和服务，对客户需求富有激情，彼此信任和遵守职业道德，重视团队合作，创建丰富而融洽的组织。

微软公司的核心价值观是：诚实和守信；公开交流，尊重他人，与他人共同进步；勇于面对重大挑战；对客户、合作伙伴和技术充满激情；信守对客户、投资人、合作伙伴和雇员的承诺，对结果负责；善于自我批评和自我改进，永不自满，等等。

在现代商业运营中，有人说“无商不奸”，其实，“奸商”的行径是遭人唾弃的，只有诚实守信才能取得真正意义上的成功，只有信守承诺，才能赢得人心，才能踏上事业的第一个台阶。

欺骗别人，受惩罚的是自己

梁启超先生说过，“心口如一，就不失为光明磊落丈夫之行也”。意思是说，所谓光明磊落之人，应当是心中所想和口头所说的完全一致。一个言行诚实的人，因为有正义公理作为后盾，所以能够毫不畏缩地面对世界。而一个骗人的人，却会在内心听到这种声音：“我在说谎话，我不是一个诚实的人；我是一个卑劣者，一个戴假面具的人。”诺言不仅会欺骗和伤害别人，而且还会给自己的心灵带来无穷的负累。

一位伟人的父亲在教育他时曾说过：“绝对不要说谎，一句谎言也不可以说。只要说一句谎言，就必须说15句谎言来掩饰。”一句谎言需要15句来掩饰，这15句谎言又各需要15句来掩饰……有一句俗语叫作“纸里包不住火”，是谎言，总会有被揭穿的那一天。

事实上，说谎或说假话，是一桩很累人的事。一位哲人说得好：“一旦撒了一次谎，就需要有很好的记忆全力把它记住。”这累不累？撒了谎，就要设法“圆谎”，而谎话总是漏洞百出的。为了圆一个小谎，就要说一个更大的谎。谎言就是这样把撒谎者一步步逼上了不归之路。其实很多骗子就是这样从小骗变为大骗、巨骗的，最终落得个触犯法律、身败名裂的下场。古波斯诗人萨迪说：“讲假话犹如用刀伤人，尽管伤口可以治愈，但伤疤却永远不会消失。”他还说：“宁可因为真话负罪，不可靠假话开脱。”

卢梭是法国著名的革命家、哲学家。但是他小时候却做过一件令他十分懊悔的事情。卢梭为了生存，经人介绍，在一个有钱人家里打工。一天，这家的女主人去世了，家里非常混乱。卢梭乘机偷偷拿了这家小姐的一条绣带。谁也没有看到。卢梭当时只是觉得好玩才拿的，也没有怎么特意藏起来，不久就被发现了。老管家把卢梭叫到跟前，拿着那条绣带问卢梭：“这条绣带是哪里来的？”

卢梭当时非常紧张，支吾了半天，说：“是马里翁送给我的。”马里翁是家里的厨娘，比卢梭大几岁，不但人长得漂亮，而且乖巧、谦虚、诚实，大家都很喜欢她。听说是马里翁偷了绣带，大家都不相信。

于是，管家又把那个姑娘叫来，让她和卢梭当面对质。卢梭由于做贼心虚，指着马里翁抢先大声地说：“就是她！是她把那个东西送给我的。”姑娘吃惊地瞪大眼睛看着卢梭，好半天才说：“不是的，管家。我根本不知道这件事。我也没见过这条绣带。”卢梭仍然硬着头皮说：“你撒谎，就是你送给我的。”姑娘用一双无辜的眼睛看着卢梭，说：“卢梭，求你说实话，可不要因为一条绣带断送了我的前途啊！”

卢梭虽然知道这样诬陷他人是不对的，可是又不好意思反悔，只好继续很无耻地指控那位姑娘。姑娘很气愤，对卢梭说：“卢梭，我原来以为你是个好人，想不到你是个爱撒谎的坏孩子。我看错你了。”她转过头去，继续为自己辩解，再没有搭理卢梭。因为她不屑于和这样不诚实的人争论。由于卢梭和马里翁都不承认是自己偷拿了绣带，管家只好把两个人都辞退了，并且说：“撒谎者的良心会惩罚自己的。它是会为无辜的人找回公道的。”

老管家的预言果然没有落空，卢梭从此受到了来自良心的强烈谴责。他时常会想起那双无辜而善良的眼睛。一想到由于自己的不诚实使得她丢掉工作，白白顶上小偷的罪名，并且很难再得到他人的信任，找到合适的工作，卢梭就有说不出的难过，就好像有千万只小虫子在咬他的心一样。卢梭没有勇气承认自己的错误，反而错上加错，诬陷了善良无辜的马里翁。他逃脱了法律的制裁，却没有逃脱良心的谴责。卢梭终生都承受着这种痛苦。

说谎不仅不能够隐瞒真相，而且还会给说谎者在道德上和精神上带来巨大的压力，既危害别人，同时又伤害了自己。生活中，有的人总把自己看作“智多星”，把别人看成“糊涂蛋”，动不动就对别人用心计、耍手腕，把自己所拥有的那点小聪明发挥到极致。他们或以谎言取巧，或以诈术牟利，以致在生活中成为别人厌恶的对象。

其实，这种欺诈者活得很累，每遇重大事项，靠说谎取巧者常担心谎言被人戳穿，靠行诈牟利者要提防诈术被人识破，心术不正的人往往因此食不甘味、寝不安眠。欺诈并非处世久计，失掉诚信，就失去了立身之本。美国前总统林肯说得好：“你能在所有的时候欺骗某些人，也能在某些时候欺骗所有的人，但你不能在所有的时候欺骗所有的人。”欺诈之术迟早会被人识破，而一旦他的真实嘴脸暴露出来，则上下左右的人必将他低看一等。

由此可见，做人还是以诚待人为好。诚实的人虽没有大红大紫的荣耀，也没有叶萎花落的悲哀；他虽一时得不了大利，长远也吃不了大亏；他虽不是社交圈子的中心，也不会成为生活空间的弃汉；他虽没有结交三五天便亲密无间的哥们，却有相处数十年能心心相印的朋友。相比之下，做一个诚实的人要比狡诈之徒活得踏实、舒坦得多。

正如著名翻译家傅雷说的：“一个人只要真诚，总能打动别人的心，即使人家一时不了解，日后便会了解的。”以诚待人，就能在可以信赖的人们之间架起心灵之桥，从而通过这座桥打开对方的心灵大门，并在此基础上并肩携手，合作共事。

诚实地待人处世，不仅对个人的心理健康有益，而且有助于消除人际间的种种猜疑，有利于增进人际间的互信与团结。如果一个人一开始就有坚定的意志，保证他所说的每一句话都是完全真实的，他的每一个诺言都要兑现，每一个约定都要忠实地遵守；如果他把自己的声誉看作无价之宝，觉得全世界的人们都在注视着他，他不能说一丝一毫的谎话；如果他在人生之初就有这样的立场，那么他最终会获得无上的荣誉，获得所有人的信任，成为一个高贵的人。

骗得到功劳，偷不到能力

有多少人信任你，你就拥有多少次成功的机会。

在竞争激烈的工作环境中，有些人喜欢把别人的功劳占为己有。这样的人，不去创造业绩，总想占有别人的功劳，到最后只能是既损人又不利己。

赵琳和李欣两个人在一家公司工作，平时关系还不错。

年终，公司搞推广策划评比，每个人都可以拿方案，优胜者有奖。赵琳觉得这是一个好机会。经过半个月的深入调研，加上平时对市场工作的观察思考，赵琳很快做出了一个非常出色的策划案。

方案征集截止日的最后一天，李欣突然叹了一口气说：“哎，赵琳，我还真有点紧张，心里没底啊。你看看我的方案，提提意见。”赵琳连想都没想就答应了。李欣的策划案做得很一般，没有什么创意，赵琳看完没好意思说什么。

李欣用探究的目光盯着赵琳，说：“让我也看看你的方案吧。”赵琳心里一阵懊悔，可自己刚才看了人家的，现在没有理由不让别人看。

第二天开会，李欣因为资历老，按次序先发言，李欣讲述的方案跟赵琳做好的方案一模一样。在讲解时，李欣对老板说："很遗憾，我现在只能讲述自己的口头方案，电脑染了病毒，文件被毁了，我会尽快整理出书面材料。"

赵琳目瞪口呆，她没想到李欣抄袭了自己的方案，她不敢把自己的方案交上去，也不敢申诉。赵琳的资历浅，怕老板不相信自己，最后只好伤心地离开了这家公司。

李欣的方案获得老板的认可，因为方案不是她自己的，有些细节她不清楚，在执行方案时出漏洞，又无法及时修正，结果导致失败。后来，老板得知她抄袭别人的方案，就无情地炒了她鱿鱼。

不是你的东西，就不要去抢。工作中，别人的功劳是属于别人的，不论别人知道与否，你抢来总归是不光彩的。而且，这种行为终将有败露的一天，当真相大白时，你的脸面何存？不仅被抢者会视你为敌人，而且你做人的信用也将荡然无存，失去别人对你的尊重和信任。

有一个立志要成为优秀培训师的年轻人，经过不懈的努力，终于获得了一家著名培训机构的面试通知，面试的内容是做一次公开的演讲。为了准备面试中现场演说的演讲稿，他十天前就离家到考试地点附近的旅店住下了，全身心地投入到写作之中。写好后，他每天不停地朗诵，早也念、晚也念，最后整篇文稿都可以倒背如流了。与此同时，年轻人的隔壁也住着一个人，看样子也是为了参加培训机构的面试，但奇怪的是，他似乎显得非常悠闲，每天就只是坐在阳台上喝喝茶晒太阳。

到面试那一天，年轻人被抽签抽到最后一个上台，而隔壁的那个人，则抽到了倒数第二个。于是，年轻人先坐在台下，听其他应聘者的演说，评估自己的优势和劣势。终于，只剩下最后两个人了，隔壁的人先上台演讲了，讲着讲着，年轻人突然惊讶地发现，那个人演讲的内容居然跟他的稿子一模一样！

他一下子就反应过来了，原来这个住在他隔壁的人剽窃了他的演讲稿！一想到他辛苦准备、每天朗诵的讲稿内容被那个人剽窃了，年轻人就感觉脑袋嗡嗡响。下一个就轮到自己上台了，却一直想不出来该怎么办。

于是，他强忍愤怒和绝望，深吸一口气，让自己慢慢平静下来，开始思索下一步该怎么办。突然，脑中灵光一闪，一瞬间有了主意。

等轮到他上台时，他说："一名优秀的培训师最重要的能力是超强的记忆力、耐力与用心的倾听，为了证明我拥有这种能力，现在，我将为各位复诵一遍上一位演说者演说的内容。

接着，他一字不差地将自己被剽窃的作品演讲了一遍，而且，感情更充沛，气势更恢弘。当他朗诵完，所有评委都明白，这篇演讲稿真正的作者应该是这位年轻人，而前面的那位，只不过是一个剽窃者而已。

于是年轻人获得了梦寐以求的培训师职位，而那位剽窃他演讲稿的人则顶着嘲讽，灰溜溜地退场了。

功劳确实是可以偷到的。但是，功劳背后的努力、能力是偷不到的。因此，这方面的任何欺诈行为总有水落石出的一天，到时候，除了给自己留下一个欺诈者和小偷的头衔，还能有什么好处呢？所以，诚信做人的关键，就是永远不要去剽窃别人的成果，老老实实地有几两就说几两。

十三
矫饰不如本色为真

君子坦荡荡

有的人品行不正，总是想着如何算计别人。君子就不一样，君子总是心胸宽阔，仰不愧于天，俯不怍于地，做人做得坦坦荡荡。

微生高，又叫尾生高。成语“尾生抱柱”中的尾声说的就是他。有一次尾生约了一个女孩子在桥边相会，结果那女子却一直没来。这个时候天又下起了大雨，河水暴涨，眼看就要淹到尾生了。但是尾生心想，既然约了就得等下去，怎么能够爽约呢？于是一直站在暴涨的河水中不走，为了防止被水冲走他就抱着一根柱子。

结果是，那女子始终没来，尾生被淹死了。

这样的人能算君子了吧？但孔子对他依然不满：“孰谓尾生高直？或乞醯焉，乞诸其邻而与之。”

这说的是一件小事，有人来跟这个尾生高借点醋，碰巧尾生高家里也没醋了，但是尾生高却没有直说，而是跑到邻居家里借了点醋，给了那个朋友。

孔子就觉得这样不耿直，有借花献佛的嫌疑。没醋，就说没醋，这不是什么大不了的事情，何必要如此计较？因此，孔子认为尾声“不耿直”，算不得君子。

孔子还说过一类人：“匿怨而友其人，左丘明耻之，丘亦耻之。”说有一些人，明明心里特别讨厌一个人，嘴上却不说，还跟人交朋友，左丘明很看不起这种人，我也看不起。

由此可见，在孔子看来，所谓君子不光是行为上助人为乐，友善亲和，更重要的是做人做事要“实在”，就算是为了借别人醋，或者跟别人交朋友这些看上去无害的事情，也绝对不能够虚伪。有就是有，没有就是没有。喜欢就是喜欢，不喜欢就是不喜欢。君子最忌讳的就是虚伪，虚伪的人，是怎么也坦荡不起来的。

因此，“君子坦荡荡”首先是不能欺骗，既不能欺骗别人，也不能欺骗自己。有一次孔子的学生司马牛问孔子什么叫君子，孔子回答说：“君子不忧不惧。”司马牛不明白，说：“不忧不惧就算君子了吗？”孔子说：“内省不疚，夫何忧何惧？”意思是我审问自己的内心，没有什么值得愧疚的事情，有什么值得忧虑恐惧的！

在孔子看来，一个君子绝不能做问心有愧的事情，只有问心无愧，才能坦坦荡荡。

豫让是春秋时代晋国家臣智伯的门客。春秋末年，三家分晋。赵氏的大夫赵襄子杀死智伯，还把智伯的头盖骨摘下来当杯具。为了给智伯报仇，豫让决定要刺杀赵襄子。

于是，豫让躲进赵襄子的厕所里等着赵襄子。赵襄子上厕所之前突然觉得心中悸动不安，于是断定厕所里有刺客，找人一搜，就把豫让搜出来了。但是，赵襄子很佩服豫让为主尽忠的举动，非但没杀豫让，反而把他放了。走之前，豫让说："虽然你把我放了，但是咱们得把话说清楚：智伯的仇，不共戴天，无论如何我都是要报的。"赵襄子点点头，说，你去吧，我自己下次小心点就是了。

豫让回去之后，想到自己的面容音色已经被赵襄子记住了，为了能够顺利行刺，他居然选择了毁容：全身上下漆上了油漆，于是皮肤溃烂长疮疤，又把烧红的炭吞进肚子里彻底改变了自己的音色。

毁容之后的豫让，连自己的妻子都认不出他来了。只有一个之前和豫让关系非常好的朋友认出了豫让，于是抱着豫让大哭，说："豫让啊豫让，你这是何苦！以你的能力你若是去投奔赵襄子一定能够成为他的亲随的，到时候你再找机会一刀刺死他，多么容易啊，你何必如此自残呢！"

这时候，豫让却回了一番话："如果我去投奔了赵襄子，但是心里又想着要杀他，这就是怀二心啊。我做的事情是很难的。因为我不光要刺杀赵襄子，我还要用我的行动让那些侍奉君主却怀着二心的人感到万分的惭愧！"

说罢，豫让义无反顾地再一次前去刺杀赵襄子。但这一次，豫让又失败了，赵襄子一眼就从人群中认出了毁容后的豫让。

豫让，可以说是中国历史上最悲壮的刺客。他的悲壮来自于他的坦荡。一般的刺客在行刺前一定要先取信于行刺对象，豫让却觉得，刺杀一个信任自己的人，是极为不道德的行为，他宁可漆身吞炭，宁可最后搭上自己的性命，也不愿意做这种事情，因为即便是为了一个正义的目标，豫让也不愿意使用让自己问心有愧的手段。

虽然刺客是一个不光彩的身份，但豫让当之无愧是坦荡荡的君子。

如果说豫让凭借着自己的坦荡赢得了世人的尊敬，那么，西晋年间的石苞则因坦荡赢得了自己的性命。

石苞是西晋初期一位著名的将领，曾被晋武帝司马炎派往淮南镇守，淮南地区在他的治理下，兵强马壮。他平时勤奋工作，各种事务处理得井井有条，在群众中享有很高的威望。

当时，天下还没有统一，占据江东的孙吴势力还在，所以，对于石苞来说，他实际上担负着镇守边疆，一方面防止孙吴入侵，一方面又为统一江东做准备的重任。

贫寒出身的石苞受到了很多人的嫉妒，尤其是在淮河以北担任监军的王琛，十分看不起石苞，当时有这样一首童谣说："皇宫的大马将变成驴，被大石头压得不能出。"石苞正好姓石，所以王琛假借这一童谣散播谣言中伤，说"石头"就是指石苞。他还秘密地向晋武帝报告说："石苞与吴国暗中勾结，企图联合东吴造反自立。"

巧的是，在此之前，风水先生也曾对武帝说："东南方将有大兵造反。"等到王琛的秘密报告上去以后，武帝便真的怀疑起石苞来了。

正在这时，石苞正好收到吴国军队将大举进犯的报告，便指挥士兵修筑工事，封锁水路，以防御敌人的进攻。

武帝听说石苞固城自卫的消息后更加怀疑，就对中军羊祜说："吴国的军队每次进攻，都是东西呼应，两面夹攻，几乎没有例外的。难道石苞真的要背叛我？”

羊枯自然不会相信，但武帝的怀疑并没有因此而解除。

这个时候，另一件事情使得晋武帝对石苞的怀疑更加深了。

当时，石苞的儿子石乔担任尚书郎，晋武帝要召见他，可经过一天时间他也没有去报到，这往往是造反的先兆。于是，武帝想秘密地派兵去讨伐石苞。武帝发布文告说：“石苞不能正确估计敌人的势力，修筑工事，封锁水路，劳累和干扰了老百姓，应该罢免他的职务。”接着就派遣太尉司马望带领大军前去征讨，又调来一支人马从下邳赶到寿春，形成对石苞的讨伐之势。

这个时候，石苞却对此一点都不知情，一直到了武帝派兵来讨伐他时，他还莫名其妙。但他想：“自己对朝廷和国家一向忠心耿耿，坦荡无私，怎么会出现这种事情呢？这里面一定有误会。一个正直无私的人，做事应该光明磊落，无所畏惧。”于是，他采纳了孙铄的意见，放下身上的武器，步行出城，等候处理。

武帝知道石苞的行动以后，顿时惊醒过来，他突然想到，如果石苞真要反叛朝廷，他修筑好了守城工事，怎么不作任何反抗就亲自出城受处罚呢？再说，如果他真的勾结了敌人，怎么没有敌人前来帮助他呢？既然如此，那么讨伐石苞到底有什么真凭实据？想到这一层，晋武帝的怀疑一下子消除了。后来，石苞回到朝廷，还受到了晋武帝的优待。

俗话说：“脚正不怕鞋歪，身正不怕影斜。”石苞的故事告诉我们：在大是大非和紧急关头，更加应该坦坦荡荡，一旦你的心胸不坦荡，则更加容易引起别人的怀疑。相反，你的坦荡则等于是在告诉对方，你问心无愧。

对我们普通人来说，当然不必像豫让一样用如此惨烈的手段去实践自己的信念，在我们的日常生活中，我们也没有机会遇到像石苞一样的困境。但是，不学尾生高，匿怨而友其人总还是可以做到的，像石苞一样心胸坦荡也是可以做到的。为人坦坦荡荡，只需要俯仰之间无愧天地，足矣。

处世不是卧底，不必时刻伪装

变色龙是种爬行动物，它们为了保护自己，会时刻变化自己身体的颜色，来和周围的树木花草的颜色一致，让天敌难以发现。变色龙的变色能力，对于它们保护自己来说实在是太有帮助了。

在我们的生活中，其实也存在着像变色龙一样的人。而和变色龙所不同的是，这些人善变的目的，不是为了保护自己的生命，而是虚伪，表里不一，让别人很难知道他们心里真正想的是什么，来欺骗他人。

对于虚伪的人，大家都非常痛恨。而虚伪的人又往往像变色龙一样，将自己隐藏得很深，让人难以发现，有时候我们甚至把这些人当作自己的好朋友。正因为这样，我们身边的很多人都上过虚伪之人的当。而上过当之后呢？便告诉自己以后再也不能相信别人了，渐渐地自己也走上了待人虚伪、表里不一的歧途。这种现象在人们的成长过程中，存在着一定的普遍性。那么，我们该如何正视虚伪这个问题呢？梁漱溟先生给了我们答案。

在讲解《论语·八佾》中“祭如在，祭神如神在。子曰：‘吾不与祭，如不祭’”这句话时，梁漱溟先生指出：孔子在这里并不是谈鬼神，而是要告诉我们做人的道理。我们对于祭奠保持着虔诚的态度，做人也一样，无论对生者或是死者，无论对别人知道的或不知道的事，都要坦诚正直、表里如一。可见，面对虚伪，我们绝不能“同流合污”，我们要做的只能是在内心中树立坦诚正直，让自己成为一个表里如一的人。做一个表里如一的人，虽然看起来有些老实，有点吃亏，但是从长远来说，表里如一的老实人绝不吃亏。

言行一致、表里如一的人，能给人带来信任、尊重和友谊，正直与诚实的人时刻散发着绚烂的人性之光。而且这种高贵的品质有时甚至能够挽救我们整个社会。

2003年春，突如其来的非典疫情让全国人民陷入了恐慌。在广大医务工作人员和社会各界人士的共同努力下，我们在与非典病毒的抗争中取得了胜利。作为抗非典阵营中的领军人物，钟南山冷静、无畏，他以医者的妙手仁心挽救生命，以科学家实事求是的科学态度应对灾难。他仗义执言，一语千钧，以令人景仰的学术勇气、高尚的医德和严谨的科学精神给予人们战胜疫情的力量。

在“非典”传播之初的2003年2月18日，北京有关权威部门发布消息：“引起广东非典型肺炎的病因基本查清”，元凶是“衣原体”，并建议使用抗生素进行治疗。

然而，对于北京权威部门的这一结论，钟南山没有盲目相信，而是勇敢地提出了自己的质疑，认为还需要在科学实验和防治实践中进一步检验。

在当天下午，广东省卫生厅召开了一次紧急会议，讨论关于发布非典病因元凶是“衣原体”这一消息的问题。在钟南山之前的一些人，其中也有对这一结论产生怀疑的，但是他们都没有说出自己的看法，轮到钟南山发言时，他沉思良久，科学家的良知和临床实践，使他无法盲从这一结论，他摇摇头说：“大量的事实证明，临床症候与治疗用药均不支持这个结论。”他不同意典型衣原体是非典型肺炎病因的观点，认为典型的衣原体可能是致死的原因之一，但不是致病原因。经过他有理有据的论证，广东省决策层采纳了他的意见，并坚持和加强了防治措施。

4月初，由钟南山牵头的广州专家和香港专家的合作取得突破：在对40多例“非典”患者的呼吸道分泌物及血清检测中，分离出两株冠状病毒。经检测初步认定，这极可能就是本次广东“非典”的重要病原体！

4月16日，世界卫生组织正式宣布：经过全球科研人员的通力合作，可以确认冠状病毒的一个变种是引起非典型肺炎的病原体。

事实再次证明，钟南山的坚持是正确的。他为广东卫生行政部门及时制订救治方案提供了决策论据，使广东成为全球“非典”病人治愈率最高、死亡率最低的地区之一。

有一位朋友事后问他：“你就没想过可能会判断失误吗？要知道，稍有差池都可能有损院士的声誉。”钟南山平静地说：“我只尊重事实和真理，明哲保身不是科学家的品格。明知不对还要盲从，受害的只能是患者。”

钟南山曾在一次采访中说道：“我就是想追求一个未知数，就是这个目的。是什么原因、什么病原体、什么源头、怎么治，这是我的领域，所以我希望能搞清楚，这就是我最大的动力。”

“见人说人话，见鬼说鬼话”这一俗语生动地刻画了表里不一、虚伪者的形象。如果我们养成了为人处世的虚伪习性，那么即使我们能骗人一时，但是总有一天会被人看破，到那个时候我们就会成为他人唾弃的对象。所以做人一定不能像变色龙一样善变而虚伪，要相信表里如一是一个品性正直的人应当坚守的原则。

本色让你更受欢迎

总是有人对自己不满意，总是想着要把自己变成一个“完美”的，但却不是自己的人。但其实，当你接受自己之后，你会发现奇迹出现在了你的身上。

西方有一句这样的格言：“热爱自己是终生浪漫的开端。”

奥格·曼狄诺也曾指出：接受你自己的一切，就像是在对你自己说：“我也许不完美，但我就是我，这没有关系。”当你对自己的某一方面不满意的时候，你可以将它们看作是你整体中的一小部分，正是由于有这些令你不满意的地方，你才成为了你。

所以，试着去接受自己，不要刻意去掩饰自己的不足或犯过的错误，更不要去假装自己是另外一个人。一个坏透的人肯定不受人欢迎，可是，一个好人也常常让人难以承受。处处想要掩饰自己的人，不仅让自己步履维艰，也让周围的人感到窒息。

如果要评选美国历史上最有魅力的总统，肯尼迪是其中之一。然而，肯尼迪其实犯过许多严重的错误，例如，他曾经制造著名的“猪湾事件”，他试图入侵古巴，结果遭到惨败。像这样大的军事失误无论发生在怎样出色的领导人身上，普通人都会认为它会给领导人的形象大打折扣。令人费解的是，“猪湾惨败”非但没有降低肯尼迪的个人声誉，反而使他在公众心目中的魅力更进一步了。原因在于由于这次错误，肯尼迪的形象更加真实、丰满——人们更加喜爱这位“也会犯错”的总统了。心理学家猜想，之所以会出现这种情况，正是这次失误使人们相信，即使是当时新闻媒体描绘得几乎完美无缺的总统也难免会犯错误。而在犯错误后他又承认了自己的错误，这反而使公众觉得和总统的心理的距离更加拉近了，从而越发喜欢这个总统。

尽管人们喜欢完美无缺的人，然而真正面对一个这样的人时，却又会产生重重的距离感，“人非圣贤，孰能无过？”毕竟，从古至今，所谓“无过”的人就算是圣贤了，谁曾经见过呢？

除了打消距离感之外，本色为人，不掩饰自己的失误还能给人一种真实的感觉。

中国杂技团在国外演出也曾经出过错。然而，当地的观众并没有因为演员的一时失误而冷嘲热讽，相反前去观看演出的人更是络绎不绝。因为人们通过杂技演员的失误了解到，他们那些惊险的动作是真的。真实会给人最深切的印象。

曾有社会心理学家做过一个实验来探索什么样的人更受欢迎。

他是这么做的：在一个有四位选手激烈竞争的演讲会上，他让其中两位表现得才能出众，而且几乎不相上下，而让另两位才能平庸。然后，他又让其中一位才能出众的选手“不小心”打翻了桌上的饮料，而才能平庸的选手中也有一位打翻了饮料。

那么，这四个人中什么样的人会最受欢迎呢？最后的实验结果表明：才能出众而犯过小错误的人最受欢迎，才能平庸而犯同样错误的人最缺乏吸引力。这一实验告诉我们一个道理：有瑕疵的珍珠比洁白无瑕更令人喜爱。只要你本身就是一个出色的人，小小的错误会使有才能的人的吸引力更增加一层。

虽然没有人怀疑“金无足赤，人无完人”的古训的合理性，然而真正领会其背后心理学规律的人，却为数不多。

总之，本色做人能够让你更受欢迎，因为你无法掩饰你的所有缺陷，即使你成功地掩饰了，那也只会让你对别人产生距离感和不真实感，只有充分展示出自己人格真实的一面时，你才是一个活生生的人，一个闪耀着人格魅力之光的人，一个能够讨人喜欢的人。

一个能够真实地呈现自我的人才能成为最受欢迎的人，所以在和人相交时你一定要尽可能放开自己，做最本色的自己。

做真实的人，又何惧别人加难于己

一只名叫“曙光”的海鸥孤独地飞翔在碧蓝的天空，虽然周围还有几只海鸥，但是都离它远远的，还窃窃议论着什么，原来昨天它们听说了一件跟这只海鸥有关的事情。一只不知从哪里飞来的海鸥告诉它们，这只海鸥之所以每天都能捕获大量的食物，是因为它跟那些不良的渔民勾结，出卖自己那些年轻的伙伴，而那些坏人则把捉住的这些小海鸥卖到小饭馆去。大伙起先都有些不相信，说：“它是我们的领头鸟，怎么会做那种事？”那只海鸥对它们说：“要不是和那些人勾结，它怎么总能发现大鱼群？”这话说得一点不差，在“曙光”的带领下，这群海鸥每天都衣食无忧。可是这是真的吗？听那家伙说得有鼻子有眼，海鸥们便也渐渐相信了，它们疏远了“曙光”，选那只不知道叫什么名字的海鸥做领头鸟，但是自从这只海鸥当上领头鸟以来，它总是命令别的海鸥去给他找食物，而自己每天只是晒晒太阳，睡大懒觉，由于它领导不力，这群海鸥经常挨饿，经常受到别的海鸥的欺负。一天，一只小海鸥发现这只领头鸟正和一只老鹰做交易，要把它们出卖给老鹰，而它则能获得整整三天的美味。它把这个消息告诉了大家，大家这才醒悟过来。于是，它们找来“曙光”，向它道歉，并且希望它能重新回到海鸥群里领导它们。当海鸥们的生活重新恢复往日的宁静时，那些海鸥问“曙光”，当时为什么不向大家澄清事实，任由那个坏家伙诽谤呢？“曙光”平静地说：“一个真实的我，怎么会怕黑暗笼罩？”

“曙光”最后一句话令人印象深刻，也足以让人回味。事实上，之所以有人不愿意做个真实的人，喜欢给自己戴上各种奇形怪状的面具，是他们认为自己无论拥有怎样的高尚情操，如何修养自己的品行，都会被别有目的的人诋毁、嘲笑，甚至践踏。这让他们在感到自己吃亏的同时，也觉得做一个虚情假意的人也无伤大雅。于是，他们也以此去对待别人，以至于真实的人、真实的心日益减少，而迷人眼目的沙尘却是漫天飞。

一个真实的人，就如同那只叫“曙光”的海鸥一样，不会为无聊恶毒的诽谤去辩解什么，因为他们知道，行得正，又何惧别人说三道四。所以，真实意味着坦荡诚恳，意味着认真实在，志向坚定，情趣高尚，其品格德性都令人高山仰止。正因如此，即便是受些委屈、受些诽谤，甚或受些无端的指责又有何妨？虽然人生行路，偶有小径，但终归是天下大道为多。

一个年轻的小伙子爱上了同单位的女孩，这个女孩美丽端庄，性情温和，正是他喜欢的类型，而且他觉得对方似乎对自己也有一点感觉，于是他决定，一定要将这个女孩追到手。

经过三个月的“猛烈轰炸”，女孩终于没有抵挡住小伙子的攻势，投入了他的怀抱。小伙子非常疼爱自己的女朋友，每天和她同进同出，从不让她干家务活，每当女朋友发脾气的时候他总是哄着她，即便不是自己的错，他也主动向女友道歉。在他看来，这些都是一个好男友应该做到的，但是交往一个多月后，女友对他似乎越来越不满意。

小伙子问她：“是我哪里做得不好吗？你说出来，我改正就是了。”女友说：“我觉得你变了，以前我觉得你做人从不藏着掖着，是个很真实的人，让我能一眼看到底，有安全感，所以这才跟你交往，可现在的你，为了讨我开心，不敢发脾气，不敢说重话，让我不知道什么时候是真实的你，什么时候是另外一个你，这让我很难过，我看不到你的真心，只看到一个讨好的人。我一点都没有安全感。”

听完女友的这番话，小伙子陷入了沉思。

这个小伙子一心想让女友开心，却失去了原本在女友眼里最有安全感的那份真实，世上的事往往如此，有我们无法预料的，也有料到之后无法把握的，以为我们自己在不停地改变，这个改变的过程很大程度上是由好至坏，如同原本清澈的溪水，尘沙泛起，时日一久，变成满身污浊，当路过的旅人想要丢弃垃圾时，恐怕他的第一选择就是这样一条溪流，因为它原本污秽，所以再丢些肮脏之物也毫不介怀。倘若溪流始终清澈见底，鱼游浅底，叮咚作响，此时有微风吹来，试想这样美丽的光景又有谁会丢弃垃圾于其中？即便不慎丢落，也终会将其打捞上来，不至于破坏溪流原本的面目。

做一个真实的人亦为如此，其真，所以心底明澈，其真，所以始终如一，犹如笔直的树干，不怕风雨，不惧雷电。孔子将世人分为君子小人，君子仁而有礼，不屈无谄，小人见利忘义，蝇营狗苟。正因如此，好的总是会被坏的掩盖住其应有的面目，但是细细想来，月有阴晴圆缺，向来都是拨开迷雾见明月，诽谤、责难和玩弄也不过是小人实现自己不可告人目的的卑劣行为而已。对于一个内心明澈，真实透亮的人来说，这些也不过是一阵风吹起，不久即会偃旗息鼓，只要自己一如往昔，又何必怕别人说三道四。

嫉妒别人，不如羡慕自己

有一句名言是这样说的：嫉妒别人不如完善自己。如果你现在还生活在嫉妒中，立刻让自己解脱出来吧，因为嫉妒是一把双刃剑，它会伤害你所嫉妒的对象，但是最后也会伤到你，让你的心灵徒增烦恼。最重要的是，你的嫉妒根本不可能减少别人的成就。所以与其徒劳嫉妒别人，不如做本色的自己，从自己身上寻找那些能让自己羡慕的长处。

确实，很多时候嫉妒的心理不是人的意志所能控制的，这是沉淀在人性当中的一个弱点，或许每个人都曾有过这样的经历：看到那个处处比自己强的朋友或同事，事业爱情双丰收，春风得意，于是，便忍不住妒火中烧。这嫉妒之火怎么也排解不了，嫉妒他的生活、他的事业、他的家庭、他的才能、他的睿智、他的光彩、他的完美……总之一到这个时候，我们就已经埋葬了自己的理性，只剩下了心中的嫉妒。即便是你自己想要摆脱嫉妒的影子，都很有可能陷入徒劳。就像希腊神话中的雅典娜，看见阿拉克涅的刺绣品那么细致生动，自愧不如，便妒性大发，不仅撕碎了绣品，还把阿拉克涅变成蜘蛛。

一个大学的寝室里住着六个女孩，关系都特别好。大三那一年，宿舍里的其中一个女生找到了一个经济条件颇好的男朋友。那一年，这个女孩儿简直就是在寝室里眼前表演时装秀，每天都在换不同的名牌服装，看得寝室里的其他女孩不免心生嫉妒。尤其是那年校庆晚会前夕，她男朋友送了她一件美艳绝伦的晚礼服。晚会前的那个中午，那个女生出去了，剩下她的五个好姐妹留在寝室里，其中一个女孩儿看着想着她的事儿，不知哪里来的一股邪火，看着她挂在床头的晚礼服是越看越难受，最后实在忍无可忍，就找了一瓶墨水泼了上去！本来，她以为宿舍里其他姐妹会责怪她，可是，当那个女孩哭着跑出去之后，其余的女孩你看看我，我看看你，最后竟然都笑了起来！

别以为嫉妒只有女人才有，其实男人一样爱嫉妒。

曾有一家媒体作过这样一个调查：如果你最要好的朋友他的女友又聪明、又漂亮、又温柔、又体贴，你会有什么感觉？是为他感到庆幸，还是一腔酸楚地想：哼，走了什么狗屎运？

大部分受试者在回答这个问题时都会说："不不不！我怎么会嫉妒最好的朋友呢？"

但还是有一些勇敢的人坦率地说：是的，我会嫉妒。

其实嫉妒和喜怒哀乐一样，是人类的一种心理本能。看见谁比自己强，或是原来不如自己的人现在反而超过了自己，心里常常会不好受，这时嫉妒就像虫子一般立刻蠕动不安起来。

其实说起来，有一点儿嫉妒也并不全是坏事。一个人能嫉妒，首先说明他看到了自己和别人的差距；其次说明他不甘于这一差距，而且还有上进之心，不甘于落人之后。但是，一定要把"嫉妒"之度控制好。

一个事业成功的女作家曾说过："如果没有对同学的嫉妒，我也许永远都是一个名不见经传的三流编辑，可是当我看见自己大学时的一个同学在电视上又是做访问，又是签名售书的时候，我突然嫉妒得无法控制，最后我决定化嫉妒为力量，因为我坚信，她能做到的，我也一定能做到。"

把嫉妒变成奋进的力量，这当然是我们对付嫉妒最好的办法。而且，当我们让自己忙起来时，就无暇去嫉妒别人了。

由此可见，面对嫉妒，最好的方法是超越对方，但是，并不是每个人都有机会超越被嫉妒的对象的，如果你做不到，那也要停止嫉妒，因为你有你的优势，你就是你，没有必要成为别人。你只需要找到你的本色中最闪亮的宝石，你也一样能够让别人嫉妒你。

这样一想，你的嫉妒之火就会慢慢熄灭了。这也许是对付嫉妒的一个最好办法。

小非是个"粗神经"的女孩儿，她从来不会真正嫉妒别人。不过有一次，当她刚刚从同学聚会的酒席上出来，站在寒风凛冽的街头打不着车的时候，她伤感悲愤到想哭：那个女同学又年轻，又漂亮，又成功，又爱出风头，自己一点儿也不差呀，凭什么她什么都有？但接下来的一分钟，当小非想到自己那个大腹便便的可爱老公此刻也许正准备好一桌子饭菜，在温暖浪漫的烛光中等待自己时，她立刻就停止了嫉妒。

想一想，这世上总有人比你更有才能，比你更富有，比你更美丽。享受自己所拥有的，不羡慕自己所没有的，这样才能保持愉快的心情。人活一世，不可能拥有所有的东西，与其让那些自己所没有的东西来诱惑自己，打乱自己的生活，不如乐于自己已经拥有的一点快乐和平静，因为只有这样，才能让自己幸福一生。

唯有真心才能结交知心

每个人的机运各不相同，机运好的得以一展抱负，机运差的则一事无成，在这种情况下，自己又如何能要求特别的待遇呢？聪明人懂得用心地去经营感情，友善地对待每一个人，做一个让别人需要的人。即便是在别人一副冷脸相对的时候，他们也能坚持做到热心肠相奉陪，这样地苦心"种下"感情，怎能不得到日后的感激回报呢？

也有人说："人不为己，天诛地灭。"可如果人人都标榜看穿了尘世，以信奉自私为座右铭，那么这个世界必将暗无天日，这个社会必将走向衰亡。所以我们从小受的教育，以及这个社会所弘扬的伦理，都教导我们要友爱、仁慈，这种根深蒂固的文化影响，渗透到我们的潜意识。我们潜意识深处有了对友善、仁慈的向往，有了对具备这种品质的人的尊重。因此，世界上最受欢迎的人，一定都是品德高尚、有仁爱之心的人。但是，这个社会上也有另一种人，仿佛所有人都是他的敌人，对待别人总是凶巴巴、恶狠狠，或者从来就不将别人当人，只是当作他人生旅程上的一种工具。这种人不论他有多大本事，最终还是会遭到人们的唾弃。

所以人就应该有爱心，友善地对待每一个人，这也正是成功者的人生准则。何苦要多树立仇敌呢？友善会使你显得大度、姿态高雅，会使你的生活天地无比辽阔。如果别人对不住你，你还以友善待他，他自会对你有负疚感，说不定以后还会加倍补偿给你，这正是聪明的做人方法。

古时候有个冒险家为人十分刻薄，而且很粗鲁，他有个同伴却是宗教信徒，为人很真诚。一次，他们在野地扎营，晚上这个同伴像平常一样要做一段时间的冥思祷告。冒险家看见他低头默不作声的样子，脸上露出轻视的笑容。他正好要睡觉了，就顺手脱下自己肮脏的靴子向他丢过去。那个同伴略受惊吓，但立马又沉静下来继续冥思。

第二天早上，冒险家赫然发现自己肮脏的靴子被这个同伴擦得闪闪发光，就放在他的床边。这件事使他终生难忘，也彻底改变了他待人的态度。当然这个以热心肠贴冷脸的同伴也因为真诚和善而成了冒险家的知交好友。

所以我们要学会理解人、谅解人，愤怒和暴力只是外在的力量，只有友善才能激发人性光辉的部分，真正深入人的心灵。

有人会说：“说道理，谁都会，但做起来却难。有些人看上去就讨你厌，还怎么对他友善？”在这里介绍心理学中的一条原理：“照镜子”效应。在与人打交道时，我们发现自己的待人态度会在别人对我们的态度中反射回来。如同你站在一面镜子前，你笑时，镜子里的人也笑；你皱眉，镜子里的人也皱眉；你叫喊，镜子里的人也对你叫喊。

生命就像一种回声，你送出什么它就送回什么，你播种什么就收获什么，你给予什么，就得到什么。你想要别人是你的朋友，你必须是别人的朋友。心要靠心来交换，感情只有用感情来博取。

所以请记住你的大多数敌人正是你自己造成的，友善才会使你朋友遍天下，使你的品质升华，生命充满欢乐。热心肠地去对待别人，即便是人家的冷脸回应，但只要你相信一个人是能被感化的，他总会有一天回敬你一个“热脸”，并且数倍热忱地对待你、看重你。这就是热心肠贴冷脸该收回的隐形效应。

十四
忠诚是生存的底牌

别开忠诚的玩笑

有一家生意不错的旅游公司，在老板出差期间，被竞争对手抢去了大部分的业务。旅游旺季到来之时，这家旅行社以往的签约顾客居然一个都没有来。旅行社陷入了前所未有的危机之中。老板觉得很对不起公司的员工。老板说："现在，公司的资金出现了周转困难，现在如果有人想辞职，我会立刻批准，但要在平时，我会挽留，如今我已经没有理由挽留大家了。给你们发两个月的薪水，在你们找到新的工作之前，这些钱可能还够用。"

"老板，我不走，我不能在这个时候离开。"一个员工说。

"老板，我们一定会战胜困难的。"另一个员工说。

……

"是的，我们不会走的。"很多员工都这样说。

这家旅行社并没有倒闭，甚至比以前做得更好。

老板说："这要感谢我的员工，在我最危难的时刻，是他们的忠诚帮助公司战胜了困难。"

朗讯总裁鲁索说："我相信忠诚的价值，对企业的忠诚是对家庭忠诚的延续，我从柯达重回朗讯，承担拯救朗讯的重任，这是我对企业的一份忠诚。我一直把唤起员工对企业的忠诚作为自己努力的目标。"或许只有忠诚才具有这么大的号召力。

对于职场人士而言，忠诚的含义主要包括两个方面：忠于公司，忠于职业。

没有一个老板不喜欢忠诚的员工，他们无时不在考察谁是可靠的，谁又是不可靠的。

在一项对世界500强企业中的部分总裁作的调查中，当问到"您认为员工最应具备的品质是什么"时，这些巨头们无一例外地选择了两个字：忠诚。

忠诚是包含在敬业当中的、在职场中最应值得重视的美德。每个企业的发展和壮大可以说都是靠员工的忠诚来实现的，如果大部分的员工对公司都不忠诚，那么这家公司距离破产也就不会太远了，员工也即将面临着失业。

一位马耳他王子在路过一间公寓时看见他的一个仆人正紧紧地抱着主人的一双拖鞋睡觉，他上去试图把那双拖鞋拽出来，但因仆人抱得太紧而拽不出来。这件事给王子留下了很深的印象，他立即得出结论：对小事都如此小心的人一定很忠诚，可以委以重任。所以他便把那个仆人升为自己的贴身侍卫，结果证明这位王子的判断是正确的。此后，那个年轻人又一步一步很快当上了马耳他的军事司令，他的美名最后传遍了整个西印度群岛地区。

忠诚是人类最重要的美德之一。忠实于自己的公司，忠实于自己的老板，与同事们同舟共济、共赴艰难，将获得一种集体的力量，人生就会变得更加饱满，事业就会变得更有成就感，工作就会成为一种人生享受。相反，那些表里不一、言而无信之人，整天陷入尔虞我诈的复杂的人际关系中，在上下级之间、同事之间玩弄各种权术和阴谋，即使一时得以提升，取得一点成就，但终究不是一种理想的人生和令人愉悦的事业，最终受到损害的还是自己。

一位总裁说过："我的用人之道一个很重要的标准就是忠诚。当我们争论一个问题时，忠诚意味着你把自己的真实想法告诉我，不管你认为我是否喜欢它。意见不一致，在这一点上，让我感到兴奋。但是一旦作出了决定，争论终止，从那一刻起，忠诚意味着必须按照决定去执行，就像执行你自己作出的决定一样。"

国外某著名航空公司在开辟该国首都至芝加哥的国际航线时，因为业务需要，在美国招聘空姐。有个小姐各方面的条件都较优异，被航空公司的人事考官看好，拟作为领班。在面试就要结束时，该主考官问了一个小问题："公司准备在本国用三个月的时间对所有受聘人进行一次培训，这样的话，你远离自己的国家和亲人，在生活和感情上能适应吗？"

这位小姐回答说："我离家在外已经有几年了，自己一个人生活已习惯了，至于出国，也没关系，说实在的，在这个国家我早已待腻了！出去不是更可以多见识吗？"主考官听到这话，脸上的笑容马上消失了，待她走出门后，就在她的表格上写上了"不"，对其他人解释说："一个对自己的国家都不忠诚的人，又怎会忠诚于公司呢？"

人们最憎恶的就是背叛，你的老板更是如此，所以就愈加珍惜忠诚，忠诚是对自己所坚守的信念的忠实和虔诚。忠诚是一种责任、一种义务、一种操守，忠诚是一种至为高贵的品格，是为人厚道的一种体现。任何人都有责任去信守和维护忠诚，这是对你所从事的工作、所坚持的信念最大的保护，丧失忠诚是对责任的最大的伤害，也是对品行和操守的最大亵渎。

著名管理大师艾柯卡，受命于福特汽车公司，面临重重危机之时，他大刀阔斧地进行改革，使福特汽车公司走出危机。但是，福特汽车公司董事长小福特却对艾柯卡进行排挤，这使艾柯卡处于一种两难的境地。此时，艾柯卡却说："只要我在这里一天，我就有义务忠诚于我的企业，我就应该为我的企业尽心竭力地工作。"

尽管后来艾柯卡离开了福特汽车公司，但他仍然很欣慰自己为福特公司所做的一切。"无论我为哪一家公司服务，忠诚都是一大准则。我有义务忠诚于我的企业和员工，任何时候都是如此。"艾柯卡说。正因为如此，艾柯卡不仅以他的管理能力折服了其他人，也以自己的人格魅力征服了别人。

无论一个人在企业中是以什么样的身份出现，对企业的忠诚都应该是一样的。一个成功学家说："如果你是忠诚的，你就是成功的。"作为一名员工，你的忠诚对于你自己而言，就是你成功的通行证。

忠诚，不仅会让一个人获得更多的成功机会，更重要的是它使一个人获得了弥足珍贵的美德。到任何时候，美德都不会贬值的。如果你渴望成功，那就要保持忠诚的美德，让它成为你的工作准则，并在此基础上逐步培养正确的道德观，发展真正的好品格，这样，老板总有一天会给你理想的回报。

墙头草长不成参天大树

“风吹墙头草，一吹两面倒。”此话是对两面派的人的概括。看看孔子是怎么分析墙头草型的人：季康子问孔子如何治理政事，说：“如果杀掉无道坏人，而成就有道之人，怎么样？”孔子回答说：“你是治理政事，为什么要用杀人的办法？你要是想做好事，百姓也会跟着做好事的。君子的品德好比是风，小人的品德好比是草，风吹到草上，草就会随风而倒。”

墙头草为什么长不成一棵参天大树？一个人的成功固然有很多因素，比如才华、机遇、人际关系等，但是我们也必须看到品德的重要。墙头草的形象是对小人的写照，他们不会考虑到公司，而永远只关注到自身的利益。所以当外部充满诱惑时，他们很难坚持自己的原则，就像墙头草一样随风而倒，而他的风向就是利益。

莫新是一家企业的业务部副经理，刚刚上任不久。他年轻能干，毕业短短两年能够有这样的成就也算是表现不俗了。然而半年之后，他却悄悄离开了公司，没有人知道他为什么离开。

莫新在离开公司之后，找到了他原来公司关系不错的同事曹远。在酒吧里，莫新喝得烂醉，他对曹远说：“知道我为什么离开吗？我非常喜欢这份工作，但是我犯了一个错误，我为了获得一点儿小利，失去了作为公司员工最重要的东西。虽然总经理没有追究我的责任，也没有公开我的事情，算是对我的宽容，但我真的很后悔，你千万别犯我这样的低级错误，不值得啊！”

曹远尽管听不太明白，但是他知道这一定和钱有关。后来，曹远知道了，莫新在担任业务部副经理时，曾经收过一笔款子，业务部经理说可以不下账了：“没事儿，大家都这么干，你还年轻，以后多学着点儿。”莫新虽然觉得这么做不妥，但是他也没拒绝，半推半就地拿了5000美元。当然，业务部经理拿到的更多。没多久，业务部经理就辞职了。后来，总经理发现了这件事，莫新再也不能在公司待下去了。

曹远看着莫新落寞的神情，知道莫新一定很后悔，但是有些东西失去了是很难弥补的。莫新失去的是对公司的忠诚，还能奢望公司再相信他吗？

一个员工对公司不忠，甚至出卖公司的利益，是最大的罪责。没有任何老板愿意为一个私欲过盛的员工垫付成本。忠诚是责任的底线，你对别人忠诚，别人才会对你忠诚。

当今社会，到处都充满诱惑，而诱惑对一个职场中人来说，是一个陷阱，也是一种考验。

作为公司的一员，要守住公司的秘密，不要做出卖公司、出卖老板的事。如果为了一己之利不惜牺牲公司的利益，其结果是在出卖公司的同时，也出卖了自己。

季布原来是项羽的部将，骁勇善战，经常令刘邦伤透脑筋。汉高祖灭项羽之后，以重金悬赏季布的首级，并且颁布命令：凡是窝藏季布的人，一律诛杀全族。

季布乔装打扮，以奴隶的身份藏匿在侠客朱家的家中，朱家知道实情，对他特别礼遇。有一天朱家拜访汝阴侯夏侯婴说：“季布到底犯了什么滔天大罪，被这么通缉？”

“季布仕宦于项羽时，常造成陛下的困扰，陛下对他憎恨有加，所以无论如何都要捉到他。您对季布的看法如何呢？”

“为了主君鞠躬尽瘁，是臣下的义务，季布效忠项羽也是忠于自己的义务。就因为季布曾经是忠于项羽的部属就非杀不可吗？天下平定，皇帝身为一国之君难道为了一己的私怨而要拼命追杀过去的敌将吗？这样不是显示自己的度量狭小吗？”

夏侯婴觉得有理，所以上书汉高祖，汉高祖于是赦免了季布，并且重用他。

季布的品格非但没有让人觉得他可恨，相反他的言行让我们觉得可敬。这也许可以和另一种人作比较，我们看到无论是影视作品中还是文学作品中，人们歌颂的永远是赤胆忠诚的人，而非两面倒的小人。好比是我们所熟知的出卖朋友或卖主求荣的人，最终他们也将被众人所唾弃，就连当初收买他的人也一样瞧不起他。人们常说“投我以木桃，报之以琼瑶”，投桃报李用在今天的职场也非常合适。

如果你忠诚你的老板，他自然也会真诚地回报你；忠诚，不仅会让一个人获得更多的成功机会，更重要的是它使一个人获得了弥足珍贵的美德。在任何时候，美德都是永远不会贬值的。

作为企业的员工，不管你是否优秀，如果你渴望成功，渴望被委以重任，渴望获得梦寐以求的广阔舞台，你就应当抛开自己的“外骛之心”，投入自己的忠诚。当你把身心彻底融入公司，尽职尽责，处处为公司着想，理解老板的苦衷，那么，你就会成为一个值得信赖和被委以重任的人。因此，忠诚的受益者是你自己。

在情义中献出自己的忠诚

自古以来，“忠义”二字往往连用，“忠”不仅仅是对国家、对家庭、对上级的忠诚，更是朋友之间的忠义，只要对朋友有情有义，便是一种忠诚，曾子曾说：“可以托六尺之孤，可以寄百里之命，君子人与，君子人也。”说的便是这种忠义。

四大名著中的《水浒传》又称《忠义水浒传》，梁山好汉之间无不有情有义，在情义中献出自己对朋友的忠诚。另一部名著《三国演义》，刘、关、张三人的情义，更是忠义的典范。

关羽被曹操俘虏之后，与曹操约定了“降汉不降曹”，并且约定一旦听到刘备的消息就赶去投奔刘备。在曹营之中，尽管曹操对关羽也是仁至义尽，三日一小宴五日一大宴，又是赠金又是封侯，却丝毫没有改变关羽对刘备的情义。甚至于当曹操把吕布的赤兔马赠送给关羽的时候，关羽居然大喜过望地说有了这匹千里马，只要一听到刘备的消息，就能以最快的速度见到刘备了，令曹操极为失望与后悔。

果然，当关羽听说刘备在袁绍处时，立刻挂印封金，不惜过五关斩六将，跑去投奔了刘备。

刘备对关、张二人的情义也是天地可鉴，当他听说两人遇害后，甚至不顾诸葛亮、赵云的劝谏决意率倾国之兵为关、张二人报仇，虽然从大局的角度来讲，刘备的做法有待商榷，但是他对朋友的情义是无可置疑的。

不要以为只有小说中才会出现这样的情义，在历史上，如此有情有义的人其实很多，即使是对落魄的朋友，也不能放弃你的情义。

晋代一个名叫荀巨伯的人，得知朋友生病卧床，便前去探望。不料正赶上敌军攻破城池，烧杀掳掠无恶不作，百姓们纷纷携妻挈子，四散逃难。朋友劝荀巨伯说：“你赶快逃命去吧，我重病在身，根本逃不了，更何况我自知已活不长了，跟着你只能拖累你，你赶快离开这里吧！”

荀巨伯并不是贪生怕死之辈，他对朋友说："我怎么能弃你于不顾呢？你把我看成什么人了？我不辞山高路远来此地就是为了照顾你。现在，敌军进城，你重病在身，我更不能扔下你不管。"说完转身到厨房给朋友熬药去了。

朋友语重心长地劝了半天，让他快些逃走，可荀巨伯却端药倒水跟没听见一样，他反倒安慰朋友说："你就安心养病吧！不要管我，我不会有事的，我在这里你还有个照应，最起码天塌下来我还能替你顶着！"

这时只听"砰"的一声，门被敌军踢开了，冲进来几个凶神恶煞的士兵，冲着他们大喊大叫道："你们是什么人？好大的胆子还敢在这里逗留，你们难道不怕死吗？"

荀巨伯站起身，从容地走到士兵跟前，指着躺在床上的朋友说："我的朋友病得很厉害，根本无法下地行走，我怎么可以丢下他独自逃命？请你们快快离开这里吧，别吓坏了我的朋友，如果你们有什么事尽管找我好了。如果要死，我可以替他死，对此我绝不会皱一下眉头。"原本面露凶相的士兵，对荀巨伯大义凛然的一番说辞和那无畏的态度很是钦佩，语气较先前缓和了许多说："没想到这里还有品格如此高尚的人，这样的人咱们怎么好迫害呢？走吧！"说着，敌军就走了。

一个对落魄朋友有情有义的人，不仅赢得了朋友的真心，而且还为自己赢得了生机，真的是好人有好报啊。可是现实中的不少人以功利的态度去看待朋友之间的关系，把情义当作了一笔买卖，这样的人，是算不得有情有义的，当然更算不得对朋友忠诚了。

尽心尽力便是忠义

子张向孔子询问为政之事，孔子告诉他："居之无倦，行之以忠。"做事毫不懈怠，尽心尽力，即是为政之道。要说兑现一笔人生的财富，全在于尽心尽力地实干，无怨无悔地奋斗。

尽心尽力并非简单的"尽力而为"，而是用尽全身心投入的"全力以赴"。

美国西雅图的一所著名教堂里，一位德高望重的牧师——戴尔·泰勒向教会学校一个班的学生们讲了下面这个故事：

一年冬天，猎人带着猎狗去打猎。猎人一枪击中了一只兔子的后腿，受伤的兔子拼命地逃生，猎狗在其后穷追不舍。可是追了一阵子，兔子跑得越来越远了。猎狗知道实在是追不上了，只好悻悻地回到猎人身边。猎人气急败坏地说："你真没用，连一只受伤的兔子都追不到！"猎狗听了很不服气地辩解道："我已经尽力而为了呀！"

兔子带着枪伤成功地逃生回家了，兄弟们都围过来惊讶地问它："那只猎狗很凶呀，你又负了伤，是怎么甩掉它的呢？"兔子说："它是尽力而为，我是竭尽全力呀！它没追上我，最多挨一顿骂，而我若不竭尽全力地跑，可就没命了呀！"

泰勒牧师讲完故事之后，又向全班同学郑重其事地承诺：谁要是能背出《圣经·马太福音》中第五章到第七章的全部内容，他就邀请谁去西雅图的"太空针"高塔餐厅参加免费聚餐会。

《圣经·马太福音》中第五章到第七章的全部内容有几万字，而且不押韵，要背诵其全文无疑有相当大的难度。尽管参加免费聚餐会是许多学生梦寐以求的事情，但是几乎所有的人都浅尝辄止，望而却步了。几天后，一个11岁的男孩胸有成竹地站在泰勒牧师的面前，从头到尾地按要求背诵下来，竟然一字不漏，没出一点差错，而且到了最后，简直成了声情并茂的朗诵。泰勒牧师比别人更清楚，就是在成年的信徒中，能背诵这些篇幅的人也是罕见的，何况是一个孩子。泰勒牧师在赞叹男孩那惊人记忆力的同时，不禁好奇地问："你为什么能背下这么长的文字呢？"这个男孩不假思索地回答道："全力以赴。"16年后，这个男孩成了世界著名软件公司的老板。他就是比尔·盖茨。

你改变不了环境，但你可以改变自己；你改变不了事实，但你可以改变态度；你改变不了过去，但你可以改变现在；你不能控制他人，但你可以掌握自己；你不能预知明天，但你可以把握今天；你不可以样样顺利，但你可以事事尽心；你不能延伸生命的长度，但你可以决定生命的宽度。

很多人都渴望自己拥有成功的人生，请问，你付出了努力没有呢？还有，你努力的程度又如何呢？是否"尽心尽力"了？背水一战的豪迈、破釜沉舟的壮举，之所以能名垂青史，不正体现了那置之死地而后生的全力以赴吗？即使做着似乎是徒劳无益的事情，也应该尽力而为，这就是成功的秘诀，因为尽心尽力就是胜利。

忠诚是一种风骨

忠诚是一个人的安身立命之本，无论是对国家、家人、朋友，还是对组织，一个人都需要具有忠诚之心。一个丧失忠诚的人，不仅丧失了机会，丧失了做人的尊严，更丧失了立足之本。即使是那些从你身上获取好处的人，也会鄙视你、远离你、抛弃你。只有忠诚的人，才能够赢得他人的信任，受到他人的尊敬，也只有这样才能够在社会上立足。

每个人终有一天要走上社会，面临职业选择，因此对自己所从事的事业忠诚如一，应该成为我们内心的道德底线。

如今，很多组织用人不仅看能力，更看重品德，而品德中最为核心的又是忠诚度。那些既忠诚又能干的人往往是组织梦寐以求的得力干将。因为，组织领导的成就感、自信心，还有组织的凝聚力，在很大程度上取决于职员的忠诚度。

忠诚于自己的组织，忠诚于自己的上司，忠诚于自己的事业，与组织同舟共济、荣辱与共，全心全意地为组织工作，这样组织成功了，你自然也就成功了。

所以，忠诚其实不仅仅是一种美德，它更可以转换成你的一笔财富，一旦你拥有了这笔财富，你也就赢得了上司的信任和重用。

在美国宾夕法尼亚州的山村里，曾有一位出身卑微的马夫。他小时候生活非常贫苦，只受过短时期的学校教育。从他15岁那年开始，他开始赶马车，两年后他才谋到另外一个职业，每周只有不到3美元的报酬。他无时无刻不在寻找着机会。后来他又应某工程师的招聘，去了卡内基的钢铁公司上班，日薪1美元。由于他勤奋好学，没多久就被提升为技师，接着升任总工程师。到25岁时，他已经是那家公司的总经理了。到了39岁，他一跃成为全美钢铁公司的总经理。他就是美国著名的企业家查理·斯瓦布先生。

如果你想向斯瓦布先生学习，那么请记住他成功的秘诀：他每得到一个职位时，从不把薪水看得很重要，而是把忠诚自己的职业放到首位，像爱惜自己的眼睛一样珍惜自己获得的职位。他经常用美国西点军校的一句著名格言来勉励自己：像忠诚于上帝一样忠诚于国家，像忠诚于国家一样忠诚于职业。斯瓦布先生的一生就像是一个情节曲折的童话故事，我们从他的成功之路中，可以看到努力工作，忠诚于职业所产生的价值。他做任何事情总是十分乐观和愉快，同时要求自己做到精益求精。

任何人都有责任去信守和维护忠诚，这是对自己所爱的人和所坚持的信念的最大保护。丧失忠诚，就是对责任最大的伤害，也是对自己的品行和操守最大的亵渎。

为坚守忠诚所付出的代价，得到的是荣誉。为丧失忠诚所付出的代价，得到的是耻辱。

而诱惑，无论什么样的诱惑，都是对忠诚最大的考验。面对诱惑，无数人经不住考验而丧失忠诚，昧着良心出卖了一切。其实，当他在出卖一切的时候，他也出卖了自己。

忠诚是一种高尚的品格，也是一个职员的基本道德。那些忠诚于上司、忠诚于组织的职员，都是能担当重任、不找任何借口的人。在本职工作之外，他们还积极地为组织献计献策，尽心尽责地做好每一件力所能及的事。而且，在危难时刻，这种忠诚会显现出它更大的价值。能与组织同舟共济的职员，他的忠诚会让他达到我们想象不到的高度。

人们往往因为虚荣心，就自以为是地认为自己是因美德而遭受苦难。一个人只有摈弃思想的杂念，涤荡心灵的污点，才能真正认识到自己遭受的苦难实际上是上苍对美德的考验，而非对恶行的报应。

请记住：每次当你为他人加倍付出一分时，他就因此需对你承担一份义务。若你真诚地对待你的组织，相信它也会真诚地对待你。

有些人可能会频繁跳槽，但身在其位却一定要谋其事，表现出对所从事的职业高度的责任感。也许正是这种态度，使他们常常保持相对的稳定性。

对于组织来说，忠诚能带来效益，增强凝聚力，提升竞争力，降低管理成本；对于职员来说，忠诚能带来安全感。因为忠诚，我们不必时刻绷紧神经；因为忠诚，我们对未来更有信心。

没有人会尊重背叛者

人生总会面临各种各样的抉择，有时候，我们必须在忠诚和背叛之间作出选择，如果选择背叛，可以得到眼前的许多利益，而如果选择忠诚，则到手的鸭子很可能飞掉。这个时候，我们该如何抉择呢?

某公司的骨干销售主管牛强和公司高层闹了一些不愉快的矛盾，牛强觉得很受委屈，因此一直耿耿于怀，于是就想到辞职，这本来是一件很正常的事情，但是，为了泄私愤，他却选择了跳槽到另一家竞争对手公司。这还不够，为了能够邀功请赏，同时也凸显自己的地位，牛强暗地里还做了一件十分不厚道的事情：他把公司的机密文件和客户电话散布给各地经销商，使得公司的业务一片混乱，并引发了很多业务纠纷，从各地打来的电话几乎将公司电话打爆。这还不算，他还向当地工商、税务部门举报，检举公司的账目有问题，经过一番检查，证明公司是清白的，但毕竟给公司带来了很大的伤害，而且，牛强还试图挖公司的墙角，同时带走一批公司的业务骨干，虽然没有成功，但也造成公司人心浮动，为竞争对手提供了许多便利和可趁之机。

正当牛强得意扬扬地把自己的成果向竞争对手公司邀功请赏时，他却收到了那家公司明确的拒绝。而且，之后不管他投哪一家公司的简历，都石沉大海，没有收到任何回应，原来，同行的许多公司虽然从牛强的背叛行为当中得到了或直接或间接的好处，但是一看到他是这般对待“老东家”，便担心他以后也会这样对待自己。身边有这么样一个人，不就像是埋下了一个随时可能爆炸的定时炸弹吗？所以，没有一家公司愿意收留牛强，牛强彻底毁了自己在行业内的声誉。

牛强的案例给了我们关于如何在背叛和忠诚之间抉择的最好启示：背叛的行为，或许表面上看能够给自己带来眼前的利益，但是，从长远来看，却因此丧失了对方的尊重。而且，背叛能否真的得到利益还很难说，因为所有人都会对背叛者的人格产生质疑，他们会想，你今天能够背叛别人，难道明天就不会背叛我吗？于是，哪怕背叛者开出了诱人的价格，为了自己的长远着想，恐怕也很少有人愿意真心诚意地接受背叛者吧。所以，无论从哪一个方面看，背叛者都不会有好的结果，因为他丧失的是自己的尊严和对方的尊重，而相反，若是选择了忠诚，则能够赢得无比的尊重，这个尊重不光来自于自己人，甚至还会来自于因为你的忠诚而蒙受损失的敌人。

隋朝末年，军阀窦建德和王世充打得不可开交，有一次，窦建德出其不意地攻打王世充领地边境的一座小城，想要以此为跳板袭击王世充，谁想到，小城的守将却抵抗得异常激烈，无论窦建德强攻猛打还是好言游说，威逼利诱，守将都不愿意投降。但是，因为小城城低堑浅，窦建德还是把城市攻打下来了，并俘虏了守将。

窦建德非常恼怒，说："其他人一听到我的名号就忙不迭地投降，你怎么敢阻挡天兵这么多时日，害得我损失惨重？来呀，拖出去斩了！"

可是窦建德旁边有个谋臣却忙喊了一声"刀下留人"，对窦建德说："大王，此人是个忠良之士，不能杀啊。你想，如果杀了他，不就是给我们的将军们一个信号，忠诚守土没有好果子吃，反倒是敌人一来就投降能够受到礼遇？相反，如果放了他，而且还重用他的话，就等于告诉大家，忠良之士无论如何都会受到嘉奖的。"

窦建德一听，觉得言之有理，于是放了那个守将，还一直把他留在了自己的身边。

缺失了做人的前提，又怎么能做好大事业？一个人如果为了一丁点儿个人的利益而背叛组织利益的话，这样的人在世界的任何角落都不会受到欢迎，因为他出卖的不仅是组织的利益，还是做人的尊严。哪怕是从他手中获益的人，也会在心底对他产生鄙夷，而且，还会对他产生恐惧和猜忌的心理。

背叛肯定会被踢出局

作为公司的一名员工，应时刻记住自己的角色是为公司争取利益，而不是为自己争利益，只有公司发展了，你才会得到发展。当公司与你个人利益发生冲突时，千万不要为个人私利，而将公司的利益置之度外，因为背叛公司等于背叛自己。责任感源于忠诚。没有忠诚，责任感就无从说起，没有责任感，你就会在引诱面前把握不住自己，做出一些不够忠厚的事情。这样，你的事业结构就会土崩瓦解，最终只能在一片废墟中独自哀叹，所以说，背叛公司的最大受害者将是背叛者自己。

王凡在一家大公司供职，因为能说会道、才华出众，所以他很快被提拔为技术部经理，他认为，更好的前途正在等着他。有一天，一位港商请王凡喝酒。席间，港商说："最近我的公司和你们公司正在谈一个合作题目，如果你能把你手头的技术资料提供给我一份，这将使我们公司在谈判中占据主动。”

“什么？你是说，让我做泄露机密的事？”王凡皱着眉道。港商小声说：“这事只有你知我知，不会影响你。”说着将15万元的支票递给王凡。王凡心动了。于是在随后的谈判中，王凡的公司损失很大。事后，公司查明真相，辞退了王凡。本可大展宏图的王凡不但失去了工作，那15万元也被公司追回以赔偿损失。他懊悔不已，但为时已晚。

从王凡的故事中我们明白，背叛企业和老板没有好结果，当老板发现你背叛他时，即使你才华横溢也不会对你姑息。

一位成功的企业家曾经说过：“当你周围的人们通过种种欺诈手段和不忠行为而暴富起来的时候，当其他的人摇尾乞怜、一心向上爬的时候，你要保持自己的尊严和清白，不要同流合污。当有的人靠阿谀奉承换来一个又一个‘成就’的时候，你要善于保持内心的宁静，不要因他人的这些成就而痛苦。当你见到有些人为了名利像狗一样爬行的时候，你要能顶住世俗的压力，敢于特立独行，出淤泥而不染，要修炼成品德高尚的人。那些品德高尚的人会凭借自己的忠诚的责任心去制胜，具有忠诚原则的人为了不失职，即使牺牲自身的利益也在所不惜。”

彼得是一家网络公司技术总监。由于公司改变发展方向，他觉得这家公司不再适合自己，决定换一份工作。以彼得的资历和在IT业的影响，还有原公司的实力，找份工作并不是件困难的事情。有很多家企业早就盯上他了，以前曾试图挖走彼得，都没成功。这一次，彼得自己想离开。很多公司都提出了令人心动的条件，但是在优厚条件的背后总是隐藏着一些东西。彼得知道这是为什么，但是他不能因为优厚的条件就背弃自己一贯的原则。彼得拒绝了很多家公司对他的邀请。

最终，他决定到一家大型的企业去应聘技术总监，这家企业在全美乃至世界都有相当的影响，很多IT业人士都希望能到这家公司来工作。对彼得进行面试的是该企业的人力资源部主管和负责技术方面工作的副总裁。对彼得的专业能力他们并无挑剔，但是他们提到了一个使彼得很失望的问题。

“我们很欢迎你到我们公司来工作，你的能力和资历都非常不错。我听说你以前所在公司正在着手开发一个新的适用于大型企业的财务应用软件，据说你提了很多非常有价值的建议，我们公司也在策划这方面的工作，能否透露一些你原来公司的情况，你知道这对我们很重要，而且这也是我们看中你的一个原因。请原谅我说得这么直白。”副总裁说。

“你们问我的这个问题很令我失望，看来市场竞争的确需要一些非正常的手段。不过，我也要令你们失望了。对不起，我有义务忠诚于我的企业，即使我已经离开，到任何时候我都必须这么做。与获得一份工作相比，信守忠诚对我而言更重要。”彼得说完就走了。

彼得的朋友都替他惋惜，因为能到这家企业工作是很多人的梦想。但彼得并没有因此而觉得可惜，他为自己所做的一切感到坦然。没过几天，彼得收到了来自这家公司的一封信。信上写着：“你被录用了，不仅仅因为你的专业能力，还有你的忠诚。”

当你在种种诱惑面前，选择背叛，那么你将永远处于底层，但是如果你能抵挡住金钱与名利的诱惑，那么，你的前程很可能会光明起来。彼得之所以被朋友们都梦寐以求的公司录用，正因为他选择了忠诚而非背叛。

所以，无论何时，让我们忠于公司，忠于老板，只有这样，别人才能因为我们金子般的秉性向我们靠拢，给予我们更多的重视和青睐。

朋友不是用来背叛的

那些无论在何种环境下都能与任何人交上朋友、能建立起真挚友谊的人，朋友对他生存竞争的帮助、对他事业发展的巨大价值往往是无可估量的。

好的朋友在精神上可以慰藉我们，使我们的身心得到更大的快乐，勉励我们道德上的提高。如果撇开这些不谈，单单从经营事业的角度考虑，好的朋友对一个人帮助的价值也是巨大的。

有一次英国伦敦的一家报社悬赏征求对“朋友”一词的解释，其中一个参赛者送去的解释是：“当所有人都离我而去时，仍然在我身边的那个人。”这个解释虽然不够典雅和严格，但谁还能说出一个更好的呢?

当一个商人在经济上遇到困难，或遇到出人意料的重大变故，或遇到别的不幸，正在万分焦急、手足无措时，突然有位朋友过来帮助他、支撑他，从而力挽狂澜，使那位商人有了喘息之机，得以重新振作，这样的朋友是多么感人、多么宝贵啊!

有些刚跨入社会的人，由于结交了很多朋友，而在工作和事业上得到了极大的帮助。但可惜的是，现在的人际关系好像完全陷于交易和金钱方式，而使得真正的友谊越来越难以找到。

结交朋友是一件很重要的事情，绝不是随便玩玩就可以了，但大多数人并没有认识到这一点。有许多人，老的朋友往往任意失去，新朋友却又不去结交，他们的朋友就越来越少了。

一次，有一个人带着满腔热忱和喜悦去看望他一个多年不见的老同学，不料那同学正忙着做他的生意，只不过冷冷淡淡地和他敷衍了10分钟。原来，那人有一条坚定不移的原则：“生意第一，友谊第二。”这种人也许可以发一点小财，但以牺牲友谊为代价，未免太不值得了。

一个见识过人、能力很强也很聪明、比他现在的朋友发展得更快的人，如果交不到什么新朋友，那么他无论目前有多高的收入，也不能说有真正的进步，因为“一个人是否成功很大程度上取决于他择友是否成功”。

一个人见了人就想躲避，喜欢过一种与世隔绝的孤独生活，其实是很不好的事情，会阻碍人的进步与成功。如果一个人只顾埋头于自己的事情，只顾独自经营，对于社会上的发展形势与经济动态也漫不经心，那么他实际上就已经走入另外一个世界。等到朋友们来看他时，他不是找借口不见他们，就是随随便便敷衍一下。这样的人，谁还愿意经常来看望他呢?

有许多靠着朋友的力量而成功的人，如果能把他们的成功过程一一研究起来，其实是一件很有意义的事情。一位作家说过这样的话：“现代社会，人们完全靠一个规模庞大的信用组织在维持着，而这个信用组织的基础却是建立在对人格的互相尊重之上。”他还说：“谁也无法单枪匹马在社会的竞技场上赢得胜利、获得成功。换句话说，他只有在朋友的帮助和拥护下，才不至于失败。”

朋友就是当所有人都离你而去时，仍然在你身边的那个人。当然，不背叛朋友，才能获得一生的友情。

十五
正道直行，走得正才能行得远

歪路暗坑多，好看不好走

对于做生意，晚清“红顶商人”胡雪岩的一贯主张是“走正路”。这里所说的“正路”，就是指按照正常的方式、正常的渠道，不要用“歪招”、“怪招”。做生意，不能违背大原则，什么钱能赚，什么钱不能赚，心里要分得清楚，不能只顾着赚钱而不顾及道义。

胡雪岩做生意从来不怕冒险，他曾说：“不冒险的生意人人会做，如何才能出头？”有时候，他甚至在刀头上舔血，以获得利益。但是，他同时强调，舔血之前，一定要想清楚，什么血可以舔，什么血不能舔。

有一次，胡雪岩对刘庆生说：“我往外放钱，从来都是要弄清楚对方是要用钱做什么的。就比如他们买米，我一定要知道他们的米买了之后是要运到哪里去的。如果是运到不曾失守的地方，那我就会借钱给他，如果是要运到太平军那里去的，这笔生意我就不能做。我可以帮助朝廷，但是不能帮助太平军。”

在胡雪岩的眼里，他是大清的臣民，通过帮助朝廷来赚钱，自然是走正路。可是，帮助太平军，就等于是帮助“逆贼”，帮助他们就是“附逆”，由此去赚钱，就是违背了大原则，即使获得再大的利润，也是不能做的。

在今天，我们来看胡雪岩的不做太平天国的生意，是存在一定的阶级局限性的，可是从一个商人的角度，能够维护自己的立场，不做违背大原则的事情，却是难能可贵的。虽然有时候，商业的竞争表现得尤为激烈，但是我们不能只顾着赚取利益而不择手段。

为商者，与利益接触最直接，稍微不注意，就可能忍受不住利益的诱惑，丧失了做人的原则。俗话说：“没有不透风的墙。”违背道义，不走正路，一旦东窗事发，必定引起万人唾骂，名利两失。所以，做生意应该从正道出发，赚取正当的利益，才能有更长远的发展。

生意场上，人们常常追求“利润的最大化”。有时候，为了获得更大的利润，就会在不知不觉中触犯道德的底线。

有一个商人，做的是烟酒生意。可是，因为他的进价高，进入市场以后很难应对价格竞争，所以总是赔钱。看到别人的生意越做越红火，利润越赚越多，他开始着急想办法了。

这个时候，他认识了一个卖毒品的人，就想着可以把毒品放在烟里，让人上瘾，自然会主动来他的店里买烟。他的如意算盘打得很好，可是没过多久，他的店就被人举报了。

做生意走正道，即使是利润小、失败了，改变经营策略以后，也有东山再起的机会。可是，如果违背了道义，不走正路，失败了就永远没办法再起来了，还可能把自己逼上了绝路，断送前程。

其实，做生意跟做人的道理极其相似。做人要厚道，做生意也要厚道，不能放弃原则，损人利己。在生活中，我们难免会遇到诱惑，如果为了利益就放弃了做人的原则，必将铸成大错。所以，一定要坚持做人的道德底线，只有这样，我们才能免受做错事以后自己良心的折磨，才能在正确的人生轨迹上实现自己的理想，追求自己的幸福。

诡道不是阳关道

所谓“小赢靠智，大赢靠德”，玩弄阴谋诡计能够取得一时的小成功，但是总有自食其果的那一天，只有做一个堂堂正正、受人尊敬的人，才能获取长久的成功。

无论是谁，保持正直的品格并不是一件容易的事，唯其难为，所以可贵，那些经受了考验、没有被玷污并且能保持正直品格的人才会得到大家的信任与尊敬，并将被赋予更重大的责任，而且有机会取得更伟大的成就。

在中国某个著名的城市，一批接受深造即将成为建筑师的年轻人，在一位鬓白如雪的老教授的带领下参观一座刚刚落成又需要拆除的大厦。因为大厦的建筑师接受贿赂后，在他的设计方案中改换了关系工程质量的一连串数据……爆破的炸药正填入水泥未干的墙基。在场的人全被震撼了。老教授颤颤巍巍地走到学生们跟前，想说什么却又哽噎着难以开口，只说了半句：“咱们建筑师不能造孽，应该积德……”

在美国马里兰州建筑学院盛大的毕业典礼上，著名建筑师弗兰克·劳埃德·赖特仿佛是接着中国教授的话题大声演说：“一座大厦就是一位建筑师的名誉，这名誉不会从天而降，必须来自一块实实在在的砖头、一块地地道道的板材。而这一切全都来自建筑师的品德——实实在在、正直高尚的品德！”

人们为了名誉，可以投入大量的金钱和精力，但就是不愿意使一块砖头成为“一块实实在在的砖头”，让一块板材成为“一块地地道道的板材”，总是千方百计地想要玩花样，占便宜，从而丧失了为人的基本品格，同时丧失的，还有自己作为一个人最重要的无形资产——名誉。

一个人的正直的品格是其名誉最重要的部分，是人生的桂冠和荣耀。它是一个人高贵的资产，它构成了人的地位和身份本身，它是一个人在信誉方面的重要筹码。它比财富更具威力，它使所有的荣誉获得了道德上的保障。

正直的品德是我们为人的基本要素，是我们立足于世的重要保障，缺少正直品德的人，不可能描绘出多姿多彩的事业轨迹。

一个品德不正一心想走诡道成功的人，很有可能让自己陷入失败的深渊。

杰克大学毕业时到了一家软件开发公司工作，和他一起进入公司的还有他的同学及好友希尔。他和希尔两个人都被分配到程序编辑组，有机会接触到公司最核心的技术秘密。

他们所面临的社会，是一个充满陷阱和诱惑的社会，加上软件企业当前的竞争相当激烈，自从他们进入程序编辑组那天起，就有竞争对手想从他们那里套取技术秘密。

刚开始的时候，杰克和希尔都顶住了诱惑。但是，时间一长，希尔开始动摇了。有一天晚上，两个人还在单身公寓里为此吵了起来。

“我想不明白，对方开出那么高的价钱，顶得上我们两个人一年的工资，为什么不答应？”希尔说。他指的是某竞争企业出资10万美元购买他们俩参与的一项软件的数据库。

“那违背了我们的做人原则。”杰克说。

“我知道你很正直，可正直值几个钱呢？”希尔说。

“别说了，反正我不同意！”杰克终于吼起来了。

希尔看到杰克生气了，便表示放弃。但他心中并没有放弃，他决定瞒着杰克。

10万美元很快进入希尔的腰包，谁也没有发现，包括杰克在内。两个月后，竞争对手抢先一步推出相似软件，迅速占领市场，让杰克所在公司为此损失了数百万美元。此时公司终于发现有人出卖技术秘密。经过一番调查，得知泄密者是希尔后，公司立即将其开除，并将他告上了法庭。

在充满诱惑的现代社会，坚守正直的品德是那么不容易。就这点而言，杰克令我们肃然起敬，可以相信，他的职业生涯也是绚丽多彩的。

无论何时何地，“诡道”都不是通往成功的“阳关道”，因为品德决定你的一切，唯有正直才是人生的桂冠和筹码。如果你拥有正直高尚的品性，能够始终做到刚正不阿，那么成功、荣誉、财富等都会纷至沓来，否则，这一切都将永远离你而去。

站得直才能站得稳

公元1283年，经历了三年的囚禁，无数次的威逼利诱之后，文天祥终于求仁得仁，慷慨赴死，给后人留下一段悲壮的故事。

文天祥本来是个文官，可为了反抗元军，他勇敢地走上了战场。那时元廷派出大军，要消灭南宋，文天祥听到消息，拿出自己的家产，招募三万壮士，组成义军，抗元救国。有人说：“元军人那么多，你只有这些人，不是虎羊相拼吗？”文天祥则说：“国家有难而无人解救，是令我心痛的事。我力量虽然单薄，也要为国尽力！”后来，南宋的统治者投降了，文天祥仍然坚持抗战。他对大家说：“救国如救父母。父母有病，即使难以医治，儿子还是要全力抢救啊！”不久，他兵败被俘，坚决不肯投降，写下了有名的诗句：“人生自古谁无死，留取丹心照汗青。”表明自己坚持气节，至死不变的决心。他拒绝了元廷的多次劝降，最终慷慨就义。

有人说，文天祥真傻，宋帝都已经没了，他还在为谁效忠？况且，难道他以为他的死就可以阻挡元军的铁蹄吗？

确实，文天祥死得一点“好处”都没有，不管是对自己，还是对时局，都没有一点“好处”。但是，文天祥追求的不是“好处”，他有一个更大的追求：气节。文天祥慷慨赴死不为了什么，只为保全自己的气节。

曾子说过，什么样的人才能算君子呢？“可以托六尺之孤，可以寄百里之命，临大节而不可夺也，君子人与？君子人也！”可以把年幼的君主托付给他，可以把国家的大事交代给他，面临生死存亡的紧急关头而不动摇。这样的人是君子吗？是君子啊！

所谓临大节而不可夺，说的就是气节，在道义和自己的信念的问题上，任何强权任何诱惑都不能使他有所动摇，这就叫临大节而不可夺，中国文化中还有一个词专门用来称呼这种品质，叫作“气节”。

孟子有一段著名的话，可以作为“气节”最好的注解：“富贵不能淫，贫贱不能移，威武不能屈。”在道义和信念面前，有气节的人不会被财富地位所诱惑，也不会被卑贱贫穷所改变，更不会被强权所征服。这样的人才算是顶天立地的大丈夫。

1941年12月，日本侵占香港的那一天，留居香港的梅兰芳开始蓄起唇髭，没过几天，浓黑的小胡子就挂在了唱旦角的艺术家脸上。他年幼的儿子梅绍武好奇地问：“爸爸，您怎么不刮胡子了？”

梅兰芳慈祥地回答儿子说：“我留了胡子，日本人还能强迫我演戏吗？”

不久，他回到上海，住在梅花诗屋，闭门谢客，拒绝为日本人演戏，时常在书房里的台灯下作画，年复一年仅靠卖画和典当度日，生活日渐窘迫。上海的几家戏院老板见他生活如此困难，争先邀他出来演戏，却被他婉言谢绝。

有一天，汪伪政府的大头目褚民谊突然闯入梅兰芳家，要他作为团长率领剧团赴南京、长春和东京进行巡回演出，以庆祝所谓“大东亚战争胜利”一周年。

梅兰芳用手指了指自己的脸，沉着地说道：“我已经上了年纪，很长时间没有吊嗓子了，早已退出了舞台。”

褚民谊阴险地笑道：“小胡子可以刮掉嘛，嗓子吊吊也会恢复的。哈，哈，哈……”

笑声未落，只听梅兰芳一阵讥讽的话语：“我听说您一向喜欢玩票，大花脸唱得很不错。您作为团长率领剧团去慰问，岂不是比我强得多吗？何必非我不可！”褚民谊听到这里，顿时敛住笑脸，脸上红一阵白一阵，支吾了两句，狼狈地离开了。

梅兰芳一身傲骨，不畏强权，为了坚守心中的正义，宁可舍弃心爱的艺术，可谓“临大节而不可夺”的典型了。

即使身处逆境也坚贞不屈，始终不渝。正如于谦的《石灰吟》：粉身碎骨浑不怕，要留清白在人间。气节表现的不仅仅是人的精神状态，反映的更是人生道德观念。这里所说的道德观念，是指为了达到理想目标，生死关头不苟且偷生，淫威之下不卑躬屈膝，诱惑面前不低头弯腰的精神。

古往今来，有骨气一直是我们倡导的。从“廉者不食嗟来之食”的古训，到陶渊明不为五斗米折腰，再到李白高吟“安能摧眉折腰事权贵，使我不得开心颜”，朱自清宁可饿死也不吃美国救济粮……他们都是有骨气的中国人，都是真正挺起脊梁的大丈夫。

人活着必须要有骨气，活着就该挺起刚直的脊梁，这是做人的根本。骨气好比空气一般，看不见摸不着。但是你一旦没有了它，你将失去称之为人的资格，你的人格将因为“缺氧”而“死亡”。骨气无价，一个人失掉了骨气，做人的价值和乐趣也就无从谈起。所以，当自己的尊严受到侵犯的时候，一定要告诉自己：要挺起自己的脊梁，只有站得直，才能站得稳。

正气是力量的源泉

孟子真是一个强大的人，尽管孟子奔忙半生没捞到一官半职，最后只能回家著书立说，但是孟子的理想却从来没有被击垮过，即便是在最落魄的时候，孟子都保持着“虽千万人吾往矣”的豪迈气概。

究竟什么原因让貌不惊人的孟子如此强大？

孟子本人曾经讲过一个叫作北宫黝的强者。说这个北宫黝什么都不怕，就算是国军侮辱了他，他也会当场拔剑杀死国军，无所畏惧。

北宫黝的“养勇”之道就是无所畏惧。但是孟子却说，他自己有一套和北宫黝不太一样的“养勇”方式，叫作“养吾浩然之气”。

什么叫浩然之气？孟子解释道：“其为气也，至大至刚；以直养而无害，则塞于天地之间。其为气也，配义与道；无是，馁矣。”“浩然之气”是一种至大至强的气概，要用正直的品德来培养，要用道义来增强，如果没有了正直和道义，那也就没有了浩然正气了。

这是一个抽象的概念，从生物学的角度来看，人体内当然是不会有这股气的，孟子说的，其实是一种精神的力量。当一个人正道直行，刚正不阿，讲求厚道，一辈子从来没有做过一件违背良心的事情，所有的言行都按照道义的要求来进行，那么，他自己就会感觉到一股正义的力量油然而生。这其实是一种心理学现象：当我们坚信我们是代表正义的时候，我们的潜能会被激发出来，力量也就会因此变得强大。

相反，若是没有浩然正气，即便是一个身强力壮的人，在公共场合偷盗被人喝止的时候，他也强大不起来了，他想到的第一件事情就是落荒而逃。这就是所谓的“作贼心虚”，为什么心虚？因为心里没有浩然正气。

所以，让自己强大起来的最好方法，就是“养浩然之气”——坚信自己是正义的。怎样才能坚信自己是正义的？那就做任何事情都正道直行，把道义作为人生唯一的准则。只有这样的人，才会真正强大，任何人都无法动摇他。

于谦在12岁的时候就写下流传千古的《石灰吟》。明正统年间，宦官王振当权，作威作福，收受贿赂，举国官吏竞相献金谄媚，在一个太监面前丑态百出，只有于谦，毫不惧怕王振，每次都是两手空空，一点贿赂都不带。有人就劝于谦：你进京不带金银珠宝也就算了，至少带点土特产去意思意思吧？于谦却甩了甩袖子，说：谁说我什么都不带？我带着两袖清风！还特意写诗《入京》以明志：清风两袖朝天去，免得闾阎话短长！两袖清风这个成语就是从这里来的。

朝中的贪官污吏自然对于谦恨得牙痒痒，但是对他却毫无办法，因为于谦的浩然正气让他获得强大的“群众基础”，大到连王振都奈何他不得。

土木堡之变后，明军几十万精锐伤亡殆尽，连明英宗都被瓦剌俘虏，瓦剌首领也先带着大军兵临北京城下。一时之间，北京城里的士大夫们吓得魂不附体，纷纷提议迁都南京，只求自保。正是在这个存亡关头，于谦大喝一声：“主张南迁的，该杀。京师是天下的根本，一摇动则国家大计完了，难道没有看见宋朝南渡的情况吗！”一个文弱书生就这样挑起了守卫北京的重任，亲自督战，与也先的铁骑展开了生死的较量，最终击退了也先，守住了北京城。

究竟是什么给了于谦如此强大的力量，在所有人都被王振和也先吓得战战兢兢的时候，于谦毫不动摇、毫不畏惧？能够让这个文弱的书生比那些马上征战一生的武将更强大的秘密，就在于于谦心中的浩然正气。他知道什么事情是正确的，什么事情是错误的。他相信，只要遵循正确的那条路一直走下去，就没有人能够击败他。

走正确的路，做正确的事，成为一个正直的人。那些奸诈小人光风霁月的背后，是一颗虚弱而恐惧的心。而一个正气浩然的君子即便是挫折重重，他也绝不会退缩，绝不会被击垮。

在最困难的时候坚守正道

做人要保持正直，但是更重要的是，即使在最困难的时候，也要坚守你的正直。

1995年，大卫在美国沃顿商学院读书。他的生活费主要依靠父母每月按时寄来。

不过，不知怎么，从六月份起，家里就再没给大卫寄钱了。苦苦支撑了两个月以后，大卫身上只剩下50美分了。不得已，大卫决定把这笔最后的钱用来给家里打电话。

终于接通了家里的电话，大卫几乎是哭着说："妈妈，我的生活费已经用光了，现在连吃饭的钱都已经没了。"

大卫的母亲只说了一句："亲爱的孩子……"便没说话了。张伯伦从妈妈的沉默里听出了一股深沉悲凉的味道。他预感到不妙，赶紧问："妈妈，怎么啦，是不是家里出事了！"

大卫的母亲说："是的，孩子，你爸爸得了重病，已经几个月了，非但家里没有了经济来源，而且为了给你爸爸看病，已经花光了所有的积蓄，因此，这两个月没给你汇钱。妈妈也是没办法啊。"大卫母亲说着说着，大哭了起来。

电话这端，大卫也直掉眼泪，他心里知道，照这样下去，自己必须辍学回家了。他心里是这么想的，嘴上却说："妈妈，你别难过，我现在就去找工作，一定养活你们。"

残酷的现实让大卫欲哭无泪，离期末还有一个月，只要可以熬到暑假，大卫就可以利用假期打工赚钱，至少可以养活自己，可是，现在他已经没钱吃饭了，必须退学。

大卫的学习成绩很棒，并且他很喜欢沃顿商学院的学习生活，可这一切，现在就要结束了。

挂断电话后，突然，让大卫目瞪口呆的事情发生了：只听见"哗啦"一声响，一大堆硬币从电话投币口涌出，简直像是上天赐给大卫的。

可是，高兴没持续多久，大卫就陷入了沉思，因为这些钱不应该被据为己有，大卫想起了父母告诫自己，无论何时，都要保持一颗正直的心，而这些硬币，本来就不是他应该拿的。经过一番激烈的思想争斗后，大卫终于还是拨通了电话公司的服务电话。

听完大卫的诉说，服务小姐告诉他，他应该把这些钱放回电话当中。

于是，大卫又把钱币往回投，可是，投币电话明显坏了，钱放进去，就被直接吐出来了。

大卫又给服务小姐打去电话，服务小姐说她先去请示一下上司。

但服务小姐强烈地感受到了孤独无助的大卫在电话里透出一股凄凉，她觉得电话那端有一个正直而需要帮助的陌生人。

不一会儿，服务小姐把电话回拨到这部出了毛病的公用电话。告诉大卫，因为电话公司现在人手不够，不想去为了几美元专门派人去取，所以，这笔钱送给他了。

大卫高兴得简直要跳了起来。这笔钱至少有10美元，足够大卫支撑到暑假打工，领到第一笔薪水。

靠着这笔钱，大卫熬到了暑假，找了份清理百货仓库的工作，大卫干活非常卖力，老板很欣赏他，也很同情他。老板告诉大卫随时可以来上班，不只是暑假，平时学习不忙的时候也可以来工作，因为他觉得大卫是个诚实的人，尤其是个慎重的人，清理仓库绝对信得过。

靠着这份工作，一年后，大卫顺利完成了学业。毕业后，大卫开了一家公司，第一年，大卫就赢利10万美金。大卫时刻不忘公用电话的事。他给电话公司寄了1万美金，感谢电话公司在他最困难的时候资助了10美元给他，让他避免成为辍学青年。

电话公司老板比尔随即回复了一封热情洋溢的信："祝贺你学有所成，事业发达。当年的10美元并不是资助给你的，而是对你正直品行的奖励，尤其是你在困难的时候，依然坚守着你的正直。

坚守正直，这其实并不是很难，但最难的是能够长久地坚持正道直行，尤其是确实困难的时候，越要坚守正道，只有困境，才是品德真正的试金石。

源清水自洁，正人先正己

子曰：苟正其身矣，于从政乎何有？不能正其身，如正人何？意思是假如本身公正，去从政，不必讲，当然是好的。"不能正其身，如正人何？"政者正也，要正己才能正人。假使自己不能端正做榜样，那怎么可以扶正别人呢？

孟子为人正直，说话也耿直，他说梁惠王"庖有肥肉，厩有肥马，民有饥色，野有饿殍，此率兽而食人也。兽相食，且人恶之；为民父母行政，不免于率兽而食人，恶在其为民父母也。"意思是说厨房里有肥嫩的肉，马棚里有壮实的马，老百姓却面带饥色，野外有饿死的人，这如同率领着野兽来吃人啊！野兽自相残食，人们见了尚且厌恶，而身为百姓的父母，施行政事，却不能免于率领野兽来吃人这样的惨剧，这又怎能算是百姓的父母呢？

这里孟子在讽刺梁惠王"上梁不正下梁歪"。无论是事业还是企业，作为领导人，总是主导着单位的发展方向和道德风气。古语云：上有所好，下必甚焉。中国自古就有"上行下效"的事情。一个领导者的意气风发或萎靡不振，都可以潜移默化地影响周围的人。

曹操曾被人称为"治世之能臣，乱世之奸雄"，古今向来褒贬不一。然而，虽然其功过不定任由后人评说，但他在治国治军方面却深得将士尊重，因为他深谙管理之道，正人先正己，以身作则。

麦熟时节，曹操率领大军去打仗，沿途的百姓因害怕士兵，躲到村外，无人敢回家收割小麦。曹操得知后，立即派人挨家挨户告诉百姓和各处看守边境的官吏，他是奉旨出兵讨伐逆贼为民除害的，现在正是麦收时节，士兵如有践踏麦田的，立即斩首示众，以儆效尤。百姓心存疑虑，都躲在暗处观察曹操军队的行动。曹操的官兵在经过麦田时，都下马用手扶着麦秆，一个接着一个，相互传递着走过麦地，没一个敢践踏麦子，百姓看见了，无不称颂。

然而，曹操骑马经过麦田之时，忽然，田野里飞起一只鸟，坐骑受惊，一下子蹿入麦地，踏坏了一片麦田。曹操为服众立即唤来随行官员，要求治自己践踏麦田之罪。官员说："怎么能给丞相治罪呢？"曹操言道："我亲口说的话都不遵守，还会有谁心甘情愿地遵守呢？一个不守信用的人，怎么能统领成千上万的士兵呢？"随即抽出腰间的佩剑要自刎，众人连忙拦阻。此时，大臣郭嘉走上前说："古书《春秋》上说，法不加于尊。丞相统领大军，重任在身，怎么能自杀呢？"

曹操沉思了好久说："既然古书《春秋》上有'法不加于尊'的说法，我又肩负着天子交付的重任，那就暂且免去一死吧。但是，我不能说话不算话，我犯了错误也应该受罚。"

于是，他就用剑割断自己的头发说："那么，我就割掉头发代替我的头吧。"曹操又派人传令三军：丞相践踏麦田，本该斩首示众，因为肩负重任，所以割掉头发替罪。

古人云："身体发肤，受之父母。"曹操割发代首，严于律己，实属难能可贵。要正人，先正己，自己以身作则才能约束他人。

古诗云：问渠哪得清如许，为有源头活水来。只要领导这个源头清明透彻，正直无私，他经过的地方就会不含杂质，他的下属便会具有正直的人格。这也是"上行下效"的一种良性循环。

麦克唐纳海军上将在海军服役了42年，历任大西洋联军统帅和大西洋地区美军总司令。有一次，他向来自各军种的一群高级将领谈到领导问题时提出了自己的看法："设定路线，然后第一个带头走。假若你这样做的话，你得计算你带头的距离——保持领先一步。"美国海军陆战队和以色列陆军的指挥官都有一句座右铭——跟我来。这句话表明了富有领袖气质的领导者应持有的领导方法。同时，这也是富有领袖气质的领导者身上熠熠生辉的特色之一。以色列陆军对带头指挥抱着特别认真的态度，在作战时，指挥官都在最前面。他们的名言是："假若你是军官，这就是你付出的代价，你必须走在最前面。"以色列人在战场上也是这样做的。每次和邻国作战时，他们都实践着这一理论。尽管军官的伤亡因此占全世界陆军第一位，但他们仍然如此，因为他们知道领导者必须走在所有部属的前面。正因为这样，以色列拥有了一支上下同心的常胜军。

这样做的不单只有以色列陆军。在第一次世界大战期间，麦克阿瑟将军的一位部下米诺赫尔将军说："我怕总有一天我们会失去他，因为在战况最危急的时候，士兵们会发现他就在我们身边。在每次前进的时候，他总是戴着军帽，手拿着马鞭，和先头部队在一起。他是激励士气的最大资源，他这个师都忠于他。"正因如此，年仅38岁的麦克阿瑟就升任了准将。这也是榜样的力量。

榜样总是能给人以巨大的勇气、信念和力量；富有领袖气质的领导者都明白这个道理。美国前副总统林伯特·H.汉弗莱说："我们不应该一个人前进，而要吸引别人跟我们一起前进。这个试验人人都必须做。"在他看来，以身作则是可以成为富有领袖气质的领导者的一股强大力量。

《论语》有言："其身正，不令而行；其身不正，虽令不从。"要正人，先正己，自己以身作则才能约束他人。一个好的领导就是下属的榜样，而榜样的力量是无穷的。因此，领导要想正人必先正己，"上清而无欲，则下正而民朴"。要求别人做的，自己首先要做到；禁止别人做的，自己坚决不做。唯有如此，才能真正地发挥出自我影响力，塑造一流的团队，也还自己一个完满、精彩的人生。

十六
甘当配角，才能当主角

让对方做主角，他一定会喜欢你

一部电影中往往只有几个甚至一个主角，那么能够演主角的演员自然也只有少数几个，多数人都还是只能演配角。

在日常生活的交际中，我们也常常面临着是做主角还是做配角的选择，虽然每个人都希望能够做主角，但是不可能有这么多的主角，所以为人厚道的人往往主动将主角让对方演，自己心甘情愿当配角，而结果是，他让出来主角，却能够赢得一个朋友。

一个人可以没有钱，但是却不能没有朋友。职场中这个法则同样适用，一个拥有很多朋友的人一定会比其他人更有优势。获得朋友的方法有很多种，但是最有效的还是偶尔充当他们的配角，因为没有人愿意在自己高谈阔论的时候，有人会脱口而出："那没什么了不起的，我以前做得比你好一百倍。"这样会在无形中失去许多朋友。

如果一个人能做到万事让人先，自己做一下配角，那么他的人际关系一定非常好，因为人人都需要被尊重，尤其是在一些关键场合，主角也需要配角来衬托。

古代有很多帝王大都是主角，可是他们同时也是善于当配角的，历代有作为的帝王似乎都擅长这招赢得人心的招数。刘备当初想请诸葛亮出山，他听说诸葛亮"每常自比管仲、乐毅"，名士司马徽也赞诸葛亮"可比兴周800年之姜子牙，旺汉400年之张子房"。此时，刘备心中有底了，他决心要请出诸葛亮，于是他下了一番苦功。

在第一次去找诸葛亮时，他没见到，张飞生气了："量一村夫何必兄长自去，可使人唤来便了。"张飞当时要把诸葛亮绑来，可是刘备没这么做，他给了诸葛亮面子；二顾茅庐，又没见到，此时连一直老成的关羽也发火了，可是刘备只留下一封信以示诚意，依然给足了诸葛亮面子。在第三次拜访诸葛亮时，诸葛亮在睡觉，让刘备他们等了几个时辰之后，才出山分析天下大势，开创"两朝开济老臣心"的伟业。

好一出"精诚所至，金石为开"的戏码，表面上看是刘备的"诚心"感动了诸葛亮。从心理学的角度出发，其实是刘备满足了诸葛亮被尊重的心理需要，他作为一个已经有了较大名气的学者，自然更需要摆摆架子。此时刘备为了自己的事业，甘愿以"配角"的姿态出现在诸葛亮面前，其实他依然是主角，只不过他让对方感觉自己也过了一把被尊重的瘾。

以这种姿态交的朋友往往更值得信赖，他们会用各种形式来报答你的“知遇之恩”，正所谓“士为知己者死”。

晋朝有位叫王导的宰相，当时出了一个叛贼，他并没有主动去讨伐。于是，一位叫陶侃的人责备他，王导则写信对他说：“我遵养时贼，以待足下。”陶侃看完信十分佩服王导，他笑着说：“他无非是‘遵养时贼’罢了。”原来王导是想留下现成的功劳让别人占。

心存谦虚，把功劳适当地让给别人，往往能够让人感激你的博大胸怀，这也是赢得朋友的好方法。

关键时刻，甘于当配角往往被视为一种奉献精神，而一个处处争当主角的人，也会让人觉得不够成熟、虚荣轻浮。社会竞争日趋激烈，一个人要想立于不败之地，是要有“敢为天下先”的勇气和魄力的，但同时也需要“退一步海阔天空”的韧劲和智谋。人在竞争过程中，一方面是和事进行挑战，另一方面则是和他人进行协作或挑战，做事容易，但做人就比较难，这需要我们能屈能伸，更需要我们清楚何时屈、何时伸。

其实生活中有很多情况要求我们甘当配角。当你刚从事一份工作时，你要有足够的心理准备去做好配角，这是一种谦虚的态度，一种合作的态度。只有当好配角，才能从主角那里学到许多东西，也才能让主角尽心地传授知识。如果你一上来就猛打猛冲，凡事都抢着干，别人就会抱有戒心，谁都怕这种人来抢饭碗。

作为一个新手，我们要甘当配角，以求充实自己；而作为一个老手，也要乐于当配角，让新手们能有机会得到锻炼。另外，在工作中遇到大家都能做的事，不要抢着去表现。即使你做成了，别人也不会夸奖你，而且和别人争做这样的事，容易引起矛盾。当有些事别人做不了时，你可以勇敢地争做主角，好好地表现一下，这才能显出你的英雄本色。处处喜欢抛头露面的人往往容易成为众矢之的，而那种平时踏实肯干、在关键时候一鸣惊人的人才是最具竞争力的。在生活中要学着做“黑马”，而不要抢做“出头鸟”。

“木秀于林，风必摧之”，事事争强好胜并不是强者本色，藏锋露拙、韬光养晦才能更快到达成功的彼岸。“该低头时就低头”，时不时地做一做配角，并不是为了达到目的而屈尊求辱，而是一种处世智慧，这也是在竞争激烈的现代社会之中获得更大生存空间的秘诀之一。

对方的自重感比你的重要

想要收获来自他人的尊重，你需要先给他足够的尊重。

只要是去过牡蛎湾拜访过罗斯福的人，都无不为他那博大精深的学识所敬佩万分。不管对方是从事什么重要或卑微工作的，也不管对方有着什么样显赫或低下的地位，罗斯福和他们的谈话总能进行得非常顺利。

也许你会为此感到十分疑惑不解，其实不难回答，每当他要接见某人时，他都会利用前一天晚上的时间仔细研读对方的个人资料，以充分了解对方的兴趣所在，从而投其所好以深得人心。这样精心准备怎能不皆大欢喜呢！

贵为总统尚且如此，凡人为何不肯承认别人的重要？如果将此规则运用到职场、商场中，收益定会不同凡响。

纽约一家公司的创始人杜文诺，为了将其面包产品推销至纽约一家大旅馆，每周都打电话给该旅馆的经理，四年间持续不断，还经常租用那家旅馆的房间希望借此达成生意，但结果都以失败告终。

后来他研读了一些有关人际关系的书，改变了战略，决定先查出对方真正的兴趣所在，再投其所好，以引起对方的兴趣。渐渐地他了解到该旅馆经理是全美餐旅业协会的会员，而且还因热心会务当选为该会的会长。所以不论该会在何处召开，杜文诺都不辞千里地赶去参加。

功夫不负有心人，终于有一次杜文诺与这位经理在一次会议上遇见了，杜文诺立即以此会为题，跟他闲聊了起来，结果果然引起了他的兴趣，他还热心地邀请杜文诺加入这个组织，成为他们的会员。当时，杜文诺从头至尾未曾提起过一句关于面包的事情。几天后，那家旅馆餐饮部的负责人却主动打来了电话，要其把面包样品和价目表送去让他们看看。

为此事杜文诺打了四年的电话，却比不上投其所好来的一番闲谈。当初若非不厌其烦地去调查他的兴趣所在，今天很可能杜文诺还是在那儿一周一通电话，不得其门而入呢！

所以，要使别人喜欢你，原则上是要拿对方感兴趣之事当话题，让他感觉到自己的重要。在满足别人的重要感之后，很多事情都迎刃而解了。据一些权威人士表示，甚至有人会借着发疯来从他们的梦幻世界中寻求自我满足。一家规模不小的精神病院的医生说："有不少人进入疯人院，是为了寻求他们在正常生活中无法获得的受重视的感觉。"人们为求受重视，连发疯都在所不惜，试想如果我们肯多给对方一分尊重、一句赞美，它的影响该有多大？

许多人事业上卓有成效完全是因为他懂得驭人之术。韦尔奇说过一番话，真所谓是金科玉律，值得大家铭记在心："我最可贵的一项资产，就是我具备了引发属下热忱与冲劲的能力，而要想鼓舞一个人善尽其才，最重要的就是要懂得给他们赞美和鼓励。天下最易使人颓丧不振、冲劲全失的就是来自上级主管的批评、责骂。我从来不曾批评过任何人，我相信只有赞美和鼓舞才能刺激他们向上，也使他们努力工作，如果碰上我由衷欣赏的事，我会更不吝惜地予以夸赞、褒奖。"

韦尔奇用的即是这么一套驭人之术。而一般人在遇到自己讨厌之事时，会破口大骂，将他人批评得体无完肤；在遇到自己认可之事时，却又一言不发，吝于赞扬。

只要给予他人由衷的认可和毫不吝惜的赞美，人们自会感激在心，牢记着你，甚至在你早就忘掉自己的赞美之词后，他们仍能视其为珍宝般反复地琢磨，并细细体味，因为每个人对那些夸奖的言辞总是记忆深刻。因此，谨记要让他人感觉到自己的重要。这种重要，因为稀少而更显珍贵。

人人都希望受人重视，那么就不妨让他感到自己重要一点。

多说"我们"，与人拉近距离

不知你是否注意到，小孩子在做游戏时，常会说"我的"、"我要"。这是自我意识强烈的表现，在小孩子的世界里或许无关紧要，但有些成人也是如此，他们在说话时仍然强调"我"、"我的"，这就会给人自我意识太强的不好印象，人际关系也会因此受到影响。

甲、乙两个好朋友一起出去散步，在路上，他们不约而同地看到路中央的一锭金子。

甲赶紧跑过去，捡起那锭金子，对乙说："你看，我的运气真好，我捡了一锭金子。"说着准备把金子放进自己的口袋。

这时，失主找来了，他不仅要回了金子，还诬告说甲偷了他的金子，要拉他去警察局。

甲有口难辩，很无辜地对乙说："这回我们可麻烦了。"

乙听后立即纠正他说："不是'我们'，你应该说'这回我可麻烦了'才对！"

人的心理其实是很奇妙的，说话时，说"我"和"我们"给人的感觉是不同的。在开口说话时，你要注意这样的细节，多说"我们"，用"我们"来做主语，因为善用"我们"来制造彼此间的共同意识，对促进你的人际关系将会有很大的帮助。

有位心理专家曾经做过一项有趣的实验。他让同一个人分别扮演专制型、放任型与民主型等三种不同角色的领导者，而后调查其他人对这三类领导者的观感。

结果发现，采用民主型方式的领导者，他们的团结意识最为强烈。同时研究结果也指出，这些人当中使用"我们"这个名词的次数也最多。

事实上，我们在听演讲时，对方说"我认为"带给我们的感受，远不如他采用"我们"的说法，因为采用"我们"这种说法，可以让人产生团结意识。

有位老板在聚会上讲话的前3分钟内，一共用了36个"我"，他不是说"我"，就是说"我的"，如"我的公司"、"我的花园"，等等。随后一位熟人走上前去对他说："真遗憾，你失去了你的所有员工。"

那位老板怔了怔说："我失去了所有员工？没有呀？他们都好好地在公司上班呢！"

"哦，难道你的这些员工与公司没有任何关系吗？"

亨利·福特描述令人厌烦的行为时说："一个满嘴'我'的人、一个独占'我'字、随时随地说'我'的人，是一个以自我为中心的人，是一个不受欢迎的人。"

在人际交往中，"我"字讲得太多并过分强调，会给人突出自我、标榜自我的印象，这会在对方与你之间筑起一道防线，影响别人对你的认同。

因此，会说话的人，总会避开"我"字，而用"我们"开头。

例如："我建议，今天下午……"可以改成："今天下午，我们……对吗？"

在员工大会上，老板说："我最近做过一项调查，我发现40%的员工对公司有不满的情绪，我认为这些不满情绪……"

如果将上面这段话的三个"我"变成"我们"，效果就大不一样。说"我"一般是代表个人，而说"我们"代表的是一个群体或一个团队，是大家，当然说服力更强，更容易被人接受。

在一定要说"我"时，既不把"我"读成重音，也不把语音拖长。同时，目光不要逼人，表情不要眉飞色舞，要把表述重点放在客观问题的叙述上，不要突出做事的"我"，以免使听众觉得你自认高人一等，吹嘘自己。

多说"我们"少说"我"，做一个谦虚有礼的人，做一个顾全大局的人，做一个尊重他人的人。

"不知道"是讨人喜欢的三字经

古希腊著名哲学家苏格拉底讲过："就我来说，我所知道的一切，就是我什么也不知道。"以最简洁的形式表达了进一步开阔视野的理想姿态。可以说，至今仍有很多人信奉这句名言。无论你多么伟大，无论你多么有才能，你也有你不知道的地方，说不知道并不是就意味着你无能，反而在勇敢承认的同时你获得了更多的称赞。

有一位学问高深、年近八旬的老妇人。她原是大学教授，会讲五种语言，读书很多，语汇丰富，记忆过人，而且还经常旅行，可以称得上是见多识广。然而，人们从未听到过她卖弄自己的学识或对自己不了解的事情假称通晓。遇到疑难时，她从不回避说：“我不知道。”他也不用自己的知识去搪塞，而是建议去查阅有关专著、资料，以作参考。看到老人的这一切，每个跟她接触的人才真正懂得了怎样才能被别人敬重，怎样才能获得做人的尊严。

心理学家邦雅曼·埃维特曾指出，平时动不动就说“我知道”的人，头脑迟钝，易受约束，不善同他人交往。迅速和现成的回答，表现的是一种一成不变的老一套思想；而敢于说“我不知道”所显示的则是一种富有想象力和创造性的精神。埃维特还说，“如果我们承认对这个或那个问题也需要思索或老实地承认自己的无知，那么我们自己的生活方式就会大大地改善。”这就是他竭力倡导的态度和人们可以从中得到的益处。

其实，在任何国际学术会议的场合中，如果你注意的话，就会了解虽然开会的屋子里坐满了国际知名的科学家，但大家使用最频繁的一句话便是“我不知道”，或者是比较文绉绉的“在本项研究主题中，我们没有足够证据可得出任何可靠的结论”。

从事任何一种职业的聪明人，都有勇气承认，“没有人知道一切事情”的这个事实。他们常常说自己不知道，随后就去寻找他们所欠缺的知识。承认自己不知道无损于他们的自尊；对于他们来说，“不知道”是一种动力，并不是说出来就大失面子的话语，因为自己的“不知道”，反而会促使他们去进一步了解情况，求得更多的知识。坦言自己“不知道”，是待人真诚厚道的表现，也更容易获得别人的宽容和理解。

在前往心理医生那里求诊的病人中，其实有许多是著名的人物和企业家。他们在自己所做的那一行里是很杰出的，但是在医生同他们接触的过程中，却常常发现他们在生活的其他方面非常幼稚。他们在钻研提高自己的专长方面下很多工夫，所以在与工作无关的其他知识方面就不够成熟。他们对自己专业范围之外的简单问题，也可能毫无所知。

成功者知道，要掌握所有的知识，是既不可能也没必要的。所以，他们集中精力成为某方面的专家。他们知道，“万事通”的人是失败者，而成功者只精通一门或几门知识。真正有面子是在你从事的领域里能够出类拔萃。

楚汉相争时，单就刘邦和项羽这两位领导者的个人条件来比较，无论是文才、武功、家世、年纪或兵力，项羽都在刘邦之上。然而在善用人才这一项，项羽就远不及刘邦。汉初三杰张良、韩信、萧何都能在刘邦麾下；而项羽手下唯一的谋臣范增，却在项羽“万事通”的个性下不得善终。结果刘邦和项羽谁有成就，学历史懂历史的人都知道。

坦白承认“不知道”的领导者，才能接受下属的谏言，集百家之长于一身，成为最后的成功者，也是获得最大面子的成功者。作家斯蒂芬·马洛在其某部作品中，让其中的一个人物说过这样一段话：“我想，英语里最讨人喜欢的几个字也许是‘我不知道’。这句话可以作为跳板，使我感到惊奇并使你揭开对每个人来讲都会有的奥妙。”

做人就要敢于坦诚地承认自己的不足和不知道，不要为了面子，强把自己说成是“万事通”，让自己真正大失脸面。要知道知识是从“不知道”里面去争取的，而不是从你说“知道”里面去欺骗得来的。

喜欢别人，别人也会喜欢你

狗是人类最好的朋友。你是否想过，为什么人们那么喜欢狗？狗究竟做了什么？仔细研究一下，你会发现，狗做的事情很简单：它什么都没做。它只是单纯地喜欢我们，看到我们就发自内心地高兴。

社会心理学的研究表明，人们往往更喜欢那些喜欢自己的人，他们不一定很漂亮，或者很聪明，或者有社会地位，仅仅是因为他们很喜欢我们，我们也就喜欢他们。

这就是为什么有些人总是最受欢迎。因为他们心胸宽阔，总是能够看到别人身上的优点，在他们眼里许多人都是值得他们去喜欢的。而且，他们会把自己对别人的喜爱之情用最真诚的方式流露出来。

想象一下，有这样一个人真诚地喜欢我们，我们又有什么理由不去喜欢他呢？

有心理学家做过这样一个实验：让被试者“无意中”听到一个刚与他说话的伙伴告诉主试者喜欢或者不喜欢他。接着，当这些同伴或者被试者在一起工作时，被试者的面部表情会因为他们听到的内容而异。当被试者听到同伴喜欢他们时，他们会比听到同伴不喜欢他们时在非语言表现上更积极。另外，后来的书面评定也证实了这一点：被试者更愿意同喜欢自己的那个同伴交往。

这就是社会心理学上所说的“互逆现象”。

“真诚地喜爱”和“真诚的流露”是受人欢迎的两大法宝，缺一不可，有些人会在功利心的驱使下对某人产生好感，或者由于其他的目的假装出好感，但是这种不纯正或者伪装的好感总会有露出马脚的一天，只有真诚流露的好感才永远不可能被识破。

哲斯顿被称为魔术师中的魔术师，在他40年的表演生涯中，他走遍了世界各地，表演了无数使人瞠目结舌的魔术，共有6000万人买过他的票。当有人问他成功的秘诀时，哲斯顿坦言他的成功与学校教育没有多大关系，因为他小时候是个流浪儿，他最早的识字课本就是铁道沿线上的标识。他的魔术知识也不是最丰富的，跟他懂得一样多的魔术师至少有几十位。但是，有两样东西是他独有的：一是他能在舞台上充分展示自己的个性。他不仅是个魔术师，同时也是个表演大师。他的每一个细微的动作，每一个语气都是经过仔细研究的。他摸透了观众的心理，他的一举一动不仅牵动着观众的视线，也牵动着他们的思想。

他的另一个优势就简单多了，那就是真诚地热爱他的观众。这不是经过苦练才能掌握的技术，但哲斯顿却认为这一点比技术更重要。许多魔术师看着观众迷惑的样子，就在心里对自己说：“坐在台下的都是傻瓜，我要骗他们太容易了。”但哲斯顿完全不同，他每次上了舞台，都要在心里重复几遍“我爱这些观众”。对此他解释道：“我有理由喜欢和感激他们，因为他们来看我的表演，我才能过上我想过的生活。我必须把我的看家本领拿出来，让他们快乐。”哲斯顿钻研魔术的目的不仅仅是为了赚钱，对他来说，观众的快乐也是他最大的快乐。

哲斯顿的成功秘诀就是真诚地喜欢别人，真的就是这么简单。大多数演员在台上都会表现出对观众的“尊重”，但是，虚假的尊重换不来对方的好感，因为对方即使无法识破，也能够隐约感觉到。只有像哲斯顿这样真诚热爱并且感激观众的人才会不同于许许多多的魔术表演者。

著名歌唱家舒曼的成功秘诀也和哲斯顿一样，那就是“对别人真诚的无限的兴趣”。事实上，每一个生命都是独一无二的，每一个生命都是一道独特的风景，只要你有足够的耐心，你会发现每一个人身上都有可爱的地方。你对别人感兴趣，换个角度看，就表明别人的价值和魅力在你这里得到了承认，这是每个人都渴望拥有的一种感觉。如果你能满足别人的这种渴望，你就能换回别人的好感。

已故的维也纳著名心理学家亚德勒在一本叫作《人生对你的意识》的书中说道：“不对别人感兴趣的人，他一生中的困难最多，对别人伤害也最大。所有人类的失败都出于这种人。”

所以，获得别人的好感不需要各种狡猾的技巧和甜言蜜语，你只需要真诚地喜欢对方，并且把这种好感真诚地表露出来。任何人都喜欢那些欣赏和关心他们的人，人是需要别人对他感兴趣的，因为这是一种关注。

没有任何人喜欢被人遗忘的感觉。当然，也没有人喜欢别人“假装对自己有好感”。

让别人说，让自己听

人们都喜欢听自己的声音，当他们希望别人能分享自己的思想、感情，以及经验时，就需要听众。这是一种十分微妙的自我陶醉的心理：有人愿意听就觉得高兴，有人乐意听就觉得感激。

成为一名好的听众在企业界有很大的功效。譬如说，一名推销员向某位顾客推销时，对顾客提出的种种问题表示关切，顾客就会感到很开心。见到此状，推销员便应进一步表现出自己是很好的听众，此时，顾客不仅乐意讲，也愿意让你听他讲，这是一种互惠的关系，而这种关系就是成功的第一步。无论是哪一种顾客，对于肯听自己说话的人都特别有好感。

一言以蔽之，能成为一个好的听众，有助于建立融洽的人际关系，善于倾听等于向成功迈进了一大步。

有人说，上帝创造人的时候，为什么只有一张嘴，却有两个耳朵呢？那是为了让我们少说多听。

在美国，曾有科学家对同一批受过训练的保险推销员进行研究。这批推销员接受同样的培训，业绩却差异很大。科学家抽取其中业绩最好的10%和最差的10%作对照，研究他们每次推销时自己开口讲多长时间的话。研究结果很有意思：业绩最差的10%，每次推销时说话的时间累计为30分钟；业绩最好的10%，每次说话的时间只有12分钟。

为什么只说12分钟的推销员业绩反而高呢？很显然，他说得少，自然听得多；听得多，对顾客的各种情况、疑惑、内心想法自然了解很多，他会采取相应措施去解决问题，结果业绩自然优秀。

日本的“经营之神”松下幸之助就特别善于倾听。他说，如果你手下的人提的意见、建议你都不听，那长此以往，他们就不愿再提了，脑子也不愿开动了。因为提了也没有用，听你的不就完了吗！这样做的结果，手下的人还有积极性吗？脑子还会开动吗？智慧还能激发出来吗？显然不行，这样公司会死气沉沉的。

善于倾听，还能使你有好人缘。因为一般人喜欢讲，不善于听。因此，他喜欢讲，你正好喜欢听，那自然是一种特别和谐、特别美妙的组合。

善于倾听，意味着要有足够的耐心对别人的话题感兴趣。如果你认为生活像剧院，自己就站在舞台上，而别人只是观众，自己正在将表演的角色发挥得淋漓尽致，而别人也都注视着自己。如果你有这种习惯，那你会变得自高自大，以自我为中心，也永远学不会聆听，永远无法了解别人。

从现在开始，多听多看别人，将他们当作世上独一无二的人对待，你将发现你比以往任何时候更受欢迎。

许多人喜欢让别人听他说话，却不太喜欢听别人说话，如果你在无意中也存在这样的情况，那么请记得，上帝给了我们两只耳朵一张嘴。我们有权说话，他人也一样，当你要求他人倾听你时，你也要懂得倾听他人。

如果你不赞同他人的意见，你最好不要阻止他说话，否则不会有什么好的效果。当他人还有许多意见要发表的时候，他通常是不会注意你的。一名高效能人士要做的就是忍耐一点，认真听取他人讲话，并要鼓励他彻底说出自己的意见。在沟通中坚持“听听别人怎么说”的原则，往往能带来双赢的结局。

几年前，美国通用汽车公司正在联系采购全年度生产所需的坐垫布。三家有名的生产厂家已经做好坐垫布样品，并接受了通用汽车公司的检验。随后，通用公司给各厂发出通知，让各厂的代表作最后一次的竞争。

其中一个厂家的代表莱恩先生来参加这次竞争，他正患有严重的咽喉炎。莱恩先生说：“当时，我嗓子哑得厉害，几乎不能说话。我与该公司的总经理、纺织工程师、采购经理、推销主任及该公司的总经理面谈时，大家都坐在一起，当我站起身来，想努力说话时，却只能发出沙哑的声音。所以我只好在本上给他们写了一句话：诸位，很抱歉，我嗓子哑了，不能说话。”

“我替你说吧，”汽车公司经理说。后来他真那样做了。他帮莱恩展出他带来的样品，并讲述它们的优点，这引起了在座其他人极大的关注。那位经理在发言中一直站在我的立场说话，我在他旁边只是用微笑点头及一些手势来表达我的观点。

令人意想不到的是，我居然得到了那笔合同，他们向我开出了五十万码的坐垫布，价值一百六十万美元的订单。这可是我一直以来得到的最大的订单。

我知道，要不是我实在不能说话，我很可能会失去这笔订单。通过这次经历，我发现：让他人说话有时更有价值。

为了让自己更会“听话”，最好还要做好以下五个方面的训练：

（1）训练“听话”时的注意力。想听得准确，必须排除干扰。可以用这样的方法来训练：同时打开两台以上的收音机，播放不同内容，然后复述各个收音机播放的内容。

（2）训练“听话”时的理解力。可用这样的方法：找朋友闲聊，但要有意识地锻炼自己的理解力。

（3）训练“听话”时的记忆力。就是学会边听边归纳内容要点，记住关键性词语，以及重要的事实和数据。

（4）训练“听话”时的辨析力。即迅速分辨出争论各方的不同观点和逻辑关系，并加以评析。

（5）训练“听话”时的灵敏力。即能很好地在各种场合与各种对象交谈。

经过足够的训练，再经过实际锻炼，你一定会成为一名“听话”高手。

十七
通情达理，世态人情皆是道

世态人情皆是道

佛云：世态人情皆是道。何谓世态人情？比如说，一个知识分子、读书人，不管你好与坏，贤人或者愚人，只要你进入社会，每个人看到新来的，都用眼睛瞄你一下，表面上的样子还很好看，下来以后，大家就批评开了，心里面成见就来了。

一只年幼无知的小老鼠，因毫无准备差点被人逮住。它向母亲讲述了它的历险经过："我穿过环绕着的山峦，一路小跑。这时候，两只动物引起了我的关注，一只温柔、善良而亲切；另一只却好激动、爱争吵，它的嗓音尖厉刺耳，头上还顶着个大肉包，尾巴展开着翎毛，它的两只胳膊向空中升起，好像就要飞翔一般。"小老鼠向妈妈描述的原来是只小公鸡，但它叙述得却像是从遥远的南美洲来的动物一般。

"它用双臂拍打着自己的双肋，"小老鼠接着说，"发出好大的声响。感谢上帝赋予我胆量，可我还是吓得逃跑了。我在心里咒骂它，没有它，我将和那位看起来非常温和的动物结识了。它和我们一样，身上有着柔软的毛，有斑纹，长尾巴，举止斯文，目光稳重、炯炯有神。我寻思，它和我们老鼠一定能友好相处，因为它耳朵的形状也与我们的大体相同。正当我要与它打招呼时，另外那个家伙发出的巨响把我给吓跑了。这个温和的家伙到底是谁呢？""我的孩子，"鼠妈妈说，"这温和的家伙是猫，在它虚伪的面孔下却有着不可告人的歹意。它专门捕食我们的同胞；另一只是公鸡，而它根本不会危害我们。"

生活中也是如此。面相不和善的人也许有着一颗善良的心，在我们遭遇危难时能及时伸出援助之手；而那些表面温柔、善良的人背后却可能隐藏着一副不好的心肠。

为人处世，要时刻留心警惕，害人之心不可有，防人之心不可无。

美国亚利桑那州盛产响尾蛇，那里毒蛇咬人的意外时有发生。响尾蛇有剧毒，如果伤者不立即接受治疗，便有生命危险。亚利桑那州的菲尼克斯医院曾对被响尾蛇咬伤的急诊病人做过统计。医生们意外地发现，很多病人是被死蛇咬伤，甚至丧命的。那些死蛇，有的是被枪打死的，有的是被刀砍死的，蛇身已经被砍成两截。但没有经验的人，用手一碰，死蛇的头却突然弹起，狠狠地反咬他一口，在医学上这叫"条件反射"。实验证明，蛇头被切下一个小时后，它的肌肉仍然可以做出强有力的扑咬动作。死去的毒蛇反而比活着的毒蛇更容易让人受伤。人性也是如此，隐藏的比表面的更重要。

任何时候都不要被表象所蒙蔽，人生尤其如此。保持内心的方正与外在的圆润是必须的，而更重要的是，对世态人情了然于心。

婉拒是一道善意的门

拒绝是一种艺术，当别人对自己有所希求而自己办不到时，就不得不拒绝。拒绝往往是难堪的，但不得已要拒绝别人时，就要学会曲折、委婉、温和地表达出自己的意思，切忌不要直言不讳地拒绝，令人难堪。

“不要随便地拒绝，不要无情地拒绝，不要傲慢地拒绝；要能委婉地拒绝，要有笑容地拒绝，要有代替地拒绝，要有出路地拒绝。”这是当代高僧星云大师的七句箴言，充分地给出了拒绝他人的最好方法，其实总结为一点，即是婉拒。无论是面带笑容地婉言拒绝，还是寻找他人代替拒绝，又或是给自己留下后路的拒绝，都是婉转的拒绝方法。

人们常说，世上最难的就是道歉和拒绝，因为这两样东西一个会让自己的面子折损，一个会令他人难堪。如何在拒绝他人时不令他人难堪，是十分为难的一件事情，这就需要我们学会婉拒。

在人世间，每个人都要面临相聚与分离，面对痛苦与喜悦，面对接纳与拒绝。宽容是我们道德大厦中重要的横梁，但拒绝也是不可缺少的支柱。从自身而言，要学会拒绝痛苦，拒绝一些本可以避免的心理问题；从他人而言，要学会拒绝一些无法完成的任务，给自己留下更加广阔的空间，也避免因无法兑现自己的诺言而失信于人。

但是，拒绝需要方法，并不一定直接对对方说“不”。当你能够游刃有余地运用拒绝的艺术时，既解决了问题，实现了目的，也避免了双方的尴尬。

以前，有一个国王，他有一个美丽的女儿，被视如掌上明珠。凡是公主要求的东西，国王从来都不会拒绝，就是她要天上的星星，国王也恨不得攀登天空，为公主摘下来，点缀为彩衣。

一个春雨初霁的午后，公主带着婢女徜徉于宫中花园。忽然间，公主的目光被荷花池中的奇观吸引住了。原来池水的热气经过蒸发，正冒出一颗颗状如琉璃珍珠的水泡，浑圆晶莹，闪耀夺目。公主看得入神忘我，突发奇想：“如果把这些水泡串成花环，戴在头上，一定美丽极了！”

她打定主意，于是跑回宫中，把国王拉到了池畔，对着一池闪闪发光的水泡说：“父王！您一向是最疼爱我的，我要什么东西，您都依着我。现在女儿想要把池里的水泡串成花环，戴在头上。”

“傻孩子！水泡虽然好看，终究是虚幻不实的东西，怎么可能做成花环呢？父王另外给你找些珍珠水晶，一定比水泡还要美丽！”国王无限怜爱地看着女儿。

“不要！不要！我只要水泡花环，我不要什么珍珠水晶。如果您不给我，我就不想活了。”公主哭闹着。

束手无策的国王只好把朝中的大臣们集合于花园，忧心忡忡地说道：“各位大臣们！你们号称是本国的奇工巧匠，你们之中如果有人能够以奇异的技艺，用池中的水泡为公主编织美丽的花环，我便重重奖赏。”

“报告陛下！水泡刹那生灭，触摸即破，怎么能够拿来做花环呢？”大臣们面面相觑，不知如何是好。

“哼！这么简单的事，你们都无法办到，我平日如何善待你们？如果无法满足我女儿的心愿，你们统统提头来见。”国王盛怒。

“国王请息怒，我有办法替公主做成花环。只是老臣我老眼昏花，实在分不清水池中的水泡，哪一颗比较均匀圆满，能否请公主亲自挑选，交给我来编串。”一位须发斑白的大臣神情笃定地打圆场。

公主听了，兴高采烈地拿起瓢子，弯下腰身，认真地舀取自己中意的水泡。本来光彩闪烁的水泡，经公主轻轻一触摸，霎时破灭，变为泡影。捞了半天，公主一颗水泡也拿不起来。

显然，公主水泡花环的梦想是难以实现的，谁能将镜中美丽的花朵采撷下来？又有谁能够把水中动人的月影掬在手中？可是，当公主哭闹、国王盛怒之时，直接拒绝无疑是最愚蠢的行为，甚至可能招致杀身之祸。所以，聪明的大臣运用了自己的智慧，通过委婉的方式让公主自己领悟到水泡是无法串成花环的。

断然拒绝别人虽然显出一个人果断有魄力，但对遭到拒绝的人来说，心情将是无比糟糕的。此时，委婉就像一道善意的门缝，给他人留下了出入的空间，同时也给自己留了一个出口，因此，它不失为一个处世良方。

学会语言的“软化艺术”

委婉，或称婉转、婉曲，是一种修辞手法。它是指在讲话时不直陈本意，而用委婉之词加以烘托或暗示，让人思而得之，而且越揣摩，含义越深越远，因而也就越具有吸引力和感染力。委婉含蓄是说话的艺术，它体现了说话者驾驭语言的技巧，而且也表现了对听众想象力和理解力的信任。生活中有许多事情是“只需意会，不必言传”的。如果说话者不相信听众丰富的想象力把所有的意思和盘托出，这种词意浅陋、平淡无味的话语不但会使人不悦，而且会使说话失去魅力。

有时候，说话人会故意说些与本意相关或相似的事物，来烘托本来要直说的意思。这是语言中的一种“缓冲”方法。尽管这“只是一种治标剂”；但它能使本来也许是困难的交往，变得顺利起来，让听者（或看者）在比较舒坦的氛围中接受信息。因此，有人称“委婉”是公关语言中的“软化艺术”。

传说汉武帝晚年时很希望自己长生不老，一天，他对侍臣说：“相书上说，一个人鼻子下面的‘人中’越长，命就越长；‘人中’长一寸，能活百岁，不知是真是假？”侍臣东方朔听了这话后，知道皇上又在做长生不老梦了，不觉哈哈大笑。皇上见东方朔似有讥讽之意，面有不悦之色喝道：“你怎么敢笑话我！”东方朔脱下帽子，恭恭敬敬地回答：“我怎么敢笑话皇上呢，我是在笑彭祖的脸太难看了。”汉武帝问：“你为什么笑彭祖呢？”东方朔说：“据说彭祖活了800岁，如要真像皇上刚才说的，‘人中’就有八寸长，那么，他的脸不是有丈把长吗？”汉武帝听了，也哈哈大笑。这种委婉含蓄的批评，汉武帝却是愉快地接受了。

现代文学大师钱锺书先生是个自甘寂寞的人。居家耕读，闭门谢客，最怕被人宣传，尤其不愿在报刊、电视中扬名露面。他的《围城》再版以后，又拍成了电视，在国内外引起轰动。不少新闻机构的记者都想约见采访他，均被钱老执意谢绝了。一天，一位英国女士好不容易打通了他家的电话，恳请让她登门拜见钱老。钱老一再婉言谢绝没有效果，他就妙语惊人地对英国女士说："假如你看了《围城》，像吃了一只鸡蛋，觉得不错，何必要认识那个下蛋的母鸡呢？"英国女士终被说服了。

钱先生的回话，首句语义明确，后续两句："吃了一只鸡蛋觉得不错"和"何必要认识那个下蛋的母鸡呢？"虽是借喻，但从语言效果上看，却是达到了"一石三鸟"的奇效：其一，是属于语义宽泛，富有弹性的模糊语言，给听话人以寻思悟理的伸缩余地；其二，是与英国女士交际中，不宜直接明拒，采用宽泛含蓄的语言，尤显得有礼有节；其三，更反映了钱先生超脱盛名之累、自比"母鸡"的这种谦逊淳朴的人格之美。一言既出，不仅无懈可击，且又引人领悟话语中的深意，格外令人敬仰钱老的大家风范。

可见，委婉含蓄主要具有如下三方面的作用：第一，人们有时表露某种心事，提出某种要求时，常有种羞怯、为难心理，而委婉含蓄的表达则能解决这个问题。第二，每个人都有自尊心。在人际交往中，对对方自尊心的维护或伤害，常常是影响人际关系好坏的直接原因；而有些表达，如拒绝对方的要求，表达不同于对方的意见、批评对方等，又极容易伤害对方的自尊。这时，委婉含蓄的表达常既能完成表达任务，又能达到维护对方自尊的目的。第三，有时在某种情境中，例如碍于第三者在场，有些话就不便说，这时就可用委婉含蓄的表达。

这便是说话委婉含蓄的美妙之处。

关于委婉含蓄的表达，大致有如下几种方法：

一是仔细研究事物之间的内在联系，利用同义词语表达自己的思想，达到含蓄效果；

二是由外延边界不清或在内涵上极其笼统概括的语言来表达自己的思想，达到含蓄效果；

三是有许多修辞方式，如比喻、借代、双关、暗示等可以达到含蓄的效果；

四是有些事情，不必直接点明，只需指出一个较大的范围或方向，让听者根据提示去深入思考，寻求答案，可达到含蓄的效果；

五是通过侧面回答一些对方的问题，可以达到含蓄的效果。

最后，还要关注这样一种情况，使用委婉含蓄的话要注意，委婉含蓄不等于晦涩难懂，它的表现技巧首先是建立在让人听懂的基础，同时要注意使用范围。如果说话晦涩难懂，便无委婉含蓄可言；如果使用委婉含蓄的话不分场合，便会引起不良后果。说话方圆之道要切切掌握好语言的"软化艺术"。

做好人但不能做滥好人

在人际交往圈中，我们每个人都喜欢好人，欢迎好人，期望遇到好人，也想让自己成为好人！因为好人不具侵略性，不会伤害别人，甚至有时还会为了别人的利益而让自己作出很大的牺牲！这种好人岂止用一个"好"字形容？

要想获得好人这个美名，当然也要有代价。当代价超过心理承受底线时，多少会令人难以割舍，所以好人难当。做好人毫无过错，但要讲原则，丧失原则非但不是宽厚，反倒容易害人害己。当好人成了"好好先生"时，往往面临的是"好心不得好报"的尴尬。

所以在现实生活中，有一点我们要引以为戒：不可以做滥好人！

秦始皇长子扶苏的性格悲剧就足以证实这一点。

扶苏是秦始皇的长子，年少时就机智聪颖，生就一副悲天悯人的慈悲心肠，因此在政见上经常与秦始皇背道而驰。他认为天下未定，百姓未安，反对实行“焚书坑儒”和“重法绳之臣”等政策，秦始皇偏执地认为这是扶苏性格软弱所致，于是下旨让扶苏协助大将军蒙恬修筑万里长城，抵御北方的匈奴，希望借此培养出一个刚毅果敢的扶苏。

几年的塞外征战果然使扶苏成长得与众不同，他身先士卒、勇猛善战，立下了赫赫战功，敏锐的洞察力与出色的指挥才能让众多的边防将领自叹弗如。他爱民如子、谦逊待人更深得广大百姓的爱戴与推崇。

秦始皇三十七年（公元前210年）冬，秦始皇巡行天下，行至沙丘时不幸病逝。秦始皇临终以前，曾为玺书召令扶苏至咸阳主持丧事并继承帝位。但中车府令赵高和丞相李斯等人与秦始皇的小儿子胡亥阴谋篡改始皇帝的遗诏，立胡亥为太子，即皇帝位。同时另赐蒙恬和扶苏死，并“数以罪”。

扶苏虽是个具有政治远见的人物，但也是毫无政治经验，又忠君爱民，一副老实人的样子，加上在复杂的政治背景下无法应对，就决定选择自杀。大将蒙恬毕竟经验丰富，起了疑心，力劝扶苏不要轻生，“请复请，复请而后死，未暮也”。但扶苏为人宽厚仁义，不愿背礼，说：“父而赐子死，尚安复请！”旋即自杀于上郡军中。

扶苏平白无故地被害死是件极其可悲的事，试想他若不那么死心塌地地当个实在人，凭其受到人民的推崇和爱戴，怎么会不揭破胡亥等人的阴谋呢？那样的话中国历史会完全是另一番模样了。

扶苏有些滥好人的特点，但滥好人绝非如此“简单”，这类人的特点可以概括为：没有原则、没有主见。这种人不知是性格因素，还是有意以好人的姿态去讨别人欢喜，反正是对他人有求必应。也不管自己该不该去做；有时候，他也想坚持，可是别人声音一大，他马上就软下来；因为缺乏原则与坚持，导致是非不分，当事情不能妥善解决的时候，便以牺牲自己来成全大家；他有时也想坏一点，可是还不至坏的程度他就开始自责，检讨自己……

照此看来，做滥好人实在不宜。那么怎样才能判断自己是个真正好人，还是个滥好人呢？那些滥好人应该怎么办？

从扶苏的死也能看出，一个人的性格决定了他的行为，因此，滥好人可以从以下方几面试着改变自己：了解自己做滥好人的苦果；了解拒绝和坚持并不一定会得罪人，而且还能保护自己；学会拒绝和坚持，如果自己跳不出性格的限制，可请旁人不时暗示、鼓励你，以强化你不做滥好人的动机和决心。

既然如此，当你下次面临他人的求助时，当你再次施舍自己的仁善友爱之时，请考虑一下：你是否是个真正好人，还是又充当了滥好人的角色？

认真但不必“较真”

两千多年前，雅典政治家伯利克里曾经给人类说过一句忠言：“请注意啊！先生们，我们太多地纠缠于一些小事了！”这句话，对今天的人们来说仍然值得品味和借鉴。

我们每天都可能遇到各种各样的小事：挤公共汽车时，有人不小心踩了你的脚；买菜时，有人无意间弄脏了你的裙子；走在路上，可能不巧从道旁楼上落下一个纸团，正打在你头上……受了委屈，忍一忍就过去了，可是，如果我们揪住这些小事不放，口出污言秽语，大发雷霆之怒，就一定会凭空给自己惹出很多不必要的事端。

20世纪80年代末，在辽宁某地曾经发生过这样一件事：有一个年轻女子在看电影时，被后面的男观众无意间碰了一下脚，尽管男观众当面道歉，但那名女子仍然不依不饶。她硬说对方是要耍流氓，竟然回家叫来丈夫将那个人用刀砍伤解气。结果，因触犯刑律，夫妻俩双双锒铛入狱。

在小事上斤斤计较，常常成为损害人际关系的一大诱因。这种悲剧不仅在平常人中屡见不鲜，就是在一些卓有成就的名人中也时有发生。俗话说“祸从口出”，人们常常会犯把话说满的错误。话说得太满，一般会导致两种后果：一是听者不服，故意找碴儿使绊儿；二是自己没有回旋的余地，搬起石头砸自己的脚。无论哪种，都不是好结果。在这方面还要学学纪晓岚。

清朝乾隆年间，员外郎海升的妻子乌雅氏死于非命，海升的内弟贵宁状告海升将他姐姐殴打致死，海升却说乌雅氏是自缢而亡。案子越闹越大，皇上就派左都御史纪晓岚来审理此案。

纪晓岚接过这桩案子，也感到很头痛。因为牵扯到阿桂和和珅。他俩都是大学士兼军机大臣，并且两人有矛盾，长期明争暗斗。海升是阿桂的亲戚，原判又逢迎阿桂，纪晓岚敢推翻吗？

而贵宁之所以告不赢不肯罢休实际是得到了和珅的暗中支持，和珅的目的是想借机除掉位居他上头的军机首席大臣阿桂。

打开棺材，纪晓岚等人一同验看。看来看去，纪晓岚看死尸并无缢死的痕迹，心中明白，口中不说，他要先听听大家的意见。

众大臣看过后，都说脖子上有伤痕，显然是缢死的。纪晓岚有了主意，于是说道：“我是短视眼，有无伤痕也看不太清，似有也似无，既然诸公看得清楚，那就这么定吧。”于是，纪晓岚与差来验尸的官员，一同签名具奏：“共同检验伤痕，实系缢死。”这下更把贵宁激怒了。他这次连步军统领衙门、刑部、都察院一块儿告，说因为海升是阿桂的亲戚，这些官员有意袒护，徇私舞弊，断案不公。

乾隆看贵宁不服，也对案情产生了怀疑，又派人复验。这回问题出来了：乌雅氏尸身并无缢痕。乾隆心想这事与阿桂关系很大，便派阿桂、和珅会同刑部堂官及原验、复验堂官，一同检验。这回终于真相大白：乌雅氏被殴而死。

于是审讯海升，海升见再也隐瞒不住，只好供出实情：他将乌雅氏殴踢致死，然后制造自缢的伪象。

乾隆一怒之下发出诏谕：“此案原验、复验之堂官，竟因海升系阿桂姻亲，胆敢有意袒护，此番而不严加惩戒，又将何以用人？何以行政？”阿桂革职留任，罚俸五年；叶成额、李阂、庆兴等人革职，发配伊犁效力赎罪，皇上在谕旨中一一判明。唯独对纪晓岚，谕旨中这样写道：“朕派出之纪昀，本系无用腐儒，原不足具数，况且他于刑名等件素非诸悉，且目系短视，于检验时未能详悉阅看，即以刑部堂官随同附和，其咎尚有可原，著交部议严加论处。”只给了他革职留任的处分，不久又官复原职。

纪晓岚在这个案件中之所以得到皇上的原谅，主要是他在验尸中以“我是短视眼”、“看不太清”为由，给自己留了退路。

在生活中，我们常常会以为认真的态度就无法放过任何一件小事，可是认真不代表要较真，不代表我们凡事都要问个究竟，凡事都说个明了。无法作明确决定时，适当使用“模糊语言”，这样才能为自己赢得主动。

辱人者必自辱

现实中，有些人自以为是，心中没有平等的观念，总喜欢拿别人的缺陷或长相来歧视他人，结果反被他人羞辱。

春秋末期，齐国和楚国都是大国。有一次，齐国派大夫晏子去访问楚国。楚王仗着自己国势强盛，想乘机侮辱晏子，显显楚国的威风。

楚王知道晏子身材矮小，就叫人在城门旁边开了一个五尺来高的洞。晏子来到楚国，楚王叫人把城门关了，让晏子从这个洞进去。晏子看了看，对接待的人说：“这是个狗洞，不是城门。只有访问‘狗国’，才从狗洞进去。我在这儿等一会儿，你们先去问个明白，楚国到底是个什么样的国家？”接待的人立刻把晏子的话传给了楚王，楚王只好吩咐大开城门，迎接晏子。

晏子见了楚王，楚王瞅了他一眼，冷笑一声，说：“难道齐国没有人了吗？”晏子严肃地回答：“这是什么话？我国首都临淄住满了人。大伙儿把袖子举起来，就是一片云；大伙儿甩一把汗，就是一阵雨；街上的行人肩膀擦着肩膀，脚尖碰着脚跟。大王怎么说齐国没有人呢？”楚王说：“既然有那么多人，为什么打发你来呢？”晏子装着很为难的样子，说：“您这一问，我实在不好回答。撒谎吧，怕犯了欺骗大王的罪；说实话吧，又怕大王生气。”楚王说：“实话实说，我不生气。”晏子拱了拱手，说：“敝国有个规矩：访问上等的国家，就派上等人去；访问下等的国家，就派下等人去。我最不中用，所以派到这儿来了。”说着他故意笑了笑，楚王只好赔着笑。

接着，楚王安排酒席招待晏子。正当他们吃得高兴的时候，有两个武士押着一个囚犯，从堂下走过。楚王看见了，问他们：“那个囚犯犯的什么罪？他是哪里人？”武士回答说：“犯了盗窃罪，是齐国人。”楚王笑嘻嘻地对晏子说：“齐国人怎么这样没出息，干这种事儿？”楚国的大臣们听了，都得意地笑起来，以为这一下可让晏子丢尽了脸了。哪知晏子面不改色，站起来，说：“大王怎么不知道啊？淮南的柑橘，又大又甜。可是橘树一种到淮北，就只能结又小又苦的枳，还不是因为水土不同吗？同样道理，齐国人在齐国安居乐业，好好地劳动，一到楚国，就做起盗贼来了，也许是两国的水土不同吧。”楚王听了，只好赔不是，说：“我原来想取笑大夫，没想到反让大夫取笑了。”

从此以后，楚王不敢不尊重晏子了。

楚王的等级观念根深蒂固，所以很轻视晏子乃至齐国。晏子知礼且据理力争，几个回合下来，楚王输给了晏子，并且心服口服。假如当初晏子不顾礼节，面对楚王的挑衅勃然大怒，那只会惹来楚国君臣的耻笑而已。

以前有一个秃子，一天他出门在外，住进一家小店，对面住了个麻子。月光照在麻子的脸上，秃子越看越有趣，就忍不住吟出一首诗：

脸
天排
糯米筛

雨洒尘埃

新鞋印泥印

石榴皮翻过来

豌豆堆里坐起来

秃子把麻子骂个痛快，很是得意忘形，就对麻子说：“老兄，你能从一个字吟到七个字吗？”

麻子说：“你吟罢了，我再模仿便没有味道，不妨我从七个字吟到一个字如何？”麻子就吟出一首诗：

一轮明月照九州

西瓜葫芦绣球

不用梳和篦

虫虱难留

光不溜

净肉

球

秃子一听羞得满面通红，再也说不出话来。

戏弄别人，却被他人嘲笑，这便是居心叵测的人的下场。

卡耐基警告人们：“要比别人聪明，却不要告诉别人你比他聪明。”这告诉人们，任何自作聪明的批评都会招致别人的厌烦，而缺乏感情的责怪和抱怨则更有损于人际关系的发展。

在日常生活里自以为是、动辄侮辱他人的人，往往会令人生厌而自讨没趣。

锦上添花，不如雪中送炭

帮助别人会有两种情形：一种是“量变的帮助”，就是说你的帮助不会给别人带来特别重要的转变，但能让对方变得更好，这就是锦上添花；还有一种是“质变的帮助”，就是在别人危难之际给予的帮助，这种时候的帮助很有可能使对方产生大的转变，甚至可能会是生命的转机，这就是雪中送炭。

比起锦上添花来，雪中送炭更容易深入人心，让人没齿难忘。受到帮助的人往往会心存感激，寻找机会报答。

1923年的全球经济危机在横扫了资本主义世界之后，同时也影响了英格兰曼彻斯特的一个叫小约翰的手工业作坊。

随着经济萧条，物价暴涨、小约翰所在的作坊的生产线和资金链都出现了严重的困难。眼看破产在即，朋友建议以裁员的方式来渡过困境。小约翰考虑良久，想不出更好的方法，准备采纳朋友的建议。老乔治则不同意裁员，说什么也不肯改变主意，而且当场解除了小乔治的职务。

一天中午的午饭时间，作坊的工人照例来到了餐厅吃饭。老约翰也来到了工人餐厅，当他看到这些一脸憔悴、脸色苍白的工人们吃着清汤寡水、一点油腥都没有的饭菜，他立刻买来3英镑的牛肉，真诚地说：“现在公司很困难，我们要齐心协力，共同渡过这个难关。从今天起，每天中午我都会在这里和大家一起吃饭，每天少不了3英镑的牛肉。”这一消息让工人们各个欢欣鼓舞。

那时候，老约翰夫妇一天的生活费也才3英镑。但是这3英镑牛肉带来的结果是，工人们从此心存感激，更加卖力地工作，使得这个手工作坊终于渡过难关，最终挺过了经济危机，从小作坊成长为了一家大公司。

苏格兰地区有一句谚语，是民间有一句俗语这么说的："你送我一个糠团团，我要记你一辈子的恩；让我吃大鱼大肉，我也不见得领你的情。"有点类似于中国的"斗米恩，升米仇"，送糠团团，送于危急时刻，能够救一条命，可见患难见真情；虽是大鱼大肉，但是被帮助的人并不缺这些，这是可有可无的东西，所以感激的程度就会大不相同。感恩糠团是因雪中送炭，大鱼大肉只是锦上添花，即使没有也不影响大局，不会危及生存。所以，关键不在于你给予了对方什么，而在于你是在什么时候给予的。很多时候，一次雪中送炭的不会让你付出太多，却可以让你收获许多。

在美国纽约的曼哈顿城，有一座著名的渥道夫·爱斯特利亚饭店。

这家饭店的第一任总经理乔治·伯特先生，原先只是一家旅馆的普通服务生，一个偶然的机会，他因一次雪中送炭的善心改变了人生。

故事发生在很多年前的一个暴风雨之夜，乔治·伯特还是一家旅馆的服务生，当他值班的时候，他看到有一对老年夫妇走进大厅。这对老夫妇提出要订客房。乔治·伯特很遗憾地告知他们，旅馆的客房已经满了。同时，由于最近这里人流量很大，连附近的旅馆客房也告罄了。

虽然他说的是实话，但是当他看到老夫妇焦急无助的样子时，他还是很过意不去，于是，就真诚地对他们说："先生、太太，在这样的夜晚，我实在不愿看到你们离开这里却又投宿无门的处境，如果你们不嫌弃，可以在我的休息室里住一晚上，那里虽然不是豪华的套房，却十分干净。"

这对老夫妇最后还是决定接受伯特的好意，住了下来。第二天退房结账的时候，伯特却推辞说："我的休息室不是客房，所以这是我借给你们的房间，是免费住的，不需要付钱。"

老夫妇感谢了一番后，老先生温和地对伯特说："像你这样的员工是每一个老板梦寐以求的，也许有一天，我会送给你一座新的旅馆。"

这样的话伯特当然不会在意，所以他只是礼貌地笑了笑作为答谢，不久就忘了这件事。

直到几年之后，他突然收到一封老先生的来信，邀请他去曼哈顿，并附上了起程的飞机票。当他带着困惑赶到曼哈顿时，在一栋豪华的建筑物前，他见到了老先生。老先生看着惊讶的伯特，微笑着解释说："我的名字叫威廉·渥道夫·爱斯特。这就是我为你盖的饭店，我请你帮我管理这家饭店，好吗？"于是，乔治·伯特成为这家饭店的第一任总经理，他果然不负厚望，在短短的几年里，将饭店管理得井井有条，驰名于全美国。

人难免会碰到失利受挫或面临困境的情况，毕竟没有谁的一生都可能是一帆风顺的，这时候最需要的就是别人的帮助，这种帮助就是能够让他人铭记一生的雪中送炭。锦上添花的事，固然也需要，但给人带来的情感冲击远远不如雪中送炭。雪中送炭，就是助人为乐，这是一个人的道德修养的体现，更是一个社会的文明程度的体现。没有谁愿意生活在一个冷冰冰的社会，工作在一个冷冰冰的公司，人们都希望当自己遇到困难的时候能够得到别人的帮助，而这种帮助，将让每一个受助者铭记终身。

其实，很多时候，雪中送炭甚至不一定非要送东西，一句话，一个姿态就足够了。

王妍是某学院学工处的一名普通职员，她与经管系的系主任刘某关系处得非常好，而据小道消息说经管系系主任很可能年内就会调任学工处处长一职，这样看来王妍将来的日子会比较好过了。然而世事难料，年底人员调整时，刘某却被调去当图书馆馆长了。这样一来，许多原本巴结刘某的人立刻散得一干二净，让刘某见识到了什么叫人走茶凉。就在这时，王妍来找刘某，说道："刘主任，这没什么大不了的，哪天咱们一起去逛街散散心吧！"这正是刘某最难过的时候，王妍的出现感动得刘某真不知道说什么好。从那以后王妍有事没事就过去找刘某聊天、逛街。一年半后，该学院的院长调走了，新来的院长把刘某提拔为主管人事的副院长，王妍也因为工作出色且人际关系处理得好，成了新一任的学工处处长。

人在低谷的时候，最需要别人的安慰和鼓励，如果这个时候能够给予真心的关怀，那么对方一定会记住你的好，并找到适当的时候给予报答。

所以，与人交往，并不需要花费过多的金钱，与其去锦上添花，不如懂得对方需要什么，从而雪中送炭。

用赞赏取代指责效果会更好

人与人之间要多赞赏，少指责。谁都不愿意跟喜欢指责自己的人在一起，而对于那些常常赞美的人，则往往能够合得来，能够和谐共处。

有些人说，如果不批评的话，对方有错误有问题该怎么指正呢？其实，指正对方的问题并不总需要依靠指责，很多时候，赞赏比指责的效果还要更好些。

佛经上记载，有一次，佛陀带领五百弟子前往摩揭国，临近中午时刻，佛陀就与这五百弟子在摩揭国界边缘的一片树林里休息。

吃过午饭，佛陀对弟子说："这次我带领你们来到摩揭国，主要是为了将佛法传到摩揭国和它的邻国迦师那国。"

说罢，佛陀问在座弟子："迦师那国地处偏远，百姓缺乏教化，民风未开，国内的老百姓性情狂野、蛮不讲理，而且好勇斗狠之人特别多，人民都十分凶悍无礼，这是远近皆知的事情，那么，你们之中有谁愿意去迦师那国传布正法，教化那里的人民吗？"

众弟子虽然听闻佛祖这样说，但心中却都充满了自信，都想："我们四大皆空的佛家弟子，早已断尽三界见思惑，如今只要拿出从前除灭贪嗔痴的智慧与勇气，那么这世上有什么办不到的事情呢？相信我一定能够把佛法弘扬到迦师那国！"

只见，佛陀弟子中的摩诃目犍连尊者首先站了起来，走到佛陀的面前，恭敬地说："师尊，弟子愿意前往迦师那国度化当地的人民。"

佛陀点点头，赞许了目犍连尊者。于是目犍连尊者经过一天一夜的舟车劳顿终于来到了迦师那国，但当他一踏进城门，就被这里百姓的野蛮无礼惊呆了，只见一位妇人手举菜刀一边挥舞，一边追着一个怀里抱着一只鸡的男人，接着他又看到两个血气方刚的少年口吐秽言，拳脚相加。

目犍连尊者看得目瞪口呆，仿佛走在地狱里面，迦师那国的人民从来没有见过僧众，看到目犍连尊者出现都十分诧异，一个个竟停止争斗，竞相议论起来目犍连来。

目犍连尊者见大家都对自己很好奇，于是开口说："你们这样刚愎粗野的行为是愚蠢的，假如现在你们不赶快改掉这种恶性，那么将来你们必定在三恶道中受苦，赶快止恶行善，广结善缘……”

目犍连尊者把话说完，就被迦师那国的人民愤怒的叫喊声包围了：“你是个什么不知天高地厚的家伙，居然敢教训我们？赶快滚，要不然我们要你好看。”说完，尊者就被轰出了城外。

目犍连尊者从来没受过这样的待遇，不知道到底是哪里出了问题，于是便一路思索着回去了。

在路上，被尊称为智慧第一的文殊师利尊者遇见了他，便问道：“目犍连，为何这么快就回来了？迦师那国的人们可和蔼友善？”

目犍连尊者摇摇头，说：“唉，真是惭愧，我竟然被他们撵了出来。”

文殊师利笑着说，这有何难，让我去教化那国的人民吧。然后，他就赶往迦师那国了。

与目犍连尊者不同，他没有一进入迦师那国便急着教化民众，而是每见到一个人他都称赞道：“贤者，你们的作为真令人感到欢欣喜悦。”

接下来，他又去见到了国王，并在国王的面前称赞每一个他的子民，最后说：“陛下，这一定是您的德政彰显，才使得人民如此纯朴善良。”

文殊师利菩萨的这番话让迦师那国的国王和百姓都非常高兴，觉得十分受用，人们纷纷说：“这位菩萨真是太了不起了，居然能这么贴切地说出我的义举，这么精准地看出我的优点。”

于是该国人民开始改变，不再整日作恶，而是变得友爱和善，还主动地颂扬佛法，终于达成了佛陀此行的心愿。

不要总是批评，批评只会惹人讨厌，甚至让人产生逆反心理。心理学上有一个说法，说人们都喜欢被赞美，而且，人们会自觉不自觉地让自己变成跟被赞美的样子相符合。因此，赞美的功用远远胜过了批评。

揭伤疤容易让人愤恨

别人有点错误，别揪住不放。如果牙尖嘴利地在别人伤口上撒盐，最后吃不了兜着走的可能是你。

忌讳犹如永不结疤的伤痕，轻轻一碰，也会痛在深处。与人交往赞美人本应算好事，但若口无遮拦，犯了忌讳，好事也会变成坏事，这也正是“有人一句话把人说笑，有人一句话把人说跳”的差别的原因。即使赞美者和受赞者关系十分密切，也要注意，不能一时兴起就“不管三七二十一”了。

黄经理和沙经理很要好，志趣相投，嬉笑怒骂无所不说，私下里也没有保留的余地，甚至对方的忌讳也是酒后茶余的谈资。

在一次宴会上，黄经理有点儿喝多了，为了表达对沙经理曲折经历和能力的敬佩，他举起酒杯说：“我提议我们大家共同为沙经理的成功干杯！总结沙经理的曲折历程，我得出一个结论：凡是成大事的人，必须具备三证！”

接着黄经理提了提嗓门答道：“第一是大学毕业证；第二是监狱释放证；第三是离婚证！”

话音刚落，众人哗然，沙经理硬着头皮，脸色铁青喝下了那杯苦涩的酒。这“三证”中的两证无疑是沙经理的忌讳，他不想让更多的人知道，也不想让人们议论，但黄经理与他太好太熟太没有界限了。

这则故事就警示我们，在称赞与自己关系很好的人时，如果是当着其他人的面，千万不要冒犯他的忌讳，毕竟我们每个人都不愿意提那些不愉快的事情。

但是有的人口齿伶俐，在交际场上口若悬河、滔滔不绝，假若口无遮拦，说错了话，说漏了嘴，也是很难补救的。故说话应讲究“忌口”，否则，若因言行不慎而让别人下不了台，或把事情搞糟，是不礼貌的，也是不明智的。

在与人交谈时必须注意以下几点：

（1）不要当众揭对方的隐私和错处。谁都不愿把自己的错处或隐私在公众面前“曝光”，一旦被人曝光，就会感到难堪而恼怒，甚至会迁怒于人。因此在交往中，如果不是为了某种特殊需要，一般应尽量避免接触这些敏感区，以免使对方当众出丑。必要时可采用委婉的话暗示你已知道他的错处或隐私，让他感到有压力而不得不改正。知趣的、会权衡的人只需“点到为止”，一般是会顾全自己的脸面而悄悄收场的。当面揭短，对方说不定会恼羞成怒，或者干脆耍赖，出现很难收拾的局面。至于一些纯属隐私、非原则性的错处，最好的办法是装聋作哑，权当不知道，千万别去追究。

（2）不要故意渲染和张扬对方的失误。在交际场上，人们难免碰到这类情况，讲了一句外行话，念错了一个字，搞错了一个人的名字，被人抢白了两句等这种情况，对方本已十分尴尬，生怕更多的人知道。作为知情者，一般说来，只要这种失误无关大局，你就不必大加张扬，故意搞得人人皆知，更不要抱着幸灾乐祸的态度，以为“这下可抓住你的笑柄啦”，来个小题大做，拿人家的失误来做笑料，显示你的聪明。因为这样做不仅对你无益，而且还会伤害对方的自尊心，你将在无心当中结下怨敌。同时，也有损于你自己的社交形象，人们会认为你是个刻薄饶舌的人，会对你反感、有戒心，因而敬而远之。所以渲染他人的失误，实在是一件损人而又不利己的事。

（3）要给人留余地。在社交中，有时遇到一些竞争性的文体活动，比如下棋、乒乓球赛等。尽管只是一些娱乐性活动，但人的竞争心理总是希望成为胜利者。一些“棋迷”、“球迷”就更是如此。有经验的社交者，即使在自己取胜把握比较大的情况下，往往也不把对方搞得太惨，而是适当地给对方留点儿面子，让他也胜一二局。尤其在对方是老人、长辈的情况下，你若图一时之快，穷追不舍，让他狼狈不堪，有时还可能让你无法收拾。

其实，只要不是正式比赛，作为交流感情、增进友谊的文体活动，又何必酿成不愉快的局面呢？在其他事情上也一样，集体活动中，你固然多才多艺，但也要给别人一点儿表现自己的机会。“一言堂”、“独风流”是不利于社交的。这样只能让你自己与别人隔绝开来，失去很多朋友，这又何必呢？

让别人恨你的一个方法：抓住别人的伤疤，然后撒把盐。

十八
低人一等，高人一筹

盖世的功劳，当不得一个“矜”字

骄矜，是指一个人骄傲专横、傲慢无礼、自尊自大、好自夸、自以为是。具有骄矜之气的人，大多自以为能力很强，很了不起，做事比别人强，看不起他人。由于骄傲，往往听不进去别人的意见；由于自大，则做事专横，轻视有才能的人，看不到别人的长处。

骄矜对人对事的危害性是很大的，这一点古人认识得十分清楚。正如《菜根谭》的“盖世的功劳，当不得一个矜字；弥天的罪过，当不得一个悔字”。诠释为，即使一个人有盖世的丰功伟绩，也承受不了一个骄矜的“矜”字所带来的反效果，所以说一个人不能居功自傲，那样会使你前功尽弃。

《管子·法法》中就曾这样说道：“凡论人有要：矜物之人，无大士焉。彼矜者，满也。满者，虚心。满虚之物，在物为制也。矜者，细之属也。”翻译过来就是，评价一个人，是有一定的标准的，凡是能够做出一番伟大事业的人，很少有骄矜之气。骄矜，是自满的表现，是空虚的表现，这不是什么好事。

比这更早的《尚书·革命》中也曾这样阐述：骄傲、荒淫、矜持、自夸，必将以坏结果而结束。同样的看法也出现在《说苑·丛谈篇》中：“富贵不与骄傲相约，但骄傲自然而然地随富贵出现了；骄傲和死亡并没有联系，但死亡也会随骄傲而来临。”

确实，骄矜自大对人百害而无一利，孔子曾说，如果一个人又骄傲又吝啬，那么就算他有周公的才华、美德、功劳和成绩，也会因此丧失掉。过分炫耀自己的能力，看不起他人的工作，就会失去自己的功劳。在中国历史上，因为骄傲而吃亏的例子比比皆是。

南北朝时，北周大将贺若敦自以为功高才大，所以心高气傲，不甘心跟同僚们平起平坐。看到别人做了大将军，唯独自己没有被晋升，心中十分不服气，所以常常口出怨言。

不久，他又奉命参加了讨伐平湘洲的战役，打了个胜仗之后，全军凯旋，贺若敦自以为又为国家立了一大汗马功劳，这下必然封赏升迁在即，谁知道事与愿违，由于种种原因，他反而被撤掉了原来的职务，这一件事情更让他暴跳如雷，大发怨言。

北周皇帝听了以后，十分震怒，把他从中州刺史任上调回来，将他赐死。贺若敦这才醒悟过来，临死之前他对儿子贺若弼说：“我有志平定江南，为国效力，而今未能实现，你一定要继承我的遗志。我是因为这舌头把命都丢了，这个教训你不能不记住呀！”说完了，便拿起锥子，狠狠地刺破了儿子的舌头，目的就是想让他记住这血的教训，千万不能自高自大，口说大话。

转眼几十年过去了，隋文帝杨坚统一了中国，建立了隋朝，贺若弼也做了隋朝的右领大将军，但是，他却忘记了父亲的教训，常常为自己的官位比他人低而怨声不断，自认为当个宰相也是应该的。不久，还不如他的杨素却做了尚书右仆射，而他仍为将军，未被提拔，他气不打一处来，也跟他父亲一样，怨声载道。

后来一些话传到了隋文帝的耳朵里，贺若弼立刻被逮捕下狱。杨坚责备他说："你这个人有三大问题：嫉妒心太重；太自以为是，太自以为别人不是；太喜欢随口胡说目无长官。"

但是因为贺若弼有功，杨坚也没有惩罚他，不久也就把他放了。谁知他还不吸取教训，又对其他人夸耀他和皇太子之间的关系，说："皇太子杨勇跟我之间，情谊亲切，连高度的机密，也都对我附耳相告，言无不尽。"后来杨勇在隋文帝那里失势，杨广取而代之为皇太子，贺若弼的处境可想而知。

隋文帝得知他又在那里大放厥词，就把他召来说："我用高颖、杨素为相，你多次在众人面前放肆地说'这两个人只会吃饭，什么也不会干'，这是什么意思？言外之意是我这皇帝也是废物不成？"

这时贺若弼早已因为自以为是，得罪了不少人，朝中一些公卿大臣怕受株连，纷纷揭发他过去说的那些对朝廷不满的话，并声称他罪当处死。

隋文帝见状，就对贺若弼说："你看大臣们对你的厌烦都到了这个程度，要杀你而后快了，你自己觉得我还有什么可以让你活命的道理？"

贺若弼辩解说："我曾凭陛下神威，率八千兵渡长江活捉了陈叔宝，看在过去的功劳的分上，能给我留条命吗？"

隋文帝说："你将出征陈国时，对高颖说：'陈叔宝被削平，我们这些功臣会不会飞鸟尽，良弓藏？'高颖对你说：'我向你保证，皇上绝对不会这样。'是吧？等到消灭了陈叔宝，你就要求当内史，又要求当仆射。这一切功劳我已格外重赏了，何必再提呢？"

话都说到这份上，贺若弼依然苦苦给自己求情，说："我确实蒙受陛下格外的重赏，今天还希望格外地赏我活命。"隋文帝考虑了一些日子，念他劳苦功高，终于还是没有杀贺若弼。

尽管如此，贺若弼逃过了杨坚，却终于没有逃过杨广，在隋炀帝杨广的手下伏剑自杀。

贺若弼对隋王朝的功劳不可谓不高，但是，盖世的功劳也当不得一个"矜"字。所以，即使是功劳在高，也要学会低调。

在生活中，常常可以看见一些自以为是爱说大话抬高自己的人。这样的人不知道，这样做的后果，会给自己带来极大的伤害，所以，越是真正的智者，越懂得谦虚低调的道理。

北魏贾思伯是益都人，武帝时做任成王拓跋澄手下的军司。到孝明帝时，又让贾思伯做侍讲，也就是老师。皇帝也跟贾思伯学《春秋》。贾思伯地位虽然很尊贵，但对下人很平易，对贤人很尊重。有人问他："您为什么能做到不骄傲？"贾思伯说："骄傲必然伴随衰败，天下哪有富贵恒定不变的道理？"当时人认为这是很高明的见解。

固执于自己的见解的人，会不明白事理；自以为是的人，不会通达情理；自傲者，不会获得成功；自夸的人，他所得到的一切都不会保持长久。

只有谦虚、听劝、忍耐骄矜之气的增长，谦和对人，才能无往而不胜。谦受益，骄致败，可谓千古一理。

权、财、势大时，容易冲昏头脑，小看对手。在生活中，对待问题，应多思、慎虑，认真对待。不要以为有把握，或是已熟悉了，就可以轻视它。问题在未解决之前，即使是百分百的把握，也应视为三四成的把握来考虑。事情是变化的，人与人、人与事，关系都会转过来。在关键的地方，错失一步，可能会全盘失去。故此，万事小心为上，切不可骄矜。

以上我们可以看到，骄矜的危害是很大的。作为统治者骄傲自大，不能以平等的态度待人，则会失去人才，失去人心，最后也必然要失去江山。作为统帅如果产生骄傲情绪，则骄兵必败。即使普通人，自以为是也会众叛亲离，难以成事。

因此，一个人要戒骄戒傲，虚心处世，谦和待人，才能无往而不胜。

尊贵来自谦卑，卑贱来自傲慢

在晚清的几个名臣当中，李鸿章对曾国藩格外敬重。在曾国藩病逝的时候，他曾亲手写下了挽联："师事近三十年，薪尽火传，筑室忝为门生长；威名震九万里，内安外攘，旷世难逢天下才。"从中不难看出他与曾国藩的师生之谊，更能看出他对曾国藩的敬仰之情。

李鸿章的父亲与曾国藩同是戊戌年的进士，所以有"同年"之谊。李鸿章在进入朝廷为官以前，曾经和哥哥一起投入曾国藩的门下，学习八股文和"义理经世之学"。后来，他参加了科举考试，虽然没有考中，但是所写之文深得曾国藩的赏识。

太平天国运动期间，李鸿章任安徽省团练，可是只有被动挨打的份，落魄潦倒之际，他常以"书剑飘零旧酒徒"自嘲，在走投无路的情况下来投奔曾国藩。

在李鸿章的印象中，曾国藩一直是一个和蔼可亲、谦虚谨慎的人，但是这一次的情况有些反常。李鸿章到了曾府很长一段时间，都没有得到曾国藩的传唤。好不容易曾国藩的贴身侍从来传唤了，李鸿章走进内室，却发现曾国藩正在洗脚。按照儒家的规矩，洗脚的时候是不能见客的。李鸿章感到了羞辱，但又不能跟曾国藩撕破脸，硬着头皮寒暄了几句，发现曾国藩总是爱答不理的，实在忍无可忍，连招呼也没打就离开了。

回到了客栈，李鸿章发现老板正在将他的行李打包。他连忙上前询问怎么回事，老板说："曾大人有令，不许本县人收留客官住宿。"李鸿章又气又恼，心想，曾国藩对自己还真是不留情面，但是已经没有了去处，就只好牵上马匹，想要连夜离开此县城。

到了城门口，李鸿章远远看见有一个人站在那里。此人不是别人，正是曾国藩的贴身侍从，他是专门来带李鸿章面见曾国藩的。李鸿章心中十万分地不愿意，但是经不起侍从的软磨硬泡，只好跟他再次来到了曾府。

这时的曾府张灯结彩，中门大开，曾国藩站在中间欢迎李鸿章的到来。李鸿章心中十分诧异，曾国藩说："我听说你当官以后很骄傲，总是不把别人放在眼里。你在安徽兵败，跟你的骄傲不无关系。我今天这样做，就是想杀杀你的锐气，灭灭你的威风。你要记住，一个人光有才不行，还要有气量，学会谦虚谨慎，才能成大事啊。"

李鸿章听了，羞愧不已，心悦诚服地接受了恩师的教诲。

正如曾国藩所说，一个人光有才华是不够的，还要谦虚，懂得向别人学习。如果眼中容不下别人，就会以自我为中心，什么事情都以为自己正确，听不进去别人的意见。这样的人，一旦与别人的意见产生矛盾，就会口无遮拦，说出一些伤人的话，或者做出一些伤害别人自尊的事情，时间久了，自然会遭人怨恨，受人排挤。

不懂得谦虚，不利于自己的发展。一个人的知识和才华是有限的，如果看不到别人的长处，就不会积极努力地学习，坐吃山空，迟早有一天会被别人超越。所以，要想自己能够一直保持优秀，就一定要积极向别人学习，广泛猎取。

福特说："那些自以为做了很多事的人，便不会再有什么奋斗的决心。有许多人之所以失败，不是因为他的能力不够，而是因为他觉得自己已经非常成功了。他凭着自己的意志和努力，取得了成功，便经受不住考验了。他们懒怠起来，放松了对自己的要求，往后慢慢下滑，最后跌倒了。在古往今来的历史上，被荣誉和奖赏冲昏了头脑，而从此懈怠懒散下去，终至一无所成的人，真不知有多少……"所以，能够一直以谦卑的心态面对生活的人，总是少之又少。这也就看出了谦卑的难能可贵。

"谦卑者其实最高贵。"这是因为谦卑是高贵者的通行证，他们懂得谦让，能够看到别人的长处，弥补自己的不足。

当然，我们也要把谦卑宽容与唯唯诺诺、个性软弱区别开来。谦卑宽容是一种处世态度，属于一种收敛型性格，并非心无主见、胆小怕事，而是以退为进、顾全大局的处世策略。

我们可能都听说过这样的事情：有的人刚发了一笔横财，便显得财大气粗，显富摆阔，招摇过市，唯恐天下人不知道似的；有的人刚有一些小名气，便按捺不住心中狂喜，以专家自居，于是频频上电视、上报纸，弄得满城风雨，还要持之以恒地大肆宣传，以使自己长享盛名；有的人在某个领域博得小小的成就后，便恃才傲物，认为可以从此笑傲江湖了……这些人都有一个通病，那就是不知"愈傲慢，愈卑贱，只有谦逊才能带来真正高贵"的道理。所以最后的结果是，他们风光则风光，却被人私下里看不起。

所以，当身边不断有这样的事情上演时，别忘记告诫自己：低调做人，是获得尊重的最好的方式。

在现实生活中，一些成功的名人不愿接受媒体的采访，谢绝任何无意义的歌功颂德，而是以"淡泊明志，宁静致远"的姿态面对世人，踏踏实实地谋划下一步的方向，他们反而获得了更大的成功；一些优秀的艺术家，不愿意流俗，更不愿意抛头露面，而是埋头于自己的工作中，于是，他们创作出了真正伟大的艺术作品……低调处世，谦逊待人，技能让他们取得更大的成就，同时也更加受到世人的敬仰。

古罗马学者西塞罗有言："当我们走鸿运，事事如愿以偿时，切不可忘乎所以，盛气凌人。因为成功时趾高气扬与遭厄运时悲观丧气，都是一种浅薄和脆弱的表现。而在任何情况下都保持一种平静的心情、恒定的态度和同样的面孔，则是一件好事。"后一句话，说的就是低调处世。看来，这位先贤两千多年前，就已经领悟到低调处世的重要性了。

比西塞罗更早的中国思想家荀子也曾说："君子贤而能容罢，知而能容愚，博而能容浅，粹而能容杂。"意思是说，君子贤能而能容纳无能的人，聪明而能容纳愚昧的人，知识渊博而能容纳孤陋寡闻的人，道德纯洁而能容纳品行驳杂的人。一个人，无论多么贤能、多么聪明、多么渊博，如果目空一切、唯我独尊，视万物皆在我之下，总认为别人不如自己，那么就永远不会博得别人的认可。

所以，不要太高看自己，就算你真的才智凌驾万人之上，也没必要恃才傲物。用低姿态看待自己，旁人会因此更加高看你。有时太过高调，只会让你显得浅薄庸俗。

谦虚貌似藏拙，实则为一种超然的自信。它既不是自卑，不是怯懦，也不是消沉，而是一种博大的胸怀，体现了一个人的修养和境界。只有拥有了这样的胸怀、修养和境界，才能够获得真正的尊重。

说来说去，无非是要表明一个观点：好的东西不用太过张扬，别人都看得见。

所以，生活中的我们，一定要有“隐于野的心境，入于市的淡泊，登于朝的气度”。

树不炫耀自己的苍劲，并不影响它的巍然耸立；海不显摆自己的深度，并不影响它容纳百川；花不夸耀自己的美艳，并不影响它的清香宜人……

我们常常以为炫耀能为自己带来荣誉和掌声，殊不知，所谓的“高调”其实是那样的苍白浅薄，甚至还会“越高越衰”。因此，不妨在世事面前将自己的姿态放低些！

所以，想要让自己尊贵的最好做法不是炫耀自己的财富地位，而是将自己的“丰功伟绩”说成“微薄之力”，或指出自己诸多不足之处，别人也不会因为你自己说出了缺点，就认为你一无是处，相反，会对你心生敬意。

低头方能明白，谦虚才可有悟

一个人如要效法自然之道的无私善行，便要做到如水一样，保持至柔之中的至刚、至净、能容、能大的胸襟和气度。

水具有滋养万物生命的德性，使万物得其润泽，而不与万物争利，永远不居高位，不把持要津，在这个永远不平的物质世界中，宁愿自居下流，藏垢纳污而包容一切。所以老子形容它“处众人之所恶，故几于道”，正所谓“水唯能下方成海，山不矜高自及天”。低头方能自省，谦虚才可有悟。

所以，为人处世，一定要记得低头，记得谦虚，当我们把高傲的头颅高高扬起的时候，除了天什么都看不到，就会产生“天老大，我老二”的想法，如果能够低下头，谦虚地看待周围的人和事，往往就能明白很多道理。

有一个年轻人不远万里来到东陵寺，对住持寂空禅师说：“大师，我一心一意要学习丹青，但是一直到现在也没有寻到一位令我满意的老师，我觉得很苦恼，很多名满天下的丹青大师都是徒有虚名，画的画还不如我呢。”

寂空禅师听了，说：“你既然说你的画技不比那些丹青名家逊色，那能不能留下一幅墨宝让老衲收藏？不瞒你说，老衲虽然不懂丹青，但平时也颇爱收集一些名家字画。”

年轻人也没有推辞，取来了文房四宝，问道：“大师想要一幅什么样的画？”

寂空禅师说：“我平日里最喜欢品茶，所以特别喜欢茶具，不如你就为我画一幅茶杯与茶壶吧。”

年轻人听了，觉得这一点都不难，于是当场作画，挥毫而下，寥寥数笔，一副造型典雅的茶杯和茶壶就跃然纸上了。

年轻人收了笔，得意地问寂空禅师：“禅师，这幅画你觉得怎么样？”

可是寂空禅师却摇头，说道：“年轻人，你这幅画根本就画错了，茶壶怎么会在茶杯的上面呢？倒茶的时候，明明应该是茶杯在上，茶壶在下啊！”

年轻人一听就哈哈大笑起来：“大师你糊涂了吧，水往低处流，茶杯在上茶壶在下，怎么注水啊？”

寂空禅师听了，淡淡一笑说：“原来施主懂这个道理啊。既然如此，你却为何总把自己的杯子放得比茶壶还高？你这样做，香茗又怎么注入你的杯子呢？既然你渴望自己的杯子里注入那些丹青高手的香茗，那何不先放低自己的杯子呢。”

年轻人一听，恍然大悟。

人，不能总是抬着头，天底下还有很多我们所不知道的道理，还有很多比我们更优秀的名家，只有低下头弯下腰，放低我们的姿态，才能够让自己成长，让自己进步。

柳公权，中国唐代著名的书法家，“柳体”的创立者。他创立的柳体和临写的《玄秘塔》直至今天仍然是人们学习、临摹的权威性字帖。

柳公权自幼聪明好学，特别喜欢写字，到了十四五岁便能写出一手好字，经常受到老师的表扬。日子久了，他心里美滋滋的，不知不觉就骄傲起来，以为天下“唯我独尊”了。

有一天他和几个伙伴们玩耍，玩什么好呢？这个说捉迷藏，那个说摔跤，柳公权说：“不行，不行，咱们还是比比谁的字写得好吧！”

大家同意，便在大树下摆了一张方桌，比了起来。柳公权很快写了一篇，心想：我肯定是第一了，谁能比得过？心里这样想着，脸上也显露出洋洋得意的神情。这时，从东面走过来一位卖豆腐的老汉，这老汉早看出了柳公权的傲气，决定给他泼点儿冷水。他说：“让我看看。”

他挨个儿看了一遍说：“你们的字都不怎么样。”

这对柳公权来说，真如晴天打了个响雷，他长这么大还从未有人说过他的字不好呢，他便追问：“我的字到底怎么样？”

“也不好。你的字就像我担子里的豆腐，软绵绵的，没筋没骨的。”老汉说。

柳公权一听老汉的评价，马上不服气地说：“我的字不好，那么请你写几个让我瞧瞧！”

老汉笑道：“我一个卖豆腐的，你跟我比有什么出息？城里有一个用脚写字的人，比你用手写的强几倍呢，如果不服气，你去瞧瞧吧。”

第二天，柳公权带着满肚委屈和狐疑进城了。到了城里一打听就找到了。就在一棵大树上，挂着一块白布，上面有三个大字：字画铺。树底下，许多人正围在一起低头瞧着地下。柳公权急忙跑过去一看：一位老人已失去双臂，正坐在地上用脚写字呢。只见地上铺着纸，他用左脚压着一边，用右脚的大拇指和二指夹住毛笔，运转脚腕，一排遒劲的大字便出现在人们的眼前。众人一阵喝彩：“好，好！”

柳公权都看呆了，真是山外有山，天外有天啊！自己有完整的手臂，还赶不上人家用脚写的，还骄傲自满，自以为天下第一了，惭愧，惭愧。

想到这里，柳公权来到无臂老人面前，双膝跪地，说道：“先生，请您教我写字吧。”

无臂老人推辞道：“我一个残废人，能教你什么，只是混口饭吃罢了。”

柳公权说：“请您不要推辞了，您不收下我，我就不起来！”

这老者见他情辞恳切，心里一动，说道：“你要实在想学，那么你就照着这首诗练下去吧。”

说罢，老人又用脚铺开一张纸，挥毫写下一首诗：写尽八缸水，墨染涝池黑，博取众家长，始得龙凤飞。

这首诗，是无臂老人一生练字的真实写照。意思是说练字的辛苦，练字的工夫，用尽了八缸水，染黑了涝池水，博取众家之长，虚心学习，才有今天这苍劲有力的龙飞凤舞。

柳公权是个聪明人，早已领略了这诗中的寓意，他不但懂得了写字必须勤写勤练，虚心学习，更懂得了做人亦不能恃才傲物，否则将一事无成。

他怀着不可名状的感激之情，接过了老人的诗，急切又羞愧地回到了家。打这以后，他从不在人前炫耀自己，每日里挥毫泼墨，练笔不止，悉心研究揣摩名人字帖，最后终于练成流传千古的“柳体”。

低头方能明白，谦虚才可有悟。做人应当胸怀宽广，谦逊有礼，不可自视甚高而贬低他人。

收敛锋芒，以免割伤自己

在这个张扬开放的时代，有些人不管做什么事，都喜欢用各种手段彰显出咄咄逼人的气质。在这样一个时代，我们有了广阔的空间供人们展示自我。但是，人心却不是那么容易能够改变的，我们心里最喜欢的依然是敦厚内敛的人。过分锋芒毕露便是在刻意掩盖别人的光芒，难免会让人感觉不舒服。

小何毕业于北京某名牌大学，毕业之后到了一家500强企业担任销售，试用期为六个月。

小何觉得销售助理这个职位能够让他完全发挥自己的能力。他也确实完成得十分出色，一上来就签下了一单，连老总都对他刮目相看。可是，让他意外的是，试用期结束后，部门经理和同事对他的工作能力没有任何疑义，但是对于他的综合表现却给予了一句话评语——锋芒太露，不注意处理人际关系，对于前辈同事也不够尊重。小何也因此没有通过试用期考核。

丢掉工作后的小何每次说起这件事时都是一脸复杂的神情。在刚进入公司的时候，小何自然想好好表现，但是却做过了头，处处锋芒毕露，把上司和同事置于了很尴尬的境地。尤其让人难以接受的是，对于上司和同事们的一些错误，以及公司某些制度上的问题，小何都会毫不保留地提出，一点情面都不给人留。

一个人如果锋芒太盛，尤其是一个新人如此，往往会让人感觉不舒服，觉得自己没有受到应有的尊重，那么，最后结果，锋芒毕露的人肯定会被排挤出局。也不能怪人家不厚道，谁喜欢自己在别人，尤其是一个年轻人面前被比下去呢。

非但不能在老资格的人面前露锋芒，即便是自己的朋友、伙伴，也需要收敛一下。

小张、小王跟小德毕业后一起创业，在台州创办了一家服装加工厂，其中，小张学是的市场管理，对企业经营和管理很有一套自己的办法，所以，创业初期大家就把企业的管理工作交给了小张。

经过了一段时间艰苦的创业，他们的服装厂终于走上了正轨，一天天生意兴旺起来了，这其中，小张自然功不可没，因此，小王和小德对小王备加推崇和信赖，逢人就说生意能做到这个地步，全是小张的功劳。小张渐渐也自以为是起来，认为自己的功劳最大，但是所获得的利益却仅比他们几个合伙人高一点点，所以他常常暴露出自己的不满，明里暗里抱怨过这一问题。

小王和小德也感觉到了小张的锋芒，但是他们都没说什么，想要息事宁人，谁知这更刺激了小张的狂妄情绪，根本不把其他人放在眼里了。久而久之，其他几个合伙人也渐渐无法容忍他的狂妄。在成功做了一桩大买卖后，几个合伙人在一起吃饭，期间小张再次发起了牢骚，说假如没有他小张，就没有公司的今天云云。小王顿时火起，当即宣布和他解约，各做各的事，小德也跟着附和，一拍两散。失去了朋友的小张，虽然依然勤奋，可是势单力孤，终于没能把服装厂支撑下去。

由此可见，做人不能过于锋芒毕露，事事张扬，锋芒毕露会让身边的人感觉很不舒服，最后，他们必然因此远离你，所以，真正的受害者，其实还是你自己。

在很多场合下，不懂得收敛锋芒，非但会让你众叛亲离，还会让你本人成为他人嫉恨、攻击的对象。

公元前234年，韩国贵族韩非来到秦国，决定在这里一展宏图，将自己的法家思想理念推广开去，帮助秦国富国强兵。而秦王读过韩非的《内储》、《外储》、《五蠹》等文章，也很是敬重和爱惜韩非，就把他留在秦国，决定日后重用他。

但是，当时秦国还有一个人，那就是李斯。当年在就学的时候，韩非的才学在李斯之上，同时因为韩非口吃，不擅言辩，所以他就致力于著说撰文，时间一久，韩非文笔日益锋利洗练，远远超过了李斯。

本来李斯就对此耿耿于怀，现在看到韩非又不懂得审时度势，非但不肯臣服于自己，反而一来秦国就想要后来居上，这就使得李斯怕他受秦王重用夺走自己受宠的地位，也怕他破坏自己“先取韩以恐他国”的战略计划，于是下决心除掉韩非。

李斯为除掉韩非，可谓不择手段，心狠手毒。李斯以先伐赵而缓伐韩等为借口，在秦王面前轮番诽谤诬陷韩非，时间一长，秦王便渐渐对韩非心生疑窦。李斯见火候已到，不失时机地谏秦王道：“韩非身系韩国公子，终究是心向韩国，必不肯为秦国效力，这是人之常情。日后若放他归国，定然贻害不浅；不如寻他个过错，依法诛杀了事。”

秦王既已对韩非产生疑心，便同意了李斯不放虎归山之议，将韩非拘捕入狱。李斯怕秦王日久会明了真相，重新起用韩非，就急忙派人送毒药给韩非，催促他马上自杀。韩非一入狱，就多方设法上书秦王，申辩其冤情。但李斯对此早有所料，预先已将牢狱各关节都堵住，使韩非哭诉无门，终于在公元前233年，逼得韩非饮鸩自杀。

韩非错就错在不知道隐藏锋芒的奥妙。要知道李斯在秦国位高权重，又深得秦王信赖。韩非却不识时务，只知进，不知退，面对强手竟然锋芒毕露，想要与之正面一决雌雄，显然缺乏低调做人的功夫。

柔软地低头，昂扬地站立

子禽向子贡问道：“孔子一到这个国家，就能听到这个国家的政事，是孔子求人告诉他的呢？还是人家主动告诉他的呢？”子贡回答说：“孔子是以温和、善良、恭敬、俭朴、谦让的美德而使得人家主动地把政事告诉他的。他获得这些的方法，大概与别人的不尽相同吧！”

孔子的美好品德可归结为：温、良、恭、俭、让，尤其值得一提的是这个“让”，就是“谦让”。这里的“谦让”表现出来的并不是消极的忍让，相反，它是一种积极进取的精神。诚如梁漱溟先生所言：儒家虽然提倡温、良、恭、俭、让，但实质宣扬的却是一种积极进取的精神。换句话说，“谦让”就是“以退为进，以柔克刚”，是一种方圆处世的态度。

一个简单的比喻就是，人们总会发现：低着头的是稻穗，昂着头的是稗子；低头的稻穗充满了成熟的智慧，而昂头的稗子只是招摇着空白的无知。大哲学家苏格拉底曾说：“天地只有三尺，高于三尺的人要想长久立于天地之间，就要懂得低头。”懂得低头是一种生存的智慧。

据说，秦始皇陵兵马俑博物馆的“镇馆之宝”是一尊跪射俑。许许多多出土的兵马俑都可以算是人间精品，但独独是它能够享有“镇馆之宝”的无上荣誉。最主要的原因是在出土、清理和修复的一千多尊各式兵马俑中，只有这尊跪射俑保存得最为完整，未经人工修复。如果仔细观察，就会发现俑身上的衣纹、发丝都清晰可见。据专家介绍说，这尊跪射俑之所以能够保存得如此完整，完全是得益于它自身的“低姿态”。原来兵马俑坑是地下通道式土木结构建筑，一旦棚顶塌陷、土木俱下时，高大的立姿俑自然是首当其冲遭受灭顶之灾，这样一来，低姿的跪射俑受到的损害就大大减小。此外，跪射俑呈蹲跪姿，右膝、右足、左足三个支点呈等腰三角形，完全支撑着上体，整个身体重心在下，增加了它的稳固性，这与两足站立的立姿俑相比，就避免了倾倒、破损。所以，秦始皇陵兵马俑中的跪射俑在经历了两千多年的岁月后，依然完整地呈现在我们面前，真可谓是“宝中至宝”。

现在，我们的社会进入了一个新的世纪，到处都在宣传“人应该张扬个性”。鉴于此，为了追赶社会潮流，一批批的年轻人，打着“张扬个性，率意而为”的旗帜，不管三七二十一，就硬往前撞，大有“死了也悲壮”的气概。这固然从一个方面显示出了一个人的勇气和自信，但最终的结果恐怕是到处碰壁。

当今社会，错综复杂，变幻莫测。因此，在人生的漫长跋涉中，我们就必须学会低头。好比当你陷入泥潭时，你最先做的是迅速地爬起来，并且远远地离开泥潭，只有笨蛋才会在狼狈不堪的时候，还对着自己的鞋子说，我们可是出淤泥而不染的。

低头，需要很大的勇气，所以我们应当用平和的心态，像跪射俑那样，时刻保持着生命的低姿态，这样就会避开无谓的纷争，避免意外的伤害；就能更好地保全自己，发展自己，成就自己。

老子说过，当坚硬的牙齿脱落时，你柔软的舌头却完好无损。柔软有时候是完全可以胜过强硬的。以柔克刚，以退为进，恰恰是人生的大智慧、大境界。

《西游记》中的孙悟空可谓神通广大，七十二般变化，上天入地，无所不能。五百年前“高调”大闹天宫，无人能制伏，自称“齐天大圣”，一个筋斗，十万八千里，却怎么也跳不出如来佛的手掌心，结果被压在五指山下五百年。

所以，只有懂得低调处事，柔软地低头，才能够真正昂扬地站立在天地之间。低调之人将雄心壮志藏于心而不显于外，做事情静中求稳而不飞扬跋扈，这些使他无懈可击。

低头，是一种风度，一种修为，一种智慧，一种谋略，是生活的良好姿态。低下头做人，不仅可以保护自己，而且还能很好地融入群体中，与身边的人和谐相处。

当然，低调时也别忘记把握一个“度”。过度的谦虚就是骄傲，过度的低调就是炫耀。孔子的弟子子贡问：“颛孙师和卜商两个人谁更好一些？”孔子说：“颛孙师常常做得有些过头，卜商常常达不到要求。”子贡说：“如此说来，那么是不是颛孙师要好一些呢？”孔子说：“过头和达不到同样不好。”

总之，要学会低头，只有学会了低头，才能昂扬地站立。

会低头才不会撞到头

在复杂的人际丛林中，不论你地位多高，身份多尊贵，你都应该放低架子。如果还摆出一副高高在上的架势，谁都不会买你的账，即便是至高无上的皇帝都不例外，到时候只能自讨苦吃。

事实上，那些谦让而豁达的人总能赢得更多的成功。反之，那些妄自尊大、不肯放低自己架子的人必然会引起别人的反感，最终使自己走到孤立无援的地步。

1860年，林肯作为美国共和党候选人参加总统竞选，他的对手是大富翁道格拉斯。

当时，道格拉斯租用了一辆豪华富丽的竞选列车，车后安放了一门大炮，每到一站，就鸣炮30响，加上乐队奏乐，气派不凡，声势极大。道格拉斯得意地对大家说："我要让林肯这个乡下佬闻闻我的贵族气味。"林肯面对此情此景，一点也不在乎，他照样买票乘车，每到一站，就登上朋友们为他准备的耕田用的马拉车，发表这样的竞选演说："有许多人写信问我有多少财产。其实我只有一个妻子和三个儿子，不过他们都是无价之宝。此外，我还租有一个办公室，室内有办公桌一张、椅子三把，墙角还有一个大书架，架上的书值得我们每个人一读。我自己既穷又瘦，脸也很长，又不会发福，我实在没有什么可以依靠的，唯一可以信赖的就是你们。"

选举结果大出道格拉斯所料，竟是林肯获胜，当选为美国总统。

同样的道理，每个人都知道既然是想要成功，那靠的就是关系，在当前，关系是一种感情凝聚，又是一条利益通道，你有关系就有门路；没关系，你就要寻关系，在你的亲戚中找，在你的朋友中找，在你的同学中找，在你的上下级中寻找。直接的没有，你可以找间接的，通过地位低的，可以找地位高的。总之，要适当放低姿态，如果你在找关系求人时还摆出一副高高在上的架子，那结果肯定是没人愿意帮你。

有个朋友为办一个手续，连跑了几个地方，不知为什么，总是解决不了问题。有人说要送礼，他不懂送礼也不愿送礼，只有愤愤然骂上两句，自己苦恼不堪。

另一位朋友了解此事后，指点他去直接找某主任。可他到办公室却扑了个空，追到家也没人——还被势利的保姆"损"了几句。他顿时火起，却又"好男不跟女斗"，只得裹着满腹懊恼回到家，发誓再也不去找人办事儿了。

那位给他出主意的朋友知晓后，哈哈大笑，说："你呀，就这么不济事！在外边办事情哪有这么容易的！我找人办事儿是一求、二求、三求，不行再四求、五求、六求。事实不可谓不详尽，道理不可谓不充分。现在，我不但脸皮厚了，连头皮都变硬了！"

一席话深深地触动了这位朋友。第二天，他又"厚"着脸皮去找某主任。结果是出人意料地顺利，主任只照例问了一些问题便为他办了手续，烟都未抽一支。

人生一世，存活下去，需要办数不清的事，需要请无数人帮忙。万事不求人是不可能的，既然要求人，架子大了是不行的。

有些人恃才傲物，怎么都不肯低下高傲的头颅，甚至还傲凌他人，那么，这种人肯定不会受欢迎。

唐代名士萧颖士在开元二十三年（公元735年）考进士第一，是当时很有些名望的才子。萧颖士的才华还一度闻名海外，曾有一位日本遣唐使说："我国的民众，希望请萧先生到日本去当国师。"

但如此才华横溢、中外闻名的萧颖士却一生郁郁不得志，竟然还几次被"问责"丢官。天宝年间，萧颖士补秘书正字，奉使至赵卫间搜求遗书，但很长时间他都没有去复命，于是被劾免官。后来，萧颖士又被召为集贤校理，但没过多久，又被贬官。

萧颖士之所以经常被贬官，当然不是因为他能力不够，而是由于他为人处世太过于傲慢。

据说有一次，萧颖士跑到野外自己一边喝酒一边吟诗，突然，暴雨大作，萧颖士便跑到一座山神庙下避雨，当时，正好一个穿紫衣的老人领着一个小孩也在避雨。他看那个老头好像很尊贵的样子，便讥讽起来。等过了一会儿，大雨停了，道路上突然出现了很多华贵的马车，来迎接那位老人。此时，萧颖士才慌忙打听，发现这位老人家是吏部王尚书。萧颖士一听就知道麻烦大了，赶忙去王尚书的府上求见，但都吃了闭门羹，之后，他又用心写了一封很长的信，到王尚书家里去谢罪。王尚书这才让人把萧颖士领到偏房的廊下，然后狠狠地责备了他一通。

萧颖士并没有因为这个教训就改掉自己恃才傲物的坏毛病，依然我行我素，傲慢无比，最后死在扬州功曹（州牧的属官）的任上。

古语说："行谨则能坚其志，言谨则能崇其德。"萧颖士正是不懂得"行谨"和"言谨"，所以最后才只能怀才不遇，这个，又能够怪谁呢？

"人在屋檐下，不得不低头"，这句话有其客观合理性。初涉世事的年轻人，往往"脸皮薄"，放不下"清高"的架子，自然也就不能为社会所接纳，不能与环境相适应，也就难以真正迈出走向社会的第一步。

当然，我们说脸皮薄了不行，绝不是要大家放弃原则和人格尊严。厚颜过度则曰无耻。但对于我们所说的"脸皮特薄者"而言，懂得"脸皮薄了不行"，洗掉身上的迂腐与矜持，才能锲而不舍，以柔克刚，取得最后的成功。

要谦虚，不要"虚谦"

"在伦理道德的范畴中，谦虚一向被认为是美德，应该扬。而虚伪则一向被认为是恶习，应该抑。然而，究其实际，二者间有时并非泾渭分明，其区别间不容发。谦虚稍一过头，就会成为虚伪。"当中国人习惯了褒扬谦虚、贬抑自满时，却有人从另外一个角度阐释了谦虚的真正内涵，可谓一语中的。

国学大师季羡林在《谦虚与虚伪》一文中探究了中国人尊崇谦虚的传统，从古至今，历代圣贤莫不主张谦虚，而将骄傲自满视为毒蛇猛兽，避之不及。然而，在这种情况下，季老却给谦虚画了一条线，越界之人的谦虚面容下往往隐藏着虚伪的嫌疑，令人难以信服。

所以，季老提倡一个人应该追求"真诚的谦虚"，而避免"虚伪的谦虚"。可是这两者之间又往往存在诸多屏障，时间、空间、文化背景往往都会使人对"谦虚"的理解产生分歧，这个正确的分寸也便难以掌握。

谦虚与虚伪之间的差异往往会因为东西方文化背景的不同而难以分辨。在东方人的眼中，适当的自谦是一个人良好品行和修养的表现，而在西方人的概念里，谦虚却不一定是美德，因为他们的文化传统决定了他们常常会把他人自谦的话当真。季老举例说，比如日本人送人礼物时往往写上"粗品"二字，东方人自能理解其中的含义，而西方人却往往会奇怪为何不把"精品"送给别人。所以，要做到真诚的谦虚，便要学会在不同场合下，与不同的人交流的技巧。

纵使沟通的技巧千变万化，真诚永远是第一标准。唯有发自内心地做到虚怀若谷，才能真正获得谦虚的美德。

一个人的谦虚的表达是否发自内心，往往是很容易判断出来的，虚伪的谦虚，往往可能带来不好的后果。有时候，故意表现出来的谦虚比真正的骄傲更让人难以接受。更重要的是，不是出于真心的“谦虚”，很容易让人陷入尴尬的境地。

有一次，意大利剧作家普契尼到“斯卡拉”剧院看他的新歌剧《托斯卡》上演。他注意到观众对戏的赞誉很高，十分得意。“您为什么不鼓掌？您不喜欢这个戏吗？”邻座一位陌生妇女问道。

“哦，不太喜欢。”普契尼答道，“戏里有些地方写得不够清楚。”他对所碰到的际遇感到很有趣。

“那有什么关系，作者有权创新。”妇人反驳道。

“可能……不过最坏的是模仿。您没有听出有些曲调是受威尔第的影响吗？”

“这只不过是继承意大利的传统。”妇人不服地说。

“我不这样认为。此外，合唱太拖拉了，应该更轻巧、生动些。”

“您真这样认为吗？”

“当然。”

第二天，普契尼打开报纸，一个标题映入眼帘：《普契尼关于他的“托斯卡”的谈话》。使他大吃一惊的是，文章把他故作谦虚说的有关此剧的评论几乎只字不漏地刊登出来。他万万没想到，剧院中坐在他身旁的妇女竟是米兰最畅销的报纸的评论家。

由于普契尼所说的话并非出自本心，所以，他的谦虚便沾染了几分虚伪的色彩，他并未想到身边坐着的竟然是报纸的评论家，所以洋洋自得时所说的谦虚的话便带了几分刻意的色彩，当他的话被只字不漏地登载在报纸上时，他才品尝到过度谦虚带来的苦果。

在这个故事中，普契尼正是没有做到季老所言的“真诚”，所以无论是在东方人还是在西方人眼中，他的这一番遭遇都带了几分滑稽的色彩。

在很多人眼里，故作谦虚其实是一种骄傲。表面上看似谦卑的语言，实际上却是一种炫耀。正如一位哲学家所说的“勇敢其实是恐惧的影子而已”，故意表现出来的谦虚，恰恰只是骄傲和虚荣的“影子”。

所以，谦虚这种品质并非人人都能具有的，它是一种来自内心深处的美德，不过一旦谦虚过度，就绝对不美了。所以，只有按照季老所说的，保持内心的真诚，掌握谦虚的限度，真正做到虚怀若谷，才能摆脱掉虚伪的影子，从而也实现一种心理平衡，既不让因过度谦卑而惹人反感，也显现出自己的能力，这才是谦虚的佳境。

人缘是从低头中来

当代高僧星云大师曾说过：人缘是从低头中来；被人重视，也是从低头中来。能低头，必定会有扬眉吐气的一日；能低头，必定能有奋发有为的一天。确实，你我皆凡人，又怎能无过？我们在遇到窘困时总是希望得到别人的谅解，希望对方不再咄咄逼人；同理，在他人遇窘时，我们也应该得饶人处且饶人。因为生活不是平坦大道，处世应如古人云：“径行窄处，留一步与人行；滋味浓时，减三分让人尝。”这其实说的是为人处世要“以和为贵”。

与人相处时，做到态度诚恳，注意方式方法，便能使他人容易接受。一个善意的微笑、一个温情的眼神、一句温馨的话语、一个关怀的手势，都是人生美好的情感，都是谦逊的姿态。低头的人，能很好得正视自己，大智者必谦，大勇者必含。低头，是一种心境，是一种境界。

慈航法师身相圆满，有个如同弥勒佛一般的大肚子。慈航法师说，他的肚子之所以大还有一段因缘：

原来，慈航法师也是个瘦小的人。有一次他上厕所时忘记带手纸，正好茶房头也在旁边如厕，于是慈航法师便向他要手纸。可是这位茶房头却将用过的手纸递给了法师，弄得法师满手污秽。

有一天慈航法师搬房间，茶房头来帮忙时顺手拿了他的六十个银元，但慈航法师没有揭穿他。因为他明白，人的名誉一旦坏了，再恢复起来就很难了。在茶房头走时，慈航法师又给了茶房头十五个银元，后来寺里的人见茶房头一下富了起来，便开始起疑，茶房头推说是慈航法师送他的银元，慈航法师只是沉默。

“从此以后啊，”慈航法师说，“我的肚子就大起来了。这大大的肚子，代表了我的福气。”

无论茶房头最终如何，但慈航法师到底还是给了他一个回头的机会。在佛家看来，“怨亲平等”。低头的同时，自己得到身心的释怀，也可能因此而留得一份好人缘，何乐而不为呢？人生有相逢，但心无隔宿之仇。人际交往中结怨总是不如结缘。这种讲究是佛家的智慧，也扎根于中国五千年伦理型社会人际关系网络之中。人人头上有青天，各自相安无事，自然皆大欢喜。这是中国人处理人际关系、整合全社会的一个独特方式。低头，是对别人的尊重，也能让自己得到善果。

一佛学院中有一对师兄弟，也许是由于法系不一，师兄常常找师弟麻烦。时常冷语相讥，还暗中丑化师弟。师弟年纪小小经常受到师兄的欺负，心中不免有怨气，但想到佛家讲结缘，也便压下心中不平，放低姿态与师兄相处。不仅如此，有时师兄需要点助力，师弟还能够大方提供助力。渐渐地，师兄找师弟的麻烦少了许多。

几年以后，已经从佛学院毕业的师兄二人各分东西，各自成为大德高僧。难得的是，二人居然保持了长久的友谊。一次师弟到一大寺担任监寺，师兄得知后特地从远方赶来协助，齐为寺院的发展尽力。

懂得低头的人，他的人际关系往往和谐友好、充满温情。对于他人，假如你遇事往好处想，多感念别人的恩德，即使别人冒犯了你，也不介意，这样，别人自然会被你的诚意所感动，进而回报你以真诚；假如你遇事往坏处想，以一种敌视的眼光看待别人，即使别人无意中冒犯了你，你也耿耿于怀，甚至伺机进行报复，那么，即使别人本无敌意，也会最终被你推到敌对的立场上去。另外，假如在日常交往活动中，一旦对方未能满足自己的要求，或是有什么过错，我们也不应该怀恨在心。因为怨恨只会加深彼此的误会，而且还会扰乱我们的正常思维，引起急躁、偏激的情绪。人与人彼此的交往是缘分，不必计较太多，也不必苛求对方尽善尽美，多一些宽容和体谅，适时低头，那么彼此之间一切不愉快，都会迎刃而解。正所谓：“莫把真心空计较，唯有大德享百福。”

放下身段，不言自高

如果你想把事做成，不妨以一种低姿态出现在对方面前，表现得谦虚、平和、朴实、憨厚，甚至愚笨、毕恭毕敬，使对方感到自己受尊重，比你聪明，在谈事时也就会放松警惕。

其实，以低姿态出现只是一种表面现象，是为了让对方从心理上感到一种满足。实际上，表面谦虚的人，反而是非常聪明的人。当你表现出大智若愚来，使对方陶醉在自我感觉良好的气氛中时，你就已经受益匪浅，已经达到了你的目的。

你谦虚时，显得他高大；你朴实和气，他就愿与你相处，认为你亲切、可靠；你恭敬顺从，他的指挥欲得到满足，认为与你配合很默契，很合得来；你愚笨，他就愿意帮助你。这种心理状态对你非常有利。

相反，你若以高姿态出现，处处高于对方，咄咄逼人，对方就会感到紧张，做事就没把握了，而且容易产生一种逆反心理，使工作难以进行。

因此，为了把事办成，不妨常以低姿态出现在别人面前，使别人感到安全时，你自己也是安全的。

赫蒙是美国著名的矿冶工程师，毕业于美国的耶鲁大学，在德国的弗莱堡大学拿到了硕士学位。可是当赫蒙带齐了所有的文凭去找美国西部的大矿主赫斯特的时候，却遇到了麻烦。那位大矿主是个脾气古怪又很固执的人，他自己没有文凭，所以就不相信有文凭的人，更不喜欢那些文质彬彬又专爱讲理论的工程师。赫蒙前去应聘并递上文凭时，满以为老板会乐不可支，没想到赫斯特很不礼貌地对赫蒙说："我之所以不想用你，就是因为你曾经是德国弗莱堡大学的硕士，你的脑子里装满了一大堆没有用的理论，我可不需要什么文绉绉的工程师。"聪明的赫蒙听了不但没有生气，相反，他心平气和地回答："假如你答应不告诉我父亲的话，我要告诉你一个秘密。"赫斯特表示同意，于是赫蒙小声对赫斯特说："其实我在德国的弗莱堡并没有学到什么，那三年就好像是稀里糊涂地混过来一样。"赫斯特听了笑嘻嘻地说："好，那明天你就来上班吧。"就这样，赫蒙通过了面试。

美国著名政治家帕金斯30岁那年就任芝加哥大学校长，有人怀疑他那么年轻能不能胜任大学校长的职位，他知道后只说了一句："一个30岁的人所知道的是那么少，需要依赖他的助手兼代理校长的地方是那么多。"就这短短的一句话，使那些原来怀疑他的人一下子就放心了。

许多人往往喜欢表现出自己比别人强，或者努力地证明自己是有特殊才干的人，然而一个真正有能力的人是不会自吹自擂的，所谓"自谦则人必服，自夸则人必疑"，就是这个道理。保持低姿态，先让别人感到缺他不可，努力寻找并讲出对方的优点，就会让对方觉得有面子，感到光彩。这样一来，对方与你的关系便近了一步，最终，得到好处、被人尊重的，还是你。可以说，低姿态正是胜利者的姿态。

一个容器若装满了水，稍一晃动，水便溢了出来。一个人若心里装满了骄傲，便再也容纳不了新知识、新经验和别人的忠言了。古语常说"谦虚使人进步"，谦就是一种礼貌，一种礼节上的心态；虚就是一种空杯心态，把自己归零。

7月，是离别的时刻。一所名牌大学的学生们在毕业考试的最后一天，雄心勃勃地展望未来，他们的脸上充满了自信，这是他们参加毕业典礼和工作之前的最后一次测验了。

一些人在谈论他们现在已经找到的工作，另一些人则谈论他们将会得到的工作。带着经过4年的大学学习所获得的自信，他们感觉自己已经准备好了，并且能够征服整个世界。

他们都认为，毕业考试只是一次很简单的测验，很快就会结束。因为教授说过，他们可以带他们想带的任何书或笔记，要求只有一个，就是他们不能在测验的时候交头接耳。

他们信心十足地走进教室。教授把试卷分发下去。当学生们注意到只有5道评论类型的问题时，脸上露出了自信的笑容。

3个小时过去了，教授开始收试卷。学生们看起来不再自信了，他们的脸上是一种恐惧的表情。教室里一片寂静，教授手里拿着试卷，面对着所有参加考试的毕业生。

他俯视着眼前那一张张焦急的面孔，然后问道："完成5道题目的有多少人？"

没有一只手举起来。

"完成4道题的有多少？"

仍然没有人举手。

"3道题？2道题？"

很多学生都把头埋得深深的，他们用静默回答了教授的提问。

"那1道题呢？当然有人会完成1道题的。"

但是整个教室仍然很沉默，在这种沉默无声的气氛中，飘浮着一种深深的沮丧和挫折感。教授放下试卷。"这正是我期望得到的结果。"他说。

"我只想给你们留下一个深刻的印象，即使你们已经完成了4年的学习，关于这项科目仍然有很多东西你们还不知道。这些你们不能回答的问题是与每天的普通生活实践相联系的。"然后，他微笑着补充道，"你们都会通过这个课程，但是记住——即使你们现在已是大学毕业生了，你们的教育仍然还只是刚刚开始。"

一个已经装满了水的杯子难以再装别的东西了，人心也是如此。

有这样一个比喻：一个人就好像是一个分数，他的实际才能好比分子，而他对自己的估价好比分母，分母越大，则分数的值越小。所以说，人们不应为自己已获得的知识和成绩感到骄傲，假如能够保持谦逊，人的心胸可以扩展到无限大。人们如能有此心态，无疑可以掌握更多的知识，取得更大的成绩。

人生就是汲取各种养分、滋养生命的过程。如果我们带太多的自满上路，就像那个装满水的杯子，再也容不得半点水进入，这将是人生最大的悲哀。在人生的旅途中，每一个即将上路或已在路上的人都一定要牢记，不论什么时候，都要学会谦虚。学无止境，心有空余，才能装物。

十九
贫不可媚，富不可骄

富者有礼高贵，贫者有礼免辱

中国有句俗话说：“有理走遍天下，无理寸步难行。”此话稍作变动也说得通：“有‘礼’走遍天下，无‘礼’寸步难行。”

“礼”自古是中华民族倡导的优良美德，中国被称为“礼仪之邦”，“礼”自然成为我们每个人应该具备的行为规范。《论语·季氏》有曰：“不学礼，无以立。”意思是一个人如果不懂得礼仪，就无法立身处世。然而，当幼儿园的孩子都懂得礼貌待人，要学会说“谢谢”、“对不起”时，成年人反而不知“礼”为何物，甚至要在国家的提倡下重新学习这些最基本的日常礼貌用语。这不能不让人心生感慨。

国学大师季羡林曾经在一篇名为《谈礼貌》的文章中贬斥了当今社会的一些“无礼之举”。季老说，前几年他腿脚还灵便时，是公共汽车的常客。他经常会在车上看见吵架甚至打架之人，而理由无非是谁不小心碰了谁一下，或谁踩了谁一脚，面对在公共场合争得面红耳赤的人，季老不禁发出这样的疑问：“这样的事情也值得大动干戈吗？”

公共汽车上的乘客本来就多，大家你推我挤，难免会踩一下碰一下，一句诚挚的歉意、一个真诚的微笑便应相安无事，但偏偏就为这一“下”，有的人便语出不驯、破口大骂，甚至大打出手。一时间拳脚你来我往，时有殃及无辜者，忿忿而语，好不热闹。但正是这带着几分滑稽的场面，却时而发生在我们身边。

孔圣人亦说：“非礼勿视，非礼无听，非礼勿言，非礼勿动。”如果一个人不懂礼，必会给社会带来不协调的后果，行走于世也会处处碰壁，寸步难行。反观之，倘若人人都讲礼貌，懂得宽容，你给予他人足够的尊敬，他人也会始终尊敬你，行走于天下便会少了很多不必要的人际摩擦，诸多干戈也能化为玉帛，社会因此祥和不已。

自古以来，我国的先贤都非常注重礼仪，认为只有懂得礼仪的人，才能受人尊敬，游刃有余地存于世间。孟子曰：“仁者爱人，有礼者敬人，爱人者，人恒爱之；敬人者，人恒敬之。”荀子也曾经说过：“仁义礼善之于人也，辟之若货财粟米之于家也。”唐代贤相张九龄也称：“人之所以为贵，以其有信有礼。”然而，当社会向着更加文明、更加开化的方向发展时，礼节却逐渐被所谓的“新新人类”抛之脑后。

一个生活在社会中的人，要学会遵守社会生活中约定俗成的公德，否则，不仅会影响个人的形象，严重者会影响到一个城市、一个民族在他人心目中的形象，这绝非耸人听闻。

季老曾经看过一个由意大利著名摄影家拍摄的介绍北京城市风貌的电视片，当镜头扫过北京那富有文化底蕴的名胜古迹时，镜头前竟然有“一个光着膀子的胖大汉子骑自行车双手撒把做打太极状，飞驰在天安门前宽广的大马路上，给人的形象是野蛮无礼”。对于这种行为，季老气愤之极，人必自爱而后人爱之。外国人欣赏这部电视片时，看到这个镜头会有怎样的想法，季老不敢深想。

当越来越多的人将目光汇聚在中国时，也有很多人迈出国门去开阔自己的视野，然而令季老深为忧虑的是，很多人不仅未能将中国“礼仪之邦”的文化传统带出去，反而丢人丢在了国门之外。季老曾转载了香港《亚洲周刊》的一篇文章，将不顾国格、不讲公德的现象总结为7项，分别是：

第一宗：脏。不讲公德，乱扔垃圾。

第二宗：吵。在飞机上，在火车上，在餐厅中，在饭店里，大声喧哗。

第三宗：抢。不守规则，不讲秩序，干什么都要抢先。

第四宗：粗。不懂起码的礼貌，不会说“谢谢”、“对不起”。

第五宗：俗。在大饭店吃饭时，把鞋脱掉，赤脚坐在椅子上，或盘腿而坐。

第六宗：窘。穿戴不齐，令人尴尬。穿着睡衣，在大饭店里东奔西逛。

第七宗：泼。遇到不顺心的事，不但动口骂人，而且动手打人。

这“七宗罪”可谓是对部分素质低下的国人的形象概括，初次看到难免会觉得脸红羞愧，但若细究，恐怕还有很多令人汗颜之处，比如被季老称为“国吐”的随地吐痰的现象，类似的事情其实不胜枚举。当我们自称“礼仪之邦”，并为泱泱华夏几千年的文明沾沾自喜时，是否也该为这些不讲礼节、不够文明的现象而反省已身？

为证礼仪、礼貌之重要，季老抄录了香港《公正报》上的一段话：“富者有礼高质，贫者有礼免辱，父子有礼慈孝，兄弟有礼和睦，夫妻有礼情长，朋友有礼义笃，社会有礼祥和。”

德国谚语说：“脱帽在手，世界任你走。”有礼节不一定总能为你带来好运，但若不讲礼节，你永远得不到幸运之神的眷顾。

得意不能忘形，失意不可失态

踌躇满志、春风得意是人人都向往的人生境界。但得意者绝对不能忘形，对自己的言行举止、姿态形象一定要有清醒的认识，要时不时地回头看看自己的尾巴是夹在裆下，还是翘到了天上。一旦露出失态的尾巴，就很可能被别人抓住，到那时可能连“落水狗”的命运都不如。

在20世纪60年代的小学课本上，选有《狮子和蚊子》这样一篇寓言，讲的是狮子与蚊子间的一场大战。按能力来说，蚊子与狮子无法比拟，但在实战中蚊子却胜利了。因为狮子捕不到它，它却在狮子的眼睛上、耳朵上叮得都是“包”，使狮子有力使不上，最后把自己抓得头破血流，只得认输。蚊子有了战胜狮子的辉煌战绩，的确风光。于是它得意忘形了，吹着得胜的喇叭到处炫耀，最后一不小心，撞到蜘蛛网上，成了蜘蛛的美餐。

这里叙述的是动物，实则讲的是人的行为。

当你被上司提升或嘉奖的时候，常常会自鸣得意吗？如果是，那你就要好好学一番涵养功夫，把你那因升迁而引起的过度兴奋压平才好。你可能已经拟订了一个非常严谨的人生奋斗计划，有些目标可能是很完善和可赞赏的。但在你没有达到这些目标之前，中途的一些升迁可以说是微乎其微的小事。也许你在施行一个计划时，一着手就大受他人夸奖，但你必须对他们的夸奖一笑置之，仍旧埋头苦干，直到隐藏在心中的大目标完成为止。那时人家对你的赞叹，将远非起初的夸奖所能企及。

美国汽车大王福特曾说："一个人如果自以为已经有了许多成就而止步不前，那么他的失败就在眼前了。许多人一开始奋斗得十分起劲，但前途稍露光明后便自鸣得意起来，于是失败立刻接踵而来。"

石油大王洛克菲勒也说："当我的石油事业蒸蒸日上时，我每晚睡觉前总是拍拍自己的额头说：'别让自满的意念搅乱了自己的脑袋。'我觉得我的一生受这种自我教育的益处很多，因为经过这样的自省后，我那沾沾自喜、自鸣得意的情绪便平静下来了。"

一个人是否伟大，可以从他对自己的成就所持的评价和态度看出来。累积你的成就，作为你更上一层楼的阶梯吧。

人生处在顺境和成功之时最容易得意忘形，终致滋生败象，正所谓乐极生悲。看过特洛伊战争"木马屠城记"故事的人，都会记得特洛伊是怎样被毁灭的。

特洛伊人与入侵的希腊联军作战，双方互有胜负。后来联军中有人献计，假装全部撤退，留下一匹大木马，并将勇士藏在马腹内，其他的主力部队亦躲在附近。特洛伊人望见远去的舰队，以为敌人真的撤退了，于是在毫无防备下，将木马拖入城内，歌舞狂欢，饮酒作乐。当他们正在睡梦中，木马中的敌人纷纷跳出，打开城门，里应外合，于是特洛伊灭亡了。

这个故事，教给我们一个做人的道理：得意时不要忘形，否则危机马上就到。

有些人因为顺境连连而甚感欣慰，愉悦之情不时流露在脸上。然而，不能只是高兴，应该想想怎么才能维持好运，永远成功。

希腊有名的雄辩家戴摩斯说："维持幸福，远比得到幸福更难。"同样的道理，好业绩得来不易，但更难的是如何保持好业绩。

得意忘形的人有很多。得意而忘形，这是许多没有远见者的共性，他们并非没有大志向，也没有大目标，只是在一种虚荣心的驱使下向前奔跑，目的只是想博得众人的喝彩，等众人的掌声一响便认为达到了人生目的，便想躺在掌声中生活，自然就忘形了，认为自己可以不再奔跑，可以昂头挺胸地在人群中炫耀了。

得意而忘形，这是许多投机者的共性，他们并非想扎扎实实地做一番事业，只是想得到荣华富贵罢了。于是靠着自己的小聪明、小伎俩侥幸做成一点事业，便以为自己有炫耀的资本，有享乐的根基，于是便忘形于自己的小聪明、小伎俩，他们的一生也就只能如此了。

得意而忘形，说明一个人没有自己的追求和目标，有了一点点的得意便以为人生的荣耀不过如此了，这些人中有许多有才华的人、有实力的人、有发展前途的人，要是真的尽力而为会成就一番事业的。只是有的人目光太短浅了，有的人又习惯于谄媚罢了。

忘形应该说是一种误解，一种把暂时的得意看成永久得意的误解，一种把暂时的失意当成永久失意的误解。只要我们明白，这个世上没有永恒的事物，一切都是暂时的、相对的、发展的，那就不会忘形了，那么人人都会生活得很美好。

人在顺境中最易忘乎所以、失去警觉，这样往往会栽跟头；人在逆境时则容易意志消沉、自暴自弃，失去前进的动力。所以，做人贵在以超然之心看待自己的得与失，要做到得意时不忘形，失意时不失态。

身在高处，应常反躬自省

越是身在高处，越要懂得反躬自省，因为一旦人的成就达到了某种高度，就很难听到来自别人的批评，而与此同时，自我感觉也会开始膨胀，最后，难免像一个气球一样飘飘然了。

这里所谓的高处不一定是指社会地位、官职的高，同样指学问、技术等在某个领域所达到的高度，许多人在初学某些技能的时候往往会自我反省，审查自己的不足，但是到了一定的高度，就会开始恃才傲物的人，不到吃尽苦头不会了解自己是多么无知。

富兰克林也曾和苏东坡一样，由于自己的才华出众，常常看不到身上的缺点。犯这一类毛病的人还不少，只要是那些才高八斗的才子，多多少少会有点不懂得反躬自省。

清康雍时的大将年羹尧曾立下赫赫战功，曾平定与四川接近的西藏、青海等地叛乱。尤其是在1718年参与平定西藏叛乱的过程中，当时负责清军的后勤保障工作的年羹尧表现出了非凡才干，虽然运送粮饷的道路十分艰险，但是在年羹尧的努力下，清朝大军的粮饷供应始终是充足的，从而为取胜创造了条件。

所以，年羹尧一直受到皇帝的重用，仕途一帆风顺，平叛战争的第二年就被康熙任命为四川、陕西两省的长官，成为清朝在西北地区的封疆大吏。

但是，随着权力的日益扩大，地位日渐升高，年羹尧却不懂得反躬自省，小心从事，反而以功臣自居，变得骄矜自大起来。

一次他回北京，面对到郊外去迎接他的王公大臣他却一副爱理不理的样子，十分无礼。甚至于，他对雍正有时也不恭敬起来。一次，在军中接到雍正的诏令，按理应摆上香案跪下接令，但他就随便一接了事，令雍正很气愤。此外，他还肆无忌惮地接受贿赂，卖官鬻爵。

尽管满朝文武和雍正皇帝对此都颇有微议，但是年羹尧却丝毫不知道反省自己的失误，反而更加骄横。

后来，雍正皇帝终于忍受不了年羹尧了，年羹尧被押送入京审讯。十二月，立案案成。议政王大臣等定年羹尧罪：计有大逆之罪五、欺罔之罪九、僭越之罪十六、狂悖之罪十三、专擅之罪十五、忌刻之罪六、残忍之罪四，共九十二款。

地位越高的人，越要时刻审查自己的失误。因为站得越高，失误被人发现的概率也就越大。所以，也就越要懂得反躬自省。

为人处世切记不能目空一切，目中无人的人本来大多都是才华横溢的，否则他也没有“骄傲”的资本了，但才华横溢绝不代表不用反躬自省，因为每个人身上都有各自的缺点。

名利是每个人都看重的，毕竟，名能使人有成就感，精神振奋，而利能够使人得到满足，心情愉悦，一般的情况下，人们也惧怕灾难，灾难令人感情痛苦，心智受到伤害。所谓趋利避害是人的共同心理，无论是君子还是小人，在这一点上其实都是一样的，只不过有的人在功成名就时仍然“夹起尾巴做人”从而趋利避害；而有些人则得意忘形，一副志得意满、天下唯我独尊的姿态，这样的人就是典型的见利忘害。真正的处理高手，在自己得势时是不会咋咋呼呼的。

没有人会是永远的赢家

不安于现状，是一个人成功的基本素质。任何事业，都需要不断创新的人。那种推着才肯前进的人，肯定会被淘汰。

在职场上，凡是上司面前的红人，一定是那种做出非常出色的成绩，受到老板赏识和提拔的人。在其他人看来，他们是深受老板宠爱的幸运儿。几乎在每一个组织里，都有红人存在。但是，有专家在给公司做人力资源顾问时，发现了一个奇怪的现象：无论多么红的人，都红不长久，而且红的程度越深，失宠的时刻来得越快。

两年前，陈成来到现在的公司做了一名普通员工，他工作一直非常努力，取得了突出的成绩。老板非常赏识他，于是他成了老板的红人。一年以后，他被提拔为物流管理部经理，工资一下子翻了两番，公司还给他配备了专用汽车。刚当上经理时，陈成还是像之前那样努力，每一件事情都做得尽善尽美。“你怎么那么傻啊？”不断有人这样对他说，“你现在已经是经理了，用不着什么事都自己去做，再说老板并不会检查你做的每一件事情，你做得再好，他也不知道啊。”

没错，老板不可能看到每一个员工的每一份成绩。可是，如果你养成了追求完美的习惯，把每一件事都尽力做到最好，就可以保证老板所看到的都是完美的。到那时，老板自然会为你晋职加薪，可惜陈成没有意识到这一点。在多次听到别人说他“傻”的话后，陈成变得“聪明”了，他学会了投机取巧，学会了察言观色，以及怎样去迎合老板，不把心思放在工作上，而是放在揣摩老板的意图上。如果他觉得某件事情老板要过问，他就会将它做得很好；如果他觉得某件事情老板不会过问，他就马马虎虎糊弄一下，甚至根本不做。终于，在当上经理一年后，老板发现陈成隐瞒了工作中的很多问题，一怒之下，就把陈成解雇了。

事例中的陈成在得宠后，没有继续保持诚恳待人的作风，对老板耍小聪明，这是极不厚道的。红人失宠，虽然有很多因素，但最主要的是红人失去了原来积极进取的工作激情，变得满足现状了，而绝对不是老板喜新厌旧。这些人在成为红人之前，所得到的回报可能并不多。他们努力工作，用成绩来证明自己的能力，用实际成果来取得想要的回报。终于，他们成功了，成了红人，被老板赏识和提拔，薪水、职位都大大提高，生活条件也得到了很大改善。这个时候，他们就滋生了骄傲和自满的情绪，开始变得不可一世，对工作越来越没有责任心，工作干劲也没有以前足了，认为缺了他公司就不能运转了。之所以这样，主要有以下几个心理因素在作怪：

第一，觉得自己过去付出得太多，该好好享受一下了。

第二，觉得有老板宠着，没人能把他怎么样。

第三，潜意识中认为自己拿的薪水和福利都是理所当然的，并且可以一直拿下去。

第四，不切实际地认为公司里没有人可以超越自己，自己是不可替代的。

不管你愿不愿意，实际上，每时每刻都有人憋着劲在和你比赛。高薪水、高福利、老板的常识和重用，想得到这些的人多着呢！你得到了，那些还没有得到的人一定也想得到，他们付出十倍甚至百倍于你所付出的努力，以证明他们的能力和价值，让老板明白他们比你更优秀。在这些人的“围攻”下，你如果安于现状，早晚会被他们赶上，然后被超越，最后被他们比下去。别人比你优秀了，老板凭什么还让你做红人呢？

因此，不要满足于目前的工作表现，永远要做最好的，这样你才能成为老板眼中不可或缺的优秀员工。人们永远不能做到完美无缺，但是在你不断增强自己的力量、不断提升自己能力的时候，你对自己要求的标准会越来越高。

成功者和失败者的区别主要在于：成功者无论做什么，都力求达到尽善尽美，丝毫不会放松；成功者无论从事什么职业，都不会轻率疏忽。你工作的质量往往决定着你的生活质量。在工作中你应该严格要求自己，能做到最好，就不允许自己只做到次好；能完成100%，就不能只完成99%。不论你的薪水是高还是低，你都应该保持这种良好的工作作风。在社会上，每个人都应该把自己看成是一名杰出的艺术家，而不是一个平庸的工匠，应该永远以高要求和高指标去工作，那样你才能在走得更长久。

不要把得意挂在嘴边

生活中，确实有些人认为自己总会比别人技高一筹，事事比人强。这样，他们就总喜欢把得意挂在嘴上，逢人便夸耀自己如何如何能干，如何如何富有，完全不顾及别人的感受，甚至没有顾及当时的听者是不是一个正处于人生低迷期的人，他们夸夸其谈后总以为就能够得到别人的敬佩与欣赏。而事实上，别人并不愿意听他们的得意之事，自我炫耀效果往往是适得其反。因为每个人都有自尊心，逢人便夸耀自己，把别人比下来，这样容易伤害别人的自尊心，是不太宽厚的表现。

王昭的母亲就是一个喜欢炫耀的人，不论谁到她家去，椅子还没有坐热，他母亲就把她家值得炫耀的事情一件一件地说，说话的表情还是一副十分得意的样子。王昭一个同学的父亲下岗了，经济上有点紧张，他母亲知道了，非但没有安慰人家，反而对这位同学的父亲说："我家老头子每月工资三千元，我们家花也花不完。"

她女儿给她买了一件漂亮的衣服，因为很值钱，她就跑到人家那里去炫耀："这是我女儿在上海给我买的衣服，猜一猜多少钱？一千八百元。"说完很得意的表情，意思是：怎么样，买不起吧。就因为她的这个毛病，现在到她家里去的客人越来越少，因为没有人愿意听她的长篇大论，充当她炫耀自己的陪衬。

在别人面前一定要多一点谦虚，少一点炫耀，尤其不能在失意者面前炫耀你的得意，因为你的得意往往会衬托出别人的倒霉，甚至会让对方认为你炫耀自己的得意之事便是嘲笑他的无能，让他产生一种被比下去的感觉，让失意的人更加恼火，甚至讨厌你。

一次，李仁约了几个朋友来家里吃饭，这些朋友彼此都是熟识的。李仁把他们聚拢来主要是想借着热闹的气氛，让一位目前正陷入低潮的朋友心情好一些。

这位朋友不久前因经营不善，关闭了一家公司，妻子也因为不堪生活的压力，正与他谈离婚的事，内外交迫，他实在痛苦极了。

来吃饭的朋友都知道这位朋友目前的遭遇，大家都避免去谈与事业有关的事，可是其中一位朋友因为目前赚了很多钱，酒一下肚，忍不住就开始谈他的赚钱本领和花钱功夫，那种得意的神情，连李仁看了都有些不舒服。那位失意的朋友低头不语，脸色非常难看，一会儿去上厕所，一会儿去洗脸，后来他提早离开了。李仁送他出去，在巷口，他愤愤地说："老吴会赚钱也不必在我面前说得那么神气。"

李仁了解他的心情，因为在多年前他也碰过低潮，而当时正风光的亲戚在他面前炫耀他的薪水、年终奖金，那种感受，就如同把针一支支插在心上那般，有说不出的苦楚。

在朋友面前，千万不要炫耀自己的得意，没人愿听这样的消息，如果你只顾炫耀自己的得意事，对方就会疏远你，于是你不知不觉中就失去一个朋友。

聪明的人会将自己的得意放在心里，而不是放在嘴上，更不会把它当作炫耀的资本。

当你和朋友交谈时，最好多谈他关心和得意的事，这样可以赢得对方的好感和认同，从而加深你们之间的感情。

有一个人在刚调到市人事局的那段日子里，几乎在同事中连一个朋友也没有，他自己也搞不清是什么原因。

原来，这个人认为自己正春风得意，对自己的机遇和才能满意得不得了，几乎每天都使劲向同事们炫耀他在工作中的成绩，炫耀每天有多少人找他请求帮忙，那个几乎说不出名字的人昨天又硬是给他送了礼等“得意事”。但同事们听了之后不仅没有人分享他的“得意”，而且还极不高兴。

后来，还是他当了多年领导的老父亲一语点破，他才意识到自己的症结到底在哪里。以后，每当他有时间与同事闲聊的时候，他总是让对方把自己的得意炫耀出来，与其分享，久而久之，他的同事们都成了他的好朋友。

生活中，与人相处，一定要谨记：不要在失意者面前谈论你的得意。

诚然，得意之时，难免有张扬的欲望。但是要谈论你的得意时要看场合和对象，你可以在演说的公开场合谈，对你的员工谈，享受他们投给你的钦羡目光，更可以对你的家人谈，让他们以你为荣，但就是不要对失意的人谈，因为失意的人最脆弱，也最敏感：你的谈论在他听来都充满了讽刺与嘲讽的味道，让失意的人感受到你“看不起”他。当然有些人不在乎，你说你的，他听他的，但这样的人不太多。因此你所谈论的得意，对大部分失意的人是一种伤害，这种滋味也只有尝过的人才知道。

一般来说，失意的人较少攻击性，郁郁寡欢是最普通的心态，但别以为他们只是如此。听你谈论了你的得意后，他们普遍会有一种心理——怀恨。这是一种转移到心底深处的对你的不满的反击，你说得口沫横飞，不知不觉已在失意者心中埋下一颗炸弹，多划不来。

失意者对你的怀恨不会立即显现出来，因为他无力显现，但他会通过各种方式来泄恨，例如说你坏话、扯你后腿、故意与你为敌，主要目的则是——看你得意到几时，而最明显的则是疏远你，避免和你碰面，以免再见到你，于是你不知不觉就失去了一个朋友。

随意自夸是不善做人者的通病，为此常会败事。只有改变这一点，不被人讨厌，才有可能真正被人接纳，找到成事的“切入点”。

藏好自己的优越感

法国哲学家罗西法古有句名言：“如果你要得到仇人，就表现得比你的朋友优越吧；如果你要得到朋友，就让你的朋友表现得比你优越。”在朋友之间的交往上，相互之间理应是平等和互惠的。而那些满腹优越感，高看自己，小看别人，喜欢卖弄才华的人总会让人不舒服，引起别人的反感，最终把别人都变成自己的敌人。

在生活中，谁都希望能得到别人正面的评价，因此，所有人都在自觉不自觉地维护着自己的形象。如果谁过分地热衷于表现自己，总显示出高人一等的优越感，那么别人对他的排斥心理乃至敌意也就不自觉地产生了。

洛诞在一个事业单位上班，在他所在的单位里，他是最精明能干的一个，可奇怪的是他也是朋友最少的一个人。这究竟是什么问题呢？原来，洛诞有个不好的习惯，他每天都爱在同事面前吹嘘自己在工作中的成绩，有同事向他请教问题，他就大显自己的渊博，但真正有用的东西却没讲多少，让同事们听了之后既不开心。他整天自己得意洋洋，殊不知，同事们早已开始反感他的自大和强烈的表现欲，虽然他确实很优秀，但没有多少人愿意跟他交往了。

在生活中，尤其是职场上，本来人与人之间就处在一种隐性的竞争关系之下，你的外露优越感只会让别人觉得在把他比下去，因此自然会不舒服，这个时候，如果你还是一味地刻意表现，不仅得不到别人的好感，反而会引起大家的排斥和敌意。

也许你身边总是不乏这样的人，他们能力很强，也确实是某一方面的人才和成功人士，而且还思路敏捷，口若悬河，但他们却总是不太受欢迎，因为他们一说话就令人感到狂妄，觉得是在炫耀自己。这种人多数就是因为太爱表现自己，总想让别人知道自己的优越，想以此来换取别人的钦佩和崇拜，结果却适得其反，只换来了别人的不舒服和不喜欢。

优越感要不得，越是优越的人越是不能有优越感，因为你的优越本来就已经给别人造成了极大的压力，这个时候，你就应该把自己的优越尽可能地隐藏起来，让别人感觉好受些，你若是反其道而行，只是一味地显露自己的优越感，那么，最终结果可能换来的是别人的刻意疏远甚至厌恶。

因此，人生在世，我们只有藏好自己的优越感，人生的道路才会少一些嫉妒的目光，少一些故意的陷害，才会多一些顺利，多一些和谐。

明代大政治家吕坤以他丰富的阅历和对历史人生的深邃观察，在他的《呻吟语》一书中道：“精明也要十分，只须藏在浑厚里作用。古今得祸，精明人十居其九，未有浑厚而得祸者。”

翻译成现代汉语，他的意思是说，人们对聪明、精明还是非常需要的，但关键是要在浑厚中悄悄地运用。古往今来得祸的绝大多数都是那些自恃聪明、卖弄聪明的人，是喜欢外露的人，而没有心里是绝顶聪明而表面上又深藏不露的人会得祸的。这就是说，聪明是人自身的一笔宝贵财富，这一点是确定无疑的，关键在于你如何运用，如何把握分寸。财富可以使人的生活过得充实、潇洒，也可能毁掉你的一生。事物都有两面性，好的和坏的，有利的和不利的。真正聪明的人不仅仅是脑瓜里有智慧、有见地、有主张，更重要的是善于运用自己的聪明智慧，那些能够深藏不露，而在刀刃上或火候已到的时机才适时适度表露的人才是真正聪明的。那种自恃聪明、卖弄聪明或一味要小聪明的人，其实是愚蠢的，因为那往往是招灾引祸的根源。无论是从政，还是经商，无论是做学问，还是治家务，谁不明白这个道理，谁就会吃亏、倒霉。

东汉末年，祢衡很有文才，在社会上也很有名气。但是，他恃才傲物，除了自己，任何人都不放在眼里，容不得别人，别人自然也容不得他。所以，他“以狂杀身”，最终被黄祖杀了。

祢衡所处的时代，各类人才是很多的，但他目中无人，经常说除了孔融和杨修，“余子碌碌，莫足数也”。即使是对孔融和杨修，他也并不很尊重他们，常常称他们为“大儿孔文举，小儿杨德祖”。

当时曹操和袁绍这两个集团相互拼搏，曹操与袁绍开战之前，想要争取镇守荆州的刘表作为自己的后援，因素知刘表好结纳名流，便决定选一较有名气的高士前往游说。由于曹操对此事十分重视，选何人前往，曾向多人征询意见。起初，有人荐举了既有身份又有名望的孔融，而孔融却又转而推荐了好友祢衡。然而，由于种种原因，曹操并不十分情愿召纳祢衡，因此曹操使人召来祢衡后，并未起身让座。祢衡遂仰面感叹：“天地虽阔，何无一人也！”

曹操说：“我手下有数十人，皆当世英雄，怎么就没有一个人！”

祢衡说：“请讲。”

曹操说：“荀彧、荀攸、郭嘉、程昱机深智远，就是汉高祖时候的萧何、陈平也比不了；张辽、许褚、李典、乐进勇猛无敌，就是古代猛将岑彭、马武也赶不上；还有从事吕虔、满宠，先锋于禁、徐晃，又有夏侯惇这样的奇才、曹子孝这样的人间福将，怎么说没人？”

祢衡笑着说：“您错了！这些人我都认识，荀彧可以让他去吊丧问疾，荀攸可以让他去看守坟墓，程昱可以让他去关门闭户，郭嘉可以让他读词念赋，张辽可以让他击鼓鸣金，许褚可以让他牧羊放马，乐进可以让他朗读抄书，李典可以让他传送书信，吕虔可以让他磨刀铸剑，满宠可以让他喝酒吃糟，于禁可以让他背土垒墙，徐晃可以让他屠猪杀狗，夏侯惇称为‘完体将军’，曹子孝叫作‘要钱太守’。其余的都是衣架、饭囊、酒桶、肉袋罢了！”

曹操很生气，说：“你有什么能耐？竟敢口出狂言？”

祢衡说：“天文地理，无所不通，三教九流，无所不晓；上可以让皇帝成为尧、舜，下可以跟孔子、颜回媲美。怎能与凡夫俗子相提并论！”

这时，张辽在旁边，拔出剑要杀祢衡，曹操阻止了张辽，悄声对他说：“这人名气很大，远近闻名。要是杀了他，天下人必定说我容不得人。他自以为了不起，所以我要他任鼓吏，以便侮辱他。”

第二天中午，曹操在丞相府大厅上邀请了很多客人赴宴，命令祢衡打鼓助兴。

祢衡精于音乐，打了一通“渔阳三挝”，音节响亮，格调深沉，发出金石般的声音，座上的客人都被激动得情绪热烈，流下泪来。曹操的侍从们突然挑剔地叫道：“打鼓的为什么不换衣服？”原来，当时的礼节规定打鼓的人必须换上新衣，以示对宾客的尊敬。谁知祢衡非但不认错，还当众脱下身上的破旧衣服，赤裸裸地站在那里，客人们惊得一齐掩起面孔。祢衡又慢慢地脱下裤子，一直不动声色。曹操看见这个情景，呵叱起来：“在朝廷的厅堂上，为什么这样不懂礼仪？”

祢衡严肃地回答说：“目中没有君主，才是不懂礼仪。我不过是暴露一下父母给我的身体，以显示我的清白罢了！”

曹操抓着祢衡的话，逼问说：“你说你清白，那么谁又是污浊的？”

祢衡直指曹操说：“你不识人才，是眼浊；不读诗书，是口浊；不听忠言，是耳浊；不通晓古今的知识，是头脑污浊；不能容纳诸侯，是胸襟污浊；经常打着篡夺皇位的念头，是心地污浊。我是社会上知名的人，你强迫我打鼓，这不过如同当年奸臣阳虎轻视孔子，小人藏仓毁谤孟子一样。你要想成就称王称霸的事，这样侮辱人行吗？”

祢衡这样犀利地当面抨击曹操，使大家都非常吃惊。当时孔融也在座，生怕曹操一气之下会杀害祢衡，便巧妙地为祢衡开脱说：“大臣像服劳役的囚徒一样，他的话不足以让英明的王公计较。”曹操听出孔融在帮祢衡讲话，而他也不想在这宾客满座的场合承担残害人才的恶名。

如果他就此将祢衡杀掉，举国尽知曹操不容人，反而成全了祢衡倨傲直言的美誉。

于是，便宽容委以使命，仍叫他出使荆州，说："如果能说得刘表归顺，就封你个公卿之位。"其实曹操明知刘表本来昏弱无能，祢衡更不会把他看在眼里。他此去，成则有益于己，败则自取其咎。果然，祢衡到荆州后，对刘表也倨傲不恭，语多讥讽。刘表手下人也愤愤然要杀掉他，但刘表也不愿蒙杀人的恶名，于是刘表又转手把祢衡推到江夏太守黄祖那里去了。祢衡禀性难改，到了江夏仍是轻慢黄祖。黄祖乃一介武夫，又性情暴躁，根本没那么多疑虑，盛怒之际，挥剑杀了祢衡。

孔子曰：一个人行事太过张扬，唯恐别人不知道自己，这样只会四处树敌，于己不利。"人不知而不愠，不亦君子乎！"可见人不知我，谁心里都会老大不高兴的，这是人之常情。尤其是年轻人，总是希望最短时间内便让人家知道自己是个不平凡的人，即使不能在全世界、全中国出名，也要在一个地方知名，至少要使一个团体的人都知道自己。要使人知道自己，当然必须要引起大家的注意，要引起大家的注意，只有从言语行动方面用力，才容易使自己出人头地，于是言辞锋芒、举止锋芒便被视为是刺激大家注意的最有效方法和重要途径。其实不然，不信，你看看周围阅历丰富的人，他们可能与你相反，"和光同尘"，毫无圭角，言语如此，行动亦然，好像他们都是庸才，谁知他们的才，颇有在你之上者；好像他们都是讷言，谁知他们颇有善辩者；好像他们都是无大志，谁知一个个竟胸怀雄才大略。他们也不愿久居人之下，却又不肯在言语上露锋芒、在行动上露锋芒，而事实上这样的人反而最先被发现是真人才，最容易受到赏识。为什么？因为这才是真才、大才，这才是真智、大智。

二十
谦恭礼让，是以退为进

做事谦恭，不给别人压力

妻子太能干，丈夫就会觉得自卑；家长太能干，孩子就会变得懒惰；员工太能干，就会遮盖上司的锋芒；领导太能干，下属就会跟不上进步的脚步……有时候能干也会给人无形的压力，你的亮度容易遮掩别人的光芒。

没错，因为太能干，所以常常给别人一种压力。普通的人会在太能干的人面前产生自卑，而同样能干的人，又会彼此排挤，所以太能干的人经常是孤独的，不被人理解的。虽然表面光鲜，却要承担常人想不到的痛苦，经历着常人无法承受的责难。

因为太能干，上司总是害怕冲击到他的地位，害怕自己的权威受到威胁，这就是公司里太能干的员工为什么不受欢迎的原因。所以，在生活中，如果我们具有超乎常人的本领，也要学会低调，只有这样才能让自己免于排挤，才能安全地发展自己的事业。

唐代孔颖达，字仲达，8岁上学，每天背诵一千多字。长大后，很会写文章，通晓天文历法。隋朝大业初年，举明高第，授博士。隋炀帝曾召天下儒官，集合在洛阳，令朝中士与他们讨论儒学。孔颖达年纪最小，道理说得最出色。那些年纪大、资深望高的儒者认为孔颖达超过了他们是耻辱，便派人暗中刺杀他。孔颖达躲在杨玄感家里才逃过这场灾难。到唐太宗，孔颖达多次上诉忠言，因此得到了国子司业的职位，又拜祭酒之职。太宗来到太学视察，命孔颖达讲经。太宗认为讲得好，下诏表彰他。但后来孔颖达便辞官回家了。

当你把别人比下去，就给了别人嫉妒你的理由，为自己树了敌人，在工作中也是这样。所以，在与人逞强之前请先三思。当然了，如果你确实有真才实学，又有很大的抱负和理想，不甘于停留在一般和平庸的阶层，那么，你可以放开手脚大干一场，但是你必须注意时刻提防周遭的嫉妒，如果不这样，你可能会遭遇麻烦。

要想使自己免遭嫉妒者的伤害，你需要注意自己的言行，尽量不要刺激对方的嫉妒心理。他人的嫉妒之心就像马蜂窝一样，一旦捅它一下，就会招致不必要的麻烦。与人相处时，没必要去计较你长我短、你是我非，更不必针锋相对，非弄个水落石出、青红皂白不可。最佳应对方式是胸怀坦荡、从容大度，对于嫉妒者种种“雕虫小技”，完全可以视若不见、充耳不闻，以更为出色的成绩来证明自己。

在人际交往中，谦让豁达的人总能赢得更多的朋友；相反，自尊自大、孤芳自赏的人总会引起别人的反感，最终在交往中走到孤立无援的地步。

安德森是个非常优秀的青年，很聪明，在大学期间是令人羡慕的尖子生。或许正是因为他太优秀了，所以别人在他眼里简直不值一提。他是一个特立独行的人，时时感到自己是鹤立鸡群。不仅周围的同学他看不上眼，连一些教授他也不放在心上，因为他们讲的课程对安德森来说实在太简单了。

学业上的优秀使安德森逐渐形成了一种优越感，因而在人际交往上常常变得极为挑剔，容不得别人有一点毛病。一次，有位同学向他借了一本书，书还回来时弄破了一点，虽然那位同学一再向他表示歉意，但安德森仍然无法原谅他。尽管碍于面子，他当时什么话也没说，然而从那以后，他再也不愿理睬那个借书的同学了。渐渐地，安德森成了其他同学眼中的“怪人”，大家不再和他交往。这种“集体排斥”并没有阻碍安德森在学业上的成功。

安德森的功课门门都很优秀，年年都获得奖学金，代表学校参加过国际竞赛并获得了奖项。许多老师和学生都一致认为，他是一个难得的天才。数年寒窗苦读后，安德森以优异的成绩毕业，顺利进入一家待遇优厚的大公司。他心中对未来充满了憧憬，准备干出一番轰轰烈烈的事业。

不过，上班后的生活远远不像在学校里那样简单，每天都少不了和上司、同事、客户等各种各样的人打交道，安德森对此感到十分厌烦。原因在于，他在与人交往时仍然抱着那种挑剔的心理，一旦与人接触就对他人的弱点非常敏感。他对别人的挑剔越来越严重，逐渐发展成对他人的厌恶。他讨厌平庸的同事、低能的上司。

结果，安德森与周围人的关系搞得很紧张，彼此都感到很别扭。他经常与同事闹得不可开交，常常因一些微不足道的小事而与上司发生龃龉。终于有一天，安德森彻底变成了一个无人理睬的闲人了。尽管他确实很有才干，但上司不再派给他任何任务，同事们也像躲避瘟疫一样远离他。在走投无路之际，他被迫写了一份辞职书，结果马上得到批准。

随后，安德森又到别处应聘，可是一连换了四五家公司，竟然没有一家令他感到满意。这位原本前途一片光明的青年，心情变得越来越苦闷，日益形单影只。在巨大的痛苦煎熬下，他的精神逐渐崩溃，最后被送入医院。

做人太把自己当回事了，就容易挑三拣四、忘乎所以、刚愎自用，工作中，与人相处之时就会吹毛求疵。这样的人，即便本领再高强，也不会受人尊敬、被老板重用。而且，一个太拿自己当回事的人，即使不在言谈之中将这种态度表露出来，他的顾影自怜、孤芳自赏也足以令许多人讨厌、不悦。因此，做人要放低姿态，不要刻意凸显自己，这样才能与同事友好相处，为自己赢得好人缘。

礼让谦恭，自有人领你成功

初涉社会的年轻人最易犯的毛病就是妄自尊大、心高气傲，这在社会上是要不得的。我们每一个人都需要有一种踏实沉稳的实干精神，更何况年轻人在“老前辈”面前呢？要在社会生存并发展，一定要先学会低头。年轻人一定要尊重老前辈，肯定他的贡献。只要你足够温厚谦恭，老前辈们看在眼里，自然会记在心里，有了机会当然也不会忘记你。相反，如果做人不够厚道，对老前辈无礼，则很有可能自讨苦吃。

邓强大学毕业后进了一家公司，被派到一名主管下面做技术工作。这个主管业务上没得说，但就是为人不太好，邓强十分看不惯他。同在这名主管手下的还有一个员工小赵，邓强偶尔和小赵交流，发现小赵也不喜欢这个主管。不过小赵奉劝邓强，不满意要放在心里，不要得罪他，不然可能会危及工作。但是邓强听不进去，数次在言语上冲撞主管，公开地表示鄙夷。久而久之，主管对他也有了成见，就在老总面前进谗言，并故意少报了邓强的业绩，最终将邓强炒了鱿鱼，而小赵安然无恙。

年轻人一定要尊重单位里的老前辈，肯定他的贡献。一方面，你需要在业务上要强于他，让他心中服气，另一方面，你也要对他有足够的谦恭，毕竟谁都喜欢别人能够尊重自己。

懂得为自己的未来打算的人，具有长远眼光的智慧，这种智慧并非每个人都具备。用恭谦礼让的态度去面对其他人，尤其是比你资格老，比你成功的人，这也算是走向成功的一条捷径，可以让你少走些弯路。

美国少年亚当在杂志上读了某些大实业家的故事，很想知道得更详细些，并希望能得到他们对后来者的忠告。

有一天，亚当跑到纽约，也不管几点开始办公，早上7点就到了威廉·亚斯达的事务所。在第二间房子里，亚当立刻认出了面前的那个人就是自己所要拜访的人。亚斯达刚开始觉得这少年有点讨厌，但是，慢慢地，他被亚当的谦虚有礼打动了，于是态度缓和了一些，然而一听亚当问他："我很想知道，我怎样才能赚得百万美元？"他的表情便柔和并微笑起来，俩人竟谈了一个小时。随后亚斯达还告诉他该去访问其他实业界的名人。

亚当照着亚斯达的指示，遍访了一流的商人、总编辑及银行家，在访问过程中，面对这些成功人士，亚当始终保持着谦逊有礼的态度，因此，那些人都愿意与他分享自己的成功经验。

在赚钱这方面，他所得到的忠告并不见得对他有所帮助，但是能得到成功者的知遇，却给了他自信。他开始仿效他们成功的做法。

过了两年，亚当成为他学徒的那家工厂的所有者。24岁时，他是一家农业机械厂的总经理，为时不到五年，他就如愿以偿地拥有百万美元的财富了。

亚当活跃在事业界多年，总结出了自己成功的一个信条就是对人一定要谦虚，要和善有礼，这样，才能够多与优秀的人结交，那些建功立业的前辈或许能带给你一个改变命运的机遇。

谦恭的人做人厚道，有礼有节，这样更能获得良好的人缘，取得更大的成功。

谦和有礼，是立身的法宝

有一次，孔子的儿子孔鲤快步走过庭院，正好被孔子看到，孔子喊住孔鲤，问道："学礼没有？"孔鲤摇摇头，说："还没来得及学呢。"孔子挥一挥衣袖："不学礼，无以立！"不学习礼，你就无法立身处世，快回去学礼！孔鲤就跑回去学礼了。

这就是"庭训"一词的来历，从中我们也可以看到孔子对"礼"的看法，他认为，"礼"是一个人在社会上立身的根本，一个无礼之人，是无法立足的。

所以孔子也常教导他的学生要学习礼、懂礼，那么他自己是怎样做的呢？

"子见齐衰者、冕衣裳者与瞽者，见之，虽少，必作；过之，必趋。"当作官的人、穿丧服的人，还有盲人路过他面前时，不管这个人多么年轻，他也一定要站起来；如果他要从这些人面前经过，他就小步快走，以表示对这些人的尊敬。

对有官位的人，应该表示尊敬；身上戴孝的人是遭遇不幸的人，对他们也应该表示尊敬；盲人，用今天的话来说，叫“弱势群体”，对他们更应该表示尊敬。

《论语·乡党》记载：“乡人饮酒，杖者出，斯出矣。”“乡人傩，朝服而立于阼阶。”乡亲们一起行饮酒礼，仪式结束后，孔子总是要等拄手杖的老人出门后，自己才走，绝不与老人抢行。乡亲们举行驱除疫鬼的仪式，孔子一定穿着朝服，恭敬地站在东面的台阶上。

美国成功学家马尔登也说过：“文明的举止，还有这背后所蕴藏的对人的体谅、关心，是我们人生的一笔巨大财富。”不同的举止，可以使我们或者恼怒，或者平静；或者兴高采烈，或者羞愧难当；或者与禽兽为伍，或者与圣贤同列。这种东西好像是我们日常呼吸的空气一般，平时我们感觉不到它的存在，但润物细无声，天长日久、一点一滴地对我们产生作用。

苏联宇航员加加林乘坐“东方”号宇宙飞船进入太空遨游了108分钟，成为世界上第一位进入太空的宇航员。加加林能在20多名宇航员中脱颖而出，起决定作用的是一个偶然事件。

原来，在确定人选前一个星期，主设计师罗廖夫发现：在进入飞船前，只有加加林一人脱下鞋子，只穿袜子进入座舱。就是因为这个礼节，加加林一下子赢得了主设计师的好感。罗廖夫感到这个27岁的青年如此懂得规矩，又如此珍爱自己为之倾注心血的飞船，于是他决定让加加林执行这次飞行。

正是因为脱鞋入舱这一基本的礼节，使加加林走进了太空，无独有偶，德国有一句谚语叫“脱帽在手，世界任你走”，跟孔子的“不学礼，无以立”异曲同工。

有个叫芳的女孩子的失败可以做一面提醒我们的明镜。

芳和雅同时到一家著名广告公司应聘美编。单从两个人的作品上看，技术水平不相上下。不过芳在思路方面略胜一筹，因为她已做过3年的美编。两个人一起被通知参加试用，但只能留下一个。

芳上班时间从来都是一身T恤短裤的打扮，光脚穿一双凉拖鞋，也不顾电脑室的换鞋规定，穿着鞋就往里走，还振振有词地说：“上个公司里的人都这样。”不管是在工作台前画图，还是在电脑前操作，只要活干得顺手，一高兴准得把鞋踢飞。刚开始，同事们还把她的鞋藏起来，和她开玩笑，做一些善意的提醒。后来发现她根本不在乎，光着脚也到处乱跑，便有些反感起来。

相反，雅是第一次工作，多少有点拘谨，穿着也像她的为人一样——文静、雅致之外，带着少许灵气。她从来不通过发型、化妆来标榜自己是搞艺术的，只是在小饰物上显示出不同于一般女孩的审美观点，说话也温温柔柔的，十分可爱。

有一天中午，电脑室的空气中忽然飘出腥臭的味道，弄得所有人都互相用猜疑的目光观察对方的脚，想弄清到底谁是“发源地”。后来，大家听见窗台下面有嗦嗦的响声，一看原来那里放着一个黑色塑料袋，胆子大的打开来一看，居然是一大袋海鲜。众人的目光不约而同地集中在芳的身上，没想到她坦坦荡荡地说：“小题大做，原来你们是在找这个。嗨，这可怪不得我，这里的海鲜一点都不新鲜。”这时雅端来一盆水：“芳小姐，把海鲜放在水里吧，我帮你拿到走廊去，下班后你再装走。”芳红着脸把袋子拎走了。

结果呢，试用了两个月后，芳背包走人，尽管她的方案比雅做得要好，但是老板不想因为留下这样一个太不拘礼节的人而得罪一大批其他雇员。

礼是微妙的东西，像芳那样的人却恰恰因为不重礼而抹杀了自己能力的锋芒。有的时候，礼往往就是对人最有用的东西。

纽约一家极具规模的百货公司里的一位人力资源部经理谈到他雇人的标准时说，他宁可雇用一个有可爱的微笑、小学还没有毕业的女孩子，也不愿意雇用一个冷若冰霜的博士。中华民族号称礼仪之邦，礼并不只是枯燥的繁文缛节，更是人与人交往的重要条件。

人生如同和谐的探戈舞

探戈是一种讲求韵律节拍，双方脚步必须高度协调的舞蹈。探戈好看，但要跳好探戈绝非一件轻而易举的事，很多高手均需苦练数年才能练就炉火纯青的舞技。在大师看来，探戈是一种奇妙的舞蹈，它蕴含人生哲理，包括和谐、协调、谦让、知进知退、通权达变等道理，如果人们能将探戈中的处世方法和态度尽数掌握，在为人处世上必定能通达自如。中国古代有一些名人，其行为举止和行事风格，皆有探戈般的风范。

清朝初年，安徽桐城出了许多人才。有历任康熙、雍正、乾隆三朝的张廷玉大学士，还有他的父亲——康熙时的文华殿大学士张英。张家非常和睦，从不争吵，人丁兴旺，备受朝廷器重。张家对邻里也非常友善，在当地有一个“六尺巷”的故事，说的就是他和邻居家和睦相处的事。张英家的邻居姓叶，也是一位较大的官员。这一年叶家要翻造新房，在重新打院墙桩基时，把他们家的地基向张家这边移了三尺。

张英的夫人听家人说邻家强占她家地基，便去实地察看，邻家果真是向自己家移了三尺，张夫人很生气，就写了一封信，派人送到北京，向在朝中任大学士（相当于宰相）的丈夫张英报告此事，要丈夫出面解决。张英见家里来人，一问是与邻居争地界的事，就写了一封回信，让家人带回交给夫人。夫人拆开信，只见是一首诗：“千里修书只为墙，让他三尺又何妨；长城万里今犹在，不见当年秦始皇。”

张夫人看完大失所望。回信不但不想办法争回三尺地基，反而要让。心里难免生气，但后来一想，丈夫说的话有道理。自己丈夫的官比邻居大，如果要这三尺地基，难免被人家认为以势压人。再说，自家的院子也很大，少了三尺也无大碍。更重要的是邻里之间要和睦，常言道：“远亲不如近邻。”就同意了丈夫的劝导，不再提这件事，反而把墙基后退了三尺。

这一段佳话留下了一段千古趣谈，也留下了一种为人处世的智慧。人处于社会，始终处于同各种各样的人接触的环境。在人际关系中，难免会出现磕磕碰碰。有人说：只要有人的地方，就会有争斗。若想与他人和平相处，就要拥有一个良好的人际关系网，在原则范围内，偶尔的吃亏，偶尔的退让，既是一种包容的胸怀，也是一个友好的信号，它能够增加人际间的和谐程度，营造良好的生活氛围。倘若太过计较生活琐事，为了一点芝麻绿豆的小事与人计较，就会成为那些在篓中互相钳制难以逃生的螃蟹，双方都陷入纠纷的泥淖，弄得彼此都不愉快。

一个青年到河边钓鱼，遇到一捕蟹老人，身背一个大蟹篓，但没有上盖。他出于好心，提醒老人说：“大伯，你的蟹篓忘了盖上。”

老人回头看了他一眼，微微一笑：“年轻人，谢谢你的好意。不过你放心，蟹篓可以不盖。要是有蟹爬出来，别的蟹就会把它钳住，结果谁都跑不掉。”

那一篓互相钳制的螃蟹是否曾想到，钳住别人也就堵住了自己的出路？

佛教讲究善恶轮回，因果报应。其实在现实生活中，这种所谓的“因果报应”存在于自己身边的每一个角落。为人处世中，留三分余地给别人，就是留三分余地给自己。在足够宽敞的空间里，我们才能翩翩起舞，跳一支高贵优雅的人生探戈。

曾国藩说：“趋事赴公则当强矫；争名逐利则当谦退；开创家业当强矫，守成安乐则当谦退；出与人物应接，则当强矫；人与妻孥享受，则当谦退。”人生就像这样一场探戈，什么时候该进，什么时候该退，一定要有明确的认识，不能在任何状况下都坚持不让。

为人处世要讲究进退的艺术，只有懂进退才能跳出最优雅的探戈，活出最精彩的人生。在名利场中，在人际是非面前，退让一下又有何妨？老子说：“天下之牝，牝常以静胜牡，以静为下。”意思是说雌柔常以安静守定而胜过雄强，就是因为它居于柔下的缘故。

我们工作和生活中的分歧和矛盾是经常发生的。经常见到同事之间、邻里之间、夫妻之间，为了芝麻绿豆大的小事，就争论不休，以致恶言相向，大打出手，甚至诉诸法庭，最后只能是两败俱伤。其实，只要冷静下来，理智地对待分歧，事后就会感到很后悔。如果大家都忍一忍，待矛盾缓和以后再本着互谅互让的精神去解决，那就会出现截然不同的结果。只要宽以待人，团结为重，都可以云淡风轻，心平气和，不但利于矛盾化解，还会握手言欢。

懂得礼让退步，再大的事也会化干戈为玉帛。

退一步海阔天空，让三分心平气和，退让并不是窝囊，而是一种虚怀若谷的雍容大度，一种丰满圆润的心理状态，同时也是阅尽人间沧桑的一种成熟。谦恭礼让能使自己在身陷逆境时，泰然处之；善于退让可以使人与人之间友好相处，和谐发展。

退让，是一种清心剂，是一副健康的心电图，更是美好世界的通行证。人生犹如和谐的探戈，懂得进退之道，至少不会使你丑态百出，说出过激的话或者做出越轨的事，同时也为自己留了一条迂回思维的后路。有时候退让不是认输，而是留出时间用事实来表白自己。

不要空耍“老资格”

很多时候，无功无势的新人总是懂得谦恭礼让之道，不管是对身边的同事还是上级都会毕恭毕敬，但是有些立下过汗马功劳的“老资格”们，往往会自我膨胀，坐在功劳簿上颐指气使，完全忘记了谦恭之道，殊不知，功劳只代表过去，一旦一个人开始耍“老资格”，不懂得尊重人，那么他的失败之日也就不远了。

因为在任何组织当中，领导的权威都不容冒犯，即便是功勋卓著的“老资格”也不例外。所以，越是功劳高、资历久的人，越要懂得谦恭，懂得礼让，正如一代大词人苏东坡所说：“古之圣人将有为也，必先处晦而观明，处静而观动，则万物之情，必陈于前。”参透万物，顺时而行，又怎能伤及己身，这就是养晦的智慧。

唐朝大将郭子仪戎马一生，屡建奇功，安史之乱时任朔方节度使，在河北打败史思明。后收复洛阳、长安两京，功居平乱之首，晋为中书令，封汾阳郡王。代宗时，叛将仆固怀恩勾引吐蕃、回纥进犯关中地区，郭子仪正确地采取了结盟回纥、打击吐蕃的策略，保卫了国家的安宁。

汾阳王府自落成后，每天都是府门大开，任凭人们自由进出，郭子仪却不允许其府中的人对此加以干涉。有一天，郭子仪帐下的一名将官要调到外地任职，来王府辞行。他知道郭子仪府中百无禁忌，就一直走进了内宅。恰巧看见郭子仪的夫人和他的爱女正在梳妆打扮，而王爷郭子仪正在一旁侍奉她们，她们一会儿要王爷递毛巾，一会儿要他去端水，使唤王爷就好像奴仆一样。这位将官当时不敢讥笑郭子仪，回家后，他忍不住讲给他的家人听，于是一传十，十传百，没几天，整个京城的人都把这件事当成笑话来谈论。郭子仪听了倒没有什么，他的几个儿子听了却觉得太丢父亲的面子，于是决定劝说父亲。

他们相约一齐来找父亲，要他下令，像别的王府一样关起大门，不让闲杂人等出入。郭子仪听了哈哈一笑，不以为然，几个儿子却哭着跪下来求他。一个儿子说："父王您功业显赫，普天下的人都尊敬您，可是您自己却不尊重自己，不管什么人，您都让他们随意进入内宅。孩儿们认为，即使商朝的贤相伊尹、汉朝的大将霍光也无法做到您这样。"

郭子仪听了这些话，收敛了笑容，对他的儿子们语重心长地说："我敞开府门，任人进出，不是为了追求浮名虚誉，而是为了自保，为了保全我们全家人的性命。"

这话太具有震撼力了，几个儿子感到十分惊讶，忙问其中的道理。

郭子仪叹了一口气，说道："你们光看到郭家显赫的声势，而没有看到这声势有丧失的危险。我爵封汾阳王，往前走，再没有更大的富贵可求了。月盈而蚀，盛极而衰，这是必然的道理。所以人们常说要急流勇退。可是眼下朝廷尚要用我，怎肯让我归隐？再说，即使归隐，也找不到一块能够容纳我郭府一千余口人的隐居地呀。可以说，我现在是进不得也退不得。在这种情况下，如果我们紧闭大门，不与外面来往，只要有一个人与我郭家结下仇怨，诬陷我们对朝廷怀有二心，就必然会有喜欢落井下石、嫉贤妒能的小人从中添油加醋，制造冤案，那时，我们郭家的九族老小都会死无葬身之地的。"几个儿子听了之后方才明白老父亲的一番苦心。

郭子仪以不世之功，"权倾天下而朝不忌，功盖一代而主不疑"，于建元二年（公元781年）六月十日，以85岁的高龄辞世。当时的德宗皇帝沉痛悲悼，废朝五日，下诏书高度评价和追念他。君臣依次到府第吊唁，皇帝还到安福门送行。相比于汉朝的韩信、明朝的大将徐达等落得"兔死狗烹"下场的功臣们，他真正是生前死后，哀荣始终。

郭子仪能够一生常荣而不衰，是因为他懂得于最盛时也要保持谦恭的道理。正所谓："小隐隐于野，中隐隐于市，大隐隐于朝。"能够在危险的环境中伏藏，以谦卑礼让的姿态做一名朝中的隐者，既得上级欢心，又能建自己的功业，还能保全自己及家人，如此才是最高明的隐者之道。

在我们的一生中，也许不会如郭子仪这样成就惊天伟业，但是也会遭遇各种各样的境遇，有和风丽日，也会有狂风骤雨；有波澜不惊，也会有浊浪排空；有阳光普照，也会有电闪雷鸣……如何于变幻繁复的环境中保全自己，真的需要高人一筹的智慧。但是无论如何，只要懂得礼让之道，不要要"老资格"，总是能够离祸患更远一些。

非但如此，不要"老资格"还能够让你获得更多的尊重。

吕氏家族覆灭后，汉高祖的庶子，代王刘恒继位，这就是汉文帝。

一天，汉文帝升殿，发现丞相陈平没上朝，他问道："丞相陈平为何不来？"

站在下面的太尉周勃站出来说道："丞相陈平正在生病，体力不支，不能见皇上，请皇上原谅。"汉文帝知道陈平一定是有什么事，否则他昨天身体还好好的，为什么今天就突然病了？汉文帝决定查一查究竟是怎么回事。

退朝后，汉文帝亲自前往拜访陈平，这个时候陈平正好躺在床上看书，见汉文帝来慌忙起身行礼。汉文帝急忙把他扶起，说："不敢，朕视卿为父亲，以后除了在朝廷上，其他场合一律免除君臣之礼。”

接着，汉文帝扫视一下屋里的陈设，又说：“今天听太尉周勃说您病了，特地前来探望，要不要我请御医诊视一下？你年岁大了，可要防小病啊。”

汉文帝的关怀自然让陈平非常感动。于是，他对汉文帝说了心里话：“多谢皇上，我其实并没有生病，我犯了欺君之罪，我这么做的目的，只是想把丞相的位置让给周勃来做。”

汉文帝奇怪地问：“这是为什么呢？”

陈平就把他让相的理由说出来了。原来，在吕后死后，诸吕结党，欲谋叛乱，当时是陈平与太尉周勃共同商议，将吕氏家族铲除，夺回了刘家的江山，陈平认为周勃在消灭吕氏集团的过程中功劳比自己大，所以理所当然应该做丞相。

接着，陈平又诚恳地说：“高祖在时，周勃的功劳不如我；诛灭诸吕时，我的功劳不如太尉。所以我愿意把相位让给他，请皇上恩准。”

汉文帝是在诸吕倒台后，才被陈平和周勃接到长安的，所以他本来不知消灭诸吕的细节，等听了陈平的解释之后才知周勃原来立下了如此大功，便同意了陈平的请求，任命周勃为右丞相，位居第一，任陈平为左丞相，位居周勃之下。

然而周勃在处理政务方面的才能比不上陈平。一天上朝时，汉文帝问右丞相周勃：“现在一天的时间里，全国被判刑的有多少人？”周勃说“不知道”。汉文帝又问：“全国一年的钱粮有多少，收支各有多少？”周勃还是回答不上来，感到惭愧至极，无地自容。

汉文帝看周勃答不出来，就问左丞相陈平：“陈丞相，那你说呢？”陈平不慌不忙地回答说：“陛下要问被判刑的人数，我可以去找廷尉，要问钱粮的出入，我可以找治粟内史，他们会告诉您详细的数字。”

汉文帝听了有些不高兴，脸色沉下来说道：“既然什么事都各有主管，那丞相是干什么吃的！”

陈平毫不犹豫地回答：“每个人的能力是有限的，不能事无巨细，每事躬亲。丞相的职责，上能辅佐皇帝，下能调理万事，对外能镇抚四夷、诸侯，对内能安定百姓。丞相还要管理大臣，使每个大臣能尽到自己的责任。”陈平回答得有条不紊，汉文帝听了觉得有道理，连连点头，露出满意的笑容。

站在一旁的周勃如释重负，十分佩服陈平能言善辩，辅政有方，深感自己只是个武夫，才干在陈平之下。为了国家百姓着想，还是应该让陈平当丞相。于是，周勃也假称有病，向汉文帝提出辞呈。

汉文帝非常理解周勃的心情，批准周勃的辞呈，任命陈平为丞相（不再设左右丞相）。陈平辅佐汉文帝，励精图治，促成了中国历史上的第一个盛世：文景之治。

陈平和周勃两位老臣都是汉朝开国元老，却不摆“老资格”，反而能够做到互让相位。他们不为己利，从国家社稷着想，谦虚相让，很值得今人学习。

很多时候，资历不能说明任何问题，虽然中国有着按资排辈的传统，但是，资历其实并不能够服人。与其要老资格来让人厌烦，不如放下所谓的资历，既能保身，又能赢得尊重。

功遂身退，功业才能长久

《老子》中曾说道：“功遂身退，天之道也。”在老子看了，一旦功成，就让出自己的功劳，退出名利场是合乎天道的，如果不肯放手，不懂得“让位”的学问，则是逆天道而行，很有可能轻则身败名裂，重则身死名灭。

自古以来，懂得其中深意的人不在少数，但在权力的诱惑下，没有几个人能够全身而退。因此，能够进退自如的人就成了“非正常”的人，他们在功成身退中表现出来的品格就成了后世赞美的对象。这样的人历史上倒也有不少，比如范蠡。

越王勾践之所以能灭吴复国，这其中起了关键作用的是他的两大功臣：一个是范蠡，一个是文种。范蠡辅佐勾践二十多年，灭掉吴国后却上书请辞。他对勾践说：“过去大王受辱，臣不敢言退。今日大仇已报，臣不敢居功享乐。”勾践十分不解，劝他说：“你遍历辛苦，难道不想有快乐的这一天吗？现在你功高位尊，无所忧患，正是尽享富贵的时候，为何轻言放弃呢？”

范蠡搪塞掩饰，不肯正面回答，他只对家人说：“盛名之下，其实难久；人不知止，其祸必生。勾践可与共患难，难与同安乐，这样的君主岂能轻信？”

他的家人不想逃难，也不相信范蠡的判断，他们说：“以你的功劳和大王的交情，还有什么可担心的？富贵得来不易，眼下正是再进一步的时候，机不可失啊。”

范蠡自信无失，长叹说：“人的一念之差，往往决定着一生的生死福祸。若为贪念所系，不加约束，祸发之日再想收手，就悔之不及了。何况远离官场，无争无斗，自得其乐，这才是真正的人生归宿，又有什么不好呢？”

于是他带着家人从海路逃到齐国，改名换姓，自称鸱夷子皮，在海边耕田，再创家业。他出逃之后，曾给文种送来一封信说：“飞鸟尽，良弓藏；狡兔死，走狗烹。越王为人长颈鸟喙，可以共患难，不可与共乐。子何不去？”文种觉得范蠡太多心了，不过，从此以后他也不大过问国事了，终日称病在家。不过他终究没有躲过越王的猜忌，伏剑自尽。

范蠡是一个非常有智慧的人，他经营有方，加之苦心不懈，没多久，就积累了数十万家产，富甲一方。齐王听说了他的才能，深以为奇，便任他为相。面对这突如其来的殊荣，范蠡的想法却出乎所有人的意料，他忧心说：“治家能积累千金，居官能升至将相，这是平民百姓所能达到的最高位置了。至此若不思退，不用理智制止放纵之念，凶险马上就会降临。”于是他退回了相印，决定散尽家财远走。他的家人苦劝不止，又说：“有官不做，我们无话可说，可散尽家财就不可理喻了。这是我们辛劳所得，不贪不占，为何要白白送给别人呢？”

范蠡开口说：“官高招怨，财多招忌，这都是惹祸的根苗。人贫我富，人无我有，若只取不施，为富不仁，钱财再多也无益，不如放弃！”

他把家财分给好友和乡亲，自带一些珍宝来到陶邑，隐居下来。

初到陶邑，范蠡自觉无比快乐自在。时间一长，他不甘清闲，又思治业大计。他的家人埋怨他说：“人人思富，个个求财，你富不珍惜，认为钱财无用，今日何必再提此事？钱财有那么好赚吗？”

范蠡轻松一笑说：“穷富之别，在乎心也。只要有心，钱财取之何难？”

范蠡在陶邑以经商为业，求取利润。范蠡的经商谋略也是超群的，他采用“贱取如珠玉，贵出如粪土”的方法，买贱卖贵，有进有止，遵循“积贮之理”，没用多久就又积聚了巨万资财，成了当地首富。

后来，范蠡又散尽家财，周济贫困的乡党故旧，为此他表白说：“在我看来，经商是一种乐趣，在求取金钱上不该贪得无厌。钱财乃身外之物，不过分看重它才能得到它，此中真谛非守财者所能悟出。它让人受益无穷啊！”

范蠡就是中国历史上有名的陶朱公，被后世尊为财神。

清代诗人徐公修曾写诗赞范蠡：“两国甘心抛相印，五湖浪迹泛扁舟。铸金故主空摹象，凤举鸿冥不可留。”范蠡在名利面前，始终保持着清醒的头脑，进退自如，懂得及时舍弃荣华富贵，具有大智慧。

俗话说：“飞鸟尽，良弓藏；狡兔死，走狗烹。”自古辅佐他人成就一番事业者，不少都会落得这一悲惨的下场。只有懂得身在高位急流勇退的道理，才能够远离灾祸，保全自身。

人往高处走，水往低处流，一个上进的人一定是不断追求成功的人。然而，花太盛易衰，人太强容易遭忌，特别是在领导身边，功高盖主，其功也是过。因此，与其等着主子卸磨杀驴，不如学着谦恭礼让，自己先明智退隐。但是正如《红楼梦》中所说：“世人都晓神仙好，唯有功名忘不了！”一旦功名在手，谁又能舍得“让”出去呢？甚至还想“百尺竿头更进一步”。可惜多走一步就是从“竿头”摔下，顷刻间摔得粉身碎骨。

身在高位，当学范蠡，头脑清晰，适时退隐。让出功劳权势，保住身家性命。

人生在妥协中逐步推进

一个人一生中做得最多的事恐怕就是妥协，妥协是现实人生的一个事实。

人生就是一个不断的妥协，人生就是一个巨大的妥协；人际关更是一种妥协，一种没有商榷余地的妥协。可是，虽然人们无时不在使用它，但人们对它的“官名”——妥协，却不太熟悉，不知道，知道了也不爱承认它。年轻气盛时，更不愿正视妥协，以妥协为耻。殊不知妥协不仅是现实人生的一个铁的事实，是一种理性，一种策略，更一种绝高的社交智慧。如果我们认为发展是硬道理，那么，妥协便是发展的硬道理。

19世纪中期的美国，在木材行业中，经营规模很大而又获得成功者却为数很少，其中经营得最好的莫过于费雷德里克·韦尔豪泽。

1876年，韦尔豪泽意识到，如果没有伐木的权利，木业公司就会衰落，于是他就开始实行一个大规模购买林地的计划，他从康奈尔大学买进5万英亩土地，后来继续买进大量土地，到1879年，他管辖的土地大约有30万英亩。而正在此时，一个重要的木业公司——密西西比河木业公司吸引了韦尔豪泽的兴趣。该公司具有很多的土地及良好的木材，由于经营者方法不对，导致公司效益不好。于是韦尔豪泽决心收购该公司。在经过双方的接触后，双方同意促成这个买卖。

在收购该公司的价钱上，双方展开了一场激烈的谈判。按该公司的要求，要价为400万美元，而韦尔豪泽则千方百计想把价钱压得低一点。于是他派了一名助手直接与该公司谈判，要求只给200万美元，态度异常坚决，并大讲道理。在经过双方的激烈争执后，韦尔豪泽闪亮登场，以一个中间人的身份出现，建议二者都作出一些让步，并提出自己的方案，声明：若就此方案也达不成协议，你们不必继续谈判。卖方正在苦恼之时，见有些“松动的”迹象，自是欣喜。这样，只作了小的修改即达成协议，而买方所得的条件也比原来料想的好得多，最终以250万美元成交。

他的“妥协”收到的效果是显而易见。从此，韦尔豪泽的事业如虎添翼，20世纪初，韦尔豪泽通过对木材业的各方面的控制，使他的公司发展成为一个强大的木材帝国。

妥协与让步在谈判中是一种常见现象。妥协与让步不是出卖自己的利益，而是为了获得更大利益放弃小利益，可见妥协与让步应该是必要的。但是，妥协与让步也要讲究原则与心度。

不要过早妥协与让步。太早，会助长对方的气焰。待对方等得将要失去信心时，你再考虑让步。在这个时候作出哪怕一点点的让步，都会刺激对方对谈判的期望值。

你率先在次要议题上作出妥协与让步，促使对方在主要议题上作出让步。

在没有损失或损失很小的情况下，可考虑妥协与让步。但每次让步，都要有所收获，且收获要远远大于让步。

让步时要头脑清醒。知道哪些可让，哪些绝对不能让，不要因妥协与让步而乱了阵脚。每次让步都有可能损失一大笔钱，应掌握让步艺术，减少你的损失。

每次以小幅度妥协与让步，获利较多。如果让步的幅度一下子很大，并不见得使对方完全满意。相反，他见你一下子作出那么大的让步，也许会提出更多的要求。

有时候，妥协还可以保住性命。大家都听过“杯酒释兵权”的故事。

宋太祖匡胤黄袍加身建立北宋后，为防止被人夺权，就在一次宴席上对昔日帮他打下江山的功臣们说：“以前的日子里多好！白天厮杀，夜晚倒头就睡。哪像现在这样，夜夜睡觉不得安宁！”众兄弟一听，关心地问：“怎么睡不安稳？”赵匡胤说：“这不明摆着吗，咱们是把兄弟，我这个位子谁也该坐，而又有谁不想坐呢？”大家面面相觑，感到了事态严重。赵匡胤说：“你们虽然不敢，可难保手下人不这么想。一旦黄袍加在你们身上，就由不得你们了。”大家一听，明白赵匡胤已在猜忌大伙了，吓得在地上叩头不敢起身，求赵匡胤想个办法。赵匡胤说：“人生短暂，大家跟我苦了半辈子，不如多领点钱，回家过个太平日子，那多幸福。”大家忙点头答应。

第二天，旧日的那些功臣们一个个请求告老还乡，交出兵权，领到一批钱回家去了。

在日常生活中，学会适当妥协，可以让你避免许多麻烦。

美国心理学家卡耐基常常带一只叫雷斯的小猎狗到公园散步。他们在公园里很少碰到人，再加上这条狗友善而不伤人，所以，他常常不给雷斯系狗链或戴口罩。

有一天，他们在公园遇见一位骑马的警察。警察严厉地说：“你为什么让你的狗跑来跑去而不给它系上链子或戴上口罩？你难道不知道这是犯法吗？”

“是的，我知道。”卡耐基低声地说，“不过，我认为他不至于在这儿咬人。”

“你不认为，你不认为！法律是不管你怎么认为的。它可能在这里咬死松鼠，或咬伤小孩。这次我不追究，假如下次再被我碰上，你就必须跟法官解释了。”

可是，雷斯不喜欢戴口罩，卡耐基也不喜欢它那样。一天下午，他和雷斯正在一座小山坡上赛跑，突然，他看见那个警察正骑在一匹红棕色的马上。

卡耐基想，这下栽了！他决定不等警察开口就先发制人。他说：“先生，这下你当场逮到我了。我有罪。你上星期警告过我，若是再带小狗出来而不替它戴口罩，你就要罚我。”

“好说，好说，”警察回答的声调很柔和，“我知道在没人的时候，谁都忍不住要带这样的小狗出来溜达。”

“的确忍不住，”卡耐基说道，“但这是违法的。”

“哦，你大概把事情看得太严重了。”警察说，“我们这样吧，你只要让它跑过小山，到我看不到的地方，事情就算了。”他主动妥协让卡耐基逃过了责罚。

人们往往只强调毫不妥协的精神，事实上，学会妥协，在人际交往中十分重要。

人们要正视这个事实，学会妥协的睿智和技巧。事实上，人生极需要这种技巧、智慧和策略。在低调对待的妥协社交中，人们才会有双赢的可能，人们也才会避免两败俱伤的结果。学会妥协，是人生的大学问。其实妥协，就是以退为进的智谋。古人很懂这个道理，他们总是以表面上的退让、割舍和失败来换取对方的利益认可，从而在根本上保证了自己更长远或更大方面的利益。

因此，对于蛮横的人，不要去和他斤斤计较，就让他一步，自己吃点亏，有了这种度量的人肯定会快乐，人际交往也会很顺利。

邓绥是东汉和帝刘肇的皇后。她自幼性格柔顺，5岁的时候，有一次，祖母为她剪发，由于老眼昏花，不小心将她的额头碰破，邓绥强忍着疼痛，一声不吭，别人问她：“你不知道疼吗？”邓绥答：“不是不知道疼痛。祖母疼爱我，我若喊痛，就会伤她老人家的心，所以我忍住了。”这件事反映出邓绥是个很厚道的人。

邓绥被选入宫，成为和帝的贵人。第二年，另一个贵人阴氏身为贵戚被立为皇后，从此，邓绥格外谦卑小心，一举一动皆遵法度，对待与自己同等身份的人，邓绥常常克己下之，即使是宫人隶役，她也不摆主子的谱。有一次，邓绥得了病。当时宫禁甚严，外人不能轻易进宫，和帝特别恩准邓绥的母亲兄弟进宫照顾，并且不做时间上的限制。邓绥知道后，便对和帝说：“宫廷禁地，对外人限制极严，而让妾亲久留宫内很不合适，人家会说陛下私爱臣妾而不顾宫禁，也会说我受陛下恩宠而不知足，这对陛下和臣妾都没有好处，我真不愿意您这样做。”和帝听后非常感动，说：“别的贵人都以家人多次进宫为荣，只有邓贵人以此为忧，这种委屈自己的做法是别人比不了的。”从此对邓绥更加宠爱了。

邓绥得到和帝越来越多的宠爱，不但没有骄傲，反而更加谦卑。她知道阴氏的脾气，也隐隐约约感到阴氏对她的忌恨，所以对阴氏更加谦恭，每次皇帝举行宴会，别的嫔妃贵人都竞相打扮，只有邓绥独穿素服，丝毫没有装饰。当她发现自己所穿的衣服颜色有时和阴氏相同时，立即就会更换。若与阴氏同时晋见，从不敢正坐。和帝每次提问，邓绥总是让阴氏先说，从不抢她的话头。

邓绥以自己的谦恭进一步赢得了和帝的好感，也反衬出皇后阴氏的骄横。面对邓绥的地位一天比一天高，自己一天天的失宠，阴氏十分恼怒。后来，阴氏制造巫蛊之术，企图置邓绥于死地，不料阴谋败露，阴氏被幽禁，后忧愤而死。

阴氏死后，和帝有意立邓绥为皇后，邓绥知道后，自称有病，深处宫中不露面，以示辞让。这下反而坚定了和帝立后的决心，他说：“皇后之尊，与朕同体，上承宗庙，下为天下之母，只有邓贵人这样有德之人才可承当。”邓绥最终被立为皇后。

邓绥以谦让的态度赢得和帝的宠爱，当上了皇后，而阴氏骄横，吃不得眼前之亏，结果却是失宠、愤忿而死。从这一成败之间，我们不难看出谦让为怀者的智慧。

二十一
反躬自问，责人之前先责己

学会“心生惭愧”

1936年的正月，弘一法师去南普陀寺养病。大家来探望法师时，注意到床头有一只钟，比其他的钟总要慢两刻，有人关切地说：“法师，这只钟不准，重新调一调吧。”法师微笑着说：“这是草庵钟。”

难道天下的钟表还有什么不同么？大家看着这个“草庵钟”感到十分困惑。原来，弘一法师曾大病了一场，在草庵住了一个多月。这只摆在床头的钟，就是以草庵的钟为标准的。而草庵的钟，总比一般的钟要慢两刻。

后来法师虽然搬到南普陀来养病，但是并没有把钟表调快，还是比正常的钟慢两刻，所以法师专门把这只钟命名为“草庵钟”。每次法师看到这个钟，就想在草庵生大病的情形了，于是发大惭愧，惭愧自己德薄业重。

即使是严格持戒如法师，也会认为自己做得不好，心生惭愧！可见，人人都会犯错误，只是有人犯得多，有人犯得少；有人会反省，有人却习惯于麻木的状态。

法师对生活中的过失不止一次地表示惭愧的心情。在南普陀养正院的演讲中，法师说：

“如是在泉州住了两个月以后，又到惠安到厦门到漳州，都是继续前稿；除了利养，还是名闻，除了名闻，还是利养。日常生活，总不在名闻利养之外，虽在瑞竹岩住了两个月，稍少闲静，但是不久，又到祈保亭冒充善知识，受了许多的善男信女的礼拜供养，可以说是惭愧已极了。

“九月又到安海，住了一个月，十分热闹。近来再到泉州，虽然时常起一种恐惧厌离的心，但是仍不免向这一条名闻利养的路上前进。可是近来也有件可庆幸的事，因为我近来得到永春十五岁小孩子的一封信。他劝我以后不可常常宴会，要养静用功；信中又说起他近来的生活，如吟诗、赏月、看花、静坐等，洋洋千言的一封信。啊！他是一个十五岁的小孩子，竟有如此高尚的思想，正当的见解；我看到他这一封信，真是惭愧万分了。我自从得到他的信以后，就以十分坚决的心，谢绝宴会，虽然得罪了别人，也不管他，这个也可算是近来一件可庆幸的事了。”

这是多么严苟的自责与自省。世人掩饰自己的错误还来不及，有谁能这么坦诚地面对自己，甚至敢当着自己的后辈们真诚地忏悔？更可贵的是，年过半百的法师，竟会听取一位十五岁少年的意见，虚心改过，使自己的修行日臻圆满。

常惭愧、常自省，才能常进步。弘一法师能从佛学的路上越走越远，修为越来越深，与其虚心的品格是分不开的。

无论是学佛修行，还是工作生活，都应该正视自己的不足。唯有认识到自己的不足，才能够使自己更完美，由此使生活更完美。

一个老总讲过一个故事，说他曾经正式招聘过一位员工，但没想到，还不到半个月时间，他就不得不把她辞退了。

那位员工是一位刚毕业的女大学生，学识不错，形象也很好，但有一个明显的毛病：做事不认真，遇到问题总是找借口搪塞。

刚开始上班时大家对她印象还不错。但没过几天，她就开始迟到，办公室领导几次向她提出，她总是找这样或那样的借口来解释。

一天，领导安排她到北京大学送材料，要跑三个地方，结果她仅仅跑了一个就回来了。领导问她怎么回事，她解释说：“北大好大啊。我都在传达室问了几次，才问到一个地方。”老总生气了：“这三个单位都是北大著名的单位，你跑了一下午，怎么会只找到这一个单位呢？”

她急着辩解：“我真的去找了，不信你去问传达室的人！”

老总心里更有气了：我去问传达室干什么？你自己没有找到单位，还叫老总去核实，这是什么话？

其他员工也好心地帮她出主意：你可以找北大的总机问问三个单位的电话，然后分别联系，问好具体怎么走再去；

你不是找到了其中的一个单位吗？你可以向他们询问其他两家怎么走；

你还可以在进去之后，问老师和学生……

谁知她一点也不理会同事的好心，反而气鼓鼓地说：“反正我已经尽力了……”

就在这一瞬间，老总下了辞退她的决心：既然这已经是你尽力之后达到的水平，想必你也不会有更高的水平了。那么只好请你离开公司了！

这个女孩在工作时，并没有意识到自己的工作方法有问题，对大家善意的提点也充耳不闻，最终失去了这份工作。没有人是完美的，没有人能保证自己没错。工作不能完成的事实摆在眼前，为什么不试着去反省自己做错了什么、及时改过？女孩完全可以认识到自己的不足，把工作做好，遗憾的是，她没有给自己反省的机会，老板也就没给她工作的机会。

可见，一颗时时自省、时时惭愧的心，如一盏警示灯，时刻保证我们人生航路的平稳安全。不要觉得麻烦，不要觉得不好意思，有错误就反省，有失误就弥补，这是学佛者的佛道，也是为人者的人道。

最大的失败是“永不言败”

在现实生活中，每个人都会犯错，这个道理大家都知道。你犯了错误，这其实并不是一件大不了的事情，但是，最大的错误在于总是有人不肯承认自己的错误，“永不言败”才是真正的失败。

我们是希望别人能够承认自己的错误并且加以改正。可是错误一旦发生在自己身上，很多人就会嘀咕：难道要我承认自己错了？于是很多时候，人们不愿意承认自己犯了错误。

也正是这一点造成了人与人之间的交往障碍，因为每个人都坚持自己是对的，而当两个对立观点都被各自坚持正确的时候，争斗就产生了，于是留下了埋怨、不满和争执，甚至影响人际往来。他们不知道，有时候，真诚地接受别人的意见，大胆承认自己的不足，反而会取得更大的成功。

一个人能够接受自己的错误和失败，诚恳地接受别人的意见，就等于能够时时更正自己的错误，矫正自己的失败。

这样的人才能成大器。相反，一个人永不言败，从来不肯承认失败，那么失败就离他越来越近了。

所以，最大的失败，就是永不言败。人们总是把犯错误看作是某种失败，不愿面对，殊不知，不肯承认失败比失败本身更加糟糕，因为你因此失去了一次从失败走向成功的机会。

其实，若能把失败当成人生必修的功课，我们会发现大部分的失败都会给我们带来一些意想不到的好处。

确实，没有人喜欢失败，因为失败大多是一些痛苦的经验，甚至让美丽的人生受到重创。

可是，一生顺利未曾犯过错误、未尝过失败滋味的人，恐怕是少之又少。每个人或多或少都经历过失败，只是程度轻重的差别而已。重要的是，如果能够从错误和失败当中汲取教训，那么，失败也将是一笔可贵的财产。

然而，人们对于自己的主张或行为，常常抱着绝不改变的态度。当然，如果你的主张或行为，确实是毫无错误的，你抱着这种态度，可说是有益无害。但是世上千千万万的人中，谁敢担保自己就从来没有犯错、没有失败过？

所以，如果你想要坚持某件事情的时候，一定要先想一想：你坚持的真的是绝对正确的吗？还是你只是在“保全面子”而已？如果你经过仔细思量后，觉得自己的坚持有愧于“绝对”二字，那么请你赶快把你的坚持撤销，因为“保全面子”最易使人丧失理智。

美国总统西奥多·罗斯福1912年在新泽西州的一个小镇的集会上发表总统竞选演说时，提到了他认为女性也应当踊跃参加选举时，听众中忽然有人大声喊道：“先生！这句话和你五年前的意见不是大相径庭了吗？”罗斯福立刻很聪明地回答道：“可不是吗，五年前我确实另有一种主张的，但我现在已经知道，那时候我的主张是错误的。”

罗斯福的这几句话说得非常简短，甚至没有使用“但是”、“假使”这些遮遮掩掩的词汇，他的话语中只有坦白、忠实、诚恳、亲切，也正是罗斯福这样的回答，赢得了听众的高度认可。

坦然承认自己的不足，毫无怨怼地接受别人的责问，这确实是一种能够掌控局面的睿智。尤其是在上级对下级的时候，更要注意这一点。

有许多上级在下达命令的时候常常会显得十分坚定而不可动摇。当然，这样做有这样做的好处，那就是你的坚决命令能够让下属没有回旋的余地。因为有许多下属，往往只有一个简单的头脑，他们对于你的意见根本没有改善的能力，却常爱借改善的名目来取巧偷懒。你坚决的主张能够杜绝他们来钻空子。但是，即使如此，你也别因此就相信自己是绝对正确的了。换句话说，只可以坚决使下属服从，却不可以因此欺骗下属。如果事后发现主张有了错误，仍应尽快设法将它更正，这样做并不会让你的权威有丝毫的动摇。

丹诺先生是纽约《太阳时报》的专栏主笔，他在读稿的时候有一个习惯，就是喜欢把自己认为重要的几段用红笔勾出，以提醒排校人员“切勿将它遗漏”。有一天，他在稿件上用红笔勾出了这样一段话：“本报读者雷维特先生送给我们一个很大的苹果，在那通红美丽的皮上露出一排白色的字，仔细一看，原来是我们主笔的名字。这真是一个人工栽培的奇迹！试想，一个完整无缺的苹果皮上，怎样会露出这样整齐光泽的字迹呢？我们感到万分惊奇，想不明白为什么苹果上会出现这样的奇迹。”

幸好，校对这个稿件的那个年轻的校对员是一个常识丰富的人，他读了这段文字不禁好笑起来。因为他知道要在这些苹果皮上搞出字迹是一件非常容易的事情，只要趁苹果还呈青色时，用纸剪成字形贴在上面，等苹果发育红时，将纸揭去，字迹就会留在苹果上了。这根本是个小朋友的恶作剧而已。

所以，这位年轻的校对员就觉得一旦这段文字登了出来，必将被知情的人嘲笑，说他们的主笔竟会愚蠢到这个地步，居然把这种小把戏当作“奇迹”。想到这里，他便大胆地将这段文字删掉了。

第二天一早，丹诺先生看了报纸，立刻气呼呼地走来，向他问道：“昨天稿中有一篇我用红笔勾出的关于‘奇异苹果’的文章，为什么不见登出？”

那位校对员看到主笔如此怒气冲冲，连忙诚惶诚恐地说明自己的理由，丹诺先生听了之后立刻转怒为喜，十分诚挚和蔼地对他说：“你做得很好，这确实是我孤陋寡闻了。”

在这件事上，丹诺先生充分显示了他并不是一味胡乱坚持己见的人，而是一个善于接受他人正确建议的大度之人。

懂得接受失败和错误的人也懂得人生是无止境的，知识是无止境的，事业是无止境的，因而才能做到知之为知之，不知为不知，海不辞水成其大，山不辞石成其高。虚心才能有容，有容方能成器：一个人能够虚心求教，诚恳地接受别人的意见，正视自己的失败，他就能够避免再一次失败。

慎独，做自己的审判官

“慎独”二字，顾名思义，“慎”其“独”者也。《礼记·中庸》上说：“莫见乎隐，莫显乎微，故君子慎其独者也。”《礼记·大学》中说：“小人闲居，为不善，无所不至。”也是说在独处独居的时候要能够“独行不愧影，独寝不愧衾”。曾子“吾日三省吾身”同样具有慎其独处的含义。

所谓“慎独”，汉代经学大师郑玄的解释是：“慎独者，慎其闭居之所为。”也就是在一个人的时候，仍然按照道德原则行事，不做任何有损道德品质的事。

古希腊哲学家德谟克利特也说：“要留心，即使当你独自一人时，也不要说坏话或做坏事，而要学会在你自己面前比在别人面前更知耻。”

金无足赤，人无完人。人活在世上，谁都难免有这样或那样的缺点和错误，谁都难免有丑陋的一面。罗曼·罗兰说：“在你要战胜外来的敌人之前，先得战胜你自己内在的敌人；你不必害怕沉沦与堕落，只请你能不断地自拔与更新。”

每一种才能都有与之相对应的缺陷，如果不克服这种缺陷，这种才能就不能得到很好的发挥。一般来说，克服这种缺陷有很多方法，最重要的就是多加小心。应该看准究竟是什么样的缺陷，死死地盯住，就像你的对手寻找你的毛病那样。要充分发挥自己的才能，就必须学会“三省吾身”，克服自己主要的缺陷。主要的缺陷被克服了，其他的不足就会很快克服。

有的时候看不见的，并不代表不存在。

君子的高贵品质往往在于其严于律己，尤其是在独处的时候。《咸宁县志》记载了“不畏人知畏己知”的故事。

清雍正年间，有个叫叶存仁的人，先后在淮阳、浙江、安徽、河南等地做官，历时30余载，毫不苟取。一次，在他离任时，僚属们派船送行，然而船只迟迟不启程，直到明月高挂才见划来一叶小舟。原来是僚属为他送来临别馈赠，为避人耳目，特地深夜送来。他们以为叶存仁平时不收受礼物，是怕别人知晓出麻烦，而此刻夜深人静，四周无人，肯定会收下。叶存仁看到这番情景，便叫随从备好文房四宝，即兴书诗一首，诗云：“月白清风夜半时，扁舟相送故迟迟。感君情重还君赠，不畏人知畏己知。”接着，将礼物“完璧归赵”了。

孔子说：“躬身厚而薄责于人，则远怨矣。”意思是多责备自己，少责备别人，怨恨就不会来了。

《三国演义》第六十二回中，写了庞统辅佐刘备进军西川时出现的一段小插曲：刘备设宴劳军，酒酣之际，刘、庞言语不和，刘备发怒，责问并驱赶庞统：“汝言何不合道理？可速退！”夜半酒醒，刘备想起自己所说的话，大悔，次早穿衣升堂，请庞统谢罪曰：“昨日酒醉，言语触犯，幸勿挂怀。”庞统谈笑自若。刘备曰：“昨日之言，惟吾有失。”庞统曰：“君臣俱失，何独主公。”刘备亦大笑，其乐如初。

本来，酒醉失言，虽然不好，但也算不得什么大错。刘备事后却一再自责，这是他自省的结果。

正直的人不会将错误掩盖，也绝不会打肿脸充胖子，他们会时时反省，不断自我完善。

反省是一种心理活动的反刍与回馈。它是把当局者变成一个旁观者，他自己把自己变成一个审视的对象，站在另外一个人的立场、角度来观察自己，评判自己。

《中庸·天命章》里有这样的话：在幽暗的地方，大家不曾见到隐藏着的事端，我的心里已显著地体察到了。当细微的事情，大家不曾察觉的时候，我的心中已显现出来了。所以君子独处的时候更加要谨慎小心，不使不正当的欲望潜滋暗长。

一个人是否具有反省能力对其为人很重要。反省可以改变一个人的命运和机缘。它在任何人身上，都会发生大效用。因为反省所带来的不只是智慧，更是夜以继日的精进态度和前所未有的干劲。当你克服了你的主要缺陷，你就会成为一个更强大的人。

孔子说：“见贤思齐焉，见不贤而自省也。”意思是遇到品德高尚的人便要向他看齐；看见不贤的人，便要自省有没有同他类似的行为。孔子的学生曾子说：“吾日三省吾身——为人谋而不贵乎？与朋友交不信乎？传不习乎？”就是说：我每天多次反省自己这一天做过的事，是否尽心竭力了？同朋友交往，是否诚实了？教师教授的知识是否复习了？朱熹说：“日省其身，有则改之，无则加勉。”

在社会生活中，人与人之间免不了发生矛盾或产生隔阂。如果与邻居、同事或朋友闹了别扭，只去想对方的短处，会越想越觉得自己有理，越想越觉得委屈，因而越想越生气，关系必然越弄越僵。这时不妨多宽容他人，反省自己。如果“三省吾身”，找一下自己的缺欠，就不难获得解决问题的钥匙。

一个人有缺点和过失是难免的，只要改正，就会进步。但是，往往有这样的情况：自己对别人的缺点，哪怕很小，也看得很清楚；而对自己的毛病却不易看到，甚至有时把自己的短处误认为是自己的长处。一个人的缺点和过失，不仅有害于自己，也会影响到他人。发现自己的缺点和过失，除了虚心听取别人的忠告、接受别人的批评外，还要三省吾身，也就是经常自省，这是行之有效的好办法。

想了解别人，先审查自己

一个人只有进行自省，才能了解自己，对自己进行正确的认识和评价，也只有这样，才能扬长避短，驾驭情绪，让自己的人生道路少些坎坷，多些收获。

自省就是审视、反省自己，这是只有人类才能办到的事。

一般来说，自省心强的人都非常了解自己的优劣，因为他时时都在仔细检视自己。这种检视也叫作“自我观照”，其实质就是跳出自己的身体之外，从外面重新观看、审察自己的所作所为是否为最佳的选择。这样做就可以真切地了解自己，但审视自己时必须是坦率、无私的。

能够时时审视自己的人，一般都很少犯错，因为他们会时时考虑：我到底有多少力量？我能干多少事？我该干什么？我的缺点在哪里？为什么失败了或成功了？这样做就能轻而易举地找出自己的优点和缺点，为以后的行动打下基础。

一天，有一个年轻人在街角的小店借用电话。他用一条手帕盖着电话筒，然后说：“是王公馆吗？我是打电话来应征园丁的，我有很丰富的经验，相信一定可以胜任。”电话的接线生说：“先生，恐怕你弄错了，我家主人对现在聘用的园丁非常满意，主人说园丁是一位尽责、热心和勤奋的人，所以我们这儿并没有园丁的空缺。”

年轻人听罢，便有礼貌地说：“对不起，可能是我弄错了。”接着便挂了电话。小店的老板听了年轻人的话，便说：“年轻人，你想找园丁工作吗？我的亲戚正要请人，你有兴趣吗？”

年轻人说：“多谢你的好意，其实我就是王公馆的园丁。我刚才打的电话，是用来自我检查，确定自己的表现是否合乎主人的标准而已。”

可见，在工作中，只有不断自我反省，才能使自己不断进步。

现实生活中，的确有很多人都曾这样抱怨：“我每天都在拼命地工作，我一刻也没闲过，可如此努力为什么却总是不能成功？”

正如成功多是因内因起作用一样，失败也多是自己的缺点引起的。一个人必须懂得不断自我反省和自我总结，改正自己的错误才不会老在原处打转或再次被同一块石头绊倒；人只有通过“反省”，时时检讨自己，才可以走出失败的怪圈，走向成功的彼岸。

中外历史上许多杰出人物都曾进行过深入、细致、全面的自我分析。只有进行自省，才能了解自己，对自己进行正确的认识和评价，也只有这样，才能扬长避短，驾驭情绪，让自己的人生道路少些坎坷，多些收获。

自信而开朗的人会坦然地承认自己的缺点和优点。事实上，他们并不过多地关注自己。他们知道即使是那些最健康的个体，也有弱点和不足，所以，他们并不感到羞愧和内疚。他们按其本来面貌承认他们的天性，因为他们有面对现实的勇气。也正是这种勇气，让他们在不断的自省中正确地认识和评价自己，也袒露出他们真实的一面。

寻找真实的自己，寻找事情的真相，真诚地面对压力，不管是好的还是坏的。你思想中的自动引导系统能从否定的反馈资料中改变你行为的方向，它可认出错误，改正过来，并且确定行进的方向。承认你的错误与过失，但切勿为此而哭泣。矫正过错之后，你仍可以坦然地继续向前迈进。

从他人的眼中看自己

唐朝著名大臣魏徵的死讯传到李世民耳中时，李世民痛哭流涕地说“朕失去了一面镜子”。他人是我们的一面人生之镜，因为自我认识的时候难免带有个人主观色彩，这样的评价就会有失偏颇。苏东坡有句诗“不识庐山真面目，只缘身在此山中”，用在情商上面就是关于自我认识的局限性的问题。人之所以“不识庐山真面目”——不能正确、准确、精确识别自己，就是因为当局者迷。如何借助“旁观者清”的力量来剖析自己，是完善自我认识所必需的。

了解其他经常与你接触的人对你的评价，是一个人了解自己情绪的重要途径。你可以邀请父母或者其他经常与你在一起的人用一些形容词描述你的特点。

不过，他人对你的看法，是供你参考的。有时候，我们会发现来自他人的破坏性批评会对你有不利的影响，这时就需要你认真分辨，小心“巴奴姆效应”，不要让一些错误的评价影响你对自己的信心。

心理学家把人们乐于接受一种概括性性格描述的现象称为“巴奴姆效应”。你平时所了解的所谓“星座”与性格的预测，乃至各种“算命”的解释也就是利用了这种效应。

“巴奴姆效应”一方面揭示了我们的认知心理特点，另一方面也迎合了我们认识自己的欲望。

事实上，认识别人难，认识自己更难。

有一位漂亮的长发公主，自幼被巫婆关在一座高塔里，巫婆每天对她说：“你的样子丑极了，见到你的人都会害怕。”公主相信了巫婆的话，怕被别人嘲笑，不敢逃走。直到有一天一位王子经过塔下，赞叹公主貌美如仙，并救出了她。

其实，囚禁公主的不是什么高塔，也不是什么巫婆，而是公主认为“自己很丑”的错误认识。我们或许也正被他人所蒙蔽，比如父母、老师说你笨，没有前途，你也就相信了，其实这不正如那位公主吗?

有一个真实的故事，故事发生在非洲一个国家。这个国家的白人政府实施“种族隔离”政策，不允许黑人进入白人专用的公共场所。白人也不喜欢与黑人来往，认为他们是低贱的种族，避之唯恐不及。

有一天，一个长发的白人姑娘在沙滩上做日光浴，由于过度疲劳，她睡着了。当她醒来时，太阳已经下山了。此时，她觉得肚子饿，便走进沙滩附近的一家餐馆。

她推门而入，选了张靠窗的椅子坐下。她坐了约十五分钟，没有侍者前来招待她。她看着那些招待员都忙着招待比她来得还迟的顾客，对她则不屑一顾，她顿时怒气满腔，想走向前去责问那些招待员。

当她站起身来，正想向前时，眼前有一面大镜子。她看着镜中的自己，眼泪不由夺眶而出。原来，她已被太阳晒黑了。此时，她才真正体会到黑人被白人歧视的滋味!

那位白人姑娘能体会到被人歧视的滋味，在于通过“他人”的体验。尽管这个“他人”还是她自己，但由于身份的变换，使得她跳出了“当局者迷”的圈子，第一次真正意识到平时自己看不清的问题。

在曾担任微软全球副总裁的李开复给大学生的信中，有这么一件事情：

我的下属中有一个“自觉心”明显不足的人。他虽然有一些能力，但是他自视甚高，总是对自己目前的职位不满意，随时随地自吹自擂，总是不满现状。前一段时间，他认为我不识才，没有重用他，决定离开我的组，并期望在微软其他组中另谋高就。但是，他最终发现，自己不但找不到更好的工作，公司里的同事也都对他颇有微词，认为他缺少自知之明，期望和现实相距太远。最近，他沮丧地离开了公司。接替他职位的人，是一个能力很强，而且很有“自觉心”的人。虽然这个人在上一个职位工作时不很成功，但他理解自己升迁太快，愿意自降一级来做这份工作，以便打好基础。他现在的确做得很出色。

李开复对他的下属的评价，如果该下属能够有幸看到，那么他也就借助了李开复的力量，达到“旁观者清”，以便认识自己。

许多人看不清自身的缺陷与自私自利的品德，但也有的人恰恰相反，他看不到自身的优势和优秀的品质。

有一个女孩总是怀疑自己的能力，情绪显得自卑和胆怯。直到有一天她无意中听到别人评价她“很有能力，相当出色”，才恍然大悟，从此对自己多了一份自信。

在自我认识的时候，想做到客观、全面，就必须通过他人的眼睛观测自己，有则改之，无则加勉。但切忌不要完全依赖他们，这样会走进一个不够自我、没有主见的沼泽。

自责总比指责好

抢先承认自己的错误，比让别人批评要好，会让别人对你的感觉好得多，也有利于解决问题。如果错了就干脆先由自己承认，这种方法可产生意想不到的效果。

王修是一位广告设计师，他曾用这种方法得到一个极易动怒的雇主的理解。

王修在讲他这段故事时说：做广告图时，最要紧的是简明正确，有时不免发生些小错。我就知道有一位广告部主任，专喜欢在小地方挑毛病，我时常是不愉快地从他办公室走出来，不是因为他的批评，而是因为他攻击的地方不当。最近我抽空替他赶完一幅图，他来电话叫我去看他。到那儿果不出所料，他显得非常愤怒，已经准备好了要批评我一顿，我就想到用责备自己的方法来对付他，因此我便说：“先生，你所说的话不假，一定是我错了，而且这错是不可原谅的。我替你画画多年，应该知道如何才对，我觉得很惭愧。”

他立刻替我分辩说：“是的，你说得对。不过这并非大错，仅只……”我马上插嘴：“不论错大错小，都会产生不良后果，会使别人看了不高兴。”他打算插话，但我却不容他。我有生以来第一次批评自己，我很愿意这样做，就继续说道，“我实在应该小心，你给我的工作很多，你理应得到满意的东西，所以我想把这幅画再画一张。”

“不！不！”他坚决地说，“我不想太麻烦你。”他还夸奖我所作的画，表示只稍加修改就可以了；而且说这一点小错，亦不会使公司受损失。我急于批评自己，使他怒气全消。最后他邀我一起吃午饭，并开给我一张支票，委托我画一幅新的广告。

如果觉察到别人认为你办的什么事情或者说的什么话不好，想要给你指出来时，不妨抢在他前面承认错误，使他无话可说，还会令他宽宏大度，不再认真计较你的过错。

阿尔伯特·哈伯德是位与众不同的作家。他那尖刻的言辞常常引人发怒。可他具有化敌为友的非凡才华。例如，当气愤的读者写信表示不同意他的观点并在结尾写上侮辱他的语言时，他通常这样回信："您的信我已仔细拜读，我告诉您，我本人对自己的观点也不甚满意。昨天写下的东西今天不一定都喜欢。我非常高兴地了解到您对我所提问题的看法。您如有机会到我们这里来，请顺便到我家来共同探讨这个问题。"

任何傻瓜都会为自己的错误辩护，事实上亦只有傻瓜才如此做。肯认错的人能使他自己比别人高出一头，使人产生一种高贵的感觉。

美国阿拉巴马州的一个公司职员麦克，错误地核准付给一位请病假的员工全薪。在他发现这项错误之后，就告诉这位员工并且解释说必须纠正这项错误，他要在下次薪水支票中减去多付的薪水金额。这位员工说这样做会给他带来严重的财务问题，因此请求分期扣回多领的薪水。但这样麦克必须先获得他上级的核准。"我知道这样做，"麦克说，"一定会使老板大为不满。在我考虑如何以更好的方式来处理这种状况的时候，我了解到这一切的混乱都是我的错误，我必须在老板面前承认。"

于是，麦克找到老板，说了详情并承认了错误。老板听后大发脾气，先是指责人事部门和会计部门的疏忽，后又责怪办公室的另外两个同事。这期间，麦克则反复解释说这是他的错误，不干别人的事。最后老板看着他说："好吧，这是你的错误。现在把这个问题解决吧。"这项错误改正过来，没有给任何人带来麻烦。自那以后，老板就更加看重麦克了。

没有任何一个人是完美的，当将任务交到你手上的时候，你的上司或者老板其实在内心深处已经为接受你个别失误做好了思想准备。承认自己的错误没什么大不了，只要你敢于面对自己的错误，不仅可能会使你免受指责，你也可能因为坦诚而获得更大信任。

推己及人，智慧的原点

关于"仁"，孔子曾有自己的一番见解。孔子说："我没有看到一个真正爱好道德的人，讨厌一个不道德的人。"一个爱好"仁"道而有道德的人，其修养几乎无人可以比拟，如果讨厌不仁的人，看不起不仁的人，那么他还不能算是达到"仁"的境界。仁是指推己及人的精神，心胸宽大，包容万象，能够感化他人。

孔子也曾说过："己所不欲，勿施于人。"基督教的《圣经》中，耶稣也曾两次教导门徒以推己及人之道与别人交往："无论何事，你们愿意人怎样待你们，你们也要怎样待人，因为这就是律法和先知的道理。"在犹太教的经典《塔木德》中记载了一个故事，说一个非犹太人求名师希拉尔，请求他在这个人单脚独立的短暂时间之内，把全摩西五经教导给他。希拉尔便说："己所憎恶，勿施于人，其余都是注释。"

可见，同是一个推己及人的道理，却有两种不同的表达方式——正面的和反面的。儒家、犹太教强调反面的表达："己所不欲，勿施于人。"基督教则强调正面的表达："你们愿意人怎样待你们，你们也要怎样待人。"无论是怎样的表达，都可以看出推己及人是一条基本的道德原则。

佛祖释迦牟尼一次宣扬佛法时，在路上遇见一个非常不喜欢他的人，这个人一直跟在他身后不停地诽谤他。而释迦牟尼始终保持沉默，就这样过了几天，这个人还是不停地造谣中伤。

一天，释迦牟尼终于转过身来，平和地问道："一个人送礼物给另一个人，如果受礼者没有接受，那么，这件礼物属于谁呢？"那个人觉得这个问题很奇怪，但他仍然如实地回答："属于送礼者。"只见释迦牟尼点了点头说道："请带着属于你自己的东西回去吧。"

如果你给别人东西，最好想想对方或自己到底想不想要，如果连自己都不想要，那么你最好还是把这个东西拿回去。

推己及人，就是用自己的心思去推测别人的心思，设身处地地为别人着想，就是将心比心。

每个人在社会上都不是孤立的，周围有许多与自己共同学习、工作和生活的人，为使学习顺利、事业成功、生活幸福，人们都愿意建立良好的人际关系。而推己及人则是实现人际关系和睦、融洽的重要之道。要做到推己及人，首先要做到"己所不欲，勿施于人"，然后再进一步做到"己欲立而立人，己欲达而达人"。就是说，一个有仁德的人，自己想要站得住，同时也要帮助别人站得住，自己想要事事行得通，同时也要帮助别人事事行得通。真正做到己立、立人，己达、达人。

南宋诗人杨万里的妻子在古稀之年，每到天寒时，天不亮就早早起来，然后径直走进厨房，熟练地生火、烧水、煮粥。满满的一大锅粥要熬上很长时间，杨夫人每次都耐心地等着。清甜的粥香顺着热气渐渐充满了厨房，飘到了院子里。院子的另一边，仆人们伴着这熟悉的香气陆陆续续地起床，洗漱完毕后，来到厨房，并接过杨夫人盛起的满满一大碗热粥喝了起来。杨夫人的儿子杨东山看到母亲忙碌的身影，甚是心疼。一次，他劝母亲说："天气这么冷，您又何苦这么操劳呢？"杨夫人语重心长地说："他们虽是仆人，也是各自父母所牵挂的子女。现在天气这么冷，他们还要给我们家里做活。让他们喝些热粥，心中有些热气，这样干起活来才不会伤身体。"一席话说得儿子点头称赞。

杨夫人之所以能说出如此慈悲为怀的话，就是因为她是一个心地善良、懂得体贴与关怀的好人。她会设身处地体会别人的切身感受，所以能够为别人着想，既教育了儿子，也温暖了仆人们的心。

随着社会的不断进步和发展，人们的交往越来越密切，人际关系也越来越复杂。培养推己及人的美德，搞好人际关系则显得尤为重要。我们要以爱己之心来对待周围的人，无论做什么事，都要以自己的感受去体会别人的感受，以自己的处境去想象别人的处境，站在对方的立场上，将心比心，把别人当作自己来对待，设身处地为他人着想，才能收获真正的情义。

当然，并不是所有的事都要"己所欲"才施于人，推己及人也要有自己的"道"，按原则来遵循；毕竟不是所有于己有益的东西都适用于他人，当然也不是所有对他人有益的东西，别人都能接受。在他们不想接受时，绝不能以"这是为他们好"为由，强迫其接受，因为每个人都有自由选择的权利，如果侵犯这一权利，不是也掉进"己所不欲，勿施于人"的陷阱了吗？

二十二
不宽恕别人，是苦自己

以恕己之心恕人

穿梭于茫茫人海中，面对一个小小的过失，常常报以一个淡淡的微笑，带来包涵谅解，这是包容；在人的一生中，常常因一件小事、一句不注意的话，使人不理解或不被信任，但不要苛求任何人，以律人之心律己，以恕己之心恕人，这也是包容。所谓“己所不欲，勿施于人”也寓理于此。

在犹太人的《圣经》中有一则约瑟夫接纳他的哥哥的故事。

约瑟夫是雅各的第十一子，遭兄长嫉妒，在年少时被卖往埃及为奴，后来做了宰相。有一年因为饥荒，他的哥哥们到埃及来寻求食物，约瑟夫见到了兄长。当约瑟夫发现自己的哥哥们时，在众多仆人面前终于控制不住自己，他大声叫起来：“所有的人都走吧！”

众仆人都离开了，这时约瑟夫对哥哥们说：“我是约瑟夫，我的父亲还好吗？”他的哥哥们无法回答，一个个都目瞪口呆了。接着，约瑟夫又对哥哥们说：“走近些。”当他们走近，他说：“我是你们的兄弟约瑟夫，你们曾经把我卖到埃及。”兄长们还是不敢相信。但是，当他们明白一切都是真的时，他们看着眼前的弟弟如此威风、如此荣耀，更是吓得说不出话来了。但是，这时他们听到约瑟夫说：“现在，你们不要因为把我卖到这里而感到难过，或谴责自己，那是上帝为了救我的命把我早些送来的。老家发生饥荒已经两年了，接下来还有5年时间所有的土地将颗粒无收。上帝把我早些送过来，是为了让你们继续存活，以特殊的方式搭救你们的性命。所以是上帝而不是你们把我送到这儿来的，他使我成为法老的父亲，所有财产的主人，整个埃及的统治者。”

在约瑟夫的话中，他把自己的少年的苦难看成是上帝救自己的命的行为，其实是一种宽以待人、化敌为友的处世为人之道。

一个心中常想报复的人，其实自己活得也并不快乐。因为他的精力几乎全用在报复这件不愉快的事上了，而且就算成功他也会有种失落与悔恨交织的情感。《呼啸山庄》中的男主人公希斯克利夫先生，由于小时候受到其他人的嘲弄，发誓报复。当他回归山庄时便展开了一系列报复行动，最后许多人因此而痛苦地死去，但他那苍老的心却突然感到一种可怕的孤独，这就是对报复的报复。

既然我们都举目共望同样的星星，既然我们都是同一星球的旅伴，既然我们都生活在同一片蓝天下，那么就让我们忘记仇恨，好好享受生活吧。忘记仇恨就是快乐。人人都有痛苦，都有伤疤，经常去揭，会添新伤。学会忘却，生活才有阳光，才有欢乐。如果没有忘却，人无法快乐，只会淹没在对过去的懊悔、痛苦和对未来的恐惧、忧虑与烦恼之中，人的大脑与神经会因不堪重负而错乱，心也会被人生必经的一切坎坷啃噬，永远没有喘息的机会；如果没有忘却，人们可能会因为人与人之间的小摩擦而终生没有朋友、没有伴侣；如果没有忘却，那么我们除了在既没有多少记忆也不需要忘却的婴儿身上看到最天真的欢愉之外，不会再看到洋溢着幸福的脸。

忘记仇恨就是潇洒。宽厚待人，忘记仇恨，乃事业成功、家庭幸福美满之道。事事斤斤计较、患得患失，活得必然很累。法国19世纪的文学大师雨果曾说过这样一句话：“世界上最宽阔的是海洋，比海洋宽阔的是天空，比天空更宽阔的是人的胸怀。”人难得在滚滚红尘中走一遭，何必自寻那么多的烦恼呢？

宽容是一种美德，是保持心灵纯净必备的素质。我们对自己总是很宽容，为什么就不能对别人同样宽容呢？如果能够把对自己的宽容施加到别人身上，相信世界会因此而更美好。

在新西兰的一个度假村的大厅里，一个满脸歉意的工作人员正在安慰一个4岁的小孩，饱受惊吓的小孩已经哭得筋疲力尽。原来当天来的小孩特别多，由于工作人员一时疏忽，在儿童的网球课结束后，漏算了一个，将这个小孩留在了网球场。等工作人员发现人数不对时，才快跑到网球场，将那个小孩带回来。小孩因为一个人在偏远的网球场，十分害怕，哭得很伤心。

不久，孩子的妈妈来了，看见了自己哭得满脸泪痕的小孩。妈妈连忙安慰自己的孩子，并且很理性地告诉孩子：“已经没事了，那个姐姐因为找不到你而非常紧张，而且十分难过，她不是故意的，现在你必须亲亲那个姐姐的脸颊，安慰她一下。”乖巧的孩子踮起脚尖，亲了亲蹲在他身旁的工作人员的脸颊，并且轻轻地告诉她：“别害怕，已经没事了。”这位母亲成功地教会4岁的孩子，宽容别人的失误，给人以改正的机会。

宽容不是纵容，不是无原则的放纵。在邪恶、丑恶面前的退缩不是宽容，怜悯恶人也不是宽容而是亏负好人，宽容恶霸更是无异于欺压平民。宽容并不代表无能，更不是软弱的表现。处处宽容别人，绝不是怕事，也不是面对现实的无能为力、无可奈何，宽容是一种得体的淡泊，是一个人远见卓识、睿智、人格和心胸力量的体现。

理解之中见晴天

为了像人类一样聪明，森林里的动物们开办了一所学校。学生中有小鸡、小鸭、小鸟、小兔、小山羊、小松鼠等，学校为它们开设了唱歌、跳舞、跑步、爬山和游泳5门课程。第一天上跑步课，小兔兴奋地在体育场上跑了一个来回，并自豪地说：“我能做好我天生就喜欢做的事！”而看看其他小动物，有撅着嘴的，有沉着脸的。放学后，小兔回到家对妈妈说：“这个学校真棒！我太喜欢了。”第二天一大早，小兔蹦蹦跳跳来到学校，上课时老师宣布，今天上游泳课。只见小鸭兴奋地一下子跳进了水里，而天生恐水、不会游泳的小兔傻了眼，其他小动物更没了招。接下来，第三天是唱歌课，第四天是爬山课……学校里的每一门课程，小动物们总有喜欢和不喜欢的。

这个寓言故事诠释了一个哲理，那就是每一个人都是不同的个体，各有各的长处与短处，所以，我们的不同之处，我们一定要有一颗理解的心。

同时，正因为人与人之间有着许多的不同，所以大家的想法也不会一致，相互之间影响，得罪的事情往往会有发生，这个时候，就更需要理解和宽恕了

著名京剧表演艺术家梅兰芳先生是一位通情达理、善解人意的人，因此他受到许多人的尊敬，得到了“白玉无瑕”的美名。

抗战胜利后，在上海一家小报的广告中，出现了“艺人梅兰芳卖画”的字样，显然是有人在冒梅兰芳之名赚钱。对这种恶劣行为，梅兰芳的朋友们都十分气愤，纷纷准备去那家小报兴师问罪，并准备找出那个冒名者，狠狠教训他一通。

梅兰芳却劝阻了他们，他对朋友们说，这个冒名者想赚钱不假，但通过卖画来赚钱，想必也是有点本事的，估计也是个读书人，只不过命运不济罢了。

朋友们了解了一下冒名者的来历，果然同梅兰芳所预料的一样。

无独有偶，西班牙著名画家毕加索也有这样的宽大胸怀。

毕加索对冒充他作品的假画毫不在乎，从不追究，最多只是把伪造的签名除掉。有人不解地问他为什么这样，毕加索说：“作假画的人不是穷画家就是老朋友，我是西班牙人，不能和老朋友为难，穷画家朋友们的日子也不好过。再说，那些鉴定真迹的专家们也要吃饭，那些假画使许多人有饭吃，而我也没有吃亏，为什么要追究呢？”

梅兰芳和毕加索都是伟大的，都是宽厚的，正是他们的理解，才使许多人得以生存。他们没有因为理解、宽容别人而失去什么，反而让人更加敬重他们。

1863年1月8日，恩格斯怀着十分悲痛的心情，把妻子病逝的消息，写信告诉了马克思。过了两天，他收到了马克思的回信。信中的开头写道：“关于玛丽的噩耗使我感到意外，也极为震惊。”接着，笔锋一转，就说自己陷于怎样的困境。往后，也没有什么安慰的话。

“太不像话了！这么冷冰冰的态度，哪像20年的老朋友！”恩格斯看完信，越想越生气。过了几天，他给马克思去了一封信，发了一通火，最后干脆写上：“那就请便吧！”20年的友谊发生裂痕！看了恩格斯的信，马克思的心里像压了一块大石头那样沉重。他感到自己写那封信是个大错，而现在又不是马上能解释得清楚的时候。过了10天，他想老朋友冷静一些了，就写信认了错，解释了情况，表白了自己的心情。

退让、坦率和真诚，使友谊的裂痕弥合了，疙瘩解开了。恩格斯在接到马克思的来信后，以欢快的心情立即回了信，并附上汇款。他在信中说：“你最近的这封信已经把前一封信所留下的印象清除了，而且我感到高兴的是，我没有在失去玛丽的同时再失去自己最老的和最好的朋友。”

人与人之间最可贵的是站在对方的角度，换位思考。生活中，请让我们相信，每一个有坏处的人都有他值得同情和原谅的地方。一个人的过错，常常不是他一个人所造成的，对这些人多一些体谅吧，从对方的角度出发，你的宽容就可以温暖一颗失落的心，他们也会把温暖传递给他人。

理解是伟大的，它拉近了心与心之间的距离，增进了人与人之间的感情，避免了无意义的争端。理解是一座舒心桥，只有理解别人，才能得到别人的理解。理解既给别人带来快乐，也让自己免受烦恼之苦，可谓既利人又利己。

苛求他人，等于孤立自己

每个人都有可取的一面，也有不足的地方。与人相处，如果总是苛求十全十美，那么永远也交不到真心的朋友。在这一点上，曾国藩早就有了自己的见解，他曾经说过："概天下无无暇之才，无隙之交。大过改之，微暇涵之，则可。"意思是说，天下没有一点缺点也没有的人，没有一点缝隙也没有的朋友。有了大的错误，要能够改正，剩下小的缺陷，人们给予包容，就可以了。为此，曾国藩总是能够宽容别人，谅解别人。

当年，曾国藩在长沙读书，有一位同学性情暴躁，对人很不友善。因为曾国藩的书桌是靠近窗户的，他就说："教室里的光线都是从窗户射进来的，你的桌子放在了窗前，把光线挡住了，这让我们怎么读书？"他命令曾国藩把桌子搬开。曾国藩也不与他争辩，搬着书桌就去了角落里。

曾国藩喜欢夜读，每每到了深夜，还在用功。那位同学又看不惯了："这么晚了还不睡觉，打扰别人休息，别人第二天怎么上课啊？"曾国藩听了，不敢大声朗诵了，只在心里默读。一段时间之后，曾国藩中了举人，那人听了，就说："他把桌子搬到了角落，也把原本属于我的风水带去了角落，他是沾了我的光才考中举人的。"别人听他这么一说，都为曾国藩鸣不平，觉得那个同学欺人太甚。可是曾国藩毫不在意，还安慰别人说："他就是那样子的人，就让他说吧，我们不要与他计较。"

凡是成大事者，都有广阔的胸襟。他们在与别人相处的时候，不会计较别人的短处，而是以一颗平常心看待别人的长处，从中看到别人的优点，弥补自己的不足。如果眼睛只能看到别人的短处，那么这个人的眼里就只有不好和缺陷，而看不到别人美好的一面。

秦王李世民发动玄武门之变，杀死太子建成和齐王元吉。当天，唐高祖李渊下诏书大赦天下，并且把国家的权柄交给了李世民。

三天后，李渊把李世民册封为太子，同时下诏："自今军国庶事，事无大小，悉委皇太子断决，然后闻奏。"不久，高祖又下诏，正式传位给太子世民，自封太上皇。从此李世民当上了大唐帝国的第二位皇帝，是为唐太宗，次年改元"贞观"，中国历史迎来了"贞观之治"的新时期。

在李世民执政初期，李世民感觉到十分地孤立，局势并不容乐观。虽然建成、元吉在玄武门之变中被杀，但是他们两人以太子、齐王身份早就已经在宫廷多年，在朝廷内外和地方上都建立了相当庞大的势力网络，虽然他们死了，但原东宫、齐王的势力仍然存在，他们处于与新皇帝敌对的位置。如果不能解决掉这些不稳定因素，李世民的皇帝会做地如履薄冰。

刚一开始的时候，李世民对于东宫和齐王府的敌对势力态度是非常强硬的。他对这两大敌对势力实行高压政策，在玄武门之变的当天，就令部将把建成的四个儿子、元吉的五个儿子全部杀死，斩草除根，消除后患；又下令绝其属籍，家产全部抄没。李世民手下的一些部将甚至打算将建成、元吉左右百余人全部斩杀，对此李世民没有反对，而是以默许来表示赞同。

只有大将尉迟敬德对李世民的做法提出了坚决的反对，他力排众议，大声对李世民说："罪在二凶（即建成、元吉二人），他们既伏其诛，如果再连及支党，不是求得安定的良策！大王如果想得到人心，千万不可株连过多过广！"

尉迟敬德主张不扩大打击面，这对当时安定局面来说，确实是一条良策，因此李世民很快就醒悟过来，立即制止了部将滥杀无辜的建议，同时向高祖请求下诏天下，称"凶逆之罪，只止于建成、元吉二人，其余党徒，一概不问其罪"。

这一政策的改变果然立即收到成效。就在玄武门之变的第二天，曾率领东宫、府卫兵进攻玄武门秦王势力的建成心腹将领冯立和谢叔方就来向李世民自首请罪。

在招降东宫、齐王府余党的同时，李世民对其中的一些才干出众者更是另眼相看，将他们和秦王府臣僚同样重用，有的甚至引以为心腹。如被流放到崔州的原东宫属官韦挺，在召回之后，李世民授以谏议大夫之职，留在身边当自己的顾问，而对原太子洗马魏徵，李世民更是倾心相交，在对待原东宫属官中尤为突出。

在对原东宫、齐王府党徒实行宽容政策的基础上，李世民终于化解了敌对势力，还为自己网罗了一批文臣武将，为"贞观之治"的繁荣强盛奠定了人才基础。李世民礼葬太子建成，又从另一个方面体现了他的"宽心"谋略。

李世民杀建成，毕竟还是一场手足相残，所以，李世民刚即位不久，立刻下旨追封建成为息王，谥曰"隐"；元吉为海陵王，谥曰"刺"，一方面借谥号表明了玄武门之变的正义性，同时，也通过彰显李世民的仁爱之心而收罗了更多的人心。然后，李世民又下令以礼安葬隐太子建成，以皇子、赵王李福为建成的后嗣，亲自送建成棺柩到千秋殿西门，痛哭志哀。

与此同时，李世民又接受魏徵等东宫旧属的上表，允许原东宫和齐王府的属官前往送葬。李世民这一招运用得非常巧妙，因为魏徵等人的上表一方面肯定了建成的被杀是罪有应得，玄武门之变是正义之举；另一方面又从封建礼仪上论述了送葬的道理，认为这样做既不背人臣之礼，又有利于消除原东宫、齐王府臣属的仇恨情绪。

对此李世民当然乐意接受，于是原来十分激烈的秦王府与原东宫、齐王府势力之间的矛盾也借此机会得以消除，李世民也进一步取得了各位臣僚的忠心支持和拥护：正是依靠这种宽心策略，李世民在玄武门之变后不到一年的短短时间内，迅速缓解了原东宫、齐王府臣属对自己的仇视情绪，并且为自己取得了更多的支持。

苛求别人，就等于孤立了自己，能够宽恕他人，才能够得到他人真心的拥护，从而为自己获得更多的支持。

宽容信任胜过发号施令

有句古语，叫作"水至清则无鱼，人至察则无徒"。意思是说，水太清了就养不住鱼，为人太清正，则不能有许多人追随。从道德上来讲，为人必须清、正、廉、洁。但过分的清正，就变得刻板，不能对人持宽容厚道之心。对人不能持宽容厚道之心，也就不能容人，不能容人也就不能用人，不能得人之心。这是领导者培养忠诚下属不能忽视的一个重要细节。

人无完人，金无足赤。古往今来，大凡有见识、有能力，能够成就一番事业的人，往往有着与众不同的个性和特点，他们不仅优点突出，而且缺点也明显。一个领导者如果处人、用人过于清正，就会显得不讲情面，不通情理，不能宽容人的缺点。这样，处人、用人就会困难得多。一个令下属乐意追随的领导要有容人之量，尤其是政治家、军事家，更要有容人之量。俗话说“宰相肚里能行船”，行大事者不拘小节，就是这个意思。如果秋毫毕见，就容易让人觉得你难以相处，愿意跟随你、和你共事的人就会越来越少，孤掌难鸣，最终难成大事。

俗话说：看人要深，处人要浅；看人要清楚，处人要糊涂。讲的也是同样的道理。看人看得深，看得清楚，处人也就能浅、能糊涂。怕的则是看得浅、看得糊涂，处人、用人也就难免不浅、不糊涂，结果带来失误和后患。看人深，看得清楚，处人浅，处人糊涂一些，就是把握住大的原则，而不去纠缠于小节，对人的小缺点要宽容，对个人的性格独特的方面要给予理解。特别是那些有独特才能的人，其性格的特点也比较明显，要用这样的人，宽容、理解就是非常必要的。无宽容之心、理解之情，自然无法赢得这些人的追随，让他们尽情发挥作用，就显得很困难了。

这些道理，说起来都很简单，但为什么有些领导在看待自己下属的时候，就常横挑鼻子竖挑眼呢？其中的原因很复杂，但就其思想方法而言，主要在于不能辩证地分析看待人的优点和缺点、长处和短处，求全责备。

美国南北战争之始，林肯总统以为凭借北方在人力、物力、财力上的绝对优势，加之战争的正义性，短期内即可扑灭南方奴隶主军队的叛乱。于是，林肯总统按照他平时的用人原则——没有大缺点，先后任命了三四位德高望重的谦谦君子做北军的高级将领，想利用他们在人们心中的道德感召力，用正义之师战败南方奴隶主军队。但事与愿违，这些没有缺点的将领在战争中却很平庸，很快便被李将军统率的南方奴隶主军队一一击溃。

预想不到的败局，引起林肯总统的深思。他认真分析了对方的将领，从贾克森起，几乎没有一个不是满身都有大小缺点的人，但他们却具有善于带兵用兵、勇敢机智、剽悍凶猛等长处，而这些长处正是战争需要的素质。反观自己的将领，忠厚、谦和、处世谨慎，这些作为做人的品格是不错的，但在充满血腥的严酷战争中，却不足取。从这种分析出发，林肯力排众议，毅然起用格兰特将军为总司令。

命令一下，众皆哗然，都说格兰特好酒贪杯，难当大任。对此，林肯笑道：“如果我知道他喜欢喝什么酒，我倒应该送他几桶，让大家共享。”林肯知道北军将领中只有格兰特是能运筹帷幄的帅才，要用他的长处，就要容忍他的缺点，这是严酷的战争，不是教堂里的说教。因而当有人激烈反对时，林肯却坚定地说：“我只要格兰特。”后来的事实证明，格兰特的任命，成为美国南北战争的转折点，在格兰特的统帅下，北方军队节节取胜，终于扑灭了南方奴隶主集团的武装叛乱。

对林肯总统用人原则的前后变化，美国著名的管理学家杜拉克有一段精彩的评述，他说：“倘要所用的人没有短处，其结果至多只是一个平平凡凡的组织者。所谓‘样样皆是’，必然一无是处。才干越高的人，其缺点往往越明显。有高峰始有谷，谁也不可能是十项全能。”“一位领导者仅能见人短处而不能用人之所长，从而刻意挑其短而非着眼于展其长，则这样的领导者本身就是一位弱者。”

所以唐代大文学家韩愈说：“古代的资能之人，要求自己严格而全面，对待别人则宽容而简约。对己严格而全面，所以才不怠懈懒散；对别人宽容而简约，所以别人乐于为善，乐于进取……现在的人却不这样，他对待别人总是说：‘某人虽有某方面的能力，但为人不足称道；某人虽长于干什么事，但也没有什么价值。’抓住人家的一个缺点，就不管他有几个优点；追究他的过去，不考虑他的现在。提心吊胆，深怕别人得到了好名声，这岂不是对人太苛刻了吗？”

对待别人太苛刻的人，只能落得个孤家寡人、众叛亲离，而不可能很好地去用人，也没有人愿意与这样的人共事、效力。所以春秋时五霸之一的齐桓公说：“金属过于刚硬，就容易脆折，皮革过于刚硬则容易断裂。为人主的过于刚硬则会导致国家灭亡，为人臣过于刚强则会没有朋友，过于强硬就不容易和谐，不和谐就不能用人，人亦不为其所用。”由此可见，用人处人，以和为贵。

综观历史上那些深得人心的领导者，哪个不是深抱宽容之心，广有纳天下之度，处人用人，该糊涂处糊涂，该清醒处清醒。曹操用人不拘品行，唐太宗用人只注意大节，都可说把用人的这一原则发挥得淋漓尽致。

隋朝的隋文帝就以为只有依靠法律条文能治天下，所以他以法律条文为依据，明察临下，常使他的左右亲信以法律条文来探查下属，有小过失就加以重罚，结果弄得众叛亲离。

因此，领导者要赢得下属的追随和效忠，就应当有容人之量，正视下属的缺点，不要用“完美”的观点要求人。这样有助于相互取长补短，更好地发挥下属的长处。

宽恕是一种激励

人生路上，很少有人能够一举成功，也很少有人从来不犯错误，但失败之后，有些人得到别人的宽恕、鼓励和安慰，又拾回了再奋斗的勇气，最终走向成功。而另外一些人在失败的打击下又受到别人的嘲笑、侮蔑和抛弃，完全陷入了失望的黑暗中无法自拔，在痛苦中度过一生。

就像一个牙牙学语的小孩子，当他刚开始走路的时候他总会不断地摔跤，而父母肯定会宽恕他的失败，鼓励他再来一次。事实上，他自己也会很勇敢地爬起来继续学走路，哪怕紧接着又是一次摔跤。可是当孩子成长为大人，开始步入社会之后，身边的人就会变得严苛起来，往往不会给他再来一次的机会，他自己也会失去重新再来的勇气，结果是错过一次就无法翻身。因此，很多时候，人们会因为别人的某一次过错，而断送了对方的一生。假如我们能宽容一点，宽恕他的失败，给他再来一次的机会，鼓励他，而不是打击他，那么也许他就会像小时候学走路一样，最终学会了走路，学会了奔跑。

在第一次世界大战期间，有一个名叫拉布尔·里斯克的年轻人被征入英国步兵部队，由于当时战争进展惨烈，兵源奇缺，在几乎没有接受任何训练的情况下，他就被匆忙派往西线的战壕中。在有着“绞肉机”之称的西线战场上，年轻的拉布尔被大炮和毒气弹吓坏了，那些血肉横飞的场景使他整天都担惊受怕，终于开小差逃跑了。但很快他就被抓了回来，按照法律，临阵脱逃将被判处死刑。

当里斯克的母亲得知这个消息后，她向当时的陆军元帅斯科尔斯发出请求。她认为，里斯克年纪还小，而且由于没有接受过训练才会出现这种情况，她希望英国陆军能够再给他一个机会。然而西线部队的指挥官却力劝斯科尔斯严肃军纪，绝对不能开了这个先河，否则，等于是在纵容逃兵的行为。在这种情况下，斯科尔斯陷入两难境地。经过一番深思熟虑后，他最终决定宽恕这名士兵，并且说了一句著名的话：“我认为，把一个年轻人枪毙对他本人绝对没有好处。”斯科尔斯还亲自给前线的将军写了一封信，要求放里斯克一马：“本信将确保拉布尔·里斯克重返兵营，在服完规定年限后，他将不受临阵脱逃的指控。”

如今，这封褪了色的信，依然被英国一家著名的私人博物馆保存着，这封信的展柜旁附上了一张字条，上面写着：“拉布尔·里斯克牺牲于凡尔登会战的一次激战中，此信是在他贴身口袋里发现的。”

第二次机会，拉布尔就由怯懦的逃兵变成了无畏的勇士，并且战斗到了最后一刻。由此可见，如果能够宽恕一个人的失败，能够给他的心灵带来多么巨大的影响。由于种种原因，人一辈子会犯许多次过失，只有宽恕才能给人第二次机会，只有给人第二次机会，他才有可能弥补先前犯下的过失。

广普集团的董事长擅长经营管理之道，而且任人唯贤，公司在他的带领之下有了长足的发展。有一位年轻的总经理刚进公司不久就显示出非凡的才能，因此很受董事长的器重，是公司的重点培养对象。

一天，这位年轻的总经理谈成了一笔重要的生意，于是，便代表公司去签订这份合同。正好对方也不是良善之辈，在合同中暗暗做下了陷阱。在签订的时候，一方面是由于没经验，一方面也是由于一时疏忽大意没有发现其中的陷阱，他就签了字。结果，就是这一纸合同，签订后给公司造成了难以挽回的损失。年轻的总经理感到很愧疚，他想这下公司肯定会辞退他，他的前途真是一片渺茫。而当董事长为此事亲自找他谈话时，没想到董事长只对他说了五个字：“别往心里去。”

“别往心里去”，就是这五个字让他的心中燃起了无限的希望。为了感谢董事长的宽恕，也是为了不辜负董事长对他的信任，他更加努力地工作，为公司创造出比他所造成的损失多得多的利润。

能够宽恕别人的失败，常会收到一石三鸟的效果：一能使其更加感受到你的仁慈；二能使其痛悔自己的过错；三能使其拼命工作，以便将功补过。实践证明，有过错的人往往比有功劳的人更容易接受困难的工作。宽恕他的失败本身就是对他的一种强大的激励，可以使其一跃而起，创造出令人“刮目”的成绩。

同时，对于有过错的人才而言，他们最需要的就是获得重新证明其价值和展示其才华的机会，尤其是当他们因过错而受到别人的歧视冷落后，这种愿望就更为迫切。因此，管理者一旦提供这样的机会，他们就会迸发出超乎平常的热情和干劲儿，付出几倍、甚至几十倍的努力去工作，完成常人难以完成的任务。

所以，我们一定要懂得宽恕失败，这也是一种激励的手段。

闭上一只眼，反而能看得更清楚

古语说：“水至清则无鱼，人至察则无徒。”说的是在与人相处的时候不要用放大镜看人的缺点，如果过分地追求完美，不断指责他人的过错，就会失去朋友和合作伙伴。

历史上，懂得宽容的人多是会做事的人。这样的例子几乎数不胜数。

春秋五霸之一的楚庄王，有一次宴请群臣，要大家不分君臣，尽兴饮酒作乐。正当大家玩得高兴时，一阵风吹来，灯火熄灭，全场一片漆黑。这时，有人乘机调戏楚庄王的爱姬，爱姬十分机智，扯下了这个人的冠缨，并告诉楚庄王：“请大王把灯火点燃，只要看清谁的冠缨断了，就可以查证谁是调戏我的人。”群臣乱成一片，以为定会有人丧命．可是，楚庄王却宣布："请大家在点燃灯火之前都扯下自己的冠缨，谁不扯断冠缨，谁就要受罚。"

当灯火再燃起来的时候，群臣都已经拔去了冠缨。那个调戏楚庄王爱姬的人自然无法查出。大家都舒了一口气，又高兴地娱乐起来。

两年以后，晋军进攻楚。这时，一名将军勇往直前，杀敌无数，立了大功。楚庄王召见他，赞扬他说："这次打仗，多亏了你奋勇杀敌，才能打败晋军。"这个将领泪流满面地说："臣就是两年前在酒宴中调戏大王爱姬的人，当时大王能够重视臣的名誉，宽容臣的过错，不处罚臣，还给臣解围，这使臣感激不尽。从那以后，臣就决心效忠大王，等待机会为大王效命。"

任何一个想成就一番事业的人，在与他人交往的时候，都应该眼光高远，胸襟博大。要做到这一点，就必须克己忍让，宽容待人。如果都像《三国演义》中的周瑜那样心胸狭窄，总是产生"既生瑜，何生亮"的思想，又如何能与人合作呢？

在这方面，被人们称为"三国时代风云人物"、"乱世英雄"的曹操堪称典范。曹操不仅能够与身边的人很好地合作，甚至还能不计前嫌、化敌为友。

公元200年，曹操的死对头袁绍发表了讨伐曹操的檄文。在檄文中，曹操的祖宗三代都被骂得狗血喷头。曹操看了檄文之后问手下人："檄文是谁写的？"手下人以为曹操准得大发雷霆，就战战兢兢地说："听说檄文出自陈琳之手。"曹操于是连声称赞道："陈琳这小子文章写得真不赖，骂得痛快。"

官渡之战后，陈琳落入曹操之手。陈琳心想：当初我把曹操的祖宗都骂了，这下子非死不可了。然而，曹操不仅没有杀陈琳，还委任他做了自己的文书。曹操还与陈琳开玩笑说："你的文笔的确不错，可是，你在檄文中骂我本人就可以了，为什么还要骂我的父亲和祖父呢？"后来，深受感动的陈琳为曹操出了不少好主意，使曹操颇为受益。

曹操与张绣的合作也使后人们钦佩他的宽宏大量。看过《三国演义》的人都知道，张绣是曹操的死敌，两个人有着深仇大恨。曹操的儿子和侄子都死于张绣之手。但是，在官渡之战前，为了打败袁绍，曹操考虑到张绣独特的指挥才能，主动放弃过去的恩恩怨怨，与张绣联合，并封张绣为扬威大将军。他对张绣说："有小过失，勿记于心。"张绣后来在官渡之战和讨伐袁谭的战役中，十分卖力。

官渡之战结束后，曹操在清理战利品的时候，发现了大批书信，都是曹营中的人写给袁绍的。有的人在信中吹捧袁绍，有的人表示要投靠袁绍。曹操的亲信们建议曹操把这些当初对他不忠心的人抓来统统杀掉。可曹操说："当时袁绍那么强大，我自己都不能自保，更何况众人呢？他们的做法是可以理解的。"于是，他下令将这些书信全部烧掉，不再追究。那些曾经暗通袁绍的人被曹操的宽宏大量感动了，对曹操更加忠心。一些有识之士听说了这件事，也纷纷来投靠曹操。

人非圣贤，孰能无过？有道德修养的人不在于不犯错误，而在于有过能改，不再犯错误。《尚书·伊训》中有"与人不求备，检身若不及"的话，是说我们与人相处的时候，不求全责备，检查约束自己的时候，也许还不如别人。要求别人怎么去做的时候，应该首先问一下自己能否做到。推己及人，严于律己，宽以待人，才能团结别人，共同做好工作。一味地苛求，就什么事情也办不好。

齐国的孟尝君是战国四公子之一，以养士和贤达而闻名。他的门客有时多达三千人，只要有一技之长，就可投其门下。他一视同仁，不分贵贱。他因养士而在一定程度上保全了国家。有一次，孟尝君的一个门客与孟尝君的妾私通。有人看不下去，就把这事告诉了孟尝君：“作为您的手下亲信，却背地里与您的妾私通，这太不够义气了，请您把他杀掉。”孟尝君说：“看到相貌漂亮的就喜欢，是人之常情。这事先放在一边，不要说了。”

一年之后，孟尝君召见了那个与他的妾私通的人，对他说：“你在我这个地方已经很久了，大官没得到，小官你又不想干。卫国的君王和我是好朋友，我给你准备了车马、皮裘和衣帛，希望你带着这些礼物去卫国，与卫国国君交往吧。”结果，这个人到了卫国并受到了重用。

后来齐卫两国因故断交了，卫君很想联合各诸侯一起进攻齐国。那个与孟尝君的妾私通的人对卫君说：“孟尝君不知道我是个没有出息的人，竟把我推荐给您。我听说齐、卫国的先王，曾杀马宰羊，进行盟誓说：‘齐、卫两国的后代，不要相互攻打，如有相互攻打者，其命运就和牛羊一样。’如今您联合诸侯之兵进攻齐国，这是违背了您先王的盟约，希望您放弃进攻齐国的打算。您如果听从我的劝告就罢了，如果不听我的劝告，像我这样没出息的人，也要用我的热血洒溅您的衣襟。”卫君在他的劝说和威胁下，最终放弃了进攻齐国的打算。齐国人听说了这件事后，说：“孟尝君真是善于处事、转祸为福的人啊。”

待人接物，不能对人过于苛求，对别人过于苛求，往往使自己跟别人合不来。社会是由各式各样的人组成的，有讲道理的，也有不讲道理的，有懂事多的，也有懂事少的，有修养深的，也有修养浅的，我们总不能要求别人讲话办事都符合自己的标准和要求。

真正的豁达大度者，当那些懂事较少、度量较小、修养较浅的人做了得罪自己的事情时，能够宽容他们，谅解他们，不和他们一般见识。从这个意义上说，那些最豁达、最宽容的人，乃是最善于谅解人、最通达世事人情的人。

付出宽容，一定能够得到回报

俄国大文豪屠格涅夫有句名言：“不会宽容别人的人，也不会得到别人的宽容。”

如果你对别人宽容，你也能得到别人的宽容，相反，若是你不宽容别人，凭什么要求别人宽容你呢?

有一天，一个年轻人去登山。当时，他心里因为平时生活中的事情感到十分郁结，尽管大山上景色宜人，他却无心欣赏幽雅的风景，脑中总是回想着自己的种种遭遇，愈想愈气愤，内心的仇恨像开闸的洪水一样，他终于忍不住大声地对着空荡幽深的山谷喊：“我恨你们！我恨你们！我恨你们！”话一出口，山谷里传来同样的回音：“我恨你们！我恨你们！我恨你们！”他一听更是火上浇油，又提高了喊叫的声音。结果，他骂得越厉害，回音越大越长，满耳朵都是“我恨你们，我恨你们”的声响，这让他无比恼怒。

正在这时，忽然从身后传来了“我爱你们！我爱你们！我爱你们”的声音，他扭头一看，只见不远处有一个樵夫正在冲着大山大喊。

年轻人觉得很奇怪，走过去问那个樵夫为什么要喊“我爱你们”，樵夫却反问他为什么要喊“我恨你们”。他便一股脑儿地说出了自己遭遇的一切，原来，他之前正好和几个朋友闹了矛盾，相互之间谁也不肯让谁，最后翻了脸，他心里因此有解不开的郁闷。

听了他的讲述，樵夫笑着说：“这个世界就像是这一堵山崖，你以什么样的心态说话，它就会以什么样的语气给你回音。你不妨先改变自己的习惯，试着用友善的心态去面对周围的一切，你会有意想不到的快乐。”说着，樵夫对着山崖又大喊了一声：“我爱你们！”果然，山崖马上回应：“我爱你们！”

听了樵夫的话，年轻人恍然大悟。想到自己以前天天恨天怨地，充满仇恨，他羞愧得无地自容。

回家后，年轻人以积极、健康、友善的心态对待身边的一切，他用宽容的心态谅解了朋友之间的误会。他发现，朋友也因此化解了和他的误会，而且还主动来跟他道了歉，大家又和好如初，他发现自己变得快乐多了。

当你用不宽容的心来面对事物时，你会觉得一切都仿佛再和你过不去，世界也会变得丑陋可恨。为人处世许多烦恼都是因为对外界苛求太多而产生的。你热爱别人，别人也会给你爱；你帮助别人，别人也会帮助你，你宽容别人，别人也会宽容你。世界是互动的，你给世界几分宽容，世界就会回馈你几分宽容。

没有一个人愿意被别人刻薄地对待，即使是最宽容的人，当你对他刻薄的时候，他也会自觉不自觉地用一颗刻薄的心来对待你，而相反，即使是一个最刻薄的人，如果你能够用宽容的心去对待他，他也会向你吐露他的真心。

西汉时期有一个丞相叫丙吉，他一生兢兢业业，恪守儒家传统价值观，深通治国之道。在他任丞相期间，一直崇尚宽大，事事礼让，关怀爱护下属官员，对犯错误的官员也十分地宽容，让他们有机会改过自新。对身边的仆人也极为宽大仁慈，不计小过。这些仆人都被他的宽宏大量所感动，尽心尽力地为他效力。有时还在关键时刻起到了意想不到的作用。

丙吉有一个马车夫，赶车的技术极为高超，人的品性也很好，但他却是一个嗜酒如命的酒徒，无酒不欢，经常把自己灌得醉醺醺的，喝酒误事也不是一次两次了，但是丙吉却从来没有为此事责难过他。

有一次，这个车夫老毛病又犯了，居然在驾车送丙吉出行前喝得酩酊大醉，最后在车上因为晕车实在忍受不住，竟然趴在马车上呕吐起来，把丙吉的马车弄得一片狼藉，但是丙吉没有计较此事，更没有处罚这个车夫。

丞相府的管家知道这件事后，就向丞相提出一定要要狠狠惩治并开除这个车夫，以儆效尤，没有想到丙吉不同意，说：“他是因为喝酒才犯的错误，不是其他的原因，现在如果把他从丞相府中赶出去，恐怕其他的地方也不会要他了，以后的生活怎么办，他所做的不过是弄脏了我车上的车垫而已，给他一个机会，相信他会改正的！”

车夫万万没有想到自己吐脏了丞相的马车，丞相不但没有怪罪反而帮他说话，感激得泪流满面。他从此彻底改掉了酗酒的毛病，认认真真地为丞相驾车，希望有一天能够报答丞相的宽容。

机会还真来了，有一天，车夫外出，看见长安北门快马飞奔来了一个传送情报的人，手里拿着赤白囊，带着紧急文告，匆匆忙忙地向宫门走去。

车夫从小在幽州的军营里长大，又在丞相府任职，对于军国大事有一定的了解，一看就知道一定是北部边境上出事了，他马上想到丞相是管辖国家大事的，一定要打听出来告诉丞相。于是他向传送情报的人打听边境上到底出了什么事情。当他知道匈奴敌寇入侵云中、代郡的情报后，急忙向丙吉报告了这个万分紧急的军情，并告诉丙吉敌寇入侵的边境地区主要官员都年老体弱无法带兵打仗，并建议丞相应该事先物色合适的边境将领，一旦皇帝问起，他好立刻回答皇帝。

丙吉采纳了车夫的建议，在查阅边境官员的档案和其他材料之后，他选中了出兵的统帅。皇帝果然召见丞相、御史大夫，向他们询问边境情况，丙吉因为事先得知情报，并早有准备，所以回答得准确而清楚，受到了皇帝的赞扬；而御史大夫因为事先没有得到边境的情报，所以被皇帝问得张口结舌，受到了皇帝的批评。

而且更重要的是，丙吉事先得到情报为他调兵遣将赢得了宝贵的时间，而这全是车夫的功劳。

丙吉的宽宏大量，大度容人，不计小过，使车夫对他感恩戴德。虽然只是一个车夫，但是，也有可能帮助到丞相。

所以，只要你肯宽容别人，你一定能够得到别人的感激，别人的回报。

宽恕的是别人，解脱的是自己

哲人说：“宽容和忍让的痛苦，能换来甜蜜的结果。”

在现实生活中，难免会发生这样的事：亲密无间的朋友，无意或有意做了伤害你的事，你是宽容他，还是从此分手，或伺机报复？以牙还牙、分手或报复似乎更符合人的本能，但这样做了，怨会越结越深，仇会越积越多，结果，冤冤相报何时了。

一般人总认为，做了错事得到报应才算公平。但英国诗人济慈说：“人们应该彼此容忍，每个人都有缺点，在最薄弱的方面，每个人都能被切割捣碎。”每个人都有弱点与缺陷，都可能犯下这样那样的错误。作为肇事者，要竭力避免伤害他人，作为当事人，要以博大的胸怀宽容对方，避免消极情绪的产生，让彼此回到和谐的状态中。

姜达和葛枚毕业于同一所学校，又在同一个公司同一个部门做销售，一直是无话不谈的好兄弟，但是，自从一件事情之后，两人的关系彻底决裂了。

事情是这样的：一天，公司要求两人一同去拜访一位大客户，这个大客户本来很难啃，但也许是两个年轻人的锐气和诚意打动了对方，几乎没费多大力气就谈成了这笔生意，而且双方已经拟定了初步合作的意见，说是第二天就要签合同。

两个年轻人兴奋至极，决定出去喝一顿以示庆祝。结果，由于兴奋过了头，姜达喝得酩酊大醉，一直睡到第二天中午才醒，而此时，葛枚早不见了。等到公司之后，姜达才知道葛枚已经同那家公司签订了合同，所有的功劳也因此都成了葛枚的了。

姜达气冲冲地就去找葛枚算账。葛枚却辩解道：“我本想着和你一起去，但是你烂醉如泥，怎么都叫不醒。无奈之下，我只好自己先过去了。”

这样的解释当然不能让姜达满意，然而木已成舟，因为是葛枚签定了这笔大生意，所以葛枚加了薪，成了部门经理，而姜达为此郁闷了很长一段时间，为了报仇，他一直埋头苦干，勤勤恳恳地工作，一年之后，他也升职了。可是，他心里还是无法原谅葛枚，为此，他彻底和葛枚绝交了，拒绝去有葛枚在的任何场合，甚至连同学聚会都很少参加。

很多同学都来调解两人纠纷，姜达却说：“我谁都可以原谅，但就是不能原谅像葛枚这样卑鄙下流的人！”后来，尽管葛枚多次亲自找到姜达，并且态度诚恳地向他道歉，姜达对葛枚的仇恨依旧浓烈。

其实，生活在怨恨和报复中的姜达日子也不好过，他无法感受到生活中的快乐。凭借自己的努力，尽管也坐到了部门经理的位置，能够与葛枚平分秋色，但是，每次双方不期而遇的时候，姜达都会面色铁青地把头转向一侧。双方这种尴尬的关系，弄得公司的同事都很不自在。

公司的总经理听说两人的关系，便把姜达叫到办公室，说："这几年，你除了恨，还有其他的感情吗？"

姜达想想，摇着头说："好像没有！我就只想着如何把葛枚比下去，只有他不好受的时候我才会感受到些许的快慰。"

听了他的话，经理微笑着说："因为你有太多的怨恨，所以，你的生活中根本就不会有快乐。"

姜达疑惑地问道："那我该怎么办呢？难道要原谅他吗？办不到，绝对办不到！"

总经理继续循循善诱："为什么不能放下仇恨呢？这些年来，你一直生活在仇恨的阴影下面，你的心灵已经被仇恨占据了，又怎么能够安置快乐呢？原谅他的过错吧，其实对你而言，放下仇恨，这也是一种解脱。"

怀着对于总经理的话将信将疑的态度，姜达尝试着与葛枚交流了一下。只用了短短的10分钟，就化解了两人之间多年的误会和积怨，他们再次成了好朋友，而姜达也感受到了从未有过的心灵阳光。

因为两人在公司中不用刻意回避对方，所以，他们的业绩一直呈直线上升，并且双双再次获得加薪、升职的机会。

后来，姜达说："也许，当年自己确实喝多了，但这些已经都不重要了。不管怎么样，我都决定原谅他了。"

有些人赞颂姜达宽容大度，有些人称颂他识大体，有大将风范，对此，他一一表示否定，他解释说："我的目的并不高尚，我只是想解脱我自己，不再生活在仇恨的阴影之下，而唯一的办法就是原谅他。"

所以，宽容才是让自己快乐的有效方法，报复抚平不了心中的伤痕，它只会将伤害者和被伤害者捆绑在无休止的争吵战车上。印度"圣雄"甘地说得好，如果我们对任何事情都采取"以牙还牙"的方式来解决，那么整个世界将会失去色彩。

宽容是一种生存的智慧、生活的艺术，是看透了人生以后获得的从容、自信和超然。宽容是一种力量、一种自信，是一种无形的感召力和凝聚力。

而斤斤计较则是一把双刃剑，是通过惩罚别人的错误而惩罚自己。宽容的受益者不仅仅是被宽容的人，宽容别人也是解放自己，让自己的心灵得到纯净快乐。当我们抓起泥巴想抛向别人时，首先弄脏的是我们自己的手，当我们拿鲜花送给别人时，首先闻到花香的也是我们自己。所以，我们一定要学会宽容，只有学会了宽容，在生命的天空中，才会拥有一片晴天。相反，若是不能够宽容别人，那么最后受惩罚的还是自己。

李丹在离婚半年后一直被严重的抑郁症和失眠症困扰，最多一个晚上能够睡着两个小时就算不错了，几夜几夜睡不着那是常有的事情。

在失眠和抑郁的双重折磨下，她消瘦了很多，体重在半年内迅速减了20斤。

李丹之所以会离婚，是源自丈夫手机上的几条暧昧短信。当时无论丈夫怎样解释，她都不能原谅丈夫，认定他在外有了别的女人。从那以后，她便如侦探一样不断地检查丈夫的手机和衣物，偷偷跟踪和调查自己的丈夫。就这样互相折磨了一年，除了那几条短信之外她再也没有发现丈夫的其他情况。但是丈夫的解释、家人的劝解，都不能使李丹原谅丈夫，最终，丈夫也不胜其扰，提出离婚。

离婚之后，经历了一系列的酸甜苦辣以后，李丹有些后悔了，她觉得当初就不该对自己的丈夫那么苛刻，如果当初能够相互多一些宽容，又怎么会闹到今天这步田地呢？

做人做事都不要太过苛刻，对人太苛刻就是对自己苛刻，最后受害的还是自己，相反，若是能够宽容别人，最后，你会发现自己也得到了解脱。所以，聪慧的人都是会宽容别人的，宽容别人的同时，其实是在帮助自己。我们生活在人际关系复杂的社会中，总是会与各种各样的人打交道，难免会产生各种不快与摩擦，怎样处理，怎样对待，不同的人就会有不同的方法。可能有的人会斤斤计较，这样无异于断了自己发展的后路；而有的人则以一颗宽容的心大事化小、小事化了，一笑而过，这不是懦弱的表现，而是真正的君子之度、大将之风。

人有个通病，总觉得别人是错的，自己是对的。殊不知，大家来自不同的生活层面，所想所见的角度和程度不一样，加上个性、知识的差异，很容易形成观念上的分歧，特别是“以自我为中心”，故此人与人之间经常有不愉快、不和谐的事情发生。在怨恨中，没有人是赢家，与其让让怒气长期在胸中燃烧，对别人的过错耿耿于怀，不如宽容别人，浇熄自己心中的火。

宽容是一门做人的艺术，也是一门让自己快乐的艺术。宽容是对别人的善待，更是让自己生活愉快的良方。

二十三
能包容多少，才能拥有多少

包容的实质是认可差异

法国的启蒙思想家伏尔泰说：“虽然我不同意你的观点，但我誓死捍卫你说话的权利。”这是西方人对尊重个体与尊重自由的呐喊。而在东方，讲究的是包容，是海纳百川，是泽被万物，是接受彼此的差异化，求同存异，是和谐共处，因此这一文化之源流几千年不断绝。

在喜马拉雅山中有一种共命鸟。这种鸟只有一个身子，却有两个头。有一天，其中一个头在吃鲜果，另一个头则想饮清泉，由于清泉离美果的距离较远，而吃鲜果的头又不肯退让，于是想喝清水的头十分愤怒，一气之下便说：“好吧，你吃鲜果却不让我喝清水，那么我就吃有毒的果子。”结果两个头同归于尽。

还有一条蛇，它的头部和尾部都想走在前面，互相争执不下，于是尾巴说：“头，你总在前面，这样不对，有时候应该让我走在前面。”

头回答说：“我总是走在前面，那是按照早有的规定做的，怎能让你走在前面？”

两者争执不下，尾巴看到头走在前面，就生了气，卷在树上，不让头往前走，它看到头放松的机会，立即离开树木走到前面，最后掉进火坑被烧死了。

无论是两头鸟还是那条头尾相争的蛇，因为不知道求同存异的这个道理，最终导致两败俱伤，受到伤害的终究还是自己。如果那只鸟的一个头能够先让另一只喝到水，再过去吃鲜果，那自己也不是没有什么损失吗？只是哪个先哪个后的问题。人有时候实际上和这两只鸟一样，不愿意让自己的利益受到一点点的损失，别人的一点要求也不能满足，所以到头来自己也是一无所获。

这世上的事物千差万别，人与人之间也存在着众多的差异，生活背景、生活方式、个性、价值观等的差异，让我们的相处也存在着或多或少的困难，无所谓希望或者失望、信任或者背叛，我们所能做的只能是相互尊重、相互包容、求同存异、真诚相对，而不必强求一致。

我们要逐渐学会求同存异，保留相同的利益要求，与人相处也要照顾别人的利益，在自己的利益与别人的利益之间求中间值，自己的利益和别人的利益都得到实现，毕竟没有谁会让自己完全吃亏，而让你最大限度地获益。

如果我们不懂得求同存异，那么，我们就很有可能在面临差异与分歧的时候相互争斗，最终使双方都受到巨大的伤害。

在生活和工作中，我们也该本着“求同存异”的原则与他人相处。寻找人与人之间的共同点往往是我们打造良好人际关系的开始，也是求同存异的前提条件，并且在共同点的基础之上相互尊重对方的差异性，只有这样才能与对方进行合作，并且最终取得双赢的局面。

气量大，福气就大

生活在社会群体中，难免矛盾重重，一不小心，就会陷入矛盾当中不能自拔。想要让自己的生活更加祥和，就必须先学会如何化解矛盾，最好的方式，就是要学会放大自己的气量。

气量越大，福气就越大。拥有大气量的人必是豁达之人，豁达的人，不计较一城一地的得失，故能拥有大福气。

生活中，我们虽然都是独立的个体，各自做着自己的事情，但熙熙攘攘中难免有碰撞。只要彼此能相互忍让，遇事多一份冷静，少一点暴躁；多一点豁达，少一点狭隘，就能使矛盾“冰消雪融”，就能让人生更加幸福快乐。

东汉末年时东吴老臣张昭就是一个气量狭隘的人，自己非但过得日子很不快乐，而且还因此未能拜相。

有一次孙权大宴群臣，让诸葛恪给大家敬酒。诸葛恪就给大臣们一一敬酒，斟到张昭面前时，张昭已经醉了，就推辞不肯喝。诸葛恪仍劝他再喝一杯，张昭不高兴地说：“这哪里是尊敬老人！”孙权故意给诸葛恪出难题，说：“看你能不能让张公理屈辞穷把酒饮下，不然这杯酒你就得喝了。”

于是，诸葛恪对张昭说：“过去师尚父九十岁，还能披坚执锐，领兵作战，不言自己已老。现在，带兵打仗，请您在后，而喝酒吃饭，请您在前，这怎么能说是不敬老呢？”张昭无话可说，只能把酒喝了下去，但是从此就记恨上了诸葛恪。

还有一次，张昭又和诸葛恪在孙权的大殿上议事，忽然一群鸟飞到大殿里。这些鸟的头部是白色的，孙权不知道这是什么鸟，就问诸葛恪：“你知道这鸟叫什么名字吗？”诸葛恪见多识广，不假思索地回答：“这是白头翁。”本来很普通的一次问答，但是张昭气量太小，总是疑神疑鬼，他觉得自己年纪最大，又是一头白发，就以为诸葛恪是在借机取笑自己，就对孙权说：“陛下，诸葛恪在骗人！从来没有听说过叫白头翁的鸟。如果真有白头翁，那是不是应该有白头母呢？”

诸葛恪听了哭笑不得，立刻反驳道：“照老将军的意思，这个世界上有鹦母这种鸟，那就一定有鹦父了，请问老将军什么时候能够打上几只来给我们开开眼？”张昭顿时无言以对。

张昭小肚鸡肠的气量非但得罪了诸葛恪，还得罪了东吴大将甘宁。甘宁自降东吴以后，急于立功，于是请求征黄祖、取刘表，并自请任先锋。孙权觉得可行，准备实施。张昭却不同意，甘宁很不高兴，反唇相讥，对张昭很是不敬，后来孙权出面为二人解了围，但明显地站到了甘宁一边。后来，孙权果然令甘宁为先锋征黄祖，并大获全胜，甘宁的地位上去了，张昭自然心里十分不舒服。

像张昭这样的人在现实生活中为数不少，他们气量狭小，最终自作自受，自己吃苦。

一点小事也会记恨，为别人的一句无心之言而气上许久，这样气量狭小的人自然不会有什么好人缘，更不会成就什么大业。

黎巴嫩诗人纪伯伦曾经说过："一个伟大的人有两颗心：一颗心流血，一颗心宽恕。"

气量大不是怯懦，不是无视别人的伤害，也不是纵容别人去犯错，而是为了给对方一个机会，同时也给自己一个机会。

既然如此，那么就多一些宽恕吧，因为宽恕有多少，拥有就有多少。

一只河蚌安逸地住在河里，它无忧无虑与世无争，一天一粒沙子闯进了它的身体。沙子在河蚌的肉体里蠕动，因摩擦造成的疼痛，让河蚌撕心裂肺、肝胆欲碎。赶不走又吐不出沙子，河蚌只有用自己分泌的"心血"去宽恕沙子。天长日久沙子被宽恕成了一颗珍珠，疼痛没有了。宽恕痛苦的结果使河蚌拥有了昂贵的身价。

生活好像一杯放在桌上很久的水，每天都有灰尘落到里面，但是它依然澄清透明，为什么呢？因为所有的灰尘都沉淀到了杯子底。如果猛烈摇晃水杯，就会使整杯水混浊一片。但是如果你让它慢慢地、静静地沉淀下来，用心去宽恕，这样水就不会被污染，反而更加纯净。当我们的气量足够大时，我们的心灵也将变得纯净。

生活中需要气量，大气量才有大福气，而狭隘的心胸只能带来黑暗的阴霾。哲人们曾这样说：没有对小溪的宽恕，就没有大海的浩瀚无垠；没有对风雨的宽恕，就没有潇洒的长空雄鹰！

生活中需要气量，唯有大气量方可蓄能纳才。别人给你套的枷锁，却能让你在寂寞中蛰伏而生成所未有的壮举；而你的狭隘刻薄，则是一把锋利的刀，最终会割伤了自己。

生活中，气量大的人总是以宽广的胸襟去看待他人；气量大的人，总是能在繁杂的生活中感到轻松和闲逸；气量大的人，总能把黯淡的日子点缀得风和日丽、五彩缤纷；气量大的人，总是对生命中的点滴事情心存感激……

不以己心定善恶

我们在对任何一个事物作出判断或者得出结论的前提下，都应该先抛开个人的喜好，静下心来，心平气和地对事物进行充分的调查、了解和分析，这样才能保证我们所作出的判断或得出的结论是正确的。

正如在善恶的分辨上，人也不能仅仅站在自己的立场，以一己之私评判哪个是好的，哪个是坏的。以个人利害评善恶就是狭隘的门户之见。

德国诗人歌德曾说："真理就像上帝一样。我们看不见它的本来面目，我们必须通过它的许多表现而猜测到它的存在。"真理往往细弱如丝，混杂在一堆假象里，我们的眼睛、我们的心智甚至我们道德上的缺失都会阻碍我们去敲响真理的门，对不了解的事，对尚未为人所知的领域作出错误的判断。

我们之所以需要事先对事物进行全面而深刻的了解和分析，在很大的程度上是因为很多事情并不是像它看上去那样的。

两个旅行中的天使到一个富有的家庭借宿。这家人对他们并不友好，并且拒绝让他们在舒适的客房里过夜，而是在冰冷的地下室给他们找了一个角落。当他们铺床时，较老的天使发现墙上有一个洞，就顺手把它修补好了。年轻的天使问为什么，老天使答道："有些事并不像它看上去的那样。”第二晚，两人又到了一个非常贫穷的农家借宿。主人夫妇对他们非常热情，把仅有的一点点食物拿出来款待客人，然后又让出自己的床铺给两个天使。第二天一早，两个天使发现农夫和他的妻子在哭泣，他们唯一的生活来源——那头奶牛死了。

年轻的天使非常愤怒，他质问老天使为什么会这样，第一个家庭什么都有，老天使还帮助他们修补墙洞；第二个家庭尽管如此贫穷，却还是热情款待客人，而老天使却没有阻止奶牛的死亡。

“有些事并不像它看上去的那样。”老天使答道，“当我们在地下室过夜时，我从墙洞看到墙里面堆满了古代人藏于此的金块。因为主人被贪欲所迷惑，不愿意分享他的财富，所以我把墙洞填上了。昨天晚上，死亡之神来召唤农夫的妻子，我让奶牛代替了她。所以有些事并不像它看上去的那样。”

小天使为什么抱怨呢？因为他是以两家对待他的态度为评判标准的，他断定的善恶恰好与事实相反。

可见，真理并不是那么轻而易举就能被我们掌握的。很多事情正如上述的故事一样，并不像它看上去的那样。善恶亦是如此，即使在很好地掌握知识的前提下，我们也没有资格来定善恶，就像我们在看电视、电影时，总要说清谁是好人、谁是坏人，硬要像开辩论会一样弄个正方反方的。

一个年轻人去拜访一位住在大山里的禅师，与他讨论关于美德的问题。

这时候，一个强盗也找到了禅师，他跪在禅师面前说：“禅师，我的罪过太大了，很多年以来我一直寝食难安，难以摆脱心魔的困扰，所以我才来找你，请你为我澄清心灵。”

禅师对他说：“你找我可能找错人了，我的罪孽可能比你的更深重。”

强盗说：“我做过很多坏事。”

禅师说：“我曾经做过的坏事肯定比你做的还要多。”

强盗又说：“我杀过很多人，只要闭上眼睛我就能看见他们的鲜血。”

禅师也说：“我也杀过很多人，我不用闭上眼睛就能看见他们的鲜血。”

强盗说：“我做的一些事简直没有人性。”

禅师回答：“我都不敢去想那些我以前做过的没人性的事。”

强盗听禅师这么说，便用一种鄙夷的眼神看了禅师一眼，说：“既然你是这么一个人，为什么还在这里自称为禅师，还在这里骗人呢！”

于是他起身，一脸轻松地下山去了。

年轻人在旁边一直没有说话，等到那个强盗离去以后，他满脸疑惑地向禅师问道：“你为什么要这样说？我了解你是一个品德高尚的人，一生中从未杀过生。你为什么要把自己说成是个十恶不赦的坏人呢？难道你没有从那个强盗的眼中看到他已对你失去信任了吗？”

禅师说道：“他的确已经不信任我了，但是你难道没有从他的眼睛中看到他如释重负的感觉吗？还有什么比让他弃恶从善更好的呢？”

年轻人激动地说：“我终于明白什么叫作美德了！”

这时，远处传来那个强盗欢乐的叫喊声：“我以后再也不做坏人了！”这个声音响彻了山谷。

大山里的这位禅师是智慧的，他对强盗没有关于道德的说教，也没有润物细无声的劝诫，而是让强盗认识到每个人都或多或少犯了罪，即使没有罪行，心里也有罪行，差别仅仅是五十步与一百步的距离。

对强盗来说，他认识到自己罪孽深重，而后因着禅师的点化，从罪的污秽泥淖中拔将出来，如释重负。

禅师确实是一个高人，他假造自己的恶，做了一件大大的善事。从善的有利意义来看，有利就是善，这是超越个人利害，来评判善恶的关键所在。

胸怀决定人生格局

器量，是一种不需投资便能得到的精神高级滋补品，是一种保持身心健康、具有永久疗效的“维生素”，是一种宠辱不惊，笑看庭前花开花落的清醒剂，是一种使人做到骤然临之而不惊，无故加之而不怒的智慧和定力。器量，鄙视的是斤斤计较、蝇营狗苟和鼠目寸光的行为，崇尚的是磊落坦荡、无私无畏和志存高远的品格；失去的是不平、烦恼和怨恨，得到的是友情、快乐和幸福；抛弃的是狭隘、偏激、小气和毫无意义的你争我斗，得来的是宽广、博大、舒畅和融洽的人际关系。

孟子第一次见梁惠王的儿子襄王时，“出。语人曰：‘望之不似人君，就之而不见所畏焉。’”。远远地看他没有君主的样子，近处观察发现他没有一点谦虚之德，也没有一点恐惧戒慎之心，可见其器量之狭小。因此，国学大师南怀瑾先生感慨道：“一个越是有德的人，当他的地位越高，临事时就越是恐惧，越加小心谨慎……不但一国君主应该戒慎恐惧，就是一个平民，平日处世也应该如此，否则的话，稍稍有一点收获，就志得意满。赚了一千元，就高兴得一夜睡不着，这就叫作‘器小易盈’，有如一个小酒杯，加一点水就满溢出来了，像这样的人，是没有什么大作为的。”

古人立身修德，求“海纳百川，有容乃大；壁立千仞，无欲则刚”之境界。目光短浅、骄傲自大之辈绝不会成就大事。

司马迁的《史记·陈涉世家》载有一则故事：

陈胜称王以后，从前和他一起当雇工的一个穷朋友听说了，便来找他。这个人敲着宫门嚷道：“我要见陈胜！”守宫门的卫士要绑他，他一再解释，才没被绑，但卫士始终不肯给他通报。后来陈胜出来了，这位穷朋友挡着路直呼陈胜的名字。陈胜无奈让他上车一同回宫。从此以后，这人时常随便出入宫殿，还情不自禁地说了他过去和陈胜在一起时的旧情。于是有人对陈胜说：“这个人愚昧无知，专说些不得体的话，有损您的尊严。”陈胜听后，没有经过再三思虑，就把这人杀了。此后陈胜的老朋友都自动离去，没有人敢再接近他了。

陈胜是杰出的农民领袖，这是大家都承认的，他的失败有多重原因，但他自身的原因却不容忽视，这等器量怎能让人与之为伍，为他打天下？他又怎能令天下百姓心向往之，甘心为其子民呢？历史的确意味深长：器量小，不容人，熟人和故交也离你而去，孤家寡人难成大业；器量大，能容人，可化敌为友，纳天下英才而用之，事业岂有不兴旺的道理！

清太祖努尔哈赤从一个部落首领起家，经过数十年的南征北战，终于把“各部蜂起，皆称王争长，互相战杀，甚且骨肉相残”的女真部落统一在了一起，建立了一个能够与关内明朝相抗衡的政权。努尔哈赤之所以能够攻必取、战必胜，除了女真人英勇善战外，与他广大的胸怀是分不开的。

公元1584年，努尔哈赤遭遇了一次行刺，一名刺客企图行刺努尔哈赤，被努尔哈赤发觉后，努尔哈赤并没有惊动该刺客，而是偷偷地离开房间，潜伏在刺客的身边，趁着刺客一个不注意，努尔哈赤挥刀一击，用刀背将刺客拍倒。侍卫立刻闻声赶到，见此情形，挥刀要斩刺客。努尔哈赤却制止了侍卫，而是对着刺客大声喝问："大胆毛贼，你是来偷牛的吗！"刺客一听，顺势回答是来偷牛。侍卫在一旁着急地说："他说谎，他说谎，他是一个刺客！主公，让我杀了他吧！"努尔哈赤却依然非常冷静，若无其事地说："放了吧，只不过是个偷牛贼而已。"于是，就放走了刺客。

没过多久，又有一个刺客潜入努尔哈赤的住所企图行刺，结果又被努尔哈赤捉住。努尔哈赤仍像上次一样，将其释放。

这两件看似很平常的小事，却产生了轰动性的效果。很多人都认为努尔哈赤有气度，因此愿意投奔他，一时间，努尔哈赤手下积聚了许多人才。

努尔哈赤不但对行刺失败的刺客很大度，即使是面对伤害过自己的敌人，他也表现出了极大的胸怀。

在翁科洛城战役中，努尔哈赤率兵攻打翁科洛城，战斗很激烈。翁科洛城有叫鄂尔果尼的勇士看到了当时正在城下指挥的努尔哈赤，藏在暗处向努尔哈赤施放冷箭。努尔哈赤没有提防，躲闪不及，被箭射伤，他拔出带血的箭，继续指挥战斗。这时，又有一个叫罗科的守城战士借烟雾的掩护，潜到努尔哈赤近处，一箭射中其脖颈，虽然未中要害，但是这只箭簇带着倒钩，努尔哈赤伸手拔出箭的时候顿时血流如注，连血带肉都被拔了出来。努尔哈赤当时就昏了过去，手下人只好停止攻城。随军军医急忙为努尔哈赤治伤，努尔哈赤箭伤好后再次攻城。

最后，努尔哈赤次终于攻下翁科洛城，而偷袭他的鄂尔果尼和罗科也被生擒。努尔哈赤的手下众将群情激奋，都嚷嚷着要将二人处以极刑。

努尔哈赤却对众人说，说："两敌交锋，不就是为你死我活吗？他们二人为了自己的主公而想要射死我，若是我能够收复他们，他们以后也会为了我去射杀我的敌人。这两位勇士，即使是在战场上被弓箭射死我都觉得很可惜，我怎么能够因为他们射伤我就杀死他们呢？"说罢，便亲自为二人松绑，并好言安慰，鄂尔果尼和罗科被努尔哈赤的诚心感动，当即表示愿意归顺努尔哈赤，并为其效力。努尔哈赤授二人为牛录额真，统辖三百名壮士。后来，鄂尔果尼和罗科一直忠心耿耿地跟随努尔哈赤，鞍前马后立下了汗马功劳。

相比陈胜，努尔哈赤的气度要大得多了，这也是为什么努尔哈赤能够取得比陈胜更大成就的一个重要原因。

一个人的人生格局，往往是和他的胸怀成正比的，胸怀越大，就能够容下越多的人、越多的事，也就能够造就越大的成功。

包容批评，批评是奋进的鞭

古人云："良药苦口利于病，忠言逆耳利于行。"批评是进步良方，当面对批评的时候，我们要有一个包容的心态，不要以为是有谁在刻意刁难我们或者说是在跟我们过不去，不管他们本来的动机如何，从客观上，批评都可以促进我们的进步，而那些始终生活在赞扬当中，听不到批评的人，表面上春风得意，其实正在一步步走向深渊。

所以，懂得宽恕批评的人，才能够取得进步。

经过商鞅变法，到了秦昭襄王时期，秦国就已经是当时的强国了。公元前295年，昭襄王准备攻打魏国，在国内调兵遣将，准备粮草，进行战争总动员。虽然秦国国内对这次战争能否胜利有着不同的声音，但是昭襄王一意孤行，决定要打魏国，其他人也阻止不了，只好随他去打。

就在即将誓师出发的时候，昭襄王突然收到一封信，也不知是谁送上来的，信中的内容是这样的："我听说大王要出兵攻打魏国，我私下里认为大王的这个计划是有问题的，魏国是崤山以东地区的咽喉要地，是所有诸侯的中心地带，北接燕赵，南连荆楚，东有强齐，西有韩国，是最不好下手的地方。大王您见过打蛇吗？长长的一条蛇，打它的尾，它的头就回转来救；打它的头，它的尾就卷起来救；如果打它的腰，则头、尾都来相救。现在的魏国，就是居于天下腰身的部位，您去打它，就是在告诉各诸侯国，秦国要截断他们的脊背，这使东边各诸侯国首尾不能相顾。而魏国明知打不过您，一定会去广泛联络，那时，对付您的就不只是一个弱小的魏国了，您将会由此而引来大的忧患。"

信中接着说说："我替大王考虑，您不如先拿楚国作为突破口。楚国地处偏远的南方，您在扬言进攻魏国之时，突然迅速转而攻楚，攻其不备，兵法上称赞这种做法。加之楚国离东方各国较远，诸侯要救也来不及。况且楚国兵力较弱，容易对付，把握较大，秦国亦可因此扩张土地，增强兵力。大王您没听说过商汤讨伐夏桀的事吗？商汤在讨伐桀以前，先对弱小的密须国用兵，以此来训练自己的兵力。灭了密须国以后，汤就征服了桀。大王您为什么不可以学学商汤，先吃软的，再吃硬的，打有把握的仗呢？"昭襄王越看越兴奋，喜不自禁。

看完信，昭襄王激动不已，连声说："多谢先生赐教，多谢先生赐教！"赶忙问侍臣："此信从何而来？"这封信是从宫门外递进来的，侍臣们其实也不知道。所以只能跟昭襄王无可奉告了。

于是，昭襄王赶紧下令，停止出师魏国，挥戈南下，直逼楚国。这一封无名信，之所以能调动强秦百万兵，就在于它言明得失利害关系。但更重要的是在于秦王能够宽恕批评，虚怀若谷，从大局出发，接受了劝告。

可见，一个人想要奋进，就一定要有宽恕批评的胸怀，毕竟一个人的智慧是有限的，只有集思广益，才能减少错误的概率。

其实，大可不必把批评当作洪水猛兽，很多时候，批评的出发点都是善意的，你能够得到批评，至少说明还有人重视你。

从前，有一个品德高尚的修行者，有一天，他吃过午饭，就起身到林间散步，陶冶一下性情。他偶然走到一个莲花池畔，看池中的莲花开得十分好看。修行人于是动了心，想到："这么漂亮的莲花，如果能够摘一朵放在家里，那样的感觉肯定会很好！"于是，他俯下身来，在池边选摘了一枝。正当他转身想离开的时候，忽听耳边一个飘渺而又严厉的声音说："你好大的胆子！竟敢偷采我的莲花！"

修行人被吓了一大跳，但他的四周什么人都没有，他猜想应该是神灵的声音，便对着天空发问："你是谁？为什么不许我采摘这里的莲花？"

那个声音立刻回答他说："我是这一片的土地神，这池里的莲花都是由我精心照料的，岂容你随便采摘？枉你是一个修行人，竟然心起贪念，偷采我的莲花，难道你自己不觉得羞愧吗？”

修行人瞬间醒悟，心里立刻充满了羞愧，于是大声地对着天空说：“土地神，我一时鬼迷心窍，动了占有的私欲，谢谢你的提醒，我以后一定会克制住自己的占有欲，不再贪取任何不属于自己的东西。”

正在修行人自我检讨的时候，水池边又过来了一个人，修行人还没反应过来，那人就跳进莲花池，三下五除二就把池里的莲花摘了个精光，原本漂亮的莲池被践踏得不成样子，池水变得污浊不堪，连池底的污泥也翻了起来。一边采摘，那人一边还自言自语地说：“这里的莲花真漂亮！我要采到镇上去卖一笔钱，再去买点酒，大醉一场，哈哈哈！”然后，他捧着一大束莲花，大笑着扬长而去。

修行人看得目瞪口呆，他一直在期待着土地神能出来制止、斥责或处罚这个摘莲花的人，但是土地神却一直没有动静。看着那人渐渐远去的背影，他心中充满了疑惑，转回身来愤愤不平地对着虚空责问道：“土地神你说话理太偏！我刚才只不过虔诚地采了一朵莲花，就被你劈头盖脸地斥责了一通。而刚刚那个人采光了所有的莲花，毁了整个莲池，你却一言不发，敢情你也是个欺软怕硬的主儿！”

这个时候，土地神的声音又出现了：“不是你理解的这样的。因为你本来是个修行人，就像一匹洁白的布匹，沾上一点点的污痕就很明显，所以我才来提醒你，赶快除去污浊，回复纯净的本性。而那个人是个无药可救的酒鬼，已经沦陷日久，就像一块抹布，再脏、再黑也无所谓，我即便有心帮忙也起不到作用，所以只能任他沉沦下去，这才保持沉默。你不要因为受到我的指责就心生愤恨，应该为此感到欢喜，因为你有缺点还能被人看见，看见了还愿意来纠正你、教导你，这表示你还是一个可以教导好的人！”

的确，活在别人掌声中的人，虽然看上去十分光鲜，但他们都是经不起考验的人，因为从来没有任何人跟他们提出过他们的不足。而经常接受批评的人，却总是能够得到鞭策，在批评的鞭策中逐步完善自己。所以批评不是坏事，我们应感谢别人对我们的批评，因为它可以使我们不断地成熟和上进，不管他是不是为我们好，至少，他的批评使我们能够不断地完善自己。

包容失败，笑对人生

人活一生，总会面临着各种各样的失败经历，没有任何一个人是生活的常胜将军，但是，人与人的区别就在于，有些人能够很快走出失败的阴影，但是，有些人却无法包容自己的失败，在失败的泥潭中越陷越深。

王佳莫名其妙地收到了一封邮件——她被毫无理由地解雇了，老板要她下午结算工资，然后就走人。王佳感到十分地郁闷，中午，她连吃午饭的胃口都没有，坐在公园的长椅上黯然神伤。突然，她发现一个小孩一直站在她旁边看着她，她感觉心里很烦：“小屁孩儿，看什么看！”

“这条长椅刚刚刷过油漆，我想看看你站起来的时候背是什么样子。”小家伙说。

王佳听后一愣，笑了。她忽然明白：如同这双天真浪漫的眼睛想看到我背后的油漆一样，我那些精明世故的同事也怀着强烈的兴趣想要偷窥到我的颓败、落魄和失意。因此，我决不能在丢失了工作的同时，也丢失自己的笑容、风度和尊严。

如此一想，她想通了，她决定舍弃这暂时的挫折，用平常心去面对生活。

于是，那天下午，当她再一次出现在公司里的时候，那些送别她的同事看到的是一张与平日一样美丽的面容。

世人皆向往成功，然而在成功的道路上却蕴藏着许多失败。有的人会因为失败而沉沦，因为他们逃避失败。有的人会因失败而奋进，因为他们敢于正视失败，这也是成熟者应有的做法。

失败是这个世界的一部分，我们可以尽量避免失败，尤其是战略性的大失败，但永远不失败是不可能的。任何成功的背后，都有无数的失败作为支撑。我们赞美成功，我们更应当赞美失败。我们应当正视失败，接受失败，从失败中振作起来，让自己成熟起来，去争取成功的早日到来。

美国黑人女性的杰出代表、好莱坞当时最红的女明星之一哈莉·贝瑞集美丽、智慧和坚忍于一身。从17岁开始，就接连不断地荣获令人羡慕的殊荣与奖励。

2001年3月，在洛杉矶的“柯达剧院”，哈莉·贝瑞凭借在电影《怪物午宴》中的精彩表现而获得了第74届奥斯卡金像奖“最佳女主角”奖，成为奥斯卡历史上第一位黑人影后，翻开了奥斯卡颁奖历史上的崭新一页。傲慢的奥斯卡终于被黑人演员的成就所征服，一扇向黑人女演员关闭了74年之久的奖励大门终于敞开了。

但是，即使是身为影后的哈莉·贝瑞，也有被命运开玩笑的一天，将她从人生的巅峰抛进了人生的谷底。在第25届金酸莓“最差”奖颁奖仪式上，她主演的《猫女》被评为“最差影片”，她也被评为“最差女主角”。在“金酸莓奖”历史上，从来没有当红的“获奖者”亲手去领过奖，但是，哈莉·贝瑞还是走上了领奖台，用曾经接受过奥斯卡最佳女主角奖杯的那双手，接过了金酸莓“最差女主角”的奖杯。

设立于1981年的金酸莓电影奖跟奥斯卡正好相反，该奖专门评选“最差”影片、“最差”导演和“最差”演员等奖项，并且举行颁奖仪式，颁发奖杯。对于这个带有恶作剧意味的颁奖，好莱坞的明星大腕们从不正眼相看，也从来没有一个当红的女明星参加过这个颁奖仪式，更没有一个当红的女明星有勇气亲手接过授予自己的“最差女主角”奖杯。

哈莉·贝瑞却包容了这一切，她难能可贵地认为，在人生旅途的地平线上，成功与失败同样都是崭新的开始。

在她发表的获奖感中，她说：“我的上帝！我这辈子从来没有想过我会来到这里，赢得‘最差’奖，这不是我曾经立志要实现的理想。但我仍然要感谢你们，我会将你们给我的批评当作一笔最珍贵的财富。”同时，她还补充说，“请相信，我不会停下来，我今后会带给大家更精彩的表演。”

哈莉·贝瑞的感言赢得了人们给了她一阵又一阵热烈的掌声。

事后，哈莉·贝瑞解释自己为什么不怕丢丑前来领奖的原因时说：“我认为，作为一个演员，不能只听他人的溢美之词，而拒绝接受别人对自己的批评和指责。既然我能参加奥斯卡颁奖典礼并接过小金人，那么我也就应该有勇气去拿金酸莓的奖杯。至于这个奖杯，我要将它放在我的厨房里，我每天都会面对它。它很有分量，就算全世界的赞扬和恭维像飓风一样袭来，只要看它一眼，我就不会被吹到云彩上面去。在许多人都赞扬和恭维的时候，批评和指责的声音是最珍贵的，因为它使人清醒，让人不会头脑发热到找不到自己，所以我一直将批评和指责当作最珍贵的财富。”

当有人请她留言签名的时候，她写下了小时候妈妈千叮咛万嘱咐的一句话："如果不能包容失败，就不能迎接成功。"

兼收并蓄，纳污而自清

人生的川流中难免存在污秽，要涵纳这川流而不失其清洁，人必须成为大海。

一个人的天际、心海越低浅，人生就越容易搁浅；一个人的天际、心海越高阔，人生则越顺当自在。

一个人有多大的灵性，就在于他的心灵具有多大的灵性。生活是充满艰辛苦痛的，人生必然藏污纳垢，充满劫数，能度人的不是任何人或事物，只有人自己。如果想要过得快乐，必须让自己容纳一切，心宽如海，灵动包容，才能净化一切，在苦中尝到些许甜意。

德山禅师在尚未得道之时曾跟着龙潭大师学习，日复一日地诵经苦读，日子久了，这让德山有些忍耐不住，一天，他跑来问师父："我就是师父翼下正在孵化的一只小鸡，真希望师父能从外面尽快地啄破蛋壳，让我早日破壳而出啊！"

龙潭笑着说："被别人剥开蛋壳而出的小鸡，没有一个能活下来的。母鸡的羽翼只能提供让小鸡成熟和有破壳力的环境，你突破不了自我，最后只能胎死腹中。不要指望师父能给你什么帮助。"

德山听后，满脸迷惑，还想开口说些什么，龙潭说："天不早了，你也该回去休息了。"德山撩开门帘走出去时，看到外面非常黑，就说："师父，天太黑了。"龙潭便给了他一支点燃的蜡烛，他刚接过来，龙潭就把蜡烛熄灭，并对德山说："如果你心头一片黑暗，那么，什么样的蜡烛也无法将其照亮啊！即使我不把蜡烛吹灭，说不定哪阵风也要将其吹灭。只有点亮心灯一盏，天地自然成了一片光明。"

德山听后，如醍醐灌顶，后来果然青出于蓝，成了一代大师。

生活中经历的每一次沧海桑田变幻，感受的每一次悲欢离合，都需要我们用心慢慢地去体会，去感悟。如果我们的心是暖的，那么在自己眼前出现的一切都是灿烂的阳光、晶莹的露珠、五彩缤纷的落英和随风飘散的白云，一切都变得那么惬意和甜美，无论生活有多么清苦和艰辛，都会感受到天堂般的快乐。心若冷了，再炽热的烈火也无法给这个世界带来一丝的温暖，我们的眼中也会充斥着无边的黑暗、冰封的雪谷、残花败絮般的凄凉。

在一座偏僻遥远的山谷里的断崖上，不知何时，长出了一株小小的百合。它刚诞生的时候，长得和杂草一模一样，但是，它心里知道自己并不是一株野草。它的内心深处，有一个纯洁的念头："我是一株百合，不是一株野草。唯一能证明我是百合的方法，就是开出美丽的花朵。"它努力地吸收水分和阳光，深深地扎根，直直地挺着胸膛，对附近的杂草置之不理。

在野草和蜂蝶的鄙夷下，百合努力地释放内心的能量。百合说："我要开花，是因为知道自己有美丽的花；我要开花，是为了完成作为一株花的庄严使命；我要开花，是由于自己喜欢以花来证明自己的存在。不管你们怎样看我，我都要开花！"

终于，它开花了。它那灵性的白和秀挺的风姿，成为断崖上最美丽的风景。年年春天，百合努力地开花、结籽，最后，这里被称为了"百合谷地"。因为这里到处是洁白的百合。

任何人在人生伊始，都像一株不起眼的百合，它状如野草，实则内涵秀骨。外界的污秽常会沾染到它，但它如果始终保持坚贞，容纳一切营养，接受一切污秽，用自身的包容来净化秽物，那么它将永远不失其节。

宋代禅僧茶陵郁曾有一首悟道诗：“我有明珠一颗，久被尘劳关锁。今朝尘世光生，照破山河万朵。”尘网关锁了太多人的心灵，要破网而出，只有心宽大过尘网，如海纳千般秽物才能到达欢乐的人生圣境。

包容别人的成功，隔开嫉妒的心头刀

嫉妒一直都是一个不好的词，因为嫉妒是弱者的名字，是心肠歹毒的兄弟，是暗箭伤人的姐妹，是心灵扭曲发展的温床。嫉妒心往往会蒙蔽我们的双眼，使我们无法肯定自己的尊贵，同样地也丧失了欣赏别人的能力。嫉妒也会使我们失去内在的双腿，在人间路上没有支柱，寸步难行。要明白，嫉妒是一把刀，它在伤害别人的同时，也容易误伤自己，嫉妒是自己的敌人，也是他人的敌人。

颇具传奇色彩的股票交易商巴鲁克曾经说过：“不要祈求别人遭遇灾难。最好的办法就是不断自我超越。记住，一旦你将目的只放在别人的身上，祈求别人遭遇灾难，也就是承认自己不如别人，害怕别人超越了自己。”一个人要想不被别人超越，就要不断自我超越。因为别人的优秀并不妨碍自己的前进，相反，有的时候它能给你带来前所未有的动力。事实上，一个真正埋头于自己事业的人，是没有时间和精力去嫉妒其他人的。所以，忘掉嫉妒吧，这能让你的胸襟渐渐宽广起来。

嫉妒犹如毒素，其毒让人走火入魔。培根说：“嫉妒会使人得到短暂的快感，也能使不幸更辛酸。”哲学家亚里士多德常与学生们一道探讨人生的真谛。有一次，他的一位学生问：“先生，请告诉我，为什么心怀嫉妒的人总是心情沮丧呢？”亚里士多德听完后，沉思了一会儿回答道：“因为折磨他的不仅有他自身的挫折，还有别人的成功。”

由此可见，嫉妒作为人类的弱点，基本上每个人都有，只是在多与少的问题上有所不同。这也是人性中残存的动物性的一面。据研究者说，许多动物都有嫉妒的本性，例如一个杂技团驯兽员曾说，一只叫玛吉的小狗看到驯兽员接触一只叫奥拉的小狗较多时，玛吉竟然嫉妒地把奥拉咬死了。尽管人类早已高度进化，但人们这种动物属性似乎与生俱来。当我们还是孩子的时候，就会对父母表现出的对其他兄弟姐妹的偏心而心生不快，有的时候也会因他们比自己多吃了一口蛋糕或新穿了一件衣服而生气甚至哭闹，直到有人劝慰自己或家长重新分配才肯罢休。

虽然嫉妒之心是普遍存在的，但我们绝不可因此而忽视它的危害性，特别是当这种天生的缺点已经发展到很严重的地步时，人们内心所产生的怨恨就会越积越多，等到时间久了会形成一种心理问题，这会对健康造成极大的伤害。而且，一个有着强烈嫉妒心的人会常常不信任别人，在嫉妒别人的同时往往喜欢归罪于他人。这种心理必然会影响自己的人际关系和社会职能。所以，面对自己的嫉妒心，我们要将它早早地搬出自己的心灵，要从积极的方面面对别人的优点，而不是恶意的去伤害别人，这样的话自己也会得到相应的惩罚。

老李是个有十年股龄的超级股民，他最初炒股的目的，就是能够一夜暴富，成为像比尔·盖茨、巴菲特这样的大富豪。可是，他却始终没有赚过大钱。看着身边的人一个个过得比自己好，老李有时会感觉妒火中烧。平时四下没人的时候，老李总是不停地嘟哝：“不公平，不公平，邻居小李买车了，一个三十出头的小毛孩，为什么我奋斗了大半辈子了，还比不上他啊？”

小李那辆崭新的小轿车老在老李家门口开来开去，已经把他的嫉妒心勾得要从眼睛里喷出来了。有一天邻居小伙子居然要顺便捎着他的女儿去学校，其实邻居是一片好心，可在老李眼里就偏偏认为是有意在给他难堪。于是他彻底失眠了，翻来覆去想出个歪主意，半夜里爬起来，拿了把铁丝，就去划人家的车。

结果可想而知，那车被刮得面目全非，老李赔了几万块钱的修理费，还从此让人直戳脊梁骨，在街坊面前抬不起头来。

作家艾青说过：“嫉妒是心灵上的肿瘤！一切嫉妒的火焰，总是从燃烧自己开始的。”的确，嫉妒别人是对自己的折磨，在打击别人的同时，也焚烧了自己。

那么，到底是哪些人容易产生嫉妒心理呢？古人说：“无德者必会嫉妒有德人。”因为人的心灵如若不能从自身的优点中取得养料，那么就必定要找别人的缺点作为养料。而别人的缺点就是自己心理安慰的一个平衡点，容易嫉妒的人往往是自己没有优点，又看不到别人的优点，因此他只能用败坏别人幸福的办法来安慰自己，让自己得到短暂的快乐。当一个人自身缺乏某种美德的时候，他就一定会设法贬低别人的这种美德，以求实现两者的心理平衡。

还有那些虚荣心强的人，假如看到别人在某种事业中总是强过自己，他也会为此容易产生嫉妒心。最普遍的，比如：在职场上，部门同事之间当有人被提升的时候，也容易引起嫉妒，因为如果别人由于某种优秀表现而得到提升，就等于映衬出了其他人在这方面的无能，从而就会刺伤他们的心，有的时候这类人可以允许陌生人的发迹，却往往不能容忍一个身边的人上升。

有的时候嫉妒者对别人惨败的兴奋往往要胜过对自己成功的喜悦，对别人优胜的愤怒每每强似对自己失败的难过。设恶计陷害他人的人终必掉进自己设计的陷阱里。因此，对别人产生了嫉妒并不可怕，但是一定要能够正视嫉妒，不妨借嫉妒心理的强烈意识去奋发努力，让自己升华这种嫉妒之情，学会把嫉妒转化为成功的动力，化消极为积极，这样的话自己也会开心起来。

所以，做人应控制住自己的嫉妒心理，合理转移嫉妒情绪，学会包容，在对自己宽容的同时学会善待别人，学会与别人一起分享喜悦，这样的话，人与人之间相处才会越来越和谐，生活才会越来越美满。

二十四
以和为贵，“和”能拉近天下人

“和而不同”是君子之和

“和”与“同”是春秋时代常用的两个概念。“和”，和谐，调和，指不同性质的各种因素的和谐统一，如五味的调和、八音的和谐。君子尚义，无乖戾之心，能和谐共处，但不盲从附和，能用自己的正确意见来纠正别人的错误意见，对不合理的事情，就要反对，所以会有不同，故说“和而不同”。“同”，相同，同类，同一。小人尚利，在利益一致时，同流合污，能够“同”；对有损于个人利益的事他不会干，对有利于自己的事则不管是否合于正义他都干，一旦利益发生冲突，则不能和谐相处，更不能用道义来调人情世故，故说“同而不和”。

唐朝的武则天对于反对她掌权的人进行无情镇压，但她又十分重视任用贤才，经常派人到各地去物色人才，只要发现谁有才能，就不计较其门第出身、资格深浅，破格提拔，大胆任用。所以，在她的手下，涌现出一批有才能的大臣。其中最著名的是宰相狄仁杰。

狄仁杰当豫州刺史的时候，办事公平，执法严明，受到当地百姓的称赞。武则天听说他有才能，把他调到京城当宰相。

一天，武则天召见他，告诉他说：“听说你在豫州的时候，名声很好，但是也有人在我面前揭你的短。你想知道他们是谁吗？”狄仁杰说：“别人说我不好，如果确是我的过错，我应该改正；如果陛下弄清楚不是我的过错，这是我的幸运。至于谁在背后说我的不是，我并不想知道。”武则天听了，觉得狄仁杰器量大，因而更加赏识他。

在狄仁杰当宰相之前，将军娄师德曾经在武则天面前竭力推荐过他，但是狄仁杰并不知道这件事，他认为娄师德不过是普通武将，有些瞧不起他。

有一次，武则天故意问狄仁杰说：“你看娄师德这人怎么样？”狄仁杰说：“娄师德作为将军，小心谨慎守卫边境，还不错。至于有什么才能，我就不知道了。”武则天说：“你看娄师德是不是能发现人才？”狄仁杰说：“我跟他一起工作过，没听说过他能发现人才。”武则天微笑着说：“我能发现你，就是娄师德推荐的啊！”狄仁杰听了，十分感动，觉得娄师德为人厚道，自己不如他。

像娄师德这样的人才算得上真的“和而不同”，这样的人总是把整体利益放在第一位，与小人不同，小人永远把自己的得失放在首位。

“和”是职场人际关系的理想状态。在这里所主张的君子之“和”，是在承认对立差异的基础上，寻求双方都可以接受的解决方案，从而使双方共生、共存、共发展。这一“和谐”的思想，不仅可以用于处理人与人的关系，也可以处理人与自然、人与社会的关系。

职场中，人们往往因为“关系”而混淆是非。如朋友之间，出现了意见分歧，即使这种事关乎道义，很多人也选择“打哈哈”糊弄过去，只要自己的利益不受损害，他们是不会抹开面子去为是非争个脸红脖子粗的，这其实正是一种对人对己都不负责的态度，如果因此导致别人或集体利益受损，则难免有同流合污之嫌。这是正人君子所不取的。

宋代的开国功臣赵普，在原则是非问题上，往往与身为一国之尊的皇上发生争执，虽然他对皇上是尽心竭忠地辅佐，但无论何时，他都始终坚持“和而不同”的做人做事原则。

赵普原是赵匡胤的幕僚，任掌书记，曾与赵匡胤等策划陈桥兵变，帮助赵匡胤登上皇帝宝座。以后又参与制定先南后北、先易后难的统一战略，帮助太祖、太宗二帝统一了全国大部分领土。

赵普从小就学习官吏办事的方法，但读书不多。做了宰相以后，宋太祖常劝他读书，所以到晚年时他总是手不释卷，常常一回到家就关上房门，从箱子里拿出书来读，一读就是一整夜。第二天处理起政务来，总是果断利落。别人谁也不知他读的是什么书，到他去世以后，家里人打开箱子一看，只有《论语》二十篇，因此，后人传说他以“半部《论语》治天下”。

历代做宰相的人，很多都为私利着想，一切言行都要讨皇帝的欢心，绝不触怒皇帝。赵普却把治理好国家看成是自己的责任。在与皇帝发生分歧时，只要他认为自己的意见有利于国家，就犯颜直谏。

宋太宗时，赵普再次担任宰相。宋太宗因为听信了弭德超的谗言，怀疑曹彬不遵守法度，要处罚曹彬。赵普知道曹彬冤枉，就为曹彬分辩清楚，并且予以担保，使事情真相大白。宋太宗知道真相后叹息说：“我听断不明，几乎误了国家大事。”对待曹彬一如既往。

当然，赵普不是普通人，他做事“和而不同”的出发点是社稷民生。作为普通人，虽然没有这么崇高的意图，但凡事坚持原则，力避同流合污，还是应该能做到的；否则，一旦流于“同而不和”，那就简直与小人相差无几了。

拆对手台，断自己路

暑假，部门经理王贺迎来了小达和小吕两个实习助理，其中只有一个能够最后留下来成为正式员工。

到岗之后，两人每天上午学习公司章程制度，下午就上岗工作实践。一天早上，小达一边帮王贺整理资料一边说：“您看，您这么忙这小吕也不见影子，真不知道说他什么。”王贺看看她，又抬眼望了一下，果然本来应该和她在一起的小吕不知去向了。

自那以后，王贺发现小吕似乎老是不在办公室，一天下午实习的时候，就有老员工到办公室就唠叨：“两个新人里就小达管用，那个小吕老是神龙见首不见尾的。”

王贺听到了，就细问了一下是怎么回事，老员工一脸不高兴地说，那两个新人不管干什么，都是小达最勤快，另外那个不知道怎么回事，老爱往别处跑，回来一问还赖给小达。

有一天上班，王贺因为一些工作提前来到了公司，快到办公室门口时听见里面有人说："你去买早点吧，我请客。"另一个说："老让你请客不好，今天我请你，你去买吧。"王贺听出来了一个是小达，后一个说话的是小吕。

小达却说："不用，这打扫卫生的活儿适合女生，你是男生就辛苦些干跑腿儿的事吧！"于是，小吕出去买早餐了。

王贺在外面过了一会儿才进去，小达正转身去水房打水。王贺还没坐稳，小达就进来了："经理早啊，我给您沏茶去。"王贺叫住她："不用了，一会儿我自己弄就好。你每天都这么早，真勤快！"

小达却站在门口笑着说："小吕比我更早呢，不过，他来了就跑出去了，也不知道干什么去了。男生就是不勤快，还贪玩儿。"王贺愣愣地看着她，小吕不是被她支出去买早点了吗？他顿时全明白了。

两个月后，小达被中止试用，她坐在王贺面前眼睛哭得通红。王贺问："你知道为什么停止试用吗？"她摇摇头。

王贺对她讲："争强好胜是不错的，但是，不应该拆竞争对手的台。"她的脸立刻红了。

人与人之间的关系，有互相合作，也有互相竞争，但是，无论如何不应该相互拆台，尤其是面对既有竞争又有合作的对手时，你的拆台举动被别人看在眼里，只会给人留下你不可信任的印象。

相反，若是能够在竞争激烈的环境下依然厚道做人，保持着友善的竞争，不拆对手的台，即使是在竞争中失败了，也能够因此得到别人的青眼。

小蔡和小苏是同一批进入公司企划部的，两人同龄，有着类似的工作经历，而且做的都是策划。

刚开始的时候，两个人关系不错，毕竟同时来，又在一个部门。直到有一天部门两人无意中听到经理说，其实企划部要一名策划就够了。这一句话，让小蔡和小苏之间的关系顿时发生了微妙的变化。毕竟，谁都知道找这样一份好工作不容易。

一次，公司策划了一次大型活动，上面要求小蔡和小苏设计整个活动的全部流程和细节。两个人一商量，小蔡就把展台搭建和外联交给了小苏，自己埋头做方案策划。

几天后，部门经理来验收成果，小蔡赶紧抱着策划案过去汇报。这时小苏正在外边谈灯光的事，就打电话给小蔡，让他拿着自己设计的手册代自己汇报。小蔡找到小苏的设计，翻开一看，三个版本个个漂亮，再看自己的似乎就差了一截儿。他抱着两套方案发愣的当口，经理打电话来催了。小蔡心里纠结，自己这样的方案交上去，肯定会被小苏比下来。

走到经理室门口了他还没拿定主意：要是把这两份设计交上去，一对比，肯定会影响将来的试用评价，也就会导致自己的离开；要是把小苏放下不管，可人家嘱咐了让帮忙，这样放下也实在是太说不过去了。

最终，他还是进了办公室，把自己和小苏的策划一起交给了经理。虽说不乐意，可他还是中肯地说，小苏的策划比自己的更能体现公司的意图。

等这次活动结束，经理找到他们两个，先说小苏的设计得到了集团的认可，还笑着告诉小苏，他因为设计出色提前转正了。

小蔡想，自己当时完全可以不把小苏的稿交上去的，可以找个借口，利用一下他的设计，改好自己的再交。现在说什么也晚了，这次算是栽到自己手里了。出门时，经理喊住了小蔡，告诉他，集团公司的另一个事业部需要一位设计师，他试用期表现得踏实敬业，他已经推荐小蔡过去任职了。

小蔡听了又是惊喜又是迷惑，怯生生地问：“我明明不如小苏呀，而且公司不是只要一个吗？”经理大笑道：“这边是用一个，可别的分公司还要啊！你能够同行不相欺，还夸奖别人的设计比自己的好，这是难得的职业精神。所以，你当然没问题了。”小蔡脸一红，告诉了经理他当时的想法。经理却笑着说，谁在机会面前都会纠结，但只要最终选择了正确的就是好同志。

小蔡出门后又高兴又后怕，幸亏自己当时没有拆小苏的台，否则这机会说不定就轮不到自己了。

第二天，小蔡就高兴地去上班了，他和小苏的关系也和好如初了。

竞争时时刻刻都是存在的，但竞争必须是凭良心的才能相互促进，最后达到双赢的境界，若是恶性竞争，相互拆台，则必然面临双输，尤其是在同一个组织内部，竞争必须有序，不管谁拆谁的台，最终结果都是在拆组织的台，那个组织的老板会喜欢这样的情况，会愿意接收这样的人吗？

互不相让不如互相欣赏

人与人之间总是喜欢争强好胜，互不想让。可是，没有人想到过，其实每个人都有每个人的突出点，相互之间的争斗比较完全是毫无意义。

有一则寓言读来有趣且发人深省。

五根手指闲来无事，无意中提及谁最优秀这个话题，发生了激烈的争执。大拇指洋洋得意地说：“在咱们五个当中我是最棒的，我最粗最壮，人们赞美谁、夸奖谁时，都会把我竖起来……”闻听此言，食指不服气了，站出来说：“咱们五个当中，我才是最厉害的，别人哪里出现错误，人都会用我把错误指出来……”中指拍拍胸脯不可一世地说：“看你们一个个矮的矮，小的小，哪有一个像样的，我才是真正顶天立地的英雄……”到无名指了，它更是心有不甘：“你们算什么，人们最信任的是我，当一对情侣喜结良缘的时候，那颗代表着真爱的结婚戒指戴在谁身上啊？”轮到小指发言，虽然它最不起眼，可气势却不低，它说：“谁最重要，不能只看这些小事，当每个人虔心拜佛、祈祷的时候，我是站在最前面的，所以最重要的是我！”

这时，手的主人说话了：“你们对我来说同样重要，谁也不比谁强，谁也不会比谁差。”

人们心中总觉得自己比人强。其实，没有一个人不如自己，虽然你在许多方面有过人之处，但总有一个方面要逊色于人。金无足赤，人无完人，每个人都有自己的优势和劣势。所以，人贵在于自知。正所谓，知人者智，自知者明。知道自己的不足在哪，也知道别人的长处在哪里，这才是智者的行为。

雪峰禅师在给弟子们讲禅的时候，说了这样一个故事：

从前有一个文士，感觉心有郁结，于是就给自己倒了一杯茶，想了想，又倒了一杯酒，一起放在桌上。看着桌上的茶和酒，迟疑着要先喝哪一杯才好。他想：心情不好的时候应该喝酒，因为喝了酒，一醉解千愁，可以沉沉地睡去。于是端起了酒，但是随即又想：心情不好时应该喝茶，因为喝了茶，使人清醒，情绪清明了，烦恼自然就消散了。一来二去，就不知怎么办才好了。突然听到桌上的茶说话了："我是百草之王、万木之心，从前都是供奉帝王之家，只有公侯这样高贵的人才能品味我的香醇，当然要先喝我了。"

那人听了茶的话，点头称是，于是伸手便要端起茶，谁知立刻就听见酒笑了起来："真是可笑！从古到今，茶贱酒贵，仪狄造酒供奉大禹王，阮籍爱酒大醉三月。连能定人生死的神仙都喜欢喝酒，你怎么敢跟我比呢？当然是先喝我了！"

茶一听就愤怒了："喝了我可以使神智清明，这是人所共知的。供养弥勒、奉献观音亦少不了我，千劫万劫以来，连诸佛都钦佩。而酒只能使家财败坏，使人淫乱，本就是五戒之一，造下过多少孽！"

酒听了极为不服气："茶是平民解渴之物，一文钱就能喝上一大碗，好酒却是风流名士所梦寐以求的。魏晋才子、盛唐名士无不心仪。茶呢？不能喝了茶引吭高歌，也不能喝了茶而挥洒笔墨，你见古来的诗人才子，有哪个是借了"茶兴"吟诗作对，写出千古名篇的？"

茶听了冷笑一声道："我倒只听说过名士好品茗，引车买浆之流才牛饮三通酒，大醉十余日，癫狂五度。衙门的大牢里尽是些酒醉杀人的狂徒，酒后乱性的淫贼，谁曾听说有人借茶撒疯、发茶疯的！"

就这样你一言我一语的，茶和酒吵得不可开交，正在难分难解的时候，突然水说话了："你们两个吵什么吵，有什么好争功的，我都还没开口呢！天地之间四大元素——地水火风，我水居其一，难道不比你们重要吗？茶得不到水，是什么样子？酒如果没有水，又是什么样子？酒若干喝，割伤肠胃；茶叶干吃，划破喉咙。可是，我却一直没说话，为什么呢，因为知道如果没有茶叶，我就失去了茶的清香，如果没有酒汁，我也不会有酒香的醇厚，失去了我们中的任何一个，茶就不是茶，酒也不成酒。这世界上本就没有万物之主、五谷之宗，如此相争，究竟能够挣出什么结果来！"

酒和茶听后大惭，不再作声。

孔子说智者乐水。水不愧是智者，一言道破了本质。一个人如果常常只看别人缺点，他就没有时间检讨自己。太过于欣赏自己的人，不会去欣赏别人的优点。我们在生活中常遇到这样的人，他们学识不高，修养不够，却总是目空一切，到处炫耀自己的学识。这样的人是浅薄的，他们不知道人外有人、天外有天的道理。独木不成林，独峰不成山，只有看到别人的长处，欣赏别人的优点，才能做到相互尊重，和谐共处，才能泡出最香的茶，酿出最醇的酒。

法国科学家普鲁斯特和贝索勒相互之间是一对死敌，他们相互之间争论了9年之久，关于"定比"这一定律，他们各执一词，谁也不让谁。最后的结果以普鲁斯特的胜利而告终，普鲁斯特成了"定比"这一科学定律的发明者。但他并未因此而得意忘形，把功劳揽为己有。他真诚地感谢曾激烈反对过他的论敌贝索勒，感谢他一次次的质疑，让自己能够把定比定律深入地研究下去的。因此，他特别向公众宣告，发现定比定律，贝索勒拥有一半的功劳。

没有人是绝对完美的，也没有人是绝对不如人的，既然如此，相互之间不休止的争斗还有什么的意义呢，不如以和为贵，停止争斗，相互欣赏。

"和"字能做防身符

我们常说："家和万事兴"、"和气生财"、"以和为贵"，可见，"和"字对人类生存之重要。和气的人际关系是一个人立足社会的根本，低调的人总是以和为重，从不感情用事，更不暴躁行事。当他们与滋事的人相遇时，也总能平静地化戾气为和气，在心平气和中解决问题。

“和”是中国传统哲学中一个影响深远的理念，这种理念渗透在人们心中，表现在各个领域。

“和”首先是一条经世致用的原则。儒家有句名言叫作“和为贵”；兵家有个理论叫作“天时不如地利，地利不如人和”；治家者有一条经验“家和万事兴”；经商者有个信条“和气生财”；治国者讲究和平。由此可见，谋“和”是人生的一项重要组成部分。古往今来，“和”是贤者仁人所追求的境界。在我们周围可以找到许多以和为贵的凡人，在历史上，谋“和”，求宽容、大度的例子更是屡见不鲜。这一切无不在昭示人们“以和为贵”，不要以邻为壑，它能平息仇恨的怒火，不再冤冤相报，而是化干戈为玉帛。

可以说“和”是天下人通行的准则，“和”是消除纷争、缓解矛盾的利器。自然中“适者生存”的法则告诉我们，竞争是不可避免的。但是，将这些竞争保持在一个最低限度，增加彼此之间保持建设性互动关系的就是要靠“和”去实现。让我们来看下面以“和”成事的例子。

汉高祖刘邦去世后，年幼的皇帝不懂事，被吕氏家族挟持，刘家的天下受到了威胁。左丞相陈平为此很是忧愁，他尽管谋略万千，但找不出一个合适的方法来挽救刘家天下。

一天，正当他在沉思时，陆贾前来拜见，见他面带忧色，神情专注，就问他什么事，陈平告诉他说担心吕氏家族及幼主，但找不出什么办法。

陆贾对他说：“在天下安定的时候，丞相发挥重要作用，在天下危难的时候，将军发挥重要作用。如果将军与丞相能合作、团结起来，那么就会获得民心。此时，即使天下发生什么大变动，权力也不会分散。如果你能与太尉周勃搞好关系，合作起来，还有什么不能办成的呢？”

陈平听了，心头一亮，觉得这是一条不错的路子，于是就采纳了他的意见。在周勃生日时，他送了五百两黄金作为礼物，并且准备了各种菜肴。周勃见了，自然很是高兴。待陈平生日时，也予以同样的回报。一来一往，两人建立了较深厚的友谊，关系越来越亲密。

吕氏死后，陈平和周勃会同刘氏宗室，齐心协力铲除吕氏家族，立代王刘恒为帝。刘恒即位后，陈平又与周勃合作，一为左丞相，一为右丞相，为汉朝江山的稳定立下了汗马功劳。

陈平和周勃以和为贵，精诚合作，铲除了吕氏，维护了汉朝的稳定。林语堂认为“和平”是人类的一种卓越认识，中华民族尤其热爱和平，不爱挑起战争，因为这是理性的民族。受“和为贵”理念的浸润和熏陶，使得大多数中国人从小就养成一种“以和为贵”的人生理想。

“和”在今天仍是一条协调人际关系的重要原则。社会生活的多样化、复杂化使得人与人之间产生种种不和，不和就会产生分歧，有了分歧就会导致摩擦，摩擦导致矛盾，矛盾激化就会导致争斗。特别是当人与人之间有利益冲突时，争斗就难免了，而且争斗的方法也不胜枚举。有明争也有暗斗，不管是哪种争斗方式都会伤了彼此间的和气，都会造成不必要的损失。

做人应求“和”，而不求“同”，要“和而不同”。提倡“和”，不是要求人们都抱成一团，讲求一团和气，无原则立场地妥协和谦让，而是为了追求一种团结进取的和谐的人际关系，追求工作上的互帮互助的氛围和对人对己宽容大度的气量。“和”是成就大业的良好环境，是每个人都渴望追求的目标。

俗话说：“和气致祥。”在一个家是如此，在一个单位和一个社会更是如此。如何保持和气呢？古人指出“长傲”、“多言”是破坏和气的两大因素，更是历代战争和残杀的原因，而要做成熟的人就应该谦虚而少语。

当你和上司、同事或其他人有了冲突的时候，最好进行面对面的交谈。面对面交谈应该心平气和地进行，要与对方保持一种和睦的关系。

在与别人谈话时，要考虑别人的意见，但不要立即表示赞同。给自己充足的时间去想，好像你是被老板或同事提出的建议说服的。这样使你看起来更谨慎，而且考虑得更周到。如果可能的话，表明你的忧虑。即使你表明了你的不同意见，你也要给同僚和上司进一步说明他们的想法的机会。另外，要事先弄清楚别人的观点。

当你意识到自己与他人的冲突已经严重到了非解决不可的地步时，应该假设有这样一种情况：即所有的人都在看着你所要作出的决定，你一定要慎重而准确地处理好这件事。这样的话，你就不会轻易犯下错误。

总之，无论在古代还是现代社会中，正如那句“你好我好大家好”说的，“和”可以促进人际关系和睦，可以助人抵挡他人侵犯，它是成功所不可缺少的因素。我们拥有一个和睦的家庭，会令人感到温暖；拥有一个和谐的人际关系，会使人感到舒畅；拥有一个和平的环境，会使人安心地搞建设；拥有一个祥和的气氛，会使世界充满了温暖。

锐气藏于胸，和气浮于面

商场之上，无论是商家跟顾客之间，还是商人与商人之间，都少不了交往。商场之上，人脉就相当于财富的源泉。为谋钱财，先谋人和。

胡雪岩的生意经中，讲求天时、地利、人和。重中之重就在人和。在胡雪岩生活的年代，人脉不仅仅指顾客、官员，更包括江湖。江湖帮派的力量是不容小觑的。每一个帮派都有自己的势力范围，在势力范围内，他们的力量更胜于官员。如果不能很好地同江湖势力打交道，就不能顺利地做成生意。胡雪岩正是依靠良好的人际关系，才把握无限商机。他能够让江湖势力也买他的账，给他面子，为他所用。

胡雪岩十分注重得到帮派势力的认可和信任。他打交道的帮派并不是一个两个，除了像漕帮这样的旧势力老帮派，还有像小刀会这样的新生力量。通过跟这些帮派打交道，他确立了自己的“另一条道路”，保证了他的商路亨通。

怎样结交江湖势力？江湖中最看重的就是义气，恰好胡雪岩做生意最重视的也是情义。向来他都是有情有义之人，更有义薄云天的架势。两者一拍即合，当然比起其他重利之人更容易产生深厚的情感。

事情得从王有龄上任海运局坐办说起。身为坐办需要解决非常棘手的漕米问题，胡雪岩为了帮他分忧，自然出谋划策。胡雪岩左思右想，提出了买商米代替漕米的计策，并且自己出面借这笔垫付的买米银款。

于是胡雪岩就踏上了买米之路，行至松江，胡雪岩收到消息说，松江的漕帮要脱手几万石米兑现。经过打听和了解他决定上门拜访松江管事儿的“魏老五”魏老爷子。因为不熟悉，所以请在当地两个朋友王老板和刘老板的陪伴。他们一行三人来到了魏家。不巧的是魏老五刚好有事情外出，只有他的母亲在家，这位老妇人邀三人在客厅等候。其他两人都觉得很是失望，胡雪岩透过察言观色，觉得这位老妇人颇有女中豪杰的味道，必定对魏家决策有一定的影响力。心中暗想，倘若能够说服这位老巾帼，这生意必定也成了。

他先以后辈之礼谒见老太太，便默不作声，等待老太发问。果然在品一口茶之后，老太太就开门见山地问他们来的目的。最初胡雪岩只是寒暄，并不敢直抒胸臆。在老太的再三要求下，胡雪岩说出了自己的来意。听完之后，空气仿佛凝固了，老太太缓缓闭上眼睛，良久才缓缓睁开，说道：“胡老板，你知不知道，这样做是砸我们漕帮弟兄的饭碗啊？在裕丰买米的事，虽然我少于出门，但也略知一二，胡老板有钱买米，若裕丰不肯卖，道理可讲不通，这点江湖道义我还是要出来维持的。倘若只是垫一垫，于胡老板无益可得，对于做生意的，那可就不明所以然了。”

老太太的话，并没有打消胡雪岩的积极性，反而让胡雪岩更胸有成竹。胡雪岩结合自己的理解，从“大义”角度分析给老太太听：“老前辈，我打开天窗说亮话。如今战事急迫，这浙米京运被朝廷盯得紧，如若误期，朝廷追究下来不但我等难脱罪责，我想漕帮也难辞其咎吧！为漕帮众弟兄想想，若误在河运，追究下来，全帮弟兄休戚相关，很有可能被扣上通匪的嫌疑，魏老前辈可对得起全帮弟兄？”

胡雪岩的话，从帮中大义入手，正中魏老太太的要害，魏老太太仔细思量后不由得心中点头，就吩咐下人，把儿子叫了回来。魏老五回来后，老太太就将他引荐给胡雪岩及同行的人。看着母亲对来客的尊敬，魏老五客气地称胡雪岩为胡先生。魏老太太接着说：“胡先生虽是道外之人，却难得一片侠义心肠。老五，胡先生这个朋友一定要交，以后就称他‘爷叔’吧。”老五很听话地改口叫“爷叔”。要知道这个“爷叔”是漕帮对帮外至交的敬称，这两字的分量可是不轻啊。当晚，杯盏之间，这个生意谈成了，胡雪岩也同漕帮龙头老大从初识变成了莫逆之交。但是魏老五的关门弟子，现任漕帮主管尤五对此却颇有微词。见此情形，胡雪岩打开天窗，仔细询问是否有可以帮忙之处，不然也就不买这批米了。尤五见胡雪岩如此诚恳直率，就将自己的隐衷一一道来。原来自从官粮海运以来，漕运大不如前。处境十分艰难，正是缺银短钱之时，胡雪岩买粮，只是周转之计，倘若官粮收齐还是要还回来的，并没有解决实际的问题。本来想借着卖米解决困境的尤五，十分为难。胡雪岩知道后，连忙同借钱的钱庄商量起来，也就解决了尤五的困难。胡雪岩重情重义的名声也在漕帮中流传开来。自此之后，只要是胡雪岩的货，漕帮一定优先运输。尤五还主动向胡雪岩提供打听到的商业机密，帮了胡雪岩不少大忙。

仔细分析，胡雪岩正是因为对江湖势力也有正确的态度，主动真诚地与之结交，才够避免了很多麻烦，还使得自己能够处处占先机。倘若商人都能够像胡雪岩一样，正确地处理人际关系，谋求人和的境界，自然也有财源广进了。

商人在商海拼杀，总得凭借一定的资源，或是有一技之长，或是有关系门路，或是有独门秘方，等等。资源可分为外部资源和内部资源两种。内部资源主要是个人的学识、能力以及本钱等，而外部资源包括时机、环境、地域以及最重要的人脉，也就是人际网络或社会网络的能力。像胡雪岩一样能够很好地为人处世，就能够充分利用人脉资源，以和为贵，就会“多个朋友多条路”，相信也就能够财源广进。

抱团才能赢天下

通用电气公司前CEO（首席执行官）杰克·韦尔奇曾说：“在一个公司或一个办公室里，几乎没有一项工作是个人能独立完成的。大多数人只是在高度分工中担任部分工作，只有依靠部门中全体员工的互相合作、互补不足，工作才能顺利进行，才能成就一番事业。”松下说：“美国人就好像独行的狮子，而日本人则像是群体活动的鬣狗，尽管单个的狮子比鬣狗厉害得多，可是在较量当中，狮子却经常吃亏。”可见团队的力量之强。

20世纪90年代，一向顺风顺水的微软受到了市场的严重冲击，它需要一套真正能与主流规格接轨的操作系统，换句话说，一套基于Unix技术的操作系统。盖茨说，这是（微软的）新技术，因此命名为NT。NT的开发需要多久？专家说，很久很久。微软自己的开发人员说，以微软当时的技术水平及软件开发管理能力，NT的生日遥遥无期。但是，机会来了。当时电脑界仅次于IBM的二号巨人迪吉多（Digital）修改经营战略，部分人才人心浮动。盖茨从迪吉多挖来了一位Unix大师，任务是以最快的速度开发出以Unix技术为核心的NT，不但要最快，还要最好。

面对这项“又要马儿跑，又要马儿不吃草”的无理要求，这位临危受命的NT开发负责人的第一反应是拒绝。经过几天的思考，他问自己：“如果吃好草才能跑得快，要我又有何用？”于是他对盖茨说：“你要我做这项不可能的任务，那么你不要管我用什么方法。”他回到办公室，把所有正在开发NT的主要人物召集起来，问他们：“你们现在在用什么工具开发NT？”大家都回答说，用的是微软过去已积累的语言工具及软件模块。他接着问了一个关键问题：“我们就是因为微软过去的东西不行，才要开发NT，现在你们用不行的东西开发新东西，出来的结果一定不行。”于是他下令，现在回各自的办公室，把电脑中所有微软的工具都卸下来，重新开发工具；然后，用重新开发的工具来开发NT。

每隔一段时间的规格“碰头会”，逐渐变为每天一次的“见真章”。在软件开发术语上，这叫作每日构建。前一天晚上8点截稿，夜班人员进场，将上班人员的成果构建成系统。所有的规格冲突及“虫子”，第二天一早日班人员上班时便已呈现在他们眼前，辩论开始。

在高压下，人员的情绪开始发生变化，有人搬进了办公室，有人上班时必须把家里的狗带来，以安抚自己的情绪。整个NT开发过程中，离职者不计其数，因此离婚的至少有8名员工。结果是，微软渡过了历史上的第一次惊涛骇浪。但是，鲜有人知道这浪头有多险，就在预定的产品全球发布会的前4个礼拜，NT还有4000多个足以让NT在执行过程中死机的“虫子”！这样一种团队协作的制度规范，让微软渡过了一次又一次的难关，从而使微软员工的潜力得到了发挥，也增强了员工的责任心。

“天才的唯一取代就是团队合作。”团队效应既可以发挥每个人的最佳效能，又可以产生最佳的群体效应。每个人只有秉承团队精神才能发挥得更好。人们常说一句话：“世界上没有完美的人，只有完美的团队。”如果不注意与别人合作，能力再强的人也无法出色地完成任务。注重与别人合作，就能以最小的代价，获取最大的成功。

成功者都明白一个简单的道理：合作则两利，分裂则两败。这就像一棵树，无论它怎样伟岸、粗壮和挺拔，也成不了一片森林；一块石头，无论它怎样大，也成不了一面墙。任何人要有所作为，就必须把自己融入团队之中，与大家齐心协力，这样才能赢得发展。在一个团队中，如果没有其他人的协助与合作，任何人都无法取得持久性的成就。当两个或两个以上的人在任何方面都联合起来，凡事建立在和谐与谅解的基础上，那么这一团队中的每一个人将因此倍增他们自己的成就能力。

所以，团队精神是通向成功的必经之路。只有团队获得成功，个人才有可能获得发展与成功。个人英雄主义已经不再适应这个时代，要想事业成功，首先就要选择一个真正适合自己的团队，然后尽最大可能完成自己的工作并密切配合别人的工作，最后在团队获得成功的过程中展示自己的才能，为自己谋求更多的发展机会。

二十五
以德报怨，化恩怨为真情

别让仇恨的种子遗传

在武侠小说里，作者常常会将主人公的仇恨设定为延续前一辈的恩怨，可能是只有这样的矛盾才能激化人物的性格，让情节更加吸引人。可是，我们也常常会在这些武侠剧中看到，主人公因为背负着前一辈的仇恨，生活得十分辛苦，有时候应该与之做朋友的人，因为报仇的使命却错过；为了坚守复仇的秘密，他所作出的牺牲太多太多……

仇恨是带有毁灭性的情感，如果一直背负着，其中的痛苦将不堪设想。可是，很多人就是喜欢这样，将上一辈的仇恨留给后人，希望代代相传，将对方置于万劫不复之中。其实，如果这样做，虽然自己的情感得到了寄托，将仇恨的种子延续下去，但是会加重后辈的负担，甚至剥夺了原本属于他们的快乐。

一位画家在集市上卖画，不远处，前呼后拥地走来一位大臣的孩子。这位大臣在年轻时曾经把画家的父亲欺诈得心碎地死去，所以画家一直铭记着父亲的仇恨。大臣的孩子在画家的作品前流连忘返，并且选中了一幅，画家却匆匆地用一块布把它遮盖住，并声称这幅画不卖。

从此以后，大臣的孩子因为心病而变得憔悴，最后，他父亲出面了，表示愿意付出一笔高价。可是，画家宁愿把这幅画挂在自己画室的墙上，也不愿意出售。他阴沉着脸坐在画前，自言自语地说："这就是我的报复。"

每天早晨，画家都要画一幅他信奉的神像，这是他表示信仰的唯一方式。可是现在，他觉得这些神像与他以前画的神像日渐相异。这使他苦恼不已，他不停地找原因。然而有一天，他惊恐地丢下手中的画，跳了起来，他刚画好的神像的眼睛，竟然是那大臣的眼睛，而嘴唇也是那么酷似。他把画撕碎，并且高喊："我被这没有边缘的仇恨给毁了！"

这是印度大文豪泰戈尔的一篇名为《画家的报复》的作品。这种仇恨的种子一旦被"遗传"、"继承"，就会演变为可怕的破坏力。我们在心中怀恨、心存报复的同时，我们的身心也同样被这恶毒所折磨。

一个心中常想报复的人，其实自己活得也并不快乐。因为他的精力几乎全用在想怎样报复上了，而且就算成功他也会有种失落与悔恨交织的情感。

光想着报复别人的人，会不惜一切代价，即使是为此牺牲了太多的欢乐时光，他也不会在意。可是当有一天，他想报复的人已经不在了，或者以后没有力气再去跟别人计较的时候，他就会发现，原来自己已经付出得太多太多了。怀有仇恨的人也许对他人的伤害还不足百分之一，可是他们却在用自我惩罚的方式加上了那百分之九十九。

所以，对待曾经伤害自己的人，不要一直怨恨了，给予一点宽容，我们就能透过乌云看到阳光。更加不要将自己的仇恨“遗传”给后辈，让自己的下一代人为了仇恨奔波，享受不到生活的快乐。

大度为怀，不活在报复的噩梦里

哲人说，没有宽容就没有友谊，没有善待就没有朋友。宽容和理解是一种力量，是朋友之间的桥梁和阳光。

生活中，确实存在很多矛盾和困难，物价上涨，住房拥挤，人际关系紧张，还有这个“难”，那个“难”，真让人有点儿喘不过气来。诅咒、谩骂、生闷气不仅无济于事，反而给疲惫的身躯又增加了几分新的负担。

在我们的生活中，恩将仇报的人是屡见不鲜的；有机会报仇却放弃，反而帮助自己的仇人脱离危险的人却很少见。但只有能够做到这样的境界，才算是真正的豁达大度，才能真正地享受人生的最高境界。

1944年冬天，经过惨烈的莫斯科保卫战，苏联红军俘虏了将近两万名德国战俘，这些战俘将排成纵队走过莫斯科的大街。

莫斯科的大街上早就已经挤满了人。这些人大部分是妇女，或者是在战争中失去了父亲，或者是失去丈夫，或者是失去了兄弟，或者是失去儿子，总之，她们全都是战争的受害者。妇女们怀着满腔仇恨，朝着大队俘虏即将走来的方向望着，为了防止这些人做出过激的举动，苏军士兵和警察警戒在战俘和围观者之间。

当俘虏们出现在大街上的时候，妇女们难以抑制心中激愤的情绪，把一双双的手攥成了愤怒的拳头，士兵和警察们都紧张地阻挡着她们，生怕她们控制不住自己的冲动。

就在这时，意想不到的一幕出现了：一位穿着一双战争年代破旧的长筒军靴的上了年纪的妇女，挤到队伍前面，恳求一个警察能让走近俘虏的队伍，在得到警察的允许之后，她到了俘虏身边，从怀里掏出一个用印花布方巾包裹的东西。里面是一块黑面包，她不好意思地把这块黑面包塞到了一个疲惫不堪的、两条腿勉强支撑得住的俘虏的衣袋里。于是，整个气氛改变了，妇女们从四面八方一齐拥向俘虏，把面包、香烟等各种东西塞给这些战俘。

在这个故事的结尾，叶夫图申科写了这样两句话：“这些人已经不是敌人了，这些人已经是人了。”这两句话十分关键地道出了人类面对世界时所能表现出的最伟大的善良和最伟大的生命关怀。当这些人手持武器，出现在战场上时，他们是敌人；可当他们解除了武装出现在街道上时他们是跟所有别的人，跟“我们”一样，是具有共同人性的人。

苏联老百姓可以在大街上把敌人转化为人，给予友爱和关怀，把惩罚化为温暖，把伤害变成祥和，这是一件非常美妙的事。

是的，只要你冷静观察，就会发现，人们的生活本来就是苦、辣、酸、甜、咸五味俱全。生活中，看不惯的很多，理解不了的也很多，失望的也很多。但人的能力毕竟是有限的，愤世嫉俗不会改变事态的发展，不会使关系缓和。

我们要学会让自己保持一种恬淡、安静的心态，去做自己应该做的事情。整日为一些闲言碎语、磕磕碰碰的事情郁闷、恼火、生气，总去找人诉说，与对方辩解，甚至总想变本加厉地去报复，将会贻误自己的事业，失去更多美好的东西。

要想在这个社会中活得舒心、自在一些，就必须收敛自己的锋芒，用微笑和幽默化解人与人之间的怨恨和矛盾，抛开好胜和计较的狭窄心胸，对于世事和人都多一些豁达大度，我们才能笑对人生。

若得身心悦，去除仇恨心

人与人之间的你来我往中，免不了会有摩擦和误会，心不存愤恨恶念，语不带尖酸刻薄，不伤害、诽谤他人，而是坚守善美的心念、清净的语言，可为自己的心地栽种一株株慈悲的草、宽容的花，一朝人生的大原野就能绿意遍满，白云游天，驰骋其间就是“只要自觉心安，东西南北都好”，潇洒自在。

人与人之间常常因为一些彼此无法释怀的坚持，而造成永远的伤害。如果我们都能从自己做起，开始包容地看待他人，就能让自己活得更自在、更轻松。别忘了，帮别人开启一扇窗，也就是让自己看到更完整的天空。

在生活中，也许我们每个人都曾因别人的恶意诽谤或其他打击而深受伤害，这些伤痛一直在我们的心底，从来没有被治愈过，我们可能至今还在怨恨那些伤害过我们的人。其实，怨恨是一种侵袭性很强的东西，它像一个不断长大的肿瘤，使我们失去欢笑，损害我们的健康。怨恨，更多地伤害怨恨者自己。而这怨恨，只有用包容才能化解。

包容是心与心的交融，无声胜有声；包容是仁人的虔诚，是智者的宁静。正因为深邃的天空容忍了雷电风暴一时的肆虐，才有风和日丽；辽阔的大海容纳了惊涛骇浪一时的猖獗，才有浩渺无垠。

一个周五的早晨，格兰的礼品店依旧开业很早。格兰静静地坐在柜台后边，欣赏着礼品店里各式各样的礼品和鲜花。

忽然，礼品店的门被推开了，走进来一位年轻人。他的脸色显得很阴沉，眼睛浏览着礼品店里的礼品和鲜花，最终将视线固定在一个精致的水晶乌龟上面。“先生，请问您想买这件礼品吗？”格兰亲切地问。可是，年轻人的眼光依旧很冰冷。“这件礼品多少钱？”年轻人问一句。“50元。”格兰回答道。年轻人听格兰说完后，伸手掏出50元钱甩在柜台上。格兰很奇怪，自从礼品店开业以来，她还从没遇到这样豪爽、慷慨的买主呢。

“先生，您想将这个礼品送给谁呢？”格兰试探地问了一句。

“送给我的新娘，我们明天就要结婚了。”年轻人依旧面色冰冷地回答着。

格兰心里咯噔一下：什么，要送一只乌龟给自己的新娘，那岂不是要给自己的婚姻安上一颗定时炸弹？格兰深深地想了一会，对年轻人说：“先生，这件礼品一定要好好包装一下，才会给你的新娘带来更大的惊喜。可是今天这里没有包装盒了，请你明天再来取好吗？我一定会利用今天晚上为您赶制一个新的、漂亮的礼品盒……”

“谢谢你！”年轻人说完转身走了。

第二天清晨，年轻人早早地来到了礼品店，取走了格兰为他赶制的精致的礼品盒。年轻人匆匆地来到了结婚礼堂——新郎不是他而是另外一个年轻人！年轻人快步跑到新娘跟前，双手将精致的礼品盒捧给新娘。之后，转身迅速地跑回了自己的家中，焦急地等待着新娘愤怒与责怪的电话。在等待中，他的泪水扑簌簌地流了下来，有些后悔自己不该这样做。

傍晚，婚礼刚刚结束的新娘便给他打来了电话："谢谢你，谢谢你送我对水晶天鹅，谢谢你终于能明白一切了，能原谅我了……"电话的一边新娘高兴而感激地说着。年轻人万分疑惑，什么也没说，便挂断了电话。但他似乎又明白了什么，迅速地跑到了格兰的礼品店。推开门，他惊奇地发现，在礼品店的橱窗里依旧静静地躺着那只精致的水晶乌龟！

一切都已经明白了，年轻人静静地望着眼前的格兰，而格兰依旧静静地坐在柜台后边，冲着年轻人轻轻地微笑了一下。年轻人冰冷的面孔终于在这一瞬间变成一种感激与尊敬："谢谢你，谢谢你，你让我又找回了我自己。"

原谅也是一种风格，包容是一种风度，宽恕是一种风范。格兰只是将水晶乌龟这样一颗定时炸弹似的礼品换成了一对代表幸福和快乐的天鹅，竟在这短短的时间内最大限度地改变了一个人冰冷的内心世界。而年轻人也因此宽恕了自己，重新获得新生的勇气，去迎接他人生中的另一个幸福时刻。

包容，意味着你有良好的心理。包容，对人对己，都可成为一种无需投资便能获得的精神补品。学会包容不仅有益于身心健康，而且对赢得友谊、保持家庭和睦、婚姻美满，乃至事业的成功都是必要的。只要世人能多一点包容，少一些计较，有了一颗坦荡的心，无论做任何事，都会感到愉快而宁静。

报复仇恨，不如化解仇恨

有一天，小沙弥在寺庙的后山被蛇咬伤了。

处理了伤口之后，小沙弥心中愤恨，找到一根长长的竹竿，要上山去打蛇。小沙弥的师父见状，过来问道："你的伤口还疼吗？"小沙弥说不疼了。

"既然不疼了，为什么你还要跟蛇过不去？"

"因为它咬了我，我要报仇！"

"它咬疼了你，你就去找它报仇，那你踩疼了它，它也要报仇，活该你被咬。你们双方因恨结怨，可你是人，你该早些放下心头的仇恨。"

小沙弥一脸的不服："我虽然是人，但我不是圣人，怎么可能有仇不报呢。"

师父微微笑道："我不是让你不去仇恨，而是让你想办法去化解仇恨。"

小沙弥摸摸脑袋，不解地说："化解仇恨？怎么样才算化解呢？那我不拿棍子去打蛇就算化解了吧？"

师父摇摇头，说："说对了一半，所谓化解仇恨，不仅懂得化解自己的仇恨，更善于化解对方的仇恨。"

小沙弥怔住了，呆呆地望着师父。

师父说："世人对待仇恨有3种做法。第一种是报仇，等于在心里搁了一个土块；第二种是忘仇，等于把土块弄碎，在上面种了花；第三种是和解，解开对方的心结，等于是摘下花朵赠给对方。能做到第三种，才算是真正的化解仇恨。"

小沙弥点点头。

不久，北坡草地上出现了一条高于地面的窄窄的石板路，那是小沙弥修建的，之后这里再也没有发生过蛇伤人的事情。

报复仇恨，不如化解仇恨。如果我们经常以报复的心态去对待曾经伤害过我们的人，那我们就会永远生活在复仇的阴影下。如果仅仅是包容仇恨，也只能让仇恨深埋在心里，说不定仇恨什么时候就会重新发芽，而且，很多时候也会助长仇人的气焰。其实，最好的方法是想办法跟仇人达成和解，既要化解自己心中的仇恨，又要化解对方心中的仇恨，这样才能真正做到没有仇恨。

古希腊神话中有一位大英雄叫海格力斯。

一天，他走在坎坷不平的山路上，发现脚边有个袋子似的东西很碍脚，便踩了那东西一脚，谁知那东西不但没被踩破，反而膨胀起来，加倍地扩大着。海格力斯恼羞成怒，操起一根碗口粗的木棒砸它，那东西竟然长大到把路堵死了。

正在这时，山中走出一位圣人，对海格力斯说："朋友，快别动它，忘了它，离开它远去吧！它叫仇恨袋，你不侵犯它，它便小如当初；你若侵犯它，它就会膨胀起来，挡住你的路，与你敌对到底！"

仇恨是人性中的劣根，它隐藏在人性的深处，一旦触及便会迅速地膨胀，控制人的思想。根除它的关键是不要记仇，忘记它，如果不能则最好远离它。每个人心中都或多或少地埋有仇恨的火种，而我们所能做的，就是用人性美好的甘泉去浇灭那些忽闪忽隐的火星，切不能助长仇恨的地狱之火肆虐，并将自己无情焚毁。

用宽广的胸怀去包容曾经伤害过自己的人，能够不计前嫌，给他以帮助与关怀，才是为人之大德。

从前有一个富翁，他有三个儿子，在他年事已高的时候，富翁决定把自己的财产全部留给三个儿子中的一个。可是，到底要把财产留给哪一个儿子呢？富翁想出了一个办法：他要三个儿子都花一年时间去游历世界，回来之后看谁做了最高尚的事情，谁就是财产的继承者。

一年时间很快就过去了，三个儿子陆续回到家中，富翁要三个人都讲一讲自己的经历。大儿子得意地说："我在游历世界的时候，遇到了一个陌生人，他十分信任我，把一袋金币交给我保管，可是那个人却意外去世了，我就把那袋金币原封不动地交还给了他的家人。"二儿子自信地说："当我旅行到一个贫穷落后的村落时，看到一个可怜的小乞丐不幸掉到湖里了，我立即跳下去，从湖里把他救了起来，并留给他一笔钱。"三儿子犹豫地说："我，我没有遇到两个哥哥碰到的那种事，在我旅行的时候遇到了一个人，他很想得到我的钱袋，一路上千方百计地害我，我差点死在他手上。可是有一天我经过悬崖边，看到那个人正在悬崖边的一棵树下睡觉，当时我只要抬一抬脚就可以轻松地把他踢到悬崖下，但我想了想，觉得不能这么做，正打算走，又担心他一翻身掉下悬崖，就叫醒了他，然后继续赶路了。这实在算不了什么有意义的经历。"富翁听完三个儿子的话，点了点头说道："诚实、见义勇为是一个人应有的品质，称不上是高尚。有机会报仇却放弃，反而帮助自己的仇人脱离危险的宽容之心才是最高尚的。我的全部财产都是老三的了。"

宽容是一笔巨额的财富，是至善人性达到的一种境界，是人性之花历经沧桑之后依然盛开的那份通透与恬然。

活在仇恨里的人是愚蠢的。你在憎恨别人时，心里总是愤愤不平，希望别人遭到不幸、惩罚，却又往往不能如愿，失望、莫名的烦躁之后，你便失去了往日那轻松的心境和欢快的情绪，从而心理失衡；另一方面，在憎恨别人时，由于疏远别人，只看到别人的短处，在言语上贬低别人，在行动上敌视别人，结果使人际关系越来越僵，以致树敌为仇。宽容地帮助曾经伤害过你的人才不失为人生大智慧，以德化怨，春风化雨，是成熟人性臻至化境的象征，宽容的人生收获的必是满城桃李。

得饶人处且饶人

多一个朋友多一条路，少一个仇人少一堵墙。以德报怨，化怨恨为友爱，减少对立者，广交天下友，将有助于我们创造一个和谐融洽的环境和氛围，以开辟通向成功事业的宽阔人生之路，使我们活得轻松愉快，活得充实而有意义。

当你面对一个敌人的时候，你所面临的将不只是一个敌人，你所感受到的威胁将十倍百倍于他实际上给你的威胁。而当你用友情感动了一个敌人，使他成为你的朋友的时候，你所得到的也将不只是一个朋友，你所感受到的快乐也将十倍百倍于他实际给你的快乐。在由两个势不两立的敌人一变而为互相谅解的朋友之后，不但有一种如释重负的轻松，而且可以互通有无，共同成就事业。

唐代大将郭子仪、李光弼二人原本在节度使史思顺手下当差，但二人长期不和，到了水火不容的地步。

史思顺外调，郭子仪因才华出众而被任命为节度使，李光弼担心郭子仪公报私仇，欲带兵逃走，但又有点犹豫不决。当安禄山、史思明发动叛乱时，唐玄宗命郭子仪领兵讨伐。身为大将，此时正是报效国家的时刻，李光弼找到郭子仪说："我们虽共事一君，但形同仇敌，如今你大权在握，我是死是活，你看着办吧！但恳请放过我的妻儿。"

营帐里的气氛顿时凝固起来，众多将领不知所措。在这种情形下，如果郭子仪感情用事，后果将不堪设想。但郭子仪毕竟有大将风度，他握住李光弼的手，眼含热泪地说："国难当头，皇上不理朝政，作为臣子，我们怎能以私人恩怨为重，而置国家安危存亡于不顾呢？"说完倒地便拜。

李光弼被郭子仪的诚心所感动，他在战斗中积极出谋划策，打败了叛军。郭子仪推荐李光弼当上了节度使。后来，李光弼的权力也日益增大，与郭子仪同居将相之职，二人之间没有半点猜忌之心。

这是一个皆大欢喜的结局，它不仅因为郭子仪虚怀能容，宽广能恕，更因为诚心感动人而获得双赢。就像廉颇与蔺相如的关系一样，郭子仪与李光弼的友谊也成了千古佳话。

不计前嫌、克己让人、以德报怨，是中国人在处理人际关系时常常采用的一种好方法。但是，如果没有与人为善的愿望，没有博大的胸怀、豁达的胸襟和宽容的气度，是很难做到这一点的。

现代社会中，倡导竞争机制，这就使得许多人成为你的竞争对手。如果和这些人只是偶然相处倒也罢了，问题是有时你会被迫长时间和他们交往、相处和共事。在这种情况下，你的烦恼是可想而知的，如何对付这些对手的确需要一些艺术。

20世纪初，美国有一个年轻商人兼政治活动家叫皮亚，他对知名的大企业家汉拿非常不满意，甚至接连两次拒绝与他见面。

那时，汉拿即将做某政党的政治领袖。但是在年轻的皮亚看来，汉拿只不过是个“坏蛋”，一个地方上的“党魁”罢了。他每次看见报上对汉拿的称颂，没有一次不摇头痛骂。

后来汉拿的朋友对他说：“你最好还是和皮亚好好谈一次，消释彼此的意见。”于是，在一个拥挤的旅馆客房里，汉拿被引到一个沉静的穿灰外套的青年面前，那人坐在椅中并没有主动问候进来的人。

待友人介绍“这位就是皮亚先生……”之后，汉拿对来访者说了很多话。

出乎皮亚意料的是，汉拿对于皮亚的事情了如指掌，他谈了许多关于他父亲担任法官的事情、关于他伯父的事情以及关于他自己对于政治纲领的意见。汉拿说：“哦，你是从奥马哈来的吗？你的令尊不是法官吗……”年轻的皮亚不免吃惊了。汉拿又说：“哦，有一次你父亲曾帮助我的朋友在煤油生意上挽回了一大笔损失呢……”说到这里，汉拿突然冒出一句感慨，“有许多法官知识渊博、思维敏捷，他们的能力远远胜于普通的企业家。”接着又说，“你有一位伯父在哈斯顿吗？让我想一想……现在你能对我说说，你对于那些政治纲领还有什么意见？”

此时，皮亚已完全改变了对汉拿的看法，他像面对一个自己熟悉的朋友一样，与他侃侃而谈，气氛轻松和谐。就这样，汉拿以他宽广的胸怀和平易近人的态度结交了一个新的忠诚的朋友。

从此以后，皮亚最大的兴趣，就是与这个他曾经非常憎恨的汉拿做朋友，并且忠心耿耿地为他服务。

事实上，我们生活与工作中也许并没有真正的对手。如果有的话，只是因为你处世的水平还不够高。那些处世水平高的人，很善于与难相处的各种人结交朋友。这样，不但可以提高自己的声誉，博得心胸宽广的美名；更重要的是，他积累了别人难以得到的人际关系资源，为自己事业的发展开拓了无限宽广的道路。

宽容比仇恨更具威慑力

唐朝名将李靖、名臣魏徵都是历史上赫赫有名的人物。

李靖早年的时候曾任隋炀帝的郡丞，最早发现李渊有图谋天下之意，于是亲自北上洛阳想向隋炀帝检举揭发，不料在太原被李渊抓住。李渊想要杀掉李靖，李世民却坚决反对，再三请求保他一命。后来，李靖驰骋疆场，征战不疲，几次带领军队远征突厥和吐谷浑，平定了大唐西域，为唐王朝立下赫赫战功；魏徵曾是太子李建成的人，多次鼓动李建成发动政变杀掉李世民，李世民同样不计旧怨，量才重用，使魏徵觉得“喜逢知己之主，竭其力用”，也为唐王朝初期的繁荣立下了重大的功劳。

可以说，李世民能够成为一代明君，创立盛唐的繁荣局面，和他不计前嫌、以德报怨有着直接的关系，正是李世民的以德报怨，换来了一大批当世奇才的忠诚，在这些人才的辅佐下，开创了“贞观之治”。

对于敌人，打击报复固然快意，但是却只能为自己埋下更多的怨恨，树立更多的敌人；而如果能够以德报怨，非但给敌人以平等的待遇，而且还不计前嫌地予以重用，则能够感化敌人，为我所用，同时更能够树立自己的威望，得到更多人的尊敬和拥戴。

中国历史上唯一的女皇武则天的一生可以算是一段传奇，人们对她的为人一向褒贬不一，但她惜才、爱才，对于有能力辅佐她的人，她不惜以德报怨，感化自己的敌人，并使之成为她的“心腹”，这一点却是没有人有异议的。

唐代著名诗人上官仪是唐初重臣，曾一度官任宰相，因反对武则天而被斩首，他的孙女上官婉儿与母则为宫婢。婉儿14岁那年，太子李贤与大臣裴炎、骆宾王等策划倒武政变，婉儿为了报仇也积极参与。但事情败露，太子被废，裴炎被斩，骆宾王死里逃生，上官婉儿则被武则天赦免。

上官婉儿从小就有诗才，14岁时曾作了一首《彩书怨》的诗，被武则天无意中发现。武则天很看重她的才华，又让她以室内剪彩花为题，即兴作出一首五律来，上官婉儿当场就写了一首：“密叶因栽吐，新花逐剪舒。攀条虽不谬，摘蕊讵知虚。春至由来发，秋还未肯疏。借问桃将李，相乱欲何如？”武则天看后，连声称好，并夸她是一位才女。但对“借问桃将李，相乱欲何如”装作不解，只是问婉儿：“我杀了你祖父，也杀了你父亲，你把我当仇人吗？”婉儿平静地回答说：“如果陛下以为是，奴婢也不敢说不是。”

面对上官婉儿愤怒而傲慢的态度，武则天却十分豁达地夸她答得好，接着，武则天赞扬了她祖父上官仪的文才，期望婉儿能够理解她、效忠她！

当然，上官婉儿与武则天是有不共戴天之仇，她不但没有效忠武则天，却参与了政变。大理寺卿提出按律“应处以绞刑”；若念其年幼，也可施以流刑，即发配岭南充军。而武则天则却赦免了婉儿，她说：“据其罪行，上官婉儿应判绞刑，但念她才十几岁，若再受些教育，是可以变好的。所以，不宜处死。而发配岭南，山高路远，又环境恶劣，对一个少女来说，也等于要了她的命。所以，也太重些。尤其是她很有天资，若用心培养，一定会成为非常出色的人才。”所以，武则天只判处了婉儿“黥刑”，即在她的额上刻字，而且武则天法外施恩，没有刻字，只是刺一朵梅花，把朱砂涂进去。并把婉儿留在自己身边。面对大臣的质疑，武则天说的是：“如果我连一个十几岁的女孩子都不能感化，又怎么能够以道德感化天下呢？”

最后，武则天确实把婉儿感化了。婉儿也从武则天的言行举止中，了解了她的博大胸怀、用人艺术和治国天才，她的敬佩、尊重和爱戴渐渐取代了积怨和误解，最终成了武则天最得力的心腹人物，以其聪明才智，替她分忧解难，为她尽心尽力。

以德报怨，常常能够以很小的代价换来敌人的信赖，并忠心耿耿地甘愿为你付出，成为你可以依靠的人。

你的复仇顶只能从肉体上打击对方，结果只能加深仇恨，但是你的宽容可以从精神上感化对方，让他愧疚，让他感恩戴德，让他重新审视自己的人生态度——从这个角度看，宽容有时候比仇恨更具有威慑力。

清乾隆年间，金川叛乱，清军主将纳亲丧师辱国，战败乞和，为了让自己能够逃脱处分，他恩将仇报，想要将救他出战火的兆惠灭口。兆惠逃回北京告御状，被暂时囚禁在狱神庙，转监顺天府。顺天府的狱卒胡富国对其百般凌辱，将其打得多次晕死。兆惠狱中起血誓，他日得志，如果不诛杀胡富国，他就誓不为人。

后来乾隆再平金川，起用傅恒为主将，兆惠、海兰察为副将，兆惠终于有了翻身的一天。

但是，为了试验兆惠的心胸。乾隆皇帝故意将其仇人胡富国调入兆惠军中，让兆惠统辖。兆惠不明乾隆深意，以为圣赐良机，是为了让他报仇，于是大喜过望。纪晓岚深知乾隆的用心，以李广当年小心眼杀城门吏的故事点拨兆惠。但是兆惠被仇恨迷住了心窍，尚未醒悟，以为李广快意恩仇，正是血性汉子所为。直到后来，傅恒再以言语点拨，说："君若只做冲杀疆场的汉子，杀他后快，诚为美事。若欲得圣上深思，做一个统帅全国之兵的大元帅，尚须多学韩信胸怀。"兆惠醒悟。翌日升帐，对着部将说："我在顺天府狱中，曾受人奇耻大辱，立誓必报，今日皇上将此人赐我，我欲报仇。"胡富国自知必死，众军也知兆惠所受之辱，均以为胡富国再难有生路。

于是，兆惠把胡富国喊出队列，重重打了他一拳，说："已报了打我晕死的仇。"又吐了他一口唾沫，说："已报了辱我的仇。"众人不料此事竟如此了结，均大感意外，也为兆惠的宽容感动，都愿意为他效死力。军中厮杀的汉子，一拳一痰，根本算不得什么。胡富国从此效忠兆惠，南征金川，北定回疆，官到二品参将。兆惠更成了乾隆朝仅次于傅恒的一代名将。

可见，宽容的力量远远超过了仇恨，如果兆惠杀了胡富国，他所能得到的只是一时的快意恩仇，但是，他的宽恕却让他得到了许多复仇所得不到的东西。男儿欲成大事，要学的不是如何受辱，而是宽恕那些让你受辱的事，并从受辱中奋起。

试想，如果当时蔺相如选择了针尖对麦芒地对抗，那么很有可能是将相两伤，最后赵国元气大伤，秦国渔翁得利。即使蔺相如不选择明理对抗，用其他方法解决与廉颇的争斗，最终也只能化解明争，解不了暗斗。只有宽容，才能从心底里征服廉颇，实现真正的"将相和"。

以坦荡化前嫌，以宽容对急躁

国家间因仇恨、因"睚眦必报"而兵戎相见，最后受伤害的是百姓。而个人间的仇恨则伤人又害己。

东汉时期，苏不韦的父亲苏谦曾做过司隶校尉。另一个官员李皓和苏谦素有嫌隙，因此怀着私愤把苏谦判了死刑。当时苏不韦只有18岁，他把父亲的灵柩送回家，草草下葬，又把母亲隐匿在武都山里，自己改名换姓，用家财招募刺客，准备刺杀李皓，以报杀父大仇，但刺杀一直没有成功。很久以后，李皓升为大司农。

苏不韦暗中和人在大司农官署的北墙下开始挖洞，夜里挖，白天则躲藏起来。干了一个多月，终于把洞打到了李皓的寝室下。一天，苏不韦和他的人从李皓的床底下冲了出来，不巧李皓出去了，于是杀了他的妾和儿子，留下一封信便离去了。李皓回房后，看到这个场面大吃一惊，以后他每天都在室内布置了许多荆棘，晚上也不敢安睡。苏不韦知道李皓已有准备，杀死他已不可能，就挖了李家的坟，取了李皓父亲的头拿到集市上去示众。李皓听说此事后，心如刀绞，又气又恨，却不敢声张，没过多久就吐血而死。

苏不韦的一生生活在仇恨之中，为报仇竭心尽力。李皓只因一点儿私人恩怨，不忍私仇，就置人于死地，结果招致老婆孩子被杀，死了的父亲也跟着受辱，自己最终气愤而死，被天下人耻笑，真是愚蠢至极。

有人曾经这样说过，消灭敌人最好的办法是把他们变成自己的朋友。在现实生活中，人与人之间的矛盾、摩擦是不可避免的，但你大可不必将它们看得太严重，动辄就上升到仇恨的地步。多一些宽容，多一份爱心，你的生活会多一点温暖，多一缕阳光。当你用宽容换来内心的豁达，用宽恕换来敌人的微笑时，你难道不是把最好的心情留给了自己吗？宽恕别人的过错，宽容别人的无意冒犯，宽容别人的缺点与不足，同时也等于宽容了自己。

当然宽容并不是“以德报怨”，这是一种没有原则的宽容。孔子提倡“以直报怨，以德报德”，体现出了孔子的睿智，因为宽容也是有条件、有原则的，不可因一味宽容而纵容邪恶，这会造成更大的伤害。

古人云：“冤冤相报何时了，得饶人处且饶人。”这是一种宽容，一种博大的胸怀，一种不拘小节的潇洒，一种伟大的仁慈。自古至今，宽容被圣贤乃至平民百姓尊奉为做人的准则和信念，而成为中华民族传统美德的一部分，并且视为育人律己的一条光辉典则。宽容也是一种幸福，饶恕别人，不但给了别人机会，也取得了别人的信任和尊敬，自己也能够与他人和睦相处。

为对手喝彩，把对手变成队友

漫漫人生路，退一步、等一等，不过是歇歇脚，为走得更远做准备；低一低头，更是为了昂扬成擎天柱。能为对手叫好，才有机会化敌为友。

我们在与人初次见面时都会很客气，也能做到欣赏别人且谦让付出。可是时间长了互相了解后就相处不好了，不愿为对方付出，甚至斤斤计较或诋毁起来。成功的处世是与人相处得越久越显示出自己对人的友好，越要懂得欣赏对手，为他叫好。

因为与人相处久了，产生一种视对方为工作和生活中的竞争对手的心理，以致处处戒备和设防，对人的笑容减少了，客气话也少了，反而挖苦与讽刺的话多了。

当我们自己取得成功的时候总是兴奋不已，希望有人为自己鼓掌。可是当身边人，包括你的“假想敌”、你的对手取得成功的时候，你该怎样去面对呢？是嫉妒还是欣赏？是大声叫好还是不屑一顾？尤其是你平日与他相处得很紧张、很不快乐的人成功了，这时候，你为他鼓掌，会化解对方对你的不满和成见，改变他对你的态度，打开你们之间的死结。

1991年，克林顿竞选胜出，即将取代老布什成为了白宫的主人。克林顿在竞选总部里他的支持者们的聚会上发表即席演说，首先，克林顿对昨天还在互相唇枪舌剑、猛烈攻击的主要政敌老布什致以言辞恳切的感谢，感谢老布什从一名战士到一位总统期间为美国做出的出色服务，并呼吁老布什和另一位对手佩罗及其支持者与他团结合作，在他未来4年，全力支持克林顿政府为振兴美国所即将发起的改革。

与此同时，退出白宫的老布什也打电话祝贺克林顿成功地完成了“强有力的竞选”，他还调侃地告诫克林顿：“白宫是个累人的地方。”并保证他本人和白宫各级人士将全力以赴地与克林顿的班子合作，确保交接工作能够顺利。

两位新老总统的姿态，其实是体现了面对对手时候的风度。尽管竞选的成功与失败，对于老布什和克林顿这两个对手来说，欢乐与悲哀都是不言而喻的，但在现实面前，他们都保持了为对手喝彩的气度，由此，克林顿争取到了老布什政府班底的全力支持，为他的交接工作带来了很多便利。

多一个朋友多条路，无论如何，朋友总比敌人要好，为对手叫好并不是一件很难的事情，可是如果开不了口，而是选择和对手针尖对麦芒，那就很有可能双输，甚至于会有可能单输，毕竟，如果你的对手比你强的话，他是不会错过任何一个消灭敌人的机会的。

大学毕业后，小张在一家网络公司做了两年，自认为在业务与资历方面都高人一等，就不免飘飘然。这时小张被人事部调至一个新部门，部门里有一个老张，是一个有十几年经历的老员工了。

在小张眼里，老张根本就比不上自己：年轻、博学、新潮、反应灵敏、懂电脑、懂英文，这些都是老张无法具备的。

小张决定，上班第一天就给老张一个“下马威”。所以，当第一天开会讨论一个方案时，不管其他人说什么小张都不提支持或者反对意见，只要老张一开口，小张就立即提出反对意见，并罗列出各种头头是道的不可能因素，总之，就是要让大家一眼就看出老张观念很落伍、学识很老化。

接下来的几天，小张持续不断地给老张挑刺，好几次都说得老张头上冒出了冷汗。小张得意洋洋地想着，老张也应该考虑一下知难而退，把位子让给年轻人了吧。

但接下来发生的一件意外的事，却使小张的算盘全部落空。

一天，老张领了一个年轻人来找小张，请小张替他安排工作，说这人是他小孙子的小学老师。小张一看，故意把那人刁难一番，横挑鼻子竖挑眼，最后把人送到了一个无关紧要的部门。

小张正在得意呢，第二天就被董事长叫去了，小张这才知道刁难的那个人是董事长小孙子以前的小学老师。那以后，董事长就不再看重小张了，总经理、部门经理也不再重用小张，小张成了无关紧要的人。

小张怒气冲冲地找老张质问，却被老张轻描淡写地一通讽刺，小张恨得直咬牙，而又不得不感叹，姜还是老的辣。没几天，小张就被调离了所在部门，又调到一个新部门。

小张被调去的部门正是董事长孙子的小学老师所在的部门。小张即将面对的“招待”也就可想而知了。现在小张像一只皮球一样被人踢来踢去的，只得决心另外去寻一份工作了。

小张即使到了被算计了的时候，都只想到“姜还是老的辣”，其实，小张真正的教训不在于轻视老张，而是在于根本就不该惹老张，与自己的竞争对手发生正面冲突，永远是最愚蠢的做法，不仅会招致同事的鄙视，更会使上司产生对你的负面评价。

为他人多鼓掌，这种付出不会让你有什么损失，反而能给你带来很大的利益。处世要成功，就要懂得为对手叫好，这样对手也会为你所用。

很多时候，排斥对手对事情没有一点帮助，弄得不好还会两败俱伤，相反，如果你抱着欣赏对手的心态，放下仇视的目光，则可能赢得人心。人与人之间肯用真心交流，就会增进了解，消除隔阂，使他人变成你的朋友，把对手当成动力，不是更有利于你的成功吗?

善待敌人，你就没有敌人

被称为世界征服者的亚历山大和波斯帝国的大流士一直以来都是宿敌，在战场上经过无数次血流成河的搏杀都没能征服对方，但是，大流士与仆人之间的一段对话，却把两人变成了朋友。

在伊萨斯战役中，亚历山大和大流士展开激烈大战，最后大流士兵败撤退，他的随军家属却都被亚历山大俘虏了。一个仆人想办法逃到大流士那里，大流士询问自己的母亲、妻子和孩子们是否活着，仆人回答：“他们都还活着，而且人们都保持着对她们的殷勤礼遇。”

大流士听完之后沉默了许久，又问："我的妻子是否仍忠贞于我？"仆人回答仍是肯定的。于是他又问："亚历山大是否曾试图对她强施无礼？"仆人先发誓，随后告诉大流士，他的王后跟他离开时一样，亚历山大是最高尚的人，是最能控制自己的英雄。

大流士听完仆人这句话之后，非常感动，对着苍天祈祷说："啊！万能的天神！我祈求您保佑我的波斯帝国能够社稷永祚，但是如果我不能继续在亚洲称王了，我祈祷您把我的帝国交给亚历山大，千万别交给其他人，因为只有亚历山大的德行，才能配得上伟大的波斯帝国。"

亚历山大对大流士的尊重和友善打动了这位亚洲伟大的君主，两个英雄惺惺相惜，成了亦敌亦友的关系。

这个世界上没有永远的敌人，如果能够善待敌人，跟敌人握握手，能够化敌为友，何乐而不为。

李恪是宁波一个水泥厂的老板，他的生意一直很火暴，直到另一个叫作王铎的水泥商也进入了浙江的市场，李恪的公司面临巨大的挑战。王铎在李恪的经销区内定期走访各个建筑公司、承包商，还到处诋毁李恪："李恪的水泥厂的水泥质量差，公司也不靠谱，都快要倒闭了。"

刚开始，李恪不以为意，他觉得王铎这样四处造谣没法严重伤害他的生意，毕竟他的口碑放在那里。但这件麻烦事毕竟使他非常恼火，再厚道的人遇上这样一个没有职业道德的竞争对手都会很不爽。

一个周末，李恪去普陀山拜访，正好听到一位禅师在讲，要和那些跟你为难的对手握握手。

李恪当时把禅师每一个字都记了下来，但也就在那个下午，他五万吨水泥的订单被王铎抢走了。

李恪当时就暴跳如雷，但是一想到禅师的话，他就稍稍理智了一点。

第二天下午，李恪正在安排下个礼拜的生意，突然看到一个舟山的客户正需要一批为数不少的水泥，恰好，他所需要的水泥不是李恪公司生产的，却与王铎生产出售的水泥型号相同。同时李恪也确信王铎并不知道有这笔生意。

李恪的第一想法就是："我做不成你也别做！"残酷的商业竞争本来就是你死我活的，更何况李恪还多次被王铎造谣中伤，无中生有。

但李恪却想起了禅师的话，李格的心理斗争开始了。他左右为难，如果遵循禅师的忠告，他应该告诉王铎这笔生意。但一想到王铎在竞争中所采用的卑劣手段，李恪就气不打一处来。最后，禅师的忠告占据了他的心，李恪做了一件出人意料的事情——他拿起电话拨通了王铎的手机，很有礼貌地告诉他有关舟山那笔生意的事。

王铎瞬间感到无比惊愕与尴尬，几乎难堪得说不出一句话来，他一直结结巴巴，但很明显，他发自内心地感激李恪的帮助。李恪又答应他打电话给那位客户，把王铎的水泥推荐给他。

最后的结果是，王铎不但停止了散布有关李恪的谣言，而且同样把他无法处理的生意也交给李恪做。现在，他们成了浙江地区著名的水泥经销商。

"善待敌人，化敌为友"，无疑是李恪在对付王铎这一过程中取得的最宝贵的经验。

报复的瞬间总是甜美快意的，想起来都让人觉得无比过瘾。但是如果能够向对手笑一笑，把对手变成朋友，实际的好处就更大。

在商业竞争中，总是将自己的时间和精力浪费在向别人报复的过程中，你只能与成功失之交臂。不如伸出你的手，去握对手的手！善待敌人，把敌人变成朋友。

二十六
以不争为争，不争者常胜

不争才能赢，无为无不为

争与不争乃两种处世的态度：争者摩拳擦掌；不争者平淡处之。老子说：只有无争，才能无忧。不争的争，才是上争的策略。

与人无争，与世无争，看似一种消极的避世思想和无奈的做法，但实际上恰到好处的“与人无争”，是一种恬淡的心态，一种知晓进退规则之后的释然，也是一种不急功近利的智慧。

这是一个充满大智慧的做人与做事的哲学。可惜的是，两千多年来，能参悟和运用这一做人哲学的人如凤毛麟角。在名利权位面前，人们常常忘乎所以，一个个像乌眼鸡似的，巴不得你吃了我，我吞了你。可到头来，这些争得你死我活的人，大都落得个遍体鳞伤、两手空空，有的甚至身败名裂、命赴黄泉。

当然，也有深谙此术并获得成功的人。

西汉末年，冯异全力辅佐刘秀打天下。一次，刘秀被河北王郎围困时，不少人背离他去，而冯异却更加忠诚于刘秀，宁肯自己饿肚子，也要把找来的豆粥、麦饭进献给饥困之中的刘秀。河北之乱平定后，刘秀对部下论功行赏，众将纷纷邀功请赏，冯异却独自坐在大树底下，只字不提饥中进贡食物之事，也不报请杀敌军功。人们见他谦逊礼让，就给他起了个“大树将军”的绰号。尔后，冯异又屡立赫赫战功，但凡议功论赏，他都退居廷外，不让刘秀为难。

公元26年，冯异大败赤眉军，歼敌八万，使对方主力丧失殆尽，刘秀驰传玺书，要论功行赏，“以答大勋”，冯异没有因此居功自傲，反而马不停蹄地进军关中，平定陈仓、箕谷等地乱事。嫉妒他的人诬告他，刘秀不为所惑，反而将他提升为征西大将军，领北地太守，封阳夏侯，并在冯异班师回朝时，当着公卿大臣的面赐他以珠宝钱财，又讲述当年豆粥、麦饭之恩，令那些为与冯异争功而进谗言者羞愧得无地自容。

另有一民间故事也可做“不争者胜天下”的佐证。

江南有一个大家族，老爷子年轻时家里有钱，风流成性，养了一大群妻妾，生下一大堆儿子。眼看自己一天比一天老了，他心想：这么大一个家总得交给一个儿子来管吧。可是，管家的钥匙只有一把，儿子却有一大群。于是，儿子们斗得你死我活，不亦乐乎。这时，只有一个儿子默默地站在一边，只帮老爷子干事，从不参与争斗。老爷子终于想明白了，这把钥匙交给这群争吵的儿子中的任何一个都不行。最后，老爷子将钥匙交给了不争的那个儿子。

以上两个故事都证明了同一道理——不争者胜天下，这一哲学也许更适用于我们今天的社会。

在我们这个社会里，争名夺利的事情每天都在发生，有人为的圈套，也有自然的陷阱，它们如同一个巨大的漩涡，把无数人都卷了进去。

对此，最聪明的做法是，迅速远离它。因为在横渡江河时，只有远离旋涡的人，才会首先登上成功的彼岸。

无争方能无祸

与人无争，就能亲近于人；与物无争，就能抚育万物；与名无争，名就自动到来；与利无争，利就聚集而来。祸患的到来，全是争的结果。而无争，也就无灾祸了。

宋代的向敏中，在宋太宗时为名臣，在真宗时晋升为右仆射，居大任三十年，没有一个不顺从他的人，而能做到这一点，正是他不争而避免了他人妒恨排挤之祸。

《宋史》记载：向敏中，天禧（真宗年号）初，任吏部尚书，为应天院奉安太祖圣容礼仪使，又晋升为左仆射，兼任门下侍郎。有一天，真宗说：“自从我即位以来，还没有任命过右仆射。现在任命向敏中为右仆射。”这是非常高的官位，很多人都向他表示祝贺。徐贺说：“今天听说您晋升为右仆射，士大夫们都欢慰庆贺。”向敏中仅唯唯诺诺地应付。又有人说：“自从皇上即位，从来没有封过这么高的官，不是勋德隆重，功劳特殊，怎么能这样呢？”向敏中还是唯唯诺诺地应付。又有人历数前代为仆射的人，都是德高望重。向敏中依然是唯唯诺诺，也没有说一句话。

第二天上朝，皇上说：“向敏中是有大耐力的官员。”向敏中对待这样重大的任命而无所动心，大小的得失，都虚受，这就做到了老子所说的“宠辱不惊”。人们三次致意恭贺，他三次勉强应付，不发一言，可见他自恃的重量，超人的镇静。正如《易经》中所说的“正固足以干事”。所以他居高官三十年，人们没有一句怨言。他能这样从政处世，对于进退荣辱，都能心情平静地虚心接受。所以他处理政事，待人接物，也就能顺从大理，顺从人情，顺从国法，没有一处不适当的。

宋时另一人物文潞公，一生也是谦让厚道，在他辞官回归洛阳时，已是八十高龄了。神宗看他精神健旺，年力康强超过常人，问他有什么养生有道，他回答说：“没有其他的方法，我只不过能随意自适，不以外物伤和气，不敢做过头的事情而已。”这真可以作为名言。

老子曾说：“只有无争，才能无忧。”利人就会得人，利物就会得物，利天下就能得天下。从来没有听说过，独恃私利的人，能得大利的。所以善利万民的人，如同水滋润万物而与万物无争，不求所得。

生活中亦可见那些事事斤斤计较的人，事事也会强出头，那样只会让自己活得更累罢了，因为当你同别人争名夺利时，你也成了别人的眼中钉、肉中刺，下场自然不会好。

“不争”是最大的“争”

中国古代著名思想家、哲学家老子说：“夫唯不争，故天下莫能与之争。”争与不争，只是两种不同的姿态。与人无争者，心境坦然，得与不得的结果无异，这种心态之下，反而所获甚多。不争，就是最强有力的争。

现实中利益有限，很多人争得头破血流也最多能抢到有限的一部分，而且还会招人厌恶。冷静达观，显出礼让的态度，在道义上得到众人的赞同、推崇，却往往能比争抢者得到的更多。

曹操选立世子时，立了曹丕为世子，但曹植更有才华，文名满天下。于是曹操一时间有些动摇。

曹丕是极不甘心自己的世子之位被弟弟夺走的，他想拼死一争，却又明知自己的才华远在曹植之下，胜算极微。曹丕就向他的贴身大臣贾诩讨教。贾诩说：“您有德行和度量，像个寒士一样做事，兢兢业业，不要违背做儿子的礼数，这样就可以了。”

一次曹操亲征，曹植又在高声朗诵自己作的歌功颂德的文章来讨父亲欢心，并显示自己的才能。而曹丕却伏地而泣，跪拜不起，一句话也说不出。曹操问他什么原因，曹丕便哽咽着说：“父王年事已高，还要挂帅亲征，作为儿子心里又担忧又难过，所以说不出话来。”一言既出，满朝肃然，都为世子如此仁孝而感动。相反，大家倒觉得曹植只知道为自己扬名，未免华而不实，作为一国之君恐怕难以胜任。结果世子还是原来的世子。曹操死后，曹丕顺理成章地登上魏国皇帝的宝位。最后，这场兄弟夺嫡之争，以不争者胜而告终。

曹丕确实是个会把握人心理的人，与其在自己的弱项上争不赢，倒不如不争。只需恪守太子的本分，让对方一个人尽情去表演吧。对掌权握势者来说，下级做事的态度会比做了多少更重要。在其他人争先恐后之时，自己显出“不争”的冷静，反而更能得到上级的认可和信任。而对仅次于老大的老二来说，一种不争的态度能极好地掩去身上的锋芒，让老大不生危机感，觉得放心妥当，从而会乐意在未来把位子让出来。

面对挑衅，只需见招不拆

有一位不速之客突然闯入洛克菲勒的办公室，直奔他的写字台，并以拳头猛击台面，大发雷霆：“洛克菲勒，我恨你！我有绝对的理由恨你！”接着那个人肆意谩骂他达10分钟之久。办公室所有的职员都感到十分震惊，以为洛克菲勒一定会拾起墨水瓶向他掷去，或是吩咐保安将他赶出去。出人意料的是，洛克菲勒并没有这么做。他停下手中的活，用和善的目光注视着这位攻击者，那个人愈暴躁，他就显得越和善。

那无理之徒被弄得莫名其妙，他渐渐地平息下来。因为一个人发怒时，得不到反击，他是坚持不了多久的。他做好了来此与洛克菲勒决斗的准备，并想好了洛克菲勒将要怎样回击他，他再用想好的话语去反驳。但是，洛克菲勒就是不开口，所以他不知如何是好了。

末了，他又在洛克菲勒的桌子上敲了几下，仍然得不到回应，只得索然无味地离去。洛克菲勒就像根本没发生任何事一样，重新拿起笔，继续他的工作。

看完这个例子，我们不得不称赞洛克菲勒忍耐的功夫和过人的涵养。我们知道，相互争斗是动物本性之一。争斗的目的自然是取得最后胜利，它最大的乐趣在于战胜对手的那一刻的心理满足感。不善于争斗的人如果硬要和对手针锋相对，很容易处于下风，对自己有百害而无一利。洛克菲勒深谙其中的道理，不和无理的人争辩，不给对方反驳的机会。

生活中，高明的人懂得“止戈为武”的道理，武字是止、戈两字合成的，不用武力而使对方屈服，才是真正的武功。中国兵法巨著《孙子兵法·谋攻篇》中对此也有所阐述：“是故百战百胜，非善之善者也；不战而屈人之兵，善之善者也。”武的最高境界是止戈，而做人的最高境界是在不显山露水中就赢了周围的人。不管对方怎么出招就是不答理，遇到这样的人，再厉害的对手也会没有脾气。

某机关有一个女职员，平日只是默默工作，并不多话，和人聊天，总是微笑着。有一年，机关里来了一个好斗的女职员，很多同事在她的攻击之下，不是辞职就是请调。最后，她的矛头终于指向了一贯沉默的女职员。某日，这位好斗的女职员抓到了那位一贯沉默的女职员的“把柄”，立刻开始攻击。但那位女职员只是默默笑着，一句话也没说，只偶尔说：“啊？”最后，好斗的女职员气得满脸通红，一句话也说不出来。

过了半年，这位好斗的职员请调了。

这就是沉默的力量。面对沉默，所有的语言力量都消失了。

只要有人的地方，就会有争斗。你可以不去攻击对方，但保护自己的“防护网”一定要有，而装聋作哑有时是最厉害的武器。

又聋又哑的人听不懂别人的话，自然也不会加入争斗，别人自然也不会和他们争斗，因为这是徒劳。

不过大部分人都不聋又不哑，一听到不顺耳的话就会反击，其实一反击就中了对方的计，不反击，他自然就觉得无趣了。如果他一再挑衅，只会凸显他的好斗与无理取闹，因此面对你的沉默，这种人多半会在几句话之后就仓皇地“且骂且退”，主动离开。

不过，要“作哑”不难，要“装聋”才不易，因此也要培养对他人言语“入耳不入心”的功夫，否则心中一起波澜，就会反击他人。

在和别人交往时，能做到见招不拆，其实就展现了最厉害的拆招之法。这样，不但对方的招数被拆解了，他还拿你无可奈何。

有人跟你争论，你就让他赢

总有一些不善沟通的人爱与他人争论不休，有时候甚至是为一点点鸡毛蒜皮、无关痛痒的话题争得面红耳赤，大打出手的事情也时有发生。

有A和B两位先生，A先生的性情非常固执，不肯认错。有一天，他们俩正在闲谈，无意中谈到了砒霜，而A先生偏说没毒，有时吃了还可以滋补身体。B先生反对A先生的主张。但A先生越是受到B先生的反对，越是要为自己主张辩护。结果，A先生为使他的主张成立，对B先生说：“你不相信吗？那我们可以当场试验，我来吃给你看，到底我吃了砒霜之后会不会死。”B先生到了这时候，深恐A先生真的中毒而死，所以竭力说砒霜有大毒，劝A先生不要冒险。但B先生越是劝他不吃，A先生越是要吃给B先生看。结果A先生一命呜呼。

A先生死了之后，B先生深感悔恨，说当时不该和他这样争辩。

毫无意义的争论能给当事人带来什么呢？答案是什么都没有，你会失去一位朋友或顾客，收获一个敌人和愤怒的心情。也不会有人因此而大赞你知识渊博与能言善辩，因为真正能言善辩的人是懂得如何让人心悦诚服。“会说话”而不是“会吵架”的人才是说话高手。

卡耐基在第二次世界大战结束后不久参加了一个宴会。卡耐基左边的一个先生讲了一个幽默故事，然后在结尾的时候引用了一句话，意思是：此地无银三百两。那位先生还特意指出这是《圣经》上说的。

卡耐基一听就知道他错了。他看过这句话，不是在《圣经》上，而是在莎士比亚的书中，他前几天还翻阅过，他敢肯定这位先生一定搞错了。于是他纠正那位先生说，这句话是出自莎士比亚的书。

“什么？出自莎士比亚的书？不可能！绝对不可能！先生你一定弄错了，我前几天才特意翻了《圣经》的那一段，我敢打赌，我说的是正确的，一定是出自《圣经》！如果你不相信，我可以把那一段背出来让你听听，怎么样？”那位先生听了卡耐基的反驳，马上说了一大堆话。

卡耐基正想继续反驳，忽然想起自己的老友——维克多·里诺在右边坐着。维克多·里诺是研究莎士比亚的专家，他想他一定会证明自己的话是对的。

卡耐基转向他说：“维克多，你说说，是不是莎士比亚说的这句话？”

维克多盯着卡耐基说：“戴尔，是你搞错了，这位先生是正确的，《圣经》上确实有这句话。”随即卡耐基感到维克多在桌下踢了自己一脚。他大惑不解，出于礼貌，他向那位先生道了歉。

回家的路上，满腹疑问的卡耐基埋怨维克多：“你明知那本来就是莎士比亚说的，你还帮着他说话，真不够朋友。还让我不得不向他道歉，真是颠倒黑白了。”维克多一听，笑了：“李尔王第二幕第一场上，有这句话。但是我可爱的戴尔，我们只是参加宴会的客人，而你知道吗，那个人也是一位有名的学者，为什么要我去证明他是错的，你以为证明了你是对的，那些人和那位先生会喜欢你，认为你学识渊博吗？不，绝不会。为什么不保留一下他的颜面呢？为什么要让他下不了台呢？他并不需要你的意见，为什么要和他抬杠？记住，永远不要和别人正面冲突。”

只要我们稍微冷静地想一想，就会发现大体上的争论没有一个人是胜利者。

试想想，争吵能带给我们什么呢？能带来双方的快乐吗？能带来彼此间的尊重和理解吗？能带来深厚的友谊吗？能带来生活的安定吗？能证明你掌握的是真理，而别人的都是谬误吗？都不能。争吵所能带给我们的只是心理上的烦躁、彼此的怨恨与误解，甚至多年的夫妻会因此分道扬镳，生活因之充满了火药味。真理也不会因为你的争吵而倾向于你。争吵发生的时候，骤然升温的情绪之火灼烧你的头脑，使你烦闷、愤怒，甚至想与对方硬拼一场。对方的强词夺理、唾沫横飞令你愤恨不已，而在对方眼里，你又何尝不是同样可恶的形象。当不断升温的情绪之火达到足以烧毁你仅存的一点理智的时候，一股无以抑制的仇恨之火便由心底升起。这就足以解释为什么口角之争会发展到大动干戈的地步。

然而这种靠打口水仗以为能盈利的人们，显然是大错特错了。因为一场毫无意义的争论并不能让他人从心底里佩服我们。上升的级别越高、争论的时间越久，就越会彼此伤害，最后以一败涂地而告终。所以，最好的方式是保持宽容之心，理解对方，顾全对方颜面，妥善解决冲突。

争得有能力，让得有风度

常常有人说：“中国人不爱争胜。”“中国文化中很大的问题就是提倡不争，消磨了民族的锐气。”这话说得也不是没有道理，中国文化中确实有提倡不争的，比如“水善利万物而不争”，“夫唯不争，故天下莫能与之争”，等等。但那是老子说得，是道家文化。道家是中国文化三大主流之一，和儒家是互补的。

确实，孔子说过“君子无所争”，但还有下半句是：“必也射乎！揖让而升，下而饮，其争也君子。”孔子说，君子是不爱跟人争的，但也不是不争。君子有君子的争法：比方说射箭，上台的时候相互行礼作揖，比完了就下台喝酒，这才是君子之争啊。

这句话透露出两个内涵，首先，君子岂能不争。君子不是冤大头，欺负上门了，能不还手吗？正当的利益能不去争吗？须知儒家是一门教人为善的学问，不是“教人为软”的，更何况孔子本人都是争的好手。

鲁定公十年，齐鲁两国国君会盟，孔子任鲁君的相礼（相当于今天的司仪）。会盟时，齐国要以奏四方之乐为名，刀枪剑戟，鼓噪而至，以便在乱中劫持鲁君。孔子见状，立即登上盟坛土阶，两眼直视齐景公，以礼怒斥。齐景公心知失礼，只得将这班人马斥退，并表示歉意，孔子赢得了第一个回合的胜利。在双方最后缔订盟约时，齐国突然增加一条，规定：在齐国出征时，如果鲁国不派三百乘兵车相从，就是破坏盟约。这显然是要鲁国无条件承认自己是齐国的附庸国。当时齐强鲁弱，这一条难以拒绝，但孔子又不想无条件接受，所以立即提出了另一个新条款：如果不把齐国侵占鲁国的汉阳归还鲁国，而要鲁国出兵车，也是破坏盟约。这使齐景公难堪，会后只好把占领的汉阳地区归还鲁国。孔子又赢得了第二个回合的胜利。

在齐国的“霸权主义”面前，如果孔子“不争”，那不就是丧权辱国吗？但是，孔子的争，是有一个前提的，那就是“和谐”，孔子以射箭为例，说比赛之前以礼相待，比赛之后以礼相待，多么和谐的场景。

在英国的曼彻斯特城，英格兰超级足球联赛第18轮的一场比赛在埃弗顿队与西汉姆联队之间进行。比赛只剩下最后一分钟时，场上的比分仍然是1：1。

这时，埃弗顿队的守门员杰拉德在扑球时膝盖扭伤，剧痛使得他将四肢抱成一团在地上滚动，而足球恰好被传给了潜伏在禁区的西汉姆联队球员迪卡尼奥。球场上原来的一片沸腾顿时肃静下来，所有的人都在等待。迪卡尼奥离球门只有12米左右，无需任何技术，只要一点点力量，就可以把球从容打进对方球门。那样，西汉姆联队就将以2：1获胜，在积分榜上，他们因此可以增加两分。

埃弗顿队之前已经连败两轮，这个球一进，他们就将遭受苦涩的“三连败”。

在几万现场球迷的注视下，西汉姆联队的迪卡尼奥没有用脚踢球，而是将球抱在了怀中。

掌声，全场雷动的掌声，如潮水般滚动的掌声，把赞美之情献给了放弃射门的迪卡尼奥。

即便是竞争中的两个队伍，也要保持君子风度，因为争不是恶性竞争，任何争都应该以和谐礼让为前提。这就是君子的“争”。

争千秋功德，不争一时功利

商家能够重视自己的名声，懂得行善积德，不仅可以让处于灾难之中的人受惠，更能扩大自己的名气，提升自己的影响力。

胡雪岩在经商的过程中，常常会借鉴前人的好方法。有一次，他听说了这样一个故事：

在雍正年间，京城有一家规模很大的药店，他们的药物质地好，连皇上都信得过他们，并允许他们给皇宫供药。

有一年，由于前一年是暖冬，没怎么下雪，一开春的时候，气候反常，所以在三月里的会试能不能顺利进行，就成了朝廷最为担心的事情。因为当时清廷招募考生，都是在科场号舍举行的，那里多为应付考试搭建的，里面空间狭窄，伸不开腿，也直不起腰。考生从开考到结束，三天不能出号舍，这样身体差一点的就会支撑不住，再加上天气的原因，让很多考生的精神都变得委靡。

根据这一年的实际情况，那家药店赶治了一批治时气的药散，并托付内阁大臣奏明皇上，说要送给每一个考生，让他们备不时之需。雍正帝正在为会考的事情发愁，见这家药店主动解忧，自然大加赞许。于是，这家药店派专人守在考场门口，给每个考生发派药物，并且附带一张宣传单，上面印上了他们药店最有名的药物。结果，一半是因为药店的支持，另一半是由于当年考生的运气好，很少有人中场离席。由此一来，不管是中举的还是没中的，人们纷纷来这家药店买药。由于考生们来自全国各地，自此以后，全国的人都开始知道了这家药店，并且都来支持他们的生意。只用了很少的本钱，却换来了大生意。这对于同样开药店的胡雪岩来说，是一个很好的经验，所以他效仿了这家药店的做法，也通过行善的方式，开辟出了自己的商业天地。那个时候，社会动荡，百姓流离失所，再加上战乱，瘟疫流行，而百姓又都是贫寒之人，没什么钱来买药。于是，胡雪岩就制订出了一种策略：准备大量应急的药物，施与逃难百姓，这些药被百姓们称为“胡善人”的“救命药”。胡雪岩还给曾国藩的江南大营送去了免费的药物，博得了曾国藩的好感。因为胡雪岩的行善举动，朝廷对胡雪岩赞赏有加，封他做了二品官员。而那些难民和士兵，都是来自全国各地的，因为全国的人都知道了有个“胡善人”。所以，胡雪岩的生意自然越做越好。

就事情的本身来说，胡雪岩虽然将大众的生死看得很重要，也表现出了他救世的热情，但是他更懂得宣传和舆论的重要。用现代人的眼光来看，胡雪岩送药之举，其实就是一种特殊的广告方式，而且是一箭双雕的上策。这要比花大量的钱在广告的上来得更快、更早。

因此，要想在商海竞争中立于不败之地，就要学会多行善，多建功德。有时候，争千秋功德，不争一时功利，可以让自己在日后获得更加长远的利益。

不计较比锱铢必较得到的更多

很多时候，往后退一步，自己才能把世界看得更清楚，行动也能更加游刃有余。与其在万般无奈的情况下撤退，倒不如主动进行战略转移，把损失降到最低，以图在其他方面谋发展。

向前一步，看似堵住别人的入口，其实也堵住了自己的出路，所以才有“退一步，海阔天空”的说法。从整个大局来看，暂时的、部分的让步类似于象棋上弃卒保车的方法，是为了更大的利益而付出的必要代价。

在生意场上，如果只为了一些蝇头微利费心费力，就只能得到蝇头微利，不可能做成大事。想要把生意做到出类拔萃，就必须把目光放长远，看到眼前的牺牲是为了更长远的发展，如此才能有魄力去作出决断。

胡雪岩在上海做生意时，上海并不稳定。一方面是因为小刀会起义后，洋人曾经对他们进行过接济，因此租界没有受到战火的影响，但是很多县城被占领了，因此清廷对洋人更为不满；另一方面，洋人曾经与太平军从事过军火交易，因此朝廷很恼怒，决定在上海设立内地海关，增加关税，对他们在上海的生意采取限制措施，颁布了禁止丝茶运往上海的禁令。

洋人和朝廷的关系很僵，但双方又不愿意如此一直僵持下去。因为这种局面下，洋人在上海的生意将会全面受影响，而朝廷也就少了一道财源。胡雪岩想要让上海的市场活跃起来，自然要把他们的关系打理顺当。

为了缓和洋人的态度，他决定把自己囤积的生丝尽快脱手。这些丝本来是他用来控制市场、垄断价格的，在这个时候脱手，他之前的心思就白费了，但他现在并不去计较这些小利益，而是在向洋人发出一个友好信号。在中国做生意的洋人通常也比较重视中国商人的态度。同时，胡雪岩还去苏州拜见时任苏州学台的何桂清，因为他自己并不能代表朝廷，还是需要官场中的人出来与洋人进行调停。

在胡雪岩这个中间人的费心努力下，两者果然休战言和，上海的市面又安定繁荣了起来。在这样安定的局面下，胡雪岩才能够真正放开手脚。否则的话，无论是开米行，还是开戏院、茶楼等，若没有朝廷的支持是不可能实现的。现在，洋人和官场达到了相互信任，胡雪岩既获得了洋人的信任，做生意多了财源，又赢得了朝廷的好感，在上海更能游刃有余。

有些人认为如果要成就大事，就要锱铢必较，每一分每一厘都要赚个干干净净，却不知道这样做很容易捡了芝麻，丢了西瓜。

在原来的时局下，胡雪岩纵然有再好的经商能力也难以得到发挥。所以他说：“与其在万般无奈的情况下撤退，倒不如主动进行战略转移，把损失降到最低限度，以图在其他方面谋发展。”他确实做到了。

胡雪岩在调停的时候，投入了大量的金钱与精力，很多人认为他是在为他人作嫁衣裳，但是胡雪岩清楚，这件事情并非与他无关。时局不安定，对于小商小贩来说是小损失，对于做大生意的他来说是大损失。因此，他在这一过程中虽然投入不少，但是他原本所追求的就不是这些小钱，而是想用小钱来换取以后事业的长足发展，这正是成功商人的高明之处。

在激烈的商海竞争中，一味锱铢必较，虽然能暂时获得一些小利，但从长远来看，却未必是好事。只有学会适度让利，以一时的小钱来换取更大的发展空间，才能赢得长久的利益。

二十七
以舍为得，肯舍弃才能有所得

舍得等于选择

父亲给孩子带来一则消息，某一知名跨国公司正在招聘计算机网络员，录用后薪水自然是丰厚的，而且这家公司很有发展潜力，近些年新推出的产品在市场上十分走俏。孩子当然是很想应聘的，可在职校培训已近尾声了，这要真的给聘用了，一年的培训就算白费了，连张结业证书都拿不上。孩子犹豫了。

父亲笑了，说要和孩子做个游戏。他把刚买的两个大西瓜放在孩子面前。让他先抱起一个，然后，要他再抱起另一个。孩子瞪圆了眼，一筹莫展。抱一个已经够沉的了，两个是没法抱住的。

“那你怎么把第二个抱住呢？”父亲追问。

孩子愣神了，还是想不出招来。

父亲叹了口气：“哎，你不能把手上的那个放下来吗？”

孩子似乎缓过神来，是呀，放下一个，不就能抱上另一个了吗！

孩子这么做了。父亲于是提醒：这两个总得放弃一个，才能获得另一个，就看你自己怎么选择了。孩子顿悟，最终选择了应聘，放弃了培训。后来，他如愿以偿地成了那家跨国公司的职员。

是啊！如果你什么都不舍得，什么都想要，那又何来心想事成、梦想成真呢？只有放下了手里的习惯，才能在所有的习惯当中选择你最想要的那一个。

由美国励志演讲者杰克·坎菲尔和马克·汉森合作推出的《心灵鸡汤》系列读本，这些年来被翻译成数十种语言，感动、激励了无数的人。可是谁能想到在开始写作之前，马克·汉森经营的却是建筑业呢？

原来马克在建筑业经营彻底失败，自己也破产之后，果断地选择了放弃，选择了彻底退出建筑业，并忘记有关这一行的一切知识和经历，甚至包括他的老师——著名建筑师布克敏斯特·富勒。他决定去一个截然不同的领域创业。

他很快就发现自己对公众演说有独到的领悟和热情，而这是个最容易赚钱的职业。一段时间之后，他成为一个具有感召力的一流演讲师。后来，他的著作《心灵鸡汤》和《心灵鸡汤2》双双登上《纽约时报》的畅销书排行榜，并停留数月之久。

马克放弃了建筑业，但是你不能简单地说他是个半途而废的人，要知道，在人生的关键问题上，能够明确的“舍得”才能作出更好的选择，从而获得成功。

一位老师带着他的学生打开了一个神秘的仓库。这个仓库里装满了放射着奇光异彩的宝贝，也不知存放者是谁。仔细看看，每个宝贝上都刻着清晰可辨的字样，分别是骄傲、正直、快乐、爱情……

这些宝贝是那么漂亮，那么迷人，学生见一件爱一件，抓起来就往口袋里装。

可是，在回家的路上，他才发现，装满宝贝的口袋是那么沉。没走多远，他便气喘吁吁，两腿发软，脚步再也无法挪动。

老师说：“孩子，我看还是丢掉一些宝贝吧，后面的路还长着呢！”

学生恋恋不舍地在口袋里翻来翻去，不得不咬咬牙丢掉两件宝贝。但是，宝贝还是太多，口袋还是太沉，年轻人不得不一次又一次地停下来，一次又一次咬着牙丢掉一两件宝贝。“痛苦”丢掉了，“骄傲”丢掉了，“烦恼”丢掉了……口袋的重量虽然减轻了不少，但学生还是感到它很沉很沉，双腿依然像灌了铅一样。

“孩子，”老师又一次劝道，“你再翻一翻口袋，看还可以丢掉些什么。”

学生终于把沉重的“名”和“利”也翻出来丢掉了，口袋里只剩下“谦虚”、“正直”、“快乐”和“爱情”，一下子，他感到有种说不出的轻松和快乐。

但是，他们走到离家只有100米的地方，学生又一次感到了疲惫，前所未有的疲惫，他真的再也走不动了。

“孩子，你看看还有什么可以丢掉的，现在离家只有100米了。回到家，等恢复体力还可以回来取。”

学生想了想，拿出“爱情”看了又看，恋恋不舍地放在了路边。

他终于走回了家。

可是他并没有想象中那么高兴，他在想着那个让他恋恋不舍的“爱情”。老师对他说：“爱情虽然可以给你带来幸福和快乐，但是，它有时也会成为你的负担。等你恢复了体力还可以把它取回，对吗？”

第二天，他恢复了体力，拿回了“爱情”。他高兴极了，欢呼雀跃，感到了无比幸福和快乐。这时，老师走过来抚摸他的头，松了一口气：“啊，我的孩子，你终于学会了放弃！”

人们常说：“举得起放得下的是举重，举得起放不下的叫作负重。”为了你前面的掌声和鲜花，学会放弃吧。厚道的人懂得放弃，放弃贪念，心胸自会更加宽广。放弃之后，你会发现，原来你的人生之路上有了更多的选择。

等我们真正学会放弃，便开始了成熟。我们都要学会放弃，因为放弃之后，你才有了选择的机会。

欲要取之，必先予之

杭州城被朝廷从太平军手里夺回的时候，左宗棠让胡雪岩负责战后的处理工作。正当他忙得焦头烂额的时候，有一个洋人求见。胡雪岩暗自惊讶，迎出来一看，原来是驻扎在宁波的法国“常捷军”军官让内。在夺回杭州的战争中，“常捷军”帮了清军的大忙。

原来，清军在攻打杭州城的时候，城内太平军顽强抵抗，再加上此城的城高墙厚，如果要硬攻，恐怕会有很大的损伤。所以，左宗棠让胡雪岩联系洋人，看能不能借一些开花炮来。胡雪岩就找到了让内，跟他说城内的士兵已经动摇了信念，无心恋战，只要他肯借大炮，不会费一兵一卒，就可以拿下杭州城，并从中赚取大量的佣金。

让内答应了胡雪岩的请求，实现了他们的第一笔交易，也因为让内给足了胡雪岩的面子，所以胡雪岩也答应以后如果让内有什么事情需要帮忙的，尽管开口就是。“天有不测风云”，夺回了杭州不久，城里就发生了瘟疫，让内也没能躲过这场劫难。因为胡雪岩有言在先，说让内曾经帮过他的忙，所以钱庄不论如何都要照顾好他。

钱庄拿出了胡庆余堂的诸葛行军散等秘制药丸去看他，让内按照要求服用了一日之后，居然可以下地走动了，他暗叹这药的神奇。到了第二天，让内精神起来，这时，他坐不住了，去钱庄问给他的是什么药，并且希望多给他一些，让他送给还在饱受瘟疫之苦的其他洋人。钱庄不敢怠慢，赶紧准备了一箱，给他送去了。

洋人服用了此药，病情大好，就让让内多要一些。胡雪岩听了让内的请求，就又准备了两箱药，想要送给让内。这时，让内不好意思了，上次拿药就没有给钱，这一次又免费拿药，怎么说也过意不去。可是，胡雪岩坚持不收钱，让内禁不住问：“你这样做生意，岂不是要赔了？”胡雪岩不以为意地说：“没关系的，区区两箱药，我还送得起。”其实，他的心里早就打好了如意算盘：“洋人吃了我的药，治疗好了，自然会给我免费宣传。”胡雪岩在上海的药铺还没有开，就已经打出了名号，岂不是更有利于他的发展？

因为帮胡雪岩在先，所以让内在得病的时候，深得胡雪岩的照顾；给了让内的免费药，却给自己做了宣传，让自己的药铺在上海立住了脚跟，这种种迹象都表明了：要想取之，必先予之；只有付出，才能有所收获。可是，现实生活中的很多人都只想着索取，而不愿给予：别人处于危难之中，需要他们的捐赠，可是他们连一点零花钱都舍不得；公司发展不顺，需要他们加班加点，与老板同心协力，可是他却不愿多做没有报酬的工作……他们总是想着自己，可是如果我们不能主动地为别人付出，当我们有难的时候，别人也不可能来帮助我们。

有付出才有回报，不要以为现在的付出就是吃亏。其实，人与人相处，最重要的是要真诚待人，有时宁可自己吃点亏，也不能损人利己。等到我们有难的时候，就会发现，现在的付出才是一种最好的投资，因为我们得到的回报将远远大于我们的付出。

大弃大得，不弃不得

在日常生活中，对于闲置之物的处理往往体现出一个人的思维方式。随着人们生活水平的提高，物尽其用的概念已经过时。现在，家家都有不少被淘汰的物品，有些人家舍不得丢弃，日积月累，无用之物越积越多，等到堆放不下了，只能惋惜地集中扔掉，并在疲劳的同时慨叹着“早知今日，何必当初”。

有些人随时淘汰那些不再需要的东西，省去了集中处理的精力，平时家中也显得简洁明快。其实人生又何尝不是如此，即便过着平凡的日子，也依然会不断地积累，大到人生感悟，小到一张名片，都是从无到有，积少成多。无论你的名誉、地位、财富、亲情，还是你的烦恼、忧愁，都有很多该弃而未弃或该储存而未储存的。人类本身就有喜新厌旧的嗜好，都喜欢焕然一新的东西，因此，学会放弃也就成了一种境界，大弃大得，小弃小得，不弃不得。在生活中学会遗忘不如意的时候，学会放弃生命中可有可无的东西，心胸自会坦然。

古时有一个聪明的年轻人，很想在一切方面都比他身边的人强，他尤其想成为一名大学问家。可是，许多年过去了，他的其他方面都不错，学业却没有长进。他很苦恼，就去向一个大师求教。大师说："我们登山吧，到山顶你就知道该如何做了。"那山上有很多晶莹的小石头，煞是迷人。每见到他喜欢的石头，大师就让他装进袋子里，很快，他就吃不消了。"大师，再背，别说到山顶了，恐怕连动也不能动了。"他疑惑地望着大师。"是呀，那该怎么办呢？"大师微微一笑，"该放下，不放下背着石头咋能登山呢？"

年轻人一愣，忽觉心中一亮，向大师道了谢走了。之后，他一心做学问，进步飞快……

其实，人要有所得必有所失，只有学会放弃，才有可能登上人生的极致高峰。我们很多时候羡慕在天空自由自在飞翔的鸟儿，也想像这鸟儿一样的，欢呼于枝头，跳跃于林间，与清风嬉戏，与明月相伴，饮山泉，觅草虫，无拘无束，无羁无绊。这才是人类应有的生活。然而，这世上终还有一些鸟，因为忍受不了饥饿、干渴、孤独乃至于"爱情"的诱惑，从而成为笼中之鸟，永永远远地失去了自由，成为人类的玩物。与人类相比，鸟面对的诱惑要简单得多。而人类，却要面对来自红尘之中的种种诱惑。于是，人们往往在这些诱惑中迷失自己，从而跌入欲望的深渊，把自己装入了一个打造精致的所谓"功名利禄"的金丝笼里。这，是鸟儿的悲哀，也是人类的悲哀。然而更为悲哀的是，鸟儿被囚禁于笼中，被人玩弄于股掌之上，就会欢呼雀跃，放声高歌，呢喃学语，博人欢心；而人类置身于功名利禄的包围中，就会自鸣得意，唯我独尊。这应该说是一种更深层次的悲剧。

人生在世，有许多东西是需要不断放弃的。在征途中，放弃对权力的追逐，随遇而安，得到的是宁静与淡泊；在淘金的过程中，放弃对金钱无止境的掠夺，得到的是安心和快乐；在春风得意、身边美女如云时，放弃对美色的占有，得到的是家庭的温馨和美满。

古人云：无欲则刚。这其实是一种境界，一种修养。没有太多的欲望，就会活得更加简单，更加洒脱，更加自由。因此，我们在滚滚红尘中，要怀有一颗平和之心，挡住各种诱惑；做一件平常事，学会放弃许多；当一个平凡人，过简简单单的生活。

人总喜欢给自己加上负荷，轻易不肯放下，自谓为"执着"，执着于名与利，执着于一份痛苦的爱，执着于幻美的梦，执着于空想的追求。数年光华逝去，才磋叹人生的无为与空虚。我们总是固执地前进，由"我想做什么"到"我一定要做到什么"，理想与追求反而成为一种负担。冥冥之中有人举着鞭子驱使着我们去追赶，但是我们追得到什么？夸父始终也没能追上太阳的东升西落。

适当放弃何尝不是一种美德，厚道的人通常拥有这样的美德，他们懂得适时放弃，不贪求名利。或许，我们并不需要背负太多沉重的东西，放下负累，轻装上阵，外面等待我们的将是自由的天、自由的地、自由的空气、自由的心。

因为懂得，所以舍得

1998年的诺贝尔奖得主崔琦，在有些人眼里简直是"怪人"：远离政治，从不抛头露面，整日浸泡在书本中和实验室内，甚至在诺贝尔奖桂冠加顶的当天，他还照常到实验室工作。更令人难以置信的是，在美国高科技研究的前沿领域，崔琦居然是一个地地道道的"电脑盲”。他研究中用的仪器设计、图表制作，全靠他一笔一画完成，即使发电子邮件，也都请秘书代劳。他的理论是：这世界变化太快了，我没有时间去追赶！

崔琦懂得，只有放弃了世人眼里炫目的东西，才能为自己赢得了大量宝贵的时间，也赢得了至高无上的荣誉。

我们每个人都应懂得，你不可能什么都得到，所以应该学会放弃。生活有时会逼迫你，不得不交出权力，不得不放走机遇，甚至不得不抛弃爱情。

“鱼，我所欲也；熊掌，亦我所欲也，二者不可得兼，舍鱼而取熊掌也。”在鱼与熊掌不能兼得的时候，我们就面临着选择，而选择就意味着放弃。但放弃，并不意味着失败。像下围棋一样，虽然放弃了一粒棋子，得到的却是一大块地盘。但如果想兼得“鱼和熊掌”，恐怕连鱼也得不到了。

而且，在人生的一些关口，我们的生命会长出一些杂草，侵蚀我们美丽丰富的人生花园，破坏我们幸福家园的田地。我们要学会将这些杂草铲除。放弃不适合自己的职业，放弃你的工作，放弃实权虚名，放弃人事纷争，放弃变了味的友谊，放弃失败的爱情，放弃破裂的婚姻，放弃没有意义的交际应酬，放弃坏的情绪，放弃偏见、恶习，放弃不必要的忙碌、压力。

除掉我们人生田地和花园里的杂草害虫，我们才有机会同真正有益于自己的人和事亲近，才会获得适合自己的东西。我们才能在人生的土地上播下良种，致力于有价值的耕种，最终收获丰硕的果实，在人生的花园里采摘到美丽的花朵。

我们应该懂得，要想采一束清新的山花，就得放弃城市的舒适；要想做一名登山健儿，就得放弃娇嫩白净的肌肤；要想穿越沙漠，就得放弃舒适的床；要想获得掌声，就得放弃眼前的虚荣。梅、菊放弃安逸和舒适，才能得到笑傲霜雪的艳丽。

因为懂得，所以舍得，之所以不肯舍得，是因为我们总是抱着狭隘的想法，总是放不下，只有我们懂得了放下的真谛，才能轻装前进，才能不断有所收获。你之所以举步维艰，是你背负太重，你之所以背负太重，是你还没学会放弃，你之所以没有学会放弃，是因为你不懂得，放弃的背后，藏着更多的宝藏。

“舍”是“贪”的解药

医治“贪”病要用“舍”字。一切都是为自己着想，不肯予利益给别人，天下可爱的东西恨不得完全归诸自己一人，管什么别人的幸福，谈什么别人的安乐，他人的死活存亡都与自己没有关系，因此“贪”病就缠绕到我们的身上来了。假若懂得了舍，见到别人精神或物质上有苦难，总很欢喜地把自己的幸福安乐利益施舍给人，这样，“贪”的大病当然就不会生起了。

《圣经》中有这样一句话：人降临世界的时候，手是合拢的，似乎在说：“世界是我的。”他离开世界的时候，手是张开的，仿佛在说：“瞧哪，我什么都没有带走。”生活就在收手和放手之间。在为自己着想时，也不忘给予别人，所得到的不仅仅是物质上的享受，还有心灵的宽慰。

人生常患大病，病由“贪”字而来。庄子就曾这样形容：世上的人们所尊崇看重的，是富有、高贵、长寿和善名；所爱好喜欢的，是身体的安适、丰盛的食品、漂亮的服饰、绚丽的色彩和动听的乐声；所认为低下的，是贫穷、卑微、短命和恶名；所痛苦烦恼的，是身体不能获得舒适安逸、口里不能获得美味佳肴、外形不能获得漂亮的服饰、眼睛不能看到绚丽的色彩、耳朵不能听到悦耳的乐声……假如得不到这些东西，就大为忧愁和担心。

无论是金钱、物质还是情感上，人们一旦享受过多，所求便会更多。然而“贪”字却令人不知餍足，最后为了奢求不择手段，这一个“贪”字，竟是如此折磨人，的确应当戒之。

彭泽少时家贫，苦志励学，明孝宗弘治三年考中进士，官至刑部郎中，后因得罪有势的宦官，被外放为徽州知府。

彭泽的女儿临出嫁，彭泽便用自己的俸银做了几十个漆盒当作嫁妆，派属吏送回家中，彭泽的父亲见后大怒，立刻把漆盒都烧了，自己背着行李奔波几千里来到徽州。

彭泽听说父亲突然来到，不知家中出了什么大事，忙出衙相迎，却见父亲怒容满面，一句话也不说。

彭泽见状，也不敢造次发问，见父亲满面风尘，又背负行李，便使眼色让手下府吏去接过行李。

彭泽的父亲更是有气，把行李解下，掷到彭泽的脚下，怒声道：“我背着它走了几千里地，你就不能背着走几步吗？”

彭泽被骂得哑口无言，抬不起头来，只得背着行李把父亲请进府衙。

彭泽父亲进屋后，既不喝茶，也不落座，反而命令彭泽跪在堂下，府中官吏们纷纷上前为知府大人求情，全不济事，彭泽只得跪在父亲面前，却还不知为了何事。

彭泽的父亲责骂彭泽：“你本是清贫人家子孙，如今做了几天官，就把祖宗家风全忘了，皇上任命你当知府，你不想着怎样使百姓安居乐业，却学着贪官的样儿，把府中财物往自己家搬，长此下去岂不成了祸害百姓的贪官？”

彭泽此时方知父亲盛怒是为了何事，却不敢辩解，府中衙吏替他辩白说东西乃是大人用自己俸银所买，并非官家钱物。

彭泽的父亲却说：“开始时用自己的俸银，俸银不足便会动用官银，现在不过是几十个漆盒，以后就会是几十车金银。向来贪官和盗贼一样，都是从小开始，况且府中官吏也是朝廷中人，并不是你家奴仆，你却派人家跋涉几千里为自己女儿送嫁妆，这也符合道理吗？”

彭泽叩头服罪，满府官吏也苦苦求情，彭泽父亲却依然怒气不解，用来时手拄的拐杖又痛打彭泽一顿，然后拾起地上还未解开的行李，径自出府，又步行几千里回老家去了。

彭泽受此痛责，不但廉洁自守，不收贿赂，而且不再挂心家里的事，一心扑在府中政务上。当年朝廷审核官员业绩，以徽州府的政绩最高。

彭泽受此庭训，可称得上是当头棒喝，他以后为官一生，历任川陕总督、左都御史、提督三边军务、兵部尚书等要职，都是掌握巨额军费，不要说有心贪污，即便按照常例，也会积累一笔十代八代享用不尽的财富。彭泽却为将勇，为官廉，死后破屋几间，妻子儿女的生活都成问题。之所以能清廉如此，自当归功于他父亲的教育。

彭泽清廉一世，值得借鉴，只可惜难有人做到。事实上人人都有欲望，都想过美满幸福的生活，都希望丰衣足食，这在所难免，但不能把欲望变成不正当的欲求，变成无止境的贪婪。在自己得到幸福的时候，别忘了给予他人帮助，这便是佛家所说的布施。布施并不是要我们倾尽所有，而是一种依靠“舍”来消除奢求的弊病，让自己的心胸敞开，而不要因为小名小利而变得心胸狭窄，惹人生厌。只有通过“舍”来医治人们内心的贪婪，才能帮助人们回归真善美的本性。

生活中的许多时候，我们应当换一个方法思考自己的“失去”，需知有舍才有得，安知失去就不是福呢？

丢弃旧我，接纳新我

我们一定有过年前大扫除的经历吧。当你一箱又一箱地打包时，一定会很惊讶自己在过去短短一年内，竟然累积了这么多的东西。然后懊悔自己为何事前不花些时间整理，淘汰一些不再需要的东西，否则，今天就不会累得你连脊背都直不起来。

大扫除的懊恼经验，让很多人懂得一个道理：人一定要随时清扫、淘汰不必要的东西，日后才不会变成沉重的负担。

人生又何尝不是如此！在人生路上，每个人不都是在不断地累积东西。这些东西包括你的名誉、地位、财宝、亲情、人际关系、健康、知识等；另外，当然也包括了烦恼、苦闷、挫折、沮丧、压力等。这些东西，有的早该丢弃而未丢弃，有的则是早该储存而未储存。

在人生道路上，我们几乎随时随地都得做“清扫”。念书、出国、就业、结婚、离婚、生子、换工作、退休……每一次挫折，都迫使我们不得不“丢掉旧我，接纳新我”，把自己重新“扫”一遍。

不过，有时候某些因素也会阻碍我们放手进行扫除。譬如，太忙、太累，或者担心扫完之后，必须面对一个未知的开始，而你又不能确定哪些是你想要的。万一现在丢掉的，将来又捡不回来，怎么办？

的确，心灵清扫原本就是一种挣扎与奋斗的过程。不过，你可以告诉自己：每一次的清扫，并不表示这就是最后一次。而且，没有人规定你必须一次全部扫干净。你可以每次扫一点，但你至少应该丢弃那些会拖累你的东西。

洛威尔是美国著名的心理学家。有一年他和一群好友到东非赛伦盖蒂平原去探险。在旅途中，洛威尔随身带了一个厚重的背包，里面塞满了食具、切割工具、挖掘工具、衣服、指南针、观星仪、护理药品等。洛威尔对自己携带的物品非常满意。

一天，当地的一位土著向导检视完洛威尔的背包之后，突然问了一句：“这些东西让你感到快乐吗？”洛威尔愣住了，这是他从未想过的问题。洛威尔开始问自己，结果发现，有些东西的确让他很快乐，但是，有些东西实在不值得他背着它们，走那么远的路。

洛威尔决定取出一些不必要的东西送给当地村民。接下来，因为背包变轻了，他感到自己不再有束缚，旅行变得更愉快。

生命的进行就如同参加一次旅行，背负的东西越少，越能发挥自己的潜能。你可以列出清单，决定背包里该装些什么才能帮助你到达目的地。但是，记住，在每一次停泊时都要清理自己的口袋，什么该丢，什么该留，把更多的位置空出来，让自己活得更轻松、更自在。

放下是一种自由和觉悟

少年孟敏背着一个砂锅赶路，不小心绳子断了，砂锅掉到地上摔碎了。可是孟敏头也不回地继续向前走。路人喊住孟敏问：“你不知道你的砂锅摔碎了吗？”孟敏回答：“知道。”路人又问：“那为什么不回头看看？”孟敏说：“既然碎了，回头有什么用？”说完他又继续赶路。

孟敏是对的，既然砂锅都碎了，回头看又有什么用呢？即便是捶胸顿足，悔恨交加，难道能够让砂锅恢复原状吗？这正如人生中的许多失败一样，已经无法挽回，再去惋惜悔恨也于事无补，与其在痛苦中挣扎浪费时间，还不如重新找一个目标，再一次奋发努力。

但是很多人都不懂得这个简单的道理，于是一直背负悔恨，背负内疚，背负着“如果当时……那么就……”的想法，于是步履维艰。殊不知，放弃了这些念头，我们才能够更好地赶路。

舍弃一些不必要的东西或者毫无意义的想法，并不是低头或失败，而是为了更好地选择，更好地生活。

要想真正做到放下，不是一件容易的事情。放下是一种觉悟，更是一种自由。如果不懂得放下的艺术，我们难免会变得心胸狭隘。

两个和尚一起到山下化斋，途经一条小河，他们正要过河，忽然看见一个妇人站在河边发愣，原来妇人不知河的深浅，不敢轻易过河。年纪比较大的和尚立刻上前去，把那个妇人背过了河。两个和尚继续赶路，可是在路上，那个年纪较大的和尚一直被另一个和尚抱怨，说作为出家人，怎么背个妇人过河，甚至又说了一些不好听的话。年纪较大的和尚一直沉默着，最后他对另一个和尚说：“你之所以到现在还喋喋不休，是因为你一直都没有在心中放下这件事，而我在放下妇人的同时也把这件事放下了，所以才不会像你一样烦恼。”

其实，生活中原本是有许多快乐的，只是我辈常常自生烦恼，“空添许多愁”。许多事业有成的人常常有这样的感慨：事业小有成就，心里却空空的，好像拥有很多，又好像什么都没有。总是想成功后坐豪华游轮去环游世界，尽情享受一番，但真正成功了，却没有时间和心情去了却心愿，因为还有许多事情放不下……

对此，台湾作家吴淡如说得好：“好像要到某种年纪，在拥有某些东西之后，你才能够悟到，你建构的人生像一栋华美的大厦，但只有硬件，里面水管失修，配备不足，墙壁剥落，又很难找出原因来整修，除非你把整栋房子拆掉，你又舍不得拆掉，那是一生的心血，拆掉了，所有的人会不知道你是谁，你也很可能会不知道自己是谁。”仔细体会这段话，我辈不就是因为“舍不得”吗？

很多时候，我们舍不得放弃一个放弃之后并不会失去什么的工作，舍不得放弃已经走出很远很远的往事，舍不得放弃对权力与金钱的追逐……于是，我们只能用生命作为代价，透支健康与年华。但谁能算得出，在得到一些自认为珍贵的东西时，有多少和生命休戚相关的美丽像沙子一样从指掌间溜走？我们也很少去思忖：掌中所握的生命沙子的数量是有限的，一旦失去，便再也捞不回来了。

快乐是佛家所说的那种境界，“要眠即眠，要坐即坐”，如果一个人茶饭不宁、百种需求、千般计较，自然谈不上是真正的放下，又如何去感受快乐呢？

不堪重负就归零

一个青年背着一个大包裹千里迢迢跑来找无际大师，他说：“大师，我是那样地孤独、痛苦和寂寞，长期的跋涉使我疲倦到极点，我的鞋子破了，荆棘割破双脚；手也受伤了，流血不止；嗓子因为长久的呼喊而喑哑……为什么我还不能找到心中的阳光？”

大师问：“你的大包裹里装的是什么？”青年说：“它对我可重要了。里面是我每一次跌倒时的痛苦，每一次受伤后的哭泣，每一位孤寂时的烦恼……靠了它，我才能走到您这儿来。”

于是，无际大师带青年来到河边，他们坐船过了河。上岸后，大师说：“你扛了船赶路吧！”“什么，扛了船赶路？”青年很惊讶，“它那么沉，我扛得动吗？”“是的，孩子，你扛不动它。”大师微微一笑，说：“过河时，船是有用的。但过了河，我们就要放下船赶路。否则，它会变成我们的包袱。痛苦、孤独、寂寞、灾难、眼泪，这些对人生都是有用的，它能使生命得到升华，但须臾不忘，就成了人生的包袱。放下它吧！孩子，生命不能太负重。”

青年放下包袱，继续赶路，他发觉自己的步子轻松而愉悦，比以前快得多。原来，生命是可以不必如此沉重的。

生命需要轻装前行，想要走得快乐，就不能背负着太多的负荷，我们都知道走路不能背着船，但我们却总不肯放下心中的那艘船。其实，心中的包袱里装的，又是一些毫无用处的东西，他们就像船一样，在将来的某一刻说不定能有些许用处，但是大多数时候，他们都是累赘。既然如此，不妨以博大的胸怀，舍弃不必要的怨恨、嫉妒、贪念，当背负不动的时候，就不妨将他们全部都清零。

归零就是清除所有的东西，从零开始。有时候归零是那么难，因为每一个要被清除的数字都代表着或实在或精神上的某种意义；有时候归零又是那么容易，只要按一下键盘上的删除键就可以了。

年轻的时候，艾莎比较贪心，什么都追求最好的，拼了命想抓住每一个机会。有一段时间，她手上同时拥有十三个广播节目，每天忙得昏天暗地，她形容自己：“简直累得跟狗一样！”

事情都是双方面的，所谓有一利必有一弊，事业愈做愈大，压力也愈来愈大。到了后来，艾莎发觉拥有更多、更大不是乐趣，反而是一种沉重的负担。她的内心始终有一种强烈的不安全感笼罩着。

1995年“灾难”发生了，她独资经营的传播公司被恶性倒账四五千万美元，交往了七年的男友和她分手……一连串的打击直奔她而来，就在极度沮丧的时候，她甚至考虑结束自己的生命。

在面临崩溃之际，她向一位朋友求助：“如果我把公司关掉，我不知道我还能做什么？”朋友沉吟片刻后回答：“你什么都能做，别忘了，当初我们都是从‘零’开始的！”

这句话让她恍然大悟，也让她勇气再生：“是啊！我们本来就是一无所有，既然如此，又有什么好怕的呢？”就这样念头一转，没有想到在短短半个月之内，她连续接到两笔很大的业务，濒临倒闭的公司起死回生，又重新运营起来。

历经这些挫折后，反而让艾莎体悟到人生“无常”的一面，费尽了力气去强求，虽然勉强得到，最后留也留不住；反而是一旦放空了，随之而来的是更大的能量。

她学会了“舍”。为了简化生活，她谢绝应酬，搬离了一百五十平方大的房子。她索性以公司为家，挤在一个十平米不到的空间里，淘汰不必要的家当，只留下一张床、一张小茶几，还有两只作伴的狗儿。

艾莎赫然发现，原来一个人需要的其实那么有限，许多附加的东西只是徒增无谓的负担而已。朋友不解地问她：“你为什么都不爱自己？”她回答：“我现在是从内在爱自己。”

她得到一个结论：简单一点，人生反而更踏实。

我们总是太贪心，什么都想要，什么都舍不得放下，最后不堪重负，被活活压垮。其实，我们可以试着将所背负的东西分门别类，将不需要的全部放下，来为自己的心灵减负。

但是，有时候我们会不知道哪些是值得舍弃的，哪些又是应该继续保留的，就像我们在搬家的时候总是会有这样的纠结：许多看似无用的家具饰物想想丢了吧，又觉得可惜，或者觉得说不定以后会用到。

我们的心灵也会有这样的问题，背负太多，想扔，却不知道该扔什么好。这个时候怎么办？那就清零吧，把想扔的都扔掉，不舍不得扔的也扔掉，只留下必须要用的。很多东西，不扔的时候我们会可惜，但扔掉之后，我们不会后悔，既然如此，何不停止犹豫、停止纠结，当不堪重负的时候，就直接归零。

该放手时就放手

上海阜康钱庄的挤兑风潮波及了杭州，正当胡雪岩全力调动，苦撑场面的时候，传来了宁波的两家钱庄倒闭关门的消息。宁波的这两家钱庄，都是胡雪岩名下的。挤兑风潮出现的时候，杭州阜康的档手赶紧去了宁波，希望能够从那两家钱庄调出一些银子来应急。

可是，宁波的钱庄深受市面的影响，资金周转不灵，自身难保，不得不申请倒闭。宁波海关在查封倒闭的钱庄时，给浙江发了电报，希望东家去做善后处理。浙江藩台德馨接到电报以后，心情十分沉重。他是胡雪岩的朋友，两个人的交情不错，眼见胡雪岩出事，他不能坐视不管。

所以，他赶紧让他的姨太太赶往胡雪岩家，传话说只要宁波的两家钱庄在二十万两银子能够挽救的范畴内，他愿意无条件帮忙。胡雪岩很感谢德馨的好意，但是他拒绝接受帮助。他说，眼下危机重重，即使是往里砸银子，也不过是头疼医头，脚疼医脚，不能从根本上解决问题。接受了德馨的二十万两银子，等于是宁波的钱庄裂开了一个缝子，虽然现在可能补上了，但是保不准哪一天又有什么地方裂开了，到时候恐怕是问题没解决，还要连累德馨。尽管眼见自己一手创立的钱庄倒闭是一件极其难过的事情，但是胡雪岩情愿丢弃不可挽救的钱庄，来保住杭州钱庄的声誉。

胡雪岩的这种思想，用现代的观点来解释，就是收缩战线，保存可再生力量以求再战的战略部署。生意场上，如果败局已定，及时考虑收缩战线，集中力量保住可能保住的部分，将损失减到最小，是极其必要的。如果这个时候还不懂得舍弃，那么精力将没有办法集中，迟早会被分散的难题拖垮。

拿得起，更要放得下。在生活中也是一样，有时候我们付出了很多，一心想要实现一个目标，可是现实的条件没有办法实现我们的愿望时，就应该及早改变主意，另辟发展方向。如果我们不能及时放弃，就只能在没有结果的事情上浪费时间。

刘备本是一个谦虚、谨慎的人，但关羽、张飞之死深深刺激了他，为了给关羽、张飞报仇，刘备兴两川之兵浩荡东来。投东吴的关羽旧部糜芳、傅士仁，将刘备所恨者马忠杀了，献首级给刘备，刘备连糜、傅也剐了，一同祭关公。东吴诸将献计孙权，将杀张飞投东吴的范疆、张达也送还刘备，以图息战宁人，谁料刘备剐了范、张，仍怒气不消，定要灭吴。孙权在这种情况下，从阚泽言，起用陆逊为主将，统率三军抗刘。消息传来，刘备问陆逊何许人也。马良说，是东吴一书生，年幼多才，多有谋略，袭荆州便是他用的计。刘备大怒，非要擒杀陆逊为关羽、张飞报仇。马良谏道，陆逊有周瑜之才，不能轻敌。刘备却说："朕用兵老矣，岂反不如一黄口孺子耶！"

战争是残酷的，不以老幼定优劣。用兵之道，看谁能把握战机，而不是谁的年龄大就算谁的计谋多。刘备在此以资夸口，以为自己经历的战争多，计谋就老到，这很可笑，不符合实际。所以，这次战役还未开始，就注定了刘备会失败。陆逊被他嘲为"黄口孺子"，可见刘备确实看不起年纪轻轻就统领军马的东吴新任大都督陆逊。刘备是糊涂了，没想到当年自己桃园结义，投军拉队伍时，与关、张也曾是年轻人。其实，战争中涌现的著名将领，多是年轻时崛起的。拿破仑用炮一鸣惊人时，是年纪轻轻的军官；伏龙芝打国内战争时是年纪轻轻的军官……刘备轻敌，瞧不起对方主将年轻，是未战先败了一阵。其实，这句话也说明刘备放不下架子。

放下是一种觉悟，更是一种自由。在考虑关键问题时，切忌把自己的身份摆进去。时时想到自己的职务，看问题就会少了客观性，多了盲目性，这样考虑问题就会不周全，处理问题就会产生偏颇，以致造成难以挽回的损失。

商海竞争中不懂得放下艺术的人，就有可能成为背负重担、蹒跚行走于商场道路的"苦行者"。因此，要想在生意场上占据有利地位，就要拿得起，更要放得下，把握住其中的奥妙，发展壮大自己的实力，提高竞争力。

二十八
知足的人最富足

知足是真正的财富

在晋朝的时候，有一个有名的道安法师深受人们的尊重与喜爱。有一天，护法居士郄超派人送了一千斛白米给他作为寺中的斋粮，但运到后发现寺中没有这么大的米仓，道安法师好不容易腾出三间楼房，才把这一千斛白米装进去。

后来，道安法师回复了郄超居士一封信，信里说："承蒙你送给我们一千斛白米，不胜感激，但这些米却增添了我们很多收藏的麻烦！"

一般人总是嫌东西少，特别是别人送的东西，而道安法师却嫌东西多，这种心态颇为难得，他的胸襟，也让人感叹。厚道的人，往往具有这种胸襟，不贪婪索取，而是以诚待人，懂得知足常乐。

觉悟的修道者，对于世间物欲的看法是，多求的结果是穷，喜舍的结果是富，东西多了，心为形役，生活反而得不到安宁。一个人因为不知足，使心耽着外境，因此，财富当前，生命就在财富手里；美色当前，生命就在美色手里；多求的人，自己是什么也保不住的。历代的富豪在哪里？贪欲者的结果究竟能得到什么？如果人们能够知足，那么生命才能安定，我们的生活中才有乐趣可言。

过去有一个骑着骡子外出的人行走在旅途上时，见到前面一个骑马的人，心里非常羡慕，也有些嫉妒，贪欲之心油然而生，但当他回头一看，有一个人正汗如雨下地推着车，十分辛苦，他仔细一想，心平气和了。他说："别人骑马我骑骡，看看眼前我不如；回头一看推车汉，比上不足下有余。"

我们若是把比我富者、比我贵者拿来作为比较的对象，那么自然会心怀不平，生起不知足的意念和感想；如果能把比我差者、比我贫者拿来和自己对比，那么就会心平气和，所以说"知足常乐"，这是修道者最好的座右铭。

一个觉悟的人就不会非法多求，因为觉悟的人永远是知足的。觉悟的智者，并不是不要钱，而是善于用钱。就算钱财保存得再多，本质上并不属于自己，把钱财用于有用之处，才是属于自己的。所以觉悟的人处理财富的方法应该是：十分之二用于自己生活日用所需；十分之二储蓄，留做老病旅行必要之用；十分之二用于救济为善，布施供养；另余十分之四留做经营，将本求利。

战国时代的齐国高士颜斶，齐宣王要拜他做老师，并且对他说："只要颜先生收我为弟子，每天和我生活在一起，那么我保证你饭食有牛羊猪肉，出外可以坐车，并赏给你妻妾子女美丽的衣服，让他们也同享富贵。"

颜斶轻轻地回答道："谢谢您的好意，我是不愿当王者之师，我愿意吃饭时慢慢咀嚼，这样就等于吃肉一样；我走路时慢慢前行，这样就等于坐车一样；只要我安分守己，不去犯罪，当作尊贵；清净自守，凡事以理去做，当作快乐。"

像颜斶能知足，才不会受世间的侮辱，这种少欲知足的人才是真富贵。这样的人，能安于贫穷，清净守道，把求智慧、求解脱当作事业。像百丈禅师的一日不作一日不食，像惠能大师做椿米数月如一日，虚云和尚在真如寺以水当饭而不向恶势力屈服，弘一法师一件棉袄能穿数十年，像这种安贫守道的精神，才是真正懂得人生!

有一个天使，送信的时候在人间睡着了。醒来后，他发现翅膀被偷走了。没有翅膀的天使，能力比普通人还要小。他又冷又饿，来到一户人家门口。

"我是天使，请把门打开。"这家人打开门，看到天使被雨淋了，衣服皱巴巴的，却问："你给我们带来了什么礼物？"天使回答："我的翅膀丢了，回不到天堂去，没有礼物。""没有翅膀和礼物的天使不算天使！"这家人把门关上了，他敲第二家、第三家的门，都遭到拒绝。

天使没办法，只好蹲在村口哭。一个牧羊人看他可怜，把他带回了家。天使吃饱了饭，穿上了暖和的衣服，开始对牧羊人述说自己的遭遇。牧羊人说："你即使不是天使，我也会给你一顿饭吃的。如果你没有别的事做，就留下来和我一起牧羊吧。"

天使在人间的确不会什么手艺，便开始牧羊。天使每天梳理羊毛留下一些，日积月累，他为自己织了一对羊毛的翅膀，在牧羊人目瞪口呆的注视下飞走了。过了几天，天使来答谢牧羊人，问他要什么。牧羊人说："让我增加100只羊吧。"羊群增加了100只，牧羊人比过去更累了。他找到天使，请他把羊收回去，为自己盖一间大房子。牧羊人在大房子里住着，发现到处是灰尘，打扫不过来。于是他用房子换了一匹马，牧羊人骑在马背上，但不知要到何处去，就把马还给天使。

天使问："你还要什么？"牧羊人说："什么也不要了。"天使说："人从来有很多愿望，你难道没有吗？"牧羊人说："愿望实现之后，我才知道我不需要这些东西，它成了我的累赘。"天使说："我送你一件无价之宝，那就是性格。你想有什么样的性格？"牧羊人说："我已经有了这样的性格，那就是知足。"

修道的人，并不一定非要过穷苦的生活才算清高。若是心里的贪欲不除，只是外表装做苦行的样子，也是不足取法的。只有从内心深处得到满足，且不会无所度地寻求，满足现在已经拥有的，那才是真正的知足，这种知足才是真富。

快乐不是富人的专利

我们一向以为，浪漫只是那些有钱人的专利。他们可以用鲜花、烛光、音乐来营造出如梦如幻的多彩境界，没有想到还有一种不需要金钱的投入就能制造出来的别致的浪漫。人们在贫穷时，虽然在物质上不一定能得到保障，但是在精神世界里同样可以根植幸福，创造快乐。

作为一个清贫者，只要调整好自己现在的心态，就能按照自己的理想生活。不要以为只有有钱的人才能开心快乐，如果采取适当的方式，即使是我们身无分文，一切照样可以得到。

一天中午，太阳火辣辣地炙烤着大地，阳光刺眼，大街上没几个行人，晓芸独自从天桥边走过，看见一个小伙子在吃力地背着个姑娘上天桥。小伙子的额头上渗出细密的汗珠。像这样“周瑜打黄盖，一个愿打，一个愿挨”的事，晓芸见多了，所以她开始时并没有太在意。但是当她从他们身边路过的那一瞬间，突然感到那男孩子的两腿抖得厉害，不像平时遇到的那种玩闹的恋人。于是晓芸靠上前去帮忙搀扶，问男孩儿：“她生病了吧！是去医院吗？怎么不打车？”男孩只是低头不语。

来到天桥上，姑娘忽然大笑起来，男孩一边擦脸一边忙向晓芸道歉：“对不起，谢谢您，我们是在游戏。”

“什么？”晓芸尴尬中有些恼怒。

姑娘好久才止住笑，上前解释道：“今天是我们结婚三周年纪念日，我们特意来逛街，本想买点东西庆祝，不过都太贵了，舍不得钱。于是想起以前上学时读过的一篇文章，文章里的主人公就是用这种方式来纪念他们的结婚周年的。于是我们便照做了。

“我们没有钱，我不让他买什么礼物做纪念，可是他有的是力气呀，所以我才让他背我上天桥，一趟算一年，才背了一个来回，他就累成这样了。若是将来我们结婚三十周年、四十周年，我还让他背我那么多个来回，他还得背……”

姑娘一边心疼地为男孩拭着额角的汗珠，一边又笑了起来。

如果不是亲眼见证，晓芸怎么都不敢相信，这样贫穷的两个人，却能过得这么开心。

在生活中，我们总是觉得只有物质生活的富足才能保证精神生活的富足，只有拥有大量余款的人才能安枕无忧地看电影、逛公园、旅游、聚会……可是，拥有大量金钱的人，有很多并没有享受到人间的快乐，贫穷的人也不一定就丧失了幸福。

当我们心中充满着快乐的时候，即使是没有钱吃饭、没有地方住宿，也没有办法让我们难过；当我们心中充满悲伤的时候，即使是腰缠万贯，也没有办法让我们真正开心起来。所以，是否幸福，是取决于我们的心态，而非物质条件上的限定。贫穷也只能约束我们的物质生活，而不能限定我们的内心，更无法剥夺我们的快乐。

放弃生活中的“第四个面包”

非洲草原上的狮子吃饱以后，即使羚羊从身边经过，也懒得抬一下眼皮。瑞士奶牛也是一样，只要解决了吃饭问题，瑞士奶牛就会闲卧在阿尔卑斯山的斜坡上，一边享受温暖的阳光，一边慢条斯理地反刍。

有一位作家非常赞赏瑞士奶牛和非洲狮子的生存哲学，他说，假如你的饭量是3个面包，那么你为第4个面包所做的一切努力都是愚蠢的。事实也是如此，当我们贪欲过重时，容易迷失自己，甚至做出一些损人利己的不厚道的事，与其这样，不如珍惜所有，享受简单的幸福与快乐。

王立有一个做医生的朋友，几年前到一个宾馆去开会，一眼瞥见领班小姐，貌若天仙，便上前搭讪。小姐莞尔一笑，用一种很不经意的口气说："先生，没看见你开车来哦。"这位朋友当即如五雷轰顶，大受刺激，从此立志加入有车族。

后来他们在一起吃饭，几杯酒下肚之后，这位朋友告诉王立，准备把开了一年的"昌河"小面包车卖掉，换一部新款的"爱丽舍"。然后又问王立买车了没有，王立老老实实地回答还没有，而且在看得见的将来也没有这种可能性。他同情地看着王立："唉！一个男人，这一辈子如果没有开过车，那实在是太不幸了。"

这顿饭让王立吃得很惶惑。因为按他目前的收入水平，买部"爱丽舍"，他得不吃不喝地攒上好几年。更糟糕的是，若他有一天终于买上了汽车，也许在他还没有来得及品味"幸福"滋味的时候，一个有私人飞机的家伙就会同情地对他说："作为一个男人，没开过飞机太不幸了！"那他这辈子还有救吗?

这个问题让王立坐立不安了很长时间。如何挽救自己，免于堕入"不幸"的深渊，让他甚是苦恼。直到有一天，他无意中看到了在台湾创立济慈医院的证严法师在一次讲法时说的一段话：有菜篮子可提的女人最幸福。因为幸福其实渗透在我们生活中点点滴滴的细微之处，人生的真味存在于诸如提篮买菜这样平平淡淡的经历之中。我们时时刻刻拥有着它们，却无视它们的存在。

王立恍然大悟。原来他的这位医生朋友在用一个逻辑陷阱蓄意误导他：没有汽车是不幸的；你没有汽车，所以你是不幸的。但这个大前提本身就是错误的，因为"汽车"与"幸福"并无必然的联系。

在一个成功人士云集的聚会上，王立激动地表达了自己内心深处对幸福生活的理解："不生病，不缺钱，做自己爱做的事。"

会场上爆发了雷鸣般的掌声。

成功只是幸福的一个方面，但并不是幸福的全部。人们对"成功"的需求是永无止境的，没完没了地追求大家普遍认同的来自外部世界的诱惑——大房子、新汽车、昂贵服饰等，尽管可以在某些方面得到快乐和满足，但是这些东西最终带给我们的是患得患失的压力和令人疲惫不堪的混乱。

两千多年前，苏格拉底站在熙熙攘攘的雅典集市上叹道：这儿有多少东西是我不需要的！同样，在我们的生活中，也有很多看起来很重要的东西，它们与我们的幸福并没有太大关系。

我们对物质不能一味地排斥，毕竟精神生活是建立在物质生活之上的，但不能被物质约束。面对这个已经严重超载的世界，面对已被太多的欲求和不满压得喘不过气的生活，我们应当学会用好生活的减法，把生活中不必要的繁杂除去，好让自己过一种自由快乐的生活。

为利欲膨胀的心减减"肥"

你或许是平凡的，但你不一定是不幸福的。你的财富往往就是这些看似平凡的东西，只要你拥有一颗知足的心，就不会被虚荣蒙上你的眼睛，你才能够发现这一切，它们都不应当被你忽略。

据说上帝在创造蜈蚣时，并没有为它造脚，但是它仍可以爬得像蛇一样快。有一天，它看到羚羊、梅花鹿和其他有脚的动物都跑得比自己快，心里很不高兴，便嫉妒地说："哼！脚多，当然跑得快。"于是它向上帝祷告说："上帝啊，我希望拥有比其他动物更多的脚。"上帝答应了蜈蚣的请求，他把好多好多的脚放在蜈蚣面前，任凭它自由取用。蜈蚣迫不及待地拿起这些脚，一只一只地往身体上粘，从头一直粘到尾，直到再也没有地方可粘了，它才依依不舍地停止。

它心满意足地看着满是脚的躯体，心中暗暗窃喜："现在我可以像箭一样地飞出去了！"但是等它开始要跑时，才发觉自己完全无法控制这些脚。这些脚噼里啪啦地各走各的，它必须全神贯注，才能使一大堆脚顺利地往前走。这样一来它反而比以前走得慢了。

我们的生活中又有多少人像蜈蚣那样贪婪？一批又一批人前赴后继地把自己绑上欲望的战车，纵然气喘吁吁也不得歇脚。不断膨胀的物欲、工作、责任、人际、金钱几乎占据了现代人全部的空间和时间，许多人每天忙着应付这些事情，几乎连吃饭、喝水、睡觉的时间都没有。

其实很多人都无法静下心来检查自己"已有的"或"曾经拥有的"，都总是"看到"或"想到"自己"失去的"或"没有的"。这，当然注定了奔波忙碌。

也许我们这一代都太精明了。无论是待人或处事，很少检讨自己的缺点，总是记得"对方的不是"以及"自己的欲求"。到头来，因为每个人的心态彼此相克，所以很少能如愿以偿。相反，如果这个社会中的每个人都能够试图将对方的不是，及自己的欲求尽量放一放，多多检讨自己并改善自己，那么，彼此之间将会产生良性的互补作用，它或许会成为我们所乐的源泉。

只看我有的，我已经是富人

人生短暂几十年，赤条条来，又赤条条去，何必物欲太强，贪占身外之物？"身外物，不奢恋"是思悟后的清醒，它不但是超越世俗的大智大勇，也是放眼未来的豁达襟怀。谁能做到这一点，谁就会遇事想得开，放得下，活得轻松，过得自在。

有一次，孙子和祖父进林子里去捕野鸡。祖父教孙子用一种捕猎机，它像一只箱子，用木棍支起，木棍上系着的绳子一直接到他们隐蔽的灌木丛中。野鸡受撒下的玉米粒的诱惑，一路啄食，就会进入箱子，只要一拉绳子就大功告成了。

支好箱子藏起不久，就有一群野鸡飞来，共有九只。大概是饿久了的缘故，不一会儿就有六只野鸡走进了箱子。孙子正要拉绳子，可转念一想，那三只也会进去的，再等等吧。等了一会儿，那三只非但没进去，反而走出来三只。

孙子后悔了，对自己说，哪怕再有一只走进去就拉绳子。接着，又有两只走了出来。如果这时拉绳，还能套住一只。但孙子对失去的好运不甘心，心想着还会有些野鸡要回去的，所以迟迟没有拉绳。

结果，连最后那一只也走了出来，孙子一只野鸡也没有捕到。

贪婪是欲望无止境的一种表现，它让人永不知足。永不知足是一种病态，其病因多是对权力、地位、金钱之类的贪婪。这种病态如果继续发展下去，就是贪得无厌，其结局是自我毁灭。捕鸟的孙子就是因为贪婪，想得到更多的东西，最后却把现在所拥有的也失掉了。

其实，快乐重要的是对追求过程的一种体验，而不是结果。结果无论成败得失，只要中间过程给你带来了欢乐喜悦，那就行了。有时，得而复失，失而复得，幻想破灭，空欢喜一场，都是快乐的过渡和转化。

要是我们得不到我们希望的东西，最好不要让忧虑和悔恨来影响我们的生活，且让我们原谅自己，学得豁达一点。古希腊哲学家科蒂说："一个人生活上的快乐，应该来自尽可能少的对外来事物的依赖。"罗马政治学家及哲学家塞尼加也说："如果你一直觉得不满，那么即使你拥有了整个世界，也会觉得伤心。"

这个世界物欲太无穷，而人生却太有限。一个人要想贪占天下所有的东西，灾难就要来了。做人必须要想透，人生一定要顿悟。物欲为己，此生不宁；物欲为后，子孙不旺。古人早已告诫过我们"以德遗后者昌，以财遗后者亡"。

一个人要顺其自然地、平淡地看待物质的享受，得之无喜色，失之无悔色。什么都想得到的人，结果可能什么都得不到，甚至连自己已经拥有的也会失去。一个平淡对待自己生活的人，可能会意外地得到惊喜。

人到无欲品自高

清代林则徐有一副自勉联：海纳百川，有容乃大；壁立千仞，无欲则刚。该联常为现代人作为格言引用，其实"无欲则刚"的思想最早可以追溯到孔子的言论。

子曰："吾未见刚者。"或对曰："申枨。"子曰："枨也欲，焉得刚。"

孔子说我始终没有看见过一个够得上刚强的人。有一个人说，申枨不是很刚强吗？孔子说：申枨这个人有欲望，怎么能称得上刚呢？一个人有欲望是刚强不起来的，欲望，就像武侠小说中练武功的"罩门"，就算是一身"十三太保横练"的功夫，一旦被人打到"罩门"，也非投降不可了。

拉尔夫是一位国际著名的登山家，他曾经在没有携带氧气设备的情况下，成功地征服了多座高峰，这其中还包括了世界第二高峰——乔戈里峰。其实，许多登山高手都以不带氧气瓶而能登上乔戈里峰为第一目标。但是，几乎所有的登山好手来到海拔6500米处，就无法继续前进了，因为这里的空气非常稀薄，几乎令人感到窒息。因此，对登山者来说，想靠自己的体力和意志，独立征服乔戈里峰峰顶，确实是一项极为严峻的考验。

然而，拉尔夫却突破障碍做到了，他在事后举行的记者招待会上，说出了这一段历险的过程。拉尔夫说，在突破海拔6500米的登山过程中，最大的障碍是心里各种翻腾的欲念。在攀爬的过程中，任何一个小小的杂念，都会让人松懈意念，转而渴望呼吸氧气，慢慢地让人失去冲劲与动力，而"缺氧"的念头也会开始产生，最终让人放弃征服的意志，不得不接受失败。

拉尔夫说："想要登上峰顶，首先，你必须学会清除杂念，脑子里杂念愈少，你的需氧量就愈少；你的欲念愈多，你对氧气的需求便会愈多。所以，在空气极度稀薄的情况下，想要登上顶峰，你就必须排除一切欲望和杂念！"排除一切欲望和杂念，保持身心安定、清净、祥和。身心清净，没有欲望和杂念的干扰，能量的消耗就会降到最低限度。

淡泊明志，宁静致远。拥有一颗宁静的心，我们才能从容地面对自己的生活。很多时候，当我们处在困窘的处境中，似乎会有更多的渴望，然而，太多不切实际的杂念，也往往是我们登上人生顶峰的最大阻碍。这时候，如果你能够让你的心态平静下来，不受外界的干扰，那么你就可以得到你想要的一切。

清人陈伯崖曾说过：“人到无求品自高。”它告诫人们，只有摒弃面对名利时的欲望，才能达到更高层次的人生境界。

南宋爱国诗人陆游堪称“无欲则刚”的典范。他为官一贯坚持“忧民怀凛凛，谋己耻营营”的高洁操守，出仕三十年“不殖一金产”，辞官引退后“身杂老农间”，生活贫困，囊中羞涩，仍然“足迹不踏权门”，不为自己的事有求于人。仅仅无求于人还不够，他还时常教导自己在江西吉安当官的儿子：“汝为吉州吏，但饮吉州水，一钱亦分明，谁能肆谗毁？”意思是说，你在吉安做官，不是你的合法收入你碰都不要去碰，只要你一分钱都不贪，就算有人要诋毁你，他们也抓不到你的把柄。这既是陆游对儿子的教诲，也是陆游的人生哲学。南宋年间，一方面是山河飘絮，一方面贪官污吏当道。在这样浑浊的社会风气之下，陆游却能够坚持自己不为五斗米折腰的节操，坚持收复中原的理想，就是因为陆游的“无欲”。无欲，则无求，无求，则能够坚持自己的理想、自己的信念。

孔子是一个强大的人，他手中没有百万雄兵，也没有开山扛鼎的绝世勇力，但是，无论什么样的苦难都无法打倒孔子，无论什么样的诱惑都不能改变孔子对理想的追求。孔子强大的秘诀，就在于“无欲”。没有私欲，才能达到“至刚”的境界。

贪婪是一剂穿肠毒药

中国有句古话：知足常乐。做人一定要知道满足，不可贪得无厌。美好的生活应该靠勤劳的双手去创造，不劳而获的东西得之容易，用之却难——它往往不会带来幸福，只会带来祸害。

贪婪并非遗传所致，它是个人在后天环境中受病态文化的影响，形成自私、攫取、不满足的价值观而出现的不正常行为。贪婪没有满足的时候，越不满足，胃口就越大。不控制好贪欲，终会导致欲火焚身。

贪婪的人每天都生活在殚精竭虑、费尽心机的算计中，更有甚者可能会不择手段、走极端。而贪婪的人在这个过程中是无法知道贪婪的结果的，因为贪欲早已迷惑了他的心，遮住了他的眼，他不知道自己该在什么时候停下来，他就像一只转磨的驴，只顾一个劲儿地往前走。

贪婪妨碍一个人未来的广阔生活空间，使他短视、气度狭小。因此，一个人要想有一个纯朴宁静的心灵，首先就要驱除贪的念头。

贪欲是魔鬼免费赠送的一剂穿肠毒药，谁能免疫？饮鸩不能止渴，快快从这乌烟瘴气的泥潭中脱身吧。

只有祛除贪欲，怀抱善良、慈悲、包容、仁爱，无争执、无仇恨，人间才能充满和谐与正义。

从前有一个农夫，每天早出晚归地耕种一小片贫瘠的土地，累死累活，收效甚微。一位天使可怜农夫的境遇，就对农夫说，只要他能不停地跑一圈，他跑过的地方就全部归其所有。于是，农夫兴奋地朝前跑去，跑累的时候，想停下来休息一会儿，但是一想到家里的妻子、儿女们都需要更多的土地来生活，又拼命地往前跑……有人告诉他，你到了该往回跑的时候了，不然，你就回不来了。农夫根本听不进去，他只想得到更多的土地、更多的金钱、更多的享受，于是继续拼命地向前跑去。最终他因心衰力竭，倒地而亡。生命没有了，土地没有了，一切都没有了，贪婪使这个农夫不知道全身而退，最终失去了一切。

人的欲望是永远不可能被填饱的，所以不停地往自己的欲囊中装各种他所能得到的东西。如果你什么都不肯放弃，你的心灵会越来越沉重，最后必然会被自己的贪欲压垮。

因此要学会克制贪欲，要自我放弃、自我解脱，保持一颗平常心。少一点欲望，就会多一些快乐。

贪婪的人总以为自己占到了便宜，但实际上他们却是得不偿失，因为他们的心灵会因此不堪重负。

20世纪70年代某炼金厂的保卫科长监守自盗，偷走了厂里的8块金砖。那天所有进过厂区的人都受到了严格的盘查，警察还对重点怀疑对象的住处进行了搜查，但是一无所获。那8块金砖好像是自己长翅膀飞了，消失得无影无踪——毕竟，谁也没有想到，偷东西的人，竟然是协助盘查最积极的保卫科长。

但是，保卫科长自从偷到那8块金砖后就再没有过上一天安生的日子. 他先是把金砖藏在家里，每天为此胆战心惊，一听有人敲门，就吓得直哆嗦，生怕是来查金砖的。夜里还常常做梦梦见金砖被人查到，自己被人抓走。后来他把金砖埋到山里，回来后心里更不踏实，害怕万一被人发现，或被野兽刨出，也害怕被山洪冲走。所以他又把金砖弄回家来。只要外面有一点风吹草动，他就把金砖埋到山里……如此反反复复，也不知折腾了多少回。

好不容易熬到头发白了，人也老了，金砖总算平平安安保存下来了。这时他想，为它受累那么多年，不过是废物一堆。于是他又开始日夜劳神，琢磨如何将它们兑换成钱。他想找黄金贩子，但是没有找到；想带出国去，又不知道路怎么走；唯一简单易行的办法就是到银行兑现，但是又怕被人怀疑。

30年过去了，有一天，保卫科长终于决定铤而走险，已经白发的他带着几片金屑来到银行兑换现钞，这立刻引起了银行工作人员的怀疑。因为这些金屑的纯度是一般民间私藏的金器所不可能达到的，只有在国家炼金厂里才有。于是公安部门立刻展开侦查，结果在保卫科长家的地洞里找到了8块金砖，这正好就是30年前炼金厂失窃的那8块。面对司法人员，保卫科长说："我一生最快活的时刻就是我被抓起来的那个晚上，我睡了30年来最安稳的一个觉。"

保卫科长的结局当然是锒铛入狱，他的晚年也要在狱中度过。其实，30年前他早已亲手把自己关进了牢笼，心灵枷锁是30年以前就戴上了的，从年纪轻轻一直戴到老死狱中。

贪婪一直是人性中最大的弱点，生为世间的凡夫俗子，我们谁也做不到无欲无求，但至少我们可以克制自己的贪欲无限地扩大。看官场的腐败，有多少人因为一个"贪''字而毁了自己的一生。再看商海，又有多少人在利益的驱使下黑着良心赚钱。贪得无厌是人性中最不可取的缺点，它不仅会害人，更会害己。

不妨仔细想一想，即便真的能够又有财富，又有地位，又有漂亮的情人，可是这些身外之物，难道会永远属于你吗？他们总有消逝的一天，那时候，除了心头的失落与迷惘，你什么都留不下。《红楼梦》里有一首《好了歌》："世人都晓神仙好，唯有功名忘不了；古今将相在何方？荒冢一堆草没了。世人都晓神仙好，只有金银忘不了；终朝只恨聚无多，及到多时眼闭了。世人都晓神仙好，唯有娇妻忘不了；君生日日说恩情，君死又随人去了。世人都晓神仙好，只有儿孙忘不了；痴心父母古来多，孝顺儿孙谁见了！”

世人想要当神仙，却又放不下自己的欲望，自然不能达到神仙超脱的境界。只有清心寡欲，正视人生中的得失，才能获得一份神仙般的舒心生活。

所以，既然欲望是没有办法满足的，那就想办法控制好自己心中的欲望，生命属于个人，每个人有权设计自己的生活和人生道路。所有的心愿，只要符合法律和道德的要求，就应该受到尊重。但是我们必须明白，一切物质及肉体都是不可靠的奴仆，想让自己的人生得以升华，就必须放下这些本性之外的东西，追求生活本身的淳朴，学会厚道做人，这样才能活得惬意，活得洒脱。放弃身外之物，战胜贪婪之心，才是快乐生活之道。

放纵欲望等于自杀

子夏做了莒父的总管，问孔子怎样办理政事。孔子说：“不要求快，不要贪求小利。求快反而达不到目的，贪求小利就做不成大事。”从古至今，很多人就是由于太过于放纵欲望，从而引火烧身的。

我们都曾读过普希金的童话诗《渔夫和金鱼的故事》，老头儿打鱼网上了一条会说话的金鱼，金鱼哀求老头儿放了它，并许诺要用贵重的报酬酬谢老人。老太婆向金鱼提出要木盆、要木房子、要当贵妇人、要当女皇的要求，金鱼一一答应了她，当老太婆提出要当海上的霸王，金鱼收回了她的一切，一切回到了从前，老太婆依旧一无所有。

渔夫救了金鱼，这是义，但渔夫的老婆不能挟义索利。金鱼知恩图报也是义，但它不能无限地满足贪婪的要求。在这个故事中，义最终变质，蜕变成纯粹的利，让人鄙弃。而贪婪的唯利是图的老太婆也最终得到了惩罚。

伊索说过，有些人因为放纵欲望，总是想得到最多的东西，却把现在所有的都失去了。

春秋时期，一年夏天，鲁宣公兴致勃勃地把渔网撒在潭里准备捕鱼。正在这时，里革刚好从潭边路过，见到后立即把鲁宣公的渔网的绳剪断了，并且把网拉上来扔掉。

鲁宣公不知何意，正要发怒，里革忙解释说：“我主可曾听说过，古时候，春暖花开之际，万物复苏。这时候，鸟兽刚好怀胎，水中的动物也基本成熟，狩猎师就下令禁止用兔网、鸟网捕捉鸟兽，而只用矛刺取鱼鳖，将它做成鱼干，以备夏天食用，这样做是为了促使鸟兽生长；到了夏天，鸟兽长成，水中动物又开始孕育，渔师在这时又下令禁止使用大小渔网捕鱼，只是设陷阱，在陷阱中装设捕兽的装置，捕取禽兽，这样一来，不论鱼虾鸟兽都能有休养生息的时候了。如此都是为了积蓄物力，补足国家所需。那个时候，人们不会为了眼前的利益而贪得无厌，一味索取。比如，人们在山上不会砍伐树木所生的新芽；在草地里，也不会随意割取未长成材的草木；捕鱼时，禁止捕捞有卵的鱼和小鱼；狩猎时，要等到那些幼鹿等小兽长大后再猎捕；抓鸟也要先等那些鸟卵孵出，小鸟长成；就是对可食的虫子，也要留下卵和未生翅的幼虫。这样各种植物、动物才能生息繁衍，人们也才能有源源不断的食物供给啊。如果古人为了一时痛快、一时的满足而不计后果，恐怕现在留给我们的就所剩无几了。现在鱼正在产卵，您不等鱼生长，又用这样的小孔网捕捞，大王这可是有些贪心不足啊。

您是一国之君，如果下面的人效仿你的样子，更加贪婪，干脆把这潭水都抽干了不就可以把所有的鱼都捉到吗？但这样做以后这里还会有鱼吗？所以说，贪得无厌最终只会让自己，让子孙后代一无所获啊！”

人的本性本就存在着美与丑两个方面，如果说放纵欲望，贪得无厌是人的劣根性，那么能够自制就是人性的光辉亮点。谁都容易掉进贪婪的泥潭，唯有克制自己才是救助自己的绳索。时刻记得：贪婪容易，自制难。一时的获利或许会令你兴奋不已，但到最后，你会发现你终将一无所获。

有一群猴子喜欢偷食农民的大米，农民就想出了一种捕捉猴子的巧妙方法。他们把一只葫芦型的细颈瓶子固定好，系在大树上，再放入大米。到了晚上，猴子来到树下，就把爪子伸进瓶子去抓大米。这瓶子的妙处就在于猴子的爪子刚刚能够伸进去，等它抓一把大米后，爪子却怎么也拉不出来了。贪婪的猴子绝不可能放下已到手的大米，就这样，第二天，农民把它抓住的时候，它依然不会放手，直到把那把米放入嘴中。

贪欲的最终结果是葬送自己。为蝇头小利铤而走险，最终葬送了生命的大有人在。因此，要活得长久快乐，最好戒除自己的私心与贪婪。

话虽如此，但是，人生也不可能完全没有欲望。米兰·昆德拉说过：“欲望是一种美！”适当的欲望也是进步的原动力。

其实，人生幸福的必要条件有很多，健康的身体、美满的家庭、应有的钱财……这些都是，不是说我们不可以追求幸福，关键是别让欲望把心装得太满。那到底怎么把握好这个度呢？对于金钱，够用足矣，实在没必要为了聚敛金钱，而错过人生快乐的时光。生活最大的智慧是能了解自己需要什么或不需要什么，如果追求的东西太多，无疑是为自己的生活套上了重重的枷锁，一个丧失了心灵自由的人，何谈快乐？所以，尽管金钱也是快乐的根本要素之一，但是金钱只是快乐的手段，千万不要当成了目的。

一个人的欲望越大，他为了满足欲望所付出的努力就越多，由此而来的失望和挫折也就越大，就算你得到了想要的东西，欲望的满足也只存在于完成时的那一瞬间，当那个时刻过去之后，你就对它再也没有先前的兴趣了。可见，欲望太重，可能使人陷入大喜大悲的不稳定状态中。而且，当一个人彻底被欲望控制的时候，他会为了满足欲望而不择手段，做出一些损人利己的不厚道之举，甚至违法犯罪。

所以，我们可以有欲望，但绝不能够放纵欲望。

那么，生活中我们该如何克制贪欲呢？

首先，一定要学会克制自己的欲望，比如，经常去商店观赏一件喜欢而超过支付能力的东西，其实比真正买回来的快乐更持久。

其次，对需求进行分类，把想要的东西分为“必需品”和“身外物”，对于身外物，就要抱着得之我幸，失之我命的态度，不必太过于执着。

再次，如果贪欲来自对别人的羡慕，就要告诉自己，虽然他拥有的东西我没有，但是我拥有的东西他也没有。

记住，生命是一叶舟，生命之舟载不动太多的欲望，要想使船在抵达彼岸时不至于在中途搁浅或沉没，就必须轻载，只取需要的东西，把那些不需要的东西统统都舍弃掉。

一旦太过于放纵自己的欲望，人心就会被欲望所控制，人心一旦被控制，我们就会迷失自己。所以，我们唯一要做的，就是将我们的双手张开，放下不属于自己的坚持。得之不求，求之不得，你的幸福往往都在别人眼中。不要放纵你的欲望，把欲望收归心灵的牢笼，这才是智慧而幸福的人生。

想抓得越多，得到的越少

俗话说，人心不足蛇吞象，这是指人们贪心不足，就像蛇想吞食大象一样。当一个人的欲望永远得不到满足的时候，这个人最后一定没有什么好的结果。生活中，人们虽然需要有不懈追求的原动力，但也需要有知足常乐的良好心态，人们想抓到的东西太多，那么最后得到的往往会很少。

要知道，在这世间，我们能抓住的只是很少的一部分，又何苦为了抓住更多而迷失自我、失去更多呢？生活中，我们应该懂得知足。要明白，即使你拥有了整个世界，你一天也只能吃三餐。谁真正懂得这个简单的含义，谁就能活得轻松，过得自在。

从前有个很懒惰的流浪汉，他整天做着发财美梦，希望自己有一天能成了百万富翁，并想着自己有了钱后一定要坐全世界最豪华的游艇周游世界，因为他非常喜欢大海。

有一天，上帝来到他面前，说："年轻人，我可以回答你两个问题，并且满足你一个愿望，不过你要仔细想好了再说，因为说完后就不能悔改的。"流浪汉听后十分高兴地答应了，他想，自己发财的机会终于来了，于是他仔细地想了一会，然后问上帝："一万年对您来说，是多长时间？"上帝回答道："像一分钟。"

"那么一千万美元对您来说是多少钱呢？"流浪汉又紧接着问道。上帝笑着"就像一美元"，上帝问流浪汉："你的问题已经问完了，你有什么需要我帮你满足的愿望吗？"流浪汉兴奋起来，马上说道："我的愿望非常简单，给我一千万美元吧，它对您来说只是一美元啊！"他边说边陶醉起来，好像自己已经坐上了豪华游艇，开始了自己梦寐以求的环球旅行。

上帝看着他，笑着说："这太简单了，你只需要等我一分钟。"流浪汉听完后眼神慢慢地暗淡下去，是啊，那对他来说可是一万年。

有很多人像寓言中的流浪汉一样做着财富梦，但是他们从不指望靠自己的努力，来努力争取。每天只知道沉浸在自己构建的美梦中，等待上帝把财富送到自己手中。但是我们毕竟只是凡人，心里面想要抓住的太多，事实能抓住的实在太少。

在生活中，人们总是喜欢使劲儿地抓——房子、金钱、名利……抓得自己精疲力竭。《伊索寓言》中有这样一句话："有些人因为贪婪，想得到更多的东西，却把现在所拥有的也失掉了。"我们不要盼望别人给予我们什么，也不要期盼自己所想要的都能追逐得到，要学会自食其力，懂得知足常乐，懂得享受现在所拥有的，体验每一刻美好的时光。

人生来就有贪念，想要完美的人生，想要舒适的生活。这本来并不是错，生活有时候偏偏喜欢跟人开玩笑，越想得到更多，最后得到的就越少，反而有一份淡然心境的人，能够得到意外的获得。

有一天，一个乞丐无意中发现了一只跑丢的小狗，小狗很可爱，乞丐发现四周没人，便把狗抱回了他住的窑洞里，自己养了起来。

但这不是一条一般的狗，而是一只纯正的进口名犬，是一个百万富豪的宠物。这位富翁丢失爱犬后十分着急，于是就在当地电视台发了一则寻狗启事：如有拾到者请速还，付酬金2万元。

乞丐沿街行乞时看到这则启事，感到又惊又喜。他迫不及待地抱着小狗准备去领那2万元酬金，可当他匆匆忙忙抱着狗又路过贴启事处时，发现启事上的酬金已经变成了3万元。原来，富翁寻不着狗，又把酬金提到了3万元。

乞丐向前走的脚步停了下来，他想了想又转身将狗抱回了窑洞，重新拴了起来，他想得到更多的酬金。到了第三天，酬金果然又涨了，第四天又涨了，直到第七天，酬金涨到了让人难以置信的地步，乞丐这才跑回窑洞去抱狗。可想不到的是，那只可爱的小狗由于吃不惯乞丐的伙食，已被活活饿死了。

最终乞丐一分钱也没有得到。

试想如果乞丐早一点满足的话，他至少能够得到一些钱，但是，他却想要得到更多，最终，什么都没有得到。

要过快乐的人生，就要学会宽厚，事事不要过分计较。不要总是奢望得到许多，也不要计较失去了多少，只有知足的人才是最富足的。

二十九
不苛求完美的人生最圆满

有遗憾的人生才是一场美丽的戏剧

古时候，有户人家有两个儿子。当两兄弟都成年以后，他们的父亲把他们叫到面前说：在群山深处有绝世美玉，你们都成年了，应该做探险家，去寻找那绝世之宝，找不到就不要回来了。

两兄弟次日就离家出发去了山中。大哥是一个注重实际、不好高骛远的人。有时候，即使发现的是一块有残缺的玉，或者是一块成色一般的玉，甚至奇异的石头，他都统统装进行囊。过了几年，到了他和弟弟约定的会合回家的时间，此时他的行囊已经满满的了，尽管没有找到父亲所说的绝世完美之玉，但造型各异、成色不等的众多玉石，在他看来也可以令父亲满意了。后来弟弟来了，两手空空，一无所得。弟弟说，你这些东西都不过是一般的珍宝，不是父亲要我们找的绝世珍品，拿回去父亲也不会满意的。弟弟说，我不回去，父亲说过，找不到绝世珍宝就不能回家，我要继续去更远更险的山中探寻，我一定要找到绝世美玉。

哥哥带着他的那些东西回到了家中。父亲说，你可以开一个玉石馆或一个奇石馆，那些玉石稍一加工，都是稀世之品，那些奇石也是一笔巨大的财富。

短短几年，哥哥的玉石馆已经享誉八方，他寻找的玉石中，有一块经过加工成为不可多得的美玉，被国王御用做了传国玉玺，哥哥因此也成了倾城之富。

在哥哥回来的时候，父亲听了他介绍弟弟探宝的经历后说，你弟弟不会回来了，他是一个不合格的探险家。他如果幸运，能中途醒悟，明白至美是不存在的这个道理，是他的福气。如果他不能早悟，便只能以付出一生为代价了。

很多年以后，父亲已经奄奄一息。哥哥对父亲说要派人去寻找弟弟。父亲说，不要去找了，如果经过了这么长的时间和挫折他都不能顿悟，这样的人即便回来又能做成什么事情呢？世间没有纯美的玉，没有完善的人，没有绝对的事物，为追求这种东西而耗费生命的人，何其愚蠢啊！

世界并不完美，人生当有不足。对于每个人来讲，不完美是客观存在的，无须怨天尤人。

完美主义者表面上很自负，内心深处其实很自卑，因为他很少看到优点，总是关注缺点。

如果总是不知足，很少肯定自己，自己就很少有机会获得信心，当然会自卑了。不知足就不快乐，痛苦就常常跟随着他，周围的人也会不快乐。学会欣赏别人和欣赏自己是很重要的，这是使人实现目标的基石。

智者即使再优秀也有缺点，愚者再愚蠢也有优点。生活中对己宽、对人严的做法，必遭别人唾弃。对人多作正面评估，不以放大镜去看缺点，避免以完美主义的眼光去观察每一个人，而应以宽容之心包容其缺点。少些责难之心，多些宽容之心。

陆德水很小的时候，母亲把他寄放在吟泉寺，师从大惠法师。

一天，陆德水问师父："什么是圆满？"

大惠师父看他很年轻，也很英俊，很喜欢他，但对这个问题，他却充耳不闻，没有作出回答。

陆德水很尴尬，却没有再继续问。

第二天，大惠师父拿来一个器皿交给陆德水，说："这个瓷器名叫扑满，你独自下山，去化缘。"

大惠师父交给陆德水的扑满是类似于存钱罐的东西，上面只有唯一的小口。陆德水揣摩了半天，摇着头想：师父要我去化钱啊！

化缘是一件不容易的事，化钱更是一件伤脑筋的苦差。好在陆德水乖巧伶俐，长得惹人喜欢，每到一户，总是不言不语，微笑着手捧扑满，站在施主的门口，施主怜爱他，自然会一分、两分地朝器皿中放钱。

第一天化完缘，陆德水乘着月色，朝吟泉寺归来，听到扑满中叮叮当当的硬币相碰的声音，陆德水心中美极了。

时间一天天过去，扑满里的硬币一天天增多。渐渐地，陆德水听不到金属相碰时发出的叮叮当当诱人的声音了，而那份喜悦的心情却随着扑满的越来越沉而逐渐增强。

有一天，陆德水化完缘归来，抱着扑满，像完成了一件功德圆满的事情跑进师父的禅房，高兴地说："师父，满了，满了，装不下了。"

大惠师父此时正在写提案，望见陆德水高兴的样子，对他说："孩子，这是你这段时间辛苦换来的成果，瓷罐里的东西全归你了。"

陆德水高兴地抱着扑满跑出禅房，来到院子里，找来一张柳席，铺在院子的井台边，把扑满倒过来。倒了半天，扑满里的钱一分一厘也倒不出来。

陆德水急了，朝禅房里喊道："师父，倒不出来。"

"你想办法吧！"师父在里面应道，"你能把它装满，也能把它取出来。"

陆德水找来树枝，朝扑满的小口里捅，扑满里的硬币相互交错，相互挤压，一枚硬币也捅不出来。

陆德水望着身边的扑满，百思不得其解，为什么装满了硬币的扑满却一分也流不出来？他对着禅房有气无力地说："师父，我还是弄不出来。"

大惠师父在里面应道："你再想想别的办法吧！"

此时太阳已经西下了，阳光从寺院高大的梧桐树的缝隙中透出一道道金光，洒在院子里，洒在柳席上，洒在陆德水的身上，闪着一道道跃动的美丽光环。

陆德水若有所思地从柳席上跃起，跑进厨房，拿来榔头，对着柳席上闪着光芒的扑满砸下去。柳席上顿时滚满了无数闪闪发光的硬币。

望着被自己砸得粉碎的扑满，陆德水对着屋内的大惠法师说："师父，我明白了。"

大惠师父在禅房里应道："你明白什么了？"

陆德水说："我明白了，每个人都应该给自己和别人留一个余地，一味地追求圆满或完美，人有时也会像装满硬币的扑满一样，被自己束缚得粉身碎骨。”

禅房里没有回声，陆德水透过院子里的梧桐树，看到火红的夕阳在远处的群峰中慢慢地西坠。

人不应该一味地追求完满。不完满也是一种美好的境界，因为有很多缺失，才会有很多希望。善于包容缺失的人，也多是具有博大胸怀的人。

松开拳头，张开手掌，接纳残缺

体会了没有脚的痛楚，才明白为没有鞋子而哭泣是多么浅薄；经历了归途的风雨坎坷，蓦然回首，才发现来时的路却有怎样美丽的风景。

没有人能够完全把握前进的路，但却也没有理由因为残缺而不接纳生活。

古语云：甘瓜苦蒂，物不全美。从理念上讲，人们大都承认“金无足赤，人无完人”。正如世界上没有十全十美的东西一样，也不存在完人。但在认识自我、看待别人这一具体问题上，许多人仍然习惯于追求完美，求全责备，对自己样样要求，对别人也往往是全面衡量。

人总是有优点和缺点两个方面。俗话说“寸有所长，尺有所短”、“十个手指不一般齐”。长处再多的人，也不免有所短；缺点再多的人，也必定有所长。

美国大发明家爱迪生，有过一千多项发明，被誉为“发明大王”，但他在晚年，却固执地反对交流输电，一味主张直流输电；电影艺术大师卓别林创造了深刻而生活的喜剧艺术形象，但他却极力反对有声电影；创立了相对论的20世纪最伟大的科学家爱因斯坦，他的智慧带来了科学思想的革命，却不能处理好自己的家庭关系……奥地利圆舞曲大王约翰·施特劳斯逝世100周年的时候，一本新出版的传记以几百封从未曝光的书信为依据指出，这位创作了《蓝色多瑙河》等许多著名圆舞曲的施特劳斯，其实动作笨拙，不会跳舞。他还害怕阳光，非常胆小，也害怕黑暗，不敢独处，没有半点幽默感。真正的施特劳斯与众人想象中的活泼形象完全不同。

这些事实说明，大师、著名人物也都不是完人、超人，也不可能十全十美。他们的缺点和失误相比他们给予人类的贡献，当然是次要的。但通过这些事实，我们应当明白，人无完人，人生必有缺憾，才是真实的、正常的。

维纳斯塑像的断臂，引得众多的学者、文人、工匠进行思考、论证、试验，想对她的断臂进行重新“安装”。可是，种种假设和计划均告失败。于是，围绕在维纳斯身上的神秘感越来越浓。作为爱神，断臂的维纳斯似乎更受人们的喜爱，也更能引起人们种种的猜想和遐思。由此可见，并不完美的缺憾之处从某种意义上看也是一种美。

所以，当缺憾也成为一种美的时候，面对生活中仅有的一些不顺利，我们应恬淡接受、泰然处之。

我们总是以为完美才是美的，所以总是想要弥补缺陷，但其实缺陷本身就是一种美，我们又何必苦苦去追寻所谓的完美呢？世上的每个人都如同被上帝咬过一口的苹果，没有谁是完美无缺的。有的人觉得自己有很多缺陷，其实那是因为上帝特别喜欢他的芬芳。完美有完美的美，缺陷也有缺陷的美，何必偏爱完美呢？

其实，“残缺”才是更加真实的人生，因为人生也许正是因为带有某些缺陷才更丰富多彩。所以，缺陷并不可怕，可怕的是我们不能从残缺中欣赏美、品味美、创造美。

也许正是因为有了残缺，才让我们感到了完整。也许正是因为曾经失去，才能够更加珍惜。月有阴晴圆缺，月亮的残缺变化表现出一种过程美。月亮经历了由残缺到圆满的过程，人们便得到一种追求圆满的享受。那一年的春节晚会，聋哑人演出的《千手观音》引起人们极大的兴趣。它使人们看到了残疾人所表现出来的超常的表现力和幕后的艰辛，还有那种经过超凡努力展现出的美丽。

法国思想家卢梭说过："所谓完美，是当你放弃追求完美的时候，你才能够享受到的东西。"人生不如意事常八九。现实生活中，缺陷就像影子一样，无时无处不在伴随着我们。既然这样，我们为什么不能坦然面对，欣然接受残缺，从残缺中感悟美感呢？

有的人总是喜欢追求完美，殊不知这其实是很不实际的。生活不可能变得完美，因为这个世界上根本就没有完美的生活，人是不会知足的，怎样都不满意。完美主义只是自己给自己戴上的一种枷锁，永远都不要奢望"鱼和熊掌兼得"，完美只不过是投影在井里面的月亮而已。

朱德庸有一个叫《太晚》的漫画，里面的话语颇耐人寻味："Lnda很温柔，但就是丑了点；Anya很能干，但就是脾气差了点；小惠很漂亮，但就是心地坏了点；Dana很可爱，但就是私生活乱了点；风儿很乖巧，但就是奢侈了点。有一天，我终于找到一个拥有以上优点却没有以上缺点的女人，她温柔、能干、漂亮、可爱、乖巧，但就是晚了点。"朱德庸用诙谐的语言告诉我们，世间是不可能出现那个让你百分之百满意的东西的，因为完美本身就不存在。

每个人都有权利追求自己想要的东西，所以，即使是追求完美，那也没有错，但是如果追求得过分，生活反倒会变得不完美。就像一个有洁癖的人，他要求自身与周围环境每时每刻都干净，他永远也无法做到那个状态。我们自身和环境都无法保持每时每刻的干净状态，所以，无论他的出发点是什么，最终结果除了给自己找麻烦，他还能得到什么呢？

可以说，凡事太过于追求完美，是人类最大的悲哀，因为现实生活中"完美"这个字眼的诞生原本就伴有缺憾。世界上本没有完美之事物，如果你一味地把对完美的执着一层一层地套在身上，那么你最终也会困在这重重的包裹之中，永远找不到出路。人生旅途中，永远也不要背负"完美"的包袱上路，否则你将永远陷入无法自拔的矛盾之中，最后也只能在哀叹中度过一生。想要得到"完美"的幸福，唯一的方法就是放弃对完美的执着，放弃对完美的追求，学会宽容，到那个时候，你会从残缺中找到完美的幸福。

不追求最好的，只追求最合适的

不是所有好的东西都可以承受，只有合适自己的才是最好的。

很多时候，我们都在追求最好的，也常常因为得不到而徒生一些不快，但拥有最好的真的就开心吗？那么，为什么一些人在别人看来什么都拥有，而且都是最好的时候，还是会觉得不开心呢？

那些看起来很好的东西，到你用的时候不见得会很好。就如谈恋爱都想找长相好、气质好、人品好、家庭出身好的恋人，但交往了一段时间却发现，条件好的情侣未必是自己的最佳选择。最后能和自己走到一起的还是彼此情投意合、有共同语言、脾气性格符合自己的。所以说，不考虑自己实际的需求，盲目追求高、大、全，结果反而是得不偿失。

有一只城里老鼠和一只乡下老鼠是好朋友。有一天，乡下老鼠请城里老鼠来家里吃东西。城里老鼠心里嘀咕：乡下食物的口味是什么样的呢？于是立刻动身去乡下了。乡下老鼠看到城里老鼠真的来了，特别高兴，它把城里老鼠引到谷仓去，那里堆满稻谷、地瓜，还有花生。

乡下老鼠对城里老鼠说："城里朋友，不要客气，尽情地吃，东西多着呢！"可是城里老鼠见到这些食物一点胃口都没有。

乡下老鼠还以为城里老鼠客气，于是抓了一把花生给城里老鼠，说："朋友，这些花生味道特别好，唉，你不要这样客气嘛！"

城里老鼠觉得这些东西一点都不好吃，勉强吃了一些，最后只好对乡下老鼠说："我实在吃不下去，你们这里的东西太粗糙了。这样吧，改天你到城里去，我让你尝尝美味可口的食物。"

乡下老鼠也想开开眼界，且特别向往城里食物的口味，于是没过几天就来到城里老鼠的住处。城里老鼠见到乡下朋友果真来了，十分高兴，它把乡下老鼠引到厨房去。哇，这里东西真丰富，有蛋糕、汽水、苹果、香肠、蜂蜜，还有鸡、鸭、鱼、肉等，看得乡下老鼠口水直流。

它们正要享用时，有人走进厨房，它们连忙吓得躲进洞里，不一会儿那个人走出厨房。哪知它们刚刚钻出来，"喵——喵——"一只猫突然出现，吓得它们再度躲起来。

乡下老鼠胆战心惊，既怕又饿，最后，它长叹一声："唉！朋友，吃东西这样担惊受怕，实在划不来。我们乡下东西虽然粗糙点，倒是悠闲自在，我现在就回去，朋友，若不嫌弃，欢迎到乡下来玩！"

乡下的老鼠见到美味的食物时，难免会羡慕和自卑，但是发现拥有这些美食的代价却是每天要担惊受怕，它明白了：不是所有好的东西都可以承受的，只有合适自己的才是最好的。

人也一样，守着自己的东西，却总觉得别人拥有的比自己的好，于是羡慕、嫉妒、抱怨……各种各样的情绪都产生了。终有一天，你幸运地享受到了以前让你魂牵梦萦的"美好"，才发现别人的鞋穿在自己脚上，不一定合适。回头看看自己的，其实也并非那么不堪入目。

在人生的旅途中，不要被途中的花花草草迷住了双眼，面对选择，淡定一些，定好自己的位置，明白自己的所长所短，找到适合自己的才是最重要的。

学会选择之前先学会放弃

古人云："达亦不足贵，穷亦不足悲。"当年陶渊明荷锄自种，嵇康树下苦修，两位虽为贫寒之士，但他们能于利不趋，于色不近，于失不馁，于得不骄，这样的生活，不失为人生的一种极高境界！

人生的许多沮丧都是因为得不到自己想要的东西。其实，我们辛辛苦苦地奔波劳碌，最终的结局不都是只剩下埋葬我们身体的那点土地吗？所以，人生中不管经历了什么，获得了什么，都要学会知足，学会放弃。

假如在一个暴风雨的夜里，你驾车经过一个车站。车站上有三个人在等巴士，其中一个是病得快死的老妇人，一个是曾经救过你命的医生，还有一个是你长久以来的梦中情人。如果你只能带上其中一个乘客走，你会选择哪一个？

测试时，很多人都只选了其中一个选项。而最好的答案是，把车钥匙给医生，让医生带老人去医院，然后和梦中情人一起等巴士。

是因为我们从来不想放弃任何好处吗，就像那车钥匙？有时候，如果我们可以放弃一些固执、限制甚至是利益，我们反而可以得到更多。

什么才是最难舍弃的，是一种道义，还是一段感情？为什么不能抛开和牺牲一些东西，而去获得另一些永恒？好比说，我不选择你，会后悔一辈子。其他的东西都可以抛弃，可我就是那么想和你有场自始至终完美的相守。我这样说，你会作什么样的选择？

《卧虎藏龙》里李慕白对师妹说的一句话："把手握紧，什么都没有，但把手张开就可以拥有一切。"在人生的旅途中，需要我们放弃的东西很多。古人云，鱼和熊掌不可兼得。如果不是我们应该拥有的，我们就要学会放弃。几十年的人生旅途，会有山山水水、风风雨雨，有所得也必然有所失，只有学会放弃，我们才会拥有一份成熟，才会活得更加充实、坦然和轻松。

人生因为不能获得而增进了生活的乐趣，生活也因为得不到而越来越美丽。所以，我们要学会知足，学会在远处欣赏人生的美景。

想得到一百，就得零分

苏轼曾说："人有悲欢离合，月有阴晴圆缺，此事古难全。"是的，人生怎么可能十全十美、没有缺陷？换一个角度来讲，人生之所以丰富多彩，不就是因为有许多可圈可点的不完美吗？

有时候越是追求完美，反而越是会什么都得不到。因为人生本来就应该是不完美的。完美是不存在的，追求不存在的东西，越是努力就越是南辕北辙。完美主义者在生活中有时候会因为不知疲倦地追求成功，而受到众人羡慕和敬佩，但他们所获得的成就并不是他们最佳能力的体现，他们本可以获得更大的成就。在实现成功的过程中，就是因为追求完美，总是有着无止境的失望和沮丧，所以延迟并降低了自己的行动能力，从而错失了良机。只有客观地看待困难和挫折，量力而行，才能取得成功。

假设有这么一个坚定追求完美的人，他去写作，那么由于他的完美主义倾向，他不仅要求内容精彩，还要求自己的字形完美、纸张完美，如果他在写的过程中出现一点错误，就要立刻换上另一张纸重新再写。就这样，他为了写一篇自己心目中的完美文章，反反复复写了很多年，但是他依然只能在写写停停中徘徊。这样的人虽然行为让人觉得可笑，但你是否能从这个人身上找到某些人的影子呢？

所以，对待生活中的许多事情都不能太苛刻了，否则很有可能适得其反。尤其是当一个问题都没有涉及到的时候，就不要再费心费力地苛求了。如果一个人常常在一件事的细枝末节上斤斤计较，那么他永远都没有办法把一件事做完，只能在反复的沮丧和犹豫中度过。有时候缺憾也是一种美，那闻名世界的维纳斯雕像，如果两条手臂不缺失，怎么可能拥有现在的美感？

有一个轮子被石头磕掉了一小片，他就想去把这一小片找回来，因为它认为只有找回那一片才是完整的自己。由于身体的不完整，它滚动得很慢，从而有了足够的时间欣赏沿途美丽的鲜花，还有时间和小虫子们聊天，太阳晒在它的身上，暖洋洋的。

一路上，它拜访了许多地方，也碰到过好多碎片，但都不是自己丢掉的那一块。终于有一天，它找到了属于自己的那一小片。可是，完美无缺的盘子滚动起来速度快了不少，它错过了花时，路过了小虫子，再也无法去尽情享受温暖的阳光了。当轮子意识到这个问题的时候，它觉得还是不要太完美了，于是，它毅然决定放弃经过千辛万苦才找回来的那一小片，去享受不完美的自己。

这才是人生应有的态度，人的一生是不存在绝对完美的，适当地容纳生活中的不足，反而更容易取得成功，我们也更容易感受到幸福。平静的湖水养不了鲜活的鱼，腐臭的肥料却滋养出美丽的花，山珍海味不见得比五谷杂粮更利于健康。有时候我们需要一种残缺，有时候你认为的残缺或许也是别人眼里的完美。可是如果你一味地想要追求完美，最终很有可能失去更多。

不要太苛求完美，非但是不要对失去的、残缺的东西耿耿于怀，更重要的是，不要对“没有准备好”的事情太在意，要知道，世界上根本就没有一次完全准备好的旅途。等你全部准备好了，恐怕早已错过了最美丽的风景。事情本身已经没有任何意义，所谓的完美只是我们给自己戴上的枷锁而已。一个人要想永远立于不败之地，光有细致周全的计划是不够的，还必须敢于在一次又一次的挑战中战胜自己，很多人总是认为自己的准备工作没有做完，所以把行动一推再推，可是，这样只能让你陷入无穷的拖延当中。

有一个胆小的骑士想要进行一次远途旅行。他想了好久，觉得带全了可以应付旅途中可能出现的所有情况的东西。他带了一把宝剑和一副盔甲，为的是对付他遇到的敌手；一大瓶药膏，为防止太阳晒伤皮肤或被藤条刮伤；他还带了一把斧子，用来砍木柴生火；还有一顶帐篷、一条毯子，以及锅和盘子等生活用品。

经过一番“武装”他终于上路了，身上挂满了东西，叮叮咚咚地往前走，好像一座难以移动的废物堆。

当他走到一座破木桥的中间时，桥板不堪重负突然塌陷，他和他的马都掉进河中淹死了。临死前那一刻，他很懊悔，想起了自己忘带救生筏了，这位骑士临死都没明白自己厄运的缘由。

这个世界上没有绝对完美的事物，没有一个绝对完美的人，也没有绝对十全十美的“准备”，所以，与其追求完美，不如享受残缺，与其等待完美，不如现在就出发。如果一味地追求，只可能被完美所拖累，最终得不到自己想要的，还有可能损失到一无所有。因此凡事都要有个限度，事情没有必要一定要达到一百分，太过绝对的完美反而是一种残缺。

在这个世界上总是有人对于自己太苛刻，这些完美主义者在潜意识里一直不懈地追求着完美，最后让自己在不停的失望中徘徊。哲人说：“完美本是毒。”事事追求完美便是一件痛苦的事，它就像是束缚我们心灵的绳索。因为这个世界本来就不是完美的，过去不是、现在不是、将来也不会是。它本来就是以缺陷的形式呈现给我们的，我们如果事事追求完美，那最后的结果，肯定是不完美。

当我们为梦想和希望而付出我们的努力时，我们就已经拥有了一个完整的人生。生活不是一场必须拿满分的考试，而更像是一个足球赛季，即便是最好的球队也会输掉其中的几场比赛，而最差的队也有自己取得辉煌的时刻。我们的所有努力就是为了赢得更多的比赛。当我们能继续在比赛中前进并珍惜每场比赛时，我们就赢得了自己完整的人生

卸下“完美”的黄金枷锁

人们总是对人生抱有一种力求完美的心态，凡事都要力求完美，就好像三国时期的诸葛亮，即使手下有很多精英强士，却总是亲力亲为，不敢有任何的马虎。其实，我们大可卸下“完美”的枷锁，适当地休息一下，合理地放松自己，才能成为一个幸福快乐的人。

有一个女孩，她自小的梦想是成为一位歌唱家，可是她长得并不好看。她的嘴很大，牙齿很暴露，每一次在新泽西州的一家夜总会里公开演唱的时候，她都想把上嘴唇拉下来盖住她的牙齿。她想要表演得“很美”，结果呢？她使自己大出洋相，逃脱不了失败的命运。

可是，在那家夜总会里听这个女孩子唱歌的一个人，认为她很有天分。“我跟你说，”他很直率地说，“我一直在看你的表演，我知道你想掩藏的是什么，你觉得你的牙长得很难看。”这个女孩子非常窘，可是那个男的继续说道，“这是怎么回事？难道说长了龅牙就罪大恶极吗？不要去遮掩，张开你的嘴，观众欣赏的是你的歌声。再说，那些你想遮起来的牙齿，说不定还会带给你好运呢。”

她接受了他的忠告，没有再去注意牙齿。从那时候开始，她只想到她的观众，她张大了嘴巴，热情而高兴地唱着，后来，她成为电影界和广播界的一流红星。她的名字叫凯丝·达莉。

我们知道，这个世界上不是所有东西都让人满意，也没有任何一件事物是十全十美的，它们或多或少皆有瑕疵，人类亦同。我们只能尽最大的能力去使它更完美一些。智者告诉我们，凡事切勿过于苛求，采取一种务实的态度，你会活得更快乐！

在很多年前，正是花样年华的洛蕾丝无意中读了布兰登的一本书，找他来进行心理治疗。洛蕾丝有一副天使般的面孔，可骂起街来却粗俗不堪，也曾吸毒。

布兰登说，我讨厌她所做的一切，可我又喜欢她，不仅因为她的外表相当漂亮，而且因为我确信在堕落的表象下她是个出色的人。起初，我用催眠术使她回忆她在初中是什么样的，当时她很聪明，学习成绩优秀；她在体育上比男孩强，招惹来一些人的讽刺挖苦，连她哥哥也怨恨她。

她于是力图在各个方面都表现得高人一等，一旦发现自己在某些方面并不完美甚至跟别人还有较大差距时，她又走向另一个极端，无限夸大了这些不完美之处，并把自己的长处也放弃了。

布兰登费了很大力气让她明白，每个人都是长短互济、并不完美的整体，应该学会欣赏自己的不完美之美。

一年半后，洛蕾丝考取了洛杉矶大学学习写作，几年后成为一名记者，并结了婚。10年后的一天，布兰登和她在大街上邂逅相遇，布兰登几乎认不出她了：衣着高贵，神态自若，生气勃勃，丝毫不见过去的创伤。

一些总感到自己不如人的人都是没有看到自己长处的人，老爱拿自己之短比别人之长。要知道事实是：你的一些缺陷却有可能成就你。

有许多人有缺陷，来自身体或外貌的缺陷，遗憾的是我们常常会试图掩饰它，而不是用难得的勇气来面对我们的缺陷。只有那些坦然面对自己缺陷的人才是真正的强者，也是智者，他们摒弃了不必要的自欺欺人，选择从容与毫不畏惧的态度，于是幸运之神降临到了他们的身上。

有一个10岁的小男孩在一次车祸中失去了左臂，但是他很想学柔道。

最终，小男孩拜一位日本柔道大师为师，开始学习柔道。他学得不错，可是练了3个月，师傅只教了他一招，小男孩有点弄不懂了。

他终于忍不住问师傅："我是不是应该再学学其他招术？"

师傅回答说："不错，你的确只会一招，但你只需要会这一招就够了。"

小男孩并不是很明白，但他很相信师傅，于是就继续照着练了下去。

几个月后，师傅第一次带小男孩去参加比赛。小男孩自己都没有想到居然轻轻松松地赢了前两轮。第三轮稍稍有点艰难，但对手很快就变得有些急躁，连连进攻，小男孩敏捷地施展出自己的那一招，又赢了。就这样，小男孩迷迷糊糊地进入了决赛。

决赛的对手比小男孩高大、强壮许多，也似乎更有经验。开始，小男孩显得有点招架不住，裁判担心小男孩会受伤，就叫了暂停，还打算就此终止比赛。然而师傅不答应，坚持说："继续比赛！"

比赛重新开始后，对手放松了戒备，小男孩立刻使出他的那招，制服了对手，由此赢了比赛，得了冠军。

回家的路上，小男孩和师傅一起回顾每场比赛的每一个细节，小男孩鼓起勇气道出了心里的疑问："师傅，我怎么就凭一招就赢得了冠军？"

师傅答道："有两个原因：第一，你几乎完全掌握了柔道中最难的一招；第二，就我所知，对付这一招唯一的办法是对手抓住你的左臂。这样，你左臂的缺失反而成了你最大的优势。"

有的时候，人的某方面缺陷未必就永远是劣势，只要善加利用，或者扬长避短，劣势也会转化成优势。

我们也许无法选择自己的家庭出身，以及自己的外形，但我们始终有一样别人无法剥夺的东西，那是上天赐予每个子民公平的礼物——你可以选择用怎样的心情来对待生活中的一切。如果我们一味地追求完美，那就只能一直戴着"完美"的黄金枷锁，为什么不退一步，用不那么挑剔的眼光来看待自己和这个世界呢，我们会发现，缺陷其实没什么大不了的，有些我们可以忽视，有些甚至可以变成我们的长处。

不求全责备，越求全就越不齐全

世上本来就没有十全十美，任何人、任何事都无法达到完美的程度，可是有些人却对此不管不顾，强行按照一己之欲希望能够得到十全十美的东西，结果却往往弄巧成拙。

一个旅行者在一座小镇子里看到一位老人，据说，他已经70多岁了，却还是孑然一身。

旅行者就问他为什么，他说："当我还年轻的时候，我就发誓要寻找到一个完美的女人，娶她为妻。于是我从自己的家乡开始寻找，足迹踏遍了这个国家的每一个角落，一直到现在也没有找到。"

"您找了多长时间呢？"旅行者问问。

"50多年了。"老人说。

旅行者很感慨："难道这50多年来你都没有遇到过完美的女人吗？看来这个世界上并没有完美的女人啊。"

不，不是这样的，老人斩钉截铁地说："这个世界上真的有完美的女人，我在30年前就曾经遇到过。"

"那么，您为什么不娶她为妻呢？"旅行者迫不及待的问。

"因为……她……"老人吞吞吐吐地回答道，"也在寻找最完美的男人。"

即使真的有完美的存在，完美也是看得见却摸不着的，越苛求完美，往往就会离完美越远。

在南太平洋的一个海岛上，有一位渔夫意外得到了一颗晶莹圆润的大珍珠，可惜的是，珍珠的上面有个小小的瑕疵。渔夫希望能够将瑕疵去掉，他不能容忍这么美丽的珍珠却不完美，于是，渔夫剥掉最上面的一层，瑕疵还在；再剥一层，瑕疵还在；等渔夫一层层剥到最后，瑕疵终于没有了，但珍珠也化成粉了。

其实，有瑕疵的珍珠浑然天成，自有一番别致的美丽，正所谓："清水出芙蓉，天然去雕饰。"渔夫只想要完美的珍珠，最终结果却是，反而什么都没得到。

不要过分苛求，不求全责备，就放自己一马。越求全责备就越不完备，既然如此，何不停止求全责备，从容接纳缺陷。

在西班牙的一个小城里，有一口特别灵验的许愿池，据说能够满足人的所有愿望。有一天，一个只有一条腿的老军人来到了这口许愿池的旁边。旁边的镇民带着同情地问："老先生，难道你是来祈求重新获得一条腿吗？"老军人听到了，转过身回答说："我不是来祈求一条新腿的，而是祈求上帝帮助我，教我没有一条腿之后，该如何生活。"

老军人知道，失去了一条腿之后无论如何都无法再恢复到四肢健全的状态，那么，一味地求神拜佛希望自己的身体能够恢复完整，只会让自己的心灵也变得不完整了。既然如此，干脆就接受不完美，开始新的不完美的人生。

世界科学巨匠霍金，这位在轮椅上生活了30余年的高位瘫痪的残疾人曾经说过："我的手还能活动，我的大脑还能思维，我有终生追求的理想，我有爱我的和我爱着的亲人与朋友；对了，我还有一颗感恩的心……"

从不完美中寻找出完美来，远远胜过把不完美苛求成完美。

奢求万事俱备，机会就溜走了

巴菲特有一句名言："如果你想等到知更鸟报春，那春天就快结束了。"一个人如果什么事情都想要等到"万事俱备"后再行动，那么他的计划也许永远都没有"开始"的时候，因为这个世界上根本就没有所谓的"万事俱备"。"万事俱备"只不过是人们希望达到的一种完美的状态。很多时候，你若毫不迟疑地付诸行动，就会惊讶地发现，其实你根本就不需要所谓的"万事俱备"。

其实，很多时候"万事俱备"只是一些人的借口而已，生活中经常有这样一些人，做事总是犹豫不决、谨小慎微，对自己总是不满意，常常因为过分重视事物的细节而忽视全局，最终让机会白白溜走。这主要源于他们性格特质上的追求完美，这样的人对自己要求十分严格，做事总是希望做到最好，同时又有些墨守成规，不敢贸然行动。由于他们的行为表现过度认真、严谨和执拗，总是缺少灵活性，也由于过度自我关注、刻板行事，因此很少有自由悠闲的心境，缺乏随遇而安的潇洒，这样的人，往往不敢把自己的想法付诸行动，于是就用等待“万事俱备”作为借口来拖延时间。

格兰特先生在美国一家小公司做着办公室文员，每天都在无趣的琐事中脱不开身。虽然他的工作还算轻松，但是过了五年，他对工作上的种种限制感到厌烦，固定呆板的上下班时间、微薄的薪水以及靠年资升迁的死板人事制度令他感到越来越不满。

有一天，他突然想到，他在这家公司做了这么多年，对他所从事的行业也有所了解了，为什么不早一点跳出来，自己创办个小公司呢?

他带着这个想法又过了10年，仍然规规矩矩在这个小公司上班。因为他每一次准备放手一搏时，总会因为一些意外的事件停止行动。譬如资金不够、经济不景气、孩子诞生、对这份工作的一时留恋等种种限制以及许许多多数不完的借口。他觉得总是有很多事情阻止他的行动，他总觉得不是恰当的时候。他一直在等所有条件都具备后再行动，结果，他等了整整十年，而他似乎还要再等下去。

一个总是等待万事俱备的人，往往会使自己成为一个“被动的人”。他总是想等所有的条件都十全十美后再动手，但是实际上那种情况永远不会发生，而他也只能一直等待下去了，最后只能一事无成。

如果你仔细观察你周围的人，你就会发现他们中的很多人都有着很高的智商，才华过人，工作能力也很不错，而且又非常勤奋，但是总是做不出什么成绩来。眼看着比他们在各方面都差一些的人成果都十分显著了，而他们却依然默默无闻。这些人之所以不能取得成绩，不能取得人生的成功，不是他们缺少能力，而是他们在做任何事情之前，都不能克服自己追求万事俱备的想法。

虽然想把事情做到尽善尽美的想法是十分可取的，但如果每在做一件事情之前，总是想使客观条件和自己的能力都达到尽善尽美的程度，这样人生就始终处于一种等待的状态之中。于是他们就在等待完美中度过了自己不太完美的人生。

在人生中，我们有时候需要妥协，不光要对别人妥协，更要懂得对自己妥协，向自己的完美主义妥协，千万不能紧紧揪住完美不放手。完美主义者有可能是完美的，但也可能什么事情也没有做成，而懂得妥协的人可能不完美，但是他们多多少少总会有一些进展。

所以不管什么事情，千万不要等到所有情况都达到完美的程度后才动手去做，因为这样的条件是不存在的，除了等到天荒地老，你没有别的选择了。人活一世，对待自己不能太苛刻，不必追求绝对的完美。这样，你不但少了许多烦恼，同时你也会发现，你的行动力上去了，你的梦想正走在逐步实现的道路上。

例如，一个人想写一篇小说，他首先会在尝试几种、十几种，乃至几十种风格、剧情、人物设计之后才动手，这么做当然是好的，因为他可能在比较之中找到一种最佳的方案。但是，在他开始写的时候，他又会发现他选择的那种方案依然有些地方不够完美，还是存在着一些错误和缺点，于是，他又放下笔，继续为自己的所谓绝对完美做准备，最后，当他再一次以为自己“万事俱备”而拿起笔的时候，他会发现，原来自己的准备还是不够，于是，他又放下笔……最后，他的小说就这样被搁置起来，在寻找他认为的“绝对完美”的方案的过程中，他的创意、激情全部付诸东流了。因为天下没有什么东西是“绝对完美”的，他要找的这种东西是不可能存在的。

根据专家的研究表明，一个人成功的机会，和他试图获得完美的心态是成反比的。对完美的追求带给人的是莫大的焦虑、沮丧和压抑。在事情还没有开始时，他们就在担心着失败，怕自己做得不够好而忧心忡忡，这就妨碍了他们全力以赴去获取成功。而一旦惨遭失败，他们就会心灰意冷，想尽快从失败的状况中逃脱。真正的智者会从失败中获取任何教训，而不是在行动之前就千方百计地“确保”失败“绝对”不会出现。

背着苛求完美的包袱，相信没有一个人能够在事业上、家庭上、人际关系上面取得成功。其实我们做任何事情只要抱着尽心尽力的态度就行了。只要尽力了，就可问心无愧，而不管事情的结果怎样。所以我们一定要抛弃完美主义的思维方式，而去尽心尽力地做事情。不要让自己总是在焦躁的等待中度过，那样到头来只会一事无成。

没有完美的世界，只有完美的心态

有位老太太生了两个女儿，大女儿嫁给伞店老板，小女儿当上了洗衣作坊的女主管。于是老太太整天忧心忡忡，逢上雨天，她担心洗衣作坊的衣服晾不干；逢上晴天，她生怕伞店的雨伞卖不出去，天天为女儿担忧，日子过得很忧郁。后来一位聪明人告诉她：“老太太，您真是好福气！下雨天，您大女儿家生意兴隆；大晴天，您小女儿家顾客盈门。哪一天你都有好消息啊！”老太太一想，果然如此，从此高兴起来，每天都很舒心。天还是老样子，只是思想变了，生活的色彩就焕然一新了。

这个小故事给我们这样的启示：我们的生活状况其实就是我们心境的外部反映，从某种意义上说，有什么样的心境，就有什么样的生活。

“你的心态就是你真正的主人。”明人陆绍珩说，一个人生活在世上，要敢于“放开眼”，而不向人间“浪皱眉”。“放开眼”和“浪皱眉”就是对人生两面的选择。你选择“放开眼”，你就能乐观自信地舒展眉头，面对一切；你选择“浪皱眉”，你就只能是眉头紧锁，郁郁寡欢，最终成为人生的失败者。

对于职场人士来说，不要把工作看成是一种痛苦的经历，而应该把工作当成一种快乐的积累。这样你才能为工作全身心投入，享受工作带来的快乐。

方明大学毕业后，来到一家广告公司做业务员，他的主要工作是通过电话联系指定客户，然后再去拜访那些有广告意向的客户。在办公室里电话联系客户是很轻松的，可每当要出去和客户面谈的时候，他就有些不愿意了，因为有些公司的地址在郊区，十分不方便，不仅要转几趟车，有时还要步行。一天夜里，他睡不着，自己躺在床上想：为什么自己会有这种想法呢？想了好久，他终于知道，原来自己还没有真正融入工作，还在片面地看待工作，这样永远不会让自己快乐。这是自己的工作，既然选择了跑业务，就必须以积极的心态去接受工作的所有内容，和客户面谈也是工作的重要部分，又怎么能不去呢？

如今，方明已经成为一家跨国公司的销售总监了。回顾那段在广告公司做业务员的经历时，他说：“拜访客户让我学到了很多，比如如何面对客户，如何与人沟通和交流等。”

“要么你去驾驭生命，要么生命驾驭你。你的心态将决定谁是坐骑，谁是骑师。”在人生的旅途中，有数不尽的坎坷泥泞，也有看不完的春花秋月，持一种什么样的心态，将最终决定你的人生轨迹。

我们工作出现问题的症结在哪里？认真思索之后我们会发现，其实是我们的工作态度发生了问题，从而导致工作不尽如人意。世界并不完美，但是心态可以完美。以感恩和积极的心态去面对工作，我们会豁然发现工作也有了转机。

汤姆森是一个小药店的老板，一直想找一个能干一番大事业的机遇。每天早晨他一起床，就希望自己今天能够得到一个好机遇。然而，很长时间过去了，他认为的机遇并没有出现。对此，他抱怨不已，他认为自己有干大事业的本事，却没有干大事业的机遇。生活中的大部分时间他并不是去研究市场，而是经常在花园里做所谓的“散心”，他所经营的小药店也为此门庭冷落了。

有一天，他突然下定决心摆脱自己以前的那种怨天尤人的心态，从自己的药店做起，他把自己的这一事业当作一种极为有兴趣的游戏，以此来促进他生意的发展。他让自己用那种发自内心的热情告诉别人，他是如何尽量提高服务质量使顾客满意的，以及他对药店这一行业有多么大的兴趣。

“如果附近的顾客打电话来买东西，我就会一面接电话，一面举手向店里的伙计示意，并大声地回答说：‘好的，艾森克夫人，一瓶三两的樟脑油，还要别的吗？艾森克夫人，今天天气很好，不是吗？还有……’我尽量想些别的话题，以便能和她继续谈下去。

“在我和艾森克夫人通电话的同时，我指挥着伙计们，让他们把顾客所需要的东西以最快的速度找出来。而这时负责送货的人，脸上带着笑容，正忙着穿外衣。在艾森克夫人说完她所要的东西之后不到一分钟，送货的人已带着她所需要的东西上路了。而我则仍旧和她在电话中闲谈着，直到等她说：‘呵呵，汤姆森先生，请先等一等，我家的门铃响了。’

“于是我笑了笑，手里仍拿着话筒。不一会儿，她在电话中说：‘喂，汤姆森先生，刚才敲门的就是你们的店员，他给我送东西来了！我真不知道你怎么会这么快，这太神奇了。我打电话给你还不过几分钟呢！我今天晚上一定要把这事告诉艾森克先生。’

“因为我这里有优质的服务，过了不久，几条街以外的居民也都舍近求远地跑到了我们店里来买药了。以至于后来城里好多别的药店老板都跑到我这儿来取经，他们不明白，为什么偏偏我的生意会做得这样好。”

这便是汤姆森先生成功的方法，也正是这一方法，使得他的药店生意兴隆，其分店几乎在全美遍地开花，以前所未有的速度迅速占领了美国医药业的零售市场。在当时的美国医药零售业中，他的公司拥有的分店数量及其规模占全国第二。

汤姆森的医药事业之所以能够成功，有一个小小的秘诀，那就是：他摒弃了对工作的抱怨，在工作中保持积极的心态。汤姆森的成功很大程度上是因为他积极的工作态度，而不是工作本身。

态度决定一切。我们要实现人生的宏伟目标，就应当时刻保持积极的心态。《唤起心中的巨人》一书的作者安东尼·罗宾说过：“众所周知，除了少数天才，大多数人的禀赋相差无几。那么，是什么在造就我们、改变我们？是态度！”

一味抱怨自己的境况是如何的恶劣，最终只会让自己的处境更加恶劣。我们应该转换一种思维，将抱怨化为感恩，你会发现一个截然不同的崭新世界展现在面前。

三十
心厚道，也能活出自己的精彩

外圆内方，厚道做人

厚道人善良温顺，但对世事没有戒心，更不懂玩阴谋手段。这样的人当然不是不好，但是社会是复杂多变的，厚道人处世时，要坚持原则，同时也要适当灵活。

这其实就是指外圆内方的处世哲学。这可以说是中国传统文化的重要组成部分，也是帮助厚道人正确处理各种关系的有效方法。方是对原则的遵循，对道德标准的维护；圆是思路的变通，是手段的灵活。人们处在各种关系之中，方圆之道是其安身立命、杀出重围的重要途径。特别是在厚道人与地位较高的人相处时，更要掌握方圆之道。纪晓岚的处世之道就是一例。

其实清朝才子纪晓岚并没有我们想象中的那样风流倜傥，据史书上记载，纪晓岚“貌寝短视”。所谓“寝”，就是相貌丑陋；所谓“短视”，就是近视眼。另外，跟纪晓岚交游数十年的朱有诗描述纪晓岚：“河间宗伯姹，口吃善著书。沉浸四库间，提要万卷录。”

看来，纪晓岚还有口吃的毛病。当然，纪晓岚既然能通过各层科举考试，其间还有审音官通过对话、目测等检查其形体长相以及说话能力，以免上朝时影响朝仪“形象”，应该不至于丑得没法见人，但无论如何，纪晓岚长相不好看，却是无疑的。长得丑、近视眼、口吃，这些生理特点都成为纪晓岚一辈子与乾隆貌合神离、不得乾隆真正信任的重要原因。

为何如此说，其实这与乾隆的用人标准有关，他对身边近臣的标准不但要求这些人机警敏捷、聪明干练，而且要相貌俊秀、年轻漂亮。例如和、王杰、于敏中、董诰、梁国治、福长安等人都是数一数二的“美男子”，故而得到重用。而纪晓岚其貌不扬，如何能得有此怪癖的皇帝的真正重用呢？因此，有人说，纪晓岚只不过是乾隆蓄养的文学词臣而已。但是这位“词臣”却以自己的处事方式在乾嘉时期走上高位，并将自己的名字刻在中国的史册上，成为文化巨人。

究其原因，这不仅仅是由于纪晓岚主持编著了《四库全书》，或者多年主持着科举考试，对乾隆朝贡献重大，更因为他懂得方圆处世之道，因此能在乾隆帝那对宠臣的怪癖要求之下，自在地做事。有一个故事即可证明纪晓岚的这种处事方法。

有一次，乾隆皇帝想开个玩笑以考验纪晓岚的辩才，便问纪晓岚：“纪卿，‘忠孝’二字作何解释？”

纪晓岚答道："君要臣死，臣不得不死，是为忠；父要子亡，子不得不亡，是为孝。"

乾隆立刻说："那好，朕要你现在就去死。"

"臣领旨！"

"你打算怎么个死法？"

"跳河。"

"好吧！"

乾隆当然知道纪晓岚不可能去死，于是静观其变。不一会儿，纪晓岚回到乾隆皇帝跟前，乾隆笑道："纪卿何以未死？"

"我碰到屈原了，他不让我死。"纪晓岚回答。

"此话怎讲？"

"我走到河边，正要往下跳时，屈原从水里向我走来，他说：'晓岚，你此举大错矣！想当年楚王昏庸，我才不得不死；可如今皇上如此圣明，你为什么要死呢？你应该回去先问问皇上是不是昏君，如果皇上说他跟当年的楚王一样是个昏君，你再死也不迟啊！'"

乾隆听后，放声大笑，连连称赞道："好一个如簧之舌，真不愧为当今的雄辩之才。"

这就是纪晓岚，这就是纪晓岚的处世智慧，他活到82岁，经雍正、乾隆、嘉庆三朝，60岁以后，五次出掌都察院，三次出任礼部尚书。他逝世以后，筑墓崔尔庄南五里之北村。朝廷特派官员到北村临穴致祭，嘉庆皇帝还亲自为他写了碑文。我们不能不赞叹其为官之道的高超，但更重要的是他那种圆融处世的智慧。纪晓岚一生并无恶绩，沉浮官场数十年，却自得其乐，究其原因，在于他没有死抱圣人的教条，言行灵活机智变通，而这却正是其高明所在。

所以，厚道人做人要懂得外圆内方，有自己的原则，但不要不过于死板。你可以保持厚道正直的为人作风，但不妨灵活一点，不要因为刻薄而得罪人，这一方面可以保护自己，另一方面更是给自己一个更有利的发展空间，这才是聪明厚道人做人的极致。

善用金钱享受生活

金钱并不是唯一能够满足心灵的东西，虽然它能为心灵的满足提供多种手段和工具，在现实生活中，厚道人要学会智慧地使用金钱，真正享受人生，享受生活。

善用金钱，享受生活能够使自己不断品尝人生的幸福。相反，现代社会，许多人是抱着享受金钱的态度，而使自己被金钱的恶魔无情地缠绕，成为它的奴隶，于是自己的生活主题只有"金钱"二字，整天为金钱所困惑，为金钱而难受，为金钱而痛苦，生活便会沦为围绕一张钞票而上演的闹剧。

懂得享受生活的厚道人则不在乎自己有多少金钱，问题是自己处处能够感悟到生活。享受金钱的人最后会被金钱妖魔化。享受生活会感觉人生是无限美好的，越活越有味道。

美国石油大王洛克菲勒出身贫寒，在他创业初期，人们都夸他是个好青年。当黄金像火山流出岩浆似的流进他的口袋里时，他变得贪婪、冷酷。深受其害的宾夕法尼亚州油田地方的居民对他深恶痛绝。有的受害者做出他的木偶像，亲手将"他"处以绞刑，或乱针"扎死"。无数充满憎恶和诅咒的威胁信涌进他的办公室。连他的兄弟也十分讨厌他，而特意将儿子的遗骨从洛克菲勒家族的墓地迁到其他地方，他说："在洛克菲勒支配下的土地内，我的儿子变得像个木乃伊。"

由于洛克菲勒为金钱操劳过度，身体变得极度糟糕。医师们终于向他宣告一个可怕的事实，以他身体的现状，他只能活到50多岁；并建议他必须改变拼命赚钱的生活状态，他必须在金钱、烦恼、生命三种中选择其一。这时，离死不远的他才开始省悟到是贪婪的魔鬼控制了他的身心，他听从了医师的劝告，退休回家，开始学打高尔夫球，上剧院去看喜剧，还常常跟邻居闲聊，经过一段时间的反省，他开始考虑如何将庞大的财富捐给别人。

于是，他在1901年，设立了"洛克菲勒医药研究所"；1903年，成立了"教育普及会"；1913年，设立了"洛克菲勒基金会"；1918年，成立了"洛克菲勒夫人纪念基金会"。

他后半生不再做钱财的奴隶，喜爱滑冰、骑自行车与打高尔夫球。到了90岁，依旧身心健康，耳聪目明，日子过得很愉快。

他逝世于1937年，享年98岁。他死时，只剩下一张标准石油公司的股票，因为那是第一号，其他的产业都在生前捐掉或分赠给继承者了。

从这个故事中，厚道人得到这样的启发，对待金钱必须要拿得起放得下，赚钱是为了活着，但活着绝不是为了赚钱。假如厚道人效仿那些追逐功利的人，活着只把追逐金钱作为人生唯一的目标和宗旨，那将是一种可怜的动物，人将会被自己所制造出来的这种工具捆绑起来，被生活所遗弃。

所以聪明的厚道人要懂得善用金钱，享受生活，这样人生才会有更多的幸福与快乐。

做自己的人生设计师

每个人都是自己人生的设计师，不必听从别人给你的规划或者评判，张开你创造的手，人生的模样就会慢慢地浮现出你心中的那个样子。有这样一个故事：

一位成功人士回忆他的经历时说："小学六年级的时候，我考试得了第一名，老师送我一本世界地图，我很高兴，跑回家就开始看这本世界地图。很不幸，那天轮到我为家人烧洗澡水。我一边烧水，一边在灶边看地图，看到一张埃及地图，想到埃及很好，埃及有金字塔、有埃及艳后、有尼罗河、有法老王，有很多神秘的东西，心想长大以后如果有机会我一定要去埃及。

"看得入神的时候，突然有一个大人从浴室冲出来，胖胖的，围一条浴巾，用很大的声音跟我说：'你在干什么？'我抬头一看，原来是我爸爸，我说：'我在看地图。'爸爸很生气，说：'火都熄了，看什么地图！'我说：'我在看埃及的地图。'我父亲跑过来'啪、啪'给我两个耳光，然后说：'赶快生火，看什么埃及地图！'打完后，踢我屁股一脚，把我踢到火炉旁边去，用很严肃的表情跟我讲：'我给你保证：你这辈子不可能到那么遥远的地方！赶快生火！'

"我当时看着我爸爸，呆住了，心想：我爸爸怎么给我这么奇怪的保证，真的吗？我这一生真的不可能去埃及吗？20年后，我第一次出国就去埃及，我的朋友都问我：'到埃及干什么？'那时候还没开放观光，出国是很难的。我说：'因为我的生命不能被别人设定。'我就自己跑到埃及旅行。

"有一天，我坐在金字塔前面的台阶上，买了张明信片寄给我爸爸。我写道：'亲爱的爸爸，我现在在埃及的金字塔前面给你写信，记得小时候，你打我两个耳光，踢我一脚，保证我不能到这么远的地方来，现在我就坐在这里给你写信。'写的时候感触很深。我爸爸收到明信片时跟我妈妈说：‘哦！这是哪一次打的，怎么那么有效？一脚踢到埃及去了。’”

这个故事结尾让人忍俊不禁，但是它给予我们的启示却是深刻的。每个人都是自己的设计师，成“龙”成“虫”全在自己。

而厚道人如果将自己的发展依赖于别人的定位，而没有自己的人生目标，没有自我实现的欲求，就不可能做出一番事业。人的生命，要靠自己去雕琢。

被别人设定，并且照着别人的设定去做的人，他的生命注定只能平淡无奇、碌碌无为。只有对自己的生命充满激情和幻想，人才会不断地超越自己，达到一个又一个高峰，你的人生也会因此而绚丽多彩、丰富多姿。

要想结果得先会开花

不惜一切代价让自己闪耀夺目，把自己装扮得比那些乏味的人和胆小的人看上去更加大气、更加光彩照人，让更多的人认识自己，让“伯乐”选择自己，在人生的舞台上占据主角的位置。

表现欲是人们有意识地向他人展示自己才能、学识、成就的欲望。对于厚道人来说，增强自己积极的表现欲尤为重要。实践证明，积极的表现是一种促人奋进的内在动力。谁拥有它，谁就会争得更能发展自己的机会，从而接近成功的彼岸。

然而在现实生活中，有一些人并不这样看问题，他们对表现欲存有偏见，以为那是“出风头”，是不稳重、不成熟。这样一来，他们不但失掉了很多机会，而且给人留下了平庸无能、无所作为的印象，自然得不到好评和重用。这些现象反而告诉我们，表现欲不足无疑是一种缺憾，积极的表现欲应该成为现代人必备的心理。

自我表现的目的是为了成功地把自己推销出去，让人们看到厚道人自己真正的才干与实力，把那些原本可能不属于自己的机会拉到自己的面前，这样成功的机会将会大大增加。

有这样一个故事，讲的是一个多次失业者在面试时推销自己的妙招：

某大公司招聘人才，应者云集。其中多为高学历、多证书，有相关工作经验的人。

经过三轮淘汰，还剩11个应聘者，最终将留用6人。因此，第四轮总裁亲自面试，将会出现十分“残酷”的场面。可奇怪的是，面试现场出现了12个考生。

总裁问：“谁不是应聘的？”

坐在最后一排的一个男子站了起来：“先生，我第一轮就被淘汰了，但我想参加一下面试。”

在场的人都笑了，包括站在门口闲看的老头子。总裁饶有兴趣地问：“你连第一关都过不了，来这儿又有什么意义呢？”

男子说：“我掌握了很多财富，我本人即是财富。”

大家又一次笑了，觉得此人不是太狂妄就是脑子有毛病。

男子接着说：“我只有一个本科学历，一个中级职称，但我有11年工作经验，曾在18家公司任过职……”

总裁打断他：“你学历、职称都不算高，工作11年倒是很不错，但先后跳槽18家公司，太令人吃惊了。我不欣赏。”

男子站起身：“先生，我没有跳槽，而是那18家公司先后倒闭了。”在场的人第三次笑了。一个考生说：“你真是倒霉蛋！”男子也笑了：“相反，我认为这是我的财富！我不倒霉，我只有31岁。”

这时，站在门口的老头子走进来，给总裁倒茶。男子继续说：“我很了解那18家公司，我曾与大伙努力挽救那些公司，虽然不成功，但我从那些公司的错误与失败中学到了许多东西，很多人只是追求成功的经验，而我，更有经验避免错误与失败！”

男子离开座位，一边转身一边说：“我深知，成功的经验大抵相似，而失败的原因却各不相同。与其用11年学习成功的经验，不如用同样的时间去研究错误与失败；别人成功的经历很难成为我们的财富，但别人的失败过程却是！”

男子就要出门了，忽然又回过头说：“这11年经历的18家公司，培养和锻炼了我对人、对事、对未来的洞察力，举个例子吧，真正的总裁不是您，而是这位倒茶的老人。”

另外11个考生哗然，惊愕地盯着倒茶的老头。那老头笑了：“很好！你第一个被录取了，因为我急于知道，我的表演为何失败。”

在这里，该男子的面试过程可谓一波三折，但整个过程却都是该男子推销自我的表演。因此，要想使别人接纳自己，并重用自己，你必须使出全部招数，竭尽全力去游说，必须有创意，而且具有鲜明的印象，让用你之人因佩服而接纳你。

推销是一种才华，就像是绘画的能力，两者都需要培养个人的风格；没有风格的话，你只是芸芸众生中的一个而已。推销自己是一种才能，也是一种艺术。有了这种才能，厚道人才可能安身立命，才能抓住机遇使自己处于不败之地。能够将自己推销给别人的人才能推销世界上任何有价值的东西。

或许人常说的“王婆卖瓜，自卖自夸”早已沦为了最初级的推销方式，但至少王婆对自我推销的领悟却先于很多人。一个真正聪明的厚道人，不仅要有能力、会做事，还要会表现自己、推销自己。绝大多数厚道人都有自己的理想和目标，但人生的第一步是必须学会醒目地亮出自己，为自己创造机会。说到底，这是一种观念，是主动出击还是被动选择？其实，这在很大程度上决定着厚道人自己的成功与否。

永远给自己留一手牌

“不给自己留退路”，这作为破釜沉舟、一往无前的精神体现是无可厚非的，而在现实生活中，往往充满了变故与无常，勇往直前固然可敬，但也可能因此被撞得头破血流，最终走到山穷水尽处。归有光说：当得意时，须寻一条退路，然后不死于安乐；当失意时，须寻一条出路，然后可以生于忧患。爱迪生也曾倡导：“如果你希望成功，就以恒心为良友，以经验为参谋，以谨慎为兄弟吧！”所以聪明的厚道人，要学会任何时候，不要将自己和盘托出，给自己留一手牌，才能在人生漫漫旅程中不至于陷入绝境。

美国田纳西州有一位秘鲁移民，在他的居住地拥有6公顷山林。在美国掀起西部淘金热时，他变卖家产举家西迁，在西部买了90公顷土地进行钻探，希望能找到金沙或铁矿，他一连干了5年，不仅没找到任何东西，最后连家底也折腾光了，不得不又重返田纳西州。

当他回到故地时，发现那儿机器轰鸣，工棚林立。原来，被他卖掉的那个山林就是一座金矿，新主人正在挖山炼金。如今这座金矿仍在开采，它就是美国的门罗金矿。

这个故事生动地显示给厚道人朋友这样一个道理：当你孤注一掷地丢掉属于自己所有的

东西，就有可能失去一座金矿。

做事留有余地，给自己保留一条退路，就不至于落得一败涂地的下场。事情做尽做绝，如同话说尽说绝一样，不是伤人就会被别人伤。当事情做到尽头，力、势全部耗尽，想要改变就会很困难。厚道的人，通常对人诚恳，不会把事情做绝，这对人对己都有好处。

俗话说：在杯子中留点空隙才能容纳“意外”。杯子里装满了，当然再也倒不进去。在所有的事情中都要有所保留，以便容纳一些“意外”，给自己留一手牌，留一点回旋的余地。

有一个人善于角力。他的技术高明，浑身的解数足有360种，而且每次出手都不相同。徒弟里头，他最喜欢一个长得英俊的。他把自己的本事教给他359样，只留下一样不肯再传。那青年本事高明，力大无比，谁也敌他不过。后来，他跑到国王面前夸口，说他所以不愿胜过师傅，只因敬他年老，又看他到底总是自己的师傅。其实，自己的本领和力气，绝不比师傅差。

他这样傲慢无礼让国王很不高兴，派人选一处宽大的场地，把满朝达官贵人都请了来，让师徒二人比赛。那青年走进场地，耀武扬威。仿佛他的敌人即使是一座铁山，也会被他推倒。

他的师傅看他力气比自己大，便使出留下不传的最后一着，一把将他扭住。他不知怎样招架，已经被师傅举过头顶，抛在地上了。满场的人都欢呼起来。国王叫人拿了一件袍子奖给师傅。对那青年斥责说：“你妄想和你师傅较量，可是你失败了。”

这个青年说道：“国王！他胜过我并不是凭力气。他留下一手没有传，就凭这小小的一点本事，今天把我打败了。”

那师傅说道：“我留下这一手就是为了今天。因为圣人说过：‘不要把本事全部都给你的朋友，万一他将来变成敌人，你怎抵挡得住？’从前有个吃过徒弟亏的人所说的话，你没有听过吗？‘也不知是如今人心改变，还是世上本来没有情义。我向他们传授射箭技艺，最后他们却把我当作天上的飞鹄’”。

厚道人要谨记永远给自己留下回旋余地，这样对别人对自己都会有好处。

武装起你自卫的“刺”

有一家企业薪水高，业务量又很轻松，所以很多人梦寐以求那里的职位，在这家企业里炒掉没有背景的职员，为有路子的人腾位子的事时有发生。

有段时间，传言又要开始炒“鱿鱼”了，一时间，办公室人人自危。

一天早上，主任将赵明明叫到办公室，态度严厉地说，他丢了一份很重要的文件，最后这份文件一半在垃圾桶里，一半在赵明明的抽屉里找到了。赵明明拍案而起，说：“第一，我根本没有作案的时间和动机，这明明是一种陷害。第二，你凭什么翻我的抽屉？”主任顿时面红耳赤。最后，赵明明不仅没有被炒掉，反而没有人敢再陷害他了。

与此相反，与赵明明同一间办公室的王珏却软弱得多。一天，王珏去机房上网，发现不知道是谁开了个黄色网页在那里偏又忘掉关闭了，王珏随手就将之关闭了。可是，令她始料未及的是，第二天，整个公司竟然谣传她看黄色网页。谣言之下，懦弱的王珏不得不主动辞职，可是即使在她离开以后，仍然被人误解。

有的时候，厚道人必须像刺猬那样，平时不主动伤人，但一旦遭受到他人的攻击，也要学会合理自卫。

生活中一些蛮横霸道的人之所以能够得意一时，就是因为社会上有些厚道人忍气吞声惯了。他们作威作福、发火撒气往往找那些软弱善良者，因为他们清楚，这样做并不会招致什么值得忧虑的后果。在我们身边的环境里到处都有这样的受气者，他们看起来软弱可欺，最终也必然为人所欺。因为一个人表面上的软弱事实上也助长和纵容了别人侵犯你的欲望。人是应该有一点锋芒的，在诚恳待人的时候，如果对方是恶意冒犯，那就不能一味忍让了，而应该有理有节，保护自己合法权益。

在厚道人的生活中，有时会遇到一些别有用心的人，他或许要靠踩着你的肩膀往上爬，或许要靠欺骗你达到他的什么目的，或许仅仅是因为嫉妒就想排挤你。你越是像一块棉花糖，他们越会毫不留情地将你玩弄于手掌之中；你只有像一只刺猬，毫无畏惧地对着那只向你伸出来的“黑手”狠狠刺一下，让他们尝尝剧痛的滋味，这样在他又想出手之时，绝对会回味起这次疼痛的感觉而不敢再轻易伤害你！

鞋子合不合脚自己知道

俗话说，鞋子合不合脚自己知道，对聪明的厚道人来说，只有适合自己的生活才是最好的。

一天，闲着无事的上帝突发奇想：“假如让现在世界上每一位生存者再活一次，他们会怎样选择呢？”于是，上帝便给世界众生发了一份问卷让大家填写。

收回答卷后，结果令上帝大吃一惊：

蛇：“假如让我再活一次，我愿做一只青蛙，处处受人类保护。我们呢，走到哪里，都要遭人毒打，还要吃我们的肉，活着有啥意思！”

青蛙：“假如让我再活一次，我愿意做一条蛇，人见人怕，都躲得远远的。我们呢，本来登不得大雅之堂，现在却被人们想着法子吃，宴会酒席、饭店餐馆处处可见。”

猪：“假如让我再活一次，我要当一头牛。生活虽然苦点，但名声好。我们似乎是傻瓜懒惰的象征，连骂人也都要说‘蠢猪’。”

牛：“假如让我再活一次，我愿做一头猪。我吃的是草，挤的是奶，干的是力气活，有谁给我评过功，发过奖？做猪多快活，吃了睡，睡了吃，肥头大耳，生活赛过神仙。”

人的答卷最有趣。男人一律填写为：“假如让我再活一次，我要做一个女人，上电视、登报刊、做广告、印挂历，多风光。”女人的答卷一律填写为：“假如让我再活一次，一定要做个男人，经常出入酒吧、餐馆、舞台，不做家务，还摆大男子主义，多潇洒！”

这则寓言值得掩卷细品，它写出了世人常犯的毛病。其实，人不必总眼红他人的生活，也许自己的所有才是最好的，最合适的，因为身边的人都艳羡着呢！正如艺术大师罗丹所说：“生活中并不缺少美，而是缺少发现的眼睛。”

同样，在厚道人的生活中本就时时刻刻充满了幸福，这幸福来自于生活的细枝末节，只要用心去品味，幸福同样有色香味，同样可观可闻可吃可品，然后你会发现，何须去羡慕别人的生活状态，或者在意别人的眼光，毕竟鞋子合不合脚只有自己知道。

有个人在路上行走，迎面而来的花贩请他买一束花。

“不要。”

“难道你不想为你心爱的人买一束吗？”

“算了吧！我已经结婚了。”

一辆公交车驶过乡间，车上的乘客看见农庄前院有一大群鹅，正兴奋地抬着头张望。公交车风驰电掣地驶过，司机按了三下喇叭，这时鹅群纷纷扑翼嘎嘎叫，表示热烈欢迎。

有人好奇地问司机：“这些鹅是在等你吗？”

“是的，”他说，“每天早上它们都在那儿，我对它们按喇叭，它们向我叫。这样，我整天都会很开心。”

一个对婚姻绝望的女子厌烦了自己的琐屑生活，但她一直对其祖母的幸福和谐生活充满好奇。有一天她终于忍不住打开了祖母的日记，原来里面记录着祖父为她洗了多少衣服，吻过她多少次，帮她洗过多少次脚……

其实，生活是由一件件的琐碎之事连缀而成的。细品着细琐的每一点每一滴，厚道人都会觉得生活更加丰富多彩。而这些简单平凡无奇的细节在许多人眼里也许真的微不足道，但是那都不重要，重要的是你自己感觉到幸福。

生活是被幸福包裹着的，厚道人只要用心去品味，就一定能常常感受到幸福时光。属于你自己的幸福一直在你身边，而适合别人的不见得就适合你，你眼中别人的幸福或许于她（他）正是一种苦难也未可知。找到最适合自己的生活方式，活出自己的味道，不仅仅是幸福，就是酸甜苦辣，也值得珍惜、品味。

愁也一天，喜也一天

一个厚道人要尽力远离烦恼和忧愁，这不仅是很明智的，也是很有好处的。不用说，办事小心谨慎能够免除很多不必要的烦恼，给人带来幸运和宽心。如果他人出现了什么不好的消息，你最好不告诉他，自己更不要去探听有关自己的任何坏消息。总之，尽可能地让自己的生活简单些，因为简单往往就意味着更多的快乐。

亚伯拉罕·林肯说：“只要心里想快乐，绝大部分人都能如愿以偿。”

心理学家加贝尔博士说：“快乐纯粹是内在的，它不是由于客体，而是由于观念、思想和态度而产生的。不论环境如何，个人的生活能够发展和指导这些观念、思想和态度。”

烦恼会光顾那些烦躁不安、焦虑不已、总不满足的人们，这样，他们当然与所有的幸福无缘，心态也难以乐观豁达。有些人身上就好像长满了刺，谁愿意接近这样的人呢！他们不能很好地控制自己的脾气，为一点小事而耿耿于怀，寸土不让，甚至最终引发暴力冲突。对他们来说，生活当然会充满矛盾，幸福和快乐会被担忧和恐怖代替。

有一次，很多兔子聚集在一起为自己的胆小无能而难过，悲叹自己的生活中充满着的危险和恐惧——常常被人、狗、鹰等动物屠杀。

兔子们觉得，与其这样一生胆战心惊，还不如一死了之。于是兔子们决定一齐奔向池塘，投水自尽。当时，许多青蛙正围在池塘边蹲着，听到了那急促的跑步声后，纷纷跳下池塘。

有一只较聪明的兔子，见到青蛙都跳到水中，似乎明白了什么，忙说：“朋友们，快停下，我们没有必要吓得去寻死了！你们看，这里还有些比我们更胆小的动物呢！”

这则小故事告诉厚道人，忧虑许多时候是毫无必要的。接受简单的生活，你才会快乐。

当你忧愁时，你会利用现在宝贵的时间，去担心自己的事，去担心别人的事。但担心归担心，于问题没有一点的解决。忧愁是生活中常见的一种最消极，而且没有一点好处的情绪。心中忧愁，只能让人精神萎靡，健康受损。

所以，与其忧虑，不如让你学会爱自己，学会接受简单的快乐。就像下面这个故事中的田鼠。

田鼠与家鼠是好朋友，家鼠应田鼠之约，去乡下赴宴。

家鼠一边吃着大麦、谷子，一边对田鼠说："朋友，你过的是蚂蚁般的生活，我那里有很多好东西，去与我一起享受吧！"

田鼠跟随家鼠来到城里，家鼠给田鼠看豆子、谷子、红枣、干酪、蜂蜜、果子。田鼠看得目瞪口呆，大为惊讶，称赞不已，并开始悲叹自己的命运。

他们正要开始吃，有人打开门，胆小的家鼠一听声响，赶紧钻进了鼠洞。当家鼠再想拿干酪时，有人又进屋里拿东西，家鼠立刻又钻回了洞里。

这时，田鼠战战兢兢地对家鼠说："朋友，再见吧！你自己尽情地去吃吧！我不愿意担惊受怕地享受这些美食，还是平平安安地去过你看不起的普通生活好。"

人们对于快乐的追求是永远没有止境的，但快乐就像一碗盐水，你越喝得多你就越饥渴，所以聪明的人会懂得适可而止的道理。而在寓言里，聪明的田鼠也是如此。

正如理查德·夏普说："虽然只是些不值得一提的小问题，但这无形的烦恼却会带来很大的痛苦，就好比细细的一根头发就能破坏一部大型机器的正常运转一样，如果你想快乐，就不要让一些琐碎之事来影响自己的心情。要试着学会愉快地处理日常生活中的一些小麻烦，有意识地主动去寻找生活中的乐趣，时间久了，自然会拥有好心情。"

学会放松，别让自己太累

厚道人常常也是这样，为了追求成功，一味地往前冲。所以很少停下来休息片刻，因为他们认为那是在浪费生命。其实，如果你不懂得享受生活，那才是真正浪费生命。你一心往前追求成功，却不肯回过头来看一看。也许在你回头的瞬间，你就会发现成功的秘诀。会工作，也要会放松。放松是为了更有效地工作。只知道一味地忙于工作而不懂得找机会让自己放松的人，就好像一匹一直向前拼命奔跑而不知道让自己停下来的马一样，既是对自己工作效率的不负责，也是对自己生命的不负责。

39岁的何先生在一家大公司工作，凭着吃苦耐劳、勤奋敬业的精神升为部门经理。但是，自从升职后，何先生明显感到在工作时精力不够，时间一长就觉得很累，而且注意力也无法集中，为此，还险些出了差错。不久前，老总找他谈话，明确告诉他如果再不调整好状态，就由比他年轻的小王接替他的职位。面对危机，何先生开始学习如何放松自己，通过养花种草来培养一份宁静的心态，让自己在工作的重压之后有种放松的感觉，这样做之后工作效率果然提高了。

长期处于过度劳累、紧张压力下的人，不仅心理健康会受到影响，还会导致生理功能发生变化，甚至引发某些疾病。专家分析，紧张与压力，会导致许多人产生倦怠、抑郁、焦虑、烦躁、无助等消极的情绪反应。在生理上则会引起血压、内分泌等一系列变化，严重的还会导致内分泌失调和免疫力下降，最终导致一系列身心疾病。

有一个高僧带领一群弟子研究佛学。其中有一个弟子非常刻苦用功，经常挑灯夜战。不料学习进行到一个很重要的阶段时，他居然生了一场大病。尽管非常艰难，但他还是坚持上课。在他看来，生命苦短，为追求智慧，绝不能浪费任何时间。高僧劝告他说，其实，智慧不一定就在前面，说不定它就在你的身后，只要放松身心，随着自然节拍，就能得到智慧。

宋朝诗人黄庭坚说过：“人生政自无闲暇，忙里偷闲得几回？”人的一生是忙碌的，忙里偷闲是一种放松心态，是一种符合自然规律的调适方式。在自然界里，春夏生机勃发，万物生长，到处燕舞蝶飞；秋冬万物沉寂，处于休眠状态。人本身也属于自然界的一部分，所以要懂得休养生息，顺应自然规律。

懂得松弛有度，是一种生命的智慧。悠闲与工作并不矛盾，该工作的时候就好好工作，该休息的时候就好好休息。但是大多数人不可能有大量时间休息，所以要学会忙里偷闲，让紧绷的弦放松。放松不是放纵，而是养精蓄锐，是为了以一种更快的速度奔跑。

其实，不管是谁，每个人一天只有24个小时，你可以过得很从容，也可以把自己弄得忙乱不堪，没有时间绝对不是借口，那是你自己的选择。懂得生活的人往往都是事业中的强者，他们不会每天都疲于奔命，他们会比任何人都尊重自己的休闲时间。

第二次世界大战时，已近70岁高龄的英国首相丘吉尔，每天都工作16个小时以上，但是他很善于忙里偷闲，他坐上汽车就能休息，每天都坚持午睡1小时。晚饭后要在办公室的床上睡上2小时，醒后立即精神饱满地投入工作，直至次日凌晨。

所以，当感觉自己很累的时候，不妨停下来休息一下，哪怕只是一会儿，也会让你的身心得到不同程度的休整。这片刻的宁静会让你的身心犹如在清泉之中洗涤过一样闲适平和，思维如大梦初醒一般清晰。这样的休息容易让你暂时从工作中抽身而出，以局外人的身份审视自己的工作，解开你在工作中百思不得其解的难题。

过好每个属于你的日子

几年前，有一首名为《我要去桂林》的流行歌曲：“我想去桂林呀，我想去桂林，可是有了钱的时候我却没时间……”令不少人深有感触。

口袋没钱的时候，厚道人有的是时间，可一旦口袋里装满了钞票，时间又没有了，也许这就是很多人无法遂愿的主要原因吧！其实这也完全是厚道人生活的真实写照。

生活中，有的人叹息时光太匆匆，有的人抱怨该做的事情总未完，该享受的都未去享受。对此，要把握好自己，过好每一个属于自己的日子。

大戏剧家莎士比亚在《奥赛罗》一剧中写道：“欢愉和行动，使时光短暂。”不论长或短，你要使你的时光充满愉快的微笑。记住：不要为你的享乐定下条件。不要说：“等我赚到一万美元，我就好好开心地玩玩。”不要说：“等我上了那架往巴黎、罗马、维也纳的飞机，我就快乐了。”不要说：“等我到了65岁退休下来，我就躺在甲板的躺椅上晒晒太阳……”

享乐不应该把“如果”作为前提。

每天的一个基本目标是：你觉得你有权自娱，不论你是一位百万富翁还是一个穷者。

一个脆弱的亿万富翁也许会念念不忘地说："如果有人把我的全部积蓄偷去，那就没人理我了。"一个坚强的人可以对他自己说："如有债主逼我非和他捉迷藏不可，那我就以做体操为乐。"

过好每一个属于自己的日子，就是要珍惜和把握住光阴，积极地行动起来，不荒废，不怠惰，也不无谓地忙忙碌碌，而错失身边的许多风景。

泰戈尔在《飞鸟集》中写道："休息之隶属于工作，正如眼睑之隶属于眼睛。"如果一味地、盲目地忙，连革命的本钱都搞垮了，那人生也就没有忙的意义了。

人生就像登山，不是为了登山而登山，而应着重于在攀登中的观赏、感受与互动，如果忽略了沿途风光，也就体会不到其中的乐趣。厚道人最美的理想、最大的希望便是过上幸福生活，而幸福生活是一个过程，不是忙碌一生后才能到达的一个顶点。

古人云："文武之道，一张一弛。"要想过好每一天，也应该使自己的生活有张有弛，也应该忙中有闲。人生就像一根弦，太松了，弹不出优美的乐曲，太紧了，容易断，只有松紧合适，才能奏出舒缓优雅的乐章。许多大人物就很懂得张弛的生活智慧。

京剧表演大师盖叫天是有名的古董收藏家，但他并不在古董的真假上多下工夫，而是观赏各种雕像古玩的姿态。他在业余时间里，常常面对古董默默注视，一看就是几个小时，边看边想那些神姿仙态的超然境界，借以锻炼自己的艺术想象力。

可见，懂得忙里偷闲，摈弃功利心，真正过好属于自己的生活，对于个人的人生幸福是多么重要。比如，去钓鱼，兴趣在"钓"，而不在鱼。即使钓了一整天收获全无，也无须气馁，因为钓鱼过程中的情趣充分享受了，又有何遗憾？如果去看望亲朋好友却不遇其人，也不要沮丧，因为来回沿途市井风情全能尽收眼底了，这岂不是经历了一回采风调查？凡此种种，他们都能以豁达的心态对待，堪称已经达到偷闲的至高境界了。

美学大师朱光潜说："世界上最快活的人不仅是最具活力的人，也是最能领略的人。所谓领略，就是能在生活中寻出趣味。"

厚道人正是要学习那些倚仗着对生活的这份领略，永远地保持着心灵充实的人们的智慧，珍惜每一个属于自己的日子，不在今天后悔昨天，不在今天挥霍明天。走好每一步，过好每一天，厚道人也可以笑傲人生。

有一天晚上，伟大的所罗门王做了一个梦。在梦里，有一位智者告诉了他一句至理名言，这句至理名言涵盖了人类的所有智慧，能使他得意的时候保持平常心，不会忘乎所以；失意的时候能够百折不挠，始终保持快乐平和的状态。

但是，所罗门王醒来之后却怎么也想不起来那句至理名言。于是，所罗门王找来了最有智慧的几位老臣，向他们讲了那个梦，要求他们把那句至理名言想出来，并拿出一枚大钻戒，说："如果想出来那句至理名言，就把它刻在戒指上。我要把这枚戒指天天带在手指上。"

一个星期过后，几位老臣兴奋地前来送还钻戒，戒指已刻上了一句可以让他胜不骄、败不馁而且永远保持快乐的至理名言："只活在今天！"

不少的厚道人都没有活在"今天"——不是活在"从前"，就是活在"以后"。人生有许多宝贵的时刻都溜走了，因为厚道人的心都被过去和未来占满了。"活在今天"这个观念并不是非常深奥，却很少有人做到。

活在今天非常重要，因为只有此时才是你真正拥有的。除了此时此刻，你别无选择。活在今天，就是要承认你尝不到过去或未来的时刻。就是今天！信不信由你，你一生只有今天这一天。掌握此刻对于享受创意的人生是很重要的，创意品质的优劣要看你能不能完全投入活动之中，只有如此，厚道人才会从所做的事当中得到充分的快意与满足。不管你正在下棋还是和朋友说话，或是观看落日，掌握此刻真是美好。将创意投注于现在，会产生一种明快亲切的感觉，并且感到与世界之间的真正和谐。

珍惜自己现在所拥有的

海伦·凯勒说：“也许人就是这样，有了东西不知道欣赏，没有的东西又一味追求。”生活中常有这种事情：来到跟前的往往轻易放过，远在天边的却又苦苦追求；占有它时感到平淡无味，失去它时方觉可贵。可悲的是，这种事情经常发生，人们却依然觊觎看那些“得不到”的，跌入这种“得不到的总是最好的”的陷阱中，遗失了自己身边的珍宝。

从前有个男孩住在山脚下的一幢大房子里。他喜欢动物、跑车与音乐。他爬树、游泳、踢球，喜欢漂亮女孩子。他过着幸福的生活，只是经常要让人搭车。

一天，男孩对上帝说：“我想了很久，我知道自己长大后需要什么。”

“你需要什么？”上帝问。

“我要住在一幢前面有门廊的大房子里，门前有两尊圣伯纳德的雕像，并有一个带后门的花园。我要娶一个高挑而美丽的女子为妻，她性情温和，长着一头黑黑的长发，有一双蓝色的眼睛，会弹吉他，有着清亮的嗓音。”

“我要有三个强壮的男孩，我们可以一起踢球。他们长大后，一个当科学家，一个做参议员，而最小的一个将是橄榄球队的四分卫。我要成为航海、登山的冒险家，并在途中救助他人。我要有一辆红色的法拉利汽车，而且永远不需要搭送别人。”

“听起来真是个美妙的梦想，”上帝说，“希望你的梦想能够实现。”

后来，有一天踢球时，男孩磕坏了膝盖。从此，他再也不能登山、爬树，更不用说去航海了。因此他学了商业经营管理，毕业后经营医疗设备。他娶了一位温柔美丽的女孩，长着黑黑的长发，但她却不高，眼睛也不是蓝色的，而是褐色的；她不会弹吉他，甚至不会唱歌，却做得一手好菜，画得一手花鸟画。因为要照顾生意，他住在市中心的高楼大厦里，从那儿可以看到蓝蓝的大海和闪烁的灯光。他的屋门前没有圣伯纳德的雕像，但他却养着一只长毛猫。他有三个美丽的女儿，坐在轮椅中的小女儿是最可爱的一个。三个女儿都非常爱她们的父亲。她们虽不能陪父亲踢球，但有时她们会一起去公园玩飞盘，而小女儿就坐在旁边的树下弹吉他，唱着动听而久萦于心的歌曲。

他过着富足、舒适的生活，但他却没有红色法拉利。有时他还要取送货物——甚至有些货物并不是他的。一天早上醒来，他记起了多年前自己的梦想。“我很难过”，他对周围的人不停地诉说，抱怨他的梦想没能实现。他越说越难过，简直认为现在的这一切都是上帝同他开的玩笑。妻子、朋友们的劝说他一句也听不进去。最后，他终于悲伤地病倒了，住进了医院。一天夜里，所有人都回了家，病房中只留下护士。他对上帝说：“还记得我是个小男孩时，对你讲述过我的梦想吗？”

“那是个可爱的梦想。”上帝说。

“你为什么不让我实现我的梦想？”他问。

“你已经实现了。”上帝说，“只是我想让你惊喜一下，给了一些你没有想到的东西。

我想你该注意到我给你的东西：一位温柔美丽的妻子，一份好工作，一处舒适的住所，三个可爱的女儿——这是个最佳的组合。”

“是的，”他打断了上帝的话，“但我以为你会把我真正希望得到的东西给我。”

“我也以为你会把我真正希望得到的东西给我。”上帝说。

“你希望得到什么？”他问。他从没想到上帝也会希望得到东西。

“我希望你能因为我给你的东西而快乐。”上帝说。

他在黑暗中静想了一夜。他决定要有一个新的梦想，他要让自己梦想的东西恰恰就是他已拥有的东西。后来他康复出院，幸福地住在47层的公寓中，欣赏着孩子们悦耳的声音、妻子深褐色的眼睛以及精美的花鸟画。晚上他注视着大海，心满意足地看着闪闪烁烁的万家灯火。

这个故事说明，其实每个人都拥有幸福，这种幸福就是现在。乐观的人应当把这些看作是上帝的另一种恩赐，怀着感恩的心情去享受现实，而悲观者则会把手中的幸福随意丢弃。在很多人只懂得为错过的太阳流泪，却眼睁睁地看着群星从眼前消失，最后，一切都成云烟，一切都成虚无。所以，聪明的厚道人一定要懂得珍惜自己现在所拥有的一切，因为对他来说，只有那才是真实的无价之宝。

做好自己的事，淡看非议

在生活中，谁都无法避免会遭遇别人的批评和指责。在面对别人的攻击时很多厚道人都会方寸大乱、手足无措。可是，你的这种情绪的混乱并不能拯救你，反而会给你带来更多的麻烦。所以，不管别人怎样攻击和指责，都一定要稳住情绪，做最冷静的自己。厚道人要知道：你所做的任何一件事都不可能令所有的人都满意。

来自别人的批评和攻击，是不可避免的。厚道人有时候也会不自觉的攻击别人和批评别人，可是想到自己在那种境况下的心情，就应该多给予别人鼓励和支持，而不是批评，即使是批评，也要相应提出良好的建议。在面对别人对厚道人的批评时，要吸取其中的合理成分，而对一些特殊情况，则要区别对待。

有一位咨询专家在作一次大型的演讲，当时有一名听众显然难以接受他的某些观点。最后这位观众再也忍不住了，他抓住演讲人提出的一个枝节上的问题发难，说出了许多带有侮辱性的话。他企图使演讲人上钩，诱使他卷入一场无意义的舌战。可是，演讲者在听到这一大通发难之词后，只是说了声“好”，便继续进行他的演讲。他根本没有理会这些不敬之词，从而表明他不会依照别人的思想感情来确定他自己的价值。这样，发难者自己就是自讨没趣。美国前总统克林顿在白宫的一次谈话中说：“如果要我读一遍针对我的指责，更不用说逐一作出相应的辩解，那我还不如辞职算了。我在凭借自己的知识和能力而尽力工作，而且将始终不渝。如果事实证明我是正确的，那些反对意见就会不攻自破；如果事实最后证明我是错的，那么即使有10个天使启示说我是正确的，也无济于事。”

有些无事生非的人喜欢习惯性地找碴生事，如果厚道人受他们影响或分散精力去反击实在没有必要。”

其实大多数人在批评别人的时候，往往都是不经意地脱口而出，而且还会声明：“我这是对事不对人，也是为了你好。”但是这并不能减轻批评对别人的伤害，也不能减少批评所带来的副作用。还有一些人似乎养成了不以为然的坏习惯，他们动不动就批评、指责他人，好像不如此不足以显示他的权威力量。一旦出现了问题，他们首先想到的就是射出批评之箭，中伤他人：“你怎么总是这样，说过你多少回了。”其结果往往是要么伤害他人，要么被人抵挡，弄得自己反被人伤害。

高论高见满肚子都是，可就是什么都不做，而且无论你做什么怎么做，他都会找你的错。这种人的特点是：从不在事先说话，总在事后评论是非，总结别人的经验教训用以训斥别人；他们深知“当局者迷、旁观者清”的道理，总是超然地把自己置身事外，只是“置嘴其中”，不负责任地乱讲话；批评性意见多，建设性意见少；他们高声大喊，引经据典，你碰巧成功了，他们会把你捧到天上，你不幸失败了，他们会把你踩到脚下；或见风使舵，或推波助澜，或摇旗呐喊，或落井下石……

任事艰难，非身在局中，非亲临其境，很多内情实际情况是难以知晓的。正如一位前线将军对后方评论家说的那样：“你站着说话不腰疼。当时紧急情况下，敌情不明，我只能依据我的判断、经验去作出决策，为我士兵的性命负责。你现在心平气和地和我探讨各种可能性，我告诉你，当时没时间也不可能像你这样想，等不到你想明白，敌人的刺刀已刺进你的肚子了。”

任劳任怨是很不容易做到的。任劳难，任怨更难，况且但凡做事，不可能十全十美，没有点滴疏漏。从主观上讲，厚道人多会尽力而为，从客观上讲，总难免有差错。不犯错误的人就是只说不干的人。所谓空谈误国。厚道人应首先不要做这样的人，不要养成随便不负责任地大发议论的习惯，再者如果你身边有这样的人物，做自己的事就好，淡看非议，这才是明智之举。

一切都是最好的安排

只要你都能度过灾害和悲剧，你就能战胜它。也许厚道人很少会察觉到这一点，但是在内心却有更强的力量帮助你度过，其实人都比自己想得更坚强。

一切都是最好的安排，决定你的生活航向的是你自己的心灵，而不是环境。在漫长的人生旅途中，有时要苦苦撑持暗无天日的境遇；有时却风光绝顶，无人能比，但能掌控命运的，绝不是厚道人所处的境遇，而是其心灵。踏入一条错误的河流并不可怕，可怕的是把心灵开错窗。不管上天有没有给你一个华美的舞台，你的心有多大，你的舞台就有多大。

有两个有着特殊背景的人都有着亚洲血统，后来都被来自欧洲的外交官家庭所收养。两个人都上过世界各地有名的学校。但他们两个人之间存在着不小的差别：其中一位是40岁出头的成功商人，他实际上已经可以退休享受人生了；而另一个是学校教师，收入低，并且一直觉得自己很失败。

有一天他们一起出去吃晚饭。晚餐在烛光映照中开场了，不久话题进入了在国外的生活。因为在座的几个人都有过周游列国的经历，所以他们开始谈论在异国他乡的趣闻轶事。随着话题的一步步展开，那位学校教师开始越来越多地讲述自己的不幸：她是一个如何可怜的亚洲孤儿，又如何被欧洲来的父母领养到遥远的瑞士，她觉得自己是那么孤独。

开始的时候，大家都表现出同情。随着她的怨气越来越重，那位商人变得越来越不耐烦，终于忍不住在她面前把手一挥，制止了她的叙述：“够了！你说完了没有？！你一直在讲自己有多么不幸。你有没有想过如果你的养父母当初在成百上千个孤儿中挑了别人又会怎样？”学校教师直视着商人说：“你不知道，我不开心的根源在于……”然后接着描述她所遭遇的不公正待遇。

最终，商人朋友说：“我不敢相信你还在这么想！我记得自己25岁的时候无法忍受周围的世界，我恨周围的每一件事，我恨周围的每一个人；好像所有的人都在和我作对似的。我很伤心无奈，也很沮丧。我那时的想法和你现在的想法一样，我们都有足够的理由报怨。”他越说越激动。“我劝你不要再这样对待自己了！想一想你有多幸运，你不必像真正的孤儿那样度过悲惨的一生，实际上你接受了非常好的教育。你负有帮助别人脱离贫困的责任，而不是找一堆自怨自艾的借口把自己围起来。在我摆脱了顾影自怜，同时意识到自己究竟有多幸运之后，我才有可能获得现在的成功！”

那位教师深受震动。这是第一次有人否定她怨天尤人的想法，打断了她的凄苦回忆，而这一切回忆曾是多么容易引起他人的同情。

故事中的商人很清楚地说明了他们二人在同样的环境下历经挣扎，而不同的是他通过清醒的自我选择，让自己看到了有利的方面，而不是不利的阴影。所谓“凡墙都是门，”即使你面前的墙将你封堵得密不透风，你也依然可以把它视为你的一种出路。正如那句古老的格言所说的，一切都是最好的安排。

史上最有名的死亡，除了受难的耶稣外，就是苏格拉底。雅典城内的一小撮人——羡慕与嫉妒苏格拉底的人——控告苏格拉底，他受审并被判了死刑，当和善的狱卒把毒酒交给苏格拉底时，他说：“请轻饮这必饮的一杯吧！”苏格拉底果然如此，他平静地面对死亡，显示了他人性中最为高贵的一面。

有的时候，逆来顺受并不是一种懦弱，而是内心最为和谐的声音，是一种包容一切的伟大心态。在今天这个纷扰的世界中，当厚道人将不得已置身各种处境中时，记住这句话：“请轻饮这必饮的一杯吧！”一切都是最好的安排，然后，卸下你沉重的行囊，奔赴远方陌生的前途。

懂得放弃才能更好选择

红橙黄绿蓝靛紫，七种颜色，各色不同；喜怒哀惧爱恶欲，七种感情，品之不尽。复杂的人生需要厚道人小心谨慎地对待每一步。懂得选择，学会放弃，你会避免走很多弯路，避开很多荆棘，从而走向更加广阔的人生境界！

脚下的路虽有千万条，但每个人能够选择的只有一条。选择其中任何一条也就意味着放弃其他，不管它是荆棘小道，还是康庄大道，你都没有回头路；成功的方法也有千万种，但允许你采用的也只有一种，选择其中任何一种，同样意味着放弃其他，不管它让你流芳千古，还是遗臭万年，你没有后悔的余地。

人生的每次选择都只有一次机会，所以选择的同时也就意味着放弃，选择熊掌就要放弃鲜鱼，选择繁华就要放弃幽静，选择充实就要放弃悠闲。选择和放弃就像同胞兄弟一样如影随形。选择是人生路上的航标，学会选择要审时度势、扬长避短，只有量力而行的选择才能到达理想的港湾；放弃是人生的隧道，舍得放弃是顾全大局，超然洒脱，只有简单从容的放弃才能左右逢源。

从呱呱落地，到牙牙学语，再到后来的成家立业，每个人都经历了太多的选择，也经历了太多的放弃。在选择的同时，厚道人是否有勇气放弃那些原本不属于自己的东西呢？答案应该是：是的！聪明的厚道人朋友应该果断选择，让自己抓住生命中最重要的东西，让自己在人生的每一个十字路口都能走好属于自己的那条路；而勇敢放弃，则让能自己甩掉那些困扰生活的包袱和诱惑，轻装上阵，继续前行。

迈克·莱恩是一名探险队员。1976年，他随英国探险队成功登上珠穆朗玛峰。就在他们下山的时候，天开始下大雪。每前进一步都极其困难，最让他们害怕的是风雪根本就没有停下来的迹象。当整个探险队陷入迷茫的时候，迈克·莱恩率先丢弃所有的随身装备，只留下不多的食品，轻装前行。他的这一举动几乎遭到所有队员的反对，他们认为现在到山下最快也要10天时间。这就意味着这10天里不仅不能扎营休息，还可能因缺氧而使体温下降导致冻坏身体，那样，他们的生命就极其危险。

面对队友的顾忌，迈克·莱恩坚定地说："我们必须而且只能这样做，这样的风雪天气10天甚至半个月都有可能不会好转，再拖延下去路标也会被全部掩埋。丢掉重物，就不允许我们再有任何幻想和杂念，只要我们坚定信心，轻装而行就可以提高行走的速度，也许这样我们还有生的希望！"结果，队友们采纳了他的建议，大家一路互相鼓励，忍受疲劳、寒冷，不分昼夜，只用了8天时间就到达安全地带。恶劣的天气确实正像莱恩所预料的那样从未好转过。

这一年，伦敦英国国家军事博物馆负责人找到迈克·莱恩，请求他赠送给博物馆任何一件与英国探险队当年登上珠峰有关的物品，莱恩毫不犹豫地将他那次下山时因冻坏而被截下的10个脚趾和5个右手指尖交给了他。

正是由于莱恩当年一次正确的放弃，才挽救了所有队友的生命；也由于这个选择，他的登山装备无一保存下来，而冻坏的指尖和脚趾却在医院截掉后留在了身边。这是博物馆收到的最奇特而又最珍贵的赠品。

这个故事生动地告诉了厚道人这样的道理，那就是只有懂得放弃，你才能收获最重要的。人的一生就如同演戏，对于每个人来说自己都是自己人生的导演，只有懂得选择、学会放弃的人才能创作出精彩的电影，拥有海阔天空的人生境界。

人生短暂，与浩瀚的历史长河相比，世间一切恩恩怨怨、功名利禄皆为短暂的一瞬，"福兮祸所伏，祸兮福所倚"。得意与失意，在人的一生中只是短短的一瞬。行至水穷处，坐看云起时。放弃是一种睿智，它可以放飞心灵，可以还原本性，使你真实地享受人生；放弃是一种选择，没有明智的放弃就没有辉煌的选择。进退从容、积极乐观，必然会迎来光辉的未来。然而现实生活中，大多数人都渴望获得，不愿失去，坚持于选择，而忽略了放弃。有时候执着是一种负重和伤害，默默地付出，苦苦地等待，到头来却是镜中花、水中月，过分固执甚至就是愚蠢，因为它会让你失去更多、更好的机会。坚持需要勇气，放弃又何尝不需要胆识和魄力呢?

能够放弃是一种跨越，睿智的人都懂得该放弃时就放弃。不吐故就无法纳新。而看似艰难的取舍，却可以让厚道人走出人生的迷途，可以改变厚道人的命运。敢于放弃，在落泪之前悄然离去，只留下一个简单的背影；敢于放弃，将昨天埋在心底，只留下一份美好的回忆。当你能够放弃一切，做到简单从容的时候，你的生命低谷就已经过去了。

活出厚道人自己的精彩

厚道人常常容易过于迷信他人的看法，反而失去了自己。其实，每个人的判断都像自己的钟表，没有一只走得完全一样，一味听从他人的意见，便永远不知道准确的时间，应该相信自己的判断。有这样一个故事：

麦克是一位年轻的画家，一次他在画完一幅自己十分满意的杰作后，拿到展厅去展出。为了能听取更多的意见，他特意在他的画作旁放上一支笔，请他人指正。这样一来，每一位观赏者，如果认为此画有败笔之处，都可以直接用笔在上面圈点。当天晚上，麦克兴冲冲地去取画，却发现整个画面都被涂满了记号，没有一笔一画不被指责的。他十分懊丧，对这次的尝试深感失望。

他把他的遭遇告诉了一位朋友，朋友告诉他不妨换一种方式试试，于是，他临摹了同样一张画拿去展出。但是这一次，他要求每位观赏者将其最为欣赏的妙笔之处标上记号。等到他再取回画时，发现画面也被涂遍了记号。一切曾被指责的地方，如今却都换上了赞美的标记。他不无感慨地说："现在我终于发现了一个奥秘：无论做什么事情，都不可能让所有的人都满意，因为，在一些人看来是丑恶的东西，在另一些人眼里或许是美好的。"

故事中的这种情况，在现实生活中厚道人常常碰到。同样的事，同样的人，常常会出现不同的待遇，产生不同的结果。因为人世间每一个人的眼光各不相同，理解事物的角度也不尽一样。正如麦克所说，无论做什么事，我们都不可能让所有的人都满意。

而厚道人最大的局限就在于其习惯遵循别人的思维方式而迷失了自己。美国心理学家威廉·詹姆斯认为："跟我们应该做到的相比较，我们等于只做了一半。我们对于身心两方面的能力，只用了很小一部分，一般人大约只发展了10%的潜在能力。等于一个人只是活在他体内有限空间中的一部分。他具有各种能力，却不知道怎样利用。"

所以厚道人无论在生活还是工作中，遇事都要学会用正确的思维方式，不要完全相信你所听到的和表面看到的一切，也不要因为他人一时的批评而迷失自己。

每个人的能力都是有限的，就像人类有其体能的极限一样。如果想把别人的优点都集于一身，那是最荒谬、最愚蠢的想法。厚道人没有必要去模仿别人，只要能够做好自己，充分发掘出你的潜力，展现出你自己独特的魅力，便是对自己尽到了最大的责任。

从道格拉斯·马罗的诗中，厚道人定能得到一些启发：

如果你不能成为山顶的一棵松，
就做一棵小树，生长在山谷中，
但须是最好的一棵。
如果你不能成为一棵大树，
就做一棵灌木。
如果你不能成为一棵灌木，
就做一叶绿芽，让公路上也有几分欢娱。
……
世上的事情，多得做不完，

工作有大的，也会有小的，
该做的工作，就在你身边。
如果你不能做一条公路，
就做一条小径。
如果你不能做太阳，
就做一颗星星。
不能凭大小来论断你的输赢，
只要你努力做到最好。

从这首诗可以看出：每一位厚道人都应该看到自己的优点，并坚持自己的内心选择，因为任何时候，你都是独一无二的，不论你是一棵挺拔的松柏，抑或不起眼的小树，或者太阳，又或者星星，总之你是独特的，而你都完全有理由在你的生命里绽放最美丽的自己，就像诗中所说：不能凭大小来论断你的输赢，只要你努力做到最好！

相比人生，诗句总是短小的，但是它所蕴含的深意以及力量，却是强大的。厚道人正该如诗中所写的，努力做到最好。因为只有这样，你才能听从心灵的召唤，将幸福按照自己的意图诠释和延伸，发挥你自己，展示你自己，从而演绎出自己的精彩人生。